Schultze/Politik und Gesellschaft in Kanada

TRANSFINES

Herausgegeben von Manfred Mols,
Dieter Nohlen und Peter Waldmann

Band 2

Politik und Gesellschaft in Kanada

Rainer-Olaf Schultze

1977

Verlag Anton Hain · Meisenheim am Glan

CIP-Kurztitelaufnahme der Deutschen Bibliothek

Schultze, Rainer-Olaf
Politik und Gesellschaft in Kanada. – Meisenheim am Glan: Hain, 1977.
(Transfines; Bd. 2)
ISBN 3-445-01440-X

Herstellung: Hain-Druck KG, Meisenheim/Glan
Printed in Germany
ISBN 3-445-01440-X

"Unity is impossible without what I would call democratic pluralism. The ideal of democracy demands respect for the will of all the people. Now the Canadian people are made up essentially of different ethnic groups who all, with reason, want to guard and develop their special cultures. That means to say that Canadian democracy will not achieve unity until it respects the diversity of its elements. This diversity is a resource that, unhappily, is not appreciated by either side: it constitutes a common asset which too few Canadians take the trouble to understand or draw upon. If only Canadians would get to know each other better, they would like each other better!"

Georges-Henri Lévesque (1948)

VORWORT

Die vorliegende Studie entstand am Institut für Politische Wissenschaft der Universität Heidelberg. Sie wurde angeregt durch die Arbeiten der dortigen Forschungsgruppe 'Wahl der Parlamente', die sich international vergleichend mit Fragen politischer Partizipation im Entwicklungsprozeß von Ländern unterschiedlichster gesellschaftlicher Entwicklung und verschiedenartigster politischer Kultur beschäftigt und Formen wie Funktionen von Wahlen, Parteien, politischer Repräsentation und staatlicher Organisation im Prozeß des sozialen und politischen Wandels dieser Gesellschaften untersucht. In Erweiterung dieser Arbeiten, deren Publikation unter dem Titel 'Wahlen und politischer Wandel in Amerika' (als Band III der Reihe 'Wahl der Parlamente') Dieter Nohlen und der Autor gegenwärtig vorbereiten, soll die vorliegende Monographie zugleich einen Einblick in die gesellschaftlichen, ökonomischen und politischen Strukturen eines Landes vermitteln, über das man hierzulande nur wenig weiß (auch nach den Olympischen Spielen, trotz oder gerade wegen der außerordentlich vordergründigen, fast nur an der sportlichen und sportpolitischen Sensation orientierten Berichterstattung der Medien), dessen vielschichtige Probleme und oft außergewöhnliche gesellschaftlich-politischen Lösungsversuche zu kennen sich jedoch lohnt.

Die Studie wurde geschrieben in den Jahren 1972 bis 1974 während und im Anschluß an zwei längere Forschungsaufenthalte in Nordamerika. Im Frühjahr 1975 wurde sie von der Philosophisch-Historischen Fakultät der Universität Heidelberg als Dissertation angenommen. Es gutachteten Prof. Hans-Joachim Arndt und Prof. Dieter Nohlen. Für die Veröffentlichung überarbeitet und um zwei Abschnitte erweitert wurde das Manuskript im Sommer 1976. Neu verfaßt wurden die Abschnitte zur Abhängigkeitsstruktur der kanadischen Wirtschaft und zum Stellenwert der föderativen Strukturen für die kanadische Reformpolitik seit den 60er Jahren. Entwicklungen aus jüngster Zeit konnten verschiedentlich noch berücksichtigt werden.

Bedanken möchte ich mich an dieser Stelle bei meinen Lehrern und Kollegen, deren Kritik, Unterstützung und oft auch Aufmunterung den Fortgang der Arbeit begleiteten. Mein Dank gilt zunächst dem Institut für Politische Wissenschaft in Heidelberg und seinen

Mitarbeitern, unter ihnen Prof. Hans-Joachim Arndt, Prof. Dieter Nohlen, Wiss.Ass. Klaus Ziemer, den Kollegen in der Forschungsgruppe 'Wahl der Parlamente', deren kritische, stets anregende Diskussionen in vielfältiger Weise in die eigenen Überlegungen eingegangen sind; sodann dem Max-Planck-Institut für Ausländisches-Öffentliches Recht und Völkerrecht und seinem Bibliotheksdirektor Steiner für die Hilfen bei der Materialbeschaffung. Stellvertretend für diejenigen, die mir in der fremden Umwelt Nordamerika den Weg ebneten, sei gedankt Prof. Walter Dean Burnham, M.I.T., Cambridge/Mass., M.Jean-Marie Hamel, Chief Electoral Officer, Ottawa, Prof. John Meisel, Queen's University, Kingston/Ont., Mr. Boriss Mazikins, Mr. Denis Ralston, beide Mitarbeiter von Statistics Canada, Ottawa.

Zu danken habe ich der Deutschen Forschungsgemeinschaft, dem Deutschen Akademischen Austauschdienst und der Universität Heidelberg für ihre finanzielle Unterstützung; sie ermöglichten sowohl die Aufenthalte in Kanada und in den USA als auch die zumindest finanziell sorgenfreie Niederschrift des Manuskripts. Zu Dank verpflichtet bin ich auch den Herausgebern für die Aufnahme der Studie in die Reihe 'Transfines'.

Besonderen Dank schulde ich meiner Familie, insbesondere Frau Käte Schröder und Frau Thea Johannes, die meinen beruflichen Werdegang und die Niederschrift der Arbeit mit Rat und Tat sowie viel Geduld begleiteten. Ihnen sei die Schrift gewidmet.

Bochum, im November 1976 R.O.S.

INHALT

EINLEITUNG

1. Fragestellungen

Über Landesnatur, Bevölkerung, Geschichte und Gegenwart Kanadas weiß man in Europa erstaunlich wenig; zumal im deutschsprachigen Raum beschränken sich die Vorstellungen von dem zweitgrößten Land der Erde weitgehend auf 'Schulbuchwissen'. Rundfunk und Fernsehen wie die überregionale Presse berichten kaum. Über die Probleme in den Staaten der unterentwickelten 'Dritten Welt' werden wir von den Massenmedien vergleichsweise wesentlich besser informiert. Ähnlich vernachlässigt wurde Kanada bislang von der wissenschaftlichen Forschung. 1972 stellte Udo Sautter in seiner "Geschichte Kanadas" nicht ohne Erstaunen fest, daß bis zu diesem Zeitpunkt von der deutschsprachigen Geschichtswissenschaft noch keine Gesamtdarstellung der historischen Entwicklung Kanadas erarbeitet worden war[1]. Abgesehen von einigen wenigen und notwendigerweise inhaltlich begrenzten Aufsätzen fehlen auch politik- und sozialwissenschaftliche Analysen.

Zurückzuführen ist dies zum einen auf mangelndes Erkenntnisinteresse - und zwar vielfach auch derjenigen, die sich entschlossen, nach Kanada zu emigrieren. Das Informationsbedürfnis der Auswanderer über ihre zukünftige zweite Heimat war stets erstaunlich gering. Sie begnügten sich, was psychologisch durchaus einsichtig ist, mit dem optimistischen Klischee von Amerika als 'dem Land der unbegrenzten Möglichkeiten'. Zum zweiten sind die nur verschwommenen Kenntnisse eine Folge der beiden weiteren klischeehaften Vorstellungen, die Kanada entweder aufgrund seiner kolonialen britischen Vergangenheit als Abbild Großbritanniens begreift oder die infolge eines äußerst verkürzten 'Amerika-Bildes' den nordamerikanischen Kontinent als Einheit versteht und in Kanada so im Grunde nur noch ein Anhängsel der kontinentalen Führungsmacht USA sieht[2].

Beide Einschätzungen sind - wie meist vereinfachende Klischees - nicht grundlos; in vielem ist Kanada noch immer ein von britischen Traditionen geprägtes Land; desgleichen spürt man den Einfluß der übermächtigen USA in fast allen Lebensbereichen. Sie mögen eine Erklärung dafür liefern, daß es nicht für nötig erachtet wurde, sich umfassender mit der kanadischen Gesellschaft zu befassen. Gerechtfertigt ist das mangelnde Interesse dadurch jedoch nicht, zumal beide Vorstellungen der kanadischen Gesellschaft nicht gerecht werden. Darüber hinaus verfestigen sie ein mit imperialistischen Zügen durchsetztes Fehlverständnis von der 'Neuen Welt', wie es sich noch immer und fast Tag für Tag in der sprachlichen Verwirrung äußert, die da Amerika sagt und die USA meint.

Die nur verschwommenen Kenntnisse sind umso erstaunlicher, als nur wenige von den vergleichbaren liberal-kapitalistisch organisierten und in der Tradition des bürgerlich-demokratischen Verfassungsstaates stehenden Ländern der 'Ersten Welt' eine solch interessante und komplexe historische Entwicklung durchlaufen haben und mit einer solch Vielfalt sozialer und politischer Probleme ausgestattet sind. Bei aller Vorsicht, die hinsichtlich der Vergleichbarkeit von sozialen Phänomenen und der Übertragbarkeit politischer oder gesellschaftlicher Lösungen stets angebracht ist, bieten - in der Perspektive des Vergleichs - die vielfältigen und komplexen Probleme Kanadas, die oftmals spezifischen Lösungen oder Lösungsversuche doch Beispiele, deren Kenntnis auch für die europäischen Gesellschaften interessant ist und in dem einen oder anderen Fall Denkanstöße liefern kann für die Einschätzung der eigenen politischen und gesellschaftlichen Probleme.

Von einem im engeren Sinne politikwissenschaftlichen Blickwinkel aus gilt dies z.B. für die besondere Gestalt des Föderalismus und seine Funktionen in der kanadischen Gesellschaft. Eigenständigkeit und politisches Gewicht der kanadischen Provinzen sind außerordentlich.

Aufgrund der kontinentalen Dimension, der vielfältig begründeten Regionalisierung und der sozialen Heterogenität kommen den föderalen Integrations- und Akkomodationsmechanismen erhebliche Bedeutung im politischen Prozeß zu; sie verdienen in Europa im Hinblick auf die wachsende institutionelle und soziale Integration in der 'Europäischen Gemeinschaft' zumindest die gleiche Aufmerksamkeit, wie Kanada sie der 'European Community' widmet. In seiner föderativen Gliederung weicht Kanada von dem Vorbild des (ausgenommen Nordirland) unitarisch organisierten Großbritannien ab. Ansonsten entspricht der politisch-institutionelle Aufbau der politischen Kultur des Mutterlandes. Das Regierungssystem lebt vom britischen Modell parlamentarischer Kabinettsregierung.

Gleichwohl sind im Zusammenhang mit der Übertragung institutioneller Regelungen des Mutterlandes in Kanada wie auch in den anderen ehemaligen 'weißen Kolonien' Großbritanniens Probleme entstanden. Den Institutionen kommt unter andersartigen gesellschaftlichen Bedingungen ein unterschiedlicher funktionaler Stellenwert zu. Die Analyse dieser Problematik ist Gegenstand der 'Vergleichenden Regierungslehre', deren strukturfunktionaler Methode diese Arbeit verpflichtet ist.

Aber auch für einen an den sozialstrukturellen Bedingungen liberal-kapitalistischer Industriegesellschaften, an den Problemen industriell-ökonomischer Entwicklung, an Fragen sozio-kultureller Provenienz interessierten Sozialwissenschaftler stellt Kanada vor allem aufgrund der Vielfalt und Komplexität gesellschaftlicher Erscheinungen ein ebenso anschauliches wie aufschlußreiches 'Analyse-Feld' dar:

Die Entwicklung Kanadas ist in Vergangenheit wie Gegenwart maßgeblich von vier Faktoren bestimmt worden: vom 'Immigrations- und vom Grenz-Charakter' der Gesellschaft, vom politischen und sozialen Dualismus zweier Kulturen und vom Verhältnis zu den USA. Alle vier Faktoren sind auf das engste miteinander verknüpft, haben stets wechselseitig aufeinander eingewirkt und begründen infolge ihrer Interdependenzen die Besonderheit der kanadischen Gesellschaft. Den 'Immigrations- wie den Grenz-Charakter' hat Kanada dabei mit den anderen aus europäischer Kolonisation entstandenen Gesellschaften der 'Neuen Welt' gemeinsam. Eine Reihe der aus der Immigration resultierenden Erscheinungen ähneln folglich, wenn auch nur im Grundsatz, Entwicklungen in den USA, in Australien, in Neu-Seeland etc.; dies gilt für die ethnisch-kulturelle Diversität, die Multinationalität der Bevölkerung, für die Probleme, die sich aus der Integration, der sozialen und kulturellen Assimilierung, der Sozialisation ergeben. Aufmerksamkeit verdient die Frage der Integration vor allem auch unter sozialstrukturellen Aspekten und hinsichtlich der Bedingungen sozio-ökonomischer Entwicklung. Sozialstrukturell bestehen dabei Parallelen zu den Arbeitsmarkt- und Integrationsproblemen, wie sie in Westeuropa durch die 'Gastarbeiter-Frage' entstanden sind. Anders als in den USA vollzieht sich die Integration der Einwanderer aber nicht nach den Prämissen des US-amerikanischen Konzepts des 'melting pot'. Die Assimilierungszwänge sind längst nicht so stark. Kanada geht vielmehr von der Bewahrung der Eigenständigkeit der verschiedenen Ethnien als gesellschaftlicher Ziel- und Wertvorstellung aus. Dies hat zugleich erhebliche sozial-strukturelle Konsequenzen. Der ethnische Faktor prägt in weit stärkerem Maße den sozio-ökonomischen Status als in den USA. Begründet liegt dieses abweichende Integrationsmodell in den beiden anderen Grundcharakteristika der kanadischen Gesellschaft, vor allem in dem von Beginn der britischen Kolonialherrschaft an bestehenden Dualismus von anglo- und frankophoner Kultur.

Wie z.B. in der tri-nationalen Schweiz oder im bi-nationalen Belgien ko-existieren in Kanada zwei weitgehend eigenständige Subgesellschaften, die sich in Sprache, Konfession, historischen Traditionen, Wertvorstellungen etc. unterscheiden. Das Spannungsverhältnis von separater Entwicklung und notwendiger Kooperation, von ethnisch-kultureller Abkapselung und sozialer Assimilierung bestimmt den gesellschaftlichen Prozeß. Die Anstrengungen, die Interessengegensätze beider Subgesellschaften auf einen integrierenden Nenner zu bringen, ohne daß dabei die Eigenheiten beider Kulturen verlorengehen, vor allem aber das Bemühen der frankokanadischen Bevölkerungsminorität, in der weithin feindlichen nordamerikanisch-kontinentalen Umwelt ihre nationale Identität zu bewahren, verdienen Aufmerksamkeit und Sympathie. Seit Mitte der 60er Jahre entwickelten die gesamtkanadisch-pro-föderalen Kräfte von Anglo- und Frankokanadiern in Auseinandersetzung mit den wachsenden zentrifugalen und independistischen Strömungen ihr Konzept von 'bilingualism and biculturalism'. Sie unternahmen damit neuerlich den Versuch, das ungleiche Verhältnis beider Subgesellschaften auf eine veränderte Grundlage zu stellen. Zumindest in der Intention geht das Konzept dabei über die sprachliche Dimension hinaus. Es ist so auch unter dem allgemeineren Gesichtspunkt sozialen Wandels von Interesse; an der Politik von 'bilingualism and biculturalism' lassen sich die Möglichkeiten und Grenzen gesellschaftlicher Reformpolitik in durchstrukturierten Industriegesellschaften beispielhaft aufzeigen.

Die kanadische Geschichte ist nicht zu Unrecht als Negation der US-amerikanischen interpretiert worden[3]. Tatsächlich stellt Kanada seit dem amerikanischen Unabhängigkeitskrieg z.B. in institutioneller und politischer Hinsicht ein Gegenmodell zu den USA dar. Die auch in anderer Hinsicht betonte Abgrenzung hat dazu beigetragen, daß sich Kanada bislang ein relatives Maß an Selbständigkeit bewahren konnte. Dennoch sind bei dem unterschiedlichen Potential der beiden nordamerikanischen Staaten die Einflüsse der USA auf die innergesellschaftlichen Entwicklungen Kanadas stets groß gewesen. Kanada ist das Land, das - sieht man von den verschiedenen militärischen Interventionen der Weltmacht USA nach dem II.Weltkrieg ab - am stärksten und unmittelbarsten den USA, insbesondere dem Expansionsdrang der US-amerikanischen Wirtschaft ausgesetzt war und ist. Sowohl die sozio-kulturelle Überfremdung vor allem im nicht frankophonen Kanada als auch die ökonomische Penetration in ganz Kanada haben inzwischen Ausmaße angenommen, die gesellschaftliche Selbstbestimmung und staatlichen Zusammenhalt existentiell bedrohen.

Die vorliegende Arbeit will weder einen umfassenden Überblick über die kanadische Geschichte geben (zumal der deutsch-sprachige Raum in Udo Sautters "Geschichte Kanadas" jetzt einen solchen, allerdings in der Interpretation nicht immer ausgewogenen einführenden Überblick besitzt); noch war es möglich, auf die Vielfalt aller sozialen Erscheinungen einzugehen, die die gesellschaftliche Existenz eines Staates von kontinentaler Größe begründen. Die Arbeit beschränkt sich vielmehr auf die Untersuchung derjenigen sozialen und politischen Prozesse, von denen strukturell bedeutsame Wirkungen ausgegangen sind. Sie versteht sich als empirische Problemanalyse, geht aus von den vorstehend kurz skizzierten Problemkreisen sowie einer Reihe weiterer mit ihnen in Zusammenhang stehender Fragen und unternimmt den Versuch, aus der Kombination von historischer und systematischer Analyse ein mosaikartiges Bild der politischen und sozialen Entwicklung in Kanada zu zeichnen. Dieser Weg wurde auch deshalb gewählt, um damit in etwa dem Selbstverständnis der kanadischen Bevölkerung gerecht zu werden, die ihre eigene Gesellschaft als 'Canadian Mosaic' begreift, und um darüber hinaus - in Anlehnung an John Porter, der in bewußter Abwandlung dieser formelhaften Selbsteinschätzung Kanada als 'Vertical Mosaic' interpretiert hat (Porter 1965) - aufzeigen zu können, wie und in welchem Maße die ethnischen und sozio-kulturellen Strukturen auf die Sozialstruktur der kanadischen Gesellschaft einwirken und inwieweit vice versa die ethnisch-kulturellen Strukturen von den sozio-ökonomischen Bedingungen abhängen.

Aufgrund der nur in geringem Umfang verfügbaren Informationen zu Kanada liegt ein vornehmliches Ziel der Arbeit bereits darin, die verschiedenen zentralen politischen wie sozialen Probleme und Strukturen Kanadas in einiger Ausführlichkeit beschreibend darzustellen, vor allem auch die im deutsch-sprachigen Raum nicht vorhandenen politisch- und sozialstatistischen Daten zu dokumentieren. Eingeordnet in den jeweiligen inhaltlichen Zusammenhang sind zudem exkursartige Überlegungen zu einigen sozialwissenschaftlichen Theoremen und demokratie-theoretischen Ansätzen. Im Kontext der Analyse der unterschiedlichen Modelle ethnisch-kultureller Integration in Kanada und USA wird die für beide nordamerikanischen Gesellschaften wichtige Geschichtsinterpretation von Louis Hartz kurz erörtert (Hartz 1955; Hartz 1964). Im Zusammenhang mit der sprachenpolitischen Konzeption von 'bilingualism and biculturalism' wird auf Fragen der Elitenkooperation und die Ansätze der 'Konkordanz-Demokratie' oder 'consociational democracy' eingegangen (u.a. Lijphart 1968; Lehmbruch 1967).

Die Untersuchung gliedert sich in drei Abschnitte:

Teil I gibt einen Überblick über die politische Entwicklung Kanadas, analysiert Ausbildung und Struktur des politisch-institutionellen Systems und behandelt die Geschichte der Wahlen, der Parteien und des Parteiensystems.

Teil II untersucht die verschiedenen Bestimmungsfaktoren im einzelnen, die für die gesellschaftlichen Verhältnisse der (in etwa mit dem Ende des II.Weltkriegs einsetzenden) Gegenwart von ausschlaggebender Bedeutung sind. Auch in der hier vorherrschend systematischen Betrachtungsweise wird stets die historische Dimension berücksichtigt, da nur eine solche Sicht den Stellenwert der analysierten Probleme für die Entwicklung der kanadischen Gesellschaft zu erhellen vermag.

Im Schlußkapitel geht es um das Verhältnis von Gesellschaft und Politik. Besonderheiten und Strukturmerkmale der kanadischen Gesellschaft werden nochmals resümierend charakterisiert, sodann nach der Institutionalisierung der gesellschaftlichen Gegensätze im politischen System gefragt und die Auswirkungen von ethnischer Fragmentierung, regionaler Heterogenität, sozio-ökonomischen Strukturen etc. auf das Parteien- und Regierungssystem zusammenfassend analysiert. Abschließend werden Funktionalität und Kapazität des Parteiensystems beurteilt, zudem die sozialen Kosten kanadischer Politik aufgezeigt.

2. Grunddaten zu Landeskunde, Bevölkerung, Wirtschaft

Kanada ist ein Land zahlreicher Kontraste und Widersprüche; einige sind bereits in ihrer Problematik kurz umrissen; auf weitere soll einleitend stichwortartig noch eingegangen werden, um anhand einiger Basisinformationen einen Eindruck von der kontinentalen Dimension des Landes zu vermitteln, um auf einige der natürlichen und gesellschaftlichen Bedingungen hinzuweisen, mit denen die Kanadier tagtäglich konfrontiert sind.

1) Landeskunde

Nach der Sowjetunion ist Kanada das zweitgrößte Land der Erde: Flächenmäßig ist es bei 9.976.139 km^2 Gesamt- (9,221 Millionen km^2 Festland-, ohne Insel-) Fläche um einiges größer als der Kontinent-Nachbar USA im Süden; bei knapp über 22 Millionen Einwohnern (1973) leben in Kanada jedoch nur etwas mehr als 10 % der Bevölkerung Nordamerikas[4]. Statistisch errechnet sich daraus eine Bevölkerungsdichte von 2,3 Einwohner pro km^2 - eine Größe, die indes im Fall Kanadas nicht allzuviel über die Bevölkerungskonzentration aussagt.

In der Ost-West-Dimension erreicht das Festland eine Breite von mehr als 5.000 km; von St.John's, der Hauptstadt der Insel-Provinz Newfoundland im Atlantik, bis nach Vancouver, British Columbia am Pazifik, sind es gar ca. 6000 km mit einem Zeitunterschied von viereinhalb Stunden oder fünf Zeitzonen, d.h. wenn in Vancouver die Geschäfte morgens öffnen, hat an der Atlantikküste die Mittagspause bereits begonnen. Vom südlichsten Punkt des Landes (Point Pelee an der Nordwest-Küste des Lake Erie / 42° nördl. Breite) erstreckt sich Kanada bei einer Entfernung von fast 3.000 km mehr als 1.000 km über den Polarkreis (bis über 80° nördl. Breite) hinaus. Die Nordspitze der Ellesmere Insel, etwa auf einer Höhe mit der Nordküste Grönlands gelegen, ist nur noch einige 100 km vom Nordpol entfernt.

Begrenzt wird die kanadische Landmasse im Norden vom ewigen Eis und dem Nordpolarmeer, im Osten und Westen vom Atlantischen bzw. Pazifischen Ozean, im Nordwesten von Alaska, im Süden von den USA, deren gemeinsame Grenze sich über den gesamten Kontinent erstreckt, in der Atlantik-Region und in Zentral-Kanada in etwa parallel und südlich des St.-Lorenz-Stroms verläuft, dann die Gro-

Darstellung 1: Verwaltungseinteilung Kanadas

Quelle: Übernommen aus Statistisches Bundesamt 1974: Allgemeine Statistik des Auslandes, Länderkurzberichte Kanada, Stuttgart u. Mainz 1974, S.4.

ßen Seen durchzieht und westlich davon vom 49. Breitengrad gebildet wird.

Gliedern kann man die Landmasse in sechs Großlandschaften, in die vier bewohnten Hauptregionen:

das Gebiet der nördlichen Appalachen (Akadien) /Atlantik-Region;
die Tallandschaften am St.-Lorenz-Strom sowie zwischen und nördlich der Great Lakes /Zentral-Kanada;
das Tieflandgebiet der Prärie (Great Plains);
die Rocky Mountains und die pazifischen Küstenkordilleren;

die beiden weithin unbewohnten Gebiete:

den Arktischen Archipel;
den Kanadischen Schild (Laurentisches Plateau).

Der Kanadische Schild umfaßt mit 4,8 Millionen km^2 allein fast die Hälfte der gesamten Landmasse; er umschließt dabei die Hudson Bay halbkreisförmig, reicht im Nordwesten etwa bis zu der Seenkette von Großem Bären, Großem Sklaven, Athabaska und Winnipeg-See und wird begrenzt im Süden und Südosten durch die Großen

Seen und den St.-Lorenz-Strom, wobei der Schild sich westlich und südlich von Lake Superior bis auf US-amerikanisches Territorium erstreckt. Der Kanadische Schild ähnelt in seinem geologischen Aufbau dem Fennoskandischen Schild Europas, ist während des Präkambriums und Paläozoikums aufgebaut worden und besteht zu etwa 2/3 aus Graniten und anderen Urgesteinen, zu etwa 1/3 aus Sedimentgestein. Der Schild bildet die Hauptlagerstätten der außerordentlich großen Rohstoffvorkommen Kanadas an Gold, Silber, Zink, Nickel, Kupfer, Erdöl, Uran etc. Der Abbau der Erze wird vielfach dadurch erleichtert, daß das uralte Gestein stark eingeschrumpft und abgetragen ist, die Rohstofförderung somit im Tagebau vorgenommen werden kann. Die heutige Oberflächengestalt bildete sich während der Eiszeit, als Kanada wie Skandinavien vollständig, im Gebiet des Hudson Bay von einem mehrere 1000 Meter hohen Eispanzer überwölbt war. Gletscher und Moränen, wie das dichte Fluß- und Seenetz, das Kanada überzieht, entstanden in dieser Zeit.

Das Landschaftsbild ist charakterisiert durch drei Klima- und vier Vegetationszonen. Arktische bzw. subarktische Klimabedingungen bestimmen in der Zone des Dauerfrostes auf dem Arktischen Archipel und im Norden des Schildes die baumlose Tundra (barren grounds). Ihr schließt sich im Süden, etwa auf der Höhe der James Bay, die Waldtundra an, die dann in ausgedehnte Nadelwälder von zunächst Fichten-,weiter südwärts Tannenwald übergehen. Mischwald findet sich gemeinsam mit Gras- und Weidelandschaften nur in der von gemäßigtem Klima bestimmten Landschaftszone des Südens. Noch immer ist knapp die Hälfte der gesamten Landfläche mit Wäldern überzogen, der Waldgürtel erstreckt sich dabei auf bis zu 2.400 km Breite von Küste zu Küste. Aufgrund von Klima- und Infrastrukturbedingungen sind bislang ca. 50 % der Forstfläche für die Holzverarbeitung nutzbar, was einer geschätzten Holzreserve von ca. 21 Milliarden m^3 entspricht.

Da das Land über keinerlei Gebirgsbarrieren verfügt, die Schutz in Richtung Norden bieten könnten, ist auch der gemäßigte Süden außerordentlich von kontinentalklimatischen Bedingungen und arktischen Kaltlufteinbrüchen bestimmt, so daß die jahreszeitlichen Klimaunterschiede stark ausgeprägt sind. Kanada hat auch im Süden einen langen, schneereichen und kalten Winter, der sich z. B. in Montreal oder Ottawa von Mitte November bis in den April erstreckt; die Sommer hingegen sind kurz und heiß; sie dauern maximal vier Monate und werden abgelöst durch einen langen und milden Herbst. Am ausgeprägtesten sind die Klima- und Temperaturdifferenzen in der Prärie, im Landesinnern; so schwankt die Temperatur in Winnipeg/Sask. (50° N/97° W) im Monatsmittel zwischen -17,5° C im Januar und 20,2° C im Juli, wobei die Temperaturen im Juli im Extremfall bei weit über 30° liegen können und das mittlere tägliche Maximum bei über 26° liegt. Das angenehmste Klima weist noch die Pazifikregion auf, die von der warmen Kuroschioströmung mit milden Temperaturen selbst im Winter, aber allerdings auch recht hohen Niederschlägen bestimmt wird. Vancouver (49° N/123° W) z.B. weist im Durchschnitt des Monatsmittels Temperaturen auf von +3,2° C im Januar und 18° C im Juli. Beträchtlich kälter ist es in der maritimen Region am Atlantik, die zusätzlich zu der bereits kühlen atlantischen Meeresluft durch die gleichfalls kalte Baffin- und Labradorströmung beeinflußt wird. Sie weist jedoch aufgrund des Seeklimas auch geringere Temperaturunterschiede auf, die z.B. in Gander/Nfld. (49° N/55° W) im Monatsmittel im Januar bei -7,4° C und im Juli bei 16,5° C liegen.

Die geographisch-klimatischen Bedingungen bringen eine Fülle von Problemen vor allem im Infrastruktur-Bereich mit sich, die noch immer ungelöst sind. Geändert haben daran auch alle technischen Neuerungen und Möglichkeiten, wie im Transportsektor z.B. die transkontinentalen Eisenbahnlinien, der St.-Lorenz-Strom, der Trans Canada Highway, Pipelines, das außerordentlich weit verzweigte und gut ausgebaute Flugnetz, nur wenig. Die natürlichen Hindernisse - wie beispielsweise die bis zu 600 km breiten und bis zu 6.000 Meter hohen Rocky Mountains im Westen - grenzen die einzelnen Regionen trotz Eisenbahn, Auto, Flugzeug etc. noch immer voneinander ab und erschweren die Integration im Lande. British Columbia am Pazifik, aber auch die vier Provinzen am Atlantik, von denen die Besiedelung Kanadas durch die Europäer einst ausging, führen in vielen Bereichen unverändert ein Eigenleben, nicht zuletzt aufgrund der kontinentalen Ausmaße und natürlichen Grenzen, die Land und Leute wie in kaum einem anderen der hochzivilisierten Industriestaaten prägen.

2) Bevölkerung

In Kanada leben mit ca. 22 Millionen Einwohnern, gemessen an der Fläche des Landes oder verglichen mit der Bevölkerung der USA, nur wenige Menschen. Das Mißverhältnis zwischen Fläche und Einwohnerzahl ist einer der Grundwidersprüche, zumal die Ressourcen des Landes für die Versorgung einer um das Vielfache größeren Bevölkerung ausreichen würden, wären da nicht die geo-klimatischen Bedingungen, die den 'Lebensraum' auf einen schmalen Landstreifen von maximal ca. 300 km Breite nördlich der Grenze mit den USA beschränken.

Dicht besiedelten Gebieten im Süden steht der fast menschenleere Raum des Nordens gegenüber, wo die 'Abenteuerer und Goldsucher unserer Tage' in die Welt der zahlenmäßig wenigen Eskimos eingedrungen sind und von ihrer weitgehend künstlichen Welt solcher Städte und Stationen wie Port Radium, Uranium City, Norman Wells etc. aus der Natur die goldgleichen Rohstoffe unserer Zeit, Uran, Erdöl, Erdgas u.a.m. abzugewinnen oder aber wie mit dem größten Stauwerkprojekt der Welt am James Bay die Wasserkraft der Hudson Bay zu Elektrizitätsenergie umzuwandeln versuchen. Eine Besiedlung, die über die temporäre Stationenbildung mit oft wechselnden Besatzungen und Arbeitskräften zur Rohstoffexploration und -extraktion hinausreicht, liegt, wenn sie je überhaupt möglich sein sollte, jedenfalls noch in weiter Ferne. Sie bildet indessen eine der wenigen Zukunftsvisionen mit dem typischen Charakter der 'Grenze', die dem Menschen auf der Erde noch geblieben sind.

Der Kontrast zwischen einer dicht besiedelten und hochzivilisierten Stadtwelt und einer noch immer fast grenzenlosen Weite des Raumes findet sich aber auch im erschlossenen Süden Kanadas. So kann man auf dem Trans Canada Highway meilenweit durch Wälder oder entlang nicht enden wollender Weizenfelder fahren, ohne auf menschliche Siedlungen zu treffen, während eine bereits beträchtliche Mehrheit der Bevölkerung in oder im Umkreis einiger weniger Großstädte lebt. So liegt der Urbanisationsgrad bei 76,1 % (1971), leben 55,1 % der Kanadier in den 22 Metropolitan Areas (Städte und im Einzugsgebiet liegende suburbs mit mehr als 100.000 Einwohnern). Die Bevölkerung konzentriert sich dabei vor allem entlang des St.-Lorenz-Stroms, an den Großen Seen und in British Columbia im Einzugsgebiet von Vancouver. In den südlichen Landesteilen

Quebecs und Ontarios wohnen allein fast 60 %, in den drei Metropolitan Areas von Montreal, Toronto und Ottawa zusammen allein ca. 1/4 der kanadischen Bevölkerung.

Menschenleere Räume bei teilweise beträchtlicher Bevölkerungskonzentration ist ein weiterer der Widersprüche, mit denen die kanadische Bevölkerung leben muß. Er ist primär umweltbedingt, resultiert aber auch aus der historisch gewachsenen sozioökonomischen Machtverteilung, da Quebec (oder besser Montreal und Umgebung) und der Süden Ontarios immer auch das Steuerzentrum der ökonomischen Entwicklung bildeten, woraus sich mit dem Entwicklungsvorsprung zugleich ein besonderer Bevölkerungsanreiz ergab.

Die Bevölkerung Kanadas ist jedoch nicht nur 'klein', sondern auch noch recht 'jung'. 1941 z.B. zählte der Census nur 11,5 Millionen Einwohner, so daß sich die Bevölkerung innerhalb von einer Generation verdoppelte. Damit ist ein Großteil der Kanadier nicht im Land geboren (1971: 15,3 %) oder lebt dort erst in der ersten Generation. Andererseits kann das 'europäische Kanada' mittlerweile auf eine über 300-jährige Geschichte zurückblicken und besitzt das Land spezifische sozio-kulturelle Traditionen, die seine nationale Besonderheit ausmachen.

Dieser für Immigrationsgesellschaften typische Widerspruch macht zugleich deutlich, in welch starkem Maße Bevölkerungswachstum, Ökonomie und Wohlstand von der Einwanderung abhängig gewesen sind. Zwischen 1951 und 1961 erreichte der Bevölkerungszuwachs im Jahresdurchschnitt 3,0 %, lag zwischen 1961 und 1971 noch bei 1,8 % und sank nach 1970 auf zwischen minimal 1,1 bis maximal 1,3 % ab. Vor allem seit die Geburtenraten ab Mitte der 60er Jahre drastisch absanken, resultiert die allerdings nur mehr gering positive Bevölkerungsentwicklung weitgehend aus der Immigration, deren bewußte Förderung im Rahmen der Bevölkerungspolitik seither wieder an Bedeutung gewonnen hat. Kanada ist noch immer ein Einwanderungsland. Die wachsende Organisiertheit des kapitalistischen ökonomischen Systems mit seinen ausdifferenzierten und durchstrukturierten Prozessen erschwert jedoch eine rasche Integration der Immigranten, zumal in Zeiten wirtschaftlicher Rezession. Die Bedingungen gestalten sich somit für Neueinwanderer zunehmend schwieriger.

Die Immigration begründete die ethnisch-kulturelle Heterogenität der Bevölkerung, die zudem noch regional akzentuiert ist. Bereits ein Vergleich der Bevölkerungsdaten zu ethnischer Herkunft und Muttersprache läßt die Grundproblematik sichtbar werden. Befragt für die Volkszählung von 1971, nannten als ethnische Herkunft: britisch: 44,6 %; französisch: 28,7 %; andere: 26,7 %; als Muttersprache gaben an: englisch: 60,2 %; französisch: 26,9 %; andere: 12,9 % der Bevölkerung. Die kanadische Gesellschaft lebt damit im Spannungsverhältnis von ethnischer Heterogenität und sozio-kultureller Dualität, wobei die multi-nationale Ausdifferenzierung in größerem Umfang zwar erst nach der Jahrhundertwende einsetzte, in der Zukunft infolge der Herkunft der Einwanderer aber weiter zunehmen wird, eine Entwicklungsperspektive, die vor allem auch für das Verhältnis von Anglo- und Frankokanadiern von außerordentlicher Tragweite ist.

3) Wirtschaft

Die ökonomische Entwicklung Kanadas ist stets von zwei Grundvariablen determiniert gewesen: unermeßlichen, wenn auch nicht unerschöpflichen Reichtum an natürlichen Rohstoffen einerseits, politischer und/oder ökonomischer Abhängigkeit andererseits. Beide Faktoren bestimmen die Geschichte Kanadas seit der Entdeckung und Besiedlung durch die europäischen Kolonisten, wenngleich selbstverständlich auch Kanada sich im Laufe der letzten 100 Jahre von der Agrar- zur Industriegesellschaft entwickelt hat. Zwar änderten sich dadurch Formen, Quantitäten und Qualitäten der Rohstoffe ebenso wie Form und Qualität der Abhängigkeit; an der grundlegenden Bedeutung beider Faktoren für die ökonomische Entwicklung des Landes änderten die sozio-ökonomischen Transformationen nur wenig. Letztere wurden vielmehr von ihnen mit gesteuert, vor allem von der ökonomischen Abhängigkeit von den Metropolen Großbritannien und USA und deren internen gesellschaftlichen Anforderungen. Dadurch, daß die kanadische Ökonomie stets zumindest auch in Funktion ausländischer Märkte und Gesellschaften produzierte, ergibt sich bis heute eine Reihe von ökonomisch-gesellschaftlichen Deformationen.

Beide Faktoren sind zudem eng miteinander verbunden und bedingen sich wechselseitig. Den Rohstoffen galt das Interesse der Metropolen; sie förderten deshalb Besiedlung und Rohstoffextraktion, was wiederum Auslandskapital, Einwanderung und zunehmend den Import von Technologie erforderte. In historischer Dimension von Interesse für den Weltmarkt, insbesondere für das 'Mutterland' Großbritannien war der Rohstofflieferant Kanada zunächst wegen seiner Stapelprodukte; Felle, Holz, aber auch schon bald landwirtschaftliche Produkte bildeten die Hauptwaren für den Export nach Europa. Noch die Zeit vor dem I.Weltkrieg stand ganz im Zeichen der Agro-Exportwirtschaft, so daß man diese Periode zu Recht auch als 'wheat economy' bezeichnet hat. Wenngleich der Anteil der Landwirtschaft an der Gesamtproduktion des BIP und auch den Beschäftigtenzahlen der 'labour force' heute nur noch gering ist, spielt der Agrarsektor (einschließlich der Holz- und Papierherstellung sowie der Fischerei) insbesondere mit Blick auf die Exportstruktur des Landes eine beträchtliche Rolle, die zudem politisch durch die regionale Konzentration in der Prärie weiter aufgewertet wird. Der Exportwert sämtlicher landwirtschaftlicher Produkte betrug im Jahre 1973 immerhin (can.) $ 2,135 Milliarden; der Anteil an der gesamten Ausfuhr erreichte in den letzten Jahren je nach Ernte und Absatzchancen 10 - 15 %. Nach den USA ist Kanada damit noch immer die zweitgrößte Kornkammer der Welt, ohne deren Weizenlieferungen sich die Versorgung in so unterschiedlichen Ländern wie der VR China, Indien, Großbritannien und der anderen EG-Staaten zumindest schwieriger gestalten würde. Mit seinen Weizenexporten zunächst in die Sowjetunion und in die anderen RGW-Staaten bildete Kanada bereits Anfang und Mitte der 60er Jahre eine wichtige 'Vorhut' im Ost-West-Handel zu einer Zeit, als andere westliche Industriestaaten noch an Boykotte und Handelsembargos dachten. Zumindest ebenso wichtig sind unverändert bis heute die aus Holz und Holzverarbeitung gewonnenen Waren, die unter Einschluß von Papier weitere ca. 20 % der Exporterlöse erbringen, so daß auch heute noch ca. 1/3 aller Exporte direkt oder in ihrer sekundären Verarbeitung von Sektoren erwirtschaftet werden, die von den natürlichen land- und forstwirtschaftlichen Ressourcen getragen sind.

Von ungleich größerer Bedeutung sind in der gegenwärtigen Phase der ökonomischen Entwicklung, deren Beginn in etwa mit dem vom Korea-Krieg in Kanada wie in den USA ausgelösten Nachkriegsboom periodisiert werden kann, selbstverständlich die Mineral-Rohstoff-Ressourcen Kanadas. Der Wert der Produktion sämtlicher Mineralien betrug 1972 $ 6,4 Milliarden; Kanada liegt damit in der Weltrangliste der mineralischen Rohstoffproduktion an dritter Stelle hinter den USA und der UdSSR und ist der führende Exporteur auf dem Weltmarkt. Wertmäßig erreichte bereits 1972, noch

Darstellung 2 : Ressourcen und Vegetationszone in Kanada

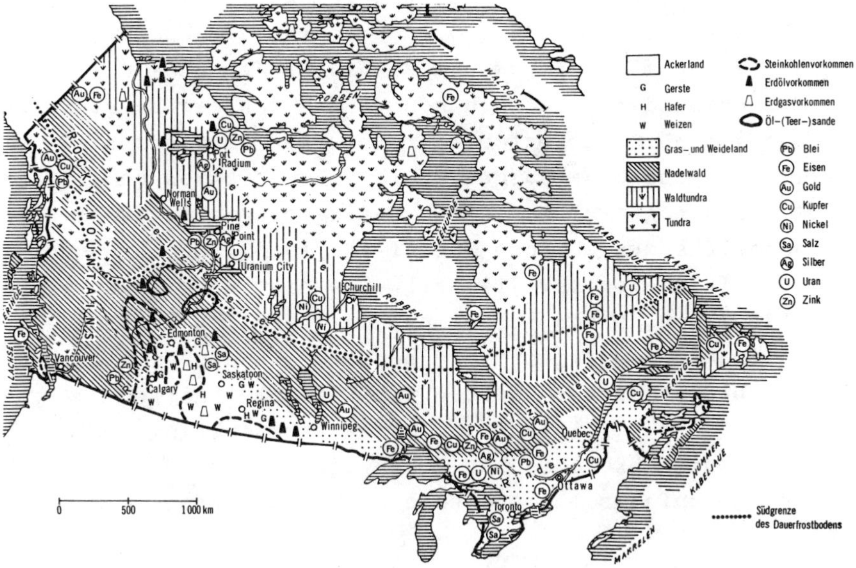

Quelle: Übernommen aus Statistisches Bundesamt 1974: Allgemeine Statistik des Auslandes, Länderkurzberichte Kanada, Stuttgart u. Mainz 1974, S.5.

vor der Erdölpreis-Explosion, die Förderung von Erdöl, Erdgas und deren Raffinierung 37 % der gesamten Rohstoffextraktion; der Anteil sämtlicher metallischer Mineralien lag bei 46 %. Bei einer Reihe von Rohstoffen kommt Kanada dabei sowohl strategisch/qualitativ als auch quantitativ aufgrund der jährlichen Produktionsmenge eine führende Rolle im Weltwirtschaftssystem zu. So nimmt es die erste Position ein bei der Produktion von Nickel, Zink, Asbest und Silber, liegt an zweiter Stelle der Weltförderung bei Gold, Molybdän und Uran, wobei die beiden letzteren Mineralien von zudem wachsender (militär-)strategischer Bedeutung sind. Von erheblichem Rang ist ferner die Jahresproduktion von Kupfer, Platin, Blei, Eisenerz sowie bei den industriellen Rohstoffen von Pottasche, Schwefel, Zement etc.

Bei einigen dieser Ressourcen liegt Kanada nicht nur bei der

Produktion an führender Stelle; es besitzt zugleich, wie z.B. bei Nickel, Zink, Eisenerz, auch die größten bekannten Vorkommen; bei anderen läßt sich die Erschöpfung der Reserven bereits absehen; so reichen die gegenwärtig bekannten Erdöllager in der Athabasca-Region Albertas noch für ca. 10 - 15 Jahre, die Erdgas-Vorkommen für einen Zeitraum von etwa 20 - 25 Jahre. Jedoch kann man bei dem Rohstoffreichtum des Kanadischen Schildes von der Existenz riesiger, bislang noch nicht entdeckter Reserven der verschiedensten mineralischen Rohstoffe ausgehen. Ihre Exploration und Förderung verlangt bei den geo-klimatischen Bedingungen allerdings sowohl außerordentliche menschliche Mühsal als auch immense Summen an Kapital und Technologien, die teilweise erst noch zu entwickeln sind. Beides kann Kanada selbst nur unzulänglich leisten. Die Rohstoffextraktion und damit die Hauptquelle des kanadischen Wohlstands bleibt auch zukünftig von Kapital- und Technologieimport abhängig. Den Kreislauf von Rohstoffproduktion - wirtschaftlichem Wachstum - ökonomischer Abhängigkeit - Rohstoffproduktion hat Kanada jedenfalls bislang noch nicht durchbrechen können oder wollen.

Die überwiegende Mehrheit der Rohstoffe geht dabei in den Export; - in einen Außenhandel, der im 19.Jahrhundert im Zeichen der Agro-Exportwirtschaft mehrheitlich zwischen Kanada und Großbritannien abgewickelt wurde. Seit dem Ende des I.Weltkriegs übernahmen die USA die Rolle Großbritanniens als Haupthandelspartner; gegenwärtig beträgt der Anteil der USA an den kanadischen Im- wie Exporten ca. 70 %. Kanada ist jedoch in jüngster Zeit um eine Diversifizierung seines Außenhandels bemüht, was sich einerseits in verstärkten Handelsbeziehungen und zunehmender Investitionstätigkeit in Ländern der 'Dritten Welt', vor allem auch im karibischen Raum äußert, was andererseits zu Kooperationsbemühungen mit der Europäischen Gemeinschaft wie individuell mit den Mitgliedsstaaten der EG geführt hat. Bei der außerordentlichen ökonomischen Verflechtung mit dem US-amerikanischen Markt sind solche Bestrebungen aber recht enge Grenzen gesetzt.

Am sinnfälligsten kommt die ökonomische Abhängigkeit jedoch in der Penetration der kanadischen Wirtschaft durch das (meist in der Form von Direktinvestitionen angelegte) US-amerikanische Kapital zum Ausdruck. Ende 1972 betrug der Buchwert amerikanischer Investitionen $ 25,8 Milliarden; die US-amerikanischen Kapitalanteile erreichten 95,6 % in der Auto-Industrie, 85,8 % im Eisenerzerz-Bergbau, 84,0 % in der Gummi-Produktion, 76,4 % in der Petrochemie und der Kohle-Verarbeitung, 67,1 % in der Kraftstoff-Industrie, 64,8 % im Maschinenbau, 58,1 % in der Elektro-Industrie, 56,6 % in der Chemischen Industrie. Im gesamten Bereich der verarbeitenden Industrie befanden sich 58,0 % des Kapitals in US-amerikanischen Händen; im extraktiven Rohstoffbereich lag der Anteil bereits 1967 bei 56 %.

In ihrem Ergebnis für die Kanadier und deren Lebensqualität sind von den zwei Grundpfeilern der ökonomischen Entwicklung durchaus widersprüchliche Wirkungen ausgegangen. Ohne Kapitalzufluß, Immigration und technische Innovationen von außen wäre der Prozeß der Industrialisierung Kanadas qualitativ wie quantitativ sicherlich in anderen Dimensionen verlaufen, wäre das ökonomische System zu keiner Zeit in der Lage gewesen, sich derartig beständig und schnell zu modernisieren. Daß die sektorale Zusammensetzung des BIP und die Struktur der 'labour force' sich nur unwesentlich von den Bedingungen in anderen kapitalistisch organisierten Industriesystemen unterscheiden, liegt maßgeblich auch in den ausländischen Einwirkungen auf die kanadische Wirtschaft begründet. Allerdings gab sie damit ein erhebliches Maß an Selbstbestimmung preis zugunsten eines starken ökonomischen Wachstums und hohen Lebensstandards. So lag das BIP-pro-Kopf bereits 1972 bei $ 4.761 und ergaben sich Ende der 60er und Anfang der 70er Jahre bis zu Beginn der jüngsten weltweiten Rezession Wachstumsraten von real durchschnittlich 5 % und nominal 9 - 10 % pro Jahr. Der 'average Canadian' verfügt über ein beträchtliches individuelles Einkommen, von dem er nurmehr ca. 50 % zur Befriedigung von lebensnotwendigen Bedürfnissen benötigt. Die gleiche kanadische Gesellschaft wird allerdings auch charakterisiert durch eine stets absolut wie prozentual hohe Arbeitslosigkeit, die auch in Zeiten der Hochkonjunktur im Landesdurchschnitt selten 4 % unterschreitet und regional teilweise 10 % übersteigt, durch ein beträchtliches Maß an relativer wie absoluter Armut, durch ein ausgeprägtes Einkommens- wie Eigentumsgefälle. In diesen wie in einigen weiteren Faktoren zeigen sich ähnliche Deformationen, wie sie als Folge des strukturellen Verhältnisses von Metropole und Peripherie vor allem die 'unterentwickelte Dritte Welt' bestimmen. Die besondere Integration der kanadischen Ökonomie in das Weltmarktsystem bewirkt auch in Kanada soziale Heterogenitäten, die ohne dependenztheoretische Überlegungen nicht zureichend zu erklären sind und nur im Kontext einer sozio-historischen Analyse verständlich werden.

A. POLITIK UND WAHLEN IM KOLONIALEN BRITISCH NORDAMERIKA (1763 - 1867)

1. Verfassungsstrukturen und politische Entwicklung bis zur Rebellion von 1837

In einer Geschichte ohne revolutionäre Brüche haben sich die politischen Systemstrukturen Kanadas evolutionär herausgebildet; sie gehen zurück auf die französische und vor allem auf die sich nach 1763 anschließende britische Kolonialherrschaft. Allerdings hinterließ - etwa im Gegensatz zum Rechtssystem in Quebec - die Periode französischer Herrschaft keine längerfristig bedeutsamen Spuren im politisch-institutionellen System[1]. So setzte die seither kontinuierliche Verfassungsentwicklung erst mit dem Sieg Englands im Siebenjährigen Krieg ein, der die französische Kolonialherrschaft in Nordamerika beendete und nur die beiden Inseln St. Pierre und Miquelon bei Frankreich beließ. Die danach im 18. und in der ersten Hälfte des 19.Jahrhunderts vor der Gründung des Bundesstaates (Dominion of Canada) während der britischen Kolonialperiode entstandenen politisch-institutionellen Strukturen prägen demgegenüber - trotz aller gesellschaftlichen Veränderungen - noch heute das politische System. Konstitutive Elemente bilden dabei der föderative Staatsaufbau, der die Staatsgründung im Jahre 1867 erst ermöglichte und den einzelnen Gliedstaaten ein unverändert starkes politisches Eigengewicht verleiht; sodann die Übertragung des britischen Verfassungsmodells mit seinen spezifischen Ausformungen, vor allem der Parlamentsstruktur, der parlamentarischen Kabinettsregierung und der Wahlrechtstradition.

Den Ausgangspunkt für die Verfassungsentwicklung bildete die unmittelbar nach der britischen Machtübernahme und im Anschluß an den Pariser Frieden am 7.Oktober 1763 erlassene 'Royal Proclamation' Georgs III., die insbesondere zwei Ziele verfolgte[2]: Sie ordnete die territoriale Gestalt der zunächst drei Provinzen Quebec, Newfoundland und Nova Scotia neu. Aus der Kolonie Nova Scotia, die bereits seit dem Utrechter Frieden (1713) zum britischen Besitz gehörte, wurden dann 1769 Prince Edward Island und 1784 New Brunswick ausgegliedert. Die Proklamation enthielt ferner zweitens Rahmenbestimmungen über die zu schaffenden politischen Institutionen, indem sie den Provinzen - wie zuvor schon Nova

Scotia, deren erste aus 22 Mitgliedern bestehende Assembly am 2.Oktober 1758 zusammentrat - die Einberufung gewählter Repräsentativkörperschaften zugestand.

In der Provinz Quebec wurde allerdings entgegen der Ankündigung der Proklamation keine gewählte Assembly einberufen. Das Quebec Act[3] aus dem Jahre 1774 erkannte zwar den etwa 70.000 frankokanadischen 'habitants' (Siedlern) eine Reihe von Sonderrechten zu, so die Zweisprachigkeit, die Religionsfreiheit, und behielt auch das französische Zivilrecht bei, bezeichnete die Wahl einer Repräsentativkörperschaft aber als "unzweckmäßig". Als gesetzgebendes Organ wurde nur ein ernannter Legislative Council eingerichtet, dem 23, darunter acht katholische, Mitglieder angehörten und der am 17.August 1775 erstmals zusammentrat. Der Entscheidung der britischen Kolonialverwaltung lagen vielfältige Motive zugrunde[4]. Ihr Hauptinteresse galt jedoch der Konsolidierung der neugewonnenen Besitzverhältnisse in der fast ausschließlich von den frankokanadischen 'habitants' besiedelten Kolonie; die Wahl einer antibritisch orientierten Assembly schien dem entgegenzustehen, zumal gleichzeitig im Süden die Neuengland-Staaten im amerikanischen Unabhängigkeitskrieg um die Loslösung von der britischen Kolonialmacht kämpften. Zudem fehlte der frankophonen Subgesellschaft jegliche Beziehung zu der ihr fremden englischen Verfassungstradition - ein Grund für ihre Passivität während des Unabhängigkeitskriegs. Die Frankokanadier glaubten ihr Hauptziel, die Bewahrung ihrer eigenständigen französischen Kultur- und Rechtsformen, durch das Quebec Act weitgehend gewährleistet. Forderungen nach Wahl der angekündigten Repräsentation erhoben sie nicht.

Derartige Forderungen gingen vielmehr von den britischen Einwanderern aus. Im Gefolge des Unabhängigkeitskrieges kamen mit den United Empire Loyalists zwischen 30.000 und 40.000 Siedler, vornehmlich britischer Herkunft, aus Neuengland in die kanadischen Provinzen[5]. Sie siedelten in ihrer Mehrzahl in Nova Scotia, Prince Edward Island und New Brunswick; etwa 10.000 von ihnen ließen sich in der Provinz Quebec zumeist westlich der französischen Siedlungen im heutigen Ontario nieder. Mit dem englischen Institutionengefüge vertraut, forderten sie verstärkt seit 1783 zur Durchsetzung ihrer Interessen die Einberufung einer gewählten Assembly; sie strebten daher die Revision des Quebec Act an. Den beginnenden Gegensatz zwischen dem englischen und französischen

Bevölkerungsteil versuchte die Kolonialmacht daraufhin durch die Teilung in zwei Provinzen, in das vornehmlich frankophone Lower Canada (das heutige Quebec) und in das von britischen Einwanderern besiedelte Upper Canada (das heutige Ontario), zu lösen. Mit dem Constitutional Act von 1791 wurde den beiden Provinzen zugleich und endgültig eine konstitutionelle Regierung zuerkannt[6].

1.1. Verfassungs- und Wahlrechtsnormen im System des 'Representative Government'

Die Grundlage für die in den Provinzen weitgehend identischen Verfassungsstrukturen bildete das damalige englische politische System in für die Kolonien geringfügig abgewandelter Form: Als Exekutive fungierten der von der britischen Krone ernannte Governor und ein von diesem abhängiger Executive Council. Entsprechend dem dualistischen englischen Parlamentsmodell stand ihnen eine zweikammerige Legislative gegenüber, gebildet aus dem Legislative Council, dessen - in Upper Canada mindestens sieben, in Lower Canada mindestens 15 - Mitglieder der britische Monarch auf Lebenszeit ernannte, und aus der nach direktem und bedingt gleichem Wahlrecht bestellten Legislative Assembly. Für eine vierjährige Wahlperiode gewählt, gehörten ihr in Upper Canada zu Beginn 16 und in Lower Canada 50 Abgeordnete an. Beide Kammern übten gemeinsam die Gesetzgebung aus, verfügten aber noch nicht über die Haushaltsgesetzgebung und das Steuerbewilligungsrecht, die in den Händen der Kolonialverwaltung lagen. Im Gegensatz zum englischen Vorbild fehlten den Repräsentativkörperschaften damit noch die legislatorischen Kompetenzen, um über eine wirksame Kontrolle zum entscheidenden politischen Machtträger aufzusteigen. Allerdings verstärkten sich die Auseinandersetzungen zwischen Exekutive und Repräsentation zunehmend. Entscheidende Konsequenzen auf die Regierungsverhältnisse ergaben sich daraus zunächst nicht; das Übergewicht des Governor blieb bestehen. Neben dem Auflösungsrecht der Assembly durch den Governor trug dazu vor allem die fast uneingeschränkte Unterstützung der Kolonialverwaltung durch den Legislative Council im Gesetzgebungsprozeß bei. Dies lag begründet in der Ernennung durch die britische Krone, die in Nova Scotia, Prince Edward Island und New Brunswick zur personellen Identität von Executive und Legislative Council führte; sodann bestand weitgehende sozio-ökonomische Interessengleichheit mit der Kolonialmacht. Der Einfluß des Parlaments blieb so gering. Das Verfassungsgefüge des 'representative government' war bis zur Mitte des 19.Jahrhunderts bestimmt durch die Verbindung von

"apparently popular institutions with the utter absence of all efficient control of the people over their rulers" (Durham 1912, vol.2, S.79).

Gleichfalls am britischen Vorbild orientiert war das Wahlrecht zu den Assemblies[7]. Dies bewirkte eine deutliche Übereinstimmung in den Wahlrechtsgrundsätzen über die Provinzgrenzen hinweg, obwohl die wahlrechtlichen Grundlagen für jede Provinz gesondert gesetzlich normiert wurden. Einheitlichkeit bestand u.a. im Grundsatz der Territorialrepräsentation wie im engeren Wahlrecht, das in allen Provinzen direkt und bedingt gleich, nicht aber geheim und allgemein war. Aktiv wahlberechtigt waren alle Männer über 21 Jahre, die Untertanen der britischen Krone waren und bestimmte Eigentumserfordernisse erfüllen konnten. Als weitere Voraussetzung für das aktive Wahlrecht trat in einigen Kolonien zeitweise die Zugehörigkeit zur protestantisch-anglikanischen Konfession hinzu, wodurch Katholiken, Juden, aber auch Protestanten wie die Quäker, vom Wahlrecht ausgeschlossen waren.

Wie in der englischen Wahlrechtstradition galten auch in den kanadischen Kolonien in county (ländlicher Gemeinde) und borough (städtischer Siedlung) unterschiedliche Besitzqualifikationen. Während die Abgeordneten auf dem Lande in der Regel von den Grundeigentümern gewählt wurden (freehold franchise), wobei in den Provinzen voneinander abweichende Besitzgrößen, zumeist jedoch der Besitz eines '40-sh-freehold', zugrundegelegt wurden, besaßen in den Städten und städtischen Gemeinden vornehmlich die Eigentümer eines Wohnhauses das Wahlrecht. In den beiden kanadischen Provinzen durften in den Städten neben den Hausbesitzern auch Wohnungsmieter wählen, die mehr als £ 10 Miete im Jahr entrichteten. Das Constitutional Act band die Wählbarkeit hingegen an keine Besitzqualifikationen. Wählbar waren so alle männlichen Untertanen der britischen Krone, die das 21.Lebensjahr vollendet hatten. Inkompatibilität bestand für die Mitglieder des Legislative Council, Inegilibilität für die Angehörigen religiöser Orden. In Upper Canada wurde dann jedoch auch das passive Wahlrecht durch Eigentumserfordernisse beschränkt. Gewählt werden konnten seit 1814 bzw. 1818 nur Eigentümer, die unverschuldeten Grund

und Boden im Schätzwert von mindestens £ 40 bzw. £ 80 sowie weiteres Eigentum im Wert von £ 160 besaßen.

In einer vornehmlich agrarischen Sozialstruktur und bei der fast unermeßlichen Weite unbesiedelten Landes bewirkte die Übertragung der englischen Besitzqualifikationen über einen langen Zeitraum hinweg, verglichen mit dem Mutterland, eine deutlich geringere Wahlrechtsbeschränkung. Sowohl die Reformbewegung in Großbritannien als auch die 'Jacksonian Democracy' blieben zunächst ohne direkte Auswirkungen auf die Gestaltung des Wahlrechts[8]. Das an den Besitz gebundene Wahlrecht entsprach dem damaligen kanadischen Politikverständnis[9]. Zur Formulierung des allgemeinen (Männer-)Wahlrechts gelangten nur wenige Reformgruppierungen, wie der frankokanadische Parti Rouge und die Upper Canada Central Political Union. Ihre Forderungen gewannen politisches Gewicht erst mit der beginnenden Industrialisierung und dem dadurch bedingten gesellschaftlichen Wandel in der Mitte des 19.Jahrhunderts; die Einführung des allgemeinen Wahlrechts bewirkten sie indes nicht.

Obgleich das engere Wahlrecht nicht umstritten war, war dennoch die Politik von Auseinandersetzungen um die Wahlgesetzgebung bestimmt, wobei zumeist die Wahlkreiseinteilung in den Vordergrund trat. Bei der ständigen Bevölkerungszunahme - in Upper Canada versiebenfachte sich die Bevölkerung von ca. 70.000 (1806) bis auf 1840: 432.159 Einwohner - kam der Wahlkreiseinteilung besondere Bedeutung zu. Dies umso mehr, als zum einen das Prinzip der Territorialrepräsentation galt, die Wahlkreise somit an die lokale Verwaltungsstruktur gebunden waren, zum anderen nach Mehrheitswahl gewählt wurde. In Upper Canada vermochten so weder die mehrmalige Erhöhung der Mandatszahl der Assembly von 1792 ursprünglich 16 auf schließlich 1836 40 Abgeordnete, noch die Modifizierung des Repräsentationsschlüssels 1820 - Gemeinden zwischen 1.000 und 4.000 Einwohner wählten danach einen, Gemeinden mit über 4.000 Einwohner einen zweiten Abgeordneten - die Ungleichheit im Stimmengewicht zu beseitigen[10].

Dies galt vor allem auch in Lower Canada, wo die Auseinandersetzungen um die Bestellung der Assembly vornehmlich von dem wachsenden Nationalitätengegensatz zwischen der Kolonialverwaltung, dem Legislative Council und der anglokanadischen Minorität einerseits und der infolge der Bevölkerungsstruktur stets mehrheitlich frankokanadischen Assembly andererseits bestimmt wurden.

So waren nach 1810 die Anglokanadier, deren Anteil an der Gesamtbevölkerung der Provinz trotz verstärkter Einwanderung ein Sechstel zu keiner Zeit überstieg, wie die Kolonialverwaltung mehrmals bestrebt, das passive Wahlrecht zu beschränken. Im Jahre 1828 schloß sich diesen Versuchen, mit Hilfe einer Beschränkung der Wählbarkeit die Mandatsverhältnisse in der Repräsentationskörperschaft zugunsten der englischen Minorität zu verändern, auch das Colonial Office in London an. Es beabsichtigte, das passive Wahlrecht an einen Einkommenszensus von jährlich £ 500 zu binden. Ihr Ziel, "to change a racial minority into a political majority in the Assembly" (Garner 1969, S.79), erreichten die Briten jedoch nicht. Die frankokanadische Assembly verhinderte zudem bis 1829 alle Versuche, die 1792 vorgenommene Einteilung der 50 Wahlkreise der seither erfolgten Bevölkerungszunahme anzupassen. In Anlehnung an die Regelung in Upper Canada einigten sich der anglokanadisch dominierte Legislative Council und die frankokanadische Assembly im Representation Act von 1829 auf Einerwahlkreise für Gemeinden zwischen 1.000 und 4.000, auf Zweierwahlkreise für Gemeinden mit über 4.000 Einwohner; die Mandatszahl der Assembly wurde auf 84 erhöht[11]. Wie in Upper Canada beseitigte aber auch hier die Veränderung der Wahlkreise keineswegs die aus dem Prinzip der Territorialrepräsentation herrührende Ungleichheit im Stimmengewicht. Die von der britischen Regierung eingesetzte Gosford Commission schlug in ihrem Bericht 1836 als Lösungsmöglichkeit die Einrichtung von Großwahlkreisen vor, in denen die Zahl der Abgeordneten nach dem Kopfzahlprinzip ermittelt werden sollte. Bei einer Stimme je Wähler sollten die Mandate nach Verhältniswahl vergeben werden[12].

1.2. Politische und soziale Konflikte in Upper and Lower Canada

Seit den 1820er Jahren traten sozio-ökonomisch begründete Konflikte in den Vordergrund der Auseinandersetzungen zwischen Assembly und Kolonialverwaltung:

"In both sections the popular agrarian majority was in bitter conflict with the oligarchic minority of officials, placemen and merchants; and in both sections rebellion resulted from the increasing frustration of the majority, whose odds in numbers were outweighed by their enemies' monopoly of power" (Wade 1955, S.151).

Diese Scheidung sozio-ökonomischer Interessen von Oligarchie und einfacher Bevölkerungsmehrheit bildete in beiden kanadischen Provinzen die Grundlage für die in den 20er Jahren erfolgte Konstituierung zweier in programmatischer Konzeption wie auch personalem Zusammenhalt bereits relativ kohärenter, parteiähnlicher Gruppierungen[13]. Parteipolitisch verfestigt, führten die sozioökonomisch begründeten Konflikte zur machtpolitischen Auseinandersetzung zwischen kolonialer Exekutive und Assembly und eskalierten schließlich in der 'Rebellion' von 1837 um die Vorherrschaft im politischen Entscheidungsprozeß. In Upper Canada standen sich dabei die Konservativen oder Constitutionalists und die progressiven, nach sozialer wie politisch-institutioneller Veränderung strebenden Reformers gegenüber; in Lower Canada bildeten Reformpartei und frankokanadische Opposition weitgehend eine Einheit.

Die Forderungen der Reformers in Upper Canada unter Führung von William Lyon Mackenzie, William Warren Baldwin und seinem Sohn Robert Baldwin entstanden dabei vor allem in Reaktion auf die Herrschaft des 'Family Compact'[14], einer kleinen, jedoch nur teilweise familiär zusammengehörigen Oligarchie von Großgrundbesitzern und Handels- wie Finanzinteressen, die mittels ihrer Funktionen als Executive Councillors, höhere Beamte und Mitglieder der Jurisdiktion zugleich die politischen Entscheidungen auf Provinzebene bestimmten und über ein weit verzweigtes Patronagesystem zumeist mit Hilfe des An- und Verkaufs, der Vergabe und Verpachtung von Grund und Boden die Gemeindepolitik kontrollierten. Nach dem Urteil von Lord Durham kontrollierte der Family Compact mit dem Grund und Boden, den Banken und den Ämtern im politisch-administrativen System "... almost exclusively all offices of trust and profit..." (Durham 1912, vol.2, S.148). Die Angriffe der kleinbürgerlichen, von Kleinbauern und Landpächtern, kleinen Händlern und Gewerbetreibenden etc. getragenen Reformpartei richteten sich gerade deshalb auch gegen die Kolonialverwaltung und ihre weithin unkontrollierbare Haushaltsführung und Landvergabepolitik[15]. Waren die Kronländer - ein Siebentel des gesamten Grund und Bodens, ein weiteres Siebentel fiel als 'clergy reserves' der Anglikanischen Kirche zu - zunächst weitgehend frei, nur an Abgaben und Steuerleistung gebunden, abgegeben worden, so ließen die steigenden Ausgaben zur Erhöhung der Haushaltseinnahmen den Verkauf dieser Länder notwendig werden. Dies bewirkte ab etwa 1825 eine erhebliche Konzentration von Grund und

Boden in der Hand der Canada Company[16]. Im Jahre 1824 im Mutterland gegründet, erwarb sie als Zwischenhändler direkt von der Kolonialverwaltung in Upper Canada große Teile der Kronländer. Infolge ihrer Kapitalkraft konnte sie vielfach auch die auf dem Markt frei angebotenen kleineren territorialen Einheiten aufkaufen. Vor allem gegen diese Verkaufspraktiken wandten sich die Reformers mit ihrer Forderung nach vollständiger Kontrolle der Haushaltsführung durch die Repräsentation. Im Grunde zielten sie damit bereits auf die Beschränkung der exekutiven Gewalt[17].

Die Auseinandersetzungen spitzten sich zu, als die Reformers bei der Wahl von 1828 erstmals die Mehrheit der Mandate gewannen und sich in den nachfolgenden Wahlen bis 1836 in Ansätzen ein Zweiparteiensystem zwischen den konservativen, vom Family Compact und der Kolonialmacht gestützten Constitutionalists und den kleinbürgerlichen Reformers mit wechselnden Mehrheiten - 1828: Reformers; 1830: Constitutionalists; 1834: Reformers; 1836: Constitutionalists - herausbildete. Allerdings fehlte diesen dem System alternativer Regierung angenäherten Strukturen mit der parlamentarischen Verantwortlichkeit noch die entscheidende institutionelle Voraussetzung. So mußte das nach der Wahl von 1828 bei einer Gegenstimme dem Governor ausgesprochene Mißtrauensvotum der Assembly ohne politische Konsequenzen bleiben. Dennoch zwang die mehrheitlich oppositionelle Repräsentation die Exekutive, zur Aufrechterhaltung ihrer Vorrangstellung zugleich alle ihre institutionellen Vorrechte auszuspielen: Mit Hilfe des Legislative Council wurden innerhalb eines Zeitraums von zehn Jahren annähernd 300 von der Assembly bereits verabschiedete Gesetze zu Fall gebracht[18]; zudem ergaben die Neuwahlen nach vorzeitiger Parlamentsauflösung durch den Governor - so 1830 und 1836 - stets der Kolonialverwaltung genehme Mandatsmehrheiten; nicht zuletzt - wie insbesondere bei der Wahl von 1836 - eine Folge der massiven, bereits wahlkampfähnlichen Unterstützung der Constitutionalists durch den Governor[19].

Gegen diese Praktiken der Ausschaltung der Opposition richteten sich die seit 1828 mehrmals an das britische Parlament adressierten 'petitions and grievances' der Reformers. Mit Hilfe ihrer weitgehend politisch-institutionellen Reformforderungen, in denen sich der Strukturwandel des Regierungssystems abzeichnete, hofften sie ihre sozio-ökonomischen Interessen gegen die noch einheitliche politische wie soziale Elite durchsetzen zu können. Die

Forderungen enthielten u.a. den Anspruch auf Kontrolle der Haushaltsführung und des Landverkaufs durch die Assembly - gegen die Patronage gerichtet -, die Forderung nach geheimer Stimmabgabe und Wahl der Friedensrichter in den Gemeinden. Im Mittelpunkt der Beschwerden stand stets die Einführung parlamentarischer Verantwortlichkeit, die nach ihrem Verständnis die Bindung der Kolonialadministration an die politischen Entscheidungen der Assembly, ferner die Ernennung der Mitglieder des Executive Council in Übereinstimmung mit den Zielen der Parlamentsmehrheit implizierte. Die Forderungen der Reformers liefen so letztlich auf koloniale Selbstverwaltung und 'responsible government' hinaus[20].

Von denselben institutionellen Strukturen geprägt, ähnelten sich die verfassungspolitischen Konflikte in beiden kanadischen Provinzen. Auch im frankokanadischen Lower Canada gelang der Kolonialmacht die weitgehende Ausschaltung der Assembly: zum einen mit Hilfe des Legislative Council, dem stets mehrheitlich Anglokanadier angehörten und zu dessen Mitgliedern vom Governor in der Regel Repräsentanten des Château Clique, dem Pendant des oligarchischen Family Compact, ernannt wurden[21]. Von den zwölf Mitgliedern des Council waren z.B. 1830 allein sieben Großgrundbesitzer, drei Kaufleute im Handel mit dem Mutterland. Der Legislative Council ließ von 1822 bis 1834 insgesamt 234 von der Assembly verabschiedete Gesetze scheitern[22]. Zweites Mittel zur Parlamentsausschaltung bildete auch in Lower Canada die vorzeitige Parlamentsauflösung. So löste der Governor 1827 die Assembly bereits zwei Tage nach der Eröffnung wieder auf, als sie sich weigerte, die mit 41 gegen fünf Stimmen erfolgte Wahl von Louis Joseph Papineau, dem Führer der Frankokanadier, zum Speaker rückgängig zu machen[23]. Im Gegensatz zu Upper Canada änderten sich nach vorzeitigen Neuwahlen die Mehrheitsverhältnisse nicht; infolge der Bevölkerungsstruktur blieb die oppositionelle Mehrheit der Frankokanadier erhalten. Bei der Wahl vom Oktober 1834 etwa gewannen sie 77 der 88 Mandate der Assembly. So standen auch in Lower Canada im Vordergrund der Forderungen, die programmatisch in den 1834 von der Assembly verabschiedeten '92 Resolutions' zusammengefaßt sind, die parlamentarische Kontrolle und Verantwortlichkeit der Kolonialverwaltung[24]. Sicherung der nationalen Identität, Bürgerrechte und vornehmlich soziale Gleichheit der frankokanadischen Bevölkerung hoffte die Opposition mit Hilfe der Suprematie des Parlaments im Verfassungsgefüge durchsetzen zu können.

Bereits 1832 hatte sich die Assembly zudem für die Wahl als Bestellungstechnik des Legislative Council ausgesprochen. Als diese ihre vordringlichste Forderung nicht erfüllt zu werden schien, stellte sie 1836 ihre Beratungen bis zu dem Zeitpunkt ein, an dem britische Regierung und Parlament die Bestellungsgrundlage der ersten Kammer verändern würden. Als Antwort auf die 92 Resolutions lehnten im Frühjahr 1837 jedoch sowohl die von der britischen Regierung eingesetzte Gosford Commission in ihrem Bericht als auch die vom Westminster-Parlament verabschiedeten 'Ten-Resolutions' die Wahl des Legislative Council und die Einführung des parlamentarischen Regierungssystems ab[25].

Unter dem Einfluß von Papineau, der als einer von wenigen Frankokanadiern stark von den revolutionär-demokratischen Ideen der Aufklärung und französischen Revolution geprägt war, gelang den 'Patriotes' infolge der einigenden nationalen, kulturellen und religiösen Abwehrhaltung seit etwa 1827 eine erhebliche Mobilisierung der Bevölkerung[26]. Es entstand ein über die gesamte Provinz gespanntes Netz lokaler und regionaler Organisationen, die zahlreiche öffentliche Massenversammlungen abhielten. Zur Mobilisierung trug sodann die katastrophale wirtschaftliche Lage bei. Seit Beginn der 30er Jahre des 19.Jahrhunderts bewirkten die Erschöpfung des Bodens infolge veralteter Anbaumethoden und eine Weizenflohplage den fast völligen Niedergang der Landwirtschaft im Saint Lawrence und Richelieu Valley. Ihren Höhepunkt erreichte die Krise in den Mißernten der Jahre 1836/37, die durch die gleichzeitige weltweite Wirtschaftsdepression nur noch verstärkt wurde[27]. In dieser Situation allgemeiner Unzufriedenheit traf die negative Antwort der Briten auf die frankokanadischen Forderungen so auf eine mobilisierte und deutlich radikalisierte oppositionelle Massenbewegung. Wenngleich die Kolonialmacht im Frühsommer 1837 Demonstrationen verbot, konnte sie doch zunächst weitere Massenversammlungen nicht verhindern. Auf der Versammlung von Saint Ours, an der am 7.Mai 1837 ca. 1.200 Personen teilnahmen, formulierten die Frankokanadier ihren Protest gegen die britische Haltung in den unter Führung von Papineau ausgearbeiteten '12 Resolutions'[28], die in Inhalt und Aufbau angelehnt waren an die amerikanische 'Declaration of Independence', die französische 'Déclaration des Droits de l'Homme et du Citoyen', vor allem aber an die 'Declaration and Resolves of the First Continental Congress' der amerikanischen Kolonien vom 14.Oktober 1774. So rief

Resolution Nr.VIII, vergleichbar dem Anfangsstadium der Proteste der Kolonisten in den 13 amerikanischen Kolonien, zum Boykott britischer Produkte und zum Kauf einheimischer Waren auf. Ähnlich war zudem die gleichermaßen anklagende wie das eigene Handeln rechtfertigende Diktion:

"The people of this country have long awaited justice from the colonial administration at first, and later from the metropolitan government, and always in vain ... The high opinion that we had of the justice and honor of the English people made us hope that the parliament which represented it would provide a remedy for our grievances. Disillusioned of this last hope, we have renounced for ever the idea of seeking justice on the other side of the ocean, ..., sad experience forces us to recognize that our true friends and natural allies are on the other side of the 45th parallel". (Nr.V)

"We deny to the English parliament the right to legislate on the internal affairs of this colony without our consent, our participation, and our request..." (Nr.VI; zit.n. Wade 1955, S.160ff).

Seit dem Frühsommer eskalierte der Konflikt zwischen britischer Kolonialadministration als Vertreter sowohl der imperialen wirtschafts- und machtpolitischen Interessen als auch der britisch/anglokanadischen Agrar- und Handelsoligarchie Montreals einerseits und den sozial bereits zu der Zeit unterprivilegierten frankokanadischen 'habitants' unter Führung der bürgerlichen 'Patriotes' andererseits. Die Rebellion von 1837, von Lord Durham unter Ausklammerung der sozio-ökonomischen Ursachen einseitig als "Krieg der Rassen"[29] charakterisiert, wurde jedoch in beiden Provinzen - in Upper Canada hatte sich ein Teil der Reformpartei unter Mackenzie der frankokanadischen Rebellion angeschlossen - infolge der Überlegenheit des britischen Militärs schnell niedergeschlagen. Die Niederlage der bürgerlichen Reformbewegung unter Papineau lag auch darin begründet, daß sie in der noch weithin vorbürgerlichen frankokanadischen Subgesellschaft die Bevölkerungsbasis zur Durchsetzung ihrer liberalen Gesellschaftskonzeption auf gewaltsam-revolutionärem Wege deutlich überschätzte[30]; dies umso mehr, als die katholische Kirche, der entscheidende Träger sozio-ökonomischer wie ideologischer Macht, gegen die Reformzielsetzung Front machte. In dem Augenblick, als der Konflikt zur gewaltsamen Auseinandersetzung eskalierte, zerfiel die zuvor bei den Demonstrationen bestehende Massenbasis, vor allem unter den Bauern, zusehends. Nach der Suspension der Verfassung am 10.Februar 1838 durch das britische Parlament und gleichzeitiger Exilierung der Anführer (u.a. auch Papineau und Mackenzie) galt in Lower Canada bei der Ankunft des neuen Governors Lord Durham Militär- und Ausnahmerecht.

Begründet in den beschriebenen sozio-ökonomischen Gegensätzen von agrarisch-kleinbürgerlicher Bevölkerungsmehrheit und von Handel- und Agraroligarchie sowie geprägt von gleichartigen institutionellen Strukturen, ähnelte sich die Auseinandersetzung in beiden Provinzen. In Upper wie in Lower Canada ging es der bürgerlichen Reformbewegung zunächst um die Veränderung der für sie nachteiligen verfassungspolitischen Machtverhältnisse, war das Ziel responsible government, durch das sie ihre sozio-ökonomischen Interessen durchzusetzen hofften. Hinzu kam im frankokanadischen Lower Canada als zentrales Element der Nationalitätenkonflikt[31]. Enttäuscht von der Unnachgiebigkeit der britischen Kolonialverwaltung wie des imperialen Parlaments, sahen die Frankokanadier schon bald keine Möglichkeit mehr, ihre berechtigten Forderungen nach sozialer und politischer Gleichberechtigung im Rahmen des politischen Herrschaftsystems kolonialer Abhängigkeit von den Briten realisieren zu können. Während es den anglokanadischen Reformers primär um die Durchsetzung parlamentarisch verantwortlicher Regierung ging, zielte die frankokanadische Opposition nach nationaler Unabhängigkeit Französisch-Kanadas.

2. Wahlen und Parteien in der Provinz Canada (1840 - 1867)

2.1. Durham Report und Act of Union

Die politisch-institutionelle Neuordnung erfolgte dann auf der Grundlage des von Lord Durham nach seiner Rückkehr aus Kanada erstellten Berichts, in dessen Mittelpunkt zur Beilegung des Nationalitätenkonflikts wie zur Überwindung der Auseinandersetzungen zwischen Kolonialmacht und Assemblies zwei Hauptvorschläge standen: Die Übertragung des im Mutterland bewährten Regierungssystems und die Vereinigung von Upper und Lower Canada zu einer Provinz[32]. Letzterem Vorschlag lag vor allem die Überzeugung Durhams zugrunde, über die Assimilierung der dann frankokanadischen Bevölkerungsminorität - in beiden Provinzen zusammen lebten 1840 ca. 450.000 Frankokanadier und ca. 550.000 Einwohner britischer Herkunft - an die überlegene britische Gesellschaftsordnung und ihr Wert- wie Institutionensystem den 'Konflikt der Nationen' in einem evolutionären Prozeß überwinden zu können (s. Durham 1912, vol.I, S.124ff).

Der Report rief bei den beteiligten politischen Gruppen die zu erwartenden Reaktionen hervor[33]. Während die Einführung parlamentarisch verantwortlicher Regierung die Zustimmung sowohl der Frankokanadier in Lower Canada als auch der Reformpartei in Upper Canada fand, bestand in beiden Provinzen nur geringe Sympathie für die Zusammenlegung. In Lower Canada billigte der nach der Rebellion vom Governor ernannte Special Council den Zusammenschluß. Die Zustimmung der suspendierten Verfassungsorgane wurde hingegen nicht eingeholt; sie wäre von den Frankokanadiern wohl auch kaum zu erwarten gewesen. Die sich zunehmend verstärkende politische und soziale Abhängigkeit der in die Position einer nationalen Minorität geratenen Frankokanadier wäre von ihnen selbst sanktioniert worden. Unterstützung fand der Vereinigungsvorschlag im wesentlichen nur bei den auf Expansion gerichteten Wirtschaftskreisen sowohl Torontos als auch Montreals, konkret vor allem bei den Vertretern des Finanz- und Transportkapitals. In Upper Canada, wo die parlamentarischen Institutionen nicht suspendiert worden waren, bedurfte es einer Spaltung innerhalb der 1836 gewählten konservativen Parlamentsmehrheit, ehe sich in den beiden Kammern eine Mehrheit für die Zusammenlegung der beiden Provinzen fand. Der

Report stieß jedoch auch im Mutterland auf heftige Kritik[34]. Regierung wie Unterhaus waren noch nicht bereit zur Übertragung des parlamentarischen Systems, die ihnen die Oberhoheit über die Kolonien genommen und langfristig über zunächst koloniale Autonomie zu Selbständigkeit wie Unabhängigkeit geführt hätte.

Das Act of Union[35], das am 10.Februar 1841 als Verfassung für die aus der Vereinigung von Lower und Upper Canada - jetzt als Canada East und West bezeichnet - hervorgegangene Provinz Canada in Kraft trat, wich so insbesondere in den Regelungen zum Regierungssystem nur geringfügig von seinem Vorgänger, dem Constitutional Act von 1971, ab: Im System des representative government bestimmte die Verfassungsnorm unverändert Governor, Kolonialverwaltung und Executive Council zum Träger der exekutiven Gewalt, der - als Zweikammerparlament - der (bis 1856) ernannte Legislative Council und die gewählte Assembly gegenüberstanden. Auch der Bestellungsmodus der zweiten Kammer blieb weitgehend unverändert. Für eine vierjährige Wahlperiode gewählt, gehörten ihr zunächst 84 (je 42 pro Landesteil), ab 1854: 130 (je 65) Abgeordnete an, die weiterhin in direkten, bedingt gleichen, nicht aber allgemeinen und geheimen Wahlen nach relativer Mehrheitswahl bestellt wurden[36]. Während das aktive Wahlrecht an dieselben zensitären Qualifikationen (freehold auf dem Land, Eigentum oder Mietzahlung in den Städten) gebunden blieb, erforderten die unterschiedlichen Bestimmungen der Wählbarkeit in den beiden Provinzteilen eine Vereinheitlichung. Die extensive Beschränkung des passiven Wahlrechts, für das ein Zensus von unbeweglichem Eigentum von £ 500 gefordert wurde, war dabei deutlich gegen die oppositionellen Gruppierungen in beiden Provinzen gerichtet; ihr lag das Ziel zugrunde, die Kandidatur der Frankokanadier wie der sozialreformerischen republikanisch-amerikanischen Kräfte der Rebellion von 1837/38 zu erschweren.

In Übereinstimmung mit der Grundkonzeption seines Berichtes hatte Lord Durham als Repräsentationsbasis das Kopfzahlprinzip vorgeschlagen (vgl. Durham 1912, vol.II, S.299ff, 323ff). Die Assimilierung der Frankokanadier und die Dominanz der britischen Majorität sollten so vor allem mit Hilfe der Wahlkreiseinteilung erreicht werden. Das Act of Union wich auch in dieser Frage vom Durham Report ab. Jeder der beiden Provinzteile erhielt unabhängig von der Bevölkerungszahl mit 42 (dann 65) Abgeordneten die gleiche Anzahl von Parlamentsmandaten zuerkannt[37]. Zur Änderung des Repräsentationsschlüssels bedurfte es einer Zweidrittel-Mehrheit in der Assembly. Die Regelung benachteiligte zunächst das ehemalige Lower Canada; nach 1850 bewirkte sie infolge der unterschiedlichen Bevölkerungszunahme eine deutliche Unterrepräsentation des anglokanadischen Westens (Upper Canada). In der Ungleichheit des Stimmengewichts, in der im Prinzip aufrecht erhaltenen Trennung beider Provinzteile, lagen die Wurzeln der zukünftigen Auseinandersetzungen und des politischen Patts, zumal sich nach 1850 über die Parteibildungen in der Assembly die Separierung beider Provinzteile und Nationalitäten auch auf das Regierungssystem übertrug.

2.2. Wahlen und Parteien im System kolonialer Selbstregierung

Den latenten Antagonismus beider Nationalitäten überlagerte zunächst in den 40er Jahren allerdings die fortbestehende Diskrepanz von kolonialer Exekutive und kanadischer Legislative. Im Mittelpunkt des ersten Wahlkampfes nach Bildung der Union stand erneut die verfassungspolitische Konfrontation um die Einführung parlamentarisch verantwortlicher Regierung[38]. Die Ende März/Anfang April 1841 abgehaltene Wahl war dabei gekennzeichnet von wahlgeographischen Manipulationen in Lower Canada, wo der Governor eine Reihe der Wahlkreise zugunsten der britischen Minorität zurechtgeschnitten hatte, und weiteren Wahlbeeinflussungen vielfältiger Art. Eingriffe in den Wahlablauf gestatteten der über mehrere Tage andauernde Wahlvorgang sowie die offene, mündliche Stimmabgabe[39]. Die Manipulationen kamen vornehmlich den von Governor und Kolonialadministration unterstützten konservativen Kandidaten zugute, so daß der neue Governor Sydenham mit 47 der 84 Mandate über eine sichere Mehrheit in der Assembly verfügte. Ihre Wahlniederlage veranlaßte die Reformopposition in beiden Provinzteilen zur Kooperation. Die Zusammenarbeit zwischen den anglokanadischen Reformers in Canada West unter Führung von Robert Baldwin und der gemäßigt frankokanadischen Opposition unter Louis Hippolyte LaFontaine, die gegen die Union nicht grundsätzlich obstruierte, fand u.a. in einigen Wahlabsprachen ihren besonderen Ausdruck. Die Wahl LaFontaines, der sich infolge der wahlgeographischen Manipulationen in seinem Wahlkreis bei der Hauptwahl nicht durchsetzen konnte, bei der Nachwahl im anglokanadischen

Tabelle 1 : Parteipolitische Strukturierung der Legislative Assembly nach den Wahlen von 1814 bis 1851

Wahljahr		1841		1844
Canada East (Lower Canada)				
Government Supporters		20		13
Conservatives (anglokanad.)				
Opposition		21		27
Frankokanad.Gruppe	19		21	
Liberale (anglokanad.)	-		5	
Independent	-		1	
Insgesamt		41		40
Canada West (Upper Canada)				
Government Supporters		27		28
Conservatives	5		28	
Moderates	19		-	
Opposition		13		13
Reformers	7		12	
Independent	-		1	
Insgesamt		40		41
Provinz Insgesamt		81		81

Wahljahr		1848		1851
Canada East (Lower Canada)				
Supporters of Reform		34		32
Government				
Frankokanad.Gruppe	32		26	
Moderates (anglokanad.)	-		6	
Opposition		6		10
Conservatives (anglokanad.)	5		3	
Parti Rouge	-		4	
Independent	1		3	
Insgesamt		40		42
Canada West (Upper Canada)				
Supporters of Reform				
Government (Reformers)		25		18
Opposition		16		23
Conservatives	15		20	
Independent	1		3	
Insgesamt		41		41
Provinz Insgesamt		81		83

Anmerkung: Die Differenzen zur Gesamtmandatszahl von 84 resultieren aus Vakanzen (1841): 1 u.1 Mandat angefochten; 1844: 1 u.1 Abgeordneter abwesend; 1848: 2 Vakanzen; ferner ist jeweils noch der bereits zu dieser Zeit parteiunabhängige Speaker hinzuzurechnen.

Quelle: Cornell 1962, passim.

Wahlkreis York manifestierte die Interessengleichheit beider Reformparteien über die Nationalitätenbarriere hinweg. Bindeglied und gemeinsames Ziel bildete die Forderung nach responsible government.

Nach der Wahl standen sich so neuerlich zwei Gruppierungen in der Assembly gegenüber[40], bedeuteten diese dem Zweiparteiensystem angenäherten Strukturen die klare Scheidung von 'Regierungsmehrheit' und oppositioneller Minderheit. Zwar lehnten Sydenham und die Konservativen die formale Institutionalisierung parlamentarischer Verantwortlichkeit ab; in der Praxis erkannte die britische Kolonialadministration jedoch die Übereinstimmung von Regierung und Parlament als notwendige Voraussetzung des Regierungssystems an. Bestellung und Personalstruktur des Executive Council - LaFontaine und Baldwin gehörten ihm im Wechsel mit den Konservativen zeitweilig an - unter Sydenham und seinen Nachfolgern entsprachen diesem Grundsatz der 'Harmonie' beider Machtträger weitgehend. Zumindest faktisch bestanden seither Regierungen, die in allen maßgeblichen politischen Fragen von der Mandatsmehrheit in der Assembly abhängig waren. Der entscheidende Impuls zur endgültigen Einführung der parlamentarischen Kabinettsregierung ging dann von dem 1846 erfolgten Machtwechsel im Mutterland aus, da mit der neuen Whig-Regierung der Durham-Report erstmals zur offiziellen Grundlage der britischen Kolonialpolitik wurde[41]. In der Folgezeit gewährte sie bis 1851 allen Provinzen in Kanada - zuerst Nova Scotia, nach den Wahlen zur Assembly im Januar 1848 der Provinz Canada - responsible government und damit zugleich weitgehende Selbstregierung.

Die Wahlen zur Assembly im Jahre 1848 erbrachten den Reformparteien in der Provinz Canada deutliche Mehrheiten[42]; die Frankokanadier LaFontaines erzielten in Canada East 34, die Reformpartei Baldwins in Canada West 25 Mandate. Nach Vertrauensvotum durch die Assembly bildeten LaFontaine und Baldwin die erste Regierung auf parlamentarischer Basis. Mit der Durchsetzung parlamentarischer Regierungsweise entfiel aber zugleich der gemeinsame Bezugspunkt, so daß bei der Gegensätzlichkeit der Bevölkerungsteile in der Praxis eigenverantwortlicher Regierungsentscheidungen bereits der Zerfall der Reformkoalition angelegt war; dies umso mehr, als sich mit LaFontaine und Baldwin 1851 die Exponenten der Kooperation aus dem politischen Leben zurückzogen[43].

Zugrunde lagen dieser Entwicklung vor allem Veränderungen in der Sozialstruktur, deren Wurzeln nicht zuletzt auf den gesellschaftlichen Umbruch in Europa zurückgingen. Einerseits führte die von der Whig-Regierung Großbritanniens 1846 eingeleitete Politik des Freihandels zu Absatzschwierigkeiten der kanadischen Landwirtschaft; andererseits bewirkten die aus der Industrialisierung herrührenden europäischen Wirtschaftskrisen der damaligen Zeit eine starke Zunahme der Einwanderung; u.a. kamen infolge der Hungersnöte von 1845 - 47 allein etwa 100.000 Iren ins Land[44]. In Lower Canada stieg die Einwohnerzahl von ca. 600.000 (1837) auf 890.261 (1851),in Upper Canada erhöhte sich die Bevölkerung zwischen 1840 und 1851 von 432.159 auf 952.004 Einwohner.

Die aus wirtschaftlicher Not erfolgte Einwanderung schuf auch in Kanada das Bevölkerungspotential für die zunächst mit dem Eisenbahnbau einsetzende Industrialisierung. Zugleich kamen die radikaldemokratischen und sozialrevolutionären Ideen der kontinentaleuropäischen Revolutionen, insbesondere die der englischen Chartisten nach Kanada; sie fanden bei den veränderten Sozialverhältnissen eine auch politisch relevante Basis in der entstehenden Lohnarbeiterschaft. Mit der Parti Rouge und den Clear Grits bildeten sich in beiden Provinzteilen radikal-oppositionelle Bewegungen[45]. Der frankokanadische Parti Rouge trat mit Unterstützung des in die aktive Politik zurückgekehrten Papineau und vieler seiner Anhänger der Patriotes erneut für eine getrennte Provinz Lower Canada ein. Die Clear Grits fanden mit ihrem Demokratisierungsprogramm auf Anhieb bereits bei der Wahl von 1851 Unterstützung in der Bevölkerung. Ihre Forderungen zielten in Anlehnung an das amerikanische politische System auf die direkte Wahl des Governor, des Legislative Council und aller weiteren öffentlichen Ämter, die Ausdehnung des Wahlrechts, einschließlich der Einführung der geheimen Stimmabgabe, sowie die strikte Trennung von Kirche und Staat.

Das dringendste verfassungspolitische Problem bildete die Wahlrechtsfrage, da das an den Grundbesitz gebundene Wahlrecht durch die Einwanderung und die Wandlungen in der Sozialstruktur von Wahl zu Wahl restriktivere Formen annahm[46]. Der Ausdehnung des in seinen Besitzqualifikationen seit 1791 unveränderten Wahlrechts vermochte sich die 1851 aufgrund der frankokanadischen Unterstützung nochmals bestätigte Regierung Hincks/Morin nicht mehr zu widersetzen. Die Aufgabe der zensitären Grundbesitzbindung erfolgte durch das Wahlgesetz von 1853, obwohl die Mehrzahl der grundbesitzenden Siedler und mit ihnen deren Repräsentanten in den Honoratiorenparteien in ihrem konservativen Selbstverständnis nur im freehold einen dauerhaften Schutz vor allgemeinem Männerwahlrecht, Anarchie und 'Republikanismus' wie in den USA sahen. Ohne grundsätzlich von einer Beschränkung des Wahlrechts abzurükken, erfolgte mit der Neubestimmung der zensitären Bedingungen eine Anpassung des Wahlrechts an die gewandelte Gesellschaftsstruktur. Aktiv wahlberechtigt waren seit der Wahl von 1854 alle Männer über 21 Jahre, die Besitzer, Pächter oder Inhaber von zu besteuerndem unbeweglichem Eigentum waren. Dabei galt auf dem Lande ein Zensus von £ 50 oder £ 5 (nach der Einführung der kanadischen Währung 1858: $ 200 oder $ 20 jährlich), in den Städten oder städtischen Gemeinden von £ 7/10 (1858: $ 300 oder $ 30 jährlich). Die Abkehr vom freehold wurde zwischen 1850 und 1860 gleichfalls in den anderen Provinzen British Nordamerikas vollzogen, so daß auch dort die nicht grundbesitzenden, meist steuer- oder mietzahlenden Männer das Wahlrecht erhielten. Bei der Wahl von 1861 konnten in Canada East 13,15, in Canada West 13,9 % der Bevölkerung wählen[47].

Tabelle 2 : Zur Entwicklung des Wahlrechts in den kanadischen Kolonien[48].

Kolonie	Wahljahr	Zensus	Stimmen in % der Bevölkerung
Nova Scotia	1826	freehold	8,0
	1855	freehold/manhood	19,9
	1859	manhood	21,6
Prince Edward Island	1850	freehold/leasehold/household	11,2
New Brunswick	1850	freehold	12,5
	1861	assessment	11,6
Upper Canada	1836	freehold	5,6
Canada	1854	freehold	8,7
	1858	freehold/assessment	15,4

Bei der nach vorzeitiger Parlamentsauflösung abgehaltenen Wahl von 1854 verlor die Regierung Hincks/Morin endgültig ihre Mandatsmehrheit in der Assembly. Die bereits bei der vorangegangenen Wahl deutlich gewordenen Strukturveränderungen wirkten sich zusammen mit der Wahlrechtsausdehnung nun auch auf die Koalitions- und Regierungsverhältnisse aus[49]: Nicht mehr die Konfrontation von Konservativen und (Baldwin-, dann Hincks-)Reformers um die Einführung des parlamentarischen Regierungssystems, sondern die wirtschafts- und sozialpolitisch begründeten Gegensätze zwischen Konservativen und radikaler Reformbewegung bestimmten in der Folgezeit die Wahlen. Insbesondere im anglokanadischen Canada West zerbrach die alte Reformpartei an diesen Gegensätzen. An die Stelle der alten Reformkoalition trat mit der Regierung MacNab/Morin die Zusammenarbeit der seither unter dem Namen Parti Bleu auftretenden frankokanadischen Reformpartei mit den Ministerial Reformers, Abgeordneten der aufgespaltenen Reformpartei Upper Canadas, und den anglokanadischen Konservativen. Die programmatische wie ideologische Basis der neuen konservativen, gemäßigt liberalen 'Koalition' über die Nationalitätengrenzen hinweg beruhte dabei vor allem auf der gemeinsamen Grundkonzeption wirtschaftlicher Expansion und Industrialisierung. Als Gegenleistung für die Unterstützung der vornehmlich anglokanadischen Wirtschaftsinteressen wurden den Frankokanadiern erneut und verstärkt ihre kulturellen, religiösen und politischen Sonderrechte bestätigt, was in der frankophonen Subgesellschaft einerseits die sozio-kulturelle Eigenständigkeit garantierte, andererseits zugleich den sozialen status-quo und damit die dominierende Stellung der katholischen Kirche festschrieb.

Den endgültigen Bruch in der Reformpartei in Canada West vor der Wahl von 1854 bewirkten die Schulfrage - private (konfessionelle) oder staatliche Schulträgerschaften -, sodann der gleichfalls aus dem Nationalitätengegensatz herrührende Streit um den Repräsentationsschlüssel[50]. Infolge der unterschiedlichen Bevölkerungszunahme überstieg erstmals 1851 die Bevölkerung von Canada West die Einwohnerzahl von Canada East um etwa 62.000; 1861 betrug die Differenz bereits ca. 285.000 Einwohner. Da beide Provinzteile mit je 65 Abgeordneten (seit 1854) die gleiche Anzahl von Mandaten in der Assembly stellten (equal representation), bedeutete dies eine deutliche Verzerrung der Repräsentation zu Ungunsten der anglokanadischen Bevölkerung von Upper Canada. Die Anpassung der Repräsentation an die Bevölkerungsentwicklung verhinderten die frankokanadischen Abgeordneten nach 1853 mehrmals mit Hilfe der notwendigen Zweidrittel-Mehrheit. Die aus der Clear-Grit-Bewegung hervorgegangenen Radical Reformers hingegen erhoben in Anlehnung an den Durham-Report die Durchsetzung des Kopfzahlprinzips als Repräsentationsschlüssel zu einer ihrer

Tabelle 3 : Parteipolitische Strukturierung der Legislative Assembly nach den Wahlen von 1854 bis 1863

Wahljahr	1854	1857/58	1861	1863
Canada East (Lower Canada)				
Parti Bleu (1854: Ministerial Reformers	26	33	27	25
Conservatives (anglokanad.)	9	15	8	11
Parti Rouge (1854: Radical Reformers)	16	10	23	24
Moderates (frankokanad.)	9	-	3	2
Independent	3	6	3	3
Insgesamt	63	64	64	65
Canada West (Upper Canada)				
Conservatives	25	28	35	23
Ministerial Reformers	25	-	-	-
Reformers (1854: Radical Reformers)	14	33	26	40
Independent	-	1	3	1
Insgesamt	64	62	64	64
Provinz Insgesamt*	127	126	128	129

* Die Differenzen zur Gesamtmandatszahl 130 resultieren aus Vakanzen (1854: 2, 1857: 3, 1861: 1 Vakanz); ferner ist jeweils noch der bereits zu dieser Zeit parteiunabhängige Speaker hinzuzurechnen.

Quelle: Cornell 1962, passim.

Hauptforderungen. In der seit 1853 geführten heftigen Kontroverse um representation by population einerseits oder equal representation andererseits fanden die nationalen Identitäten beider Bevölkerungsteile ihren Integrationspunkt. In ihr spiegelten sich zugleich die strukturellen Unzulänglichkeiten einer künstlich geschaffenen politischen Union wider, der durch die praktische Trennung in zwei Provinzteile und equal representation institutionelle, vor allem aber jegliche sozio-kulturellen Bindungen fehlten. Zwar traten mit wenigen Ausnahmen die führenden Politiker aus wirtschaftlichen Motiven für den Fortbestand einer Provinz ein, doch bestimmte in der Praxis die weitgehend eigenständige Entwicklung von Canada East und West den politischen Prozeß.

Dualismus und Sektionalismus als die prägenden Merkmale einer in zwei Hälften gespaltenen Provinz übertrugen sich über die Wahlen auf das Parteien- und Regierungssystem[51]. Innerhalb eines Verfassungssystems bildeten sich so quasi-föderale Strukturen in Regierung und Verwaltung aus. Für Canada East und West wurde weiterhin inhaltlich unterschiedene Gesetzgebung - etwa im Bildungswesen, im Rechtssystem und in der Munizipaladministration - praktiziert. Die Ministerien wurden zumeist zu gleichen Teilen an Politiker und Beamte aus beiden Provinzteilen vergeben, vielfach die Positionen in den Ministerien doppelt besetzt, wobei jede Hälfte für ihre Teilprovinz verantwortlich war (double-compartemental governments)[52]. Das parlamentarische System erforderte jedoch die Mehrheitsbildung in der Assembly, die infolge der gleichen Mandatszahl beider Provinzteile nur durch Kooperation über die Nationalitätenbarriere hinweg zu erreichen war. Regierungsbildung wie Gesetzgebung unterlagen so ständig dem Zwang zweifacher Mehrheiten; d.h. parlamentarische Regierung war nur dann möglich, wenn die Koalition zugleich über eine Abgeordnetenmajorität in jeder Provinzhälfte wie in der Assembly als ganzer verfügte (double majority).

Mit der Wahl von 1857 bildete sich in beiden Provinzteilen je ein Zweiparteiensystem aus: im frankokanadischen Canada East mit dem Parti Bleu und Parti Rouge wie im anglokanadischen Westteil mit den Konservativen und Radical Reformers standen sich jeweils eine eher liberal-konservative und eine mehr radikal-liberale Partei gegenüber. Trotz zahlreicher Gemeinsamkeiten bewirkten die Nationalitätenschranke, insbesondere die Auseinandersetzungen um den Repräsentationsschlüssel, daß sich die vier Parteien ihre Identität als separate und relativ geschlossene politische Gruppierungen erhielten. Unter den gegebenen Bedingungen des parlamentarischen Systems und der doppelten Regierungsführung erschwerte dies die Koalitionsbildungen erheblich[53]. Infolge ihrer beständigen Mandatsmehrheit im frankokanadischen Provinzteil war dabei eine Regierungsbildung unter Ausschluß des konservativen Parti Bleu nur sehr schwer möglich. Koalitionsregierungen der beiden radikal-liberalen Parteien unter Brown/Dorion (1858) und J.S.Macdonald/Sicotte (1862 - 1864) verloren ihre meist knappe Mehrheitsbasis sehr bald und amtierten nur kurze Zeit[54]. Das Grundproblem der Regierungsbildungen bestand so darin, im anglokanadischen Teil der Provinz eine Mehrheit zu finden, die zusammen mit dem Parti Bleu auch in der Assembly als ganzer über die Majorität verfügte. Da in Upper Canada Konservative und Radical Reformers aus den Wahlen jeweils fast gleich stark hervorgingen, war die Funktionsfähigkeit des Regierungssystems seit Beginn der 60er Jahre erheblich beeinträchtigt. Vorzeitige Parlamentsauflösung und häufige Regierungsum- bzw. -neubildungen, die allerdings auch auf die noch nicht fest geschlossenen Parlamentsgruppen zurückgingen, prägten den politischen Prozeß und führten zu Regierungsinstabilität und politischem Patt in der Assembly.

Die quasi-föderalen Strukturprinzipien, equal representation, doppelte Mehrheit und zweifach besetzte Regierungsämter wiesen jedoch auch den Ausweg aus dieser Situation auf: die neuerliche Trennung beider Provinzteile mit eigenständigen Institutionen bei gleichzeitiger Bildung eines echt föderativen Bundesstaates.

B. VERFASSUNGSPOLITISCHE RAHMENBEDINGUNGEN IM BUNDESSTAAT

1. Faktoren der Staatsgründung

Der kanadische Bundesstaat (Dominion of Canada) entstand formal am 1.Juli 1867 nach der Ratifizierung des 'British North America Act' (BNA) durch das britische Parlament. Zum Zusammenschluß der vier Gründungsprovinzen - Ontario, Quebec (beide hervorgegangen durch die Trennung der Provinz Canada), Nova Scotia und New Brunswick - kam es über die Verfassungskonferenzen von Charlottetown (Prince Edward Island, 1.September 1864), Halifax (Nova Scotia, 12.September 1864), Quebec (10.Oktober 1864) und London (4.Dezember 1866). Ferner gehören der kanadischen Konföderation heute als Bundesstaaten die Provinzen Manitoba (seit 1870), British Columbia (seit 1871), Prince Edward Island (seit 1873), Alberta, Saskatchewan (beide seit 1905) und Newfoundland (seit 1949) sowie als unmittelbare Bundesgebiete die Northwest Territories (seit 1867/68) und das Yukon Territory (seit 1878) an.

Wenngleich die innere Struktur der Provinz Canada einen der maßgeblichen Gründe für die Konstituierung des Bundesstaates darstellte, so lag den Einigungsbestrebungen der kanadischen Provinzen doch auch eine Reihe weiterer Motive zugrunde[1]. Nicht zuletzt erforderten die kapitalistischen Wirtschaftsstrukturen bei der einsetzenden Industrialisierung mit dem Eisenbahnbau als Rückgrat die Schaffung eines größeren, zusammenhängenden Absatzmarktes. Die Wirtschaftskreise Torontos und Montreals gehörten zu den stärksten Befürwortern eines einheitlichen und autonomen Bundesstaates[2]. Zudem bot nur die Errichtung einer zentralen Administration die Möglichkeit der Erschließung und Besiedlung der fast menschenleeren Territorien im Westen und Nordwesten Kanadas. Der kanadische Bundesstaat war somit Ausgangspunkt und Voraussetzung für die Verbindung von British Columbia an der Pazifikküste mit dem Osten Kanadas. Dies lag zugleich auch im Interesse Großbritanniens, da das nicht nur formell zum britischen Empire gehörige Kanada die strategische Position Großbritanniens im Pazifik stärkte, und die auf Asien ausgerichtete Kolonialpolitik des Empire eine weitere Ausgangsbasis erhielt.

Die Gründung der Konföderation erfolgte aber vor allem in Reaktion auf die Entwicklungen in den USA (civil war)[3]. Ist es heute die wirtschaftliche Macht, die die Furcht vor dem großen Nachbarn im Süden begründet, war es während des 19.Jahrhunderts die Angst vor Annexion und Fusion der sich stetig auf dem nordamerikanischen Kontinent ausdehnenden USA. Die Konföderation bot den einzelnen Provinzen einen stärkeren Schutz als bisher und erschwerte mögliche Angliederungsbestrebungen erheblich. Noch wichtiger waren die gesellschaftspolitischen Gesichtspunkte. In der Mitte des 19.Jahrhunderts gingen von dem seit der 'Jacksonian Democracy' auf allgemeinem Männerwahlrecht beruhenden demokratischen politischen System der USA deutliche Impulse in Richtung auf eine stärkere Demokratisierung des Institutionengefüges der kanadischen Provinzen aus[4]. Insbesondere die Radical Reformers in der Provinz Canada traten für eine Übertragung der 'amerikanischen Demokratie' und ihrer Institutionen ein. Für diejenigen - wie John A.Macdonald oder Georges Etienne Cartier - jedoch, die die Konföderation durchsetzten, stellte das gesellschaftliche und politische System der USA das Gegenmodell dar.

"In our Federation the monarchical principle would form the leading feature, while on the other side of the line, judging by the past history and present conditions of the country, the ruling power was the will of the mob, the rule of the populace" (Confederation Debates 1865, S.59).

Die Konföderation - realisiert von Politikern, die den britischen Whigs des 19.Jahrhunderts wesentlich näher standen als den Demokraten Jacksons und seiner Nachfolger - garantierte so zugleich auch eine stärkere Abkapselung gegenüber den demokratischen Ideen und Werten des südlichen Nachbarn. Den innen-, ja parteipolitischen Hintergrund der Staatsgründung hat u.a. William L.Morton hervorgehoben:

"With the Reformers committed to local democracy, and the Conservatives to continental expansionism, it is not surprising that Confederation was, by and large, a Conservative party measure, and also a measure conservative in tone and substance. A striking venture in federalism, it neither, except in establishing representation by population, widened the basis of self-government nor altered the depository of sovereignty" (Morton 1943, S.76).

Wählt man die Geschichte der Vereinigten Staaten im 19.Jahrhundert als Ausgangspunkt, sieht man in dem sich evolutionär vollziehenden politischen und sozialen Wandel in den USA des 19.Jahrhunderts einen als revolutionär zu charakterisierenden Demokratisierungsprozeß, so erweist sich der gegenrevolutionäre, zumindest jedoch konservative Charakter der kanadischen Geschichte[5]. Insbesondere bei einer solchen Betrachtungsweise treten die vergeblichen Versuche und Niederlagen der bürgerlichen Reformbewegung, die kanadische Gesellschaft in Anlehnung an das amerikanische Wert- und Institutionensystem zu demokratisieren, deutlich zutage. Gesellschaftlich wie institutionell bedeutete die Realisierung des Bundesstaates mit dem am britischen Modell orientierten Regierungssystem die konservative Abwehrreaktion gegen die Einflüsse des radikal- und plebiszitärdemokratischeren politischen Systems der USA, wie man überhaupt die kanadische Geschichte weithin als Negation der US-amerikanischen interpretieren kann:

"Canadian national life can almost be said to take its rise in the negative will to resist absorption into the American Republic. It is largely about the United States as an object that the consciousness of Canadian national unity has grown up" (Clark, in: Angus 1938, S.423).

2. Grundzüge des Verfassungssystems

Das Verfassungssystem des kanadischen Bundesstaates ist seit 1867 durch zwei Hauptmerkmale gekennzeichnet[6]. Erstens: einen ausgeprägten Föderalismus, der den (seit 1949) zehn Provinzen weitgehende Selbstregierung gestattet, wodurch sowohl dem Verhältnis unter den Provinzen als insbesondere den Beziehungen zwischen dem Bund und den Provinzen besondere Bedeutung im politischen Entscheidungs- und Machtprozeß zukommt. Von Beginn der bundesstaatlichen Verfassungsentwicklung an wechselten dabei je nach issues und parteipolitischen Konstellationen die informellen Koalitionen der heute insgesamt elf Subsysteme häufig und oftmals innerhalb kürzester Frist. Im Mittelpunkt der Konflikte standen allerdings stets zwei Problemkreise, die zumeist auch als Kristallisationspunkt der provinzialen Partikularinteressen und Koalitionen wirkten. Dies gilt sowohl für sozio-ökonomisch begründete Auseinandersetzungen um die ungleichen Entwicklungsbedingungen als auch für den ethnisch-kulturellen Dualismus von anglo- und frankokanadischer Subgesellschaft[7]. Auf beide Fragen wird an anderer Stelle im Zusammenhang mit dem Versuch der Neudefinition des kanadischen Selbstverständnisses seit Mitte der 60er Jahre kurz einzugehen sein.

Zweitens: die Übernahme des Systems repräsentativer, parlamentarisch verantwortlicher Kabinettsregierung britischer Prägung auf bundesstaatlicher wie provinzialer Ebene. Unter Ausschaltung jeglicher plebiszitär-demokratischer - im Sprachgebrauch der Gründungsväter 'republikanischer' - Verfassungselemente sind die politischen Entscheidungsprozesse vornehmlich im Machtdreieck von Premierminister und Regierung - Parlament und politischen Parteien - Wählerschaft konzentriert[8]. Die starke Stellung des Premierministers beruht dabei nicht zuletzt auf seiner für das Regierungssystem charakteristischen Prärogative der Parlamentsauflösung. Zudem ist die kanadische Geschichte seit Gründung der Konföderation von einer Reihe außergewöhnlicher Persönlichkeiten als Premierminister geprägt worden, wodurch Einfluß und Bedeutung des Amtes über die normative Stellung hinaus erheblich an Gewicht gewannen. Andererseits jedoch stärkt das nach dem I.Weltkrieg entstandene Mehrparteiensystem die Position des Parlaments gegenüber der Regierung. Da die Wahlen seither nicht mehr in allen Fällen zur parlamentarischen Mehrheitsbildung durch eine Partei führen, sind Premierminister und Regierungspartei vielfach gezwungen, durch Kooperation und Kompromiß über die Parteigrenzen hinweg im Parlament Mehrheiten zur Regierungsführung zu finden. Dies sollte indes nicht vorschnell zu dem Schluß verleiten, daß sich daraus ein Übergewicht des Parlaments in seiner Gesamtheit gegenüber der Regierung ergeben habe, daß der politische Prozeß aufgrund der Abweichung vom britischen Typ des Zweiparteiensystems von Instabilität bestimmt sei. Die Konsequenz aus dieser Konstellation von prime ministerial government und Mehrparteiensystem ist vielmehr ein weiterer Machtzuwachs des Premierministers gewesen, dessen Integrationskraft oft allein dafür verantwortlich war, daß sich im Parlament über die Parteigrenzen hinweg Mehrheiten herstellten, und daß die auseinanderstrebenden politischen und gesellschaftlichen Kräfte in der Regierungspartei zusammenblieben[9].

Formal besteht das kanadische Parlament bis heute: aus dem britischen Monarchen - vertreten durch den Governor General - und einem Zweikammerparlament, dem in direkter Volkswahl bestellten House of Commons (Unterhaus) und dem aus Ernennung hervorgehenden Senate (Senat). Entscheidender politischer Einfluß kommt indes nur dem Unterhaus zu, obgleich das BNA dem Senat weitgehende legislative Rechte zuerkennt. Ausschlaggebend dafür sind vor allem drei Faktoren. Allein durch die unterschiedliche Bestellungsweise verfügt das gewählte Unterhaus als nationale Repräsentation bereits über einen deutlichen Machtvorsprung. Sodann unterliegen Steuerbewilligung und Budget sowie diejenige Gesetzgebung, mit der zugleich finanzielle Aufwendungen des Staates verbunden sind, nicht der Zustimmung des Senats[10]. Die Präponderanz der zweiten Kammer im Regierungssystem beruht jedoch insbesondere auf dem aus der britischen Tradition herrührenden gewohnheitsrechtlichen Verfassungsgrundsatz, daß Premierminister und Kabinett nur dem House of Commons, nicht aber der ersten Kammer politisch verantwortlich sind.

2.1. Funktion und Bestellung des Senats

Die nachgeordnete Stellung des Senats ist ferner maßgeblich im antiquierten Bestellungsmodus begründet. Er ist seit 1867 fast unverändert und spiegelt so noch heute die Intentionen der Verfassungsväter bei der Gestaltung des Institutionengefüges wider.

Zum einen sollte der Senat als Gegengewicht zu dem nach Kopfzahlprinzip bestellten Unterhaus auf bundesstaatlicher Ebene die föderalen Strukturen verstärken. Den 1867 drei großen Regionen Kanadas, Ontario, Quebec und den maritimen Provinzen, wurde mit jeweils 24 Mitgliedern die gleiche Anzahl Senatoren zugewiesen. Mit der Eingliederung derjenigen Provinzen, die 1867 der Konföderation zunächst ferngeblieben waren, und der Expansion nach Westen traten dann - endgültig durch Verfassungsänderung von 1915 - die westlichen Provinzen als vierte Region hinzu. An dem Prinzip der gleichen Mitgliederzahl pro Region wurde bis 1949 festgehalten. Seit dem Eintritt von Newfoundland in den Bundesstaat ist das Gleichheitsprinzip jedoch geringfügig zugunsten der maritimen Provinzen verschoben. Ab 1949 gehören dem Senat 102 Mitglieder an, je 24 aus Ontario und Quebec, je sechs aus den vier Provinzen des Westens sowie 30 aus den Maritimes (je zehn aus Nova Scotia und New Brunswick, sechs aus Newfoundland, vier aus Prince Edward Island).

Die kanadischen Verfassungsväter orientierten sich bei der Konstruktion des Senats am Vorbild des britischen Oberhauses, zugleich aber auch - mehr unbewußt als bewußt - an den Repräsentationsvorstellungen der amerikanischen Founding Fathers.

"Not a single one of the representatives of the government or of the opposition of any of the Lower Provinces was in favour of universal suffrage. Everyone felt that in this respect the principle of the British Constitution should be carried out and that classes and property should be represented as well as numbers..."
"The rights of the minority must be protected, and the rich are always fewer in number than the poor..." (Confederation Debates 1865, S.48).

Wie hier John A.Macdonald, übernahmen die Kanadier damit im Grundsatz die Unterscheidung von 'persons and property', das neben der Gewaltenteilung entscheidende Element des 'mixed government' der US-amerikanischen Verfassung in ihrer ursprünglichen Ausprägung[11]. Die kanadischen Verfassungsväter sahen gleichfalls in der ersten Kammer wesentlich ein konservatives Korrektiv, das die Gesetzgebung des gewählten Unterhauses kontrollieren und - wenn nötig - die zweite Kammer in die Schranken des von ihnen geschaffenen Verfassungssystems wie ihrer eigenen Wertvorstellungen verweisen sollte. Daß der Senat diese Funktion in der Verfassungswirklichkeit infolge der Suprematie des Unterhauses nicht erfüllte und auch von Beginn an nicht erfüllen konnte, sahen die Verfassungsväter nicht. Entsprechend wurden Bestellungsmodus und Mitgliederqualifikationen gestaltet: Die häufigen Regierungswechsel in der Provinz Canada vor Augen, glaubten sie, einem auch in Zukunft von unsicheren Mehrheitsverhältnissen geprägtem Unterhaus durch die Ernennung der Senatoren auf Lebenszeit ein Element der Stabilität und Kontinuität entgegenstellen zu müssen. Im Jahre 1965 wurde dann für neu zu ernennende Mitglieder eine Altersbegrenzung von 75 Jahren verfassungsrechtlich verankert. Die Mitgliedschaft ist weiterhin gebunden an die britische (jetzt: kanadische) Staatsangehörigkeit, ein Mindestalter von 30 Jahren sowie die seit 1867 unveränderte Zensusqualifikation von unbeweglichem Eigentum im Wert von über $ 4.000, in der Mitte des 19.Jahrhunderts ein relativ hoher Eigentumszensus, der heute jedoch nur noch eine geringfügige Beschränkung darstellt. Seit der in Anlehnung an die Einführung des allgemeinen Wahlrechts zum Unterhaus erfolgten Verfassungsinterpretation des Supreme Court im Jahre 1930 können auch Frauen zu Senatoren ernannt werden. So gehörten etwa im Jahre 1969 dem Senat fünf weibliche Mitglieder an, während bei der Unterhauswahl von 1968 keine der 36 Kandidatinnen ein Mandat gewinnen konnte.

Ernannt werden die Senatoren formal vom Governor General. Dieser ist in der Verfassungspraxis jedoch an die Vorschläge des Premierministers gebunden[12]. Die Ernennungen sind so stets stark von parteipolitischen Überlegungen bestimmt gewesen. Sie erfolgen zudem meist gegen Ende der Legislaturperiode des Unterhauses vor Neuwahlen. Allein der liberale Premierminister St.Laurent, von einem neuerlichen Wahlsieg seiner Partei überzeugt, überließ im Jahre 1957 seinem dann konservativen Amtsnachfolger John Diefenbaker 16 vakante Senatssitze zur Ernennung. Die Auswahl der Senatoren unterliegt dabei in beiden großen Parteien ähnlichen Gesichtspunkten. Liberale wie konservative Premierminister haben zumeist alt verdiente Parteimitglieder und Sympathisanten ihrer Partei ernannt, vornehmlich ehemalige Unterhausabgeordnete, Minister und Mitglieder der Provinzparlamente. Die Möglichkeit der Senatsernennung bietet dem Premierminister u.a. auch die Gelegenheit, von ihm als notwendig erachtete Kabinettsumbildungen leichter vollziehen zu können, indem er ausscheidende Minister mit dem Senatorenamt zufriedenstellen kann. Ferner spielen bei den Ernennungen religiöse, ethnische und soziale Proporzgesichtspunkte eine Rolle, so daß die verschiedenen Minderheiten in den vier Regionen und Provinzen zumindest von einem Senator vertreten werden.

Die Auswahlpraktiken haben dazu geführt, daß der Senat in erster Linie ein 'Rat der Alten' ist. 1969 waren von 89 Senatoren, von denen Angaben erhältlich waren, nur 29 unter 60 Jahre alt; 28 hingegen sind bereits bei ihrer Ernennung älter als 60 Jahre gewesen. Obwohl der kanadische Senat noch immer weitgehende legislative Rechte besitzt, sind sie von seinen Mitgliedern, die sich ihrer nicht zuletzt aus der Bestellungsweise herrührenden untergeordneten Stellung im Regierungssystem bewußt waren und sind, in der Regel nicht in Anspruch genommen worden. Bestellungsmodus, Auswahlpraktiken sowie vor allem der nur geringe politische Einfluß bewirkten, daß in der Verfassungspolitik seit langem über die Reform, auch über die Abschaffung des Senats überhaupt und den Übergang zum einkammerigen Parlamentarismus (wie im übrigen in den Provinzen) diskutiert wird.

Die Senatsreform bildete insbesondere eines der Elemente der Verfassungsreformdiskussion, die Ende der 60er Jahre auf den 'Federal-Provincial Conferences' im Rahmen des Neubestimmungsversuchs des kanadischen Föderalismus geführt wurde[13]. Ähnliche Reformvorschläge, wie die liberale Bundesregierung Trudeau sie damals unterbreitete, machte anschließend zu Beginn der 70er Jahre eine Verfassungskommission aus beiden Kammern des Bundesparlaments, die in ihrem Bericht u.a. vorschlug[14]: die Reduktion der legislativen Funktionen auf ein suspensives Vetorecht; die Aufhebung der anachronistischen Eigentumsbedingung und die Angleichung der Bestellungsqualifikation an das passive Wahlrecht zum Unterhaus; die Einführung einer Altersbegrenzung von 70 Jahren; eine Veränderung des Repräsentationsschlüssels, die auf dem Gedanken beruhte, einerseits den jeweiligen Besitzstand der Provinzen mindestens beizubehalten, andererseits die Verteilung der Senatoren auf Provinzen und Regionen der Bevölkerungsentwicklung wieder stärker anzupassen. Die Kommission schlug folglich die Erhöhung der Mitgliederzahl des Senats auf 130 Mitglieder bei folgender provinzialer Aufteilung vor: Newfoundland: 6; Prince Edward Island: 4; Nova Scotia und New Brunswick je 10 = Maritimes: 30; Quebec und Ontario je 24; Manitoba, Saskatchewan, Alberta und British Columbia je 12 = Western Provinces: 48; Yukon Territory und Northwest Territories je 2 Senatoren. Sodann beinhaltete die Reformkonzeption auch einen veränderten Bestellungsmodus, nach dem die Senatoren zwar weiterhin vom Premierminister ernannt werden sollen, der Premierminister bei der Hälfte der Senatoren indes aus einer Vorschlagsliste der jeweiligen Provinzregierung auswählen muß. Diese wie auch die entsprechenden Vorstellungen, die in der Victoria Charter von 1971, dem Anschlußdokument der Federal-Provincial Conferences[15], zusammengefaßt sind, scheiterten allerdings bislang zusammen mit der gesamten Verfassungsrevision.

3. Das Wahlrecht zum Unterhaus

3.1. Vom beschränkten zum allgemeinen Wahlrecht

Das heute gültige Wahlrecht zum kanadischen Unterhaus hat sich gleich dem gesamten politischen System in einem evolutionären Prozeß herausgebildet und beruht auf einer Vielzahl von gesetzlichen Regelungen, von denen einige auf die ursprüngliche Fassung des BNA zurückgehen und somit seit 1867 unverändert in Kraft sind. Vereinfachend läßt sich die Wahlrechtsentwicklung jedoch in vier Abschnitte untergliedern, die insbesondere durch die in den Jahren 1885, 1898 und 1917 - 1920 erfolgten Änderungen im engeren Wahlrecht gekennzeichnet sind[16].

Ein bundeseinheitliches Wahlgesetz wurde zunächst nicht erlassen. Die Ausgestaltung des Wahlrechts lag damit in den ersten Jahren der Konföderation weitgehend in den Händen der einzelnen Provinzen. Unterschiede ergaben sich daraus vor allem im engeren Wahlrecht, das bei den ersten Wahlen nach 1867 in allen Provinzen direkt und bedingt gleich, nicht aber allgemein und nur in New Brunswick (zur dortigen Legislative Assembly bereits seit 1854/55) geheim war. In den anderen Provinzen erfolgte die Stimmabgabe öffentlich zu Protokoll, bis durch bundesstaatliche Gesetzgebung nach der dritten Unterhauswahl von 1874 von der ersten liberalen Regierung die geheime Stimmabgabe eingeführt wurde. Auch das aktive Wahlrecht entsprach zunächst den Provinzial-Wahlgesetzen. Aktiv wahlberechtigt waren alle Männer über 21 Jahre, die Untertanen der britischen Krone waren, die bürgerlichen Ehrenrechte besaßen und bestimmte, in den Provinzen jedoch unterschiedliche Eigentumsqualifikationen erfüllen konnten. So galt zur ersten Unterhauswahl in Quebec und Ontario ein Zensus für Besitzer, Pächter oder Inhaber von unbeweglichem Eigentum von \$ 200 oder \$ 20 Ertrag auf dem Lande, in den Städten von \$ 300 oder \$ 30 jährlich (in towns) und \$ 400 oder \$ 40 jährlich (in cities). In Nova Scotia waren wahlberechtigt alle Personen, die unbewegliches Eigentum im Wert von \$ 150 oder \$ 300 festes und persönliches Eigentum nachweisen konnten, in New Brunswick alle Personen, die einen Zensus von entweder \$ 100 an unbeweglichem oder \$ 400 an unbeweglichem und persönlichem Eigentum erfüllten. Ferner konnten in New Brunswick diejenigen Männer wählen, die über ein jährli-

Tabelle 4 : Zur Entwicklung des Wahlkörpers im kanadischen Bundesstaat im 19.Jahrhundert[17]

Provinz	Zahl der ausgewerteten Wahlkreise	Bevölkerungsdurchschnitt	durchschnittl. Wahlberechtigten-Zahl abs.	in %	Bevölkerungsdurchschnitt	durchschnittl. Wahlberechtigten-Zahl abs.	in %
Wahlen von		1867			1882		
Ontario	12	19.184	3.164	16,5	20.309	4.109	20,2
Quebec	10	17.656	2.836	16,1	19.897	3.300	16,6
Nova Scotia	4	22.856	3.206	14,0	24.159	3.654	15,1
New Brunswick	4	18.616	2.833	15,2	20.849	3.536	16,9
British Columbia	3	-	-	-	8.831	974	11,0
Manitoba	2	-	-	-	11.119	3.872	34,8
Wahlen von		1891			1900		
Ontario	12	21.247	5.624	26,4	20.420	5.530	27,1
Quebec	10	20.546	4.125	20,1	23.262	4.905	21,1
Nova Scotia	4	24.288	5.367	22,1	23.382	5.802	24,8
New Brunswick	4	20.537	4.486	21,1	19.730	5.328	27,3
British Columbia	3	22.094	28.947	13,3	24.903	5.443	21,9
Manitoba	1891:4/1900:3	34.259	10.461	30,3	40.443	11.282	27,9

ches Einkommen von $ 400 verfügten. In der Praxis bewirkten die zensitären Bestimmungen die Beschränkung des Wahlrechts auf die Besitzer, Pächter oder Mieter von Häusern, so daß die überwiegende Mehrzahl von Familienvätern wahlberechtigt war, bei der Wahl von 1867 rund 16 % der Bevölkerung.

Während der Anteil der Wahlberechtigten an der Bevölkerung in den Provinzen bei der ersten Unterhauswahl noch relativ gleich war, ergaben sich in der Folgezeit deutliche Unterschiede im Stimmgewicht, zumal sich mit dem Eintritt von Manitoba und British Columbia in die Konföderation die Wahlrechtserfordernisse weiter differenzierten. Aufgrund der unterschiedlichen Besitzqualifikationen wurde so das in den Einzelstaaten gleiche Wahlrecht auf Bundesebene in starkem Maße ungleich. Bei der Wahl von 1882 differierte der Anteil der Wahlberechtigten zwischen 34,8 % in Manitoba und 11,0 % in British Columbia. Der Vereinheitlichung des aktiven Wahlrechts durch Bundesgesetz im Jahre 1885 lagen jedoch wesentlich andere Motive zugrunde. Das Ziel der konservativen Bundesregierung war es vor allem, den teilweise von der liberalen Oppositionspartei gestellten Provinzialregierungen die Einfluß- und Kontrollmöglichkeit auf die Gestaltung des Wahlrechts auf Bundesebene zu nehmen. Das Bundesgesetz richtete sich dabei insbesondere gegen die liberale Regierung in Ontario, die kurz zuvor den Zensus deutlich herabgesetzt hatte. Zudem versprachen sich die Konservativen parteipolitische Vorteile von zahlreichen Sonderregelungen zugunsten bestimmter regionaler Interessen und sozialer Klassen. Einige dieser Regelungen - wie z.B. die beabsichtigte Ausdehnung des aktiven Wahlrechts auf Witwen und alte Jungfern - scheiterten allerdings bei der Gesetzesberatung im Unterhaus. Die entscheidende soziale Barriere blieb indes die Besitzqualifikation: Für Eigentümer betrug der Zensus in den Städten \$ 300, in den städtischen Gemeinden \$ 200, auf dem Lande \$ 150. Zusätzlich waren wahlberechtigt alle Männer, die entweder \$ 2 monatlich oder \$ 20 jährlich Pacht oder Miete entrichteten, ferner Personen, deren jährliches Einkommen \$ 200 überstieg. Die Söhne von Eigentümern durften dann wählen, wenn sie über den Besitz ihres Vaters ebenfalls die Eigentumsqualifikationen von \$ 300 erfüllen konnten. Sonderbestimmungen galten für die Fischer, denen ihre Ausrüstung auf den Zensus von \$ 150 angerechnet wurde. In British Columbia und Prince Edward Island waren Personen, die aufgrund der Provinzial-Wahlgesetze wählen konnten, weiterhin wahlberechtigt; die Regelungen des Bundesgesetzes galten erst für zukünftige Wähler. Residenzpflicht bestand für alle Wahlberechtigten mit Ausnahme der Grundeigentümer. Diese hingegen konnten in allen den Wahlkreisen wählen, in denen sie die Besitzqualifikationen erfüllten. Das Bundeswahlgesetz von 1885 erbrachte somit nur formal, jedoch infolge der vielfältigen Sonderregelungen keineswegs inhaltlich ein einheitliches Wahlrecht. Im Vergleich mit dem Provinzial-Wahlgesetz in Ontario, das den Zensus auf einen Besitz von \$ 200 in den Städten und \$ 100 auf dem Land oder ein jährliches Einkommen von \$ 250 reduziert sowie zusätzlich auch den Söhnen von Landbesitzern und allen Haushaltsvorständen das Wahlrecht zuerkannt hatte, bedeuteten die zensitären Bestimmungen des Bundesgesetzes zudem eine stärkere Beschränkung des aktiven Wahlrechts. In anderen Provinzen bewirkte es hingegen eine deutliche Vergrößerung des Wahlkörpers, wie die für die Wahl von 1891 in Tabelle 4 angegebenen Wahlberechtigtenzahlen zeigen.

Das Wahlgesetz blieb bis zur Wahl von 1896 in Kraft, in der die Liberalen mandatsstärkste Partei wurden. Verfechter provinzialer Wahlrechtsbestimmungen für die Unterhauswahlen seit Beginn der Konföderation, hoben sie 1898 die Bundesgesetzgebung auf und überließen die Gestaltung des aktiven Wahlrechts erneut den Einzelstaaten. Aufgrund der provinzialen Wahlrechtsänderungen bedeutete dies in der Mehrzahl der Provinzen die Einführung des allgemeinen Männerwahlrechts auch bei Unterhauswahlen. Nur Quebec und Nova Scotia hielten an den zensitären Beschränkungen fest. Die einzelstaatliche Gesetzgebung bewirkte so weit einheitlichere Bestimmungen als ihr bundesstaatlicher Vorgänger von 1885. Auch die Einführung des Frauenwahlrechts während des I.Weltkriegs erfolgte zunächst in den Provinzen[18]; in den Jahren 1916/17 erhielten zuerst die Frauen in den fünf Provinzen westlich von Quebec das Wahlrecht. Zur Unterhauswahl von 1917 wurde ihnen dann auf Bundesebene ein beschränktes Wahlrecht zuerkannt. Die bundeseinheitliche Gesetzgebung stand dabei in enger Beziehung zu der von der konservativen Regierung und einem Teil der gespaltenen Liberalen 1917 durchgesetzten allgemeinen Wehrpflicht. In gewisser Weise als Kompensation schufen die Konservativen erneut Sonderregelungen, die stark von parteipolitischen Gesichtspunkten bestimmt waren[19]. Das aktive Wahlrecht erhielten Frauen, deren Männer, Söhne, Brüder und Väter den kanadischen oder britischen Streitkräften angehörten oder angehört hatten. Die in den Provinzen Quebec und Nova Scotia geltenden zensitären Beschränkungen entfielen für alle Soldaten, ihre Väter und Großväter. Unabhängig von der Altersqualifikation von 21 Jahren und der Residenzpflicht waren zudem wahlberechtigt alle Angehörigen der kanadischen Streitkräfte, wodurch erstmals auch Indianer wählen durften. Vom Wahlrecht ausgeschlossen wurden Kriegsdienstverweigerer sowie alle diejenigen, die entweder in einem Feindstaat geboren waren oder sich gewöhnlich in der Sprache eines Feindstaates unterhielten und erst nach dem 31.März 1902 die britische Staatsbürgerschaft erhalten hatten. Das Wartime Election Act von 1917 war so von der Überlegung bestimmt, die darauf zielte, die Mehrheit der Regierung bei der Wahl von 1917 zu sichern.

Im Gegensatz zum aktiven Wahlrecht war die Wählbarkeit in der zweiten Hälfte des 19.Jahrhunderts weit weniger umstritten[20]. Das passive Wahlrecht zum Unterhaus ist seit etwa 1880 kaum mehr verändert worden. Zu Beginn der Konföderation gleichfalls an je nach Provinz unterschiedliche Eigentumsqualifikationen gebunden, wurden die zensitären Beschränkungen im Jahre 1874 mit von den Liberalen durchgesetzter Bundesgesetzgebung aufgehoben. Entsprechend Artikel 39 des BNA bestand schon seit der ersten Wahl Inkompatibilität für die Mitglieder des Senats; 1873 wurden die Inkompatibilitätsbestimmungen auf die Abgeordneten der Provinzparlamente ausgedehnt. Nicht wählbar waren zudem seit 1868 bzw. endgültig 1871 aufgrund Bundesgesetzgebung alle Personen, die ständig oder zeitweilig im Dienste der kanadischen Regierung oder der britischen Krone standen und dafür finanzielle Vergütungen erhielten. Personen, die mit der Regierung wirtschaftliche Beziehungen unterhielten, waren hingegen zunächst noch nicht vom passiven Wahlrecht ausgeschlossen, bis gleichfalls durch Bundesgesetze 1877 und 1878 die Inegibilitätsbestimmungen auch auf die sog. 'government contractors' erweitert wurden. Allein durch die Einführung des Frauenwahlrechts im Jahre 1919 erfuhr das passive Wahlrecht nochmals eine grundlegendere Veränderung.

3.2. Wahlrecht, Wahlbewerbung, Wahlfinanzierung

Das Election Act von 1920 schuf erstmals ein wirklich einheitliches Bundeswahlrecht, das - zwar mehrmals neugefaßt und im Detail modifiziert - in vielen seiner Bestimmungen noch heute gültig ist [21]. Eine Reihe größerer Veränderungen erfuhr das Wahlrecht allerdings nach 1970 durch die Neufassungen des Canada Elections Act in den Jahren 1970 und 1974.

Das Wahlrecht zum kanadischen Unterhaus ist seit 1920 allgemein, gleich, direkt und geheim. Aktiv wahlberechtigt waren bis 1968 einschließlich alle kanadischen und britischen Männer und Frauen, die am Wahltag das 21.Lebensjahr vollendet haben, die bürgerlichen und politischen Rechte besaßen und ins Wählerverzeichnis aufgenommen waren. Das passive Wahlrecht besitzt seit 1920 jeder Wahlberechtigte. Inkompatibilität besteht für die Mitglieder des Senats, die Abgeordneten der Provinzparlamente, vor allem jedoch für die Inhaber der sog. 'offices of profit under the Crown'. Mit Ausnahme der Regierungsmitglieder sind von dieser Bestimmung alle im öffentlichen Dienst beschäftigten Personen betroffen. Die Kandidatur war bis zur Unterhauswahl von 1968 nur möglich, wenn der Betreffende aus dem öffentlichen Dienst ausschied[22]. Nicht wählbar sind zudem mit Ausnahme von Anteilseignern bei Aktiengesellschaften 'government contractors', i.e. Personen, die mit der kanadischen Regierung oder anderen staatlichen Behörden in Geschäftsbeziehungen stehen.

Im Jahre 1970 erfolgte insbesondere eine Neufassung des engeren Wahlrechts[23]. So wurde das Wahlalter auf 18 Jahre gesenkt, die Ausübung des Wahlrechts an die kanadische Staatsangehörigkeit gebunden. Für in Kanada lebende Personen mit britischem Paß bestand eine Übergangsfrist bis zum 25.Juni 1975. Gegenwärtig sind aktiv wahlberechtigt alle Kanadier (Männer und Frauen) über 18 Jahre, die einen festen Wohnsitz nachweisen können und die bürgerlichen Ehrenrechte besitzen. Nicht wahlberechtigt sind aufgrund ihrer ex-officio-Funktionen die Mitglieder der Wahlbehörden (Chief Electoral Officer, sein Stellvertreter, die leitenden Wahlbeamten in den Wahlkreisen / Returning Officers), vom Governor General ernannte Richter. Das Wahlrecht verlieren alle Personen, denen die Ehrenrechte aberkannt wurden, die aufgrund geistiger Gebrechen entmündigt sind, die rechtskräftig zu einer Freiheitsstrafe verurteilt sind und diese noch nicht verbüßt haben, ferner Personen, die wegen Verstoßes gegen das Wahlgesetz, wegen 'illegaler' und 'korrupter' Wahlpraktiken verurteilt worden sind. Wählen kann zudem nur, wer ins Wählerverzeichnis aufgenommen ist. Die detaillierte Normierung der Wählerregistrierung, die zu jeder Wahl neuerlich von eigens dafür bestellten Wahlbeamten vorgenommen wird, sichert die fast vollständige Erfassung aller Wahlberechtigten. Im Gegensatz etwa zur langjährigen Wahlpraxis in den USA sind Manipulationen bei der Registrierung, die das an sich garantierte Wahlrecht praktisch wieder aufheben oder zumindest die Teilnahme an der Wahl erheblich erschweren, bei kanadischen Wahlen nicht möglich[24]. Da die Wahlbeamten durch den zumindest einmaligen Besuch aller Haushalte ihres Wahlbezirks mit den Bürgern zu Beginn des Wahlkampfes in direkten Kontakt treten, wirkt der Prozeß der Wählerregistrierung zugleich informierend und in Ansätzen auch wahlmobilisierend. Die fallweise Wählererfassung, wie sie in Kanada praktiziert wird, ist zwar umständlich, langwierig und teuer (bei der Wahl von 1974 kostete allein die Publizierung der Wählerlisten $ vier Millionen), stellt aber bei der enormen horizontalen Mobilität der Bevölkerung und in Ermangelung eines Systems polizeilicher Meldepflicht im Grunde die einzig optimale Lösung dar. Verglichen mit den USA, wo in der Mehrzahl der Einzelstaaten die Wählerregistrierung der Eigeninitiative des Bürgers überlassen bleibt, liegt nicht zuletzt auch wegen der staatlichen Wählererfassung die Wahlbeteiligung, bezogen auf die potentiell wahlfähige Bevölkerung, in Kanada stets über der der USA.

Modifiziert wurden 1970 auch Wählbarkeit und Nominierung.

Wählbar ist weiterhin jeder Wahlberechtigte. Die Inkompatibilitätsbestimmungen wurden insofern verändert, als Angehörige des öffentlichen Dienstes jetzt kandidieren können[25]. Für die Dauer des Wahlkampfes ruht ihr Dienstverhältnis. Während siegreiche Wahlbewerber noch immer ohne Anrecht auf automatische Wiedereinstellung aus dem öffentlichen Dienst ausscheiden müssen, haben Kandidaten, die das Mandat nicht gewinnen konnten, ein Anrecht auf Weiterbeschäftigung. Mit dem Wahlgesetz von 1970 wurden zudem die Bestimmungen zur Wahlbewerbung der politischen Praxis angepaßt. Erfolgten Kandidatur und Nomination bis zur Unterhauswahl von 1968 ohne Angabe der Parteizugehörigkeit der einzelnen Wahlbewerber, so müssen die Kandidaten jetzt ihre Parteizugehörigkeit in den Bewerbungsunterlagen mit angeben[26]. Auf den Stimmzetteln erschien bei der Wahl von 1972 erstmals die Parteizugehörigkeit der Kandidaten, während zuvor außer dem Namen nur Anschrift und Beruf aufgeführt waren. Unabhängige Bewerber werden offiziell als 'Independent' bezeichnet. Zur Kandidatur, die nur in einem Wahlkreis möglich ist, wobei allerdings keine Residenzpflicht besteht, muß der Bewerber von mindestens 25 Wahlberechtigten des Wahlkreises vorgeschlagen werden, in dem er sich zur Wahl stellen will. Der Wahlbewerber muß ferner seinen für die Wahlkampfführung verantwortlichen Wahlagenten benennen, beim Returning Officer des Wahlkreises $ 200 hinterlegen, die dann einbehalten werden, wenn der Bewerber weniger als 15 % der im Wahlkreis abgegebenen gültigen Stimmen (bis 1972: weniger als 50 % der für den siegreichen Kandidaten abgegebenen Stimmen) erhält. Parteibewerber müssen eine Einverständniserklärung ihrer Partei einreichen.

Mit diesen Änderungen, vor allem mit der jetzt auch formalen Berücksichtigung der Parteien, wurde endgültig die Fiktion beseitigt, daß es sich bei den nach relativer Mehrheitswahl in Einerwahlkreisen durchgeführten Wahlen in erster Linie um die Wahl einer Persönlichkeit handele, die dann den gesamten Wahlkreis im Parlament repräsentiere. Die Unterhauswahlen sind nun auch formal zunächst Parteiwahlen, zumal mit dem Wahlgesetz von 1970 die Parteien erstmals offiziell als Träger der politischen Willensbildung anerkannt wurden. Den Status einer politischen Partei im Sinne des Wahlgesetzes erhält durch Registrierung beim Chief Electoral Officer jede Partei, die einen Antrag auf Registrierung stellt und darin dem Chief Electoral Officer Parteiname, Namen und Anschriften des Parteiführers ('leader '), der in der Parteizentrale hauptamtlich beschäftigten Funktionäre, insbesondere des seit 1974 zu benennenden Bundeswahlagenten (Chief Agent), die Anschrift der Parteizentrale mitteilt[27]. Diejenigen Parteien, die während der vorangegangenen Legislaturperiode nicht oder mit wenniger als zwölf Abgeordneten im Unterhaus vertreten waren, müssen ferner bei einer Neuwahl mindestens in 50 Wahlkreisen Parteikandidaten nominieren, also in diesen Wahlkreisen Bewerbungen mit jeweils 25 Unterschriften von Wahlberechtigten einreichen, und den Chief Electoral Officer spätestens am 30.Tag vor der Wahl in Kenntnis setzen; ansonsten verlieren sie ihren registrierten Parteistatus.

Wahlkampfform und Wahlfinanzierung sind in Kanada seit langem detailliert normiert[28]. Allerdings blieben die Regelungen in der Vergangenheit ohne große Wirkung, wenn auch - etwa verglichen mit den Wahlpraktiken in den USA - Wahlbeeinflussungen oder Unregelmäßigkeiten längst nicht so ausgeprägt sind; nicht zuletzt die am britischen Vorbild orientierte politische Kultur hat allzu große Korruption bei Wahlen verhindert. Verantwortlich für die Wahlkampfführung der Kandidaten ist der 'Official Agent', zumeist der Geschäftsführer der Parteiorganisationen auf Wahlkreisebene, der vom Bewerber zu Beginn seiner Kandidatur benannt werden muß. Wahlausgaben dürfen in der Regel nur vom Wahlagenten und von von ihm autorisierten Personen beglichen werden. Die persönlichen Ausgaben, die der Kandidat unabhängig von seinem Wahlagenten tätigen kann, dürfen den Betrag von $ 2.000 nicht übersteigen. Die Höhe der Wahlkampfausgaben von seiten des Official Agent unterlag in der Vergangenheit allerdings keinerlei Beschränkungen. Der Wahlagent muß jedoch innerhalb von zwei Monaten nach der Feststellung des offiziellen Wahlergebnisses eine formalisierte Aufstellung über sämtliche Wahlkampfausgaben, die er im Auftrag seines Kandidaten durchgeführt hat, beim Returning Officer des Wahlkreises einreichen.

Die Angaben in Tabelle 5 beziehen sich indessen nur auf einen Teil der tatsächlichen Wahlkampfausgaben, da nur diejenigen Ausgaben gemeldet werden mußten, die im Auftrag der Wahlkreiskandidaten getätigt werden. So sind u.a. nicht enthalten die Aufwendungen der provinzialen oder federalen Parteiorganisationen, sämtliche Finanzierungen durch Dritte, z.B. die vielfältigen Komitees oder anderweitigen Institutionen (etwa Interessenverbände), die ohne explizite Verbindung mit den Wahlkreiskandidaten

Tabelle 5 : Wahlkampfausgaben bei den Unterhauswahlen bis 1968, entsprechend den Mitteilungen der Kandidaten an den Chief Electoral Officer (in Tsd.$)

	1949	1953	1957	1958	1962	1963	1965	1968
Liberals	1.013	1.284	1.674	1.118	2.115	2.094	2.616	3.510
Conservatives	899	891	1.260	1.872	2.299	1.405	1.779	2.464
C.C.F./NDP	177	156	219	201	391	288	516	681
Social Credit	24	81	141	70	269	227	143	47
Ralliement des Créditistes							60	56
Other Parties	41	46	5	9	12	6	12	14
Independents	50	71	97	6	13	19	48	55
Total	2.204	2.528	3.396	3.276	5.096	4.040	5.173	6.827

Quelle: Information der Chief Electoral Officer, Ottawa.

oder Parteien indirekt zugunsten des einen oder anderen in den Wahlkampf eingreifen. Für die Unterhauswahl von 1968 z.B. ist die Gesamtsumme aller Wahlkampfaufwendungen auf ca. $ 20 Millionen, für 1972 auf ca. $ 31 Millionen geschätzt worden[29].

Durch das Election Expenses Act von 1974, das allerdings erst nach der Unterhauswahl vom Mai 1974 in Kraft trat und folglich noch nicht an der politischen Praxis gemessen werden kann, erfolgten weitere Normierungen der Parteien- und Wahlkampffinanzierung [30]. Die Finanzmanipulationen im Zusammenhang mit der Watergate-Affaire in den USA haben sich zumindest indirekt und beschleunigend auch auf die Parteiengesetzgebung Kanadas ausgewirkt. Das Gesetz regelt vier zentrale Themenbereiche:

Erstens: Offenlegung der Einkünfte und Ausgaben der politischen Parteien. Der eigens zu diesem Zweck zu bestellende Chief Agent der Partei ist seither verpflichtet, innerhalb von sechs Monaten nach Ende des Haushaltsjahres der Partei (auch unabhängig davon, ob Wahlen während dieses Jahres stattfanden) dem Chief Electoral Officer eine Aufstellung über Einkünfte und Ausgaben einzureichen. Angegeben werden müssen dabei sämtliche Einkünfte über $ 100 sowie der Empfang von Sachwerten und Dienstleistungen im Wert von gleichfalls mehr als $ 100. Spenden von Privatpersonen können von der föderalen Einkommenssteuer als tax credit bis zu einer Höhe von $ 500 abgezogen werden.

Zweitens: Ausgabenbeschränkung der Wahlkampfkosten von Parteien und Kandidaten. Die Höchstgrenze von Wahlkampfausgaben der Parteien ist vom Gesetz auf 30 cents pro Wahlberechtigten festgesetzt; angerechnet werden allerdings die Wahlberechtigten nur der

Wahlkreise, in denen die Partei einen Wahlkreisbewerber offiziell unterstützt; hypothetisch bezogen auf die Wahl von 1974 hätte dies bedeutet, daß eine Partei, die in allen 264 Wahlkreisen Kandidaten aufgestellt hatte, bei 13.620.353 Wahlberechtigten 30 cents = $ 4.086.106 hätte zur Wahlkampffinanzierung ausgeben können. Unabhängig von den Parteiausgaben sind die Wahlkampfkosten der Kandidaten. Auch sie unterliegen einer Höchstgrenze, die sich aus der Zahl der Wahlberechtigten im jeweiligen Wahlkreis ergibt; zuzüglich der Reisekosten und persönlichen Aufwendungen des Kandidaten bis zu $ 2.000 können in seinem Auftrag für die ersten 15.000 Wahlberechtigten ein dollar, für die Wahlberechtigten von 15.001 bis 25.000 je 50 cents und für sämtliche weiteren Wahlberechtigten im Wahlkreis je 25 cents ausgegeben werden. Auch der Wahlkreiskandidat ist bei Zuwendungen über $ 100 zur Rechenschaft verpflichtet.

Drittens: Fernseh- und Rundfunkwerbung. Den Parteien steht während des Wahlkampfes Sendezeit in Fernsehen und Radio zur Verfügung, die ihnen von den Sendesystemen und Einzelstationen teils unentgeltlich, teils gegen Bezahlung der niedrigsten Sätze für kommerzielle Werbung überlassen werden muß. Die Dauer sämtlicher von den Parteien bezahlter Sendungen darf pro Station sechseinhalb Stunden nicht übersteigen. Der jeweilige Anteil der Parteien an freier und zu bezahlender Sendezeit ist von ihnen selbst kooperativ in einem Gespräch unter der Leitung der Aufsichtsbehörde des Rundfunkwesens (Canadian Radio and Television Commission) zu bestimmen; erfolgt keine Einigung, werden die Sendezeiten von der Kommission zugeteilt. Anspruch darauf haben alle registrierten Parteien.

Viertens: Wahlkampfkostenerstattung. In Anlehnung an die Praxis in Quebec und Nova Scotia, wo zuerst und bereits in den 60er Jahren bei Provinzwahlen komplementär zur Ausgabenbeschränkung die Kostenerstattung eingeführt wurde, sollen in Zukunft auch bei Unterhauswahlen Teile der Aufwendungen durch Steuermittel vom Staat vergütet werden. Von den Parteiausgaben werden die Medienkosten erstattet, wobei die Parteien 50 % der Kosten für die bezahlten Sendungen bekommen. Die Kandidaten hingegen erhalten für jeden Wahlberechtigten des Wahlkreises den Gegenwert der Kosten eines Briefes (1974: first class mail = acht cents), für die ersten 25.000 Wahlberechtigten je acht cents, für alle weiteren Wahlberechtigten im Wahlkreis je sechs cents. Berücksichtigt werden allerdings nur die Kandidaten, die im Wahlkreis mindestens 15 % der abgegebenen gültigen Stimmen erhalten haben.

Die Effektivität von die Parteien und insbesondere ihr Finanzgebaren kontrollierender Gesetzgebung ist in bürgerlich-demokratischen Systemen überall dort, wo sie existiert, mehr oder minder gering. Auch die neuen kanadischen Normierungen dürften keine Ausnahme bilden. Dies umso mehr, als bereits die für 1972 insgesamt geschätzten Wahlkampfkosten deutlich über den Summen gelegen haben, die Parteien und Kandidaten zusammen in Zukunft für Wahlwerbung offiziell werden ausgeben dürfen. Zum einen werden die Parteien weiterhin die Mittel und Wege ausfindig machen, die die Finanzierung unter Umgehung des Gesetzes gestatten. Zum zweiten bleibt der für die politische Praxis der USA, aber auch Kanadas so typische Umweg über die Drittfinanzierung auch in der Zukunft unkontrolliert. Wichtig bleibt allerdings, daß erstmalig der Versuch der Offenlegung und Kontrolle unternommen wird. Zum zweiten gewährleisten die Normierungen hinsichtlich der Fernsehwerbung, so vage sie sein mögen, eine einigermaßen faire Ausgangslage auch für die Parteien, die über nur geringe Finanzkraft verfügen. Drittens schafft die Kostenerstattung zumindest eine Basisfinanzierung der Wahlkreisbewerber, wobei die 15 % Klausel jedoch die vier, seit Anfang der 60er Jahre als etabliert anzusehenden Parteien, Liberale, Konservative, NDP und Ralliement Créditiste, und von diesen wiederum die beiden großen, Liberale und Konservative, außerordentlich bevorzugt. Während Außenseiter nur minimale, NDP und Ralliement Créditiste nur in ihren Hochburgen echte Chancen auf die staatliche Finanzierung haben werden, dürften Liberale und Konservative in so gut wie allen Wahlkreisen in den Genuß der Kostenerstattung gelangen. Mit dem Argument des Schutzes vor Parteienzersplitterung ist eine Klausel von 15 % jedenfalls nicht mehr zu rechtfertigen. Ob dem Gesetz insgesamt mehr als nur formale Bedeutung zukommen wird, wird sich allerdings erst nach der Erfahrung von zumindest einer Wahl zeigen können.

4. Wahlsystem und Wahlkreiseinteilung

4.1. Wahlsystem und Parteiengefüge / I

Gewählt wird das kanadische Unterhaus seit Gründung der Konföderation nach relativer Mehrheitswahl[31]. Wenn auch seit Ende des I.Weltkriegs verschiedentlich die Ablösung der 'reinen' Mehrheitswahl durch andere mehrheitsbildende Wahlsysteme oder die Einführung der Verhältniswahl propagiert wurde - erst jüngst wieder mit einer Reihe einleuchtender Argumente (s. Cairns 1968) -, so ist doch im Grunde die relative Mehrheitswahl, als eines der traditionellen Charakteristika des britischen Verfassungsmodells, nie ernsthaft in Frage gestellt worden. Dieser Konsensus in und zwischen den politischen Parteien wie vor allem auch in der Wählerschaft selbst erstreckt sich zudem auf die maßgeblichen Funktionen[32], die der Wahl zugeschrieben werden: Dem klassischen Modell des Zweiparteiensystems folgend, soll eine regierungsfähige Parteimehrheit durch die Wahl selbst herbeigeführt werden. Minderheitsregierungen werden gleichfalls allgemein akzeptiert und wurden insbesondere nach dem I.Weltkrieg vielfach zum Regelfall, während eine Koalition unter Ausschluß der mandatsstärksten Partei im Unterhaus kaum denkbar ist.

Wenngleich die kanadische Konföderation als staatliche Einheit wie auch das Verfassungsgefüge in jüngster Zeit zunehmend in Frage gestellt werden, zeichnet sich das politische System seit 1867 doch durch eine überraschende Stabilität aus. Diese relative (Regierungs-)Stabilität, die trotz der ethnisch, regional, aber auch sozio-ökonomisch begründeten Heterogenität der Gesellschaft die kanadische Geschichte kennzeichnet, ist dabei zumeist auf die Integrationsfunktion des Verfassungssystems, der britischen Kabinettsregierung einschließlich der relativen Mehrheitswahl, zurückgeführt worden[33]. Auf den ersten Blick scheint dies einleuchtend. Tatsächlich gehen denn auch heute noch erhebliche Wirkungen von dem Vertrauen in das überkommene und als bewährt erachtete System britischer Selbstregierung aus. Dennoch deutet gerade der weitgehende verfassungspolitische Konsensus einer heterogenen Gesellschaft in ein Wahlsystem, das minimale Mehrheiten maximiert und extreme Disproportionen von Stimmen und Mandaten bewirkt, auch auf andere, spezifisch kanadische Faktoren hin, die vom Wahlsystem zwar verstärkt werden, jedoch nicht primär in ihm begründet liegen. Damit entfällt jedoch keineswegs die Bedeutung des Wahlsystems für das Parteiengefüge; bleibt die Frage nach der Funktionsgerechtigkeit der relativen Mehrheitswahl und des von ihr mitgeprägten Parteiensystems überhaupt; ein Parteiensystem, das aufgrund seiner starken Asymmetrien zugunsten jeweils einer Partei kaum als Zweiparteiensystem im traditionellen Sinne alternativer Regierung klassifiziert werden kann. Insgesamt fanden seit 1867 bei 30 Wahlen bisher nur elf, läßt man die beiden Wahlen von 1925/1926 außer acht, sogar nur neun Regierungswechsel zwischen den beiden großen Parteien, Konservativen und Liberalen, statt. Allein die drei führenden Persönlichkeiten der neuesten kanadischen Geschichte, John A.Macdonald, Wilfrid Laurier und Mackenzie King, bestimmten als Premierminister die politischen Entscheidungen über einen Zeitraum von zusammen 56 Jahren. Sofern überhaupt typisierbar, sollte das kanadische Parteiensystem eher als System einer 'single party dominance' im Definitionssinn von D.V.Smiley bezeichnet werden:

"A liberal democracy in which one party is dominant may be defined as one in which one political party retains such overwhelming strength over a period of at last a decade that the major political issues of the community are fought out and the major conflicts of interests are resolved within that party" (Smiley 1958, S.312ff).

Legt man diese Typisierung zugrunde, läßt sich die Entwicklung des kanadischen Parteiengefüges grob in vier Epochen periodisieren:

- die Vorherrschaft der Konservativen Partei unter John A.Macdonald von 1867 bis 1896;
- die Regierungszeit der Liberalen Partei unter Wilfrid Laurier von 1896 bis 1911;
- die nach dem I.Weltkrieg von nur zwei kurzen Intervallen konservativer Regierung unterbrochene Vorherrschaft der Liberalen unter William Lyon Mackenzie King und Louis Stephen St.Laurent von 1921 bis 1957;
- die im Anschluß an das konservative 'Zwischenspiel'[34] unter John George Diefenbaker neuerlichen liberalen Regierungen unter Lester B.Pearson und Pierre Elliot Trudeau ab 1963.

4.2. Bedingungen der Wahlkreiseinteilungen, 1867 - 1952

Die Zahl der Unterhausabgeordneten, die seit 1867 für eine Wahlperiode von maximal fünf Jahren in - von wenigen Ausnahmen abgesehen - Einerwahlkreisen bestellt werden[35], war 1867 in Artikel 37 des BNA auf 181 festgelegt und wurde seither aufgrund der Eingliederung der Provinzen und der Wandlungen in der Bevölkerungsstruktur mehrmals erweitert und verändert. Die Wahlkreiseinteilung war dabei im 19.Jahrhundert stärker als die Gestaltung des Wahlrechts von parteipolitischen Überlegungen und Motiven geprägt[36]. Dies lag insbesondere darin begründet, daß über einen langen Zeitraum hinweg keine geeigneten Kriterien existierten, die eine manipulatorische Abgrenzung der Wahlkreise verhinderten. Die heute gültige Regelung erfolgte erst in den Jahren 1963 und 1964. Alle vorangegangenen Wahlkreiseinteilungen wurden dabei durchgeführt vom Unterhaus selbst, zunächst durch das Plenum, seit 1903 durch einen speziellen Ausschuß, dem Redistribution Committee. Die Verfassung überließ mit dem Unterhaus jedoch nicht nur der jeweiligen Parteimehrheit im Parlament die Wahlkreiseinteilung. Sie band die Parlamentarier darüber hinaus nur an zwei weitere Bestimmungen. Artikel 51 des BNA - in der Fassung von 1867 bis 1946 gültig - forderte erstens die Anpassung der Wahlkreise an die Bevölkerungsentwicklung entsprechend den alle zehn Jahre vorgenommenen Volkszählungen, bestimmte zweitens mit dem Kopfzahlprinzip (representation by population) nur noch die Repräsentationsbasis und setzte die Mandatszahl Quebecs auf 65 fest. Die anderen Provinzen erhielten dann so viele Mandate zugesprochen, wie die Wahlquote - ermittelt durch Division der Bevölkerungszahl Quebecs durch 65 - in ihrer jeweiligen Bevölkerungszahl enthalten war. Eine Verminderung der Mandatszahl pro Provinz durfte nur dann erfolgen, wenn sich das Verhältnis von Provinzbevölkerung zur Gesamtbevölkerung Kanadas im Vergleich zur vorangegangenen Volkszählung um mehr als 1/20 verringert haben sollte (1/20-Klausel).

Diese an sich nur groben Verfassungsbestimmungen wurden bereits in den ersten Jahren der Konföderation mit dem Eintritt weiterer Provinzen geringfügig durchbrochen. Unabhängig vom damaligen Bevölkerungsanteil erhielten beim Eintritt in die Konföderation Manitoba vier, British Columbia und Prince Edward Island je sechs Mandate zuerkannt. Der Erweiterung des Bundesstaates wurde Vorrang eingeräumt vor der strikten Verwirklichung des Kopfzahlprinzips.

Tabelle 6 : Mandatszahl der Provinzen im kanadischen Unterhaus, 1872 - 1974*

	Wahljahre												
	1872	1874 1878	1882	1887 1891	1895 1900	1904	1908 1911	1917 1921	1925 1926 1930	1935 1940 1945	1949	1953 1957 1958 1962 1963 1965	1968 1971 1974
Ont.	88	88	92	92	92	86	86	82	82	82	83	85	88
Que.	65	65	65	65	63	65	65	65	65	65	73	73	74
N.S.	21	21	21	21	20	18	18	16	14	12	13	12	11
N.B.	16	16	16	16	14	13	13	11	11	10	10	10	10
Man.	4	4	5	5	7	10	10	15	17	17	16	14	13
B.C.	6	6	6	6	6	7	7	13	14	16	18	22	23
P.E.I.		6	6	6	5	4	4	4	4	4	4	4	4
Sask. Alta.				4	4	10	10 7	16 12	21 16	21 17	20 17	17 17	13 19
Yukon N.W.T.						1	1	1	1	1	1	1 1	1 1
Nfld.											7	7	7
Total	200	206	211	215	213	214	221	235	245	245	262	265	264

* = 1867 bei der ersten Wahl wählten Ont.82, Que.65, N.S.19 und N.B. 15 Abgeordnete.

Quellen: Canada Yearbook, verschiedene Jge.; Chief Electoral Officer, Report of the General Election, verschiedene Wahlen und Reports.

Schon bei der Wahlkreiseinteilung von 1872 ergaben sich daher deutliche Bevölkerungsunterschiede in den Wahlkreisen; in den zwei kleinsten Wahlkreisen lag die Bevölkerungszahl unter 6.000 Einwohner, in einigen mit über 35.000 Einwohner weit über der durchschnittlichen Einwohnerzahl von 18.331 pro Wahlkreis[37].

Die Ungleichheiten in den Wahlkreisgrößen resultierten jedoch vor allem aus den offensichtlichen Manipulationen der jeweiligen Regierung, wobei das gerrymandering der Konservativen von 1882 besonders krasse Formen angenommen hatte[38]. Die Wahlkreiseinteilungen waren im 19.Jahrhundert weiterhin von der in beiden Parteien unumstrittenen konservativen Grundhaltung bestimmt, die Struktur der Wahlkreise so wenig wie möglich zu verändern. Neuabgrenzungen der Wahlkreise fanden zumeist nur in den Provinzen statt, in denen die Wahlquote eine Erhöhung oder Verminderung der Mandatszahl erforderlich machte. Die sprunghafte und zugleich unterschiedliche Bevölkerungszunahme blieb damit vielfach unberücksichtigt. Zudem bewirkte dies eine deutliche Verzerrung der Repräsentation im Verhältnis von Stadt und Land. Eine gewisse Überrepräsentation ruraler Gebiete war allerdings allein aufgrund der geographischen Struktur und Bevölkerungsverteilung in Kanada bis heute nicht zu vermeiden. Die exakte Einrichtung bevölkerungsgleicher Wahlkreise hätte einerseits zu geographisch kleinen großstädtischen, zugleich aber andererseits zu zahlreichen flächenmäßig unüberschaubaren ländlichen Wahlkreisen geführt. Die krassen Unterschiede, die gegen Ende des 19.Jahrhunderts durch die zunehmende Industrialisierung und Urbanisierung noch verschärft wurden, rechtfertigt dies jedoch nicht[39]. Im Wahlkreis Toronto East z.B. verdreifachte sich die Einwohnerzahl zwischen 1871 und 1891 von 15.090 auf 43.565; in Toronto West stieg sie von 20.355 auf 73.826 an; in den beiden Wahlkreisen Montreal East und West betrug die Bevölkerung 1871 46.291 bzw. 37.031 und erhöhte sich bis 1891 auf 92.063 bzw. 62.510 Einwohner, während die durchschnittliche Wahlquote 1892 bei 22.901 Einwohner pro Wahlkreis lag. Daß in keinem dieser Wahlkreise eine Neueinteilung erfolgte, beruhte auf politischen Motiven, die sich gegen die Städte und die entstehende Industriearbeiterschaft richteten und von Liberalen wie Konservativen gleichermaßen vertreten wurden[40].

Die ungleichmäßige Bevölkerungsentwicklung in den Provinzen ließ nach der Jahrhundertwende die Frage nach den Mandatszahlen pro Provinz erneut in den Vordergrund der politischen Auseinandersetzungen treten. Den Anlaß bildete die Wahlkreiseinteilung von 1892, bei der die drei maritimen Provinzen den Verlust je eines Mandats hinnehmen mußten. Vor der folgenden Einteilung von 1903 bestritten sie daraufhin die Rechtmäßigkeit der Wahlquote[41]. Ihrer Meinung nach galt Artikel 51 des BNA nur für die vier Gründungsprovinzen, nicht aber für die später der Konföderation beigetretenen Provinzen, denen nur die mit dem Eintritt in den Bundesstaat festgesetzte Mandatszahl unabhängig von der jeweiligen Wahlquote zustünde. Der Supreme Court verwarf diese Verfassungsauslegung jedoch mit der Argumentation, daß sich Artikel 51 auf den kanadischen Bundesstaat als Ganzes beziehe und in der Fassung von 1867 nur den damaligen Stand der Konföderation beschreibe. Ausgleich und Schutz für die kleinen Provinzen erbrachte 1915 Artikel 51 A; seither muß die Mandatszahl der Provinzen im Unterhaus zumindest ihrer Mitgliederzahl im Senat entsprechen (Senate clause). Prince Edward Island wählt aufgrund dieser Bestimmung seit 1915 unverändert vier, New Brunswick seit 1933 zehn Abgeordnete ins Unterhaus.

Zwar fanden seit dem I.Weltkrieg keine offensichtlich wahlgeographischen Manipulationen mehr statt. Die Grundproblematik aller kanadischen Wahlkreiseinteilungen konnte jedoch nur unzureichend gelöst werden. Der Kompromiß zwischen den Eigeninteressen der Provinzen und ihrem Bestreben nach Besitzstandssicherung einerseits und der Realisierung von Kopfzahlprinzip und Gleichheitsgrundsatz andererseits wurde von Mal zu Mal schwieriger. Nimmt man eine maximale Abweichung von 25 % von der durchschnittlichen Wahlquote als Grenzwert an, so lagen nach der Wahlkreiseinteilung von 1924 nur 137 der 241, 1933 sogar nur 126 der 243 Wahlkreise innerhalb dieser Grenzen[42]. Die Unzulänglichkeiten wurden vollends deutlich vor der infolge des II.Weltkriegs verschobenen Wahlkreiseinteilung von 1946. Bei Anwendung der noch geltenden Normen (Berechnung der Wahlquote anhand der für Quebec auf 65 festgelegten Mandatszahl, 1/20-Klausel, Senats-Klausel) hätten nur die Provinzen Quebec, Manitoba, Saskatchewan und British Columbia eine ihrem Bevölkerungsanteil entsprechende Mandatszahl erhalten. Die übrigen fünf Provinzen wären hingegen - wie die nachfolgende Tabelle zeigt - überrepräsentiert gewesen[43].

Tabelle 7 :

Prince Edward Island	mit 4 statt 2 Mandaten	(Art. 51A)
New Brunswick	mit 10 statt 9 Mandaten	(Art. 51A)
Nova Scotia	mit 12 statt 11 Mandaten	(1/20-Kl.)
Alberta	mit 17 statt 16 Mandaten	(1/20-Kl.)
Ontario	mit 82 statt 74 Mandaten	(1/20-Kl.)

Die erhebliche Überrepräsentation der Provinz Ontario führte vor allem im frankokanadischen Quebec zur Forderung auf Änderung des Repräsentationsschlüssels. Mit der gleichen Berechtigung wie in Upper Canada vor der Gründung der Konföderation wurde jetzt in Quebec der Anspruch auf representation by population erhoben.

Die Verfassungsnormen zur Wahlkreiseinteilung, wie sie mit der Neufassung von Artikel 51 des BNA in den Jahren 1946 und 1952 eingeführt wurden, blieben bis Mitte der 70er Jahre in Kraft; sie bildeten die Grundlage der Repräsentation sämtlicher seither abgehaltener Wahlen zum Unterhaus (einschließlich der Wahl von 1974)[44]. Die Mitgliederzahl des Unterhauses mußte seither mindestens 263 betragen. Zwei dieser Mandate entfielen auf die beiden Bundesterritorien (Yukon Territory, Northwest Territories), die restlichen 261 Sitze wurden entsprechend dem Grundsatz des representation by population auf die (seit 1949) zehn Provinzen verteilt. Zunächst wurde dabei eine Bundeswahlquote durch Division der Gesamtbevölkerung Kanadas (ohne die beiden Bundesterritorien) durch die Mindestmandatszahl (261) ermittelt. Jede Provinz erhält dann so viele Mandate zugesprochen, wie die Bundeswahlquote in ihrer Bevölkerungszahl enthalten war. Jedoch verfügte jede Provinz über zumindest so viele Unterhausmandate wie Senatssitze. Sollten - wie dies stets für Prince Edward Island (vier Mandate) und New Brunswick (zehn Mandate) zutraf - Provinzen ihre Mandate aufgrund dieser Bestimmung zugeteilt bekommen, so wurde die Bundeswahlquote ohne Berücksichtigung dieser Provinzen erneut errechnet. Sie ergab sich dann aus der Division der um die Bevölkerungszahl dieser Provinzen und der beiden Bundesterritorien verminderten Gesamtbevölkerung Kanadas durch 247, d.h. Mindestmandatszahl (263) abzüglich der bereits vergebenen Mandate (4 + 10 + 2). Allerdings durfte die Mandatszuweisung nicht dazu führen, daß eine Provinz bei höherer Bevölkerungszahl weniger Mandate erhielt als eine andere mit niedrigerer Einwohnerzahl. Weiterhin wurde 1952 eine 15-Prozent-Klausel eingeführt, d.h. die Mandatszahl einer Provinz durfte im Vergleich zur vorangegangenen Wahlkreiseinteilung nur um maximal 15 % verringert werden. Bei der Wahlkreiseinteilung von 1952 erhielt daraufhin die Provinz Saskatchewan zwei Mandate mehr, als ihr nach der Bundeswahlquote zugestanden hätten; bei der Wahlkreiseinteilung von 1966 profitierte von dieser Regelung Nova Scotia mit zehn anstatt neun Mandaten. Die Bestimmung galt jedoch nur für eine Wahlkreiseinteilung, so daß bei der nächstfolgenden als Basis zur neuerlichen Berechnung der 15-Prozent-Klausel nicht die tatsächliche Mandatszahl der letzten Mandatszuteilung, sondern diejenige der durch die Bundeswahlquote ermittelten herangezogen wurde. Bei der Wahlkreisrevision von 1966 wurden so für die Provinz Saskatchewan nicht die ihr im Jahre 1952 zugewiesenen 17, sondern die sich aus der Bundeswahlquote 1952 ergebenden 15 Mandate zugrundegelegt. Ohne daß die Klausel verletzt wurde, verringerte sich dadurch 1966 die Mandatszahl der Provinz auf 13 Sitze.

4.3. Wahlkreisrevisionen 1966 und 1974/75

Zur Wahlkreiseinteilung von 1966 erfolgte in den Jahren 1963/64 mit dem 'Electoral Boundaries Readjustment Act'[45] erstmalig eine Normierung zur innerprovinzialen Abgrenzung der Wahlkreise, mit dem Ziel, die Ungleichheiten in den Wahlkreisgrößen zu beheben, die bei Differenzen zwischen 15.000 und 267.000 nicht mehr zu tolerieren waren. In Anlehnung an die Bestimmungen Großbritanniens und zahlreicher in der britischen Verfassungstradition stehender Staaten wurden zwei entscheidende Neuerungen eingeführt: Die Gestaltung der Wahlkreise wurde dem Einfluß des Unterhauses und damit auch der politischen Parteien weitgehend entzogen und unabhängigen Wahlkreiskommissionen übertragen, zugleich eine Reihe inhaltlicher Kriterien aufgestellt. Im Gegensatz zu den Verfassungsnormen blieben die Regelungen zur inneren Abgrenzung der Wahlkreise bislang unverändert: Die Wahlkreiseinteilung wird seit 1963/64 vorgenommen vom Representation Commissioner und den zehn (für jede Provinz eine) Electoral Boundaries Commissions; diese bestehen aus jeweils vier Mitgliedern, dem Representation Commissioner, einem vom Obersten Richter jeder Provinz aus der Mitte der ihm unterstellten Gerichte ernannten Richter als Vorsitzendem, sowie zwei vom Speaker des Unterhauses ernannten weiteren Mitgliedern, die in der jeweiligen Provinz ansässig sein müssen, jedoch weder einer der beiden Kammern noch einem Provinzparlament angehören dürfen. Der Representation Commissioner ermittelt zunächst auf der Basis der letzten Volkszählung anhand der Verfassungsbestimmungen die Bundeswahlquote und weist jeder Provinz die ihr zustehende Mandatszahl zu. Die Abgrenzung der Wahlkreise erfolgt dann durch die einzelnen Kommissionen. Die innerprovinziale Wahlkreiseinteilung richtet sich nach der Provinzialwahlquote, die sich aus der Division der Gesamtbevölkerung der jeweiligen Provinz durch die ihr zuerkannte Mandatszahl ergibt. Die Kommissionen sollen geographische und bevölkerungsstrukturelle Bedingungen wie Größe, Gestalt, Bevölkerungsdichte und lokale wie regionale Verwaltungseinheiten berücksichtigen. Die daraus resultierenden Abweichungen von der Provinzialwahlquote dürfen allerdings 25 % nicht übersteigen. Gegen die von den Kommissionen vorgeschlagenen Wahlkreiseinteilungen, die innerhalb eines Jahres dem Speaker des Unterhauses schriftlich vorgelegt werden müssen, kann von mindestens zehn Abgeordneten des Unterhauses Einspruch erhoben werden. Nach Beratung im Unterhaus werden die Einsprüche dann erneut den Wahlkreiskommissionen zugeleitet, die diese nach eigenem Ermessen entweder zur Änderung der Wahlkreiseinteilung heranziehen oder mit Begründung als unerheblich verwerfen können.

Die komplizierte, indes noch einigermaßen verständliche verfassungsrechtliche Normierung der Repräsentation aus den Jahren 1946/1952 ist mittlerweile durch die Bevölkerungsveränderungen schon wieder überholt. Die auf den Ausgleich der verschiedenen Provinzinteressen ausgerichteten Regelungen in Artikel 51 und 51 A des BNA (senatorial clause, 15-Prozent-Klausel, die Bestimmung, daß bei größerer Bevölkerungszahl einer Provinz zumindest ebenso viele Mandate zustehen wie den bevölkerungskleinen Provinzen) kollidierten erneut in erheblichem Umfang mit dem Gleichheitsgrundsatz. Dies führte zunächst zu einer Kontroverse um die vom Representation Commissioner 1973 vorgeschlagene Wahlkreisrevision, was zwei Konsequenzen hatte: Die Neueinteilung der Wahlkreise verzögerte sich weiter, so daß auch die Wahl von 1974 in den Wahlkreisen abgehalten wurde, die durch die Wahlkreiseinteilung von 1966 auf der Basis der Volkszählung von 1961 (sic!) geschaffen worden waren. Die verfassungsrechtliche Kontroverse ließ zweitens die Überprüfung der Verfassungsnormen selbst notwendig werden und resultierte in der völligen Neufassung der verfassungsrechtlich fixierten Repräsentationsnormen.

Den Anlaß für die verfassungsrechtliche wie verfassungspolitische Diskussion um den Wahlkreisvorschlag des Representation Commissioner, den dieser anhand der Ergebnisse der Volkszählung von 1971 und entsprechend Artikel 51 des BNA in der zum Zeitpunkt der Ermittlung noch gültigen Fassung von 1946/1951 ausarbeitete, bildete u.a. die von ihm vorgeschlagene Sonderlösung zur Ermittlung der Mandatszahl von Nova Scotia[46]. Auf den Ermittlungsprozeß selbst braucht hier nicht näher eingegangen zu werden. Die Mandatszuweisung der zehn Mandate an Nova Scotia, die der Provinz aufgrund der senatorial clause zustehen, erforderte jedenfalls ein Vorgehen, für das die Verfassung keine eindeutige Lösung vorsah. Unstrittig war, daß Nova Scotia einen Anspruch auf zehn Mandate im Unterhaus hat. Es ging vielmehr um die Art und Weise, wie dieses zehnte Mandat zu ermitteln ist, und um die daraus resultierenden Konsequenzen für die Mandatsstärken der anderen Provinzen, konkret um die Mandatszahl Ontarios. Je nachdem, welche der insgesamt drei, jeweils aus Interpretation von Artikel 51 und 51 A abgeleiteten Lösungsmöglichkeiten man wählte, erhielt Ontario dabei entweder 91 (wie im Vorschlag des Representation Commissioner) oder 92 Mandate (wie in den beiden anderen Rechenprozessen), wobei sich dann die Gesamtmandatszahl im Unterhaus um ein Mandat auf 265 erhöhte. Auch unabhängig davon, welcher der Analogieschlüsse verfassungsrechtlich am ehesten zulässig sein sollte, wirft die durch den Spezialfall Nova Scotia ausgelöste Diskussion in einer Reihe von Aspekten ein bezeichnendes Licht auf die Problematik von Repräsentation und - allgemeiner - von Verfassungsrecht und Verfassungspolitik im kanadischen politischen System.

Die Tatsache, daß über die Differenz von nur einem Mandat eine Verfassungsdiskussion entsteht, zeigt, in welchem Maße die Provinzen auf ihren Besitzstand an Einfluß und Macht pochen. Über den machtpolitischen Aspekt hinaus erweist sich, wie stark der föderative Gedanke auch die Repräsentation zum nationalen Parlament bestimmt. Um überhaupt zu einer annehmbaren Repräsentationsbasis für das Unterhaus zu gelangen, bedurfte es stets eines die Vielzahl provinzialer Eigenheiten berücksichtigenden und ausgleichenden Kompromisses, der früher oder später von der Bevölkerungsentwicklung eingeholt wird. Waren es bei den vorangegangenen Wahlkreiseinteilungen nur Prince Edward Island und New Brunswick, die aufgrund der senatorial clause im Unterhaus überrepräsentiert waren, würde nach dem Census von 1971 bei fortbestehenden Normen als weitere Provinz Nova Scotia hinzukommen. Die Mandatszahl von Newfoundland entspricht mit sechs Mandaten genau der Zahl der Senatoren. Die maritimen Provinzen verfügen damit gegenwärtig auf Kosten der bevölkerungsstarken Provinzen über sechs zusätzliche Mandate.

Eine Anpassung an die Bevölkerungsentwicklung, die einerseits dringlich erforderlich wäre, um Repräsentation und Gleichheitspostulat annähernd wieder in Übereinstimmung zu bringen, stellt bei den außerordentlichen Eigeninteressen der Provinzen andererseits fast zwangsläufig den Bestand des Bundesstaates überhaupt in Frage. 'The Special Joint Committee of the Senate and of the House of Commons on the Constitution of Canada' (vgl. Special Joint Committee 1972, S.33ff) schlug als Ausweg die Aufhebung der senatorial clause bei gleichzeitiger Erhöhung der Gesamtzahl der Unterhausmandate um sechs Mandate (nämlich genau die sechs Mandate, um die die maritimen Provinzen gegenwärtig überrepräsentiert sind) auf 269 Mandate vor. Dieser Vorschlag, dem als Prämisse die Wahrung des Mandatsbesitzstandes der Maritimes als Region zugrundelag, ist typisch sowohl für das verfassungspolitische Dilemma als auch die realen Lösungsmöglichkeiten, die in einer solchen Situation dem kanadischen politischen System offenstehen. Darüber hinaus ist der Vorschlag der Erhöhung auf 296 Mandate jedoch faktisch nur wenig durchdacht. Eine Mandatszuteilung ergäbe nämlich schon bei der gegenwärtigen Bevölkerungszusammensetzung (Census von 1971) eine Wahlquote, die bei Wegfall der senatorial clause keineswegs den Mandatsbesitzstand jeder der vier maritimen Provinzen wahren würde; ein Faktum, mit dem sich die Provinzen kaum abfinden würden. Sodann stellt sich eine Anpassung der Repräsentation als Problem der Verfassungsänderung (s. Kapitel G/3). Zwar fällt section 51 des BNA in die Kategorie der Verfassungsbestimmungen, die verfassungsrechtlich die Kompetenzen der Provinzen nicht tangieren, doch sind Verfassungsreformfragen jeglicher Art im kanadischen politischen System nur bei einem Interessenausgleich möglich, der die unterschiedlichen Interessen sämtlicher Provinzen zu berücksichtigen vermag.

Die bei der Neuformulierung des Artikels 51 dann gefundene Lösung zeigt dies in besonders charakteristischer Weise[47]; die Besitzstandswahrung an Mandaten wurde zum maßgeblichen, verfassungsrechtlich festgeschriebenen Kriterium, um zu verhindern, daß sich die Mandatszahl einer Provinz verringern kann, obgleich sich ihre Bevölkerung wenn auch nicht relativ, so doch absolut gegenüber der vorangegangenen Wahlkreiseinteilung erhöhte. Aufgrund relativer Bevölkerungsabnahme hätten bei Anwendung der alten Normen - wie im Vorschlag des Representation Commissioners - Nova Scotia, Newfoundland, Manitoba, Saskatchewan je ein, Quebec zwei Mandate verloren. Um einen solchen Fall auszuschließen, sieht die Neufassung von section 51 vor, daß sich die bestehenden, auf der Wahlkreisrevision von 1966 basierenden Mandatszahlen der Provinzen bei der bevorstehenden wie den folgenden Neueinteilungen der Wahlkreise nicht verringern dürfen. Bei dem außerordentlich ungleichen Bevölkerungswachstum in Kanada bedeutet dies die Abkehr von einer fixierten Mitgliederzahl des Unterhauses und eine relativ starke Erhöhung der Mandatszahl. Zudem steht die Mitgliederzahl des Unterhauses nicht mehr in Relation zur Bevölkerung des Gesamtstaates Kanada, wodurch das bundesstaatliche Element weiter an Bedeutung eingebüßt hat und eine neuerliche Machtverlagerung zugunsten der Provinzen eintritt. Neben dem Grundsatz der Besitzstandswahrung

lagen der Neuformulierung der Repräsentationsbasis folgende weitere Zielvorstellungen zugrunde:
- das Kopfzahlprinzip, wobei allerdings bereits in den Zielvorgaben von einer weitestgehenden Relativierung des Grundsatzes des 'representation by population' zugunsten einer Berücksichtigung der gesellschaftlichen Besonderheiten und provinzialen Eigenständigkeiten ausgegangen wurde;
- die Größe der Einmannwahlkreise, die zu Beginn der Konföderation bei durchschnittlich 18.000 Einwohnern pro Wahlkreis lag, soll gegenüber der letzten Wahlkreiseinteilung, wenn überhaupt, nur unwesentlich ansteigen;
- die Mitgliederzahl des Unterhauses (bislang 264) hingegen sollte nach Möglichkeit nur gering ansteigen, da ansonsten zugleich auch eine einschneidende Reorganisation der Parlamentsarbeit erforderlich werden könnte.

Insgesamt standen während des Jahres 1974 fünf Varianten zur Diskussion, deren Wirkungen auf die Mandatsstärken der Provinzen und die Wahlkreiseinteilung vom Statistischen Büro auf der Basis des Census von 1971 und von Bevölkerungsprojektionen für die Censusjahre bis 2001 durchgerechnet wurden[48]. In die Verfassung übernommen wurde dann die als 'Amalgam Method' bezeichnete Lösung, die - geht man von einer rein funktionalistischen, an den faktischen Zuteilungsergebnissen orientierten Betrachtungsweise aus - von den fünf Vorschlägen die sich teils grundsätzlich widersprechenden Zielvorgaben am besten miteinander kombiniert. Allerdings führte dies zur verfassungsrechtlichen Festschreibung einer außerordentlich technokratischen Lösung. Um zumindest vordergründig und in Ansätzen die Verbindung der sich ausschließenden Prinzipien des 'one man - one vote' und der 'meaningful representation of provinces and territories' herzustellen, geht der revidierte Verfassungsartikel 51 von einer Vierteilung Kanadas aus und unterscheidet[49]:
- Quebec, dessen Mandatszahl für die anstehende Neueinteilung der Wahlkreise auf 75 festgelegt ist und die sich bei jeder folgenden Wahlkreisrevision um vier Mandate erhöht;
- 'große' Provinzen mit mehr als 2,5 Millionen Einwohnern (ausgenommen Quebec);
- 'mittlere' Provinzen zwischen 1,5 und 2,5 Millionen Einwohnern;
- 'kleine' Provinzen mit weniger als 1,5 Millionen Einwohnern.

Die Mandatszahl der großen Provinzen wird ermittelt, indem man durch Division der Bevölkerung Quebecs durch deren Mandatszahl die Wahlquote Quebecs errechnet und die Bevölkerungszahl der großen Provinzen durch diese Quote dividiert. Die Lösung entspricht dem Verfahren, das die Gründungsväter 1867 eingeführt hatten, damals allerdings für alle Provinzen. Für die Mandatszahlen der kleinen Provinzen gilt vor jeder Ermittlung, daß erstens die Zahl der Provinzabgeordneten die Zahl der Senatoren nicht unterschreiten darf (section 51 A), daß zweitens keine Provinz ein Mandat verlieren kann (Besitzstandsklausel). Zur Mandatszuteilung wird zunächst auf der Basis der letzten Wahlkreisrevision eine Wahlquote ermittelt; die Bevölkerungszahlen der kleinen Provinzen unter 1,5 Millionen Einwohner beim jeweils vorletzten Census werden addiert und durch die Gesamtmandatszahl dieser Provinzen bei der letzten Wahlkreiseinteilung dividiert. Die so anhand der jeweils vorangegangenen Volkszählung und Wahlkreiseinteilung gewonnene Quote dient dann zur Bestimmung der zukünftigen Mandatszahlen, indem die Bevölkerungszahlen der kleinen Provinzen beim jeweils letzten Census durch sie dividiert wird und der Quotient die Mandatszahl bildet, wobei - entgegen der Praxis bei früheren Revisionen - hier wie bei den anderen Divisionen Divisionsreste unberücksichtigt bleiben. Die Wahlquote der mittleren Provinzen erhält man durch die Division der addierten Bevölkerungszahlen der kleinen Provinzen beim letzten Census durch die Summe der für diese zuvor ermittelten zukünftigen Mandatszahl. Von dem durch Division der Bevölkerung durch die Wahlquote für jede Provinz errechneten Quotienten wird dann die aufgrund der letzten Wahlkreiseinteilung bestehende Mandatszahl der Provinz subtrahiert. Die Mandatszahl der mittleren Provinz ergibt sich dann, indem man dem durch zwei dividierten Ergebnis der Substraktion erneut die bestehende Mandatszahl der Provinz hinzuaddiert. Weiter kompliziert werden die ohnehin nur schwer verständlichen Normen durch zwei Sonderregelungen. So darf auch nach der Verfassungsrevision die Mandatszuweisung nicht bewirken, daß eine Provinz bei größerer Bevölkerung weniger Mandate erhält als eine andere mit geringerer Einwohnerzahl. In einem solchen Falle stehen dieser Provinz unabhängig von den Wahlquoten soviele Mandate zu, wie der Provinz mit der nächst niederen Bevölkerung. Sollte sich zweitens bei der Division der Provinzbevölkerung durch die für sie ermittelte Mandatszahl eine Wahlquote ergeben, die größer als diejenige Quebecs ist, so wird die Mandatszahl neu-

Tabelle 8 : Mandatszahl der Provinzen für das kommende Jahrzehnt

		1976		1966	
		abs.	in %	abs.	in %
1.	Quebec	75	26,6	74	28,0
2.	Große Provinzen				
	Ontario	95	33,7	88	33,3
3.	Mittlere Provinzen	49	17,4	42	15,9
	Alberta	21	7,4	19	7,2
	British Columbia	28	10,0	23	8,7
4.	Kleine Provinzen	60	21,3	58	22,0
	Newfoundland	7	2,5	7	2,7
	Prince Edward Island	4	1,4	4	1,5
	Nova Scotia	11	3,9	11	4,2
	New Brunswick	10	3,5	10	3,8
	Manitoba	14	5,0	13	4,9
	Saskatchewan	14	5,0	13	4,9
5.	Bundesterritorien	3	1,0	2	0,8
	Yukon	1	0,4	1	0,4
	Northwest	2	0,6	1	0,4
Unterhaus/Insgesamt		282	100,0	264	100,0

Quelle: Committee on Privileges and Elections 1974, Minutes of Proceedings and Evidence, 11-12-1974, passim.

erlich, und zwar durch die Division der Bevölkerungszahl durch die Wahlquote Quebecs ermittelt. Gesondert festgelegt ist weiterhin die Mandatszahl der Territories, wobei das Yukon Territory weiter unverändert ein, die Northwest Territories jetzt zwei Mandate stellen.

Auf der Basis der Volkszählungen von 1961 und 1971 ermittelte der Representation Commissioner im Laufe des Jahres 1975 in zahlreichen Rechenschritten, auf die hier nicht eingegangen werden kann, die Mandatszahlen der Provinzen (s.Tab.8); die Neuabgrenzung der Wahlkreise in den Provinzen dürfte im Jahre 1976 abgeschlossen werden. Sie findet Anwendung nur dann, wenn zwischen der Veröffentlichung der neuen Wahlkreisgrenzen und der Parlamentsauflösung für die nächste Unterhauswahl mindestens ein Jahr liegt.

Die neuen Repräsentationsgrundlagen der Verfassung zeichnen sich durch die weitestgehende Abkehr vom Gleichheitsgrundsatz des representation by population aus, sofern man die Mandatszuteilung unter einem gesamtstaatlichen Blickwinkel betrachtet. An seine Stelle treten als Primärziele die 'angemessene Repräsentation' und Besitzstandswahrung der Provinzen[50]. Auf der Strecke bleibt dabei aufgrund der funktionalistischen Einteilung zudem die durch natürliche Rahmenbedingungen und Geschichte bestimmte regionale Gliederung Kanadas in den maritimen Osten, Zentral-Kanada, die Prärie und British Columbia. Die Neugliederung ermöglicht jedoch noch nicht einmal die angestrebte Geltung des Kopfzahlprinzips innerhalb der Provinzgruppierungen. Sowohl Prince Edward Island als auch New Brunswick erhalten ihre vier bzw. zehn Mandate wie in der Vergangenheit auch bei Anwendung der neuen Normen aufgrund der Senats- bzw. Besitzstandsklausel. So gilt das Kopfzahlprinzip nur noch im Verhältnis der großen Provinzen (gegenwärtig nur für Ontario und Quebec) zueinander. Man mag die unter repräsentationstheoretischen Gesichtspunkten allerdings bedenkliche Aufweichung des Kopfzahlprinzips und differenzierte Gewichtung der Repräsentation noch als notwendigen Ausgleich für die provinziale und regionale Heterogenität Kanadas akzeptieren; nur schwer einsichtig kann indes sein, daß in einem für den demokratisch-parlamentarischen Prozeß wesentlichen Teilbereich vornehmlich aus dem opportunistischen Grund der Besitzstandswahrung eine Lösung verfassungsrechtlich institutionalisiert wurde, deren Procedere, Sondernormierungen und Komplexität für den Durchschnittswähler kaum noch verständlich sind.

C. PARTEIEN UND WAHLEN IM ZWEIPARTEIENSYSTEM (1867 - 1917)

1. Parteien und Wahlen im Zeichen territorialer Expansion

1.1. Wahlen und Wahlpraxis bis 1878

Entstanden als Zusammenschluß autonomer Provinzen, in denen sich seit dem 18.Jahrhundert weitgehend eigenständige gesellschaftliche und politische Strukturen herausgebildet hatten, war die kanadische Konföderation nach 1867 "a conception rather than a reality" (Waite 1971, S.12). Dies galt insbesondere auch für das Parteiengefüge und Regierungssystem. Nationale Parteien existierten nicht. Die entstehenden politischen Gruppierungen waren nicht viel mehr als lose Zusammenschlüsse der 'alten Provinzparteien'. Ohne gemeinsame Zielsetzungen, den eigenständigen gesellschaftlichen Kräften ihrer Provinzen verhaftet und als Honoratiorenparteien bei noch zensitär beschränktem Wahlrecht auch ohne feste innerparteiliche Organisationsstrukturen, bildete zunächst das einzig wirkliche Bindeglied über die Provinzgrenzen hinweg ihre Grundeinstellung zum neuen Staat; bestand sie nun aus Zustimmung oder Ablehnung[1]. Die Auseinandersetzungen um die Konföderation bestimmten so die unmittelbar nach Inkrafttreten des British North America Act erfolgte Regierungsbildung und die sich erst dann anschließenden Wahlen zum Unterhaus.

Die Basis der Koalitionsregierung - jede Provinz erhielt eine festgelegte Zahl an Ministerposten zuerkannt (Ontario: fünf; Quebec: vier; New Brunswick und Nova Scotia je zwei) - stellte die in der ehemaligen Provinz Canada nach der Wahl von 1854 entstandene Zusammenarbeit des konservativ-gemäßigt liberalen frankokanadischen Parti Bleu unter Georges Etienne Cartier mit den anglokanadischen Konservativen Ontarios unter John A.Macdonald, dem ersten Premierminister der Konföderation. Zugleich schlossen sich der Regierung auch einige Politiker der liberalen Reformpartei Ontarios an. Wie zuvor in der Provinz Canada, standen der Regierung als radikal-liberale Opposition vor allem der frankokanadische Parti Rouge und die aus der Clear-Grit-Bewegung hervorgegangenen Radical Reformers gegenüber. Einig in der Ablehnung der kapitalistischen Wirtschaftsinteressen und ihrer Unterstützung durch die konservative Regierung, konnten die beiden liberalen Gruppierungen jedoch zunächst ihre traditionellen ethnisch-religiösen Gegensätze nicht überwinden. Die erste Wahl zum Bundesparlament vom 7.August bis 20.September 1867 war so in allen vier Gründungsprovinzen fast ausschließlich vom 'Für und Wider' der Konföderation geprägt; sie erhielt - in jeder Provinz gesondert und aus unterschiedlichen Motiven heraus - einen stark plebiszitären Charakter und ähnelte in ihrer alternativen Fragestellung eher einem Referendum als einer Parlamentswahl[2]. Die Regierungskoalition als Verfechter der von ihr während der Verfassungsberatungen entscheidend mitgeprägten Konföderation erzielte 108 der 180 Unterhausmandate; vor allem in den beiden zentralen Provinzen Ontario und Quebec verfügte sie über deutliche Mandatsmehrheiten, während sie in New Brunswick nur einen Vorsprung von einem Mandat erreichte. In Nova Scotia setzten sich die Gegner des Bundesstaates durch. Das Wahlergebnis spiegelte insgesamt die Stimmung in der wahlberechtigten Bevölkerung wider, die sich vornehmlich aus Furcht vor den USA mehrheitlich für den Zusammenschluß der ehemals britischen Kolonien entschied.

Beeinflußt wurde die Wahlentscheidung von 1867 wie die der beiden folgenden Unterhauswahlen von 1872 und 1874 zudem vom Wahlprozeß selbst[3]. Mit Ausnahme der wenigen Verfassungsbestimmungen waren auf Bundesebene keinerlei wahlrechtliche Regelungen erlassen worden; unter divergierenden provinzialen Bestimmungen abgehalten, setzte sich so die Wahl der nationalen Repräsentation aus vier Teilwahlen zusammen, die völlig unabhängig voneinander durchgeführt wurden. Allein Nova Scotia schrieb für seine 19 Wahlkreise eine einheitliche Wahlzeit vor. In Ontario und Quebec erstreckte sich die Stimmabgabe über 48 Stunden; am Ende des ersten Wahltages wurden die Zwischenergebnisse bekannt gegeben. Nur in New Brunswick konnten die Wahlberechtigten in geheimer Wahl mittels Stimmzettel wählen; in den anderen Provinzen erfolgte die Stimmabgabe öffentlich zu Protokoll. Bei den ersten drei Unterhauswahlen waren massive Wahlbeeinflussungen eher die Regel als die Ausnahme. Sie kamen fast ausschließlich der jeweiligen Regierung und deren Kandidaten zugute, 1867 und 1872 den Konservativen John A.Macdonalds, 1874 den Liberalen Alexander Mackenzies.

Erlaubten die uneinheitlichen Wahlzeiten den Regierungen eine unter parteipolitischen Gesichtspunkten gezielte Terminierung der Wahlen, so gestattete insbesondere die öffentliche Stimmabgabe die Kontrolle der Wahlentscheidungen. Nicht nur Beamte und Angestellte, sondern jeder, der auch nur entfernt von Regierung und Verwaltung abhängig war, unterlag bei seiner Stimmabgabe einem starken psychologischen Druck. Eine freie, eigenständige Wahlentscheidung war kaum möglich. Die große Anzahl stiller Wahlen lag im wesentlichen hierin begründet[4]. Sie ersparten dem Wahlkreis eine heftige Auseinandersetzung und dem Wähler eine Wahlentscheidung, die - je nach dem Gesamtergebnis der Wahl - für ihn eventuell persönliche Nachteile mit sich gebracht hätte. Bei den drei Wahlen bis 1874 wurde so über ein Viertel der Gesamtmandate an parteilose Einzelkandidaten vergeben, die sich als 'ministerialists' zumeist der Mehrheit im Parlament anschlossen. Mit der Vereinheitlichung des Wahltermins und der Einführung der geheimen Wahl, die beide von der liberalen Regierung mit Bundesgesetzgebung nach 1874 durchgesetzt wurden, ging mit den verminderten Manipulationsmöglichkeiten auch die Zahl der stillen Wahlen zurück. Daß die liberale Regierung Mackenzie die Unterhauswahl von 1878 bei offener Stimmabgabe gewonnen hätte, ist zumindest denkbar. Die Liberalen in ihrer Enttäuschung, daß sich die von ihnen durchgesetzte Wahl mittels Stimmzettel nicht zu ihren Gunsten auswirkte, waren davon überzeugt[5]. Tatsächlich verfügten erst nach Einführung der geheimen Stimmabgabe Regierung und Opposition über eine etwa gleichartige Ausgangsposition.

1.2. Bestimmungsfaktoren konservativer Vorherrschaft im Parteiengefüge, 1878 - 1896

Die Bindung der vielfältigen gesellschaftlichen Kräfte an zwei nationale Parteien, die bis zur Wahl von 1878 weitgehend abgeschlossen war, lag nicht zuletzt in der einigenden Wirkung der Regierungsausübung begründet; sie zwang beide Parteien, übergreifende programmatische Konzeptionen zu entwickeln, die die im Grundsatz noch heute existenten Interessengegensätze von Protestanten und Katholiken, Anglo- und Frankokanadiern, Stadt und Land, Zentrum und Peripherie, etc. zu integrieren vermochten. Dies gelang zuerst den Konservativen, die aus ihrer probundesstaatlichen Einstellung heraus ihr weitgehend pragmatisches Programm bundesstaatlicher Konsolidierung und nationaler Expansion auf dem Kontinent ableiteten und versuchten, den kanadischen Wappenspruch 'A mari usque ad mare' in die Tat umzusetzen[6]. Die Eingliederung sämtlicher ehemals britischer Kolonien in die Konföderation, Einwanderung und Erschließung der noch immer fast unbesiedelten westlichen Territorien bestimmten die konservative Programmatik dabei ebenso wie die Förderung der entstehenden Industrie. Die konservative Politik nationaler Expansion war ausgerichtet an der sozialen Wirklichkeit Kanadas um 1870. In einer überwiegend ruralen Gesellschaft lebte 1870 weniger als ein Viertel der Bevölkerung in Städten und städtischen Gemeinden. Von den 3.689.257 Einwohnern arbeiteten nur 181.679 in industriellen Unternehmen[7]. 51 % der Erwerbstätigen waren 1871 in der Landwirtschaft, der Fischerei oder der Holzfällerei beschäftigt. Im Gegensatz zu den (zumindest im Norden und Nordosten) bereits stark industrialisierten USA war das Kanada der 70er Jahre des 19.Jahrhunderts unverändert vornehmlich Agrargesellschaft, die in den vier Gründungsprovinzen einerseits die Strukturen der 'frontier'[8] zwar hinter sich gelassen hatte, die jedoch andererseits von dem Industrialisierungsprozeß noch kaum erfaßt war[9].

Auf dem Hintergrund dieser Gesellschaftsstrukturen hieß wirtschaftliche Expansion zunächst vor allem zweierlei: Ausbau der Infrastruktur, Schutz der bereits vorhandenen einheimischen Industrie und Industrialisierungshilfen (s.Kapitel F/2). In der Fortsetzung des Mitte des 19.Jahrhunderts begonnenen Eisenbahnbaus lag so ein Schwerpunkt des konservativen Programms. Der Ausbau des Verkehrsnetzes verbesserte jedoch nicht nur die Transport- und Handelswege und schuf damit die Voraussetzungen der wirtschaftlichen Expansion wie der Immigration, sondern er bedeutete zugleich die tatsächliche Verbindung der einzelnen Landesteile zu einem Bundesstaat, der bei Gründung der Konföderation nicht viel mehr als eine politische Forderung gewesen war. Nicht nur für die Bewohner British Columbias, für die gesamte Bevölkerung symbolisierte vor allem der Bau der transkontinentalen Canadian Pacific Railway, den die konservative Regierung 1872/73 einleitete und nach 1878 mit Haushaltsmitteln und Landvergabe erheblich subventionierte, den wachsenden Zusammenhalt der Provinzen und den entstehenden kanadischen Staat[10]. Die konservative Regierung, die für die zweite Hälfte des 19.Jahrhunderts eine außerordentlich staats-interventionistische Politik betrieb, beschränkte die Kapitalhilfen des (Bundes-)Staates jedoch nicht nur auf den Eisenbahnbau und andere Projekte der Infrastruktur. Sie förderte vielmehr, zumeist in der Form von Landvergabe, die Industrieansiedlung insgesamt, was Macdonald und den Konservativen, nicht aber, wie man erwarten sollte, der Liberalen Partei die politische Unterstützung des einheimischen, aber auch des britischen Kapitals in Kanada sicherte.

Während der Regierungszeit Mackenzies entwickelte Macdonald aus Opposition zum liberalen Freihandel mit der Schutzzollpolitik die zweite nationale Komponente konservativer Programmatik. Die nach seinem Wahlsieg von 1878 verwirklichte Schutzzollgesetzgebung war zunächst eine wirtschaftspolitische Notwendigkeit; sie erschwerte das Eindringen des industriellen Potentials der USA in die kanadische Wirtschaft und gestattete den ungestörten Aufbau eigenständiger Industrien. Der Einfuhrzoll erhöhte bei einem nur geringen Einkommensteuervolumen zugleich das Haushaltsaufkommen der Konföderation in erheblichem Maße. Allein der Abbau der Zollschranken gegenüber den USA hätte die Staatseinnahmen auf fast die Hälfte reduziert[11]. Die Schutzzollpolitik war jedoch mehr als nur eine wirtschaftspolitische Konzeption. Wie der Eisenbahnbau symbolisierte auch sie nationale Einheit und Unabhängigkeit. Die vornehmlich gegen die USA gerichtete Zielsetzung entsprach der ausgeprägten Furcht der Bevölkerung vor zunächst wirtschaftlicher und folgender politischer Abhängigkeit von den Vereinigten Staaten. In der anglokanadischen Bevölkerung Ontarios, die seit der Einwanderung der United Empire Loyalists traditionell antiamerikanisch eingestellt war, vor allem unter den straff organisierten protestantischen Orangemen, die 1878 etwa 200.000 Mitglieder zählten - ein Drittel der protestantischen männlichen Bevölkerung Ontarios über 21 Jahre -, verfügte die Konservative Partei damit über ein festes Wählerpotential[12].

Der Schutzzoll wurde zum entscheidenden gesamt-, aber auch parteipolitischen Integrationsfaktor. Durch sein vornehmlich wirtschaftspolitisches Programm 'Nationaler Politik' gelang es Macdonald, die unterschiedlichen politischen und ökonomischen Interessen an die Konservative Partei zu binden[13]: Die Konservative Partei repräsentierte sowohl die etablierten ländlichen Interessen als auch das auf Industrialisierung zielende städtische Kapital Montreals und Torontos und verband die frankokanadische Mehrheit Quebecs mit der antikatholisch-protestantischen Bevölkerung Ontarios. Mit Eisenbahnbau und Schutzzoll gewannen Macdonald und die Konservative Partei die Mandatsmehrheit bei den Wahlen nach 1878, so wie sie die erste Unterhauswahl von 1867 mit ihrem Eintreten für die Konföderation für sich entschieden hatten.

In den Auseinandersetzungen um den Canadian Pacific Railway lag jedoch auch ihre Niederlage bei der Wahl 1874 begründet. Um die Lizenz zum Bau der Eisenbahnlinie, ausgestattet mit Subventionen in Höhe von $ 30.000.000 und 50.000.000 acres Land, bewarben sich im Jahre 1872 zwei Aktiengesellschaften, die die konkurrierenden Wirtschaftsinteressen Torontos und Montreals repräsentierten[14]. Die von dem Reeder Hugh Allan geführte Montrealer Gesellschaft war dabei von amerikanischem Kapital abhängig. Als der von der konservativen Regierung unternommene Versuch einer Fusion beider Gesellschaften mit dem Ziel, die amerikanische Beteiligung zu verhindern, scheiterte, band die Regierung die Vertragsvergabe an die Bedingung, daß nur rein kanadische Kapitalgesellschaften am Bau beteiligt sein dürften. Hugh Allan löste sich deshalb vom amerikanischen Kapital und wurde 1873 Präsident einer neuen, mit Unterstützung der Regierung gegründeten Gesellschaft. Die so um ihren Einfluß gebrachten amerikanischen Geldgeber ließen daraufhin der liberalen Parlamentsopposition die Verhandlungsunterlagen zukommen; sie enthielten u.a. eindeutige Beweise, daß Allan den Wahlkampf der Konservativen Partei im Jahre 1872 mit $ 350.000 finanziert hatte.

Im Gefolge des Korruptionsskandals verlor Macdonald bei der noch nicht festgefügten parteipolitischen Strukturierung des Unterhauses seine nach der Wahl von 1872 mit 104 zu 96 Mandaten ohnehin nur schmale Mehrheitsbasis im Parlament. Um einer Abstimmungsniederlage zuvorzukommen, trat er am 5.November 1873 zurück; die Konservative Partei wurde von den Liberalen in der Regierung abgelöst; läßt man die dreimonatige Amtszeit Arthur Meighens im Jahre 1926 außer acht, der bisher einzige Regierungswechsel, der während einer Legislaturperiode stattfand. Die sich an die vorzeitige Parlamentsauflösung anschließende Neuwahl vom 22.Januar 1874 war fast ausschließlich vom Bestechungsskandal bestimmt; als Protestwahl beruhte der überwältigende Wahlsieg der Liberalen, die 53,8 % der Stimmen und 138 der 206 Mandate erzielten, so vor allem auf einem Negativvotum gegen Macdonald und die konservativen Kandidaten.

Den Liberalen gelang es erst relativ spät, ein einheitliches politisches Programm zu entwickeln[15]. Bis zum Jahre 1873 in die Opposition verbannt, entfiel vor allem die Notwendigkeit zu ständiger Zusammenarbeit zwischen den verschiedenen liberalen Kräften. Dennoch bestand bereits während dieser Zeit in einer Reihe von Grundsatzfragen Übereinstimmung. Gemeinsam lehnten sie die Struktur der Konföderation, wie sie im BNA geschaffen worden war, ab und waren sich in ihrer oppositionellen Einstellung gegenüber der konservativen Regierung einig. Sie verfügten zudem über eine ähnliche ideologische Basis, die - angelehnt an das amerikanische Vorbild - auf eine stärkere Demokratisierung zielte. Beide liberale Gruppen, die anglokanadischen Radical Reformers wie der frankokanadische Parti Rouge, stimmten so überein in ihrer Forderung nach größeren individuellen Freiheiten und sozialer Chancengleichheit. Trotzdem konnten sie die ethnisch-religiöse Schranke zunächst nicht überwinden. Ihnen fehlten dabei insbesondere Persönlichkeiten vom Range Macdonalds und Cartiers, die - von Anglo- wie Frankokanadiern gleichermaßen anerkannt - zur innerparteilichen Integration hätten beitragen können. Nach dem Rücktritt Macdonalds wurde dies bei der Bildung der liberalen Regierung im Jahre 1873 besonders offenbar, da weder Edward Blake noch A.A.Dorion, die Exponenten der Liberalen in Ontario bzw. Quebec, sondern mit Alexander Mackenzie ein Kandidat des Ausgleichs zum Premierminister gewählt wurde[16]. So waren die Liberalen, als sie im Gefolge des Eisenbahnskandals - weniger wegen ihres eigenen politischen Programms, als vielmehr aufgrund des allgemeinen Mißtrauens gegenüber den Konservativen - an die Regierung gelangten, noch immer

"an uncemented amalgam of diverse interests thrown together by the nature of the political system" (Waite 1971, S.16).

Aus der Regierung heraus versuchten die Liberalen jedoch, dem konservativen Programm eine eigenständige nationale Konzeption entgegenzustellen. Sie setzten mit der Einführung von Ineligibilitäts- und Inkompatibilitätsbestimmungen sowie der Normierung von Wahlanfechtung und Wahlprüfung eine Reihe von notwendigen verfassungspolitischen Reformen durch. Die von ihnen erhoffte Wirkung auf die Wählerschaft erzielten diese Maßnahmen, wie auch die Einführung der geheimen Stimmabgabe, allerdings nicht. Nationale wie parteiinterne Integration glaubten sie dann vor allem,durch einen mehr 'Politischen Nationalismus' erreichen zu können. Sie übernahmen dabei in ihre Programmatik einige Zielsetzungen der 'Canada-First-Bewegung', die - wenn auch vergeblich - unmittelbar nach 1870 bestrebt gewesen war, die alten politischen Kräfte durch einen ausgeprägten protestantisch-anglokanadischen Nationalismus zu überwinden[17]. Die Einrichtung des kanadischen Supreme Court durch den liberalen Justizminister Edward Blake im Jahre 1875 dokumentierte diesen politischen Nationalismus und wies zudem in die Richtung größerer Unabhängigkeit vom ehemaligen Mutterland Großbritannien. Als Liberale auf die Politik des laissez-faire festgelegt, lehnten sie auf wirtschaftspolitischem Gebiet staatliche Interventionen ab und traten für eine konsequente Freihandelspolitik ein. Gerade in dieser Alternative zum 'wirtschaftspolitischen Nationalismus' der Konservativen Partei lagen jedoch auch ihre Niederlagen bei den Unterhauswahlen begründet. Erst als die Liberalen nach der Wahl von 1891 ihre wirtschaftspolitische Haltung grundsätzlich änderten, besaßen sie bei den Unterhauswahlen eine echte Chance, die Konservativen in der Regierung abzulösen[18].

Auf Bundesebene Macdonald stets unterlegen, verlagerten die Liberalen ihre politischen Aktivitäten verstärkt auf die Provinzen. Bei den Wahlen zu den Provinzparlamenten profitierten sie dabei von der regionalen, ethnischen und wirtschaftlichen Heterogenität des Bundesstaates, die zu ständigen Konflikten zwischen Bundes- und Provinzinteressen führte, zumal die konservative Regierung nach stärkerer Zentralisierung der Entscheidungsprozesse strebte. Als nationale Oppositionspartei wurden die Liberalen zugleich zum Verfechter der verfassungsmäßigen Rechte der Einzelstaaten. Sie stellten zunächst in Ontario, nach der Provinzwahl von 1886 auch in Quebec und im Jahre 1896 mit einer Ausnahme alle Provinzregierungen. Der föderative Staatsaufbau bot ihnen die Möglichkeit, mit Hilfe der Provinzregierungen ihr oppositionelles Gegengewicht zur konservativen Vorherrschaft zu verstärken. Andererseits erschwerten die unterschiedlichen Provinzinteressen jedoch eine einheitliche nationale Programmatik[19]. Die parteipolitisch verfestigten Gegensätze zwischen der Bundes- und den einzelnen Provinzregierungen, wie sie sich im Zweiparteiensystem des 19.Jahrhunderts im Gegeneinander von Konservativen und Liberalen herausbildeten, blieben dann auch unter dem veränderten Parteiengefüge nach dem I.Weltkrieg bestehen. Das bei Provinz- und Unterhauswahlen oft unterschiedliche Wahlverhalten reflektiert dabei die politische und sozio-ökonomische Heterogenität; es verschafft der Wählerschaft jedoch zugleich auch die Möglichkeit, an sich unvereinbare Gegensätze in Wahlentscheidungen politisch zu artikulieren. Diese besondere Konstellation des politischen Systems hat in entscheidendem Maße mit dazu beigetragen, daß die zahlreichen zentrifugalen Kräfte mit ihren oft unvereinbaren Gegensätzen bislang im Bundesstaat integriert werden konnten.

Auf Bundesebene war die Asymmetrie im Parteiensystem zu Ungunsten der Liberalen Partei während des 19.Jahrhunderts weitgehend von religiösen Faktoren determiniert. Bestimmten in Ontario die protestantischen Orangemen die Wahlentscheidungen maßgeblich, so standen die Wahlen im frankokanadischen Quebec, dem Eckpfeiler des gesamten politischen Systems, unter dem Einfluß der katholischen Kirche[20]. Der 'europäische Kulturkampf' veranlaßte auch den kanadischen katholischen Klerus zu einseitiger parteipolitischer Festlegung. Nach 1867 verurteilte er den Liberalismus mehrmals in Hirtenbriefen und Predigten als unvereinbar mit dem katholischen Glauben. Angehörigen liberaler Organisationen, wie z.B. dem Institut Canadien, verweigerte er kirchliche Begräbnisse[21]. Zudem unterstützte er politisch das anti-liberale 'Programme Catholique' der kanadischen Ultramontanen von 1871. Wählern in Quebec gab er eindeutige Instruktionen für ihr Wahlverhalten. Beispielhaft für die direkte Einflußnahme auf die Wahlentscheidungen war u.a. die Nachwahl zum Unterhaus im Wahlkreis Charlevoix im Januar 1876[22]. Einen Tag vor dem Wahltermin rief der katholische Gemeindepriester von La Malbaie die Einwohner im Schulhaus zusammen, ließ ihre Kinder niederknien und zu Gott beten, er möge die Eltern nicht verdammen, falls sie für den liberalen Kandidaten stimmen würden, der unter dem Eindruck des Eisenbahnskandals bei der Hauptwahl im Jahre 1874 einen deutlichen Stimmenvorsprung erzielt hatte. Die Nachwahl hingegen gewann der konservative Kandidat mit 952 gegen 751 Stimmen. Auch bei der infolge Wahlanfechtung nochmaligen Nachwahl im Februar 1877 siegte der konservative Bewerber; sein Vorsprung war bei 1.185 zu 1.129 Stimmen jedoch nur gering. Die katholische Kirche bezog so eindeutig Stellung zugunsten der Konservativen Partei, die bei den Unterhauswahlen in Quebec stets überstarke Mandatsmehrheiten erzielte. Solange in Ontario die protestantischen Orangemen und in Quebec die katholische Kirche eindeutig parteipolitisch festgelegt waren, ergab sich für einen liberalen Politiker, wie den späteren Premierminister Wilfrid Laurier, ein zweifaches Dilemma: Als Frankokanadier konnte er in den anglokanadischen Provinzen, insbesondere in Ontario, nur unter außergewöhnlichen Umständen eine Mandatsmehrheit erzielen; in der Provinz Quebec jedoch vermochte er diesen Nachteil nicht auszugleichen, da ihm die Unterstützung der katholischen Kirche fehlte[23].

Wirtschaftspolitik und ethnisch-religiöser Konflikt bildeten dann auch die zwei Faktoren, die dem mit der Unterhauswahl von 1887 einsetzenden Wandel in der Einstellung der Wählerschaft zugrundelagen. Ausgelöst wurde dieser Prozeß von der Rebellion in Saskatchewan (1884/85), obgleich die religiöse Komponente in dem

Konflikt nur von sekundärer Bedeutung war[24]. Begründet lag der Konflikt vielmehr in dem unvereinbaren Gegensatz zwischen der auf Besiedlung und landwirtschaftlicher Nutzung des Nordwestens Kanadas ausgerichteten Politik der Zentralregierung und den Interessen der dortigen aus Jägern und Pelzhändlern bestehenden Nomaden-Bevölkerung, vornehmlich Indianern und Mestizen französischer Abstammung. In den ersten Jahren nach der Konföderation infolge der Eingliederung Manitobas in den Bundesstaat bereits aus weiten Teilen ihres ursprünglichen Gebietes in die späteren Provinzen Alberta und Saskatchewan vertrieben, fühlten sie sich durch die Einwanderung der weißen, meist protestantischen Siedler in ihrer Existenz erneut bedroht und erhoben sich gegen die von der Bundesregierung geförderte Besiedlung. Durch die Hinrichtung ihres Anführers Louis Riel am 16.November 1885, der auch schon an der Spitze der Rebellion in Manitoba gestanden hatte, trat die ethnisch-religiöse Komponente des Konflikts in den Vordergrund. Unter dem Druck der öffentlichen Meinung im protestantisch-anglokanadischen Ontario hatte Macdonald der Verurteilung Riels nach englischem Strafrecht und der Exekution zugestimmt. Riel wurde so zum Märtyrer der Frankokanadier, die sich einmal mehr majorisiert und um ihre Rechte gebracht glaubten[25].

Laurier und die Liberalen wußten ihre Chance zu nutzen; nach der Provinzwahl von 1886 stellten sie erstmals als Koalitionspartner die Provinzregierung. Bei 47,5 % der Stimmen den Konservativen im Stimmenanteil nochmals knapp unterlegen, erzielten die Liberalen bei der Unterhauswahl von 1891, bei der Laurier Edward Blake als Oppositionsführer abgelöst hatte, zum ersten Mal mit 37 der 65 Sitze die Mandatsmehrheit in der Provinz Quebec. Sie sollten sie nur bei einer (1958) aller nachfolgenden Wahlen zum Bundesparlament verlieren, während die Konservative Partei ihre einstmals so starken Mehrheiten einbüßte und - abgesehen von den Wahlen von 1911 und 1930 sowie ihrer Mehrheit im Jahre 1958 - ohne bedeutende Repräsentation in Quebec blieb. Ausgehend von der Rebellion in Saskatchewan änderten die katholischen Frankokanadier gegen Ende des 19.Jahrhunderts ihre parteipolitische Einstellung; Quebec wurde bei Unterhauswahlen zur liberalen Hochburg. Daraus ergaben sich - verstärkt durch die relative Mehrheitswahl in Einerwahlkreisen - für die innerparteilichen Strukturen wie für das Parteiengefüge und damit das Regierungssystem als ganzes erhebliche Konsequenzen. Wahlsiege der Konservativen Partei auf Bundesebene bedeuteten somit - mit Ausnahme von 1958 - auch immer, daß eine Regierungsbildung unter Ausschluß und gegen die Majorität der frankokanadischen Bevölkerung erfolgte, wodurch die Stabilität des politischen Systems zwischen 1891 und 1896, 1911 und 1921, 1930 und 1935, 1962 und 1963 stark belastet wurde.

Trotz der Mandatsverluste in Quebec konnte die Konservative Partei bei den Wahlen von 1887 und 1891 ihre Mehrheit im Unterhaus nochmals behaupten. In den anglokanadischen Provinzen übten die konservative Wahlparole "The Old Flag, the Old Man, and the Old Policy" und Macdonalds berühmter Ausspruch "a British Subject I was born, and a British Subject I will die" unverändert starke Anziehungskraft auf die Wähler aus. Beide Wahlen waren wiederum von den Diskussionen um das Verhältnis zu den USA geprägt. Eine konservative Wahlentscheidung bedeutete erneut vor allem die Billigung der Schutzzollpolitik und die Ablehnung engerer Bindungen an die USA, wie sie die Liberalen mit ihrer Forderung nach 'Unrestricted Reciprocity' unterstützten oder wie sie der den Liberalen nahestehende Goldwin Smith vertrat, der eine Wirtschafts- und Zollunion propagierte[26]. Im Jahre 1893 zogen Laurier und die Liberalen die Konsequenzen aus ihren Wahlniederlagen und lösten sich von ihrer liberalistischen Handelspolitik. Bei gleicher programmatischer Haltung profitierte so die liberale Opposition von der Unzufriedenheit der Bevölkerung mit der wirtschaftlichen Depression, die in der starken Auswanderung in die USA ihren besonderen Ausdruck fand[27].

2. Parteien und Wahlen im Zeichen ökonomischer Prosperität

2.1. Wahl von 1896 und liberale Vorherrschaft im Parteiengefüge, 1896 - 1911

Die Unterhauswahl von 1896 war neben der ökonomischen Krisensituation von zwei weiteren Faktoren bestimmt: Nach dem Tod John A. Macdonalds am 6.Juni 1891 geriet die Konservative Partei in eine permanente Führungskrise[28]; in den fünf Jahren bis zur Wahl von 1896 lösten sich mit J.J.C.Abbot, John S.D.Thompson, Mackenzie Bowell und Charles Tupper vier Premierminister in der Regierungsführung ab. Begründet lagen die innerparteilichen Auseinandersetzungen vor allem in der seit 1890 die innenpolitische Szene bestimmenden Schulfrage in Manitoba[28]. Einmal mehr erwies sich der ethnisch-religiöse Antagonismus als prägendes Element. Sämtliche schulpolitischen Konflikte hingen zusammen mit Artikel 93 des BNA, der der katholischen Minorität in Ontario und der protestantischen Minderheit in Quebec die Einrichtung privater Konfessionsschulen gestattete, für die anderen Provinzen aber keine Regelungen traf, außer daß die vor der Gründung der Konföderation gültigen Normen weiterhin in Kraft bleiben sollten und im übrigen die Kulturhoheit den Provinzen zuwies. Der katholischen Minderheit in Manitoba waren bei Eintritt in die Konföderation Privatschulen zugestanden worden. Im Jahre 1890 beseitigte die liberale Provinzregierung die bestehenden privaten Schulträgerschaften und führte ein einheitliches, von den Gemeinden und der Provinz getragenes, konfessionsunabhängiges Schulsystem ein. Der katholische Bevölkerungsanteil Manitobas, vor allem aber die Frankokanadier Quebecs forderten die Bundesregierung daraufhin auf, die ihrer Meinung nach verletzten Minderheitenrechte wiederherzustellen.

Um der politischen Brisanz der Schulfrage, dem direkten Eingriff in provinziale Zuständigkeiten zu entgehen, die parteipolitisch nur Nachteile mit sich bringen konnten, überwies die konservative Bundesregierung unter Hinweis auf den verfassungsrechtlichen Charakter den Konflikt an die Jurisdiktion. In letzter Instanz kam die Schulfrage im Frühjahr 1895 vor den Privy Council; die Entscheidung lag so erneut in den Händen der Bundesregierung. Sie entschloß sich, die Provinzregierung Manitobas durch Bundesgesetzgebung zur Wiedereinrichtung der Konfessionsschulen zu veranlassen, verschob die Gesetzesberatung aber auf die letzte Sitzungsperiode des Unterhauses vor der Neuwahl von 1896. Diese Verzögerung führte zu Spannungen innerhalb der Konservativen Partei; die katholischen Minister aus Quebec legten zeitweilig ihre Ämter nieder. Die Verabschiedung des Gesetzes im Unterhaus verhinderten dann konservative Abgeordnete aus Ontario und die Liberalen durch Filibuster[30]. Doch auch für die Liberalen, deren Provinzregierung den Konflikt ausgelöst hatte, barg die Schulfrage die Gefahr der innerparteilichen Spaltung in sich. Ihr Vorteil gegenüber den Konservativen bestand darin, daß sie als Oppositionspartei nicht zum Handeln gezwungen war; Laurier, der - obgleich Frankokanadier - ein Eingreifen der Bundesgewalt ablehnte, vermied es daher, sich eindeutig festzulegen. Den Liberalen kam dabei zugute, daß die katholische Kirche seit dem Ende des Kulturkampfes nicht mehr so eindeutig in die tagespolitischen Auseinandersetzungen eingriff. Der Klerus hielt die Wähler Quebecs in seinem Hirtenbrief nur an, für solche Kandidaten zu stimmen, die eine für die katholische Minorität befriedigende Gesetzeslösung anstrebten.

Im Wahlergebnis spiegelte sich die verworrene innenpolitische Situation wider[31]: Trotz ihres Eintretens für die katholische Minorität waren die Verluste der Konservativen Partei in den anglokanadischen Provinzen nur relativ gering; mit 72 Mandaten erreichte sie außerhalb Quebecs noch immer einen Vorsprung von drei Mandaten vor den Liberalen. In Quebec jedoch, deren Wählerschaft eigentlich konservativ hätte wählen müssen, erzielten die Liberalen 49 der 65 Mandate. Die Frankokanadier verhalfen den Liberalen zur Mandatsmehrheit im Unterhaus, obwohl diese sich in der Schulfrage nicht festgelegt hatten. Mitentscheidend für den liberalen Wahlsieg war zudem, daß unabhängige Bewerber erstmals in größerer Anzahl kandidierten. Die 70 Kandidaten erreichten insgesamt 8,8 % der Stimmen und gewannen sieben Mandate; bedeutsamer war, daß sie fast ausschließlich in Ontario auftraten. Sie neutralisierten hier die Wirkungen der relativen Mehrheitswahl. Trotz eines Vorsprungs von 4,6 % ergab sich in Ontario keine Disproportion von Stimmen und Mandaten zugunsten der Konservativen. Vielmehr gewannen Konservative wie Liberale jeweils 43 Mandate. In Quebec hingegen, wo nur ein Unabhängiger kandidierte, bewirkte das Wahlsystem eine so krasse Verzerrung der Repräsentation zugunsten der Liberalen, die ihre 49 Mandate (75,4 %) mit nur 53,5 % der in Quebec abgegebenen Stimmen erreichten, daß es auf Bundesebene zur Umkehrung der Stimmen-Mandatsrelation kam. Im Gesamtergebnis den Konservativen um knapp 10.000 Stimmen unterlegen, besaß die Liberale Partei mit 118 der 213 Mandate eine sichere Mehrheit im Unterhaus. Mit Wilfrid Laurier wurde zum ersten Mal ein Frankokanadier Premierminister.

Mit der Wahl von 1896 endete die Asymmetrie im Parteiensystem zugunsten der Konservativen,und begann die Vorherrschaft der Liberalen unter Laurier[32]. Bei den folgenden drei Wahlen von 1900, 1904 und 1908 erhielt die Liberale Partei auf nationaler Ebene jeweils über 50 % der Stimmen und verfügte mit 133, 138 und 135 Mandaten über starke parlamentarische Mehrheiten. Weder die von ihnen durchgesetzte Lösung der Schulfrage in Manitoba, die nicht die von der katholischen Bevölkerung geforderte Einführung von Konfessionsschulen erbracht hatte, noch der Streit um die Entsendung kanadischer Freiwilliger nach Südafrika, die während des Burenkrieges auf der Seite Großbritanniens kämpften, vermochten das Vertrauen der Frankokanadier in 'ihren' Premierminister in größerem Maße zu erschüttern[33]. Quebec blieb unverändert die Hochburg der Liberalen. Die Konservativen erzielten nur in Ontario, das bei allen drei Wahlen mehrheitlich konservative Abgeordnete ins Unterhaus entsandte, und in den Provinzen Prince Edward Island (1904) sowie Manitoba und New Brunswick (1908) mehr Mandate als die Liberalen. Die Liberalen und ihr frankokanadischer Premierminister erreichten so auch in anglokanadischen Provinzen, insbesondere in den neugegründeten und im wesentlichen auf die Initiative der liberalen Regierung hin besiedelten Agrarprovinzen des Westens Mandatsmehrheiten. Dabei wirkte sich auch die Vergrößerung des Wahlkörpers infolge der neuerlichen Rückkehr zu provinzialen Wahlrechtsbestimmungen, die mit Ausnahme Quebecs und Nova Scotias praktisch die Einführung des allgemeinen Männerwahlrechts auch bei Unterhauswahlen bedeutete, parteipolitisch zugunsten der liberalen Kandidaten aus.

Begründet lagen die Wahlsiege der Liberalen jedoch in politischen und vor allem ökonomischen Faktoren. Auf die lange Periode wirtschaftlicher Depression in den 80er und frühen 90er Jahren, die nicht zuletzt zur Niederlage der Konservativen Partei beigetragen hatte, folgte zur Jahrhundertwende - ausgelöst durch den weltweiten Boom - auch in Kanada ein rapider wirtschaftlicher Aufschwung. In den ersten vier Jahren liberaler Regierung von 1896 bis 1900 stieg der Außenhandel um $ 142 Millionen, während er in den 18 Jahren konservativer Vorherrschaft nur um $ 66 Millionen gewachsen war. Die einst negative Handelsbilanz wies einen Überschuß von insgesamt $ 13 Millionen auf[34]. Am deutlichsten kam die wirtschaftliche Expansion jedoch in der von Jahr zu Jahr steigenden Einwanderung zum Ausdruck. In der Dekade von 1901 bis 1911 wuchs die Bevölkerung Kanadas mit rund 1,9 Millionen in fast dem gleichen Ausmaß wie in den 30 Jahren nach 1871[35]. Unter veränderten weltwirtschaftlichen Bedingungen kam so die einst von Macdonald und den Konservativen entwickelte 'Nationale Politik' wirtschaftlicher Expansion, die der liberale Wirtschaftsminister Fielding ohne größere Modifikationen übernahm, jetzt der liberalen Regierung zugute.

Laurier akzeptierte zudem die traditionellen Bindungen an das britische Mutterland als Basis kanadischer Politik. Allerdings widersetzte er sich auch den imperialistischen Bestrebungen Chamberlains und seiner neuen konservativen britischen Regierung nach 1895, deren Konzeption auf eine stärkere, auch institutionell durch die Einrichtung ständiger Konferenzen abgesicherte Zentralisierung der Macht im Empire zielte. Sein ausgleichendes, auf die Bewahrung und Erweiterung der kanadischen Selbstverwaltung gerichtetes Auftreten auf den Colonial und Imperial Conferences, vor allem seine Rede anläßlich der Feierlichkeiten zum diamantenen Herrscherjubiläum Königin Victorias (1897), in der Laurier die Eigenständigkeit der verschiedenen Nationalitäten als Grundlage der kanadischen Nation bezeichnete und jegliche Assimilierung und Majorisierung verwarf, ließen ihn auch für Teile der anglokanadischen Bevölkerung zum anerkannten nationalen Repräsentanten werden. Mit dieser gemäßigten, auf Einheit bedachten Politik vermochte er die latenten Gegensätze der heterogenen Gesellschaft für einen langen Zeitraum zu überbrücken; überwinden konnte aber auch er sie nicht. Vielmehr brachen die Antagonismen vor der Wahl von 1911 wieder auf, und die alten Streitfragen bestimmten die Wahlentscheidung.

2.2. Wahl von 1911 und das Ende des Zweiparteiensystems

Die Wahl von 1911 war in Quebec und Ontario von unterschiedlichen issues geprägt: 'Reciprocity' und das Verhältnis zu den USA in den anglokanadischen Provinzen, in Quebec die Marine-Frage und mit ihr die Position der Frankokanadier im Bundesstaat standen im Mittelpunkt der Wahlauseinandersetzung[36]. Laurier und die Liberalen sahen sich dabei einer vornehmlich mit Ressentiments und Schlagworten operierenden Opposition gegenüber und gerieten zwischen die extremen Positionen beider Nationalitäten. Hätten die von der liberalen Regierung erreichten inhaltlichen Lösungen im Mittelpunkt des Wahlkampfes gestanden, Laurier hätte neuerlich die Wahl gewonnen. Denn sowohl der mit den USA vereinbarte Handelsvertrag als auch das im Jahre 1910 verabschiedete Marinegesetz beinhalteten Kompromisse, die die Interessen der Anglo- wie Frankokanadier berücksichtigten. Die Konservative Partei glaubte daher, zunächst auch dem Vertrag zustimmen zu müssen, der für bestimmte Güter und Produkte den Abbau der Zollschranken vorsah und insbesondere den Agrarinteressen der Prärieprovinzen zugute kam. Erst als ehemals Liberale um Clifford Sifton und big business, insbesondere das einheimische Kapital aus Toronto gegen den Handelsvertrag Stellung bezogen, machten auch die Konservativen und ihr Oppositionsführer Robert L.Borden 'Reciprocity' zum Wahlkampfthema. Vor allem in Ontario bestimmte erneut die alte Furcht vor "continentalism", "annexation" und "fusion" die Wahlentscheidung[37]. Mehr noch als Macdonalds Wahlparole von 1891 beeinflußte der Slogan "no truck nor trade with the Yankees" das Wahlverhalten der Anglokanadier im Jahre 1911. Während die Liberalen in den Provinzen, in denen - wie in den weitgehend erst jüngst besiedelten Prärieprovinzen des Westens oder den maritimen Provinzen des Ostens - Zollabbau und Freihandel den Interessen der Bevölkerung entsprachen, relativ gute Ergebnisse erzielten, erreichten sie in Ontario nur 15,1 % der Stimmen und 13 Mandate. Außerhalb Quebecs erhielten die Konservativen 107 der 156 Mandate; zur Mehrheit im Unterhaus fehlten ihnen nur noch vier weitere Mandate.

Unter ähnlich emotionalisierten Umständen fand die Wahl auch in Quebec statt. Das Marinegesetz sah den Bau einer Flotte von fünf Kreuzern und sechs Zerstörern vor, die nur in Kriegszeiten und nach Billigung durch das Unterhaus der britischen Marineleitung unterstellt werden sollten. Doch der Inhalt des Gesetzes stand während des Wahlkampfes ebensowenig zur Diskussion wie der des Handelsabkommens in den anglokanadischen Provinzen. Auch in Quebec bildete sich die Opposition vor allem unter ehemaligen Anhängern Lauriers aus, der ihnen jetzt als Vertreter der britischen Politik erschien. Für die frankokanadischen Nationalisten um Henri Bourassa, Enkel von Louis-Joseph Papineau, bedeutete das Marinegesetz die Aufgabe der nationalen Interessen; für sie ging es um kanadische Autonomie oder Unterordnung unter den britischen Imperialismus[38]. Aus gegensätzlichen Motiven heraus fanden sich so die probritisch orientierten, anglokanadischen Konservativen und die anti-britisch eingestellten frankokanadischen Nationalisten zu einem ad-hoc-Bündnis gegen Laurier und die Liberalen zusammen. Die Konservativen nominierten nur in den englisch-sprachigen Wahlkreisen Montreals und den Eastern Townships eigene Kandidaten und unterstützten in den frankokanadischen Wahlkreisen die nationalistischen 'autonomistes'. Insgesamt erzielte die Koalition 27 der 65 Mandate; sechs von ihnen kamen aus den englisch-sprechenden Wahlkreisen, so daß die Konservative Partei auch ohne die frankokanadischen Autonomisten über die Mehrheit der Mandate im Unterhaus verfügte. Bourassa, der selbst nicht kandidiert hatte, erreichte sein Ziel, als dritte Kraft die Mehrheitsverhältnisse im Parlament zu bestimmen und damit das Marinegesetz zu Fall zu bringen, nicht. Im Gegenteil, die Frankokanadier verloren bis 1921 ihren während der liberalen Regierungszeit ausgeübten Einfluß auf die politischen Entscheidungen weitgehend. Mit den Konservativen übernahm jene der Parteien die Regierung, deren politische Grundeinstellungen in erster Linie pro-britisch und anglokanadisch waren. Ihre Versuche, in Ontario das Verfassungsrecht der frankokanadischen Minorität auf Zweisprachigkeit im Schulwesen einzuengen, ließen dies schon bald nach der Wahl deutlich werden[39].

In weit stärkerem Maße galt dies dann während des I.Weltkriegs, an dem Kanada - noch immer zum britischen Empire gehörig und völkerrechtlich nicht souverän - von Beginn an an der Seite Großbritanniens teilnahm[40]. Obgleich der Kriegseintritt unter den Nationalitäten nicht kontrovers war, war doch mit zunehmender Dauer des Krieges das Ausmaß kanadischer Beteiligung heftig umstritten. Im Januar 1916 beschloß die konservative Regierung Borden die Verdoppelung der Truppenstärke auf 500.000 Mann. Dies bedeutete zugleich notwendigerweise die Abkehr vom Freiwilligen-Heer und erforderte die Einführung der Zwangsrekrutierung durch allgemeine Wehrpflicht:

"No decision has ever had a more far reaching effect on Canadian politics" (Beck 1968, S.136).

Zur Durchsetzung schlug Borden den Liberalen im Frühjahr 1917 die Bildung einer Koalitionsregierung und die Verlängerung der Legislaturperiode des Unterhauses bis zum Ende des Krieges vor. Laurier lehnte beide Vorschläge ab; nicht zuletzt eine Folge der Unruhen in der frankokanadischen Bevölkerung, die in zahlreichen Massendemonstrationen gegen die Wehrpflicht protestierten. Die Konservativen setzten daraufhin das Wehrpflichtgesetz ohne Unterstützung Lauriers im Unterhaus durch. Das Abstimmungsergebnis - nur 55 Abgeordnete votierten gegen das Gesetz, 40 von ihnen waren Frankokanadier - machte die Spaltung innerhalb der Liberalen Partei deutlich[41]. Zum Bruch zwischen den anglo- und frankokanadischen Liberalen führte dann das einseitig zugunsten der Anhänger der Wehrpflicht ausgerichtete War-Time Election Act von 1917. Die anglokanadischen Liberalen traten in die Regierung ein.

Bei der Unterhauswahl von 1917 standen sich mit den Government Unionists und den Laurier Liberals Verfechter und Gegner der Wehrpflicht gegenüber[42]. In welchem Maße die Wahl gleich einem Referendum von der Wehrpflichtfragebestimmt war, kam u.a. in der großen Zahl der in stiller Wahl gewählten Abgeordneten zum Ausdruck: Insgesamt fand in 32 der 235 Wahlkreise kein Wahlgang statt; außerhalb Quebecs fielen 14 Mandate an die Regierung, ein Mandat in New Brunswick an die Laurier-Liberalen. In Quebec erhielten die Kandidaten Lauriers 62 der 65 Mandate, 17 davon in stiller Wahl. Mit 153 Mandaten, von denen sie 150 in den anglokanadischen Provinzen gewann, verfügte die Regierungskoalition über eine deutliche Mehrheit im Unterhaus, so daß die weitere Teilnahme Kanadas am I.Weltkrieg garantiert war. Eine Wahlniederlage der Regierung hätte zweifellos zugleich das Ausscheiden aus dem Krieg zur Folge gehabt.

Die Unterhauswahl von 1917 war auch langfristig von zentraler Bedeutung für das innenpolitische Gefüge Kanadas. Stärker denn je war die kanadische Nation in zwei Lager gespalten. Die Auseinandersetzungen um die Einführung der allgemeinen Wehrpflicht wirkten so ähnlich wie die Hinrichtung Louis Riels im Jahre 1885. Die ablehnende Haltung Lauriers band die Provinz Quebec erneut eng an die Liberale Partei. Laurier verhinderte dadurch ein Ausgreifen der in den Massendemonstrationen zu Tage getretenen revolutionären Autonomiebestrebungen und kanalisierte die Fundamentalopposition der frankokanadischen Bevölkerung in das bestehende politische System. Andererseits führte die Spaltung der Liberalen zu grundlegenden Veränderungen im Parteiengefüge. Die Liberalen verloren in Teilen der anglokanadischen Provinzen ihre politische Basis. Die Regierungskoalition war zudem nicht viel mehr als ein lockeres ad-hoc-Bündnis auf Zeit. Ihr einziges Bindeglied bestand in der gemeinsamen Überzeugung, den Krieg an der Seite Großbritanniens fortzuführen. Mit dem Ende des Krieges entfiel jedoch die gemeinsame

Basis. Die durch das Wehrpflichtgesetz ausgelösten innenpolitischen Entwicklungen bewirkten so ein parteipolitisches Vakuum und setzten vornehmlich in den anglokanadischen Provinzen die während des Krieges überlagerten regional und zugleich sozio-ökonomisch bedingten unterschiedlichen politischen Kräfte frei[43]. Bei der Wahl von 1921 wurde dies in dreifacher Weise offenbar: Insgesamt bewarben sich 635 Kandidaten um die 235 Mandate, wobei Konservative und Liberale nicht in allen Wahlkreisen Kandidaten nominierten; das Wahlergebnis war regional strukturiert; erstmals seit 1867 ergaben sich keine klaren Mehrheitsverhältnisse im Unterhaus. Am Ende des I.Weltkriegs war das Zweiparteiensystem zerbrochen.

D. PARTEIEN UND WAHLEN IM MEHRPARTEIENSYSTEM (1921 - 1974)

1. Wahlsystem und Parteiengefüge / II

Analysiert man das politische System Kanadas seit Gründung der Konföderation vornehmlich unter dem Gesichtspunkt der Wahlen und der Struktur des Parteigefüges, so stellt der Zeitraum zwischen den beiden Unterhauswahlen von 1917 und 1921 einen, wenn nicht gar den entscheidenden Einschnitt in der kanadischen Geschichte seit 1867 dar. Trotz aller gesellschaftlichen Wandlungen ist das Parteiensystem in seinem Grundmuster seit 1921 unverändert geblieben.

1.1. Strukturmerkmale des Mehrparteiensystems

An die Stelle des Zweiparteiensystems trat ein spezifisches Mehrparteiensystem[1] mit verschiedenen kleineren Dritt-, Viert- und Fünft-Parteien. Der Stimmenanteil der beiden großen Parteien zusammen schwankte bei den Unterhauswahlen nach 1921 zwischen maximal 94,0 % (1930) und minimal 68,3 % (1945); bei den Wahlen nach dem II.Weltkrieg lag der Stimmenanteil der kleineren Parteien und unabhängigen Kandidaten zwischen maximal 31,7 (1945) und minimal 12,8 % (1958).

Die Wählerschaft hat das Mehrparteiensystem mittlerweile akzeptiert. So war z.B. auch 1958, als John Diefenbaker bei der Unterhauswahl eine außerordentlich große Mandatsmehrheit erzielte, in einer Umfrage nur eine Minderheit davon überzeugt, daß sich das Parteiengefüge möglicherweise in ein Zweiparteiensystem umbilden könne. Wenn überhaupt, sieht nurmehr eine knappe Mehrheit der Bevölkerung das Zweiparteiensystem als vorteilhaft und wünschbar an, wie andere Umfragen ergaben[2].

Das Parteiensystem ist geprägt von starken nationalen und provinzialen Asymmetrien und setzt sich aus mehreren Systemen einer 'single party dominance' zusammen.

Auf Bundesebene besteht eine deutliche Asymmetrie zugunsten der Liberalen Partei, die seit 1921 mehr als 45 Jahre den Premierminister stellte, unterbrochen nur von kurzen Intervallen konservativer Regierung im Jahre 1926 und von 1930 bis 1935 sowie dem konservativen 'Zwischenspiel' unter John George Diefenbaker (1957 bis 1963). Seit 1921 fanden bei 17 allgemeinen Wahlen zum Unterhaus nur sechs Regierungswechsel statt.

Die provinzialen Asymmetrien zugunsten jeweils einer Partei - durch den föderativen Staatsaufbau institutionell ermöglicht und die ethnischen, aber auch sozio-ökonomischen Gegensätze der heterogenen Gesellschaft reflektierend - haben zu einer erheblichen Regionalisierung des politischen Systems insgesamt wie auch der innerparteilichen Strukturen geführt. Dies bewirkt ein parteipolitisch verfestigtes Gegeneinander von Bundes- und Provinzregierungen, das durch teilweise unterschiedliches Wahlverhalten der Wählerschaft bei Bundes- und Provinzwahlen noch verstärkt wird. So tritt zur Opposition auf Bundesebene die Opposition der Provinzen hinzu, die oft bedeutsamer gewesen ist als die parlamentarische des Unterhauses[3].

Aufgrund der regionalen Asymmetrien zugunsten einer Partei hat es die jeweilige Minderheitspartei - auf Dauer bei Unterhaus- oder Provinzwahlen oder gar beiden in die Rolle der Opposition verbannt - stets äußerst schwer gehabt, sich der Wählerschaft als potentielle Regierungspartei im Sinne alternativer Regierung zu präsentieren[4]. Die Wählerschaft wandte sich möglichen anderen Alternativen zu, die ihr eher in der Lage zu sein schienen, ihre Opposition gegenüber der dominanten Partei erfolgreich zu artikulieren:

"... indications are that whenever the opposition party (or the strongest of many opposition parties) fails to return at least a third of the votes while in opposition, it tends to be replaced by 'third' parties" (Pinard 1971, S.37).

Die zumeist regional konzentrierten Drittparteien haben als Repräsentanten der politischen Interessen der verschiedenen Provinzbevölkerungen jedoch auch die zentrifugalen Kräfte der kanadischen Gesellschaft in das bestehende politische System integriert. Ihre Bedeutung für den Bestand des kanadischen Staates ist nicht zu unterschätzen.

Von strukturellen Bedingungen, wie sie sich im Parteiengefüge während und unmittelbar nach dem I.Weltkrieg ausbildeten, ist das politische System seit 1921 in vielfältiger Weise bestimmt worden. So wirkt sich die ausgeprägte Regionalisierung und Hochburgenbildung u.a. auch auf die Wahlbeteiligung aus. Dabei besteht auf Provinzebene bei Unterhauswahlen eine deutliche Korrelation zwischen der Wahlbeteiligung und der Zahl der in den Provinzen 'umstrittenen' Wahlkreise[5]; d.h. die Wahlbeteiligung ist in den Provinzen umso höher gewesen, desto größer die Anzahl der Wahlkreise war, in denen der Stimmenvorsprung des siegreichen Kandidaten unter zehn Prozentpunkten lag. Im Gegensatz zum Proportionalwahlsystem, bei dem von der Wahlbeteiligung nur geringe Wirkung auf die Mandatsstärken der Parteien ausgehen, wird bei relativer Mehrheitswahl in Einerwahlkreisen das Gesamtmandatsergebnis von der Höhe der Wahlbeteiligung mit geprägt. Die einmal entstandene Hochburgensituation beeinflußt über die Wahlbeteiligung die Mandatsverteilung. Andererseits vergrößert die in den 'sicheren' Wahlkreisen niedrigere Wahlbeteiligung im Rückkoppelungseffekt wiederum die Hochburgenbildung.

Das Mandatsergebnis wird bei relativer Mehrheitswahl in Einerwahlkreisen zudem von der Zahl der Parteien und der von ihnen in den Wahlkreisen aufgestellten Kandidaten bestimmt. Theoretisch führt so bei größerer Kandidatenzahl ein geringerer Stimmenanteil der stimmstärksten Partei zu einer größeren Mandatsmehrheit, als die Partei bei gleicher Stimmenzahl und verminderter Kandidatenzahl erzielen würde[6]. Bei der spezifischen Struktur des Parteiengefüges können regional konzentrierte Dritt- und Viertparteien jedoch auch bei nur geringer Kandidatenzahl eine relativ große Mandatszahl erreichen. So gewannen z.B. bei der Wahl von 1921 die Konservativen bei 208 Kandidaten und 30,3 % der Stimmen nur 50 Mandate (21,3 %), während die Drittpartei, die Progressives, 64 Mandate (27,2 %) bei nur 148 Kandidaten und 22,9 % der Stimmen erzielte. Die verfestigte Hochburgensituation hat vielfach, vor allem vor dem II.Weltkrieg, dazu geführt, daß Liberale und Konservative nicht in allen Wahlkreisen Kandidaten nominierten, wodurch Regionalisierung und Hochburgenbildung erneut verstärkt wurden.

1.2. Relative Mehrheitswahl und Parteiengefüge

Allein diese Beispiele zeigen bereits die überragende Bedeutung auf, die den wahlgeographischen Strukturen zukommt. Sie erschweren zudem Antworten auf die noch immer allgemein wie im Falle Kanadas kontroverse Frage, ob das Parteiensystem nur die gesellschaftlichen Strukturen reflektiert oder ob und inwieweit es zugleich auch vom Institutionensystem, insbesondere vom Wahlsystem mitgeprägt wird. Dennoch können einige allgemeinere Aussagen über die Wirkungen des Wahlsystems gemacht werden[7].

Auch in Kanada bewirkt die relative Mehrheitswahl in Einerwahlkreisen starke Disproportionen von Stimmen und Mandaten. Im Gegensatz zum Zweiparteiensystem entsprechen die Differenzen im Stimmen- und Mandatsanteil jedoch nicht den hypothetischen Annäherungswerten der Kubusregel. Die unterschiedlichen Wahlkreisgrößen, die differierenden Wahlbeteiligungen, die regionalen Asymmetrien und die Kandidatur der Dritt- und Viertparteien verhindern dies. So ist es wenig sinnvoll, die Umkehrung der Stimmen-Mandatsrelation bei der Wahl von 1957 in Anlehnung an die britische Wahlforschung als 'kritischen Bias' zu bezeichnen[8]. Zwar versuchen neuere Studien[9], die Gültigkeit der Kubusregel auch für die kanadischen Unterhauswahlen nachzuweisen, doch sind die den tatsächlichen Mandatsanteilen relativ nahe kommenden hypothetischen Ergebnisse ohne große Aussagekraft, da infolge der zahlreichen Prämissen eine modifizierte Anwendung der Kubusregel immer nur ex post durchführbar ist. Aufgrund der komplexen Strukturen des Parteiensystems besitzen für die kanadischen Wahlen die Kubusregel keinerlei prognostischen Wert - ihr eigentlicher Sinn - und die daraus abgeleiteten Bias- und Swing-Konzepte keinerlei analytischen Wert.

Über das Ausmaß der durch das Wahlsystem bewirkten Über- bzw. Unterrepräsentation können aufgrund dieser Faktoren nur wenige zuverlässige allgemeine Aussagen gemacht werden. Die teilweise bizarren Verzerrungen der Repräsentation, die Frank H.Underhill unter dem Eindruck der Wahlen von 1926 bis 1935 (1926 gewannen die Liberalen mit 46,1 % der Stimmen die absolute Mandatsmehrheit, 1930 verloren sie die Wahl bei 45,2 % der Stimmen entscheidend, während sie 1935 mit 44,8 % der Stimmen 70,6 % der Mandate erzielten) zu seinem Aufsatz 'Our Fantastic Electoral System'[10] veranlaßten, sind nur schwer zureichend zu erklären. Die Unterhauswahlen zeichnen so erhebliche Unsicherheitsfaktoren aus, zumal auch die repräsentativen Wahlumfragen, die im Zweiparteiensystem mittels der Kubusregel einigermaßen zuverlässige Prognosen über die Mandatsstärken der Parteien zulassen, wegen der zahlreichen Prämissen nur vage Voraussagen geben können[11]. In aller Regel profitierte jedoch - mit Ausnahme von 1957 - die jeweils stimmstärkste Partei vom Wahlsystem. Infolge der provinzialen Asymmetrien waren zumeist auch die kleineren regional konzentrierten Dritt- oder Viertparteien, allerdings in geringem Umfang, begünstigt, während insbesondere bis 1953 einschließlich bei drei kandidierenden Parteien die nach Stimmen zweitstärkste und bei vier kandidierenden

Parteien die zweit- und drittstärkste Partei deutlich unterrepräsentiert waren[12]. Nach 1957 trat insofern ein Wandel in der Wirkung des Wahlsystems ein, als bei den Wahlen von 1962, 1963 und 1965 der Mandatsanteil beider großer Parteien ihren Stimmenanteil übertraf. Dies lag u.a. darin begründet, daß die Dritt- und Viertpartei, die Cooperative Commonwealth Confederation/New Democratic Party (C.C.F./NDP) und der bis dahin sich vornehmlich auf die Provinz Alberta konzentrierende Social Credit im Vergleich zu den vorangegangenen Wahlen wesentlich mehr Kandidaten nominierten. Sie erzielten so insgesamt auf nationaler Ebene teilweise einen zwar höheren Stimmenanteil als zuvor, doch wuchs damit auch die Zahl ihrer nicht 'verwerteten' Stimmen, wodurch die beiden großen Parteien in diesen Wahlkreisen zugleich eine geringere Stimmenzahl zum Mandatsgewinn benötigten.

Die unterschiedliche Stimmen-Mandatsrelation von C.C.F./NDP einerseits und Social Credit andererseits erweist zudem die überragende Bedeutung, die bei relativer Mehrheitswahl in Einerwahlkreisen den wahlgeographischen Strukturen zukommt[13]. Während der Social Credit als 'Regionalpartei' bei den Wahlen bis 1958 einen größeren Mandats- als Stimmenanteil erzielte, war die C.C.F./NDP als nationale Partei trotz eines erheblich höheren Stimmenanteils stets deutlich unterrepräsentiert. Das Wahlsystem hat zweifellos zur Verfestigung der regionalen Hochburgen beigetragen, wenn auch die Regionalisierung des Parteiengefüges zunächst in der heterogenen Gesellschaftsstruktur begründet liegt. Einmal entstanden, profitierten die regional konzentrierten Parteien jedoch vom Wahlsystem, das ihren Einfluß auf die politischen Entscheidungsprozesse erheblich verstärkte, zumal sie über Mehrheiten in den zumeist ebenfalls nach Mehrheitswahl bestellten Provinzparlamenten vielfach die Provinzregierungen stellten.

Im Gegensatz zu der weithin gängigen These, daß die relative Mehrheitswahl zu Parteienkonzentration und Zweiparteiensystem, die Proportionalwahl hingegen zu Parteienzersplitterung und Vielparteiensystem führe[14], hat das Wahlsystem in Kanada dem Mehrparteiensystem nicht nur nicht entgegengewirkt, sondern zur Regionalisierung des Parteiengefüges und zur Hochburgbildung wie der Verschärfung der Asymmetrien beigetragen. Im Gegensatz zur Proportionalwahl besteht eine weitere entscheidende Funktion der relativen Mehrheitswahl darin, eine Parteimehrheit im Parlament herbeizuführen. Läßt man die Wahlen von 1940 und 1958 außer acht, bei denen die Liberalen bzw. Konservativen über 50 % der Stimmen erzielten, so transformierte das Wahlsystem bei den seit 1921 15 weiteren Unterhauswahlen die relative Stimmenmehrheit einer der beiden großen Parteien bisher nur bei acht Wahlen in eine absolute Mandatsmehrheit (1926, 1930, 1935, 1945, 1949, 1953, 1968, 1974). Trotz der teilweise erheblichen Über- bzw. Unterrepräsentation ergaben sich dagegen bei sieben Wahlen keine klaren Mehrheiten im Unterhaus (1921, 1925, 1957, 1962, 1963, 1965, 1972). Die relative Mehrheitswahl hat damit nur teilweise zu stabilen Parteimehrheiten beigetragen.

Die relative Mehrheitswahl hat Einfluß auf die Kandidatennomination, indem bei den gegebenen Hochburgensituationen die Aussichtslosigkeit des Mandatsgewinns die Parteien vielfach davon abgehalten hat, Wahlbewerber aufzustellen. Dies tangiert zugleich die Entscheidungsmöglichkeiten der Wählerschaft. Das unterschiedliche Wahlverhalten bei Provinz- und Bundeswahlen liegt zum Teil hierin begründet. In der Provinz Quebec z.B. verzichtete die frankokanadisch-konservative Union Nationale[15], die zwischen 1936 und 1939, 1944 und 1960 sowie von 1966 bis 1970 die Provinzregierung stellte, bei Unterhauswahlen zugunsten der Konservativen Partei auf die Kandidatur. Die starke Stellung der Liberalen bei Unterhauswahlen in Quebec beruht nicht zuletzt auf der durch die Kandidatur bedingten Entscheidungsmöglichkeiten. Seitdem der 1958 in Quebec gegründete Ralliement Créditiste[16] an den Wahlen zum Unterhaus mit Kandidaten teilnimmt, besteht allerdings in Quebec bei Wahlen auf Bundesebene ein verbessertes parteipolitisches Angebot. Die Asymmetrie zugunsten der Liberalen veränderte sich dadurch jedoch nicht grundlegend.

Das Wahlsystem wirkt zudem auch auf die innerparteilichen Strukturen ein[17]. In dem Maße, in dem es die Hochburgenbildung verstärkt, verzerrt es in Relation zum Stimmenanteil auch die innerparteiliche Repräsentation der Parteien. Am offensichtlichsten wird dies erneut am Beispiel des C.C.F./NDP, die als nationale Partei zugleich in British Columbia und in den Prärieprovinzen, vor allem in Saskatchewan, über regionale Hochburgen verfügte. Bei den Unterhauswahlen bis einschließlich 1957 erzielte sie in Ontario zwischen 30 und 40 % ihrer Gesamtstimmenzahl auf Bundesebene, ohne daß dies auch nur annähernd zu entsprechenden Mandatsgewinnen ausreichte. In den kleineren Prärieprovinzen hingegen war sie bei geringeren Stimmenzahlen stets deutlich überrepräsentiert. Verstärkend wirkte dabei u.a. auch das Bevölkerungsverhältnis von Stadt und Land, da in den bevölkerungsmäßig in aller Regel kleineren, ruralen Wahlkreisen zum Mandatsgewinn eine geringere Stimmenzahl erforderlich ist als in den industrialisierten, urbanen Wahlkreisen[18]. Am krassesten war die Überrepräsentation der Prärieprovinzen innerhalb des C.C.F./NDP bei der Wahl von 1945, bei der 260.502 Stimmen, 31,9 % ihrer Gesamtstimmenzahl, in Ontario nicht zum Gewinn eines Mandats ausreichten, während die Partei mit 167.233 Stimmen, 20,5 % ihrer Gesamtstimmen, in Saskatchewan 18 Mandate gewann. Gemessen an ihrer Gesamtstimmenzahl erzielte die C.C.F./NDP in den Prärieprovinzen für weniger Stimmen ihre meisten Mandate. Das Wahlsystem verstärkt so die Regionalisierung der kanadischen Politik auch innerparteilich; die vielfältigen Wirkungen u.a. auch auf die programmatische Ausrichtung der Parteien sind offensichtlich. Die Verzerrung der innerparteilichen Repräsentation betrifft, wenngleich auch in geringerem Ausmaß, auch die beiden großen Parteien, wobei die Konservativen in der Regel in Quebec deutlich unter-, in Ontario erheblich überrepräsentiert sind, während umgekehrt die Liberalen in Ontario weniger und in Quebec mehr Mandate erzielen, als es ihrem Stimmenanteil entsprechen würde:

"Thus the electoral system, by pulling the parliamentary Liberal party toward Quebec and the parliamentary Conservative party toward Ontario, made the sectional cleavages between the parties much more pronounced in Parliament than they were at the level of the electorate" (Cairns 1968, S.61).

Insbesondere diese Faktoren, die evidente Verzerrung der innerparteilichen Repräsentation, die Verstärkung der durch die heterogenen gesellschaftlichen Strukturen angelegten zahlreichen Asymmetrien im Parteiensystem, die Zementierung der regionalen Gegensätze, veranlaßten Alan C.Cairns (1968), S.M.Lipset (1967b) und andere, die Funktionsgerechtigkeit der relativen Mehrheitswahl in Kanada in Frage zu stellen. Dies umso mehr, als das Wahlsystem in Kanada infolge der gesellschaftlichen Heterogenität und strukturellen Asymmetrien nur äußerst selten in der Lage war, die Chance des politischen Machtwechsels zu erhöhen. Eine verkürzte, allein an dem aus der klassischen britischen Demokratietheorie abgeleiteten Konzept alternativer Regierung orientierte Betrachtung des Regierungssystems wird hierin entscheidende Dysfunktionalitäten sehen, die die Lösungsmöglichkeiten des politischen Systems maßgeblich einschränken. Eine solche Sichtweise ist indes gleich aus verschiedenen Gründen fragwürdig. Strukturelle Asymmetrien im Parteiensystem, die den parteipolitischen Machtwechsel durch die Wahl selbst nicht zulassen, können bei entsprechenden gesellschaftlichen Verhältnissen sehr wohl funktional, effizient und innovativ sein. Gerade das kanadische Beispiel zeigt dies sehr deutlich.

2. Strukturbedingungen des Parteiensystems bis 1930

2.1. Zur Bedeutung regional-ökonomischer Faktoren für das Parteiengefüge

Die regionalisierte Struktur des kanadischen Parteiensystems, die generalisierend erklärt worden ist, "as mainly due to the lack of legitimacy of the Canadian nation and the lack of differentiation of the major parties along Left-Right lines" (Alford 1963, S.284), wurde auf nationaler Ebene zum ersten Mal bei der Wahl von 1921 offenbar, als mit den Progressives eine Drittpartei 22,9 % der Stimmen erzielte und mit 64 Mandaten (27,2 %) nach den Liberalen die zweitstärkste Fraktion im Unterhaus stellte. Im Wahlergebnis spiegelte sich dabei eine Reihe von Faktoren wider[19]: So wirkte sich die aus der Wehrpflichtgesetzgebung entstandene Krise insofern aus, als beiden großen Parteien vielfach die organisatorische Basis fehlte und damit vornehmlich in den anglokanadischen Provinzen das parteipolitische Vakuum fortbestand. Zudem mußten nach dem Tod Lauriers im Jahre 1919 und dem aus Gesundheitsgründen erfolgten Rücktritt Robert L.Bordens Liberale wie Konservative den Wahlkampf mit neuen, noch wenig profilierten Premierminister-Kandidaten führen, während die erst im Februar 1920 gegründete National Progressive Party in T.A.Crerar zumindest unter ihren potentiellen Wählern über eine bekannte Persönlichkeit verfügte. Im personal-plebiszitären Element allein lag der Wahlausgang von 1921 indes nicht begründet. Die Mandatserfolge der Progressives, die auf die Prärieprovinzen und ländliche Wahlkreise Ontarios beschränkt blieben, waren vielmehr der Ausdruck einer allgemeinen und verbreiteten sozialen, aber auch psychologischen Unzufriedenheit der Agrarbevölkerung des Westens.

Das seit Beginn des 20.Jahrhunderts aufgestaute Mißtrauen der Landbevölkerung richtete sich dabei gegen die Schutzzollbarriere, die Eisenbahnmonopole und das Kreditwesen, mittels derer die Wirtschaftskreise Montreals und Torontos die landwirtschaftlichen Produktionsmengen und die Agrarpreise maßgeblich mitbestimmen konnten[20]. Zum Schutz ihrer Interessen schlossen sich die Bauern zu Beginn des Jahrhunderts in berufsständischen Organisationen, den Grain Growers' Associations - in Saskatchewan etwa gegründet im Dezember 1901 -, zusammen und versuchten, sich durch Eigenvermarktung auf kooperativ-genossenschaftlicher Basis aus der Abhängigkeit der Wirtschaftsmonopole zu lösen. Dies gelang jedoch nur bedingt, zumal beide großen Parteien mit der gleichermaßen verfolgten Wirtschaftspolitik vor allem die Interessen der einheimischen, auf Ontario und Quebec konzentrierten kapitalistischen Industrie- und Finanzkreise unterstützten. Das sozio-ökonomisch begründete Mißtrauen, das infolge wachsender Nachfrage und damit steigender Agrarpreise während des I.Weltkriegs zeitweilig überlagert wurde, richtete sich gleichfalls gegen die Konservativen und Liberalen, in denen die Präriebevölkerung nicht ganz unberechtigt vornehmlich zwei von den führenden Wirtschaftskreisen Montreals und Torontos oligarchisierte Parteien sah[21]. Starke allgemeine Preissteigerungen und gleichzeitiger drastischer Rückgang der Weizenpreise unmittelbar nach dem Ende des Krieges veranlaßten die Farmer des Westens endgültig, sich von den beiden 'alten' Parteien abzuwenden und ihre Existenzangst in der Stimmabgabe für die Kandidaten der aus ihren eigenen Interessenorganisationen mit hervorgegangenen Progressives zum Ausdruck zu bringen[22].

Der Protest der Bevölkerung des Westens bildet seither eine Konstante der kanadischen Politik, wenngleich sich selbstverständlich mit den gesellschaftlichen Problemen Inhalt und parteipolitische Richtung im Laufe der Entwicklung gewandelt haben. Im Gegensatz zu dem aus ähnlichen Motiven entstandenen 'Populist Movement' im US-amerikanischen Mittel-Westen, das von Demokraten und Republikanern wieder weitgehend absorbiert wurde, haben die kanadischen Farmer ihre Abneigung gegen die beiden großen Parteien und ihre Furcht vor wirtschaftlicher Abhängigkeit und Ausbeutung des Westens durch den industrialisierteren Osten stets auch in der Wahlentscheidung zugunsten von Drittparteien zum Ausdruck gebracht. Die zunehmende Industrialisierung ihrer eigenen Provinzen, die sich nach den beiden Kriegen und während der 60er Jahre in mehreren Intervallen vollzog, hat die oppositionelle Einstellung nicht grundlegend gewandelt, zumal die von der Landwirtschaft dominierten ökonomischen Strukturen der Prärieprovinzen wie auch der Industrialisierungsvorsprung Zentral-Kanadas erhalten blieben. Neben das 'regional-ethnische' Element trat seit dem I.Weltkrieg als zweiter wesentlicher Bestimmungsfaktor des Parteiensystems die 'regional-ökonomische' Komponente hinzu[23].

Daß beide Faktoren als Grundkonstanten kanadischer Politik auch die gegenwärtigen Strukturen maßgeblich prägen, liegt nicht zuletzt im föderativen Verfassungssystem begründet, da vornehmlich regional motivierte Einstellungen der Bevölkerung über Wahlen und Mehrheiten in den Provinzparlamenten parteipolitisch erfolgreich artikuliert werden können[24]. Die langen Regierungsperioden der United Farmers' Association (UFA) in Alberta und der Progressives in Manitoba[25], die bis in die 30er und 40er Jahre hinein andauerten, gaben der Agrarbevölkerung eine angemessene Repräsentation (und integrierten sie in das politische System) und ließen sie über die vielfältigen Beziehungen zwischen Bund und Provinz zugleich auch auf die nationalen politischen Entscheidungen einwirken. Vor allem aber bot (und bietet) die Regierungsführung in den Provinzen den kleineren Drittparteien die organisatorischen Möglichkeiten, sich als Partei zu behaupten, und zwar auch dann, wenn sie auf nationaler Ebene - wie die Progressives nach der Unterhauswahl von 1925 - ihre politische Basis fast vollständig einbüßen. Ihre programmatisch-ideologischen Zielsetzungen bleiben Bestandteil der öffentlichen Diskussionen, sind für die beiden großen Parteien ein unverändert ernst zu nehmender politischer Faktor. Der schnelle Aufstieg der in den 30er Jahren neu entstandenen Drittparteien, Social Credit und Cooperative Commonwealth Federation, lag nicht zuletzt hierin begründet, da beide Parteien mit ihren programmatischen Vorstellungen auf ein mit ähnlicher Programmatik vertrautes Wählerpotential trafen[26].

Auf Bundesebene konnten sich die Progressives nicht durchsetzen; bei den Unterhauswahlen bis 1930 ging ihr Stimmenanteil von 1921 22,9 % auf 2,8 % zurück; ihre Mandatszahl sank von 64 auf 12 ab. In ihren Stimmenverlusten spiegelte sich dabei vor allem die wirtschaftliche Prosperität mit stark ansteigenden Agrarpreisen seit Mitte der 20er Jahre wider, die eine vornehmlich ökonomisch begründete Protestbewegung scheinbar überflüssig werden ließ[27]. Zudem gelang es den Progressives nicht, eine geschlossene parlamentarische Einheit zu bilden. Im Gefolge der Krise um die Wehrpflichtgesetzgebung teilweise aus der Liberalen Partei entstanden, sahen viele ihrer Mandatsträger ihr Ziel darin,

"to recapture the historic Liberal party of rural democracy and low tariff from the protectionist elements of Quebec and Ontario.." (Morton 1950, S.149).

Sie verzichteten darauf, die ihnen nach der Wahl von 1921 als zweitstärkster Fraktion zustehende Position der 'offiziellen Opposition' einzunehmen, und votierten zumeist mit der liberalen Minderheitsregierung. Vor allem aber übernahmen Premierminister William Lyon Mackenzie King und die Liberalen zahlreiche programmatische Zielsetzungen, wie den teilweisen Abbau der Zollschranken, die Verminderung der Steuersätze etc. Die Kompromißbereitschaft der Liberalen ermöglichte zwar die Realisierung einer Reihe progressiver Forderungen, entzog den Progressives als Partei aber auch die politische Basis in der Wählerschaft.

2.2. Zur Funktion der Drittparteien

Die Rolle der Progressives im kanadischen Parteiensystem darf jedoch nicht ausschließlich an ihrem Erfolg oder Mißerfolg als Partei gemessen werden. Unter dem durch das Regierungssystem (einschließlich der relativen Mehrheitswahl) und die spezifischen gesellschaftlichen Strukturen vorgegebenen politischen System Kanadas kann die Regierung auf Bundesebene nur von einer der beiden großen Parteien gestellt werden. Die kleineren Drittparteien müssen sich dieser Grundbedingung anpassen und sind sich ihrer dadurch entscheidend auf im wesentlichen drei Grundfunktionen terminierten Einwirkungsmöglichkeiten auch bewußt.

Die reale Chance, zumindest in einer Provinz die Regierungsgewalt auszuüben, hat sie vielfach zur eher regional bestimmten Konzentration ihrer organisatorischen Kräfte und programmatischen Ausrichtung veranlaßt. Zunächst die Progressives und die UFA, dann Social Credit und C.C.F./NDP stellten so,von wenigen Ausnahmen abgesehen, in der Regel in den Prärieprovinzen die Regierungen, wobei nicht zuletzt die relative Mehrheitswahl in Einerwahlkreisen die provinzialen Asymmetrien zu ihren Gunsten erheblich verstärkte [28]; einer der Hauptgründe dafür, daß das Wahlsystem von den kleineren Parteien nicht grundsätzlich in Frage gestellt worden ist.

Auf nationaler Ebene können die Drittparteien ihr primäres Ziel nur darin sehen, die absolute Mandatsmehrheit einer der beiden großen Parteien zu verhindern, um als 'balance of power' im Unterhaus die politischen Entscheidungen in ihrem Sinne maßgeblich mitzuprägen. Im Gegensatz zu der in den parlamentarischen Systemen Kontinentaleuropas üblichen Praxis erfolgen in Kanada - entsprechend den Intentionen des am britischen Modell des Zweiparteiensystems orientierten Parlamentarismus - jedoch keine Koalitionsbildungen zur Herbeiführung parlamentarischer Mehrheiten. Die direkte

Einflußnahme der Drittparteien auf die von den Liberalen oder Konservativen gestellte Minderheitsregierung bleibt damit beschränkt. Die Bedeutung der Drittparteien auf Bundesebene besteht so in ihrer programmatischen Innovationsfunktion für eine der beiden großen Parteien. Politische Zielsetzungen und Forderungen, die in der Liberalen oder Konservativen Partei aus innerparteilichen Gründen nicht auf Anhieb durchsetzbar sind, sind nicht nur von den Drittparteien aufgegriffen und bei Wahlen dem Verdikt der Wählerschaft unterworfen, sondern bei entsprechender Resonanz in der Bevölkerung vielfach von einer der Regierungsparteien in die politische Praxis umgesetzt worden. Dies galt (und gilt in zunehmendem Maße wieder) insbesondere für das Verhältnis von C.C.F./NDP und Liberalen. So sind beispielsweise große Teile der Sozialgesetzgebung (auf den Gebieten der Arbeitsgesetzgebung, des Wohnungsbaus, der Landwirtschaft etc.) zunächst von der sozialistischen C.C.F. programmatisch formuliert und anschließend von der liberalen Regierung realisiert worden[29]. Von dieser ihrer programmatischen Innovationsfunktion ist zudem das Selbstverständnis der kleineren Parteien geprägt:

"We have been responsible for all good legislation passed in Canada ... Mackenzie King admitted that to me himself on one of his fishing expeditions. He was telling me that the Liberal Party was where I belong. I told him that could never be. 'Well', he said, 'you prepare the ground for the social legislation which we then pass.' - 'And also take credit for', I replied." (Zit. n. Zakuta 1964, S.89).

Diese Interpretation der eigenen Stellung im Parteiensystem, die der damalige Parteiführer der C.C.F./NDP, M.J.Coldwell, im Wahlkampf des Jahres 1953 äußerte, ist charakteristisch für das Verhältnis zwischen den Liberalen und der jetzt sozialdemokratischen Drittpartei. Wie im chemischen Prozeß bilden die Drittparteien, vor allem die C.C.F./NDP, im kanadischen Parteiensystem oft den Innovationen erzeugenden Katalysator für grundlegendere Veränderungen. Diese von Social Credit und C.C.F./NDP seit den 30er Jahren wahrgenommene Funktion übten die Progressives nach dem I.Weltkrieg aus. Ihre Bedeutung lag insbesondere darin, daß sie die beiden großen Parteien mit den Bedürfnissen des kanadischen Westens konfrontierte:

"The Progressive movement, in short, marked the achievement of political maturity by the West, and the symbols of equality could no longer be withheld" (Morton 1950, S.294).

Oppositionelle Einstellungen gegenüber den zwei großen Parteien äußern sich jedoch nicht nur in der Wahl von Drittparteien. Die besondere Beziehung zwischen Provinz- und Bundeswahlen, wie sie bereits im 19.Jahrhundert entstand, erstreckt sich auch auf Konservative und Liberale und hat oft bei Provinz- und Unterhauswahlen zu unterschiedlichem Wahlverhalten geführt. In der Wahlentscheidung für eine der Oppositionsparteien auf Bundesebene - entweder für eine der Drittparteien oder die 'offizielle Opposition', infolge der nationalen Asymmetrie zugunsten der Liberalen Partei zumeist die Konservativen - ist bei Provinzwahlen neben den spezifischen regional-politischen Faktoren die Unzufriedenheit mit der jeweiligen Regierungspartei in Ottawa in starkem Maße impliziert:

"The records suggest ... that provincial electorates show a decided tendency to fall away from the party which gains control of the Dominion Parliament. The provinces would appear to feel happier when they are able to assert their independence of the party in control of the Dominion Parliament; and this tendency steadily grows and spreads and is virtually never reversed until a party change in Ottawa gives impetus in the opposite direction" (MacGregor Dawson 1948, S.575).

Noch pointierter als MacGregor Dawson formulierte Frank Underhill diese grundlegende Tendenz im kanadischen Parteiensystem:

"By some instinctive sub-conscious mental process the Canadian people have apparently decided that, since freedom depends upon a balance of power, they will balance the monopolistic power of the Liberal government in Ottawa by setting up the effective countervailing power not in Ottawa but in the provincial capitals." (Underhill, in: Ferguson/Underhill 1955, S.39f).

Diese These der 'countervailing powers' von Bund und Provinz ist durch neuere empirische Analysen des Wählerverhaltens bei Bundes- und Provinzwahlen in Frage gestellt worden[30]. Insbesondere, wenn man wie Underhill darauf abhebt, daß der kanadische Wähler seine Parteipräferenz bei Bundes- und Provinzwahlen bewußt aus eben diesem Grunde wechselt, ist die These zweifellos überspitzt und hält der empirischen Überprüfung nur bedingt stand. Aufgrund der provinzialen Asymmetrien muß die Verschiedenartigkeit der Regierungsverhältnisse in Provinz und Bund nicht notwendigerweise auf stark abweichendem Wahlverhalten beruhen[31]. So bedeutete in Alberta eine Wahlentscheidung zugunsten von Social Credit bei Unterhaus- und Provinzwahlen lange Zeit zum einen ein Votum für die Opposition und zum anderen für die Regierung. Ähnliches gilt etwa für einen konservativen Wähler in Ontario, dessen Stimmabgabe bei Provinzwahlen in der Regel ein Votum für die Opposition darstellt. Dennoch sind Bundes- und Provinzwahlen seit dem I.Weltkrieg unverändert von unterschiedlichem Wahlverhalten gekennzeichnet. Das Ausmaß mag geringer sein als früher gemeinhin angenommen; insofern haben die empirischen Umfrage-Analysen der Wechselwählerschaft eine Relativierung erbracht. Schaut man jedoch auf die konkreten Ergebnisse der Wahlen und die unterschiedlichen Regierungsverhältnisse auf Bundes- und Provinzebene, wie sie aus dem Zusammenwirken von differierendem Wählerverhalten und provinzialen Asymmetrien hervorgerufen werden, so bleibt der Gegensatz von Bundes- und Provinzpolitiken ein Grundcharakteristikum des Parteiensystems, das die politische Entwicklung Kanadas in entscheidendem Maße geprägt hat. Das Verhältnis von Provinz- und Bundeswahlen ist zudem von einem seit dem 19.Jahrhundert nur selten durchbrochenen zyklischen Ablauf bestimmt:

"First, the great majority of the Dominion and provincial governments will belong to the same political party; second, the provincial government will begin to fall away to the opposition party or parties until these are in a majority; third, there is an overturn in the Dominion Parliament which brings it once more into sympathy with the provinces, where upon the cycle begins anew". (MacGregor Dawson/Ward 1970, S.486).

Neben den by-elections, die jedoch erst ab 1931 und auch nur bedingt als Gradmesser der öffentlichen Meinung herangezogen werden können[32], bilden so vor allem die Provinzwahlen einen deutlichen Indikator für den auf Bundesebene bevorstehenden politischen Machtwechsel. Dies galt auch in den 20er Jahren, als die liberale Regierungspartei in Ottawa nur noch in Quebec, in British Columbia (bis 1928) und auf Prince Edward Island (ab 1927) die Provinzregierung stellte, während die Mehrzahl der Provinzen entweder von den Konservativen oder einer der Drittparteien regiert wurde. In den Provinzwahlen kündigten sich die Stimmenverluste der Liberalen bei der Unterhauswahl von 1925 und ihre Niederlage von 1930 bereits an.

2.3. Wahlen von 1925/1926

Die Stimmen- und Mandatsgewinne der Konservativen bei der Wahl von 1925 reichten aber nicht zur absoluten Mandatsmehrheit aus. Entgegen der bei relativer Mehrheitswahl in Einerwahlkreisen in der Regel üblichen starken Disproportion von Stimmen und Mandaten ergaben sich bei allen drei Parteien nur geringe Differenzen zwischen Stimmen- und Mandatsanteil. Im Gesamtergebnis erbrachte die Wahl von 1925 so erneut keine klare Entscheidung. Obwohl die Liberalen mit 99 Mandaten nur die zweitstärkste Fraktion stellten, blieb Mackenzie King aufgrund der Unterstützung durch die progressiven Abgeordneten zunächst Premierminister. Um einem Mißtrauensantrag der konservativen Opposition zuvorzukommen, forderte Mackenzie King Ende Juni 1926 vom Governor General die neuerliche Ausschreibung von Neuwahlen[33]. Dieser lehnte die Auflösung des erst acht Monate zuvor gewählten Unterhauses jedoch ab; Mackenzie King trat daraufhin zurück. An seine Stelle trat Arthur Meighen als Premier eines konservativen Minderheitskabinetts, dem als 'acting ministry' sechs Minister ohne Portefeuille angehörten. Bei den instabilen Mehrheitsverhältnissen hoffte Meighen, auf diese Weise einem Mißtrauensvotum zu entgehen, da bis 1931 auf normalem Wege ernannte Minister infolge ihrer bezahlten Position 'under the profit of the Crown' in Nachwahlen von der Wählerschaft bestätigt werden mußten. Doch auch so konnte die konservative Regierung die - mit einer Stimme allerdings äußerst knappe - Abstimmungsniederlage nicht verhindern. Der Governor General ordnete daraufhin Neuwahlen an, bei denen die Liberalen mit 128 Mandaten (52,2 %) die absolute Mehrheit im Unterhaus erreichten. Mackenzie King, der fast ausschließlich seine Auseinandersetzung mit dem Governor General um die verweigerte Parlamentsauflösung in den Mittelpunkt des Wahlkampfes rückte, interpretierte den liberalen Wahlsieg ex post als verfassungspolitisches Votum der Wählerschaft zu seinen Gunsten. Tatsächlich war der Einfluß auf die Wahlentscheidung nur gering[34]. Die Liberalen erhielten zwar rund 250.000 Stimmen mehr als ein Jahr zuvor; mit 46,1 % blieb ihr Stimmenanteil jedoch hinter demjenigen der Konservativen von 1925 um 0,4 Prozentpunkte zurück. Die Konservativen andererseits erzielten 45,3 % der Stimmen; ihr Stimmenanteil ging nur um 1,2 Prozentpunkte zurück; ihre Mandatszahl hingegen sank auf 91 (37,1 %) ab. Die Mandatsmehrheit der Liberalen beruhte so im wesentlichen auf den Disproportionen von Stimmen und Mandaten; eine Folge von Wahlabsprachen zwischen den Liberalen und den Progressives, die nicht in allen Wahlkreisen eigene Kandidaten aufgestellt und in Ontario und den Prärieprovinzen vielfach nur einen gemeinsamen Kandidaten nominiert hatten. Am deutlichsten wirkte sich dies in Manitoba aus, wo die Konservativen 1925 bei 41,3 % der Stimmen sieben der insgesamt 17 Mandate gewannen, 1926 jedoch mit 42,2 % der Stimmen keins, während die Progressives mit 11,2 % der Stimmen in den vier Wahlkreisen, in denen sie kandidierten, das Mandat gewannen, und die Liberalen bei einem Stimmenanteil von 37,9 % elf Mandate erhielten. Im Gegensatz zu den Konservativen profitierten die Progressives, vor allem aber die Liberalen, vom Prämieneffekt der relativen Mehrheitswahl.

3. Wahlen und Parteien seit der Weltwirtschaftskrise

3.1. Wahlen 1930 und 1935

Die beiden Unterhauswahlen von 1930 und 1935 waren von der Weltwirtschaftskrise bestimmt. Premierminister Mackenzie King, der über die beginnenden Rückwirkungen auf die kanadische Wirtschaft nicht sonderlich beunruhigt schien oder sie zumindest während des Wahlkampfes - dem ersten, der mit dem neuen Massenmedium Rundfunk geführt wurde - herunterspielte, versuchte, den Folgen des New Yorker Börsenkrachs mit einer veränderten Zollpolitik zu begegnen. Einerseits sollten die Zölle auf eine Reihe amerikanischer Produkte erhöht, andererseits die Zollschranken gegenüber Großbritannien und dem Empire herabgesetzt werden. Dieser von der liberalen Tradition abweichenden Haltung stellte der neue Oppositionsführer Richard Bedford Bennett als ebenso atypisch konservative Antwort die Forderung nach allgemeiner Erhöhung der Zölle - auch gegenüber Großbritannien und dem Commonwealth - entgegen:

"The autonomist, nationalist Liberals were posing as stout Commonwealth men, while the normally imperialist Conservatives stood, above all, for 'Canada First', even though led by the most perfervid of Britons". (Beck 1968, S.195).

Die kanadische Wählerschaft war mit einem vollständigen Rollentausch der Parteien auf wirtschaftspolitischem Gebiet konfrontiert. Mit den erhöhten Zollschranken hoffte Bennett, die einheimische Industrie vor der ausländischen Konkurrenz auf dem Binnenmarkt zu schützen; zusätzlich versprach er, mit Hilfe eines weitreichenden Programms öffentlicher Arbeiten die Arbeitslosigkeit zu bekämpfen. Insgesamt boten Bennett und die Konservativen der Wählerschaft eine nationale kanadische Lösung der sich abzeichnenden Wirtschaftskrise an, während Mackenzie King und die Liberalen die wirtschaftlichen Probleme eher herunterspielten. Die Konservativen waren zudem auf organisatorischem Gebiet im Vorteil, da sie in den meisten Provinzen die Regierungen stellten und von diesen während des Wahlkampfes - was bei den innerparteilichen Strukturen der kanadischen Parteien nicht immer selbstverständlich ist - ausnahmslos unterstützt wurden[35]. Die mit 137 Mandaten (55,9 %) bei 48,8 % der Stimmen deutliche Mehrheit im Unterhaus beruhte jedoch insbesondere auf den unerwarteten Mandatserfolgen in den Prärieprovinzen und in Quebec. Im frankokanadischen Quebec kam den Konservativen dabei zugute, daß sich der katholische Klerus erstmals seit langem zumindest wohlwollend neutral verhielt, vielfach aber auch ihren Kandidaten im Wahlkreis unterstützte. Die Konservativen erzielten in Quebec 44,9 % der in der Provinz abgegebenen Stimmen und 24 der 65 Mandate, ihr bestes Ergebnis seit 1911. Die Unterhauswahl von 1930 erwies einmal mehr, daß eine Parteimehrheit auf Bundesebene nur dann zu erreichen ist, wenn zu einer deutlichen Mandatsmehrheit in Quebec oder Ontario eine beträchtliche Mandatszahl aus der anderen zentralen Provinz des kanadischen Bundesstaates hinzukommt. Zudem wirkte diesmal das Wahlsystem zugunsten der Konservativen Partei. Die beiden großen Parteien erhielten zusammen 94,0 % der Stimmen; auf nationaler Ebene schien das alte Zweiparteiensystem wiederhergestellt. Während die Liberalen bei nur geringem Stimmenrückgang um 0,9 Prozentpunkte auf 45,2 % der Stimmen mit 91 Mandaten (37,1 %) deutlich unterrepräsentiert waren, profitierten die Konservativen von der im Zweiparteiensystem bei relativer Mehrheitswahl systemimmanenten Überrepräsentation der stimmstärksten Partei.

In weitaus stärkerem Maße wurde dann die folgende Unterhauswahl von 1935 von der Weltwirtschaftskrise bestimmt, die 1933 mit 738.000 Arbeitslosen bei 1931 3,2 Millionen Erwerbstätigen ihren Höhepunkt erreichte[36]. Hatten die Konservativen die Wahl von 1930 mit dem Versprechen gewonnen, Kanada von der internationalen Krise fernzuhalten, so führten die auch noch 1935 spürbaren Auswirkungen der Depression zu konservativen Wahlniederlagen in den 15 by-elections, von denen sie nur vier gewinnen konnten[37], und in den Provinzwahlen, wo sie u.a. auch in ihrer 'Hochburg' Ontario die Regierung einbüßten. Die Wählerschaft lastete den Konservativen ihre ökonomische Situation voll an[38]. Daß nationale Regierungen für die internationale Depression nur bedingt verantwortlich waren, blieb für die Wahlentscheidung ohne Bedeutung. Die Konservativen erlitten 1935 mit 29,6 % der Stimmen eine ihrer schwersten Wahlniederlagen überhaupt; die Mandatszahl ging von 137 auf 40 Abgeordnete (16,3 %) zurück. Auch die Liberalen, die den Wahlkampf vornehmlich emotional mit der Parole "It's King or Chaos" geführt hatten, ohne irgendwelche konkreten Vorstellungen zur Überwindung der Weltwirtschaftskrise dem Wähler anzubieten, verloren gegenüber 1930 0,4 Prozentpunkte. Ihr Stimmenanteil sank auf 44,8 % ab. Dennoch erzielten sie 173 der 245 Mandate. Das krasse Mißverhältnis in der

Stimmen-Mandatsrelation beruhte vor allem auf der sprunghaft von 555 auf 892 angestiegenen Kandidatenzahl. Im Durchschnitt bewarben sich so in jedem Wahlkreis mehr als drei Kandidaten. Die neu entstandenen kleineren Parteien, die von der Wirtschaftskrise unbelastet waren, erhielten zudem zusammen 25,6 % der Stimmen. Die in den einzelnen Wahlkreisen für die jeweils stimmstärkste Partei zum Mandatsgewinn erforderliche Stimmenzahl sank dadurch erheblich. Den Liberalen reichten in 19 Wahlkreisen weniger als 40 %, davon in einem Wahlkreis weniger als 30 % der Stimmen zum Mandatsgewinn aus[39]. Begünstigt durch das Wahlsystem, gewannen die Liberalen eine starke Mehrheit im Unterhaus; sie war das Ergebnis "not of a Dominion-wide landslide towards Liberalism but of a Dominion-wide landslide away from Conservatism" (Reid 1936, S.115).

Obgleich die kleineren Parteien bei der Wahl von 1935 zusammen nur 32 Mandate (13,1 %) gewannen und ihr Einfluß im Parlament gering blieb, stellte doch ihre durch den beträchtlichen Stimmenanteil ausgewiesene Anziehungskraft auf die Wählerschaft das entscheidende Ergebnis der Unterhauswahl dar. Die bei den beiden vorangegangenen Wahlen sichtbar gewordene Tendenz zum Zweiparteiensystem wurde unter dem Eindruck der Weltwirtschaftskrise erneut rückgängig gemacht. Ähnlich wie die Progressives entstanden auch Social Credit und C.C.F. in erster Linie als Protestbewegung gegen die wirtschaftliche Depression und die zu deren Überwindung scheinbar unfähigen beiden großen Parteien. Ihre politische Basis fanden sie gleichfalls vor allem in den Prärieprovinzen, die von der Wirtschaftskrise am stärksten betroffen waren[40]: So verhinderte z.B. 1930 nur das Eingreifen der Provinzregierungen den Bankrott des genossenschaftlichen 'Canadian Wheat Pool', der seinen Mitgliedern - orientiert am Vorjahrespreis - $ 1 pro bushel Weizen bezahlt hatte und dann bei der Vermarktung nur noch den halben Preis erzielte. Der Weizenpreis fiel von $ 1,03 pro bushel (1929) auf 47 (1930) und 35 cents (1932) ab[41]. 1928/29 betrug das Durchschnittseinkommen in der am stärksten von der Weltwirtschaftskrise betroffenen Provinz Saskatchewan $ 478. Vier Jahre später war es auf $ 178 unter das damalige Existenzminimum abgesunken. Die Agrarbevölkerung des Westens erlebte damit zum zweiten Mal innerhalb eines Jahrzehnts den weitgehenden Zusammenbruch der ökonomischen Strukturen. Im Gegensatz zu den Progressives nach dem I.Weltkrieg, die nicht zuletzt aufgrund mangelnder innerer Bindungen wieder von den Liberalen absorbiert wurden, schufen die beiden neuen Drittparteien festere Organisationsformen, besaßen sie konkrete,ideologisch fundierte politische Vorstellungen, die vor allem auf Kritik am kapitalistischen System basierten, und unterschieden sich damit von den beiden großen Parteien[42].

3.2. Drittpartei: Social Credit, 1935 - 1974

Die Social Credit-Bewegung war dabei getragen von einer konservativen, stark religiös motivierten Gesellschaftskonzeption, die vom 'Calgary Prophetic Bible Institute' ausging, vor allem aber von den beiden zentralen Integrationspunkten der Partei, William Aberhart, dem religiös-messianischen Führer, und seinem Nachfolger Ernest C.Manning, dem langjährigen Premierminister von Alberta, geprägt wurde[43]. Die ökonomische Kritik beruhte im wesentlichen auf den Wirtschaftstheorien des Engländers C.H.Douglas (1924). Sie erstreckte sich speziell auf das Bankwesen und das monetäre Finanzierungsgebaren innerhalb des Kapitalismus, insbesondere das Zinssystem. Durch Verstaatlichung der Banken und die Steuerung des Geldumlaufs in Relation zur Preisentwicklung (vornehmlich des Weizenpreises) glaubte Social Credit, das ökonomische System krisensicherer machen zu können. Die Kritik war keineswegs gegen den Kapitalismus als solchen gerichtet; nicht die Umwandlung der gesellschaftlichen und ökonomischen Strukturen, sondern die Reform zugunsten der Farmbevölkerung bildete das Hauptziel von Social Credit während und nach der Weltwirtschaftskrise. Die partiell antikapitalistische Einstellung wurde mit der Zeit immer stärker von der aus der Sozialstruktur der Prärieprovinzen wie der protestantisch-individualistischen Grundhaltung herrührenden Betonung des freien Unternehmertums verdrängt:

"The radicalism of both (i.e. the U.F.A. and Social Credit; R.O.S.) was that of a quasi-colonial society of independent producers, in rebellion against eastern imperialism but not against the property system. And the limits of the leaders' radicalism were not fundamentally much narrower than the limits of their supporters' radicalism.
It was not that the exigences of government, as such, caused the leaders, on attaining office, to become orthodox both in their economic policies and in their practice of democracy. Rather, the exigences of governing a society of independent producers, in revolt against outside domination but not against property, brought out the conservatism inherent in petit-bourgeois agrarian radicalism". (Macpherson 1962, S.220).

Zumindest seit den 50er Jahren unterschied sich der Social Credit nur noch geringfügig von den Konservativen, insbesondere den Konservativen des Westens. In besonderem Maße galt dies in British Columbia; unter Führung des seit 1952 die Provinz regierenden Premiers W.A.C.Bennett betrieb der Social Credit dort eine ausgesprochen konservative, prokapitalistische Politik der einseitig das zumeist US-amerikanische Kapital begünstigenden ökonomischen Expansion[44]. Als Regionalpartei ist der Social Credit im wesentlichen auf Alberta und British Columbia beschränkt geblieben. Bis zur Unterhauswahl von 1957 einschließlich stellte er stets die überwiegende Mehrzahl der Abgeordneten der Provinz Alberta. Der Wahlsieg der Konservativen unter Führung des aus der Nachbarprovinz Saskatchewan stammenden John Diefenbaker im Jahre 1957 entzog der Partei jedoch bei der nur noch minimalen politisch-programmatischen Differenzierung die politische Basis, da der Agrarbevölkerung von der konservativen Regierungspartei auf Bundesebene eine größere Realisierungschance ihrer Bedürfnisse und Forderungen geboten wurde. Bei der Unterhauswahl von 1958 erreichte der Social Credit bei 2,2 % der Stimmen kein Mandat; ein Trend, der sich bei den folgenden Unterhauswahlen fortsetzte. Nachdem er bei der Unterhauswahl von 1968 wie 1958 wieder ohne Mandat geblieben war, verlor der Social Credit nach der Wahl von 1971 in Alberta auch die Provinzregierung an die Konservativen.

In welchem Maße die beiden Drittparteien, C.C.F./NDP bzw. Social Credit, je nach den Strukturbedingungen des Parteiensystems, die beiden großen nationalen Parteien abgelöst und Rolle und Funktion von Liberalen und Konservativen im provinzialen politischen Prozeß übernommen haben, zeigen neben der Entwicklung des S.C. in Alberta insbesondere die Machtverschiebungen der letzten Jahre im Parteiensystem von British Columbia[45]. Bei den Provinzwahlen von 1971 und (in Klammern von 1975) erzielten in Alberta an Stimmenanteilen der Social Credit: 41,1 (18,2) %, die konservative Regierungspartei: 46,4 (62,7) %, die NDP: 11,4 (12,9) %, die Liberalen: 1,0 (5,0) %. Während sich in Alberta Konservative und Social Credit als maßgebliche parteipolitische Kräfte gegenüberstehen, die Liberalen praktisch von der Bildfläche des provinzialen Parteiensystems verschwunden sind, wird die politische Entwicklung in British Columbia gegenwärtig von beiden Drittparteien bestimmt. Wie die Stimmenergebnisse der Wahlen von 1972 zeigen, haben dort sowohl Liberale als auch Konservative ihre Basis in der Provinzpolitik fast gänzlich eingebüßt: NDP: 39,6 %; S.C.: 31,2 %; Konservative: 12,7 %; Liberale: 16,4 %. Der Stimmenrückgang von Konservativen und Liberalen, von dem im wesentlichen der Social Credit profitierte, setzte sich bei der Neuwahl vom Dezember 1975 verstärkt fort; er trug entscheidend dazu bei, daß die NDP (39,2 %) bei fast gleichem Stimmenanteil wie 1972 die Regierungsmacht an den S.C. (49,2 %) unter Führung von Bill Bennett, dem Sohn des langjährigen Provinzpremiers W.A.C.Bennett, verlor[46].

Auf Bundesebene ist der Social Credit im anglokanadischen Westen Kanadas hingegen seit Ende der 50er Jahre einem stetigen Erosionsprozeß ausgesetzt gewesen. Wie die bei den Unterhauswahlen nach 1968 in den Provinzen des Westens weit unter 5 % liegenden Stimmenanteile ausweisen, ist er dort zu einer 'quantité négligeable' herabgesunken. Der widersprüchliche Trend zeigt u.a. das noch immer existente unterschiedliche Wahlverhalten bei Bundes- und Provinzwahlen auf; er ist zugleich ein Indiz für die jeweilige Nähe zwischen Drittpartei und Liberalen oder Konservativen. Im Falle von Social Credit und Konservativen besteht dabei neben den programmatischen Affinitäten eine zunehmende wechselseitige personelle Durchdringung. Dem Niedergang des Social Credit auf Bundesebene liegen vielfältige Faktoren zugrunde; zu ihnen zählen außer den schon genannten Gründen zwei weitere, zudem miteinander verknüpfte Ursachen: Einerseits der durch die Industrialisierung hervorgerufene Wandel in den Sozialverhältnissen im Westen sowie damit zusammenhängend Agrarkonzentration und langfristige landwirtschaftliche Prosperität (s. Kapitel F/1). Diese Veränderungen bewirkten in einem allerdings längeren Prozeß sozialstrukturelle Umschichtungen in den Wählerschaften des Westens, auch in der Zusammensetzung der Wählerschaft des Social Credit; zugleich setzten sich innerparteilich auf Expansion zielende großbürgerliche Wirtschaftsinteressen sowohl agrarischer als auch industrieller Provenienz durch. Andererseits der Versuch, die beschränkte regionale Basis durch die Gründung des Ralliement Créditiste in Quebec im Juni 1958 zu verbreitern[47]. Unter Réal Caouette erzielte der frankokanadische Flügel bei den folgenden vier Unterhauswahlen 26,0 (1962), 27,2 (1963), 17,5 (1965) und 16,4 (1968) % der in Quebec abgegebenen Stimmen. Die Stimmen- und Mandatserfolge (1962: 26, 1963: 20, 1965: 11, 1968: 14 Mandate) beruhten dabei in erster Linie auf der Attraktivität einer sowohl kleinbürgerlich, ländlich, als auch betont frankokanadisch-nationalistisch orientierten Alternative für die Wähler Quebecs zu einem Zeitpunkt, als die seit 1960 regierende liberale Provinzregierung den industriell-sozialstrukturellen Wandel der 'Quiet Revolution' eingeleitet hatte, eine andere traditional-konservative und gleichzeitig frankokanadische Interessen artikulierende Partei auf Bundesebene nicht existierte. Die Wahlerfolge des (auch als 'Canada's Poujadists' apostrophierten[48]) Ralliement Créditiste waren zudem bei den Wahlen von 1962 und 1963 Ausdruck wirtschaftlicher Krisenunzufriedenheit, die sich in ganz Kanada, insbesondere aber in Quebec, in der Wahlentscheidung bemerkbar machte.

Zu Beginn der 60er Jahre war die Situation des Social Credit auf Bundesebene damit geprägt einerseits von starken Einflußeinbußen des anglokanadischen Flügels, andererseits von wachsendem Erfolg im frankokanadischen Quebec, ein Widerspruch, der sich noch wechselseitig verschärfte, so daß sich das innerparteiliche Gewicht beständig zugunsten der Créditistes unter Caouette verschob[49]. Bei der Bedeutung der ethnisch-kulturellen Animositäten, bei den Gegensätzen zwischen dem Westen und Zentral-Kanada, vor allem bei den sozio-ökonomischen Gegensätzen von kleinbürgerlich und traditional-agrarischen Interessen des frankokanadischen Flügels und den andersartigen ökonomischen Zielen auch und gerade der Großfarmer im kanadischen Westen konnte das in diesen unterschiedlichen Positionen deutliche Konfliktpotential auf Dauer nur die Spaltung und/oder die Durchdringung des einen Flügels durch den anderen bewirken.

Das kanadische politische System läßt nun - wie die Entwicklung des Social Credit/Ralliement Créditiste beispielhaft zeigt - infolge des föderalistischen Institutionengefüges und der heterogenen, oft unabhängig voneinander bestehenden Parteiensystemstrukturen von Bund und Provinz gleichzeitig beide, sich eigentlich ausschließende Lösungen als Ausweg zu. Die Gegensätze führten zur Spaltung der Partei entlang der Trennungslinie Provinz/Bund. Dies bewirkte die Rekonstituierung des anglokanadischen Parteiflügels als eigenständigen Social Credit in den Provinzen des Westens; sodann unternahm die Bundespartei, jetzt unter Führung des frankokanadischen Flügels, den Neuaufbau auch außerhalb Quebecs, wodurch sich seit Beginn der 70er Jahre auch dort die politische wie programmatische Zielsetzung Caouettes durchsetzte. Bundes- und Provinzparteien haben, auch wenn sie denselben Namen tragen, weder organisatorisch, personell noch programmatisch viel miteinander gemein, eine Tatsache, die im übrigen auch von der Wählerschaft verstanden wurde. Einer Wahlentscheidung zugunsten des Social Credit bei Provinzwahlen entspricht z.B. in British Columbia oder Alberta eben keineswegs ein gleichartiges Votum für die Bundespartei bei Unterhauswahlen; aufgrund der programmatischen Affinitäten liegt im kanadischen Westen vielmehr eine Entscheidung zugunsten der konservativen Bundespartei nahe. Wenngleich die verschiedenen Hypothesen vom 'responsible electorate'[50] oder vom politisch-rationalen Wähler fragwürdig sind, die Unterschiede zwischen den beiden Social Credit-Parteien haben zumindest Teile der Wählerschaften mit dem Wechsel der Parteipräferenzen zu 'rationalem' Verhalten veranlaßt. Auf Bundesebene hat der Social Credit jedenfalls seine Basis in der Wählerschaft des Westens weitestgehend eingebüßt; in der frankokanadischen Wählerschaft besitzt der Ralliement Créditiste mit seiner kleinbürgerlich-konservativen Protestprogrammatik, zumal er die einzige frankophone Opposition auf Bundesebene darstellt, indes unverändert eine beträchtliche Anhängerschaft von bis zu 25 % der Gesamtwählerschaft der Provinz.

3.3. Drittpartei: C.C.F. / NDP, 1935 - 1974

War der Social Credit während der 30er Jahre die 'konservative Antwort' auf die Weltwirtschaftskrise, so stellte die C.C.F. die sozialistische Alternative zu den beiden großen Parteien dar[51]. Entstanden im Jahre 1932 als Zusammenschluß mehrerer, nach dem I.Weltkrieg gegründeter, marxistischer Arbeiterparteien und den politischen Organisationen der Farmer, war ihr Grundsatzprogramm, das 'Regina Manifesto' von 1933, ein Kompromiß zwischen den eher genossenschaftlich-korporativen Vorstellungen der Farmer und der marxistischen Klassenanalyse[52]. Die Parteiführung ließ daher den einzelnen provinzialen Organisationen auch völlige Freiheit in der Interpretation des Parteiprogramms. Wenn das Privateigentum als solches auch nicht in Frage gestellt wurde, strebte die C.C.F. mit den Forderungen nach Verstaatlichung des Finanz- und Geldwesens, nach Überführung sämtlicher gemeinnütziger Unternehmen wie im Bereich des Verkehrs- und Kommunikationswesens etc. in Gemeineigentum, nach staatlicher Kontrolle des Wirtschaftsablaufs doch im Grundsatz die Ablösung des kapitalistischen ökonomischen Systems an. Die Partei trat sodann für die Erweiterung genossenschaftlicher Institutionen und Produktionsformen sowie für eine Reihe von sozialen Forderungen ein, wie die Einführung eines nationalen Arbeitsrechts, einer ausgedehnten Sozialgesetzgebung etc.

Die unter dem Eindruck der wirtschaftlichen Depression erfolgte Verbindung der selbständigen Farmer des Westens mit den lohnabhängigen städtischen Arbeitern, zweier an sich so gegensätzlicher gesellschaftlicher Gruppen, in einer sozialistischen Partei blieb auch nach dem Ende der Weltwirtschaftskrise bestehen und erwies sich in der Folgezeit als erstaunlich kohärent. Im Gegensatz zur Entwicklung in den USA konnte sich die zunächst sozialistische C.C.F. in Kanada nicht zuletzt aufgrund ihrer starken Stellung innerhalb der Farmbevölkerung, insbesondere in Manitoba und Saskatchewan, behaupten[53]. Erst während des II.Weltkriegs gelang es dann, die Anhängerschaft auch unter der Arbeiterschaft auszudehnen. Sie gewann im Jahre 1942 eine Reihe von Nachwahlen und erreichte bei der Provinzwahl von 1943 in Ontario 34 der 90 Mandate. Im Herbst 1943 durchgeführte Meinungsumfragen ergaben auf Bundesebene einen Anteil von etwa 29 % an der Gesamtwählerschaft. Die Mitgliederzahl stieg von weniger als 20.000 im Jahre 1942 auf ungefähr 100.000 im Jahre 1944 an[54]. Diese sprunghafte Aufwärtsentwicklung der C.C.F. innerhalb von zwei Jahren beruhte vor allem auf den sich zunehmend enger gestaltenden Beziehungen mit den Gewerkschaften, die sich im Jahre 1940 zum Canadian Congress of Labor zusammengeschlossen hatten und ihre Mitgliederzahl während des Krieges mehr als verdoppeln konnten[55]. Der stärkere Organisationsgrad der Gewerkschaften wirkte sich unter den Arbeitern deutlich bewußtseinsfördernd zugunsten der gesellschaftsreformerischen Ziele der C.C.F. aus, zumal soziale Reformen ähnlich dem New Deal Roosevelts in Kanada nach der Weltwirtschaftskrise ausgeblieben waren.

Mit der Ankündigung eines weitreichenden sozialen Gesetzgebungsprogramms reagierte der liberale Premier Mackenzie King vor der Unterhauswahl von 1945 jedoch auf die veränderte öffentliche Meinung. Die Liberalen führten zugleich einen außerordentlich emotionalen Wahlkampf, schürten Furcht vor Sozialismus und Verstaatlichung und setzten einen möglichen Wahlsieg der C.C.F. mit dem Verlust der bürgerlich-demokratischen Freiheiten gleich[56]. Die Propaganda zeigte Wirkung. Verglichen mit den Meinungsumfragen während der beiden vorangegangenen Jahre, die die C.C.F. teilweise als stärkste Partei ausgewiesen hatten, bedeuteten die 15,6 % der Stimmen für die C.C.F. eine deutliche Niederlage. Der Stimmenanteil von etwa 15 % zeigte ihre Grenzen innerhalb der kanadischen Wählerschaft auf. Das Gesamtergebnis auf nationaler Ebene vermittelt allerdings nur ein unzureichendes Bild von der tatsächlichen Stimmstärke der Partei. So erzielte sie in Saskatchewan bis zur Unterhauswahl von 1957 einschließlich jeweils die relative Stimmenmehrheit und stellte die überwiegende Mehrzahl der in der Provinz gewählten Unterhausabgeordneten. In der benachbarten Prärieprovinz Manitoba schwankte ihr Stimmenanteil bei den Wahlen nach 1945 zwischen 20 und 25 %,in der relativ stark industrialisierten Pazifikprovinz British Columbia lag er zwischen 25 und 32 %. In Ontario erreichte die C.C.F. bei der Wahl von 1945 14,4 % der Stimmen; bei den folgenden Unterhauswahlen lag ihr Stimmenanteil in Ontario stets geringfügig über dem nationalen Stimmergebnis. Östlich von Ontario, im frankokanadischen Quebec wie auch in den Maritimes hingegen, gelang es der C.C.F. nicht, ihrem nationalen Stimmenanteil auch nur annähernd entsprechende Stimmenergebnisse zu erzielen. Die Partei blieb so vornehmlich auf Ontario und den kanadischen Westen konzentriert. Innerparteilich führte dies zu einem deutlichen Übergewicht der agrarischen Tendenzen, die durch Überrepräsentation, Hochburgenbildung und relative Mehrheitswahl noch akzentuiert wurden.

Begründet lag die Regionalisierung der C.C.F. vor allem in dem nur wenig klassenspezifisch geprägten politischen Verhalten der kanadischen Wählerschaft. Das Wählerverhalten ist weit mehr von ethnischen, religiösen und provinzial-regionalen Faktoren als von der jeweiligen sozio-ökonomischen Stellung der Wähler innerhalb der Gesellschaft bestimmt. In großen Teilen Kanadas konnte die in innerparteilicher Organisation, Mitgliederschaft und Programmatik schichtenspezifisch ausgerichtete C.C.F. so ihre potentielle Wählerschaft, die unteren Mittelschichten, vor allem auch die Arbeiter, nicht erreichen. Zudem entzog die wirtschaftliche Prosperität während der 50er Jahre der Partei die Basis für grundsätzliche Kritik an den ökonomischen Strukturen. Auch der Versuch, durch ein neues politisches Programm, die 'Winnipeg Declaration' von 1956, von den inzwischen überholten Grundsätzen des Regina Manifesto von 1933 abzurücken und der Partei eine vornehmlich auf systemimmanente Veränderung zielende, 'sozialdemokratische' Ausrichtung zu geben, vermochte die Stimmeneinbußen der 50er Jahre nicht zu verhindern[57]. Auf Bundesebene ging der Stimmenanteil der C.C.F. mit jeder Unterhauswahl kontinuierlich bis auf 9,5 % im Jahre 1958 zurück.

Diese Stimmentwicklung, die sich auch an der Basis in den Wahlkreisen in deutlich verringerter politischer Aktivität äußerte und u.a. zu einem Rückgang der Kandidatenzahlen führte[58], veranlaßte die Parteiführung, insbesondere die Gewerkschaftskreise innerhalb der Partei, zur Umwandlung der C.C.F. in die 'New Democratic Party' (NDP). Innerparteilich verstärkte sich dadurch die enge personelle und organisatorische Verflechtung mit den Gewerkschaften, vor allem dem 'Canadian Labour Congress'; zugleich verminderte sich der Einfluß der agrarischen Tendenzen. Im Grunde bedeutete die formelle Parteineugründung im Jahre 1961 jedoch nur eine Namensänderung, durch die das der C.C.F. anhaftende Image einer doktrinär-sozialistischen Partei überwunden und die Anziehungskraft in der Wählerschaft vergrößert werden sollten[59]. Zudem hoffte man, der vor allem im Osten verbreiteten Identifizierung der C.C.F. als Interessenvertretung der Farmer zu entgehen. In den Prärieprovinzen bewirkte dies zunächst deutliche Stimmeneinbußen; in Saskatchewan sank der Stimmenanteil bei Unterhauswahlen von im Jahre 1957 36,0 bis auf 18,2 % bei der Wahl von 1963 ab. In jüngster Zeit kehrte die Bevölkerung des Westens in zunehmendem Maße zu ihrem traditionellen Wahlverhalten zurück; bei der Unterhauswahl von 1968 erzielte die NDP 35,7 % der in Saskatchewan und 25,0 % der in Manitoba abgegebenen Stimmen. Allerdings wandelte sich dabei die sozialstrukturelle Basis der NDP-Wählerschaft deutlich (s.u.). Nach den Provinzwahlen von 1969, 1971 bzw. 1972 stellt die NDP gegenwärtig in Manitoba, Saskatchewan und in der Pazifikprovinz British Columbia (bis 1975) die Provinzregierung.

Die mit der Parteineugründung angestrebte Verbreitung ihres Wählerreservoirs ist der NDP zumindest in begrenztem Umfang gelungen[60]; mit 17,9 bzw. 17,0 % lag ihr Stimmenanteil bei den Wahlen von 1965 und 1968 über dem besten Stimmenergebnis der C.C.F. im Jahre 1945. Dies ging auch auf die erhöhte Kandidatenzahl zurück, die automatisch zum Anstieg des Stimmenanteils führte, ohne daß dadurch die NDP auch ihre Mandatszahl im Unterhaus vergrößern konnte. Ob die NDP tatsächlich eine Chance hat, das traditionelle Wählerverhalten und das Strukturbild des Parteiengefüges zu durchbrechen, ist daher mehr als zweifelhaft. Die NDP jedoch als 'bessere Partei für schlechtere Zeiten'[61] zu charakterisieren und sie damit abzuqualifizieren, wird weder den Funktionen der Drittparteien im kanadischen Parteiensystem gerecht, noch entspricht es der tatsächlichen Bedeutung der NDP. Als sozialdemokratisch orientierte Partei stellt die NDP gegenwärtig, auch wenn sie in ihrer Position als Drittpartei verbleibt, außerhalb Quebecs für große Teile der traditionell liberalen Wählerschaft eine echte Alternative zur Liberalen Partei dar und kann so in einer Vielzahl der Wahlkreise, insbesondere in den anglokanadischen Provinzen, das Mandatsergebnis bei Unterhauswahlen entscheidend mit beeinflussen. Die Wahl vom Oktober 1972 ist dafür ein deutliches Indiz.

3.4. Liberale Vorherrschaft im Parteiengefüge, 1935 - 1957

Obgleich der Stimmenanteil der Drittparteien bei den Unterhauswahlen seit 1935, von wenigen Ausnahmen abgesehen, etwas über 20 % betrug, ergaben die Wahlen bis 1953 einschließlich deutliche Mandatsmehrheiten für die Liberale Partei, die bei der Wahl von 1940 die absolute Mehrheit der Stimmen erzielte und sie bei den Wahlen von 1949 und 1953 nur knapp verfehlte[62]. Die lange Regierungsperiode der Liberalen von 1935 bis 1957 beruhte dabei auf der strukturell bedingten Asymmetrie des kanadischen Parteiensystems, lag aber vor allem in der fehlenden Alternative begründet, die eine große Zahl nicht eigentlich liberaler Wähler veranlaßte, dennoch für die Regierungspartei zu votieren. Für die Unterhauswahl von 1953 ist der Anteil dieser Wählerkategorie an der Gesamtwählerschaft der Liberalen auf annähernd ein Fünftel geschätzt worden[63]. Die Krise der Konservativen Partei, die bei den fünf Unterhauswahlen zwischen 1935 und 1953 nur jeweils etwa ein Drittel der abgegebenen Stimmen erhielt, war in erster Linie die Folge einer permanenten Führungskrise; mit Richard B.Bennett (bis 1938), R.J.Manion (1938 - 1940), R.B.Hanson und Arthur Meighen (1940 - 1942), John Bracken (1942 - 1948) und George Drew (ab 1948) traten die Konservativen zu jeder Unterhauswahl mit einem neuen Premierminister-Kandidaten vor die Wählerschaft. Die Liberalen hingegen stellten nicht nur den amtierenden Premierminister, sondern verfügten insbesondere in Mackenzie King, aber auch in seinem Nachfolger Louis Stephen St. Laurent, über Persönlichkeiten, die die divergierenden Interessen der kanadischen Gesellschaft zu integrieren vermochten. Die liberalen Wahlsiege waren so nicht zuletzt das Ergebnis personalplebiszitärer Wahlentscheidungen[64].

Bei Unterhauswahlen besaßen die Liberalen zudem weiterhin die feste Unterstützung der frankokanadischen Bevölkerung Quebecs. Verstärkt durch die disproportionierende Wirkweise der relativen Mehrheitswahl, erzielten sie bei den Wahlen von 1935 bis 1953 zwischen 80 und mehr als 90 % der Provinzmandate. Die Konservativen büßten hingegen ihre politische Basis in Quebec fast vollständig ein; ihr Stimmenanteil sank bis auf 8,4 % im Jahre 1945 ab. Die Konservative Partei war dabei vor allem von der nach der Provinzwahl von 1935 erfolgten Gründung der ausschließlich frankokanadisch-konservativen Union Nationale betroffen[65]. Wenngleich die Partei nur bei Provinzwahlen kandidierte und zwischen ihr und der konservativen Bundespartei vielfach enge, personal begründete Bindungen bestanden, schwächte die Existenz einer eigenständigen frankokanadisch-konservativen Partei die ohnehin nur schwache Position der Konservativen in Quebec bei Unterhauswahlen in erheblichem Ausmaß. Sie beeinträchtigte die organisatorischen Strukturen der Konservativen Partei, bewirkte aber vor allem, daß sich auch in der Provinz Quebec das charakteristische Gegeneinander von Bundes- und Provinzpolitiken herstellte. Während bei Unterhauswahlen konservative Frankokanadier nach 1935 vor der Alternative standen, entweder die ihrer Einstellung an sich entsprechende, zugleich aber als Gesamtpartei anglokanadisch ausgerichtete Konservative Partei oder aber die ihnen politisch ferner stehende, jedoch ihre Nationalitäteninteressen eher berücksichtigende Liberale Partei zu wählen, ergab sich durch die bei Provinz- und Bundeswahlen unterschiedliche Parteienkonstellation für eine Vielzahl frankokanadischer Wähler erstmalig die Möglichkeit alternativer Wahlentscheidung: Ihre oppositionelle Einstellung zur Regierungspartei in Ottawa, auch den Liberalen,konnten sie in den Provinzwahlen in der Wahlentscheidung für die Union Nationale 'erfolgreich' artikulieren und dennoch auf Bundesebene die ihre Nationalitäteninteressen eher berücksichtigende Liberale Partei wählen. Damit entfiel zugleich fast jeglicher Grund für eine konservative Wahlentscheidung bei Unterhauswahlen, wodurch sich die Konservative Partei noch weiter von den Frankokanadiern Quebecs entfernte. Die Kandidatur des Ralliement Créditiste bei Unterhauswahlen in Quebec seit 1962 akzentuierte diese für die Konservativen negativen Wirkungen nur noch, da dem Wähler in Quebec eine weitere frankokanadische Alternative angeboten wurde. Seither ist zudem der Stimmenanteil der Liberalen in Quebec, insbesondere bei den Frankokanadiern der Provinz, erheblich geringer. Bei jetzt drei Parteien blieben als Folge der der relativen Mehrheitswahl immanenten Überrepräsentation der stimmstärksten Partei jedoch die starken Mandatsgewinne der Liberalen bei Unterhauswahlen in Quebec unverändert.

3.5. Wahlen von 1957/1958 - 'Diefenbaker Revolution'

Die Liberalen erzielten bei der Wahl von 1953 nochmals die Mandatsmehrheit im Unterhaus, obgleich sie nach ihren Wahlniederlagen bei den Provinzwahlen im Jahre 1952 nicht mehr die Mehrzahl der Provinzregierungen stellten, die Wahl von 1953 somit von dem ansonsten typischen zyklischen Ablauf von Provinz- und Unterhauswahlen abwich. Auch die beiden innerhalb eines Jahres durchgeführten Wahlen von 1957 und 1958 waren von Besonderheiten gekennzeichnet: Bei der Wahl von 1957 gelang es den Konservativen, eine relative Mandatsmehrheit im Unterhaus zu gewinnen, ohne in Ontario und Quebec gleichermaßen eine beträchtliche Mandatszahl zu erreichen; 1958 erzielten sie erstmals seit der Wahl von 1882 in Quebec die Mehrheit der Provinzmandate[66]. Begründet lag dies wesentlich im personal-plebiszitären Element. Mit John Diefenbaker, der im Dezember 1956 George Drew als Oppositionsführer abgelöst hatte, wählten die Konservativen einen Außenseiter zum Parteiführer. Sie nominierten einen Nicht-Anglokanadier in einer überwiegend anglokanadischen Partei, einen Baptisten in einem Land, dessen Bevölkerung entweder der Katholischen oder Anglikanischen oder Vereinigten Kirche angehört, einen Anwalt, der seinen Beruf fern von den wirtschaftlichen Zentren in einer Kleinstadt und in einer Provinz ausübte, die vornehmlich liberal oder 'sozialistisch', nicht aber konservativ wählte[67]. Allein schon seine Nominierung, durchgesetzt gegen das Partei- und Fraktionsestablishment wie die mit ihm verbundenen Wirtschaftskreise Torontos und Montreals, bedeutete einen so deutlichen Wandel, daß die dadurch bedingten Veränderungen im politischen System vielfach als 'Diefenbaker Revolution' charakterisiert wurden.

Ebenso unkonventionell wie die Nominierung Diefenbakers war dann auch seine Wahlkampfstrategie; ausgehend von der Überlegung, daß alle politischen Machtwechsel mit Ausnahme von 1896 nicht durch die frankokanadische Bevölkerung Quebecs, sondern durch verändertes Wahlverhalten in den anglokanadischen Provinzen bewirkt worden waren, konzentrierten die Konservativen ihre Wahlkampfführung ausschließlich auf Ontario, die Maritimes und die Agrarprovinzen des Westens. Erstmals verzichtete eine der beiden großen nationalen Parteien bewußt darauf, bei Anglo- wie Frankokanadiern gleichzeitig eine Stimmen- und Mandatsmehrheit zu gewinnen; der Wahlerfolg rechtfertigte diese bisher einmalige Strategie zumindest vom parteipolitischen Blickwinkel aus. Den Konservativen kam dabei zugute, daß es dem aus Saskatchewan stammenden Diefenbaker gelang, die Partei von dem unter der Agrarbevölkerung weitverbreiteten Image einer Interessenvertretung der Industrie zu befreien. Sie wurde so für die ländliche Bevölkerung wählbar; im Jahre 1957 und stärker noch bei den nachfolgenden Unterhauswahlen gewann sie ihre meisten Mandate in den ruralen Wahlkreisen Ontarios und der Prärieprovinzen; 1962 kamen 63 % der 116 konservativen Abgeordneten aus ruralen Wahlkreisen, 1963 sogar über 80 % der 95 Abgeordneten[68]. Während des Wahlkampfes, des ersten, der mittels Fernsehen geführt wurde, wurde zumindest der anglokanadischen Wählerschaft deutlich, daß mit Diefenbaker die Konservative Partei erstmals seit langer Zeit eine regierungsfähige Alternative zur Liberalen Partei darstellte. Dies bewirkte im Vergleich zur vorangegangenen Wahl von 1953 eine erhebliche Politisierung der Bevölkerung; die Wahlbeteiligung stieg um 7,2 Prozentpunkte an und erreichte mit 75,0 % wieder den durchschnittlichen Grad politischer Partizipation bei Unterhauswahlen. Es bestand dabei eine eindeutige Korrelation zwischen der Höhe der Wahlbeteiligung und dem konservativen Stimmengewinn; so blieb in der liberalen Hochburg Quebec die Wahlbeteiligung mit 72,3 % hinter dem nationalen Durchschnitt zurück, während der Stimmenzuwachs der Konservativen in der Regel umso größer war, desto stärker die Wahlbeteiligung anstieg[69].

Allgemein erwartete man in der öffentlichen Meinung während des Wahlkampfes einen geringen Stimmenrückgang der Liberalen Partei. Dafür sprach neben den immer offensichtlicher zutage tretenden natürlichen Abnützungserscheinungen einer immerhin seit fast 22 Jahren ununterbrochen regierenden Partei vor allem ihr taktisch äußerst unkluges Verhalten bei der parlamentarischen Beratung des Pipeline-Gesetzes[70]. Der Gesetzesantrag der liberalen Regierung sah die Errichtung eines gemeinsam vom Bund und der Provinz Ontario getragenen staatlichen Unternehmens ('Northern Ontario Pipeline Crown Corporation') vor, das einen Teil der Pipeline selbst bauen sollte. Die Verpachtung des Unternehmens an eine vornehmlich von US-amerikanischem Kapital finanzierte Privatgesellschaft war vorgesehen. Diese sollte dafür weitere Teile der Pipeline bauen, wofür ihr zusätzlich staatliche Kredite zur Verfügung gestellt werden sollten. War der Gesetzesantrag bereits inhaltlich aufgrund der vorgesehenen Vergabe an eine amerikanische corporation heftig umstritten, so stieß die von der Regierung gewählte parlamentarische Taktik auf herbe Kritik. Die liberale Mehrheit setzte sich über die parlamentarischen Gepflogenheiten hinweg, beschnitt die Minoritätsrechte und verhinderte durch 'closure' eine extensive Beratung im Unterhaus. Am 1.Juni 1956, in den Augen der konservativen Opposition der 'Black Friday' der kanadischen Parlamentsgeschichte, artete die Debatte in den wildesten Tumult aus, den das Unterhaus je erlebt hatte. Trotz der offensichtlich negativen Auswirkungen, die einen weiteren Stimmenrückgang der Liberalen erwarten ließen, überraschte das Ausmaß der liberalen Stimmen- und Mandatsverluste die öffentliche Meinung. Im Vergleich zur Wahl von 1953 ging der Stimmenanteil um 7,9 Prozentpunkte zurück. Die Liberalen blieben aber stimmstärkste Partei vor den Konservativen, die 38,9 % der Stimmen erzielten. Im Unterhaus verfügten letztere mit 112 (42,3 %) gegenüber 105 (39,6 %) Mandaten jedoch über eine knappe relative Mandatsmehrheit. Die Umkehrung der Stimmen-Mandatsrelation zugunsten der Konservativen beruhte dabei u.a. darauf, daß sie vielfach in den bevölkerungsmäßig kleineren Wahlkreisen eine geringere Stimmenzahl zum Mandatsgewinn benötigten, lag jedoch insbesondere in der großen Zahl liberaler Überschußstimmen, vor allem in den frankokanadischen Wahlkreisen, begründet[71].

Bei der nur zehn Monate später abgehaltenen Wahl von 1958 erzielte die konservative Minderheitsregierung 53,6 % der abgegebenen Stimmen und verfügte mit 208 (78,5 %) der insgesamt 265 Mandate über eine starke Mehrheit im Unterhaus, während der Stimmenanteil der Liberalen auf 33,6 % zurückging und ihre Mandatszahl auf 49 (18,5 %) absank, die geringste Abgeordnetenzahl der Liberalen in der Geschichte kanadischer Unterhauswahlen überhaupt. Außerhalb Quebecs, in den anglokanadischen Provinzen, setzte sich dabei der mit der vorangegangenen Wahl aufgetretene Trend verstärkt fort; von den insgesamt 190 Mandaten gewannen die Konservativen allein 158, vornehmlich auf Kosten der beiden Drittparteien C.C.F. und

Social Credit, die nur in acht der zuvor 48 Wahlkreise das Mandat behaupten konnten.

Hatte nach seiner Wahl auf dem konservativen Parteikonvent im Dezember 1956 noch ein Großteil der frankokanadischen Delegierten aus Protest demonstrativ das Parteitagsgebäude verlassen, so unterstützten jetzt nicht nur die konservative Parteiorganisation, sondern auch die Union Nationale Diefenbaker während des Wahlkampfes. Aus der Furcht heraus, bei einem neuerlichen, von den Meinungsforschungsinstituten vorausgesagten konservativen Wahlsieg jeglichen Einfluß auf die Regierungspolitik in Ottawa zu verlieren, schloß sich auch die Mehrheit der Frankokanadier dem allgemeinen 'bandwagon effect' in der kanadischen Wählerschaft an. Die Konservativen erreichten bei 49,6 % fast die Mehrheit der in der Provinz abgegebenen Stimmen und gewannen 50 der 75 Provinzmandate; die mit der konservativen Wahlparole 'N'Isolons pas Québec' bewußt angesprochene Angst vor Majorisierung durch die Anglokanadier überlagerte bei der Wahl von 1958 zeitweilig die traditionelle Bindung der frankokanadischen Wählerschaft an die Liberalen bei Unterhauswahlen[72]. Die Mandatsgewinne der Konservativen in den ruralen Wahlkreisen, die damit einhergehenden Stimmeneinbußen der regional konzentrierten Drittparteien in den Agrarprovinzen und der Durchbruch in Quebec deuteten auf den Abbau des vornehmlich regional-ethnisch und regional-ökonomisch bestimmten Wählerverhaltens hin. Zudem erhielten die beiden großen Parteien im Jahre 1958 insgesamt 87,2 % der Stimmen, während die Drittparteien zusammen den niedrigsten Stimmenanteil seit 1935 erzielten. Der von der Diefenbaker Revolution offenbar ausgelöste Wandel in den politischen Einstellungen der Wählerschaft schien damit, wenn nicht die Rückkehr zum Zweiparteiensystem, doch erstmals seit langem zumindest eine verstärkte Integration im Parteiengefüge zu bewirken; unmittelbar unter dem Eindruck der beiden Unterhauswahlen wurde dies vielfach als Entwicklung in Richtung auf die 'nationalization of politics' angesehen[73].

Tatsächlich war es jedoch nicht viel mehr als der 'bandwagon effect', der diesem kurzfristigen Trend zugrundelag. Die Diefenbaker Revolution führte weder zurück zum Zweiparteiensystem noch zu einer stärkeren Homogenität im politischen System[74]. Zwar gingen von ihr regional, insbesondere im kanadischen Westen, auch längerfristig wirkende Veränderungen in Wahlverhalten, Parteipräferenzen und Parteistärken aus, doch akzentuierten sich dadurch die ethnischen und regional-ökonomischen Konfliktmuster eher, so daß sich die Bestimmungsfaktoren kanadischer Wahlentscheidungen und damit das Strukturbild des Parteiensystems auf nationaler Ebene auch in den 60er Jahren nicht entscheidend wandelte. Die regional-ethnische wie regional-ökonomische Heterogenität der Gesellschaft führte vielmehr erneut dazu, daß sich im kanadischen Mehrparteiensystem abweichend von den ansonsten modelltypischen Wirkungen des politisch-institutionellen Systems keine Parteimehrheiten mehr herstellten. Der Stimmenanteil der Drittparteien stieg nach dem Tiefpunkt von 1958 - wenn auch nur in geringem Maße - wieder kontinuierlich von Wahl zu Wahl. Keine der beiden großen Parteien erreichte bei den in kurzen Abständen abgehaltenen Unterhauswahlen von 1962, 1963 und 1965 die Mandatsmehrheit im Unterhaus; zunächst John Diefenbaker und ab 1963 der liberale Lester Pearson regierten mit Minderheitskabinetten.

4. Bestimmungsfaktoren des Wählerverhaltens seit 1962

Mit Blick auf die Parteienlandschaft nach der Unterhauswahl von 1962 resumierte John Meisel, daß

"... almost any statement made about Canadian voting as a whole can be strongly contradicted in some region or among some section of the population" (Meisel 1964, S.286).

Dies soll nun keineswegs heißen, daß die regionalisierten gesellschaftlichen Strukturen das politische und in Sonderheit das Wahlverhalten als alleinige Ursache bestimmen und erklären. Es wäre geradezu töricht, wollte man das Wahlverhalten nur auf die Regionalisierung und ethnisch-kulturelle Fragmentierung reduzieren. Es wird von einer Reihe von weiteren Faktoren konstituiert[75]; zu ihnen zählen u.a.: die sozio-ökonomische Schichtung und die Position des Wählers im Sozialverhältnis von Kapital und Arbeit; das ökonomische Entwicklungsgefälle mit seinem Gegensatz von Zentrum und Peripherie; Konfession, Kultur und ethnische Herkunft, insbesondere der Gegensatz von anglo- und frankophoner Subgesellschaft; Immigration und Immigrationszeitpunkt; (die traditionellen Erklärungsfaktoren der Wahlsoziologie wie) Alter, Geschlecht, Stadt und Land etc.; sodann (neben diesen eher strukturellen Determinanten) Faktoren der politischen Kultur wie tagespolitische issues, denen im kanadischen politischen System stets besonderer Einfluß zugekommen ist. Dennoch war und ist die Wählerbasis der Parteien in starkem Maße regional und ethnisch-kulturell geprägt gewesen. Trotz aller Komplexität der politischen und gesellschaftlichen Faktoren, die (auch das kanadische) Wählerverhalten konstituieren, wurden sämtliche Einflüsse, auch sozio-ökonomische und klassenspezifische, doch stets von der außerordentlichen Regionalisierung und Fragmentierung Kanadas gefiltert.

4.1. Zur ethnisch-kulturellen Wählerbasis

Die Konfession bildete einen der Bestimmungsfaktoren im kanadischen Wahlverhalten, der zum einen eine klassenorientierte oder auch nur stärker schichtenspezifische Strukturierung der Wählerentscheidung verhinderte oder zumindest überlagerte, zum anderen die Regionalisierung und Fragmentierung von Gesellschaft und Wählerschaft mitbegründete[76]. Die ausgeprägte kirchliche Bindung der Katholiken hat dazu beigetragen, daß die Konservativen und die NDP überwiegend von Protestanten oder kirchlich nicht gebundenen Wählern gewählt werden. Bei der Unterhauswahl von 1962 z.B. erzielten die Konservativen im nationalen Durchschnitt 37,3 % der Stimmen; von 100 protestantischen Wählern entschieden sich jedoch 47 für die Konservativen. Der Anteil der NDP an den protestantischen Wählern entsprach in etwa dem nationalen Stimmenergebnis der Partei. Hingegen entschieden sich 49 von 100 katholischen Wählern für die Liberale Partei, die insgesamt indessen nur einen nationalen Stimmenanteil von 37,2 % erzielte, wodurch die Katholiken in der Wählerschaft der Liberalen nicht unerheblich überrepräsentiert waren. Zweifellos vorhandene regionale Unterschiede modifizierten die starke Affinität der katholischen Wähler höchstens graduell[77]. Im Prinzip existierte der bias zugunsten der Liberalen sowohl im frankokanadisch-katholischen Quebec als auch in den vorwiegend protestantischen Provinzen Kanadas. Vor der Unterhauswahl von 1963 nannten von 100 Katholiken, die nicht der frankokanadischen Bevölkerungsgruppe angehörten, auf die Frage nach ihrer Wahlabsicht 53 die Liberale Partei; hingegen gaben nur 17 bzw. 13 von ihnen an, daß sie für die Konservativen bzw. die NDP stimmen würden. Weder innerhalb noch außerhalb Quebecs vermochten damit die Konservative Partei und die NDP, die religiöse Barriere zu überwinden. Allein die Wählerschaft der Liberalen setzte sich bislang stets in größerem Umfang - bei der Unterhauswahl von 1963 etwa zu gleichen Teilen - aus Katholiken und Protestanten zusammen.

Ähnliche strukturelle Ungleichheiten werden sichtbar bei der Analyse der Parteipräferenzen unter ethnischen und sprachlichen Ge-

Tabelle 9 : Zur Zusammensetzung der Parteianhängerschaften, 1953 - 1965 (in %).

Partei	Liberals				Conservatives				C.C.F./NDP				Bev.
Wahljahr	53	58	63	65	53	58	63	65	53	58	63	65	1961
Language													
French	22	19	30	34	17	13	16	13	3	4	13	20	28,1
English	64	61	59	61	74	78	72	84	93	91	66	74	58,5
Both	14	20			9	9			4	5			
Other			11	4			12	3			21	6	13,4
Religion													
Protestant			48	37			74	73			64	49	46,4
Jewish			1	2			1	1			2	3	1,4
Catholic			49	59			24	24			30	34	45,7
Other			2	3			1	3			4	6	6,5

Quellen: Regenstreif 1965, passim; Schwartz, in: Rose 1974, passim.

sichtspunkten. So setzten sich die Wählerschaften von Konservativen und NDP überwiegend aus englisch-sprachigen Wählern zusammen. Von 100 Wählern mit englisch als Muttersprache wählten 1962 44 die Konservative Partei, von 100 Wählern mit französisch als Muttersprache nur 23. Ähnlich verzerrt zusammengesetzt war auch die Wählerschaft der NDP. Jedoch wählten diejenigen, die weder englisch noch französisch als Muttersprache nannten, überdurchschnittlich die sozialdemokratische Drittpartei, während die Konservativen auch in dieser Bevölkerungsgruppe stark unterrepräsentiert waren. Wenngleich die Kandidatur des Ralliement Créditiste[78] in Quebec seit 1962 stets eine beträchtliche Zahl der Frankokanadier veranlaßte, von ihrer traditionellen Parteipräferenz abzugehen - bei der Unterhauswahl von 1962 immerhin 28 % -, waren die französischsprachigen Kanadier unverändert in der liberalen Wählerschaft erheblich überrepräsentiert. Während der Anteil der englisch- und drittsprachigen Kanadier mit 35 bzw. 36 % nur geringfügig von dem nationalen Stimmenergebnis der Liberalen von 37,2 % abwich, wählten 45 % der französisch-sprachigen Bevölkerung liberal[79]. Bei der Censuserhebung von 1961 nannten 58,5 % der Gesamtbevölkerung englisch, 28,1 % französisch und 13,4 % eine andere Sprache als ihre Muttersprache. Im Jahre 1963 waren hingegen von 100 konservativen Wählern nur 16 französisch-sprachig; 72 gaben englisch als Muttersprache an. Zumindest auf der Ebene der Wählerschaft stellte sich die Konservative Partei als eine weitgehend einsprachig, englische Partei dar. Allein die Wählerbasis der Liberalen war in größerem Umfang zweisprachig strukturiert, wobei die Anteile von 30 % französisch-, 59 % englisch- und drittsprachig in etwa der kanadischen Bevölkerungsstruktur entsprachen.

Sowohl unter ethnisch-kulturellen als auch unter konfessionellen Gesichtspunkten ähnelte nur die Wählerschaft der Liberalen Partei den gesellschaftlichen Verhältnissen. Zumindest teilweise resultiert hieraus die traditionelle Asymmetrie im kanadischen Parteiengefüge auf Bundesebene. Beide Faktoren haben notwendigerweise - wenngleich auch nur mittelbar - Auswirkungen auf die politische, ethnisch-kulturelle und 'national-politische' Ausrichtung der einzelnen Parteien. Offenkundig wird dies u.a. in den Personalentscheidungen. Von den bislang 13 Parteiführern der Konservativen Partei seit 1867 gehörten nur zwei der römisch-katholischen Kirche an, kam als Nachfolger von John A.Macdonald mit dem anglo-

Tabelle 10 : Die Parteiführer von Konservativen und Liberalen[80].

Als 'leader' der Konservativen Partei amtierten:

Name	Amts-periode	Konfessions-zugehörigkeit	Provinziale Herkunft
John A. Macdonald	1867-91	Presbyterian	Ontario
J.J.C. Abbott	1891-92	Anglican	Quebec
John S.D. Thompson	1892-94	Roman Catholic	Nova Scotia
Mackenzie Bowell	1894-96	Methodist	Ontario
Charles Tupper	1896-1901	Anglican	Nova Scotia
Robert L.Borden	1901-20	Anglican	Nova Scotia
Arthur Meighen	1920-27	Presbyterian	Manitoba
R.B.Bennett	1927-38	United Church	Alberta
R.J. Manion	1938-42	Roman Catholic	Ontario
John Bracken	1942-48	United Church	Manitoba
George Drew	1948-56	Anglican	Ontario
John G. Diefenbaker	1956-67	Baptist	Saskatchewan
Robert L. Stanfield	1967-76	Anglican	Nova Scotia
Joseph Clark	1976-	n.b.	Alberta

Als 'leader' der Liberalen Partei amtierten:

Alexander Mackenzie	1873-80	Baptist	Ontario
Edward Blake	1880-87	Anglican	Ontario
Wilfrid Laurier	1887-1919	Roman Catholic	Quebec
W.L. Mackenzie King	1919-48	Presbyterian	Ontario
Louis St. Laurent	1948-58	Roman Catholic	Quebec
Lester B. Pearson	1958-68	United Church	Ontario
Pierre E.Trudeau	1968-	Roman Catholic	Quebec

kanadisch-protestantischen J.J.C.Abbott nur einer aus Quebec[81]. Von den sieben liberalen Parteiführern waren mit Wilfrid Laurier, Louis St.Laurent und Pierre Elliott Trudeau drei katholisch und Frankokanadier. In der Liberalen Partei besteht dabei das ungeschriebene Gesetz, daß sich protestantischer Anglo- und katholischer Frankokanadier in der Parteiführung ablösen. Daß Trudeau sich überhaupt als aussichtsreicher Kandidat für die Nachfolge von Lester Pearson profilieren konnte, geht nicht zuletzt auf diese informelle Regelung bei der Bestellung der liberalen Parteiführer zurück[82].

4.2. Determinanten der Wahl von 1968

Bei der Wahl von 1968 gewannen die Liberalen mit einem Stimmenanteil von 45,5 % 155 der 264 Mandate und verfügten folglich über eine starke parlamentarische Mehrheit. Erstmals seit 1962 trat an die Stelle von Minderheitsregierungen wieder eine parlamentarische Mehrheitsregierung. Wenngleich sich die Bevölkerung seit langem mit der Tatsache von Mehrparteiensystem und Minderheitskabinetten als ein besonderes Resultat der Heterogenität ihrer Gesellschaft abgefunden hat, belastet diese Diskrepanz zwischen der Realität des politischen Systems und ihrem dem britischen Modell verhafteten Verfassungsverständnis die Wählerschaft noch immer außerordentlich stark. Die Zielvorstellungen von 'two-party system' und 'majority government' spielen bei jeder Wahl und insbesondere nach einer längeren Periode von Minderheitsregierungen in der Wahlentscheidung eines beträchtlichen Teils der Wählerschaft eine maßgebliche Rolle[83]. Die Einsetzung einer Mehrheitsregierung war dabei zugleich das einzige wichtige Resultat, in dem sich diese Unterhauswahl von den vorangegangenen unterschied. Größere und auch längerfristig wirksame Veränderungen im Wählerverhalten vollzogen sich nicht[84]. Die deutliche Mandatsmehrheit der Liberalen war vielmehr im wesentlichen eine Folge der personellen Alternative, vor die sich die kanadische Wählerschaft gestellt sah; dies umso mehr, als die politische Kultur ohnehin von jeher stark vom personal-plebiszitären Element geprägt ist.

Die unterschiedlichen Ergebnisse der Unterhauswahlen von 1968, 1972 und auch der vorzeitigen Neuwahl vom Juli 1974 waren bestimmt von der personellen Alternative Trudeau - Stanfield[85], vor allem aber eine Folge der Einschätzung Trudeaus durch die kanadische Wählerschaft. John Meisel hat dies, bezugnehmend auf die Wahlen von 1968 und 1972, auf die kurze Formel gebracht: "His was the victory and his the fall" (Meisel 1973a, S.229). Dies im einzelnen erklären zu wollen, hieße die Biographie einer der schillerndsten und unkonventionellsten Politiker-Persönlichkeiten der Gegenwart schreiben zu müssen, hieße aber zugleich auch, eine massenpsychologische Studie über seine Wirkung auf die kanadische Bevölkerung in der ganz spezifischen Situation der gesellschaftlichen Verhältnisse Kanadas am Ende der 60er Jahre schreiben zu müssen. Mit Trudeau betrat jedenfalls eine Person die politische Bühne, die sich in so gut wie allem von dem unterschied oder zumindest zu unterscheiden schien, was den kanadischen Politiker bis dahin ausmachte [86]:

Atypisch war seine familiäre Herkunft als Sohn gemischt franko- und anglokanadischer Eltern; atypisch war seine soziale Herkunft als Sohn eines franko-kanadischen Industriellen und Millionärs zu einer Zeit, als die Elite der frankophonen Subgesellschaft Quebecs noch fast ausschließlich traditional- und damit agrarisch-klerikal zusammengesetzt war und der erfolgreiche 'business-man' amerikanisch-anglokanadischen Zuschnitts die Ausnahme in der frankophonen Subgesellschaft darstellte, die die Regel bestätigt.

Atypisch für einen Frankokanadier war seine Berufswahl als Sozialwissenschaftler zu einer Zeit, unmittelbar nach dem II.Weltkrieg, als das Wissenschaftsverständnis der frankophonen Bildungselite aufgrund des Ausbildungsmonopols der katholischen Kirche noch weitgehend traditional-humanistisch bestimmt war und sozialwissenschaftliche Forschungseinrichtungen an den Universitäten Quebecs sich erst im Aufbau befanden. Atypisch war seine wissenschaftliche Karriere, die sich nach Abschluß der Ausbildung (u.a. an der Harvard University, an der London School of Economics und an der Sorbonne) weitgehend außerhalb des üblichen 'Wissenschaftsbetriebes' vollzog. Und dennoch legte er mit seinen wissenschaftlichen Arbeiten[87], vor allem aber mit seinen Beiträgen in dem links-liberalen, sozialdemokratischen, oppositionellen frankokanadischen Periodicum 'Cité Libre' während der 50er Jahre die konzeptionellen Grundlagen für die modernisierungstheoretisch bestimmte, reformistische Politik, wie sie zu Beginn der 60er Jahre in der Quiet Revolution von der liberalen Provinzregierung eingeleitet wurde.

Atypisch war sein politischer Aufstieg. Während der 50er Jahre ein scharfer Kritiker der Liberalen Partei, war er noch im Unterhauswahlkampf von 1963 publizistisch für die NDP eingetreten[88]. Zur Liberalen Partei stieß er erst kurz vor seiner Wahl ins Unterhaus im Jahre 1965. Ohne jegliche innerparteiliche Erfahrung stieg er innerhalb kürzester Frist zum Führer der frankokanadischen Abgeordneten innerhalb der liberalen Unterhausfraktion auf, wurde Justizminister in der Regierung Pearson und nur zwei Jahre und fünf Monate nach seiner Wahl ins Parlament Parteiführer der Liberalen und Nachfolger Pearsons als Premierminister.

Atypisch waren schließlich sein politischer Stil und sein Privatleben, die in fast jeder Beziehung den Rahmen einer politischen

Kultur sprengten, die von den Sitten und Gebräuchen des britischen Parlamentarismus außerordentlich geprägt ist. Sein Auftreten entsprach vielmehr dem Bild des Playboys der Jet-set-Generation; ein Image, das innerhalb weniger Wochen entstand und von den Massenmedien vermittelt und beständig erweitert wurde. Selbst diejenigen, die Fernsehen machen, waren von der Persönlichkeit Trudeaus fasziniert:

"I first met Trudeau in May, 1967, shortly after he became Minister of Justice. It was in the early morning in the West Block office with the secret stairway built by Mackenzie. I was producing a CBC Newsmagazine documentary on the new minister... I don't remember what he said because I was fascinated by the film possibilities of his face - the oriental serenity as he listened, fingertips together as in prayer; the graven elegance of the high cheekbones and the big nose; the sudden animation, deprecating smile and the depth of the huge eyes. It should have been an ugly face - it was furrowed and pockmarked - but the parts are masterfully assembled for the lens. From any angle it was alive and compelling". (Zit. bei Stewart 1971, S.12f).

Kanada stand im Jahre 1968 im Zeichen von 'Trudeaumania'. Die Aussage eines Mitglieds des liberalen Parteikonvents, der Trudeau zum Parteiführer wählte, charakterisiert die Haltung der Mehrheit der kanadischen Bevölkerung: "I don't really know where he will lead us, all I know is that I'll follow him"[89]. Allein die ungleiche personelle Alternative Trudeau - Stanfield, der in vielem dem Bild des typischen kanadischen Politikers entspricht[90], sicherten Trudeau und der Liberalen Partei einen deutlichen Vorsprung in der Wählerschaft.

Der Unterschied in Image und Charisma zwischen den Parteiführern von Liberalen und Konservativen erklärt die außerordentliche Anziehungskraft Trudeaus auf die Wählerschaft jedoch nur unzureichend. Die kanadische Bevölkerung suchte im Jahre 1968 nach Innovationen im politischen System, nach neuen Wegen in der Programmatik, die sie aus der politischen Lethargie der frühen 60er Jahre, aus der wachsenden Krise im Verhältnis von Anglo- und Frankokanadiern hinausführten. Sie suchte nach einem neuen politischen Stil und einer politisch-intellektuellen Konzeption, die Antworten auf die Alltagsprobleme gab, zugleich aber auch zukunftsträchtige Perspektiven für die Veränderung der kanadischen Gesellschaft aufzeigte. Sie glaubte, all dies in Trudeau gefunden zu haben, in Trudeau dem Intellektuellen, in dem politischen 'newcomer', in seiner außergewöhnlichen Persönlichkeitsstruktur, vor allem in seinen politischen Handlungen. Das vage, aber eingängige Programm der 'Just Society'[91] schien einen Weg zum Abbau sozialer Ungleichheiten, zum Ausgleich des sozio-ökonomischen Entwicklungsgefälles zwischen den Regionen und Provinzen Kanadas aufzuzeigen; sein Eintreten für ein modernes Scheidungsrecht, für die Liberalisierung der Abtreibungs- und Homosexuellen-Gesetzgebung signalisierte einen Neubeginn in der Bewertung ethisch-moralischer Kategorien, insbesondere aber seine exponierte pro-föderale, gesamtkanadische Haltung, wie sie u.a. bei seinen Interventionen auf den 'Constitutional Conferences'[92] einer breiten Öffentlichkeit offenbar wurde, verlieh einer großen Mehrheit der anglokanadischen Bevölkerung das Gefühl, in Trudeau denjenigen gefunden zu haben, der zur Überwindung des Nationalitätenantagonismus im Rahmen der Konföderation fähig sein werde. Der Vertrauensvorschuß in seine Person und in die von ihm erwarteten politisch-programmatischen Leistungen war so groß, daß Trudeau während des Wahlkampfes von 1968 seine Vorstellungen kaum zu konkretisieren brauchte[93]. Ohne detaillierte Versprechungen gemacht zu haben, verbanden sich doch mit seiner Person die vielfältigsten Hoffnungen. Nach vier Jahren Trudeau-Regierung waren die meisten Hoffnungen zerstört; an die Stelle der Euphorie des Jahres 1968 trat in weiten Teilen der Wählerschaft die desillusionierende Vorstellung, sich in seiner Person getäuscht zu haben oder getäuscht worden zu sein:

"Failure to recognize and debate issues, and the well-held pose that nothing was seriously wrong, convinced majorities, particularly west of the Ottawa river, that Mr.Trudeau was somehow too far from them, too aloof to deserve renewed support. The haughty, impetous, and arrogant half of his image - always lurking in the back of the mind - came to the fore and, as a result of the leader's campaign, became paramount... The <u>hauteur</u> of Mr.Trudeau fused with traditional Liberal arrogance and the two, reinforcing one another, led to a loss of public trust..." (Meisel 1973a, S.229f).

Im Jahre 1968 waren die negativen Implikationen seiner Persönlichkeitsstruktur jedoch noch weitgehend unbekannt, überlagerte die außerordentliche Ausstrahlungskraft Trudeaus vielfach die traditionellen Entscheidungsfaktoren des Wählerverhaltens. Dies führte dazu, daß die Liberale Partei in allen Wählerschichten ein überdurchschnittlich gutes Ergebnis erzielte. Stellt man dies in Rechnung, zeigt die wahlsoziologische Analyse auch für die Unterhauswahl von 1968 ein im Grunde wenig verändertes Wahlverhalten. Unter sprachlichen, ethnischen und konfessionellen Gesichtspunkten bestätigen die Daten die traditionelle, den Wahlen zu Beginn der 60er Jahre vergleichbare Über- bzw. Unterrepräsentation in den Wählerschaften der Parteien. Schlüsselt man die Parteistärken nach Konfessionszugehörigkeit und ethnischer Herkunft auf, waren in der Wählerschaft der Konservativen Partei unverändert die Protestanten und die Wähler britischer Provenienz erheblich überrepräsentiert, die Katholiken und frankokanadischen Wähler in etwa dem gleichen Umfang von ca. zehn Prozentpunkten unterproportional vertreten. In der liberalen Wählerschaft andererseits lag der Anteil frankokanadischer Wähler und derjenigen 'anderer' ethnischer Herkunft mit 67,1 bzw. 58,5 % über dem nationalen Durchschnitt.

Vergleicht man die Parteipräferenz mit der Dauer des Aufenthaltes in Kanada, zeigt sich ein starker bias zugunsten der Liberalen in der Gruppe derjenigen Kanadier, die erst nach dem II.Weltkrieg immigrierten[94]. Analoge Resultate ergaben sich in sprachlicher Hinsicht. Während die einsprachig-englischen Wähler in der Liberalen Partei deutlich unterrepräsentiert waren, entschieden sich diejenigen der Befragten, die eine andere Sprache als Umgangssprache nannten, sämtlich überdurchschnittlich für die Liberalen. Ihr bestes Ergebnis erzielten sie mit 82,9 % bei der Gruppe derjenigen Kanadier, die erst relativ kurze Frist in Kanada lebten, verschiedene Sprachen als Mutter- oder Umgangssprachen angaben, sich weder dem anglo- noch frankophonen Kulturkreis zugehörig fühlten und erst sehr bedingt sozio-kulturell an eine der beiden charter groups assimiliert waren. Die starke Attraktivität der Liberalen Partei in den Bevölkerungsgruppen, die keiner der beiden charter groups angehören und erst nach dem II.Weltkrieg nach Kanada einwanderten, resultiert dabei nicht zuletzt aus der Tatsache, daß der überwiegende Teil von ihnen zu einer Zeit immigrierte, als die Liberalen in Ottawa die Regierung stellten (1945-1957). In den Augen dieser Einwanderer ermöglichte die Immigrationspolitik der Liberalen während des industriellen Booms nach dem Krieg ihnen eine relativ schnelle und leichte Integration in den sozio-ökonomischen Prozeß, wodurch sich für viele - gemessen an den Lebensbedingungen in den alten Heimatländern - ihre persönliche Situation teilweise nicht unerheblich verbesserte. Die traditionell ausgesprochen immigrationsfreundliche und den Minoritäten gegenüber tolerante Politik der Liberalen Partei fand auch noch im Jahre 1968 in der Wählerbasis ihre Entsprechung.

Resumiert man die in Tabelle 11 zusammengestellten Umfrageergebnisse, läßt sich die Wählerbasis der beiden großen kanadischen Parteien auf nationaler Ebene mit John Meisel folgendermaßen umschreiben:

"In Canada as a whole, the Liberals continued to receive above average support from Catholics, people with high ranking occupations, a higher class self-image, and more years of formal schooling. They also drew a somewhat disproportionately large number of new Canadians, particularly those who arrived since the end of the Second World War, and they continued to be strongly favoured by French-speaking Canadians, by younger rather than older voters, by the most urbanized segments of the population and ever so slightly, by men. The Conservatives present the opposite picture: they did proportionately better among Protestants than Catholics, among farmers and people scoring low in the conventional class indicators, among Canadian-born voters and particularly among immigrants who arrived before 1946, among anglophones, rural dwellers, older voters and women". (Meisel 1973a, S.13).

Diese generalisierende Beschreibung vermittelt indes nur ein unzureichendes Bild von den Wählerschaften der Parteien. Sie verdeckt, daß das Wählerverhalten von den unterschiedlichsten regionalen Faktoren überlagert wird und folglich die Parteistärken regional ganz erheblich differieren. Dies trifft auch für die beiden in Kanada gängigen Charakterisierungen der Liberalen Partei zu, die je nach der eigenen Optik und vor allem nach dem jeweiligen Wohnort unterschiedliche Merkmale besonders betonen[95]. So gelten die Liberalen den einen als die einzige wirklich 'nationale' Partei, die allein in der Lage sei, alle sozialen Schichten, ethnischen, kulturellen und konfessionellen Gruppen der Gesellschaft anzusprechen sowie in ihrer Wählerschaft zu integrieren. Die anderen sehen die Liberalen als frankokanadische und katholische Partei, die infolge ihrer starken Basis in diesen beiden Gruppen der kanadischen Gesellschaft gezwungen sei, deren Sonderinteressen als gesamt-kanadische, 'nationale' Politik zu vertreten. Einerseits sind die Liberalen tatsächlich diejenige kanadische Partei, die relativ am ehesten als 'nationale' Partei zu charakterisieren ist. Sie ist die einzige kanadische Partei, die in größerem Umfang sowohl von der Bevölkerung beider charter groups als auch von den Angehörigen der kleineren ethnischen Gruppen gewählt wird; die Liberalen sind auch die Partei, die dem Charakter der Volkspartei in ihrer Wählerschaft am nächsten kommt. Andererseits muß die Liberale Partei den ausgeprägten frankokanadischen und katholischen bias in ihrer Wählerschaft berücksichtigen; ein Faktum, das über den parteipolischen Aspekt hinaus jedoch für das gesamte politische System gilt. "... to depend on Quebec", wie Mackenzie King es einmal formulierte[96], ist eine, wenn nicht d i e Prämisse der kanadischen Politik.

Daß zwei so widersprüchliche Charakterisierungen der Liberalen beide zumindest im Grundsatz treffend sein können, ist ein weiteres Indiz für die Heterogenität und Regionalisierung der Gesellschaft. Für einen Wähler aus Alberta stellt sich die kanadische Politik und die Beurteilung der Parteien eben gänzlich anders als für einen Bewohner Zentral-Kanadas. Die Regionalisierung der politischen Einstellungen ist dabei unverändert zweifach begründet, regional-ökonomisch wie regional-ethnisch. In der regional-ökonomischen Komponente spiegeln sich sowohl das zwischen den Provinzen mitunter starke ökonomische Entwicklungsgefälle als auch die je nach geographischen Bedingungen, Resourcen, Diversifikations- und Industrialisierungsgrad etc. äußerst unterschiedlichen Wirtschaftsstrukturen wider. Die regionalen Faktoren, die ethnisch-kulturellen Komponenten überlagern vielfach den Einfluß von Berufs- und Schichtenzugehörigkeit; gleiche Erwerbstätigkeit, gleiche soziale Stellung bewirken keine einheitlichen politischen Einstellungen und Parteipräferenzen. Dennoch ist das Wahlverhalten natürlich auch von der jeweiligen Stellung des Wählers im Produktionsprozeß bestimmt[97]. Versucht man eine Rangfolge nach Provinzen, so ist die Wahlentscheidung in British Columbia relativ am stärksten von der 'Klassenbasis' geprägt, gefolgt von Ontario. In beiden Provinzen kann man die sozialdemokratische NDP als 'Arbeiterpartei' bezeichnen. Mit zunehmender Industrialisierung gilt dies auch für die industriell-städtischen Zentren in den Prärieprovinzen; wo z.B. das Wahlverhalten der Industriearbeiter aus Edmonton, Calgary,Regina oder Winnipeg verhältnismäßig stark sozio-ökonomisch determiniert ist. In Quebec spielt die sozio-ökonomische Schichtung aufgrund der ethnisch-kulturellen Barriere, des eingeschränkten Parteienangebots, unter dem die Wähler zumindest bei Unterhauswahlen auswählen können, infolge der strukturellen Asymmetrie zugunsten der Liberalen Partei etc. bei Bundeswahlen vergleichsweise die geringste Rolle. Mildred A.Schwartz hat die Fraktionierung der sozio-ökonomischen Faktoren folgend resumiert:

Occupational class turns out to be a poor predicator of class-based voting in Canada for a variety of reasons. One is the lack of a nationally based class structure, due to the uneven process of industrialization. Moreover, the salience of class is strongly reduced by alternative cleavages, particularly those related to region and origin. None of this, however, means that class cleavages, at least in the sense of economic differences, are not important. It is rather that they are not consistently manifested through political behavior... Class interests are not absent in Canada. Rather, there is no single avenue for their political expression, mainly a result of the regional fragmentation of the country..." (Schwartz, in: Rose 1974, S.592).

Je nach der Region unterscheidet sich das Wahlverhalten auch unter ethnisch-kulturellen und sprachlichen Gesichtspunkten[98]. Zwar wählt insgesamt traditionell eine Mehrheit der Frankokanadier die Liberale Partei, doch differiert der Grad der liberalen Parteistärke in der frankokanadischen Wählerschaft auf provinzialer Ebene beträchtlich. Im Jahre 1968 - in der Tendenz trifft dies für die Wahlen der 60er Jahre wie die beiden nachfolgenden von 1972 und 1974 zu - entschieden sich nicht etwa die Frankokanadier Quebecs prozentual am stärksten für die Liberale Partei, sondern die frankokanadische Minorität Ontarios. Während 'nur' 64,5 % der Frankokanadier Quebecs für die Liberalen votierten, waren es in Ontario 83,1 %, in der Atlantik-Region 73,3 %, in den Prärieprovinzen 76,0 %. Andererseits nannten die Anglokanadier und die Angehörigen der kleineren ethnischen Gruppen in Quebec mit 83,3 bzw. 92,5 % fast einmütig die Liberalen als die Partei ihrer Wahl. Dieses innerhalb und außerhalb Quebecs unterschiedliche Wahlverhalten der ethnischen Gruppen, das bei den Frankokanadiern und den Angehörigen 'anderer' ethnischer Provenienz im Ausmaß, im Falle der Anglokanadier tendentiell vom nationalen Trend abweicht, reflektiert dabei das jeweils besondere Mehrheiten-Minderheitenverhältnis, in dem sich die einzelnen ethnischen Gruppen befinden. Die Nähe der ethnischen Gruppen zur Liberalen Partei als dem offensichtlichsten Vertreter der pro-föderalen Option wird umso größer, desto stärker sie ihre ethnische Gruppenzugehörigkeit in Abhängigkeit vom Bestand des Bundesstaates und einer betont pro-föderalen Politik sehen.

4.3. Wählerverhalten und Regionalisierung des Parteiengefüges

Bei Unterhauswahlen fehlt in Quebec eine fundamental-oppositionelle Alternative, so daß ein erheblicher Teil der Frankokanadier sich vor die Situation gestellt sieht, sich für das geringere Übel entscheiden zu müssen. Die noch immer starke Basis der liberalen Bundespartei in der frankokanadischen Wählerschaft resultiert nicht zuletzt aus diesen durch das beschränkte Angebot politischer Alternativen präformierten Gegebenheiten. Zur liberalen Hochburg wird die Provinz, weil vor allem die ethnischen Minoritäten in der Provinz in ihrer überwiegenden Mehrheit liberal wählen. Das Wahlsystem tut durch die außerordentliche Disproportion von Stimmen und Mandaten ein übriges. Den liberalen Unterhausfraktionen gehörte folglich immer eine große Zahl aus Quebec stammender und frankokanadischer Abgeordneter an; aus Quebec kamen 1963: 47 von 129 (36,4 %), 1965: 56 von 131 (42,7 %), 1968: 56 von 155 (36,1 %), 1972: 56 von 109 (51,4 %) der liberalen Unterhausmitglieder. Der Einfluß frankokanadischer Interessen in der Liberalen Partei wie in der Regierung wird dabei notwendigerweise umso größer, je schlechter das Ergebnis ist, das die Partei außerhalb Quebecs erzielt.

Die ausgeprägte Asymmetrie zugunsten der Liberalen in Quebec wird ergänzt durch eine fast ebenso starke Asymmetrie mit umgekehrten Vorzeichen im kanadischen Westen, die ausgelöst wurde durch die 'Diefenbaker Revolution' Ende der 50er Jahre. Die konservativen Wahlerfolge von 1957 und 1958 führten zwar nicht zu einer 'nationalization of politics'[99], hatten regional im kanadischen Westen aber doch einen grundlegenderen und längerfristig wirksamen Wandel in den Parteipräferenzen zur Folge. So verloren die beiden in der Prärie während der Weltwirtschaftskrise entstandenen Drittparteien Social Credit und C.C.F. ihre Basis in der rural-agrarischen Wählerschaft weitgehend[100]. Sie wurden abgelöst durch die Konservative Partei, die seit Diefenbaker zwar nicht ausschließlich, aber doch auch und stärker als die anderen kanadischen Parteien zum Vertreter des Partikularinteresses des Westens im allgemeinen, der Agrarinteressen im besonderen avancierte[101]. Ein Großteil der konservativen Abgeordneten des Unterhauses kommt seither aus ruralen Wahlkreisen. Der einstmals in Alberta dominante Social Credit büßte seine Anhängerschaft völlig ein. Die relativ erfolgreiche Kandidatur in Quebec seit 1962 hat diesen Auflösungsprozeß im Westen Kanadas bei Unterhauswahlen nur noch beschleunigt. Seit 1958 gewannen die Konservativen bei allen nachfolgenden Unterhauswahlen fast sämtliche Mandate in Alberta. Die C.C.F. hingegen konnte ihre Stellung in Saskatchewan und Manitoba in etwa behaupten; allerdings veränderte sich die soziologische Struktur ihrer Wählerschaft. Die Neuorganisation als NDP reflektierte dabei zum einen den Wandel ihrer Wählerbasis; zum anderen beeinflußten die organisatorischen und politisch-programmatischen Veränderungen den Wandel in der Wählerschaft. Die NDP verlor im Gefolge der 'Diefenbaker Revolution' ihre Basis in der Farmbevölkerung des Westens und entwickelte sich wie in British Columbia und Ontario auch in den Prärieprovinzen in Organisation, Parteielite, Programmatik und Wählerschaft zu einer 'sozialdemokratischen' Partei der städtischen unteren Mittelschichten[102]. Kam bis 1957 stets die Mehrheit der Unterhausabgeordneten der C.C.F. aus ruralen Wahlkreisen (1953: 14 von 23; 1957: 18 von 25), so erzielt die NDP seither ihre Mandatsgewinne vornehmlich in urbanen Wahlkreisen (z.B. 1962: 13 von 19; 1963: 11 von 17).

Diesem Wandel in den Parteianhängerschaften liegen vor allem regional-ökonomische Faktoren zugrunde. Die nach dem II.Weltkrieg auch im kanadischen Westen verstärkt einsetzende Industrialisierung veränderte die bis dahin weitgehend agrarisch bestimmte Sozialstruktur der Prärieprovinzen. Sie bewirkte eine starke Land-Stadt-Wanderung mit all den bekannten sozialen Begleiterscheinungen. Im Agrarsektor führte dies einen deutlichen Konzentrationsprozeß herbei (vgl. Kapitel F/1). Verglichen mit den 20er und 30er Jahren, erlebte die kanadische Landwirtschaft seit den 50er Jahren zudem eine langanhaltende Phase der relativen Prosperität; in jüngster Zeit nicht zuletzt eine Folge der erheblichen Weizenausfuhr in die Sowjetunion und in die Volksrepublik China[103]. Mit den sozio-ökonomischen Voraussetzungen wandelten sich zugleich die politischen Einstellungen. Der 'agrarische Sozialismus', vor allem in Saskatchewan die ideologische und programmatische Basis der Protesthaltung der Farmbevölkerung, büßte seine Attraktivität zunehmend ein. Auf dem Land traten an seine Stelle konservative politische und ideologische Verhaltensweisen, die sich parteipolitisch in Wahlentscheidungen zugunsten der Konservativen Partei umsetzten; in den Städten vergrößerte sich durch den Industrialisierungsprozeß die Wählerbasis der NDP unter den Arbeitern und Angestellten von Industrie- und Dienstleistungsbereich[104].

Unberührt von diesen Veränderungen blieb indessen die traditionelle Opposition der Bevölkerung des Westens gegenüber den politischen und gesellschaftlichen Zentren Kanadas. Ethnisch-kulturelle Faktoren spielten dabei eine zunehmend größere Rolle. Zusammen mit den regional-ökonomischen Motiven verstärkten sie die oppositionelle Haltung gegenüber Quebec, dem einen Zentrum Kanadas, und der Liberalen Partei als dem augenscheinlichsten Repräsentanten Quebecs und der Frankokanadier. In den Prärieprovinzen und in British Columbia erzielten die Liberalen seit der Diefenbaker Revolution nur noch relativ geringe Stimmen- und - als Folge des Wahlsystems - minimale Mandatsanteile.

Was für den kanadischen Westen gilt, trifft im Grunde, wenn auch nicht in dem gleichen Extrem, für die vier maritimen Provinzen des Ostens zu. Bezeichnenderweise löste mit Robert Stanfield, dem damaligen Premierminister von Nova Scotia, ein Repräsentant der Maritimes und nicht etwa ein Politiker aus Ontario oder gar Quebec Diefenbaker in der Parteiführung der Konservativen ab[105]. Anders als im Westen hat sich in den Maritimes als einziger der kanadischen Regionen allerdings das traditionelle, in der zweiten Hälfte des 19.Jahrhunderts entstandene Zweiparteiensystem bis heute ungebrochen erhalten[106]. Den Drittparteien ist es bislang nicht gelungen, sich eine ausreichende politische Basis zu schaffen, um bei Wahlen als ernsthafte Alternative konkurrierend auftreten zu können. Dies gilt auch für die sozialdemokratische NDP. Wenngleich die Bevölkerung in den maritimen Provinzen über die niedrigsten Pro-Kopf-Einkommen in Kanada verfügt - die NDP von daher eigentlich eine gute Ausgangsbasis besitzen sollte -, fehlen dennoch die sozialstrukturellen Voraussetzungen für Wahlerfolge der NDP[107]. Die - verglichen mit den anderen Regionen - nur geringe Industrialisierung, die folglich weit weniger drastischen Veränderungen in der Berufs- und Sozialstruktur, haben bislang verhindert, daß die NDP als Partei der unteren Einkommensschichten der Städte wie in Ontario, den Prärieprovinzen und in British Columbia auch in den Maritimes nennenswerte Stimmen- und Mandatsanteile gewann.

Außerhalb Zentral-Kanadas, in der Atlantik-Region, den Prärieprovinzen und British Columbia, erzielten die Liberalen seit dem Beginn der 60er Jahre nurmehr ca. 1/3 der abgegebenen Stimmen und deutlich unter 1/3 der Mandate. Die Liberalen haben sich so zunehmend zu einer Partei Zentral-Kanadas entwickelt, wobei stets über 3/4 der Mitglieder der liberalen Unterhausfraktion aus Ontario oder Quebec kam. Diese Tendenz im Strukturbild des kanadischen Parteigefüges, die für den Fortbestand des Bundesstaates zumindest ebenso bedrohlich ist wie die Problematik des Ausgleichs zwischen den beiden charter groups, hat sich in jüngster Zeit nur noch verfestigt. Den Gewinn der Mandatsmehrheit bei der bislang letzten Unterhauswahl vom 8.Juli 1974 verdankten Trudeau und die Liberale

Tabelle 12 : Stimmen- und Mandatsanteile der Liberalen Partei bei den Unterhauswahlen ab 1963 unter regionalen Aspekten

	1963	1965	1968	1972	1974
Canada					
Stimmen in %	41,7	40,2	45,5	38,5	43,2
Mandate	129	131	155	109	141
Mandate in %	48,7	49,4	58,7	41,2	53,4
Ontario					
Stimmen in %	46,3	43,6	46,6	38,2	45,1
Mandate	52	51	64	36	55
Mandate in %	61,2	60,0	72,2	40,9	62,5
Quebec					
Stimmen in %	45,6	45,6	53,6	49,6	54,1
Mandate	47	56	56	56	60
Mandate in %	62,7	74,7	75,7	75,7	81,1
Inner Canada (Ontario und Quebec)					
Stimmen in %	46,0	44,4	49,6	42,8	48,8
Mandate	99	107	120	92	115
Mandate in %	61,9	66,9	74,1	56,6	71,0
Outer Canada					
Stimmen in %	34,7	33,2	38,5	30,7	32,0
Mandate	30	24	35	17	26
Mandate in %	28,6	22,9	34,3	16,7	25,5

Partei dem Wählerverhalten in Ontario und Quebec, wo sie 48,8 % der Stimmen und 115 ihrer 141 Mandate gewannen[108]. Außerhalb Zentral-Kanadas erzielten sie hingegen nur 26 der dort 102 Mandate. Im Westen konnten sie sogar nur in 13 der 70 Wahlkreise die zum Mandatsgewinn erforderliche relative Stimmenmehrheit erreichen.

Diese außerordentlichen regionalen Asymmetrien in Wählerverhalten und Parteiensystem vermag das Gesamtergebnis der Wahl vom 7.Juli 1974 bestenfalls kurzfristig zu überdecken. Die Mandatsmehrheit der Liberalen war weniger das Resultat einer pro-liberalen Wahlentscheidung, als vielmehr die Folge einer sowohl gegen die NDP und deren Politik des Züngleins an der Waage als auch gegen die Konservativen und deren Wahlkampfforderung nach einer Politik der Lohn- und Preiskontrollen gerichteten Negativ-Wahl. Sie löste dann auch bei Konservativen und NDP einen Wechsel in der Parteiführung aus. An die Stelle von David Lewis, der in seinem Wahlkreis der liberalen Gegenkandidatin unterlegen war und daraufhin sein Amt als 'leader' der NDP aufgab, trat im Juli 1975 Edward Broadbent, der zuvor bereits von Lewis die Funktion des Fraktionsführers im Unterhaus übernommen hatte[109]. Trudeau in drei Unterhauswahlen unterlegen, verzichtete Robert Stanfield auf eine neuerliche Kandidatur. Zum Parteiführer wählte der 'leadership convention' der Konservativen vom Februar 1976 im vierten Wahlgang Joseph Clark, wie Broadbent unter 40 Jahre und gleichfalls Politikwissenschaftler. Mit dem aus Alberta stammenden Clark, der zudem als enger Vertrauter des dortigen konservativen Provinzpremiers Peter Lougheed anzusehen ist, steht damit neuerlich ein Politiker der Prärie und des Westens an der Spitze der Konservativen Partei, was einerseits der innerparteilichen und Wählerbasis der Konservativen entspricht, andererseits aber auch die regionalisierten Strukturen des Parteiengefüges erneut akzentuieren dürfte.

Die traditionellen Gegensätze kanadischer Politik sind jedenfalls durch den liberalen Wahlsieg nicht vermindert worden. Vielmehr verstärkten sich die gesellschaftlichen Cleavages; dies gilt für den regional-ökonomischen Konflikt zwischen Zentrum und Peripherie, der durch die nach 1973 auch die kanadische Wirtschaft erfassende weitwelte Depression beträchtlich verschärft wurde, trifft aber auch für den regional-ethnischen Konflikt zwischen Quebec und dem Rest Kanadas zu, der durch die Politik der sprachlichen Nationalisierung Quebecs an Schärfe derart zunahm, daß die staatliche Existenz Kanadas erneut ernsthaft in Gefahr geraten zu sein scheint. Beide Entwicklungen zwangen die liberale Bundesregierung rasch in die Defensive; ihre Position wurde zudem durch verschiedene parteiinterne Konflikte mit mehreren Regierungsumbildungen zusätzlich erschüttert[110]. Einige verließen die Regierung Trudeau aufgrund der Sprachenpolitik auf Bundesebene, u.a. der aus Winnipeg stammende Verteidigungsminister Richardson, andere wie Jean Marchand, einer der Weggefährten Trudeaus seit den 50er Jahren, um in Quebec und gerichtet gegen die Sprachenpolitik der Provinzregierung Bourassa Front zu machen. Zudem schied im September 1975 mit dem Finanzminister John Turner derjenige Minister aus der Regierung aus, dem von allen potentiellen Nachfolgekandidaten auf die Parteiführung zum Zeitpunkt seines Rücktritts die meisten Chancen eingeräumt wurden; Turner glaubt, daß seine Chancen auf die Nachfolge Trudeaus außerhalb der Regierung wachsen werden. Insgesamt befindet sich die Regierung Trudeau und mit ihr die proföderale, auf Ausgleich bedachte Position kanadischer Politik seit geraumer Zeit in der Defensive, was im Sommer 1976 sich u.a. auch in zahlreichen, für Trudeau und die liberale Partei negativen Meinungsumfragen zeigt.

E. ETHNISCH-KULTURELLE FRAGMENTIERUNG

1. Zur Problematik einer zweifach fragmentierten Gesellschaft

Die kanadische Geschichte vollzieht sich seit dem Beginn der britischen Kolonialherrschaft im Spannungsverhältnis von Anglo- und Frankokanadiern. Von Beginn an und unabhängig von der jeweiligen Staatsform leben in Kanada, wie die Arbeiten der 'B and B Commision'[1] jüngst erneut - und erstmals auch einer breiteren Öffentlichkeit vermittelt - deutlich gemacht haben, "two dominant cultures... embodied in distinct societies" (Book I, S.XXXI).

Die Kommission, deren inhaltlicher Bestimmung der so vieldeutigen Begriffe wie 'culture'/'Kultur' und 'society'/'Gesellschaft' wir bei den folgenden Überlegungen gerecht zu werden versuchen, verstand 'culture' als:

"... a way of being, thinking, and feeling... a driving force animating a significant group of individuals united by a common tongue, and sharing the same customs, habits, and experiences" (ebenda).

Anders als die diffus-individualistischen und zugleich statisch-ahistorischen 'culture'Definitionen amerikanisch-behavioristischer Forschungsrichtungen[2] versucht die Begriffsbestimmung der 'B and B Commission', die historische Dimension in den Begriff ebenso mit einzubringen wie den kollektiven Charakter und die diesen prägenden verschiedenen spezifischen Elemente, wie u.a. ethnische Herkunft, Sprache, geschichtliche Erfahrung. 'Gesellschaft' definierte die Kommission davon ausgehend als:

"... types of organization and the institutions that a rather large population, inspired by a common culture, has created for itself or has received, and which it freely manages over quite a vast territory, where it lives as a homogeneous group according to common standards and rules of conduct." (Ebenda, S.XXXIII).

Inwieweit die frankophone Subgesellschaft in der sozialen Wirklichkeit tatsächlich Institutionen, Organisationen und die sich in ihnen vollziehenden politischen und sozialen Prozesse frei bestimmen kann, wird in den folgenden Abschnitten implizit in einigen Aspekten beleuchtet werden.

Allerdings vermag die Reduktion der gesellschaftlich-kulturellen Verhältnisse auf die Dichotomie von anglo- und frankophoner Subgesellschaft - so zentral sie für die kanadische Geschichte auch ist - die Komplexität der ethnisch-kulturellen Strukturen Kanadas nicht zureichend zu erfassen. Ein Beispiel zeigt dies auf Anhieb. Es ist sehr wohl möglich, auf einen Katholiken mit einem ausgesprochen britischen Namen zu treffen. Ferner ist es ebenso möglich, einem Katholiken mit einem typisch britischen Namen zu begegnen, der nicht - wie erwartet - englisch, sondern französisch als Muttersprache spricht und sich selbst als Frankokanadier begreift. Und dies ist nicht nur ein Randphänomen, wie die Namen von Daniel Johnson und Claude Ryan. Daniel Johnson stand als Parteiführer der Union Nationale von 1966 bis 1969 an der Spitze der Provinzregierung von Quebec, die eine betont frankophone Politik betrieb. Claude Ryan, Chefredakteur der französisch-sprachigen Tageszeitung 'Le Devoir', ist gegenwärtig einer der einflußreichsten Kommentatoren Kanadas.

Dieses einfache Beispiel verdeutlicht zumindest zweierlei. Es reflektiert zum einen die ethnisch-kulturelle Heterogenität der Gesellschaft, wie sie aus der Immigration resultiert, die die lange Zeit bi-nationale kanadische Bevölkerung, vor allem durch die zwei Einwanderungswellen vor dem I. und nach dem II. Weltkrieg,in eine multi-nationale verwandelt und die kanadische Gesellschaft substantiell verändert hat. Das Beispiel ist zum zweiten ein Hinweis auf die Mehrdimensionalität kultureller Phänomene, die von verschiedenen Komponenten wie Herkunft, Sprache, Konfession, Tradition etc. konstituiert werden und denen im historischen Prozeß jeweils ein deutlich unterschiedlicher Stellenwert zukommen kann. Besonderes Gewicht wird dabei von der kanadischen Sozialwissenschaft gegenwärtig zu Recht der Sprache zugemessen[3], wenngleich dies das Bild der ethnisch-kulturellen Strukturen Kanadas stark vereinfacht, deren Besonderheit gerade in dem Verhältnis von sprachlichem Dualismus und ethnischem Pluralismus liegt.

2. Kanada - eine Gesellschaft von Immigranten

2.1. Daten zu Normierung und Verlauf der Einwanderung

Im Jahre 1765, unmittelbar nach dem Ende des Siebenjährigen Krieges, zählte (das damalige) Kanada ca. 70.000 Einwohner. Bei Gründung der Konföderation 1867 lebten fast 3,5 Millionen Einwohner in den vier Gründungsprovinzen. Weitere 100 Jahre später weist der Census von 1971 eine Bevölkerung von 21,5 Millionen aus[4]. Nach 1867 versechsfachte sich damit die Bevölkerung Kanadas. Im gleichen Zeitraum stieg die Weltbevölkerung insgesamt 'nur' um ca. das Dreifache, von 1,131 Milliarden im Jahre 1860 auf 3,356 Milliarden im Jahre 1966[5]. Verfolgt man nur die Entwicklung der frankokanadischen Bevölkerung, so wird das drastische Wachstum noch deutlicher: Während sich die europäische Bevölkerung in den beiden letzten Jahrhunderten vervierfachte, wuchs die frankokanadische um das Achtzigfache[6]. Die Bevölkerung Kanadas ist dabei in erster Linie aus europäischer Kolonisation hervorgegangen[7]. Nimmt man den Beginn der britischen Kolonialherrschaft als Ausgangspunkt, bildeten die Basisbevölkerung die ca. 70.000 fast ausschließlich frankokanadischen Einwohner. 2 00 Jahre danach betrug der Anteil der Frankokanadier an der jetzt multi-nationalen Bevölkerung Kanadas 1971 nur noch 28,7 %. Allein schon dieser Vergleich zeigt die Bedeutung der Immigration für die Bevölkerungsentwicklung auf. Insgesamt kamen in den 100 Jahren seit der Gründung der Konföderation zwischen 1867 und 1967 mehr als acht Millionen Einwanderer nach Kanada, wobei die Zahl der Einwanderer - zwischen maximal 400.870 (1913) und minimal 7.576 (1942) pro Jahr - ebenso starken Schwankungen unterlag wie die Wachstumsraten der kanadischen Bevölkerung insgesamt. Die außerordentlichen Fluktuationen in der Einwanderung sind die Folge einer Vielzahl miteinander verwobener Faktoren; sie hängen gleichermaßen ab von den internen des 'Empfängerlandes'Kanada wie den externen der 'Emigrationsländer'. Dabei spielen psychologische Momente und die Kenntnisse der Auswanderer über die Verhältnisse im potentiellen Einwanderungsland eine nicht zu unterschätzende Rolle. Den Hauptimpuls bildet zweifellos die Überzeugung potentieller Emigranten, in dem Einwanderungsland die eigene ökonomische Situation und gesellschaftliche Position verbessern zu können[8]. Ob die Aussicht auf sozialen Aufstieg den Verhältnissen im fremden Land tatsächlich nahekommt oder ob die jeweiligen Perzeptionen

Tabelle 13 : Wachstumsrate der kanadischen Bevölkerung, 1851 - 1971

Dekade	in %	Dekade	in %
1851 - 1861	33,6	1911 - 1921	21,9
1861 - 1871	12,8	1921 - 1931	18,1
1871 - 1881	20,3	1931 - 1941	10,9
1881 - 1891	11,8	1941 - 1951	18,6
1891 - 1901	11,1	1951 - 1961	30,2
1901 - 1911	34,2	1961 - 1971	18,2

Quelle: Kalbach/McVey 1971, passim; Stat.Can., verschiedene Censuserhebungen

falschen bzw. gänzlich fehlenden Informationen entspringen, ist dabei zumeist nur von sekundärer Bedeutung gewesen. Diejenigen, die sich zur Emigration durchgerungen hatten, fragten oft nicht mehr nach den Realitäten, die sie erwarteten. Sie glaubten dem Schlagwort vom 'Amerika als dem Land der unbegrenzten Möglichkeiten'.

Das Ausmaß der Einwanderung bestimmt natürlich die offizielle Immigrationspolitik[9]. Wenngleich an vielfältige Normen gebunden, von unterschiedlichen Konzeptionen geprägt und mehrfach verändert, ist die Einwanderungspolitik - vor allem, was die Immigration aus Europa anlangt - von den kanadischen Regierungen stets relativ liberal gehandhabt worden. Restriktionen bestanden in erster Linie gegen die Immigration von Nicht-Weißen. So war z.B. der farbigen Bevölkerung aus Britisch West-Indien jegliche Einwanderung untersagt, obwohl sie als Angehörige des Empire und später des Commonwealth gleichfalls britische Pässe besaßen[10]. Zugleich unterlag die Immigration von Asiaten scharfen Kontingentierungen, so daß nur sehr wenige Chinesen oder Japaner einwandern durften[11]. Sowohl die britische Kolonialverwaltung vor 1867 als auch die kanadischen Regierungen seither haben darauf gesehen, daß Kanada seine fast ausschließlich weiße Bevölkerung europäischen Ursprungs bewahrte.

Zudem war die Immigrationspolitik zumindest bis 1962 von einem geographischen und damit zugleich auch ethnischen und kulturellen bias bestimmt[12]. Praktisch keine Einwanderungsbeschränkungen existierten für Weiße aus dem britischen Empire bzw. Commonwealth, ferner für Staatsangehörige aus den USA, Irland und Frankreich. An zweiter Stelle auf der Präferenzliste standen die Angehörigen der west- und nordeuropäischen Staaten, gefolgt von Einwanderern aus Süd- und Südosteuropa. Indes, die Vielfalt der Normen gestattete auch diesen Staatsangehörigen oft die Einwanderung, sofern sie z.B. in Kanada Verwandte hatten, wenn sie eine ausreichende berufliche Qualifikation nachweisen konnten etc. Nach dem II.Weltkrieg gab es zudem Ausnahmeregelungen für politische Flüchtlinge, insbesondere aus den osteuropäischen Staaten, die bei Nachweis entsprechender beruflicher Ausbildung ohne größere Schwierigkeiten nach Kanada emigrieren konnten. Im Jahre 1962 erfolgte in der Immigrationspolitik insofern ein Wandel, als die geographischen Präferenzen abgebaut wurden[13]. In einem unverändert differenzierten und zahlreiche Kriterien berücksichtigenden Punktsystem kommen seither der beruflichen Qualifikation und dem Verwandtschaftsgrad möglicher Familienangehöriger im Land die entscheidende Bedeutung zu. Durch Aufgabe geographischer und/oder rassischer Präferenzen veränderten sich seit Ende der 60er Jahre Einwanderungsströme und Herkunftsländer doch in größerem Umfang.

Generalisiert man die kanadische Einwanderungspolitik und vergleicht man sie mit derjenigen anderer Staaten, etwa den weit restriktiveren Normen der USA, so hat die Immigration aus Europa kaum einschneidenden Beschränkungen unterlegen. Ein- wie Auswanderung vollzogen sich daher weitgehend nach dem Gesetz des Marktes. Die ökonomischen Bedingungen, Hochkonjunktur oder Depression, sowohl in Kanada selbst als auch in den europäischen (Emigrations-) Staaten, sowie schließlich der jeweilige Industrialisierungsgrad der kanadischen Gesellschaft stellten die entscheidenden Rahmenbedingungen und Antriebsmotoren der Immigration dar.

Die Immigration während der frühen 80er Jahre des 19.Jahrhunderts beruhte in erster Linie auf dem Bau der transkontinentalen Canadian Pacific Railway und der dadurch einsetzenden Erschließung des kanadischen Westens[14]. Die rückläufige Tendenz am Ende des Jahrhunderts war Ausdruck der auch auf Kanada einwirkenden weltwirtschaftlichen Depression. Die extrem hohe Einwanderung in der Dekade vor dem I.Weltkrieg, von der liberalen Regierung Laurier durch vielfältige Maßnahmen angeregt und gefördert, korrelierte andererseits mit dem weltweiten Boom vor dem Krieg, der die Nachfrage auch auf dem kanadischen Markt drastisch steigerte[15]. In den ersten beiden Dekaden zwischen 1901 und 1921 kamen 3.356.000, zwischen 1901 und 1911 davon 1,5 Millionen, in den Jahren 1912 und 1913 allein fast 800.000 Einwanderer nach Kanada. Von ihnen siedelte die Mehrzahl im agrarischen Westen, in Manitoba sowie in den 1905 als Provinzen konstituierten Saskatchewan und Alberta. Unter Einschluß der innerkanadischen Migration stieg die Bevölkerung jeweils insgesamt in Manitoba von 255.211 (1901) auf 610.118 (1921), in Saskatchewan von 91.279 auf 757.510 und in Alberta von 73.022 auf 588.454 Einwohner[16]. Mit Ausbruch des I.Weltkriegs hatte die von dem Liberalen Clifford Sifton betriebene Einwanderungspolitik ihr Hauptziel erreicht; es war weitgehend gelungen, "to settle the empty West with producing farmers" (zit. n. B and B Commission, Book IV, S.22).

Die zweite große Einwanderungswelle dieses Jahrhunderts vollzog sich nach dem II.Weltkrieg - Ausdruck des internationalen Nachkriegsbooms -, während der sich Kanadas Wirtschafts- und Gesellschaftsstruktur drastisch wandelte. Kennzeichen dafür waren ein starkes Wachstum der BSP, geringe Arbeitslosigkeit sowie insbesondere die außerordentliche Urbanisierung und Industrialisierung. Zusammen bewirkten diese Faktoren einen starken Druck auf den internen Arbeitsmarkt und regten dadurch die Immigration an. Insgesamt kamen zwischen 1951 und 1961 1,5 Millionen Einwohner, von denen 1.081.000 in Kanada blieben (Stat.Can.3 / S.275). Aufgrund der rückläufigen ökonomischen Konjunktur ging dann in der ersten Hälfte der 60er Jahre auch die Immigration zurück. Dennoch kam noch immer eine erhebliche, Ende der 60er Jahre wieder ansteigende Zahl von Einwanderern zwischen 1961 und 1965: 498.790, 1966 bis 1968: 599.693, bis Ende 1971 nochmals 431.144. Insgesamt immigrierten 1.529.520 Menschen nach Kanada[17].

Als Folge der Einwanderung ist der Anteil der nicht in Kanada geborenen Bevölkerung (foreign born population) stets relativ groß gewesen[18], wobei infolge der Immigrationswelle nach dem II.Weltkrieg der Anteil der im Ausland geborenen Kanadier, der zwischenzeitlich nach 1921 zurückgegangen war, nochmals bis auf 15,6 % (1961) anstieg. Wenngleich der Prozentsatz der foreign born auch geringer geworden ist (1971: 15,3 %), eines macht der Vergleich zur native born population doch sehr deutlich: Kanada ist nicht nur staatlich, sondern auch bevölkerungsmäßig noch immer ein ausgesprochen 'junges' Land, dessen Bevölkerung nur teilweise organisch gewachsen ist. Durch die Einflüsse von außen waren und bleiben die sozio-kulturellen Strukturen ständiger Veränderung ausgesetzt. Sie wirken dadurch zwar einerseits stark innovationsfördernd, haben aber andererseits die an sich bereits vorhandene, aus dem Nationalitätengegensatz herrührende, soziale Heterogenität Kanadas nur noch weiter verschärft.

Die ethnische Struktur der kanadischen Gesellschaft, wie sie sich heute darstellt, geht insbesondere auf zwei Faktoren zurück: zum einen ist sie die Folge der recht liberalen Einwanderungspolitik, zum zweiten beruht sie maßgeblich auf dem 'Immigrations-Angebot' der europäischen Staaten. Der Vergleich der Volkszählungen von 1871 und 1961 zeigt auch hier auf einen Blick den durch die Immigration verursachten drastischen Wandel. Im Jahre 1871 gehörten nur 8,4 % der Gesamtbevölkerung nicht einer der beiden kanadischen 'charter groups' (i.e. Anglo- und Frankokanadiern) an. Nach dem Census von 1961 war über ein Viertel der Bevölkerung weder anglo- noch frankokanadischer Herkunft: 1971 betrug ihr Anteil 26,7 %. Bis zum Ende des vorigen Jahrhunderts lebte damit in Kanada noch eine ethnisch wie sozio-kulturell einigermaßen homogene Bevölkerung. Die beiden charter groups waren weitgehend unter sich; ihr Anteil an der Gesamtbevölkerung lag ziemlich konstant bei ungefähr 90 %. Im 20.Jahrhundert hingegen veränderte die seither auch kontinental-europäische Immigration die Bevölkerungsstruktur grundlegend. Im Jahre 1901 machten die weder aus den USA noch von den britischen Inseln kommenden Einwanderer ca. 40% aus; bis zum Ausbruch des I.Weltkriegs lag ihr Anteil dann beständig über 1/4[19]. Im Jahre 1927 kamen die Einwanderer erstmals mehrheitlich aus anderen Staaten als Großbritannien oder den USA. Nach dem II.Weltkrieg betrug ihr Anteil in fast jedem Jahr mehr als 60 %; das Maximum nicht-britischer und nicht-US-amerikanischer Immigration lag im Jahre 1951 bei 71,7 %. Der größte Teil dieser Einwanderer nach dem II.Weltkrieg kam dabei aus den ost- und südosteuropäischen Ländern, in zunehmendem Maße auch aus Italien[20]. Als Folge der Immigration, insbesondere im letzten Vierteljahrhundert, hat sich die lange Zeit bi-nationale in eine deutlich multi-nationale Bevölkerung verwandelt. Anglo- und Frankokanadier haben zwar ihre führende Position als charter groups behaupten können, doch bewirkte die multi-nationale Immigration eine nicht zu unterschätzende Durchdringung der Bevölkerung mit anderen Kulturkreisen, die die kanadische Gesellschaft substantiell veränderten.

Die Aufhebung geographischer und rassischer Präferenzen seit Anfang der 60er Jahre führte dazu, daß sich die Herkunftsländer weiter differenzierten. Einerseits nahm der Anteil europäischer Immigranten, der noch im Jahre 1967 fast 80 % betragen hatte, als Folge mangelnden Emigrationsinteresses bis auf etwa 40 % im Jahre 1974 ab, andererseits stieg durch die Öffnung der Prozentsatz farbiger Einwanderer sowohl aus Asien als auch und vor allem aus der Karibe stark an[21]. Insbesondere im Zeichen der ökonomischen Depression nach 1973 mit ihrem Wachstumsrückgang und hoher, über 6 % liegender Arbeitslosigkeit[22], führte dies in der jüngsten Zeit zu verstärkten Diskussionen, ob die Einwanderungsnormen nicht neuerlich enger gefaßt werden sollten. Im Laufe des Jahres 1975 sprachen sich zunächst die liberale Regierung Trudeau und dann auch ein Sonderausschuß von Senat und Unterhaus gegen derartige Beschränkungen aus[23]. Nach Meinung der letzteren mache vielmehr die weiter rückläufige Geburtenrate eine Einwanderung von zumindest 100.000 Personen pro Jahr notwendig. Der Ausschuß wandte sich dabei gegen geographische und/oder rassische Diskriminierung, auch wenn dies bei weiterhin verringerter Emigrationsneigung von Mittel- und Nordeuropäern eine zunehmende rassische Differenzierung der Bevölkerung bedeuten würde. Die Grundrechtsgarantie gleicher Einwanderungsnormen unabhängig von Rasse, Glauben, Nationalität, ethnischer Herkunft und Geschlecht solle im Immigrationsrecht zusätzlich verankert werden.

2.2. Immigration, horizontale Mobilität, Emigration

In den 100 Jahren zwischen 1861 und 1961 wuchs die kanadische Bevölkerung von 3.229.633 um insgesamt 15.008.614 auf 18.238.247 Einwohner. Die Netto-Migration ist dabei nur mit ca. 13 % am Bevölkerungswachstum beteiligt gewesen[24]. Doch sagt diese statistische Angabe nur wenig aus; sie sollte vor allem nicht die Tatsache verdecken, daß die kanadische Bevölkerung, verstärkt noch durch die große, prozentual auch die in den USA übersteigende, innere Mobilität (gegenwärtig wechseln etwa 20 % der Kanadier einmal pro Jahr ihren Wohnsitz) stets eine Bevölkerung 'on the move' war:

"Canada is not the only society which has been created by large numbers of human beings moving into vacant areas, but it is unlikely that any other society has resembled a huge demographic railway station as much as has the non-French part of Canada". (Porter 1965, S.33).

Migration und horizontale Mobilität erschwerten so schon vor Beginn der multi-nationalen Immigration eine organische Entwicklung der kanadischen Gesellschaft. Im Laufe des Zusammenlebens gemeinsam geschaffene und dann in der Gemeinschaft gelebte Ideen und Werte, Voraussetzung jeglicher sozialer Solidarität wie nationaler Eigenständigkeit, haben sich durch den beständigen Bevölkerungsstrom - wenn überhaupt - immer nur sehr oberflächlich entwickeln können[25]. Die multi-nationale Immigration hat die geringe Kohäsion in der kanadischen Gesellschaft dann weiter geschwächt. Dies umso mehr, als parallel zur Immigration der Nicht-Briten Großbritannien seine Weltmachtposition aufgeben mußte und sich aus der Weltpolitik auf Europa zurückzog:

"The fading of the Commonwealth, that long sunset of Empire, and Britain's seeking entry into the European Common Market, meant that Canada was on its own in America". (Morton 1971, S.124).

Gleichzeitig trat andererseits an die Stelle der insbesondere auch ökonomischen Verflechtungen mit dem ehemaligen Mutterland die ständig wachsende ökonomische Abhängigkeit von den USA (s.Kapitel F/2). Der Schutz, den die Präsenz Großbritanniens den Anglokanadiern im Innern gegen die Frankokanadier, nach außen gegen eine allzu starke 'Amerikanisierung' bot, existiert nicht mehr[26]. Die traditionellen Bindungen lockern sich zunehmend; der Abbau britischer Symbole macht dies auch äußerlich sichtbar. Die Einführung der kanadischen Flagge, des maple leaf (1965), die Ablösung der britischen Nationalhymne durch die zweisprachige kanadische, 'O Canada', die Integration des früher ethnisch separierten Militärs (1968) erfolgten erst in jüngster Zeit und unter heftigstem Widerstand einer emotionalisierten Öffentlichkeit[27]. Die Ablösung der vormals britischen Symbole ist nur ein Beispiel für das Bemühen, die Identität der multi-nationalen Gesellschaft neu zu definieren. In die gleiche Richtung zielten auch die Reformmaßnahmen im Zusammenhang der Sprachenpolitik seit Mitte der 60er Jahre, auf die noch gesondert einzugehen sein wird.

Die außergewöhnliche Migration behinderte dabei nicht nur das Entstehen eines nationalen Selbstverständnisses. Indem sie in starkem Maße auf die soziale Schichtung einwirkte, prägte sie zugleich die soziale Selbsteinschätzung des einzelnen wie der Bevölkerung insgesamt von ihrer Position in der Gesellschaft. Neben dem Nationalitätengegensatz hemmten als weitere zentrale Faktoren Migration und horizontale Mobilität die Herausbildung eines vornehmlich von der sozialen Stellung und den Klassenantagonismen her bestimmtes Bewußtsein des Individuums wie der gesellschaftlichen Gruppen[28].

Nach Kanada kamen im Laufe der Geschichte stets Einwanderer aller sozialen Schichten und Berufe, wenngleich sich natürlich die Anforderungen des Arbeitsmarktes aufgrund des jeweils veränderten gesellschaftlichen Entwicklungsstandes, insbesondere des Industrialisierungsgrades, laufend wandelten, und dadurch die Immigration in sozialstruktureller Hinsicht maßgeblich beeinflußt wurde[29]. Und alle Immigranten glaubten, in der Neuen Welt ihre Lebensbedingungen verbessern zu können. Diese Hoffnung erklärt nicht nur die außergewöhnliche Leistungsmotivation; sie erwies sich vielfach auch als so stark, daß sich die Einwanderer zumeist nicht entmutigen ließen, wenn die Erwartungen nicht auf Anhieb, nur in geringem Maße oder auch gar nicht in Erfüllung gingen. Die vielfältigen Frustrationen, die die neue Umwelt mit sich brachte, wurden durch diese Hoffnung auf sozialen Aufstieg verdrängt[30]. Dies umso mehr, als der Weg aus der kanadischen Gesellschaft, sollten sich die Erwartungen nicht erfüllen, relativ leicht und billig war.

Die Emigration in die USA stand bis in die 20er Jahre hinein allen offen; für in Kanada Geborene existierten auch danach praktisch keine Hindernisse. Die Zahl der Emigranten in die USA ist dabei aus verschiedenen Gründen beträchtlich gewesen. Die USA besitzen die weit besseren geographisch-klimatischen Lebensbedingungen, verfügen über die größeren Ressourcen; vor allem aber waren sie Kanada im sozio-ökonomischen Entwicklungsstand stets erheblich voraus, so daß die USA sowohl im Niveau der Arbeitsplätze als auch hinsichtlich des Lebensstandards den Kanadiern sozialen Aufstieg zu bieten schienen. Zudem kam ein Großteil der europäischen Immigranten bereits mit der festen Absicht nach Nordamerika, nach einem Zwischenaufenthalt in Kanada in die USA weiterzuwandern. Die unterschiedlichen Einwanderungsnormen beider Staaten legten ein solches Verhalten nahe. Viele europäische Emigranten, denen eine direkte Immigration in die Vereinigten Staaten durch die US-amerikanischen Gesetze verwehrt war, wählten deshalb den Umweg über Kanada[31]. Insgesamt ist die Zahl der Auswanderer zwischen 1851 und 1950 auf 6,6 Millionen geschätzt worden[32]. Sie lag damit nur unwesentlich unter der Zahl der Immigranten. Wie Darstellung 7 zeigt, überstieg dabei nach 1861 die Zahl der Auswanderer die Anzahl der nach Kanada kommenden Immigranten. Zwischen 1871 und 1891 standen 1.256.000 Einwanderern 1.546.000 Auswanderer gegenüber. Die zweite Hälfte des 19.Jahrhunderts war damit von einer negativen Migration gekennzeichnet. Erst seit der Jahrhundertwende, ausgelöst durch

Darstellung 7 : Ein- und Auswanderung in Kanada, 1861 - 1971.

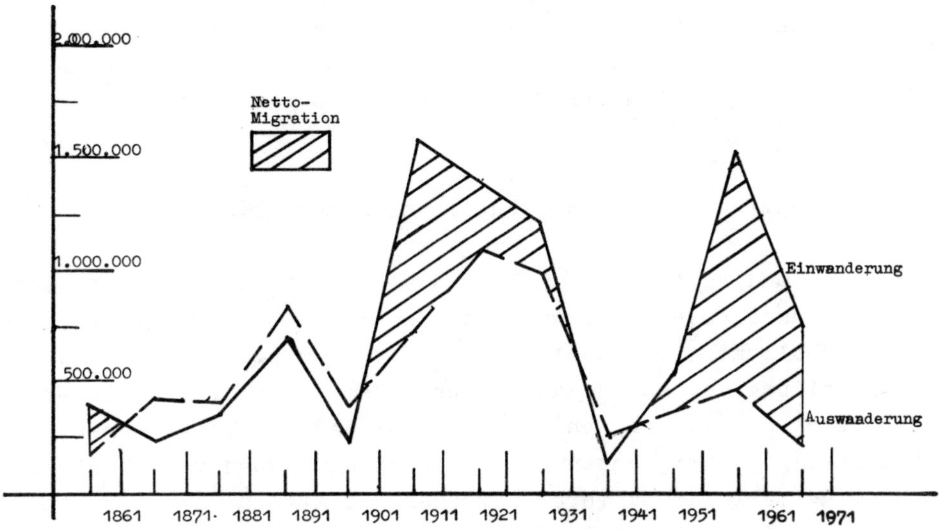

die erste große Einwanderungswelle, trat ein Wandel ein; seither ist die kanadische Netto-Migration - mit Ausnahme einer kurzen Zeitspanne im Gefolge der Weltwirtschaftskrise und aufgrund des in den USA eher einsetzenden Wiederaufschwungs - stets positiv gewesen. Doch auch in diesem Jahrhundert blieb die Auswanderung außerordentlich groß. In die USA emigrierten in der Dekade zwischen 1920 und 1930 924.518 Kanadier, in den zehn Jahren nach dem II. Weltkrieg ca. 300.000, zwischen 1951 und 1961 etwa 637.000. Ein Viertel bis ein Fünftel aller Einwanderer, die während dieser Dekade nach Kanada kamen, hatten im Jahre 1961 Kanada bereits wieder verlassen. Der Anreiz des südlichen Nachbarn bewirkte auch bei günstigsten ökonomischen Verhältnissen eine erhebliche Emigration. Als Folge von 'reciprocity' und offener Grenze lag die Zahl der native born Canadians in den USA zwischen 1900 und 1940 stets über einer Million. 1960 lebten 938.866 in Kanada geborene Kanadier in den Vereinigten Staaten. Zwischen 1961 und 1971 verließen ca. 699.000 Einwohner Kanada; von ihnen gingen ca. 390.000 in die USA [33]. Allerdings sank ihre Zahl in den letzten Jahren ziemlich stark ab - ein Zeichen für die deutlich verringerte Attraktivität der

USA; die verschlechterten Arbeitsmöglichkeiten und Berufsaussichten dürften dafür ebenso verantwortlich sein wie die Perzeption der gesellschaftlichen und politischen Krise der USA, die in der kanadischen Bevölkerung einerseits den traditionell latenten Anti-Amerikanismus steigerte, andererseits den Kanadiern die gesellschaftlichen Unterschiede beider Staaten stärker bewußt werden ließ und damit zugleich ihr Selbstbewußtsein vergrößerte.

2.3. Immigration und sozio-ökonomische Integration

Immigration und horizontale Mobilität einerseits, die Chance der Emigration andererseits, erweckten den Eindruck gleichgroßer vertikaler Mobilität. Im Bewußtsein der Bevölkerung verfestigte sich die Vorstellung von Kanada als offener Gesellschaft. Zu dieser Einschätzung hat maßgeblich beigetragen, daß die Erwartungen und Bedürfnisse der Immigranten entsprechend den Lebensverhältnissen in ihrem Heimatland und ihrer dortigen sozialen Stellung stets stark variierten. Für viele Einwanderer bedeuteten schon minimale Veränderungen ihrer ökonomischen Situation in ihrem subjektiven Verständnis eine erhebliche Verbesserung ihrer Lebensbedingungen und sozialen Position. Nicht nur in dieser Hinsicht ist die irische Einwanderung des 19.Jahrhunderts typisch für die Rückwirkungen der Immigration auf die Strukturen der Gesamtgesellschaft. Von Hause vornehmlich Bauern, transformierte der entstehende kapitalistische Arbeitsmarkt Kanadas die irischen Einwanderer, die während des 19.Jahrhunderts den Hauptanteil der ganzen Immigration ausmachten und z.B. noch 1881 nach den Frankokanadiern und vor den Einwohnern englischer Herkunft die zweitgrößte Bevölkerungsgruppe stellten, zu ungelernten Arbeitern[34]. Sie verrichteten dabei in ihrer Mehrzahl Schwerstarbeit, insbesondere beim Ausbau der Infrastruktur (Holzrodungen, Kanal- und Eisenbahnbau), und bildeten in der nach Westen vordringenden Gesellschaft, vor allem in Ontario, die ärmste Bevölkerungsschicht in den entstehenden Städten (u.a. in Toronto, Kingston). Unter äußerst harten, aber eben relativ besseren Lebensbedingungen als im ehemaligen Heimatland bildeten die Iren das Proletariat, das für die in der Mitte des 19.Jahrhunderts in der damaligen Provinz Canada mit dem Kanal- und Eisenbahnbau einsetzende Industrialisierung erforderlich war[35].

Die irische Einwanderung ist so insbesondere in zweifacher Hinsicht typisch für die Immigration nach Kanada insgesamt. Zum einen war ein Großteil der Einwanderer stets gezwungen, sich den zum Zeitpunkt ihrer Immigration herrschenden Arbeitsmarktverhältnissen anzupassen. Die Nachfrage auf dem kapitalistisch strukturierten Arbeitsmarkt determinierte in starkem Maße ihre soziale Ausgangsstellung in der Gesellschaft und transformierte häufig mit dem Berufswechsel auch ihr soziales Verhalten[36]. Vor allem aber rekrutierte sich, zweitens, nur ein geringer Teil der Immigranten aus den gehobenen Berufsgruppen der 'professional classes' oder aus der Facharbeiterschaft. Wenngleich auch Einwanderer aller Berufsgruppen nach Kanada kamen, gehörten sie doch in ihrer überwiegenden Mehrheit auch nach dem II.Weltkrieg vornehmlich niederen sozialen Schichten an. Von sämtlichen berufstätigen Einwanderern, die z.B. zwischen 1946 und 1951 nach Kanada kamen, waren nur 7 % Angehörige gehobener Berufe[37]. Hingegen ging fast die Hälfte der Berufstätigen zumeist als ungelernte Arbeiter in die Landwirtschaft, in die Holzfällerei, in den Bergbau, ins Baugewerbe, in Dienstleistungs- und andere Hilfsarbeiter-Berufe. Allein ein Viertel von ihnen fand Arbeit in den zwei letztgenannten Kategorien, ein weiteres Viertel in der Industrie und in handwerklichen Berufen. Die Einwanderer der unteren Berufsgruppen waren damit in Relation zu deren Prozentsatz an der gesamten kanadischen Berufsschichtung deutlich überrepräsentiert. In den Jahren 1946 bis 1951 stellten z.B. die Beschäftigten in 'service and labouring occupation' nur 16 % sämtlicher Erwerbstätigen, während 1/4 der Immigranten in diesen beiden Kategorien Arbeit fand[38]. Der schichtenspezifische und berufsstrukturelle bias veränderte sich in seiner Tendenz in den Jahren nur unwesentlich. Die Überrepräsentation der Einwanderer mit einfachen Berufen blieb grundsätzlich bestehen, schwächte sich aber im Ausmaß ab.

Wenngleich durch den jeweiligen ökonomisch-industriellen Entwicklungsstand in Ausmaß und Beschäftigungsarten relativiert, bestand eine maßgebliche, wenn nicht die zentrale Funktion der Immigration, die gleichermaßen die Iren im 19.Jahrhundert wie in jüngster Zeit vor allem die italienischen Einwanderer erfüllten[39], darin, dem kanadischen Arbeitsmarkt insbesondere diejenigen Arbeitskräfte zuzuführen, die auf dem Markt selbst nur schwer zu rekrutieren waren. Die Analogie zu den 'Gastarbeitern' in Westeuropa oder auch den Schwarzen, Puerto Ricanern und Chicanos (= Spanisch-Amerikaner) in den USA ist offenkundig. In seiner auf der Basis der Census-Daten von 1961 durchgeführten empirischen Untersuchung der Immigration nach dem II.Weltkrieg ermittelte Anthony H.Richmond (1967), daß mehr als die Hälfte der Einwanderer sich zunächst mit einer Arbeit zufrieden geben mußte, die unter derjenigen in ihrem ehemaligen Heimatland lag. Zwar gelang es wiederum ungefähr 50 % von ihnen, in der Folgezeit ihre berufliche Situation zu verbessern, doch verblieb ca. 1/4 in dem beruflichen Status, den sie unmittelbar nach der Einwanderung eingenommen hatten. Nur für etwa 21 % der Immigranten bedeutete die Einwanderung nach Kanada eine direkte Verbesserung ihres beruflichen und sozialen Status[40].

Indem so ein Großteil der Immigranten die Arbeit in an sich unattraktiven Berufen übernahm oder sich mit ihnen zufrieden geben mußte, ermöglichte sie es den kanadischen Arbeitskräften, in andere, befriedigendere und besser bezahlte Berufe überzuwechseln[41]. Diesem Faktum kommt in mehrfacher Hinsicht erhebliche Bedeutung zu. Zum einen verstärkte sich dadurch im Bewußtsein die Vorstellung einer dynamischen gesellschaftlichen Entwicklung. Zum zweiten bewirkte dies tatsächlich für viele Kanadier eine Verbesserung ihrer ökonomischen Verhältnisse, erhöhte sich durch den Berufswechsel vielfach ihr gesellschaftliches Prestige und gestattete damit insgesamt in gewissem Umfang sozialen Aufstieg. Dieser Prozeß, die Rekrutierung der ungelernten Arbeitskräfte vornehmlich aus dem Kreis der Immigranten und der dadurch ermöglichte Aufstieg der freigesetzten Arbeitskräfte in attraktivere Berufe, korrelierte zudem mit den veränderten Arbeitsmarktanforderungen, die durch die Industrialisierung induziert wurden und werden[42].

Die kanadische Wirtschaft war allerdings stets und mit zunehmender Industrialisierung wachsend auch auf die Immigranten gehobener Berufe angewiesen. Nach dem I.Weltkrieg, in der Dekade zwischen 1921 und 1931, kamen z.B. insgesamt 398.000 berufstätige Einwanderer nach Kanada[43]. Von ihnen fanden ungefähr 13 % als Facharbeiter Beschäftigung; 2,8 % der Immigranten waren Angehörige der 'professional classes'. Der Prozentsatz dieser zwei Kategorien an der Immigration betrug damit ca. 16 %, während der Census von 1931 von den 4,1 Millionen Berufstätigen nur 11 % als Fachkräfte auswies. Die geringe Überrepräsentation in Relation zu dem Anteil dieser Berufsgruppen an der gesamten Arbeiterschaft charakterisiert gleichermaßen auch die Periode nach dem II.Weltkrieg. Für das Jahr

Tabelle 14 : Distribution von "Eingewanderter"- und "Eingeborener"-
Bevölkerung nach Erwerbszweigen, Februar 1967

Industry	Post-war Immigrants		Native-born Canadians		Total	
	'000	%	'000	%	'000	%
Agriculture	28	2.8	409	6.8	437	6.3
Other primary	13	1.3	195	3.3	208	3.0
Manufacturing	354	35.3	1,394	23.3	1,748	25.0
Construction	97	9.6	318	5.3	415	6.0
Transportation and utilities	51	5.1	578	9.7	629	9.0
Retail and wholesale trade	133	13.3	1,035	17.3	1,168	16.7
Finance	42	4.2	256	4.3	298	4.3
Service Industries	251	25.0	1,404	23.5	1,655	23.7
Public administration	34	3.3	388	6.5	422	6.0
Totals	1,003	100.0	5,977	100.0	6,980	100.0

Quelle: nach Richmond, in:Mann 1970, S.89.

Tabelle 15 : Berufliche Schichtung von Immigranten und "Eingeborener"-
Bevölkerung, Februar 1967

Occupation	Post-war Immigrants		Native-born Canadians		Total	
	'000	%	'000	%	'000	%
Managerial	80	8.0	601	10.0	681	9.8
Professional	151	15.0	762	12.7	913	13.1
Clerical	118	11.7	894	15.0	1,012	14.5
Sales	47	4.7	425	7.1	472	6.8
Service	129	12.9	680	11.4	809	11.6
Transportation and communication	24	2.3	379	6.4	403	5.8
Primary	33	3.3	523	8.8	556	8.0
Craftsmen	369	36.8	1,483	24.8	1,852	26.5
Other	52	5.2	230	3.8	282	4.0
Totals	1,003	100.0	5,977	100.0	6,980	100.0

Quelle: nach Richmond, in: Mann 1970, S.89.

1956 wies eine Untersuchung des Statistischen Büros z.B. 357.000 Beschäftigte (6,2 %) als 'professionals', 940.000 (16,3 %) als Facharbeiter ('skilled') aus. Ihr Anteil betrug zusammen 22,5 %; in den Jahren 1951 bis 1955 gehörten jedoch 30,3 % der berufstätigen Einwanderer diesen beiden Gruppen an. Im Zeitraum von 1946 bis 1960 immigrierten ca. 92.000, davon 85.000 zwischen 1950 und 1960, Berufstätige nach Kanada, die den 'professionals' zuzurechnen sind; ihre Gesamtzahl ist in der Dekade von 1951 bis 1961 um ungefähr 243.000 Beschäftigte gestiegen, so daß die Einwanderer am Zuwachs der 'professionals' mit ca. 1/3 beteiligt waren. Insgesamt stellten nach dem Census von 1961 die Angehörigen der gehobenen Berufskategorien der 'professional, technical and managerial occupations' 18 % sämtlicher Arbeitskräfte. Während der gesamten kanadischen Geschichte kamen die Angehörigen dieser Berufsgruppen vornehmlich aus Großbritannien oder den USA - zwischen 1946 und 1960 mehr als die Hälfte aus Großbritannien (53 %), 15,5 % aus den USA. In sozialstruktureller Hinsicht hat somit die Einwanderung nach dem II.Weltkrieg die bereits existente soziale Schichtung der ethnischen Gruppen tendentiell verstärkt, wie Anthony H.Richmond zu Recht betont hat:

"Canada, in common with most other pluralistic societies, is ethnically stratified. Post-war immigration has tended to reinforce the existing tendency for those of British origin to be overrepresented in the managarial, professional and higher levels of occupational status, relative to those of Southern European origin". (Richmond in: Mann 1970, S.34).

Die Einwanderung qualifizierter Arbeitskräfte hat in den letzten Jahren weiter zugenommen. Die Daten in den Tabellen zeigen zum einen die fortschreitenden Veränderungen in der Berufsstruktur. Sie verdeutlichen zweitens, wie sich die Immigration zunehmend an die veränderten Erfordernisse der Wirtschaft adaptierte. In dem Maße, in dem sich die kanadische Berufsstruktur wandelte, veränderte sich zumindest auch die berufliche Schichtung der Einwanderer[44]. Der Anteil der Immigranten in Berufen des primären Sektors ging weiter zurück; der Prozentsatz der erwerbstätigen Immigranten im industriellen Bereich stieg deutlich an, sowohl auf der Ebene der mittleren und gehobenen Beschäftigungen der 'professional occupations' als auch bei den 'blue-collar'-Berufen. Diese Wandlungen in der Immigration, die zudem durch die seit 1962 an der beruflichen Qualifikation ausgerichteten Einwanderungsnormen akzentuiert wurden, dürfen aber dennoch nicht über die Tatsache hinwegtäuschen, daß die Angehörigen gehobener Berufe unverändert nur eine Minderheit der berufstätigen Einwanderer ausmachen. Die Mehrheit der Immigranten rekrutierte sich stets aus niederen sozialen Schichten oder mußte sich zunächst mit Beschäftigungen in unattraktiveren Berufen zufrieden geben. Die gesellschaftliche Funktion der Einwanderung unterlag so nur graduellen Veränderungen, ihre Qualität blieb insofern unverändert, als die Auffüllung des Arbeitsmarktes durch die Immigranten entscheidend dazu beitrug, daß zumindest für die einheimischen Kanadier in beträchtlichem Maße die Chance auf sozialen Aufstieg gegeben war[45]. Sowohl die Immigranten, deren

Lebensbedingungen sich häufig bereits allein durch das Verlassen der alten Heimat und die Einwanderung nach Kanada verbesserten, als auch die einheimischen Kanadier, die zunehmend von 'blue-collar-' in 'white collar-'Berufe wechselten, sahen in ihrer subjektiven Einschätzung die kanadische Gesellschaft weitgehend als offen an. Die Migration ist an dieser Perzeption der gesellschaftlichen Wirklichkeit beteiligt gewesen; zumal wenn man davon ausgeht, daß

"class traditions and sentiments, like those which bind the whole society together, develop over time and are carried around in the minds of people who see themselves as members of the same class. Some class consciousness is also necessary for the nonviolent forms of class-based political behaviour. Only rarely has this type of politics existed in Canada. The migratory character of the Canadian population may help explain this fact, for large migrations into, out of, and across the country are not likely to be the conditions which give rise to class sentiments..." (Porter 1965, S.36f).

2.4. 'La revanche de berceaux' - Immigration, Fertilität und frankokanadische Identität

An der Immigration sind im Laufe der beiden letzten Jahrhunderte die Franzosen fast völlig unbeteiligt gewesen. Nach dem Sieg der Briten im Siebenjährigen Krieg wanderten nurmehr verschwindend wenige nach Kanada aus. Das Fehlen französischer Immigration mag überraschen; die Gründe liegen jedoch auf der Hand[46]: Nach dem Ende der französischen Kolonialherrschaft bestand für Franzosen kein Anreiz mehr, in das seither 'britische' Kanada zu emigrieren. Zunächst hätte dies, vor allem im ausgehenden 18.Jahrhundert, die Auswanderung in koloniale Abhängigkeit und die Unterordnung unter das fremde britische Wert- und Institutionensystem bedeutet; auch nach der Gründung des Bundesstaates stand die unveränderte gesellschaftliche und ökonomische Präponderanz der Anglokanadier der Einwanderung entgegen. Zudem entwickelten sich la Nouvelle-France und die Metropole seit der französischen Revolution sozial, aber auch ideologisch und kulturell in zunehmendem Maße auseinander[47]. Sodann fehlte infolge des vergleichsweise geringen natürlichen Wachstums in Frankreich selbst jeglicher Bevölkerungsdruck, der eine stärkere Emigration hätte auslösen können, zumal darüber hinaus die Möglichkeit der Migration in eine der französischen Kolonien bestand[48].

Da sie von der Einwanderung selbst nicht profitierten, war den Frankokanadiern, insbesondere den Nationalisten vor dem I.Weltkrieg wie den Separatisten unserer Tage, die Immigration - gleichermaßen die aus Großbritannien wie die aus Kontinental-Europa - stets ein Dorn im Auge. Frankokanadische Nationalisten um Henri Bourassa sahen in den Einwanderern vor dem I.Weltkrieg "drunkards, paupers, loafers and jailbirds" (zit. n. Petersen 1955, S.122), durch die sie ihre Stellung in der kanadischen Gesellschaft bedroht glaubten [49]. Die Immigration mußte sie umso mehr verbittern, als gerade die liberalen frankokanadischen Premierminister, Laurier vor dem I. Weltkrieg, St.Laurent unmittelbar nach dem II.Weltkrieg, die Einwanderung besonders stark förderten. Von den insgesamt 3.536.757 Immigranten, die nach dem II.Weltkrieg zwischen 1946 und 1971 nach Kanada einwanderten, waren nur 84.063 (2,4 %) französische Staatsangehörige[50]. Die Zahl der außerhalb Kanadas geborenen Frankokanadier war dadurch anders als bei den anderen ethnischen Gruppen stets minimal; ihr Anteil betrug 1871 ganze 4,5 %, 1921 waren 97 %, im Jahre 1961 gar 98,4 % der Frankokanadier im Land geboren.

Während sich die nicht-frankokanadischen ethnischen Gruppen im Laufe der kanadischen Geschichte stets in erheblichem Umfang auch aus der Immigration rekrutierten, geht die frankokanadische Bevölkerung von heute ca. 6,2 Millionen ausschließlich auf die zu Beginn der britischen Kolonialherrschaft ungefähr 65.000 Einwohner Französisch-Kanadas zurück, wobei auch die damalige Bevölkerung überwiegend aus natürlichem Wachstum hervorgegangen war[51]. Die Emigration von Franzosen nach la Nouvelle France betrug in der gesamten Periode französischer Kolonialherrschaft (ca. 1600 - 1760) nur etwa 10.000 Immigranten. Für das Ende des 17.Jahrhunderts ist die Zahl der Kinder derjenigen Frauen, die bis zum Ende ihrer Fruchtbarkeitsperiode am Leben blieben, auf zwölf, für die ersten drei Dekaden des 18.Jahrhunderts auf 13 Kinder geschätzt worden. Während des gesamten 18.Jahrhunderts hatten frankokanadische Ehepaare, deren Frauen mindestens 50 Jahre alt wurden, durchschnittlich neun Kinder. Die politischen und gesellschaftlichen Motivationen für die außerordentliche Fertilität der Frankokanadier waren offensichtlich; zum einen mußte bei der minimalen Zahl von Immigranten der französischen Kolonialverwaltung an einer möglichst hohen Geburtenzahl gelegen sein; sie förderte daher frühe Heiraten, um mit

Hilfe hoher Geburtenzahlen langfristig bevölkerungsmäßig, aber für den Notfall auch militärisch den Indianern wie den Briten, die zur selben Zeit zu Tausenden in die Neuengland-Region einwanderten, Paroli bieten zu können. Zum anderen waren Großfamilien auf dem Land für die frankokanadischen Bauernfamilien ('habitants') selbst noch immer ökonomisch von Vorteil. Seit den 30er Jahren des 19.Jahrhunderts entfiel der ökonomische Anreiz zwar vielfach, da die Oligarchisierung des Grund und Bodens den Erwerb von landwirtschaftlich nutzbarem Boden für die Kinder der einfachen 'habitants' oft unerschwinglich teuer werden ließ. So setzte zu dieser Zeit auch die Emigration von Frankokanadiern in die USA ein. Ihre Zahl ist für die Periode bis zu Beginn der 30er Jahre des 20.Jahrhunderts auf ungefähr 800.000 geschätzt worden[52]. Die Mehrzahl der frankokanadischen Auswanderer in die USA ließ sich dabei in den zwei Quebec benachbarten Neuengland-Staaten New Hampshire und Vermont nieder, wo sie eine in ihrer Konzentration beachtliche ethnische Minorität darstellen und sich aufgrund der räumlichen Nähe zur frankokanadischen Heimat ihre sozio-kulturelle Eigenständigkeit in einem für die USA mit ihren Assimilierungszwängen erstaunlichen Ausmaß bis heute haben bewahren können.

Die nicht primär ökonomischen Motive für eine hohe Geburtenrate bestanden indes fort. Die Konfessionszugehörigkeit der Frankokanadier zur römisch-katholischen Kirche wirkte in diese Richtung. Vor allem jedoch motivierten die Abhängigkeit von der britischen Kolonialherrschaft, die soziale und ökonomische Präponderanz der Anglokanadier, letztlich die Furcht, daß sich die inferiore politische und gesellschaftliche Situation noch weiter verschlimmerte, die außerordentlich hohen Kinderzahlen der Frankokanadier. Die Fertilität der frankokanadischen Bevölkerung lag so stets - im gesamten 19.Jahrhundert wie in der ersten Hälfte unseres Jahrhunderts - erheblich über derjenigen der nicht-frankokanadischen Einwohner. Die höheren Geburtenzahlen schufen damit einen gewissen Ausgleich für die fehlende Immigration; 'la revanche des berceaux', die Rache der Wiegen, garantierte, daß der Bevölkerungsanteil der Frankokanadier über Jahrzehnte hinweg relativ konstant blieb.

Dieses Faktum ist umso bemerkenswerter, als das natürliche Wachstum auch der nicht-frankokanadischen Bevölkerung in der Vergangenheit außerordentlich hoch war[53]. So betrug die gesamtkanadische Geburtenrate von Beginn bis Mitte des 20.Jahrhunderts stets

20 Promille pro Jahr und lag sie z.B. seit 1921 beständig über derjenigen der USA, während des 'Baby-Booms' nach dem II.Weltkrieg gleichfalls über der Fertilität der meisten europäischen Staaten. Zwischen 1950 und 1954 wurde Kanada im Vergleich mit Europa nur von Polen und Jugoslawien übertroffen. Seit der Mitte der 60er Jahre sind die jährlichen Geburtenraten, dem weltweiten Trend in den Industrienationen folgend, auch in Kanada unter 20 Promille abgesunken; sie überstiegen aber noch immer diejenigen vergleichbarer Staaten.

Tabelle 16 : Fertilitäts- und Reproduktionsraten, 1931 - 1971[54]

	Fertilitätsraten			Reproduktionsraten		
	Canada	Ontario	Quebec	Canada	Ontario	Quebec
1931	2,937	2,648	4,001	1,432	1,285	1,940
1941	2,832	2,403	3,389	1,377	1,614	1,645
1951	3,503	3,222	3,775	1,701	1,560	1,834
1961	3,840	3,742	3,700	1,868	1,824	1,787
1971	2,190	2,221	1,889	1,061	1,078	0,913

Auch die Reproduktionsrate überstieg den Index-Wert 1.0 stets deutlich; 1959 - im Jahr der bislang mit 479.275 Geburten höchsten Geburtenzahl in einem Jahr - betrug sie 1.9. Kanada erreichte damit fast den Indexwert von 2.0, der von den Vereinten Nationen als einer der Indikatoren zur Klassifizierung von 'Unterentwicklung' herangezogen wird. Einerseits hochindustrialisiert und stark urbanisiert mit einem der höchsten Pro-Kopf-Einkommen unter den westlichen Industrienationen, weist Kanada andererseits in einigen sozio-ökonomischen Bereichen Charakteristika auf, die in der Regel die Staaten der Dritten Welt kennzeichnen. Aufgrund der außergewöhnlichen Geburtenraten liegt zudem die Vermutung nahe, daß auch die Altersstruktur der kanadischen Bevölkerung eher derjenigen der Entwicklungsländer entsprechen müßte. Der internationale Vergleich ergibt ein anderes Bild. In der BRD z.B. waren bei der Volkszählung von 1970 13,2 % der Bevölkerung über 65 Jahre, 23,2 % unter 15 Jahre alt. In Kanada waren 1961: 34,0; 1971: 29,6 % unter 15 Jahre alt, über 65 Jahre hingegen 1961: 7,6; 1971: 8,1 %. Legt man Kriterien der UN zugrunde, die zur Bestimmung der Altersstruktur von Bevölkerungen insbesondere vom Anteil der über 65-jährigen ausgehen und folgende Klassifizierung vornehmen[55]: 'junge' Bevölkerung unter 4, 'reife' 4 bis 8, 'alte' Bevölkerung über 8 % der Gesamtpopulation, so hat Kanada - wie die meisten Industriegesellschaften - in den letzten Jahren in seiner Altersstruktur das Stadium einer 'alten' Bevölkerung erreicht. Die Entwicklungsheterogenität der kanadischen Gesellschaft, wie sie u.a. aus der Immigration, vor allem aber aus der übereilten und unorganischen Adaption an - zumeist aus den USA importierten - Modernisierungselementen resultiert, äußert sich bei hohen, der Dritten Welt ähnlichen Geburten- und Reproduktionsraten einerseits, einer zunehmend alternden Bevölkerung andererseits damit auch im Bevölkerungswachstum.

Die unterschiedliche Bevölkerungsentwicklung bei den ethnischen Gruppen hat die Struktur der kanadischen Gesellschaft in starkem Maße beeinflußt. Aufgrund ihres in der Vergangenheit außergewöhnlichen natürlichen Wachstums konnten sich die Frankokanadier zumindest bislang ihre nationale Identität bewahren. Insbesondere in Quebec, wo sie 1971 immerhin noch 71 % der Provinzbevölkerung stellten, verfügen sie über ein hohes Maß an innerer Homogenität, die weit stärker ist als die der Anglokanadier oder der anderen ethnischen Gruppen. Dies gilt insbesondere in nationaler und kultureller Hinsicht, aber auch für den sozio-ökonomischen Entwicklungsprozeß, der in Französisch-Kanada - überschaut man die 200-jährige Geschichte Quebecs seit Beginn der anglokanadischen Präponderanz - bis in die jüngere Vergangenheit anders verlief als in Rest-Kanada:

"The high degree of cohesion of French Canada has been possible because its population growth has come from natural increase rather than immigration, and the proportion of French who have emigrated is less than the respective proportion in the non-French group. Some loosening of bonds may come as French Canadians become dispersed within Canada... but in effect the cultural division is so great that neither group breaks through the barriers of its own culture. The French struggle to retain their identity, while the non-French are looking for one." (Porter 1965, S.35).

Da fast jegliche Immigration aus Frankreich fehlte, entwickelten sich das ehemalige Mutterland und Französisch-Kanada zunehmend auseinander. Die Kontakte zwischen den anderen ethnischen Gruppen und ihren Heimatländern hingegen blieben durch die Immigration bestehen. Die Einwanderer importierten - wenn auch gefiltert - die sozialen und politischen Wandlungen ihrer Heimat, die veränderten Produktionstechniken eines von der Industrialisierung bestimmten ökonomischen Prozesses, nicht zuletzt gewandelte politische und gesellschaftliche Ziel- und Wertvorstellungen bürgerlicher und liberal-pluralistischer Provenienz. Während die Immigration so stark innovativ auf die nicht-frankokanadische Bevölkerung einwirkte, partizipierten die Frankokanadier kaum an den gesellschaftlichen Veränderungen Frankreichs. Schon die französische Revolution, nur 30 Jahre nach dem Ende der französischen Kolonialherrschaft, hinterließ kaum tiefere Spuren in Französisch-Kanada, zumal, da die Rebellion von 1837 scheiterte. Mit der französischen Revolution setzte vielmehr die kulturelle und ideologische Trennung Quebecs vom Mutterland ein. Bei den Frankokanadiern verfestigte sich die These von den zwei Frankreichen, von dem 'guten', vor-revolutionären Ancien Régime, das in Quebec weiter existiert habe, und dem 'schlechten', nach-revolutionären Frankreich. Der katholische Klerus hat als fast alleiniger Träger des Bildungswesens zur Perpetuierung dieses Bewußtseins maßgeblich beigetragen[56].

Fehlende Immigration, hohe Fertilität und bewußte Abkapselung gegenüber der anglokanadischen Mehrheit versetzten die frankokanadische Minorität zwar einerseits in die Lage, ihre nationale Identität zu bewahren, führten aber andererseits auch zur Festschreibung von gesellschaftlichen Strukturen und sozialen Verhaltensmustern[57]. Die traditionale, agrarische Gesellschaft der französischen Kolonialepoche perpetuierte sich. Liberal-bürgerliche Wertvorstellungen mit allen ihren Wirkungen fanden erst spät Eingang nach Quebec und bestimmten die sozialen Prozesse auch dann nur in geringem Maße, da sie zum einen als anglokanadisch galten und da-

Tabelle 17 : Geburtenraten in Quebec nach ethnischen Gruppen, 1951 - 1968

Jahr	Anglokanadier	Frankokanadier	Andere
1951	20.9	31.5	24.3
1952	21.6	32.0	24.9
1953	21.7	31.7	26.0
1954	21.3	32.0	25.8
1955	21.2	31.2	23.9
1956	21.1	31.0	24.4
1957	22.0	31.2	25.8
1958	22.8	30.0	25.6
1959	22.7	29.4	25.5
1960	20.9	27.8	24.7
1961	21.6	26.8	25.2
1962	20.3	25.9	23.7
1963	20.2	25.0	23.5
1964	19.4	24.0	22.7
1965	17.6	21.5	22.5
1966	15.2	19.3	21.0
1967	13.9	17.4	19.6
1968	12.8	16.4	18.9

Quelle: Charbonneau/Maheu 1973, S.398.

mit auf eine 'natürliche' Abwehrbarriere trafen, zum anderen die katholische Kirche, die durch den Liberalismus ihre beherrschende Stellung bedroht glaubte, liberalistische Innovationen - sowohl im kulturellen als auch im politischen und ökonomischen Bereich - zu verhindern trachtete.

Die Modernisierung Quebecs und die Adaption an die bürgerlich-kapitalistische Industriegesellschaft des nicht-frankokanadischen Kanada erfolgte in größerem Umfang erst nach dem II.Weltkrieg, insbesondere während der Periode der Quiet Revolution[58]. Die Adaption der Frankokanadier an die industriellen Strukturen förderte dabei die ohnehin vorhandene Assimilierung auch in anderen Lebensbereichen, was u.a. zur Folge hatte, daß sich Bevölkerungswachstum und Fertilität in Quebec dem generellen Trend in den Industrienationen anglichen. Seit Anfang der 60er Jahre sank die Geburtenrate der Frankokanadier drastisch. Sie liegt seither sowohl unter dem gesamtkanadischen Durchschnitt als auch unter den Raten der anderen ethnischen Gruppen in der Provinz Quebec[59]. Die Bedeutung dieses Wandels im Bevölkerungswachstum wird vor allem sichtbar, wenn man die demographische Entwicklung in die nahe Zukunft projiziert. Für das Jahr 1991 z.B. geben Bevölkerungsprojektionen einen Anteil der Frankokanadier an der Gesamtbevölkerung Quebecs an, der zwischen optimal ca. 81 und minimal ca. 72 % schwankt[60]. Legt man die letztere, pessimistische Schätzung zugrunde, bedeutet dies zugleich, daß bis zum Jahre 1991 die Frankokanadier wahrscheinlich in Montreal, der kulturellen und ökonomischen Metropole Quebecs, in die Minderheit geraten werden, während sie nach dem Census von 1971 noch mehr als zwei Drittel der Bevölkerung von Groß-Montreal stellten. Dennoch bestätigen die Censusdaten für 1971 den generellen Trend der Projektionen: Der Anteil der Frankokanadier an der kanadischen Bevölkerung wird in der Zukunft nicht unerheblich sinken. Robert Maheu kommt in seiner demographischen Analyse zu drei Schlußfolgerungen:

"(1) the number of French-speaking people has been declining, and will continue to decline in all provinces ...

(2) a reduction of the total number of French-speaking people living outside Quebec is very likely; this reduction could be very great...

(3) in the past, the French-speaking people of Canada have been concentrated in Quebec; in the future, they will be more and more concentrated there..." (zit. nach Rioux 1971, S.144).

Diese neueren demographischen Tendenzen signalisierten für viele Frankokanadier die Gefahr, daß sie in der nahen Zukunft auch ihre nationale Identität einbüßen könnten. So sind - zumindest teilweise - die seit dem Ende der 60er Jahre wachsenden independistischen Tendenzen in der frankokanadischen Bevölkerung, die Forderungen nach einem unabhängigen Quebec, auch ein Reflex auf die für sie ungünstige Bevölkerungsentwicklung.

3. 'Canadian mosaic': Ethnisch-kulturelle Pluralität und sprachlicher Dualismus

3.1. Daten zur ethnischen Zusammensetzung der kanadischen Gesellschaft

Im Jahre 1871 zählte der erste Census knapp 3,5 Millionen Einwohner; von ihnen waren 2,1 Millionen (60,5 %) britischer, fast 1,1 Millionen (31,1 %) französischer Herkunft. 100 Jahre später war der Anteil der den beiden charter groups zugehörigen Bevölkerung auf zusammen 73,3 % zurückgegangen. Während der Anteil der Frankokanadier aufgrund ihrer außerordentlichen Fertilität bis ungefähr 1960 relativ konstant blieb, nahm der der Anglokanadier - grob gesprochen - in etwa dem Maße ab, wie der Prozentsatz der Bevölkerungsgruppen anstieg, die nicht den beiden charter groups angehörten. Dies war zunächst vor allem eine Folge des geringen Wachstums der Einwohner irischer und schottischer Herkunft, deren Bevölkerungsanteil nach dem Verebben des Immigrationsstroms stark zurückging. Allerdings lag seit dem Ende des I.Weltkriegs auch das Wachstum der Kanadier englischer Herkunft stets unter dem gesamt-kanadischen Durchschnitt; eine Folge sowohl der unterdurchschnittlichen Fertilität als auch der relativ geringeren britischen Immigration, die in dem Jahrzehnt von 1951 bis 1961 weniger als 30 % der gesamten Immigration nach Kanada ausmachte[61]. Insgesamt ging der Prozentsatz der Anglokanadier an der Bevölkerung von 1871 60,5 % auf 1961 43,8 % zurück, stieg aber in der letzten Dekade zwischen 1961 und 1971 wieder - wenn auch nur minimal - auf 44,6 % an. In längerfristiger Perspektive scheint das Übergewicht von Anglo- und Frankokanadiern jedoch ernstlich in Frage gestellt:

"If immigration and emigration continue in the patterns that have prevailed in Canada since World War I, it is possible that the total number of people of other ethnic origins could in the not-distant future surpass both the number of those of French origin and those of British origin". (B and B Commission, Book I, S.22).

1871 indes gehörten nur 292.000 Einwohner (8,4 %) keiner der beiden charter groups an. Von ihnen wies der Census 203.000 als deutschstämmig aus. Die Zahl der Deutsch-Kanadier unterlag zwar während und unmittelbar nach den beiden Weltkriegen größeren Schwankungen, doch sind sie stets die nächstgrößte ethnische Gruppe nach Anglo- und Frankokanadiern gewesen[62]. Ihre Zahl liegt seit 1961 deutlich über einer Million - fast 1/4 der weder anglo- noch frankokanadischen Einwohner und 1971 6,1 % der gesamten Bevölkerung. Im Gefolge der ersten größeren, auch kontinental-europäischen Einwanderungswelle vor dem I.Weltkrieg stieg der Anteil der nicht den beiden charter groups zugehörigen Einwohner von 12,2 (1901) auf 16,7 % (1921). In dieser Periode wuchs die Bevölkerung kontinentaleuropäischer Abstammung insgesamt um 790.000; die Zahl der Kanadier deutscher, österreichischer, niederländischer und skandinavischer Herkunft, die 1901 bei 390.000 gelegen hatte, nahm um 320.000 auf 709.000 Einwohner zu. Daß zu Beginn des Jahrhunderts vor allem Einwanderer 'germanischer' Abstammung nach Kanada kamen, war im wesentlichen zweifach begründet:

Die Besiedlung der frontier im kanadischen Westen (in Manitoba, Saskatchewan, Alberta) erforderte vornehmlich Einwanderer aus dem Agrarbereich, so daß sich von daher skandinavische Immigranten besonders anboten, unabhängig davon, ob sie vom kanadischen Arbeitsmarkt als selbständige Bauern oder als lohnabhängige Landarbeiter absorbiert wurden[63].

Auch in den Immigrationsländern USA und Kanada machte sich um die Jahrhundertwende der Einfluß des Sozialdarwinismus stark bemerkbar[64]. Das Bewußtsein großer Teile der Bevölkerung war gleichfalls in Nordamerika bestimmt von rassischen Vorurteilen. Der 'melting pot' Nordamerika schien - so glaubte man - zu vielen Einflüssen ausgesetzt. Die offene Einwanderung stieß auf Widerstand. Wenn die Immigration anderer Ethnien zur Fortführung und Beschleunigung sozio-ökonomischer Entwicklung erforderlich sein sollte, war im

Tabelle 18 : Zur ethnischen Zusammensetzung der Bevölkerung, 1881 - 1971 (in %)

Ethnic Origin	1881	1901	1911	1921	1931	1941	1951	1961	1971
Canada	100,0	100,0	100,0	100,0	100,0	100,0	100,0	100,0	100,0
British	58,9	57,0	55,5	55,4	51,9	49,7	47,9	43,8	44,6
French	30,0	30,7	28,6	27,9	28,2	30,3	30,8	30,4	28,7
German	5,9	5,8	5,6	3,4	4,6	4,0	4,4	5,8	6,1
Italian	-	0,2	0,6	0,8	0,9	1,0	1,1	2,5	3,4
Jewish	-	0,3	1,1	1,4	1,5	1,5	1,3	1,0	1,4
Dutch	0,7	0,6	0,8	1,3	1,4	1,8	1,9	2,4	2,0
Polish	-	0,1	0,5	0,6	1,4	1,5	1,6	1,8	1,5
Scandinavian	0,1	0,6	1,6	1,9	2,2	2,1	2,0	2,1	1,8
Ukrainian	-	0,1	1,0	1,2	2,2	2,7	2,8	2,6	2,7
Indian and Eskimo	2,5	2,4	1,5	1,3	1,2	1,1	1,2	1,2	1,4
Others and not stated	1,9	2,2	3,2	4,8	4,5	4,3	5,0	6,4	6,4

Quelle: B and B Commission, Book I, S.21; Stat.Can., verschiedene Censuserhebungen

Verständnis der Zeit zumindest darauf zu achten, daß man die eigene Bevölkerung nicht durch die Aufnahme 'rassisch minderwertiger' Ethnien belastete. Selbst J.S.Woodsworth, der 'Vater' der sozialistischen Bewegung in Kanada, argumentierte in seinem im Jahre 1909 erschienenen Buch 'Strangers within Our Gates' in diesen rassischen Kategorien[65]. Die Einwanderung von Ost- und Südeuropäern war nur wenig erwünscht. Wenn eine Einwanderung kontinental-europäischer Herkunft unumgänglich war, dann sollten möglichst die als rassisch verwandt angesehenen Deutschen, Niederländer oder Skandinavier nach Kanada immigrieren.

Trotz dieser weit verbreiteten Einstellungen kamen auch vor dem I.Weltkrieg Immigranten osteuropäischer Provenienz nach Kanada, zumal die Regierungen sich in ihrer offiziellen Immigrationspolitik die rassischen Vorurteile nicht zu eigen machten[66]. Der Anteil der Kanadier russischer und kanadischer Abstammung betrug 1921 bereits 2,4 %. Zwischen den beiden Weltkriegen, dann unmittelbar nach dem II.Weltkrieg wuchs die Bevölkerung osteuropäischer Herkunft weiterhin stark an. Der revolutionäre, soziale und politische Wandel in der Sowjetunion nach dem I., in Osteuropa nach dem II.Weltkrieg, bewirkte eine verstärkte Emigration aus diesen Staaten gerade auch nach Kanada, da die Einwanderung von Flüchtlingen, die politische Motive geltend machen konnten, kaum Beschränkungen unterlag[67]. Insgesamt nannten bei den Censuserhebungen von 1961 und 1971 jeweils ungefähr 1,3 Millionen Kanadier als ihr Herkunftsland Staaten, die im Gefolge des Weltkriegs und der Ausbreitung der sowjetischen Hegemonie die Basis ihres gesellschaftlichen Systems grundlegend veränderten und vom pluralistisch-bürgerlichen zum monistisch-kommunistischen Verfassungsgefüge, vom kapitalistischen zum sozialistischen ökonomischen System überging. Die Kanadier osteuropäischer Abstammung bilden zwar keine homogene Bevölkerungsgruppe; aufgrund der vergleichbaren historischen Entwicklungen in den Heimatländern, aufgrund der vielfach gleichartigen persönlichen Erfahrungen sind sie sich jedoch zumindest in ihrer grundsätzlichen Ablehnung sozialistischer Gesellschaftskonzeptionen einig[68]. Besonders deutlich wird dies in den Prärieprovinzen, in denen die Bevölkerung osteuropäischer Provenienz, gemessen am kanadischen Durchschnitt, überrepräsentiert ist. Vor allem in Alberta ist die anti-kommunistische Einstellung der Flüchtlinge Bestandteil eines generell stark konservativ ausgerichteten liberal-kapitalistischen Bewußtseins, von dem politisch auf Bundesebene bei Unterhauswahlen die Konservative Partei, auf Provinzebene bis 1971 der Social Credit, seither gleichfalls die Konservativen profitiert haben[69].

Die Immigranten osteuropäischer Herkunft haben dadurch nicht unerheblich zur Untermauerung des in der überwiegenden Mehrheit der kanadischen Bevölkerung ohnehin bestehenden Konsensus in das liberal-kapitalistische Wert- und Gesellschaftssystem beigetragen. Die politische Artikulation einer stärker sozialistisch oder nur sozialreformerisch orientierten Programmatik, die bewußt eine Systemform fordert oder diese auch nur entfernt signalisieren könnte, stößt hier auf eine weitere der zahlreichen Barrieren, die in der kanadischen Gesellschaft der Herausbildung eines vornehmlich sozio-ökonomisch begründeten, von den Klassenantagonismen ausgehenden politischen Bewußtseins stets entgegengestanden haben.

Nach dem II.Weltkrieg stieg - mit Ausnahme der ukrainisch-russischen Bevölkerungsgruppe - der Anteil sämtlicher nicht den beiden charter groups zugehöriger ethnischer Gruppen erheblich[70]. Am stärksten wuchs dabei die Bevölkerung italienischer Herkunft, deren Anteil an der Gesamtbevölkerung im Jahre 1951 nur 1,1 % betragen hatte. Zwischen 1951 und 1961 verdreifachte sich die italienische Gruppe, von ca.152.000 auf 450.000 Einwohner (2,5 %). Mit 730.820 Einwohnern (3,4 %) stellen die Italiener seit 1971 nach Anglo- und Frankokanadiern sowie den Kanadiern deutscher Abstammung die viertgrößte ethnische Gruppe. Die Entwicklung der italienischen Bevölkerungsgruppe reflektiert dabei in besonders charakteristischer Weise die Aufnahme und Position der ethnischen Gruppen in der kanadischen Gesellschaft. Da die Einwanderung während des beschleunigten Industrialisierungsprozesses nach dem II.Weltkrieg erfolgte, bewirkte dies die regionale Konzentration der Italiener in vornehmlich den Gebieten, die von der Industrialisierung in besonderem Maße erfaßt wurden. Die italienischen Einwohner sind nach der jüdischen Bevölkerung die am stärksten urbanisierte ethnische Gruppe; 1971 lebten 96,6 % der Kanadier italienischer Abstammung in urbanen Gebieten, vornehmlich in den beiden Ballungsgebieten von Metropolitan Toronto und Metropolitan Montreal. Der Census von 1971 wies insgesamt 730.820 Einwohner italienischer Herkunft aus (Stat.Can.23); von ihnen wohnten 160.600 in Groß-Montreal - 22,0 % der gesamt-italienischen Einwohner, 5,9 % der

Bevölkerung Groß-Montreals -, in Groß-Toronto lebten 271.755 Italiener - 37,2 % der gesamten italienischen Bevölkerungsgruppe, 10,3 % der Bevölkerung Groß-Torontos.

Die regionale Konzentration der Italiener in den urban-industruellen Ballungszentren ist dabei typisch für die Immigration sämtlicher ethnischer Gruppen nach dem II.Weltkrieg. 1961 z.B. lebten 87 % derjenigen Einwanderer, die zwischen 1945 und 1961 nach Kanada kamen, in urbanen Gebieten. Das Zentrum der Immigration stellt dabei Groß-Toronto dar. Im Jahre 1961 waren 42 % der Einwohner der Stadt Toronto, 1/3 der Bevölkerung von Metropolitan Toronto nicht in Kanada geboren. 22 % der Bevölkerung von Groß-Toronto, 29 % der Stadt-Bevölkerung wanderten erst nach dem II. Weltkrieg ein[71]. Hier wird ein weiteres, bekanntes Phänomen, das im Grundsatz in etwa mit der Situation der Gastarbeiter in den westeuropäischen Staaten vergleichbar ist, offenkundig. Während die einheimische Bevölkerung in großer Zahl aus den Stadtzentren in die Vororte abwanderte, leben die sozio-ökonomisch schlechter gestellten Einwanderer in größerem Umfang in den Städten und Stadtkernen als in den Suburbs. In beiden Ballungsgebieten haben sich aus dieser ethnischen Konzentration bereits zahlreiche Spannungen zwischen der charter group einerseits und den Angehörigen der kleineren ethnischen Gruppen, insbesondere den Italienern andererseits, ergeben, zumal da infolge der Konjunkturschwankungen in den Jahren nach 1970 die Zahl der Arbeitslosen anstieg und die Konkurrenz um die Arbeitsplätze deutlich zunahm[72]. In Toronto wirkten sich die Spannungen bei der Wahl von 1972 nachhaltig aus; sie

Tabelle 19 : Bevölkerung der ethnischen Gruppen in Stadt und Land, 1961 und 1971 (in %)

Ethnic Group	1961 RURAL	1961 URBAN	1971 RURAL Total	1971 RURAL Rural Farm	1971 RURAL Rural Non-Farm	1971 URBAN
British	28,8	71,2	24,1	5,9	18,2	75,9
French	31,8	68,2	24,0	5,9	18,1	76,0
German	38,2	61,8	31,2	14,0	17,2	68,8
Italian	5,3	94,7	3,4	0,8	2,6	96,6
Jewish	1,2	98,8	1,2	0,2	1,0	98,8
Netherlands	44,4	55,6	35,4	16,5	18,9	64,6
Polish	24,0	76,0	19,5	8,8	10,7	80,5
Russian	34,9	65,1	30,4	9,8	20,6	69,6
Scandinavian	40,1	59,9	31,7	12,7	19,0	68,3
Ukrainian	34,8	65,2	25,0	13,1	11,9	75,0
Other	23,3	76,7				
Asiatic	10,7	89,3	4,8	1,2	3,6	95,2
Total	30,4	69,6	23,9	6,6	17,3	76,1

Quelle: Stat.Can./15; Kalbach/McVey 1971, passim.

spielten im Wahlkampf eine maßgebliche Rolle und bildeten zumindest in Toronto das zentrale Entscheidungskriterium der Wahl, die generell in ganz Kanada von stark regionalisierten Entscheidungsfaktoren determiniert war[73]. Von der anglokanadischen Bevölkerungsmehrheit der liberalen Regierung Trudeau angelastet, trugen die Perzeption der Einwanderungspolitik und deren Folgewirkungen in einigen Wahlkreisen Groß-Torontos zum Mandatsverlust der zur Wiederwahl stehenden liberalen Abgeordneten maßgeblich bei.

Der Zeitpunkt der Immigration und der jeweilige ökonomische Entwicklungsgrad haben jedoch nicht nur den sozio-ökonomischen Status der Immigranten in der kanadischen Gesellschaft determiniert. Die Interdependenz zwischen Immigrationsangebot und der jeweiligen sozio-ökonomischen Entwicklung bewirkte zudem eine relativ ausgeprägte Regionalisierung und Konzentration der ethnischen Gruppen. Nicht zuletzt der fehlende sozio-ökonomische Anreiz führte dazu, daß sich die Bevölkerungsstruktur der vier maritimen Provinzen - Newfoundland, Prince Edward Island, Nova Scotia, New Brunswick - im Verlauf der Jahrzehnte nur wenig veränderte, ihr Anteil an der Gesamtbevölkerung stetig zurückgegangen ist.

Während der Census von 1961 einen Prozentsatz der foreign born population von 15,6 % für ganz Kanada ausweist, waren von den 1.879.425 Einwohnern der Maritimes nur 66.700 oder 3,5 % im Jahre 1961 nicht in Kanada geboren. An diesen Verhältnissen hat sich auch im letzten Jahrzehnt von 1961 bis 1971 nichts geändert (Stat.Can./22-26); der Anteil der foreign born betrug national noch immer 15,3 %; in den maritimen Provinzen waren ca. 74.000 der insgesamt 2.057.262 Einwohner (gleichfalls 3,5 %) nicht in Kanada geboren[74]. Die weitgehend homogene, mit Ausnahme New Brunswicks, in dem eine starke frankokanadische Minderheit (1961: 39 %) lebt, fast ausschließlich anglokanadische Bevölkerung hat in Relation zu den anderen kanadischen Regionen in den maritimen Provinzen zu einer traditional bestimmten Politik beigetragen. Ohne den Zusammenhang überbetonen zu wollen, es besteht eine deutliche Wechselbeziehung zwischen der ethnischen Bevölkerungszusammensetzung und dem politischen System. So hat sich in den homogen zusammengesetzten Maritimes bis heute das traditionelle, im 19. Jahrhundert entstandene Zweiparteiensystem erhalten. Der kanadische Westen hingegen ist der Ausgangspunkt der Drittparteien und bildet unverändert ihre politische Basis. Der beständige Protest des Westens gegenüber den ökonomischen und politischen Zentren, Ontario und Quebec, ist in

Darstellung 8 : **Zur ethnischen Zusammensetzung** der **Provinz-bevölkerungen,** 1951 **und** 1971 **(in Prozent).**

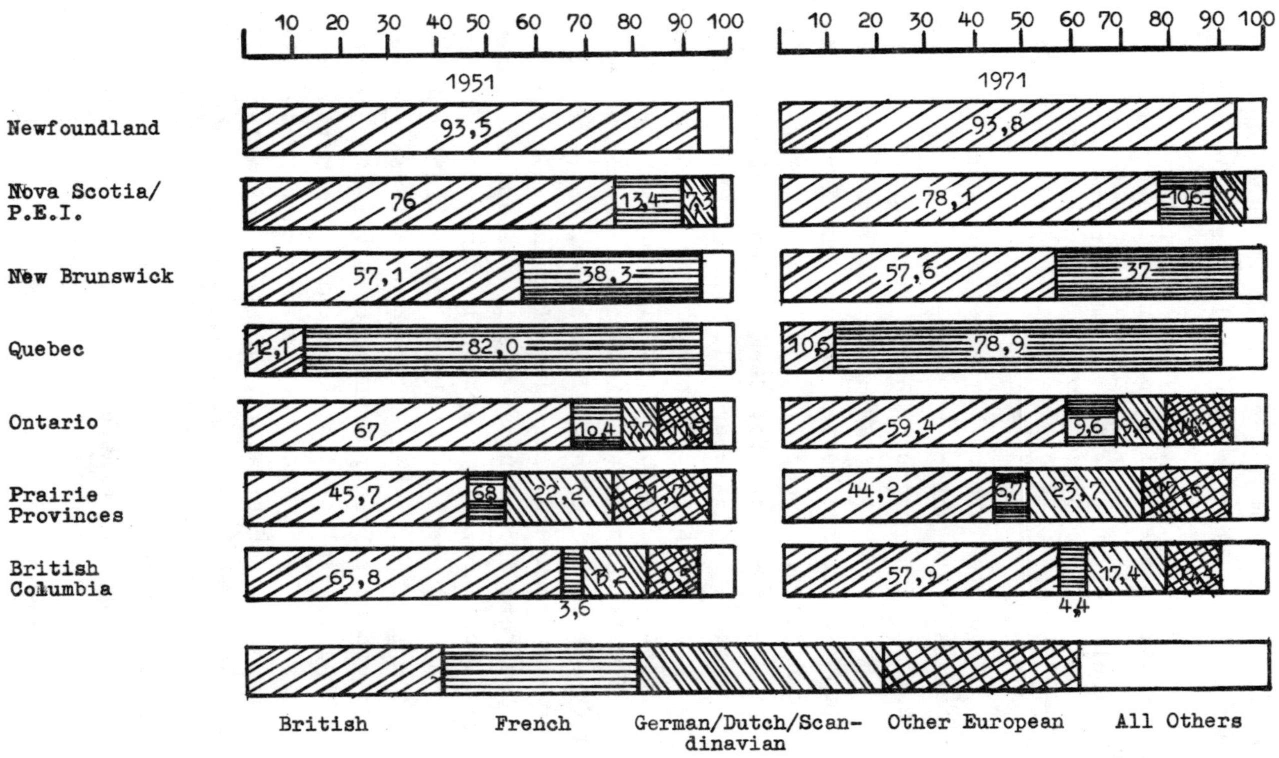

erster Linie eine Folge der sozialstrukturellen Unterschiede und der sozio-ökonomischen Abhängigkeit der Präriebevölkerung gewesen:

"... their common, day-to-day problems, their persistent economic struggle for 'better price to wheat', 'lower freight rates', 'parity prices for farm crops', have, within one generation, brought about a unity of purpose that seems a perpetual source of surprise to the residents of older provinces wherein there is much greater diversification of industrial and financial activity, readier access to markets - and more rain..."[75].

Doch liegt das politische Verhalten der Präriebevölkerung auch in der spezifischen ethnischen Fragmentierung der Region begründet[76]. In größerem Umfang zuerst während der Einwanderungswelle vor dem I.Weltkrieg besiedelt, ergab sich als Folge der Immigrationsbedingungen im kanadischen Westen eine starke Konzentration der nicht den beiden charter groups zugehörigen Bevölkerung. In allen drei Prärieprovinzen - Manitoba, Saskatchewan, Alberta - befindet sich die anglokanadische charter group in der Minderheit, wenngleich sie auch die größte ethnische Einzelgruppe mit jeweils knapp über 40 % der Provinzbevölkerungen bildet. In Relation zu ihrem gesamt-kanadischen Bevölkerungsanteil sind sowohl die Kanadier osteuropäischer Herkunft als auch diejenigen deutscher, holländischer und skandinavischer Abstammung in allen drei Provinzen deutlich überrepräsentiert. Letztere drei Gruppen stellen zusammengenommen in Saskatchewan und Alberta ca. ein Viertel, in Manitoba ca. ein Fünftel der Bevölkerung. Zur regionalen tritt zusätzlich noch die lokale Konzentration in zahlreichen ethnischen Enklaven. Beides hat in den Prärieprovinzen zu einer ethnischen Diversität geführt, die sehr viel mehr der Bevölkerungsheterogenität im mittleren Westen der USA ähnelt als der Bevölkerungszusammensetzung in den übrigen kanadischen Regionen[77]. Überhaupt bestehen - vor allem natürlich aufgrund der vergleichbaren sozio-ökonomischen Verhältnisse - deutliche Affinitäten zwischen der Prärie nördlich und südlich der amerikanisch-kanadischen Grenze, die sich vielfach als stärker erwiesen haben als die Bindungen innerhalb der nationalen Grenzen. Bei den öffentlichen Anhörungen der 'B and B Commission' trat dieses Faktum erneut offen zutage:

"American proximity was seen by some English-speaking Canadians, especially in Western Canada, as one of the prime reasons against accepting biculturalism and bilingualism as a great issue in Canada... In the case of British Columbia, for example, the Commission had the feeling that many B.C. citizens thought of themselves as belonging socially, economically and culturally to the Canadian-

American Pacific Coast region, and were thus indifferent to the concerns of distant French Canada" (B and B Commission, Preliminary Report, S.58).

Die Kanadier der kleineren ethnischen Gruppen sehen die USA in einem anderen Licht als die beiden charter groups. Der traditionelle Anti-Amerikanismus vor allem der Anglokanadier ist ihnen fremd. Zumindest bis in die jüngste Vergangenheit hinein (der Vietnam-Krieg und die offenkundige gesellschaftliche und politische Krise der USA haben die anti-amerikanischen Einstellungen in der gesamten Bevölkerung deutlich verstärkt) galten die USA für viele Angehörige der kleineren ethnischen Gruppen als Vorbild. Die ökonomische Dependenz und sozio-kulturelle Überfremdung Kanadas durch die Amerikaner empfinden sie weit weniger negativ als Anglo- und Frankokanadier. Ein Auseinanderbrechen der kanadischen Konföderation und ein denkbarer Anschluß an die USA sind für viele von ihnen kein Grund zu äußerster Besorgnis, während es für eine große Zahl der Anglokanadier ein Trauma darstellt[78].

3.2. Bedingungen und Umfang sprachlicher Assimilierung

Im Widerspruch zur ethnischen Vielfalt der Bevölkerung steht die weitgehend dualistische Sprachenstruktur Kanadas. Sie ist historisch begründet und durch den Kompromiß des BNA bei der Gründung des Bundesstaates 1867 verfassungsrechtlich festgeschrieben worden[79]. Faktisch findet die Assimilierung der Angehörigen der kleineren ethnischen Gruppen vornehmlich auf zwei Ebenen statt: im Arbeitsprozeß und durch Schule und Sprache. Beide Sozialisationsmechanismen haben maßgeblich dazu beigetragen, daß sich das gesellschaftliche Gewicht der ethnischen Gruppen und damit die Dominanz der Anglokanadier im Verhältnis zur frankokanadischen Minorität, die Präponderanz von Anglo- und Frankokanadiern als charter groups gegenüber den kleineren ethnischen Gruppen im wesentlichen erhalten haben.

Sprachen- und Schulfrage sind - allerdings nur generell - in den Artikeln 93 und 133 des BNA formal geregelt[80]. Beide Verfassungsartikel gehen vom Prinzip der Zweisprachigkeit aus. Artikel 133 garantierte seit der Gründung der Konföderation den Gebrauch von englisch oder französisch in beiden Kammern des Bundesparlaments, im Provinzparlament Quebecs, in der Ausfertigung und Verkündung bundesstaatlicher Gesetze und anderer staatlicher Maßnahmen, bei Gericht etc. Artikel 93 räumte der frankokanadisch-katholischen Minderheit in Ontario und der anglokanadisch-protestantischen Minorität in Quebec jeweils wechselseitig den Gebrauch der eigenen Muttersprache als erster Unterrichtssprache in den öffentlichen Schulen ein; zudem gestattete Artikel 93 private Konfessionsschulen. Nach Eintritt in die Konföderation wurden diese Regelungen zeitweilig auch auf die Provinz Manitoba ausgedehnt. Dies blieben indes die einzigen Eingriffe der Verfassung und des Bundes in die Kulturhoheit der Provinzen. Die Zweisprachigkeit beschränkte sich bereits in ihrer Normierung weitgehend auf den Bund sowie die Provinzen Ontario und Quebec. Solange das Schulwesen in den Provinzen noch keine festen, staatlich einheitlich normierten Formen angenommen hatte, bestanden allerdings Schulen mit unterschiedlichen Ausbildungssprachen. So zählte 1916 z.B. Manitoba 61 Schulbezirke mit Deutsch, elf Schulbezirke mit Polnisch oder Ukrainisch als erster Unterrichtssprache[81]. Unter Einschluß der französischen Minderheitenschulen wurde in Manitoba ca. 1/6 aller Schüler nicht in Englisch als erster Sprache unterrichtet.

Ein Ende wurde der Sprachenvielfalt in den Schulen jedoch durch die Zentralisierung des öffentlichen Schulsystems in den Provinzen gesetzt, die vor allem während des I.Weltkriegs erfolgte. Die Vereinheitlichung war zugleich eine Folge des Wandels im ökonomischen System. Die während und nach dem I.Weltkrieg zunehmende Industrialisierung und Urbanisierung, die wachsende horizontale Mobilität der Bevölkerung erforderten die Konzentration auch auf sprachlichem Gebiet[82]. Mit dem I.Weltkrieg setzte sich das Prinzip der Zweisprachigkeit damit in der Praxis endgültig durch, wobei außerhalb Quebecs und Ontarios englisch überall zur ersten Unterrichtssprache avancierte. Ethnisch-kulturell differenzierte sich die kanadische Bevölkerung; Sprache und Schule wurden diesem Prozeß nicht angepaßt, so daß die Angehörigen der kleineren ethnischen Gruppen gezwungen sind, sich sprachlich an eine der beiden charter groups zu assimilieren. An dieser Situation hat sich seit dem I.Weltkrieg kaum etwas geändert. Die 'B and B Commission' resumierte:

"Modern languages other than English and French have therefore won only a small place in the curricula of the public elementary and junior high schools in Canada. There are many communities where there is a concentration of people who share a particular ancestral language but where the language is not taught before secondary school, if it is taught at all. Yet the years between five and 14 are considered crucial for the retention of a language, and children need a firm grasp of their mother tongue before leaving elementary school if they are to retain it in later years." (Book IV, S.140).

Das Ausmaß der sprachlichen Assimilierung an die beiden charter groups ist nur schwer genauer auszumachen. Die Dimensionen werden jedoch deutlich, wenn man die in den Censuserhebungen enthaltenen Angaben der Bevölkerung hinsichtlich ethnischer Herkunft und Muttersprache vergleichend betrachtet. Allerdings muß vorab auf die nur beschränkte Aussagekraft der Daten hingewiesen werden[83]: Sie beruhen auf den Angaben der Befragten. Zum zweiten liegt die Fehlerquelle in der Fragestellung ("What is the first language you learned in childhood and which you still understand?") selbst begründet. Sie veranlaßt die Betroffenen, auch dann ihre Muttersprache anzugeben, wenn sie nicht mehr diese, sondern schon seit langem fast ausschließlich englisch oder französisch sprechen. Die Daten geben so nur ungenau Aufschluß darüber, welche Sprachen im Alltag gesprochen werden. Zudem tritt eine erhebliche zeitliche Verschiebung ein; die Angaben hinken deutlich hinter der tatsächlichen Situation her. Die Censusdaten zu ethnischer Herkunft und Muttersprache weisen zunächst die Gegensätzlichkeit im Verlauf der Entwicklung auf:

Einerseits ist der Anteil der Bevölkerung britischer Herkunft kontinuierlich gesunken, zwischen 1931 und 1961 um 8,1 Prozentpunkte, der Anteil der nicht den beiden charter groups zugehörigen Bevölkerung bis auf 1971: 26,7 % angestiegen. Andererseits ging der Prozentsatz derjenigen, die nicht englisch oder französisch als ihre Muttersprache angaben, im selben Zeitraum auf 12,9 % zurück. Die Zahl der Kanadier mit englisch als Muttersprache stieg kontinuierlich auf insgesamt 60,2 % an. Die Schere zwischen ethnischer Herkunft und Muttersprache vergrößert sich zusehends. Während einerseits in ethnischer Hinsicht die Heterogenität der kanadischen Bevölkerung zunimmt, wächst andererseits ungeachtet dieser Ausdifferenzierung die sprachliche Homogenität stetig[84].

Die Assimilierung ist dabei so stark, daß ca. 1/4 der Kanadier, die englisch als Muttersprache nennen, anglisiert ("Anglicized") sind, i.e. abweichend von ihrer ethnischen Herkunft englisch als Muttersprache angenommen haben. Die Assimilierung an das Englische

Tabelle 20 : Die kanadische Bevölkerung nach ethnischer Herkunft und Muttersprache, 1931 - 1971 (in %)

	1931	1941	1951	1961	1971
Ethnic origin					
British	51,9	49,7	47,9	43,8	44,6
French	28,2	30,3	30,8	30,4	28,7
Other	19,9	20,0	21,3	25,8	26,7
Total	100,0	100,0	100,0	100,0	100,0
Mother tongue					
English	57,0	56,4	59,1	58,5	60,2
French	27,3	29,2	29,0	28,1	26,9
Other	15,7	14,4	11,9	13,4	12,9
Total	100,0	100,0	100,0	100,0	100,0

Quelle: B and B Commission, Book IV, S.119; Stat.Can./13,15,passim.

oder die Bewahrung der Muttersprache hängen von zahlreichen sich wechselseitig bedingenden Variablen ab; sie haben bewirkt, daß der Grad der Angleichung bei den verschiedenen ethnischen Gruppen deutlich variiert. Zu nennen sind neben dem Element der Integration des Individuums in die die ethnischen Barrieren übergreifend strukturierte Arbeitswelt als weitere Faktoren[85]:
Die ethnisch-kulturelle Besonderheit und Eigenständigkeit infolge von Sprache, Religion, Gruppensolidarität, die die Resistenz gegenüber der sprachlichen Assimilierung fördern (z.B. im Fall der dem slawischen Sprachkreis zugehörigen Bevölkerungsgruppen), während sich die sprachlich verwandten Bevölkerungsgruppen eher assimilieren (z.B. diejenigen germanischer Abstammung).
Der Zeitpunkt der Immigration und die Intensität der Immigration in Relation zum Immigrationszeitraum, d.h. je größer die Zahl derjenigen in einer ethnischen Gruppe ist, die noch in der alten Heimat geboren sind, desto größer ist die Resistenz gegenüber der Assimilierung (z.B. die italienische Bevölkerungsgruppe).
Die regionale Streuung oder Konzentration. Die räumliche Vereinzelung fördert die sprachliche Assimilierung; hingegen ist die Bewahrung der Muttersprache umso größer, je enger oder je abgeschlossener von fremden Einflüssen eine Bevölkerungsgruppe geographisch konzentriert zusammenlebt (z.B. die Kanadier ukrainischer und russischer Herkunft, die eingeborene Indianer- und Eskimo-Bevölkerung).
Die Konzentration in urbanen oder ruralen Gebieten, wobei die Resistenz umso mehr abnimmt, desto stärker eine ethnische Gruppe urbanisiert ist (z.B. die Kanadier jüdischer Herkunft). Der steigende

Tabelle 21 : Verhältnis von englisch als Muttersprache und ethnischer Herkunft, 1931 - 1961 (in %)*

	1931	1951	1961			
Ethnic origin			Mother tongue			
			English	French	Corresponding to ethnic group	Other
British	98,6	98,7	98,6	1,0		0,3
French	4,7	7,9	10,0	89,6		0,4
German	42,6	58,2	59,0	0,8	39,4	0,8
Italian	10,5	34,3	22,2	3,7	73,6	0,5
Jewish	2,3	42,7	57,9	1,3	33,6	7,3
Dutch	64,9	57,1	51,8	0,3	37,6	10,3
Polish	6,8	28,7	40,4	0,9	45,5	13,2
Scandinavian	30,6	62,7	69,7	0,6	28,8	0,9
Ukrainian	2,4	18,6	33,9	0,3	64,4	1,4
Indian and Eskimo	-	15,4	26,7	1,7	71,4	0,2
Others and not stated	-	-	51,0	2,7	27,4	18,8

* = Die Ausgangsbasis der Korrelation stellt die ethnische Herkunft dar; die Muttersprache wird zu ihr ins Verhältnis gesetzt; d.h. 1961 hatten z.B. 10 % derjenigen, die sich bei der Censuserhebung als Frankokanadier bezeichneten, englisch als Muttersprache genannt.

Quelle: B and B Commission, Book I, passim.

Urbanisierungsgrad der Gesamtbevölkerung, der zudem unter den Immigranten der jüngsten Zeit noch besonders hoch ist, dürfte in der Zukunft dazu beitragen, daß die Assimilierung an das Englische weiter wächst.

Wie unterschiedlich diese Faktoren sich indes auf die ethnischen Gruppen in Kanada auswirken, wird u.a. an zwei Beispielen sichtbar. Die Kanadier holländischer Herkunft sind nach den eingeborenen Indianern und Eskimos die ethnische Gruppe, die am geringsten urbanisiert ist; von ihnen lebten 1971 35,4 % in ruralen Gebieten, während im nationalen Durchschnitt nur mehr 23,9 % der Bevölkerung auf dem Lande wohnte (Stat.Can./23). Wäre der Stadt-Land-Gegensatz das entscheidende Kriterium für die sprachliche Assimilierung, wäre zu vermuten, daß die Kanadier holländischer Herkunft diejenige Gruppe sein müßten, in der sich die Muttersprache am stärksten erhalten hat. Tatsächlich gaben 1961 nur noch etwas über ein Drittel von ihnen holländisch als Muttersprache an. Der Grund hierfür ist vornehmlich im Immigrationszeitpunkt zu sehen, d.h.die bereits im Land geborenen Kanadier holländischer Herkunft assimilierten sich fast völlig.

Ähnliches gilt auch für die italienische Bevölkerungsgruppe, die in ihrer Mehrheit erst nach dem II.Weltkrieg nach Kanada immigrierte. Im Jahre 1961 waren 58,9 %, 1971 noch über die Hälfte in Italien geboren. 1961 und 1971 sprachen unverändert fast 3/4 italienisch, während sich 1961 nur 22,3 % von ihnen an das Englische assimiliert, 3,7 % französisch als Umgangssprache angenommen hatten. Der hohe Prozentsatz der foreign born und die außerordentliche lokale Konzentration überlagern den Einfluß der Urbanisierung. Nach den Kanadiern jüdischer Provenienz die am stärksten urbanisierte ethnische Gruppe, sind die Italiener gegenwärtig dennoch diejenigen, deren Resistenz gegen die sprachliche Assimilierung am größten, deren Bewahrung der eigenen Muttersprache am ausgeprägtesten ist. Die Kanadier italienischer Herkunft sind zudem die einzige ethnische Gruppe, die in größerer Zahl französisch als Umgangssprache annimmt, was aufgrund der sprachlichen Verwandtschaft und der gleichen Religionszugehörigkeit naheliegend ist. In der Provinz Quebec paßten sich die Italiener im Verhältnis von 2:1 an das Französische an[86]. Insgesamt ist jedoch selbst im frankokanadischen Quebec die sprachliche Assimilierung an das Englische doppelt so stark wie an das Französische. Im Jahre 1961 hatten von den 8,6 % der Bevölkerung, die weder franko- noch anglokanadischer Herkunft waren, 26 % englisch, nur 11 % französisch als Umgangssprache angenommen. Die mehr als doppelt so starke Assimilierung der weder anglo- noch frankokanadischen Bevölkerung an das Englische wirft ein bezeichnendes Licht auf die tatsächlichen Sozial- und Machtverhältnisse in der - so sollte man meinen - frankokanadischen Provinz Quebec.

3.3. Die Sprache als Bezugspunkt der frankokanadischen Identität

Das BNA von 1867 geht im Grundsatz von der Anerkenntnis des anglo- und frankokanadischen Dualismus aus. Henri Bourassa war um die Jahrhundertwende einer der ersten, der den kanadischen Bundesstaat nicht vornehmlich als Zusammenschluß der vier Gründungsprovinzen, als Konföderation staatlicher Einheiten also, sondern in erster Linie unter dem Gesichtspunkt ethnisch-kultureller Übereinkunft zwischen Anglo- und Frankokanadiern interpretiert hat[87]. Die Sprache stellte dabei von Beginn an einen der Faktoren dar, der die soziokulturelle Diversität der beiden charter groups maßgeblich determiniert hat. Bedeutung erlangte sie in der Vergangenheit jedoch zumeist nur als Subvariable und im Zusammenhang mit anderen, als wichtiger angesehenen Faktoren[88]. Die katholische Kirche, historisch über einen langen Zeitraum hinweg der einzige reale frankokanadische Machtfaktor im kolonialen Britisch Nordamerika und auch später in der Provinz Quebec bis in die Mitte des 20.Jahrhunderts die maßgebliche gesellschaftliche Kraft[89], integrierte als fast alleiniger Kultur- und Schulträger die verschiedenen sozio-kulturellen Elemente Französisch-Kanadas, die weitgehend in Abhängigkeit von Konfession und Kirche begriffen wurden. Selbst für Henri Bourassa bedeutete die Sprache nur ein Mittel, um den Glauben besser bewahren zu können:

"Ne luttons pas seulement pour garder la langue, ou pour garder la langue et la foi; luttons pour la langue afin de mieux garder la foi". (Bourassa 1918, S.51).

Die weitgehende Unterordnung der sozio-kulturellen Determinanten der frankophonen Identität unter Kirche und Konfession gehört indes heute weitgehend der Vergangenheit an[90]. Die Öffnung des frankokanadischen Quebec verursachte nach dem II.Weltkrieg eine drastische Säkularisierung des öffentlichen wie privaten Lebens in der Provinz. Die verstärkt einsetzende ökonomische Adaption an die bürgerlich-kapitalistische Industriegesellschaft Kanadas, die nationale und Sprachbarrieren überwindenden Massenmedien Radio und Fernsehen sind nur zwei von vielen Faktoren, die die sog. Quiet Revolution konstituierten. Hauptbestandteil dieses Prozesses war zu Beginn der 60er Jahre die Säkularisierung des seither vom Staat bestimmten Bildungswesens (s. Kapitel G/2). Durch den Machtverlust der katholischen Kirche lockerte sich zugleich die Interdependenz zwischen den verschiedenen sozio-kulturellen Bestimmungsfaktoren frankokanadischer Eigenständigkeit[91]. Die Sprache gewann mehr denn je an Eigengewicht, übernahm die bis dahin vornehmlich von der Konfession wahrgenommene Funktion und wurde auch in der subjektiven Perzeption durch die Bevölkerung zur entscheidenden Komponente, auf der die Existenz der frankokanadischen Identität beruht[92]. Die veränderten Bezugspunkte, die Verschiebung der sozio-kulturellen Antagonismen von der konfessionellen hin zur sprachlichen Ebene haben tiefe Spuren hinterlassen, sowohl im sozio-kulturellen Bereich selbst als auch im politischen System. Die Sprache bildet heute Ausgangspunkt und Kriterium gleichermaßen für die Politik der Federalisten und ihre Option wie für die Argumentation der Independisten und ihre Forderung nach staatlicher Nationalität Quebecs.

Die Frankokanadier leben in einer geographischen, vor allem aber sozio-kulturellen Enklave. Die knapp fünf Millionen französisch-sprechender Einwohner Quebecs befinden sich in der sprachlich weithin feindlichen Umwelt des nordamerikanischen Kontinents mit einer englisch-sprachigen Bevölkerung von mehr als 220 Millionen. Wenn man so will, der französische David kämpft mit dem englischen Goliath um den Fortbestand der eigenen Sprache. Wichtiger als das numerische (Miß-)Verhältnis scheint indes die Bedeutung, die der französischen Sprache in Kanada, insbesondere im frankokanadischen Quebec selbst zukommt. Das Prestige einer Sprache ist weitgehend bestimmt von dem gesellschaftlichen Rang und dem Prestige derjenigen, die die Sprache sprechen. Im Falle Quebecs tritt als zentraler Faktor dabei die Trennung des frankophonen sozio-kulturellen und politischen Systems einerseits und des weitgehend anglophonen, von US-Amerikanern und Anglokanadiern kontrollierten ökonomischen Systems andererseits hinzu[93]. Führt man diese Überlegung der Abhängigkeit der Sprache von den ökonomischen Strukturbedingungen noch einen Schritt weiter, garantiert in der Zukunft nur die 'Nationalisierung' des ökonomischen Systems in Quebec den Fortbestand der französischen Sprache und der sozio-kulturellen Identität der Frankokanadier. Tatsächlich gehen denn auch die politischen Optionen in diese Richtung, wenngleich Independisten und Federalisten natürlich entgegengesetzte Lösungen propagieren.

Eine verstärkte sprachliche Unabhängigkeit Französisch-Kanadas birgt aber andererseits neuerlich die Gefahr der gesellschaftlichen Abkapselung in sich. Eine solche Entwicklung weist deutlich anachronistische Züge auf in 'einer Welt, die täglich kleiner wird', in der die staatlichen wie nationalen Grenzen im ökonomischen, aber auch im kulturellen und insbesondere im sprachlichen Bereich nur noch geringe Barrieren bilden und die vielfältigsten Arten der Kooperation und Integration institutionalisiert werden, um die traditionellen Grenzen zu überwinden. Hinzu kommt, daß englisch zur international anerkannten Sprache der Wissenschaft und Technologie avanciert ist; die Beherrschung der englischen Sprache ist heute vielfach bereits Voraussetzung für kompliziertere industrielle Produktionsprozesse und damit auch berufliche Einstellungsqualifikation. Die Betonung des Französischen und eine stärkere Abkehr vom Englischen muß so negative Konsequenzen für den Entwicklungsstand und die Konkurrenzfähigkeit der Wirtschaft insgesamt und auch individuell für die Berufsaussichten bewirken. Am Beispiel englisch-französisch und der Stellung beider Sprachen in Quebec lassen sich damit ähnliche Spannungsverhältnisse und Zielkonflikte zwischen struktureller Abhängigkeit und nationaler Identität bzw. Unabhängigkeit aufzeigen, wie sie heute fast ausschließlich für die Beziehungen von entwickelter Erster und unterentwickelter Dritter Welt, am Verhältnis von Metropole und Peripherie diskutiert werden.

Die Ambivalenz der Sprachenfrage tritt gleichermaßen in einem weiteren Aspekt zutage. Der Gebrauch einer Sprache bildet zweifellos ein maßgebliches Bindeglied zu den gesellschaftlichen, vor allem aber kulturellen Werten einer nationalen Bevölkerungsgruppe[94]. Vermittelt durch die Sprache, vollziehen sich damit deutliche Sozialisationseffekte. Indes, die Auswirkungen der sprachlichen Assimilierung sind keineswegs eindeutig auszumachen. Auch empirische Untersuchungen lassen nur differenzierte Antworten zu. Hier sollen nur zwei mögliche Ergebnisse dieser sprachlichen Sozialisation formuliert werden. Beide Hypothesen finden ihre Bestätigung in der sozialen Wirklichkeit, wie John Meisel mit Hilfe empirischer Untersuchungen aufgezeigt hat[95]:

Erstens: Diejenigen Frankokanadier, die sich sprachlich assimiliert haben und englisch als zweite Umgangssprache sprechen, unterscheiden sich in ihrem Wertsystem, ihrem sozialen und politischen Verhalten von den einsprachig-französischen Frankokanadiern. Die sprachliche Assimilierung bewirkt, daß sie in ihrem Verhalten dem der Anglokanadier stets und wachsend ähnlicher und letztlich vollständig sozio-kulturell assimiliert werden.

Zweitens: Die beständige Konfrontation mit der anglophonen Kultur verstärkt bei den sprachlich assimilierten Frankokanadiern die Einsicht in ihre persönliche Situation, schärft das Bewußtsein in die inferiore Position der frankophonen Kultur und in die gesellschaftliche Dominanz der Anglokanadier. Die Assimilierung führt zu genau dem gegenteiligen Sozialisationseffekt; sie lenkt das soziale und politische Verhalten in die Richtung einer betont frankophon-nationalistischen Option. Pointiert formuliert heißt dies, daß in der Zweisprachigkeit einer der Verursachungsfaktoren gesehen werden kann, der eine Vielzahl der Frankokanadier Quebecs zu der Überzeugung veranlaßt hat, daß nur die staatliche Souveränität Quebecs ihnen ihre eigene Kultur garantieren kann.

3.4. Die Frankokanadier in Kanada. Zum Verhältnis von ethnischer Herkunft und Sprache

In den vorstehenden Bemerkungen ist vornehmlich auf die Stellung der französischen Sprache in Quebec abgehoben worden. Tatsächlich wird sich die Zukunft des Französischen in Nordamerika und in Kanada vor allem dort entscheiden. Die Sprachenfrage ist indes komplexer. Die Formel vom französisch-sprachigen Quebec und vom englischsprachigen Rest Kanadas spiegelt nur einen Teil der Wirklichkeit wider[96]. Insgesamt leben gegenwärtig 6.180.120 (1971) Einwohner frankokanadischer Herkunft in Kanada. Von ihnen wohnen 'nur' 4.759.355 in Quebec, so daß immerhin 1.420.765 (22,9 %) der Frankokanadier außerhalb Quebecs wohnen. Die Frankokanadier stellen somit nicht nur die Bevölkerungsmehrheit in 'ihrer' Provinz, sondern sie sind außerhalb Quebecs mit einem Bevölkerungsanteil von 1961 9,98 und 1971 9,14 % noch vor den deutschstämmigen Kanadiern die zweitstärkste ethnische Gruppe.

Von ihnen lebt die größte Zahl in Ontario (1971: 647.941/9,6 % der Provinz-Bevölkerung). Allein im Einzugsgebiet der Bundeshauptstadt, in Metropolitan Ottawa, das allerdings sowohl zu Ontario als auch zu Quebec gehörige Bezirke umfaßt, sind 38 % der ca. 600.000 Einwohner (1971) Frankokanadier (Stat.Can./23). In New Brunswick stellten sie nach dem Census von 1961 38,8 % der Bevölkerung; in der letzten Dekade ist ihr Anteil geringfügig auf 37,0 % abgesunken. Von den 1971 235.025 Frankokanadiern in New Brunswick wohnen allerdings 208.480 regional konzentriert. In den sieben nördlichen

Tabelle 22 : Vergleich von Muttersprache und ethnischer Herkunft der Frankokanadier 1941 - 1971*

	a) ethnische Herkunft	b) Muttersprache absolut	in % von a)	a) ethnische Herkunft	b) Muttersprache absolut	in % von a)
	1941			1951		
Canada	3.483.038	3.354.753	96,3	4.319.167	4.068.850	94,2
Quebec	2.695.032	2.717.287	100,8	3.327.128	3.347.030	100,6
Canada/ ohne Quebec	788.006	637.466	80,9	922.039	721.820	78,3
	1961			1971		
Canada	5.540.346	5.123.151	92,5	6.180.120	5.793.650	93,7
Quebec	4.242.354	4.269.689	100,7	4.759.355	4.867.250	102,7
Canada/ ohne Quebec	1.298.992	853.462	65,7	1.420.765	926.400	65,2

* = Gegenübergestellt sind die vom Census-Büro ermittelten Globaldaten; vgl. Fußnote E/85.

Quelle: Stat.Can., verschiedene Censuserhebungen.

counties[97] der Provinz (60,3 % der Bevölkerung dieses Gebietes). In New Brunswick und in Ontario, aber auch in regionalen und/oder lokalen Enklaven in allen anderen Provinzen lebt eine teilweise beträchtliche frankokanadische Minorität.

Wer den Antagonismus von Anglo- und Frankokanadiern auf die Dichotomie von Quebec und den Rest Kanadas reduziert, wer nur nach der Stellung des Französischen in Quebec fragt, der geht mehrfach an der Realität vorbei. Französisch-Kanada umschließt eben auch die frankokanadische Bevölkerung außerhalb Quebecs, die - obgleich Minorität oder gerade deshalb - stets ein besonderes Bindeglied zwischen den einzelnen regionalen und provinzialen Teilen des Bundesstaates gewesen ist[98]. Zudem haben die Frankokanadier Quebecs ihre eigene Position in der kanadischen Gesellschaft und das Verhalten der Anglokanadier ihnen gegenüber immer auch an der Situation der frankokanadischen Minderheiten in den anderen Provinzen gemessen. Dies gilt für die Schulfrage in Manitoba und Ontario wie für die Rebellion in Saskatchewan und die Riel-Krise, die jeweils für das frankophone Quebec zum einen nationalpolitisch im Hinblick auf die Bewahrung der eigenen nationalen Identität, zum zweiten parteipolitisch auf Provinz- wie Bundesebene eine zentrale Rolle spielten. Diese wechselseitige Abhängigkeit trifft auch für die Sprachenfrage zu. Für die weitere Existenz der französischen Sprache in Kanada bedarf es geradezu einer sprachenpolitischen 'Doppelstrategie'[99], die zum einen auf Bundesebene die französische Sprache dem Englischen normativ und institutionell sowie soweit als eben möglich auch faktisch gleichstellt, die zum zweiten auf Provinzebene in Quebec der französischen Sprache die ihr zukommende Position ein-

Tabelle 23: Daten zur Bevölkerungsentwicklung der Kanadier frankokanadischer ethnischer Herkunft, 1881 - 1971

Jahr	a) Canada	b) Quebec	c) Canada ohne Quebec absolut	in % von a)
1881	1.298.929	1.073.820	225.109	17,3
1901	1.649.371	1.322.115	327.256	19,8
1911	2.061.719	1.605.339	456.380	22,1
1921	2.452.743	1.889.277	563.466	22,9
1931	2.929.990	2.270.059	657.931	22,5
1941	3.489.038	2.695.032	788.006	22,6
1951	4.319.167	3.327.128	922.039	21,3
1961	5.540.346	4.241.354	1.298.992	23,4
1971	6.180.120	4.759.355	1.420.765	22,9

Quelle: Stat.Can./15, passim.

räumt, d.h. die Provinz sprachlich 'nationalisiert' und französisch in sämtlichen Lebensbereichen zur Alltagssprache macht. Wer hingegen nur noch in der staatlichen Unabhängigkeit Quebecs den Ausweg aus dem vielschichtigen Dilemma sieht, in dem sich Französisch-Kanada in Nordamerika zweifelsohne befindet, der überläßt 1,4 Millionen Frankokanadier, die in einer sozio-kulturell weit feindlicheren Umwelt leben müssen, ihrem eigenen Schicksal. Wie sehr sie auf die Unterstützung durch ihre frankokanadischen 'Brüder' aus Quebec angewiesen sind, zeigt sich u.a. an der Situation der französischsprachigen Presse: Außerhalb Quebecs bestanden zu Beginn der 70er Jahre nur zwei Tageszeitungen, die eine in Ontario, die andere in New Brunswick, mit relativ geringer Auflagenhöhe; zusätzlich existieren nur wenige Presseorgane, die in größeren zeitlichen Abständen erscheinen[100].

Der Einfluß der sozio-kulturell feindlichen Umwelt, der Assimilierungsdruck, dem die Frankokanadier außerhalb Quebecs ausgesetzt sind, werden in ihren Dimensionen offenbar, wenn man ethnische Herkunft und Muttersprache vergleicht. Es bedarf dazu nicht einmal detaillierterer Ausführungen; die Census-Daten sprechen eine deutliche Sprache (Stat.Can./23-25). Außerhalb Quebecs ist das Verhältnis zwischen ethnischer Herkunft und Muttersprache von etwa 4/5 im Jahre 1941 auf 1971 nur noch knapp 2/3 gesunken[101]. Am stärksten vollzog sich die Assimilierung zwischen 1951 und 1961; während sich 1951 noch ein Verhältnis von 78,3 % herstellte, waren es 1961 nurmehr 65,7 %. Unter Einschluß Quebecs hatten 1931 4,7 % der Frankokanadier englisch als 'Muttersprache' angenommen; 1961 waren es immerhin bereits 10 %. Die in Tabelle 24 zusammengestellten Daten machen insbesondere zweierlei deutlich[102]: Erstens: 1961 hatten 50 % und mehr Frankokanadier in den Provinzen Newfoundland, Prince Edward Island, Nova Scotia, Alberta, British Columbia und im Yukon Territory 'ihre' Muttersprache aufgegeben und sich ans Englische assimiliert. In Ontario, Manitoba, Saskatchewan und in den Northwest Territories hatten sich bereits mehr als 1/3 an das Englische adaptiert. Außerhalb von Quebec und New Brunswick war damit der Grad der sprachlichen Assimilierung der Frankokanadier in etwa demjenigen vergleichbar, dem die Angehörigen der kleineren ethnischen Gruppen unterlagen. Zweitens: Der Assimilierungsdruck verschärfte sich von Census zu Census. In sämtlichen Provinzen, einschließlich Quebecs und New Brunswicks, verschlechterte sich die Situation der

Tabelle 24 : Verhältnis von Muttersprache und ethnischer Herkunft der Frankokanadier nach Provinzen, 1931 - 1961*

Province and Year	Percent Distribution English	French	Other
Newfoundland			
1951	78,1	21,8	0,1
1961	85,2	14,7	0,1
Prince Edward			
1941	29,1	70,9	0,0
1951	46,4	53,6	0,0
1961	55,2	44,4	0,4
Nova Scotia			
1931	32,1	67,8	0,2
1941	39,6	60,3	0,1
1951	49,2	50,7	0,2
1961	56,9	42,9	0,2
New Brunswick			
1931	5,0	94,9	0,0
1941	6,6	93,4	0,0
1951	9,1	90,9	0,0
1961	12,2	87,6	0,3
Quebec			
1931	0,6	99,4	0,0
1941	1,0	99,0	0,0
1951	1,4	98,6	0,1
1961	1,6	98,2	0,2
Ontario			
1931	22,2	77,4	0,4
1941	25,1	74,4	0,5
1951	31,3	68,3	0,4
1961	37,7	61,4	0,9
Manitoba			
1931	12,1	86,0	1,8
1941	14,6	84,7	0,7
1951	22,5	76,0	1,5
1961	30,3	67,2	2,4
Saskatchewan			
1931	18,9	78,5	2,6
1941	23,4	75,4	1,2
1951	32,7	64,9	2,4
1961	43,2	54,5	2,3
Alberta			
1931	25,5	70,4	4,1
1941	29,8	68,0	2,2
1951	39,5	56,9	3,6
1961	49,8	46,8	3,4
British Columbia			
1931	50,5	48,5	1,0
1941	53,7	45,4	0,9
1951	56,9	41,2	1,9
1961	64,8	33,7	1,5
Yukon			
1941	35,3	64,4	0,3
1951	53,8	44,8	1,4
1961	59,1	40,0	0,9
Northwest Territories			
1931	13,0	85,6	1,4
1941	14,6	84,5	0,9
1951	22,6	53,6	23,8
1961	37,9	57,8	4,3

* = Die Ausgangsbasis der Korrelation bildet die ethnische Herkunft; in Prozent angegeben ist die jeweilige "Muttersprache" der Frankokanadier, z.B. hatten von der frankokanadischen Bevölkerung der Provinz Newfoundland 1961 85,2 % englisch als Muttersprache genannt, nur 14,7 % französisch.

Quelle: Lieberson 1970, S.96.

französischen Sprache beständig, gaben zusehends mehr Frankokanadier ihre Muttersprache zugunsten des Englischen auf. Während stets nur eine verschwindend kleine Zahl von Kanadiern britischer Herkunft französisch als Muttersprache angenommen hat - in allen Provinzen außerhalb Quebecs und New Brunswicks unter 1 %, 1961 in New Brunswick 1,8 %, in Quebec gerade 9,4 % -, verringerte sich die Resistenz der Frankokanadier gegenüber der englischen Sprache mit wachsender Schnelligkeit und in einem Grad, der subjektiv für die Frankokanadier, damit aber zugleich auch objektiv für die auf dem Dualismus der beiden charter groups gegründete kanadische Konföderation zweifelsohne bedrohliche Ausmaße erreicht hat. Diese Tendenz ließ für viele nur noch die Schlußfolgerung zu, daß es ausschließlich eine Frage der Zeit sei, bis die französische Sprache in den Provinzen außerhalb Quebecs praktisch nicht mehr gesprochen werden würde, der Zeitpunkt zudem bereits absehbar sei[103]. Dies umso mehr, als sich die Assimilierung der Frankokanadier außerhalb Quebecs und New Brunswicks auch nach 1961 weiter fortgesetzt hat. Im Vergleich zum Jahrzehnt zwischen 1951 und 1961 ist indes die Geschwindigkeit der sprachlichen Angleichung deutlich abgeflacht (s. Kapitel G/4).

Bei der Censuserhebung von 1971 fragte das Statistische Büro nicht nur nach der Muttersprache, sondern erstmals auch nach der am meisten gesprochenen Sprache ("Language most often spoken at home"; der 'Umgangssprache', wenn man so will). Vergleicht man diese Angaben mit denen zu ethnischer Herkunft und Muttersprache, kommt man dem tatsächlichen Ausmaß der sprachlichen Assimilierung näher. Während 1971 fast 14,5 Millionen Kanadier (67,0 % der Bevölkerung) englisch als Umgangssprache nannten, waren nur 9,6 Millionen Kanadier (44,6 %) britischer Herkunft, d.h. ca fünf Millionen Kanadier, etwa 1/4 der gesamten Bevölkerung und fast ebensoviele wie diejenigen, die französisch als Umgangssprache sprechen, haben sich an die englische Sprache adaptiert. Die Diskrepanz zwischen ethnischer Herkunft und Muttersprache einerseits und Umgangssprache andererseits wird indes vor allem bei der frankokanadischen Bevölkerung außerhalb Quebecs deutlich. Nur 676.000 nannten französisch als Umgangssprache[104]. Nur etwa 2/3 von denen, die französisch als Muttersprache bezeichneten, gebrauchten sie auch als Umgangssprache. Von den insgesamt 676.000, die französisch nannten, leben zudem 552.000 in Ontario und New Brunswick, somit nurmehr 124.000 in den anderen Provinzen Kanadas. Die hier ausgebreiteten Daten sprechen für sich selbst: Außerhalb Quebecs sind die französische Sprache und die frankophone Kultur existentiell bedroht.

3.5. Zur Sprachenstruktur Kanadas

Richard J.Joy (1972) standen für seine auf den Censuserhebungen bis 1961 beruhende Studie keine Angaben zur 'Umgangssprache' zur Verfügung. Um dennoch den bias der zeitlichen Verzögerung, wie er den Daten zur Muttersprache immanent ist, soweit als möglich zu neutralisieren, analysierte er vornehmlich die Altersklasse der 0 - 4 Jahre alten Kinder[105]. Zudem ging er in geographischer Hinsicht nicht von den traditionellen provinzialen Größen aus, sondern wählte eine regionale Gliederung Kanadas, die die besondere sprachliche Dichotomie von englisch und französisch am besten zu reflektieren schien[106]. Auf dieser Basis formulierte Joy folgende Hypothesen über die Zukunft beider Sprachen:

Erstens: Die sprachliche Assimilierung ist wesentlich stärker ausgeprägt, als die Daten der Muttersprache dies vermuten lassen - ein Faktum, das durch die Ergebnisse zur Umgangssprache 1971 nachdrücklich bestätigt worden ist.

Zweitens: Kanada besteht aus drei Sprachregionen (S.20ff): je einer weitgehend einsprachig-englischen und französischen sowie zweisprachigen Zone, dem 'Bilingual Belt'. Einsprachig-englisch sind dabei: die Provinzen des Ostens mit Ausnahme der nördlichen counties von New Brunswick; der industrialisierteste und bevölkerungsstärkste Teil Ontarios - und damit auch das Industriezentrum Kanadas - im Süden und Westen der Provinz; ferner der gesamte kanadische Westen von Manitoba bis British Columbia. Einsprachig-französisch ist: allein Inner-Quebec, in dem 1961 über 95 % französisch als Muttersprache angaben und nur 2 % einsprachig-englisch waren. Die zweisprachige Zone Kanadas erstreckt sich von Moncton, New Brunswick, bis nach Sault Ste.Marie, Ontario (gelegen am Zusammenfluß von Lake Superior und Lake Huron). Diese sog. 'Soo-Moncton-Line' umfaßt den Norden New Brunswicks, den Süden Quebecs unter Einschluß der Eastern Townships und Metropolitan Montreals, das Ottawa Valley einschließlich von Metropolitan Ottawa, sowie teilweise den Osten und Norden der Provinz Ontario entlang der Provinzgrenze mit Quebec und bis hin zu den Upper Lakes der Großen Seen. Innerhalb dieser zweisprachigen Zone verstehen mehr als 3/4 der Bevölkerung französisch. In den einsprachig-englischen Gebieten versteht hingegen nur jeder 20.Einwohner französisch,und nur jeder 40.spricht französisch im Alltag.

Drittens: Die Assimilierung an <u>beide</u> Sprachen wird sich in den einsprachig-englischen bzw. französischen Regionen verstärkt und mit zunehmender Geschwindigkeit fortsetzen, zumal die junge Generation der sprachlichen Minoritäten ihre Muttersprache fast vollständig aufgegeben habe bzw. aufgeben werde .

Viertens: In absehbarer Zukunft wird Kanada sprachlich aus 'Two Unilingualisms divided by the Bilingual Belt' bestehen. Außerhalb der 'Soo-Moncton-Linie' werde die Zweisprachigkeit Kanadas folglich über kurz oder lang zur Fiktion.

Geht man von der Sprachstruktur aus, weist Kanada deutlich dualistische Züge auf. Dennoch wäre es falsch, zumindest einseitig, nur auf den Gegensatz zwischen dem französisch-sprachigen Quebec und dem englisch-sprachigen Rest Kanadas abzuheben. Aufgrund der multi-nationalen Immigration ist die kanadische Gesellschaft vielfältig fraktioniert. Zu der sozialen und politischen Regionalisierung tritt die ethnisch-kulturelle Diversität hinzu. Der Rest Kanadas ist weit weniger homogen als das frankophone Quebec. Am pointiertesten formulierte diese Tatsache wohl im Oktober 1967 das 'Edmonton Journal', als es einen Artikel zur Frage von 'bilingualism and biculturalism' mit der Überschrift aufmachte: "If Canada is to be divided into Two Nations, Let's put the border between Manitoba and Ontario" (zit. n. Cook 1971, S.90).

3.6. 'Canadian mosaic': Anmerkungen zur Wechselwirkung von anglo-frankokanadischer Dualität und ethnisch-kultureller Pluralität

Multi-Nationalität und anglo-frankokanadischer Dualismus sind die Kennzeichen der ethnisch-kulturellen Konstellation Kanadas; in ihrem Spannungsverhältnis und ihrer Interdependenz konstituieren sie das Canadian mosaic. Um das Verhältnis der ethnischen Gruppen in der heute multi-nationalen Gesellschaft verstehen zu können, müssen folglich zunächst einige der Strukturmerkmale kurz erläutert werden, die seit der Mitte des 19.Jahrhunderts die Beziehungen von Anglo- und Frankokanadiern bestimmen. Die Analyse der Rebellion von 1837 im frankokanadischen Lower Canada (Quebec) ließ Lord Durham zu der Überzeugung gelangen, daß die Nationalitätenantagonismen einzig durch die schrittweise, aber langfristig vollständige Assimilierung der Frankokanadier an die anglokanadische Bevölkerungsmajorität zu überwinden seien:

"I entertain no doubt of the national character which must be given to Lower Canada; it must be that of the British Empire; that of the majority of British America; that of the great race which must, in the lapse of no long period of time, be predominant over the whole North American Continent... it must henceforth be the first and steady purpose of the British Government to establish an English population, with English laws and language, in this Province, and to trust its government to none but a decidedly English Legislature..." (Durham 1912, vol.II, S.288f).

Britische Regierung und Parlament folgten Durhams Empfehlungen nur in einem Aspekt, dem Zusammenschluß der zuvor separaten kolonialen Provinzen Upper and Lower Canada zur Provinz Canada. Ohne Zweifel verstärkte sich dadurch die Präponderanz der Anglokanadier, verschlechterte sich die bereits inferiore Stellung der Frankokanadier, die jetzt auch bevölkerungsmäßig in die Minderheit gerieten. Durhams Konzeption der Assimilierung machten sich die Briten indes nicht zu eigen[107]. So verfiel das individualistische Kopfzahlprinzip (representation by population) der Ablehnung, das als Repräsentationsgrundlage eine notwendige Voraussetzung für Assimilierungstendenzen im politischen System dargestellt hätte. Durch die Institutionalisierung von 'equal representation' im Act of Union perpetuierte sich die Separierung von Anglo- und Frankokanadiern. Vor allem aber beließ die britische Kolonialmacht den Frankokanadiern ihre weitgehende sozio-kulturelle Eigenständigkeit; in das Act of Union wurden die Sonderrechte wieder aufgenommen, u.a. Religionsfreiheit, konfessionell-private Schulträgerschaften etc., die den Frankokanadiern bereits im Jahre 1774 durch das Quebec Act garantiert worden waren. In der Provinz Canada schuf die britische Kolonialmacht somit einerseits eine künstliche politische Union; andererseits aber trug das Act of Union in starkem Maße den tiefgreifenden Unterschieden in beiden Provinzteilen Rechnung[108]. In der politischen Praxis, zumal nach der Durchsetzung von responsible government (1848), verfestigte sich die Separierung von franko- und anglokanadischer Provinzhälfte; dies umso mehr, als sich über die Wahlen die Nationalitätengegensätze auch auf das Parteiengefüge übertrugen. Geht man von demokratie-theoretischen Ansätzen wie der 'Konkordanz-Demokratie' (s. Kapitel G/4) als Analyserahmen aus, ist Kenneth D.McRae zuzustimmen, daß

"... the Union period produced perhaps the closest approach to an institutionalized politics of accommodation to be found in Canadian history..." (McRae 1974, S.255).

Allerdings bedeutet dies keineswegs, daß die Beziehungen von Anglo- und Frankokanadiern seither von 'equal partnership' gekennzeichnet sind. Die Präponderanz der Anglokanadier, insbesondere auch ihre ökonomische Dominanz, sollen hier nicht minimalisiert oder gar geleugnet werden, weder für die Mitte des 19.Jahrhunderts noch für die Gegenwart[109]. Dennoch entwickelte sich der ethnisch-kulturelle Dualismus zum entscheidenden Merkmal im Verhältnis der beiden Na-

tionalitäten; nicht die Assimilierung, wie Durham sie propagiert hatte, die Bewahrung der jeweiligen Identität von Anglo- und Frankokanadiern wurde zum Strukturprinzip. Infolge des ambivalenten Charakters des BNA verstärkten sich diese Tendenzen mit der Gründung der Konföderation weiter:
Einerseits wurde durch den Zusammenschluß der Provinzen ein bundes- (gesamt-)staatlicher Überbau geschaffen, entstand ein nationales politisches System. Zudem bildete sich über die Wahlen zum Unterhaus in der Folgezeit ein nicht primär ethnisch strukturiertes, sondern die Nationalitätenbarriere transzendierendes Parteiengefüge heraus. Zumindest die Liberale Partei, in geringerem Maße auch die Konservativen und die Drittparteien, überwanden die Nationalitätenschranke und entwickelten sich zu gesamtstaatlichen, nationalen Parteien. Wenn auch das Parteiengefüge seit jeher stark regionalisiert ist, ist das Parteiensystem seit der Gründung der Konföderation doch eines der Integrationselemente gewesen, das den Bestand des kanadischen Bundesstaates bis heute mit garantiert hat [110]. Daß sich die politischen Parteien entlang der Nationalitäteninteressen organisieren, ist in einer ethnisch, kulturell und religiös so fraktionierten Gesellschaft eine stets latente Gefahr. Abgesehen von wenigen Ausnahmen, u.a. im Gefolge der Hinrichtung Louis Riels 1886 und der beiden während der Weltkriege ausgelösten Wehrpflichtkrisen, haben die Parteien und deren Eliten zumindest auf Bundesebene dieser Gefahr widerstanden[111]. Daß der Antagonismus von Anglo- und Frankokanadiern nicht zum alles entscheidenden Strukturmerkmal wurde, ist in erster Linie das historische Verdienst der Liberalen Partei[112].

Andererseits wurden im BNA die frankokanadischen Sonderrechte neuerlich bestätigt: So wurde die in der Praxis bereits existente Zweisprachigkeit verfassungsrechtlich verankert[113]. Sodann trat zum sozio-kulturellen Dualismus der politisch-institutionelle verstärkt hinzu; die Provinz Canada wurde erneut getrennt, das anglokanadische Ontario, das frankokanadische Quebec wurden als separate Provinzen errichtet. Der föderale Staatsaufbau gewährte den Provinzen weitreichende politische Eigenverantwortung. Zahlreiche der Subsysteme unterhalb des bundesstaatlichen Gesamtsystems waren und blieben seither bestimmt vom ethnisch-kulturellen Dualismus der beiden Nationalitäten, von ethnisch-kultureller Abkapselung und ausgeprägter ethnisch-kultureller Loyalität.

Die Bedeutung des BNA für das Verhältnis von Anglo- und Frankokanadiern ist indes von Beginn an in den Interpretationen der Federalisten und Nationalisten bzw. Independisten kontrovers eingeschätzt worden[114]. Wenngleich die Beurteilung durch die frankokanadischen Nationalisten auch keineswegs einheitlich ist, reflektiert die hier stellvertretend zitierte Interpretation, die André d'Allemagne[115] in seinem Buch 'Le Colonialisme au Québec' (1966) gibt, im Grundsatz die zentrale These des frankokanadischen Geschichtsverständnisses:

"... Le conquérant s'appliqua donc à trouver une formule qui neutraliserait le sentiment national du peuple conquis en le plaçant dans une situation définitive et minoritaire, à l'intérieur d'un contexte acceptable et propre à entretenir chez lui l'impression d'une certaine liberté...
On trouva la recette: la Confédération, qui marqua le passage de la phase impérialiste à la phase colonialiste dans l'histoire du peuple canadien-français. Le British North America Act, loi du Parlement de Londres qui créait la Confédération canadienne, refusait le pouvoir politique aux Canadiens français et tissait un réseau complexe d'institutions dont il leur était encore plus difficile de se libérer que d'une simple occupation militaire. Auprès du peuple conquis, le Canada anglais remplaçait désormais l'Angleterre: les pouvoirs de Londres étaient transférés à Ottawa ... la Confédération inventait une patrie fictive, le Canada 'coast-to-coast', dans laquelle les Québécois seraient toujours en situation d'infériotè, non seulement à cause de leur état minoritaire, mais parce que le noveau pays était dès le début aux mains des Canadiens anglais... S'appuyant sur les formes politiques, financières, industrielles, commerciales et sociales, les superstructures pancanadiennes, au service du conquérant, devaient nécessairement éclipser les structures nationales du Canada français écartées de la réalité. Le colonialisme, produit de la Confédération, a envahi peu à peu tous les secteurs de la vie collective. Au fusil et à la potence des anciens impérialistes, la Confédération a substitué les instruments classiques du colonialisme: la constitution, le droit, la finance, la grande entreprise, les partis politiques, la propagande, bref toutes les institutions qui, de façon concrète et quotidienne, façonnent la vie d'un peuple. Par la Confédération, le colonialisme perpétue la Conquête, de façon plus voilée, plus profonde, plus globale..." (d'Allemagne 1966, S.21f).

Die Frankokanadier indes, die - wie Georges Etienne Cartier - die Konföderation gegen bereits ähnliche Argumente der Fundamentalopposition[116] durchsetzten und in der Wahl zum ersten Unterhaus von 1867 eine Mehrheit der wahlberechtigten frankokanadischen Bevölkerung für den Bundesstaat gewinnen konnten[117], waren der entgegengesetzten Meinung. Für sie handelte es sich bei der Staatsgründung nicht um die Perpetuierung des britischen Kolonialismus mit anderen Mitteln; in ihrem Verständnis bildete das BNA die endgültige Anerkennung der frankokanadischen Sonderrechte und Eigenständigkeit, die ihnen die nationale Identität erhalten würden:

"... if union were attained, we would form a political nationality with which national origin, nor the religion of any individual would interfere... In our federation we should have Catholic and Protestant, English, French, Irish, Scotch, and each in his efforts and success would increase the prosperity and glory of our new Confederacy..." (G.E.Carter in: Confederation Debates 1865, S.60).

Die soziale und ökonomische Inferiorität der Frankokanadier, die Präponderanz der Anglokanadier sind unbestreitbare Fakten. Tatsache ist indes gleichermaßen, daß die Gründung des Bundesstaates und der kanadische Föderalismus es den Frankokanadiern gestatteten, sich ihre nationale Identität zu bewahren. Insofern ist Ramsay Cook und seinem auf der Basis der föderalen Option um Abgewogenheit bemühten Urteil zuzustimmen:

"What federal union provided was that French Canadians, while participating fully in all common affairs of the new nation, also had one province where they would be in a majority. And the provinces were given control over those matters which, in 1867, seemed most important for the preservation of French Canada's distinctiveness - education, civil law, and matters respecting religious life. Thus, in addition to being a union of the four provinces, Confederation was also a division between Canada East, or Quebec, and Canada West, or Ontario, which had previously been united in a single legislative union" (Cook 1966, S.44).

Das Ziel des Bundesstaates war und ist, daß zwei Nationen in einer Konföderation unter Bewahrung der eigenen Identität zusammenleben können; durch die Gründung der Konföderation wurde Kanada nach 1867 zur bi-nationalen Gesellschaft.

Diese Strukturprinzipien des nationalen Dualismus garantierten Anglo- und Frankokanadiern in dem Augenblick, als sich durch die kontinental-europäische Immigration die kanadische Bevölkerung ethnisch-kulturell weiter differenzierte, ihre - wenn auch nicht gleichgewichtige - Vorrangstellung gegenüber diesen später nach Kanada eingewanderten ethnischen Gruppen. Franko- und Anglokanadier, historisch die founding groups Kanadas, wurden die charter groups der kanadischen Gesellschaft, denen sich die in ihrer Bevölkerungszahl weit kleineren ethnischen Gruppen bis zu einem gewissen Grad stets unterordnen mußten.

Der Dualismus zwischen den beiden charter groups verhinderte jedoch zugleich extensive Assimilierungsbestrebungen gegenüber diesen neuen, im 20.Jahrhundert nach Kanada kommenden Immigranten kontinental-europäischer Provenienz. Um ihre Assimilierung programmatisch postulieren und in der sozialen Wirklichkeit realisieren zu können, hätte es nicht nur einer tendentiellen, sondern einer grundsätzlichen Veränderung in der gesellschaftlichen Zielvorstellung bedurft. Ein solcher Weg ist indes aus naheliegenden Gründen nicht beschritten worden. In der kanadischen Wirklichkeit hätte dies nur zur Folge haben können, daß sich die Angehörigen dieser neuen ethnischen Gruppen noch stärker als unter den gegebenen Bedingungen an die bevölkerungsmäßig, politisch, insbesondere auch sozial dominante der beiden charter groups assimiliert hätten. Die dadurch hervorgerufene zusätzliche Verschiebung des Ungleichgewichts zugunsten der Anglokanadier hätte die Position der Frankokanadier nur drastisch weiter unterminiert.

Die Assimilierung der neuen ethnischen Gruppen als gesellschaftliche Zielvorstellung zu formulieren, hätte zudem zugleich die Aufgabe des ethnisch-kulturellen Dualismus impliziert. Auch die Frankokanadier hätten sich als Minorität der als Ziel zunächst für die anderen ethnischen Gruppen postulierten Assimilierung nicht entziehen können. Dies jedoch ist und bleibt zumindest subjektiv aus ihrer Sicht für die Frankokanadier, wenn nicht auch objektiv für das kanadische Gemeinwesen insgesamt, eine Frage von existentieller Bedeutung:

"Any attempt to force 'New Canadians' from Europe or other parts of the world into the mould of 'anglo conformity', ..., would have been perceived by French-Canadians as the first step towards their own annihilation" (Richmond in: Mann 1970, S.82f).

Indirekt garantieren damit die Frankokanadier und die ihnen zugestandene Bewahrung ihrer eigenen nationalen Identität den anderen Gruppen kontinental-europäischer Herkunft deren ethnisch-kulturelle Eigenständigkeit. Die Angehörigen der kleineren ethnischen Gruppen konnten sich dadurch in vielfältiger Art und in erheblichem Maße ihre sozio-kulturellen Traditionen bewahren:

"New Canadians have been encouraged to maintain many of their distinctive folk traditions, and their songs, dress, and folklore",.. (they) "are often publicized as indications of the richness and diversity of Canadian life..." (Naegele, in: Blishen 1961, S.49).

Wenngleich die Beurteilung der ethnisch-kulturellen Diversität zwangsläufig uneinheitlich ist, wird sie doch von der großen Mehrheit der kanadischen Bevölkerung nicht nur als notwendiges Übel perzipiert, mit dem es sich abzufinden gelte. Die Anerkenntnis der ethnisch-kulturellen Pluralität entspringt nicht nur der Einsicht in eine nicht gewollte, aus der kanadischen Realität resultierende Notwendigkeit[118]. Die Kanadier verstehen ihre Gesellschaft als 'Canadian (i.e. ethnic) mosaic'[119] und sehen in dem "right to sustained collective individuality" (ebenda, S.44) gleichermaßen ein spezifisch kanadisches Element wie einen zentralen Wert ihrer Gesellschaft.

4. 'Canadian mosaic' und 'Melting pot'. Anmerkungen zu Unterschieden in den nordamerikanischen Gesellschaften

In der Vergangenheit ist Kanada in sozialer Hinsicht stets an den USA gemessen worden. S.M.Lipset (1970) hat dies in die pointierte These von (American) 'Revolution and (Canadian) Counterrevolution' auf dem nordamerikanischen Kontinent gefaßt. In der Gegenwart scheint sich das Verhältnis jedoch zu verkehren. Kanada dürfte erstmals über die besseren Voraussetzungen verfügen, um auf die politischen und sozialen Erfordernisse im gegenwärtigen Stadium der kapitalistischen Industriegesellschaft zureichend reagieren zu können. Den Differenzen in den Wertsystemen beider Gesellschaften kommt dabei erhebliche Bedeutung zu. Als Hauptunterschied, der die kanadische von der US-amerikanischen Gesellschaft trennt, ist von zahlreichen Interpreten der nordamerikanischen Szene das Konzept des zunächst anglo- und frankokanadischen Dualismus, der dann multi-nationalen Diversität hervorgehoben worden. Die Prinzipien der (US-amerikanischen) Assimilierung, die Idee des melting pot, und der (kanadischen) Pluralität, das Canadian mosaic, stehen sich denn auch diametral gegenüber[120]. Die unterschiedlichen Konzeptionen haben Konsequenzen sowohl innergesellschaftlich als auch für die Beziehungen zwischen den USA und Kanada.

4.1. Ethnisch-kulturelle Pluralität und kanadische Eigenständigkeit

Im zwischengesellschaftlichen Verhältnis stellte die Idee des Canadian mosaic stets ein Bollwerk gegen die Absorption der kanadischen Gesellschaft und Nation durch die USA dar. Die Assimilierung innerkanadisch als Zielvorstellung zu postulieren, hätte keineswegs nur innerhalb Kanadas den Minoritäten ihren kollektiven Gruppenstatus, insbesondere natürlich den Frankokanadiern ihre nationale Identität genommen. Der Amerikanisierung Kanadas wäre durch die Übernahme des Konzeptes des melting pot ein weiteres Element von außerordentlicher Tragweite hinzugefügt worden. Die Wechselwirkungen zwischen den einzelnen Faktoren - dem Sog der USA, dem ethnisch-kulturellen Pluralismus als eine der kanadischen Reaktionen, den damit einhergehenden Loyalitäten zur europäischen Heimat - hat Samuel D.Clark, der Nestor der kanadischen Soziologie, vor 20 Jahren folgendermaßen beschrieben:

"The separation of the two chief cultural groups, the French-speaking and the English-speaking, offers the best example of the preservation of inherited ethnic loyalties within the Canadian cultural system, but ethnic separatism has not been a characteristic of the French Canadians only... Assimilation in Canada meant an increasing conformity to American values of life and standards of behaviour. Efforts to check American influences in Canadian cultural life thus involved the strengthening of the supports of ethnic group loyalties. British colonial policy offered no real encouragements to the assimilation of the French-Canadian population, particularly after 1774, when assimilation would have meant the more rapid spread of American revolutionary ideas in the colony... Preservation of English and Scots and Irish group loyalties served to perpetuate the colonial attitude of the Canadian people and thus to check the spread of American influence. In the United States the Briton hastened to become a good American; in Canada he has been encouraged to remain a good Briton. Nor has any vigorous effort been made to assimilate continental European peoples in Canada, except through the public schools... The maintenance of the political attachments of Empire or nation depended upon the cultural isolation of the population within the American continental system, and such isolation has been secured most effectively through the preservation of Old World loyalties..." (Clark in: Brown 1954, S.386f).

Zwar sind seither erhebliche Veränderungen eingetreten. Einerseits führte der Rückzug Großbritanniens aus der Weltpolitik, insbesondere auch in Kanada, zu einem erheblichen Rückgang des britischen Einflusses und erfolgte ein starker Abbau der britischen Loyalitäten. Andererseits nahm die US-amerikanische Überfremdung Kanadas weiter zu; sowohl ökonomisch wie kulturell wuchs die Dependenz drastisch. Der ethnisch-kulturelle Pluralismus bildet jedoch unvermindert eine Barriere gegen die Assimilierung an die USA. Der Absicht, biculturalism and bilingualism institutionell abzusichern, liegen verschiedene Motive zugrunde. Die Politik der Zweisprachigkeit ist aber nicht zuletzt vor dem Hintergrund des US-amerikanisch-kanadischen Verhältnisses als Versuch der neuerlichen Abgrenzung gegenüber dem südlichen Nachbarn zu sehen:

"Equal rights across the country for both cultures and both languages - this will be a terrific barrier to being swallowed up by the large state to the south, which may be very friendly, but which can take many little things that we want and (things) that we are prepared to pay a dividend to keep... I do not think we have a chance of keeping (Canada independent) unless we do develop something which will clearly distinguish it culturally from that mass reservoir. We are going to be sucked in with or without any pressure from them. We have to become a bicultural and bilingual nation completely from coast to coast." (B and B Commission, Preliminary Report, S.56f).

4.2. Exkurs: Anmerkung zum Theorem 'ideologisch-kultureller Fragmentierung' von Louis Hartz und zur Krise der 'Liberalen Tradition' in den USA

Der Gegensatz zwischen Assimilierung und ethnisch-kultureller Pluralität stellt jedoch nur ein Element eines tiefergreifenden Unterschiedes in den zwei nordamerikanischen Gesellschaften dar, der in seinem Ursprung bis auf den amerikanischen Unabhängigkeitskrieg zurückreicht. Die Idee des melting pot bildet dabei einen integralen Bestandteil des spezifisch amerikanisch liberal-bürgerlichen Wertsystems, wie es in der Konfrontation mit dem britischen Mutterland entstand, in der amerikanischen Revolution[121] programmatisch-ideologisch postuliert und bereits damals in Ansätzen realisiert wurde.

Louis Hartz hat die Besonderheit von Geschichte und Wertsystem der USA mit der These der "fragmentation of European Culture and Ideology" zu erklären versucht (Hartz 1955; Hartz 1964). Im wesentlichen sind es vier Gedanken, die seiner Geschichtsinterpretation zugrundeliegen:

Erstens: Die verschiedenen Gesellschaften der 'Neuen Welt', die aus europäischer Siedlung hervorgegangen sind (u.a. USA, Englisch-Kanada, Lateinamerika, Australien, Südafrika) sind 'Teile' der Geschichte Europas (Hartz 1964, S.3ff).

Zweitens: Die 'Teile' der zum Zeitpunkt der Emigration Europa prägenden Ideologien wie sozialen und politischen Strukturen - in Europa nur Fragmente des historischen Prozesses - werden in den neuen Gesellschaften zur 'Totalität', die Geschichte und Wertsystem dieser Gesellschaften bestimmen; die Implikationen der anderen europäischen Fragmente gehen dabei verloren (Hartz 1955, S.14ff). Lateinamerika, aber auch Französisch-Kanada, entstammen so dem mittelalterlichen feudalen Europa, Australien und das englische Südafrika der 'Industriellen Revolution' und der radikalen Ideologie der Chartisten, Englisch-Kanada und vor allem natürlich die USA dem bürgerlichen Frühliberalismus des Englands des 17. Jahrhunderts (Hartz 1964, S.3ff).

Drittens: Dem herausgelösten Fragment fehlen entscheidende Elemente der europäischen Geschichte. Die Frankokanadier z.B. erlebten die Aufklärung nicht mehr mit. Frankokanadischer Kultur und frankokanadischem Wertsystem fehlen sowohl die Erfahrungen der bürgerlichen Revolution als Ausfluß der Aufklärung als auch sämtliche aus ihnen resultierenden sozialen und ideologischen Entwicklungen. Die Emigration erfolgte - zweitens - zumeist in Reaktion auf die vorherrschende Ideologie und/oder war die Flucht aus bestimmten gesellschaftlichen Verhältnissen. Die Siedler der amerikanischen Kolonien z.B. verließen die feudale und klerikale Unterdrückung der 'Alten Welt' (ebenda, S.6). Die Interpretation der Emigration als Flucht impliziert dabei, daß die ideologischen und sozialen Fluchtgründe in das Fragment nicht mehr eingehen. Es fehlt jedoch nicht nur ein bestimmter 'Teil' der europäischen 'Vergangenheit' sondern es können auch in der 'Zukunft' - und hier wird das Hegel und der dialektischen Methode verschriebene Hartzsche Geschichtsverständnis besonders offenbar - die historischen Prozesse nicht mehr auftreten, die die verlassene Vergangenheit aus sich selbst heraus in Europa antagonistisch hervorbringt: "The ancien régime inspires Rousseau; both inspire Marx" (Hartz 1955, S.6); oder anders gewendet: Eine Gesellschaft ohne feudale oder absolutistische Vergangenheit ist notwendigerweise auch eine Gesellschaft ohne Rousseau und Marx (Hartz 1964, S.6ff).
Viertens: In den so aus der europäischen Geschichte herausgelösten Gesellschaften bestimmt das jeweilige Fragment vom Zeitpunkt seiner Verselbständigung an den historischen Prozeß. Unberührt von den ausgefallenen europäischen Fragmenten und deren antagonistischen Entwicklungen, durchlaufen die Gesellschaften der 'Neuen Welt' ihre eigenen, allein aus dem zur 'Totalität' gewordenen Fragment resultierenden Konflikte und Transformationen. Ihre Geschichte geht letztlich immer auf die Bestandteile des eigenen Fragmentes zurück und aus ihnen hervor. Die Gesellschaften sind - wenn man so will - die Gefangenen ihres Fragments. Für die bürgerlich-liberale USA bedeutet dies:

"... a society which begins with Locke, and thus transforms him, stays with Locke, by virtue of an absolute and irrational attachment it develops for him, and becomes as indifferent to the challenge of socialism in the later era as it was unfamiliar with the heritage of feudalism in the earlier one. It has within it, as it were, a kind of self-completing mechanism, which insures the universality of the liberal idea..." (Hartz 1955, S.5f).

Es kann in unserem Zusammenhang nicht darum gehen, das Hartzsche Geschichts-Theorem im Detail zu untersuchen, seine konzeptionellen Fragwürdigkeiten zu beleuchten oder den Versuch der historischen Überprüfung zu unternehmen; es kann schon gar nicht darum gehen, die Hartzschen Überlegungen durch andere oder eine eigene Gesamtinterpretation der US-amerikanischen Geschichte zu ersetzen. Gegen Geschichts-Theoreme dieser Art können,wie gegen jede den historischen Prozeß vereinfachende 'single factor analysis', vielfältige Bedenken geltend gemacht werden; die Hartzsche Interpretation erfaßt dennoch mit der Betonung der frühbürgerlichen ideologisch-kulturellen Fragmentierung der USA einige Prämissen in ihrem Zusammenhang, auf denen sich die amerikanische Gesellschaft bis heute gründet. Daß der außerordentliche nationale Konsensus in die eigene Geschichte, das eigene Sonderbewußtsein 'von der besten aller möglichen Welten' oder von der 'Providentia Americana' (um einen Begriff von K.D.Bracher aufzunehmen[122]) während der vergangenen 200 Jahre bis in die jüngste Gegenwart hinein kaum erschüttert wurde, ist nicht zuletzt eine Folge dessen, was Hartz als die frühbürgerliche 'Liberal Tradition in America' umschreibt. Das amerikanische Wertsystem läßt sich in vielen seiner Einzelbestandteile auf das Lockesche Erbe zurückführen, wobei die beiden Ebenen des Lockeschen Liberalismus für die große Mehrheit der Amerikaner weitgehend die Bedeutung von Naturgesetzen angenommen zu haben scheinen[123].

Dies gilt zum einen für die bürgerlich-liberalen Rechtsansprüche und Freiheiten des Individuums und deren Implikate, einschließlich des naturrechtlichen Gleichheitsgrundsatzes und des Revolutions- oder Widerstandsrechts. Der Amerikaner ist in erster Linie Individualist und erst dann Gesellschaftsmitglied; er handelt nach der Maxime der Selbsthilfe[124]. Die Idee des melting pot bildet dabei einen integralen Bestandteil dieses extrem bürgerlichen Individualismus; sie zwingt einerseits zur Integration und damit zur weitgehenden Aufgabe jeglicher (auch ethnischer, rassischer, kultureller) Eigenständigkeit; die individualistische Integration bringt andererseits mit sich, daß Minoritäten sich unter Verlust ihrer eigenen Identitäten an den alles bestimmenden mainstream, den 'American way of Life', assimilieren müssen, wodurch sich gesamtgesellschaftlich die Macht der sozial und kulturell dominierenden WASP-Gruppen perpetuiert.

Mit der gleichen, fast naturgesetzlichen Absolutheit sind die Amerikaner der zweiten Komponente des Lockeschen Liberalismus verpflichtet. Auch im amerikanischen Wertsystem bildet das Eigentum d i e zentrale Kategorie, wobei der Eigentumsbegriff ähnlich doppeldeutig ist. Er umfaßt gleichfalls zum einen im weiteren Sinne 'Leben, Freiheit und Besitz' und ist zum anderen im engeren Sinne auf das materielle Privateigentum reduziert[125]. Im historischen Prozeß hat er allerdings eine zunehmende Beschränkung auf den materiellen Privatbesitz erfahren. Wie bei Locke sind dann auch sämtliche anderen Elemente des Wertsystems vom 'Besitzindividualismus' (Macpherson) abhängig, wodurch die liberalen Grundrechte und Freiheiten vor allem im Anspruch auf Eigentum bestehen und 'Freiheit, Würde, Glück' des Menschen sich aus dem individuellen Eigentum ergeben. Damit ist notwendigerweise der Widerspruch zwischen formaler Gleichheit und materieller Ungleichheit angelegt, in der sich "die Ambivalenz des aufsteigenden Bürgertums wider(-spiegelte), das formale Gleichheit der Rechte forderte, aber substantielle Ungleichheit der Rechte brauchte..." (Macpherson 1967, S.277f).

Der Besitzindividualismus bestimmt unverändert das Verhältnis von Individuum und staatlicher Macht. Der Staat ist einerseits zur Garantie des Privateigentums verpflichtet. Andererseits ist das individuelle Revolutions- oder Widerstandsrecht auf die Prozesse des Herrschaftsmißbrauchs beschränkt, durch die das private Eigentum - und zwar im weiteren wie engeren Sinne des Lockeschen Begriffs - bedroht ist. Implizit folgt aus diesem Wechselverhältnis auch die für die USA so charakteristische Beschränkung staatlicher Interventionen auf ein Minimum, sowohl im Hinblick auf Eingriffe in die liberalen Grundrechte und Freiheiten des Individuums, als auch und vor allem, was die weitgehende Trennung zwischen politischem und ökonomischem System anlangt. Die Interventionen der staatlich-politischen Macht in die Wirtschaftsprozesse sind stets nur minimal gewesen oder standen unter der Prämisse, so gering wie möglich gehalten zu werden:

"But from the beginning to end - from the age of neo-mercantilism down to the modern welfare-warfare state - the overwhelming value consensus in this field has been in favor of maximum private enterprise and minimum intervention by public authority. Neither the New Deal nor post-New Deal periods can be adequately understood unless it is appreciated that this has remained official doctrine. Controversies over public involvement in the American economy have essentially tended to be differences, based on interest and ideology, over what 'minimum intervention' ought to be at any given time. Under such conditions there is hardly room for political parties to undertake sustained policymaking or government-control functions even if their leaders were for some reason inclined to make the attempt. Nor would such an attempt be likely to take place, since such control functions have not been considered necessary by any significant part of the population..." (Burnham, in: Chambers/Burnham 1967, S.282).

Überschaut man die amerikanische Geschichte, vor allem die verschiedenen Legitimitätskrisen, spricht zumindest in historischer Perspektive einiges für die Hartzsche These "of a self-completing mechanism, which insures the universalism of the liberal idea..." Die Lockeschen Werte sind bis in die jüngste Vergangenheit zu keiner Zeit ernsthaft in Frage gestellt worden; nach jeder innergesellschaftlichen Legitimitätskrise bestimmten sie - wenn auch neu interpretiert und konzeptionell verändert - die gesellschaftliche Entwicklung. Insofern sind sicherlich auch das neo-liberalistische New Deal und die auf seiner Basis fortgeschriebenen Konzepte (das Fair Deal Trumans, die New Frontier Kennedys oder auch die kläglich gescheiterte Great Society Johnsons[126]) im Grunde nichts anderes als die Reproduktion des Lockeschen Liberalismus.

Louis Hartz selbst gibt auf die Frage nach der Überwindung der Barrieren, die durch das jeweilige Fragment bestimmt sind, keine eindeutige Antwort: Einerseits formuliert er, daß eine durch Industrialisierung, Technologisierung und das Flugzeug, 'the world plane'[127], kleiner gewordene Welt jeglichen Isolationismus unmöglich mache. Die verschiedenen Fragment-Gesellschaften treffen dadurch auf die Entwicklungen, die sie einst in Europa verlassen haben; in dieser verspäteten Erfahrung der 'europäischen Vergangenheit' liege zugleich die Intensität ihrer innergesellschaftlichen Krisen begründet (Hartz 1964, S.44ff). Andererseits betont Hartz, daß jede Gesellschaft ihre inneren Krisen auf ihre spezifische Weise lösen muß. Für ihn bleibt damit auch die US-amerikanische Gesellschaft der Gefangene ihres bürgerlich-liberalen Fragments. Trotz der Begegnung mit der 'europäischen Vergangenheit' spielen sich die gesellschaftlichen und politischen Konflikte in den USA unverändert in der Begrenztheit und auf dem Boden der 'eigenen Vergangenheit' ab, wobei sie für ihn wesentlich weniger grundsätzlich und schwerwiegend sind als in den anderen Fragment-Gesellschaften[128], und die Lösungsmöglichkeiten letztlich leichter zu finden sein werden, denn das bürgerlich-liberale Fragment schließt für ihn die Moderne ein (Hartz 1964, S.119f). Teilt man diese Prämisse nicht, verkehrt sich das 'optimistische' Urteil in sein Gegenteil und läßt das Hartzsche Geschichts-Theorem von der Begrenztheit ideologischer und sozialer Veränderung eigentlich für die USA nur düstere Schlußfolgerungen zu.

Doch wie man das Hartzsche Theorem auch beurteilen mag, soviel dürfte unstrittig sein: Die USA befinden sich - ohne daß dies hier im einzelnen ausgeführt zu werden braucht - seit Mitte der 60er Jahre in einer ihrer tiefsten innergesellschaftlichen Krisen, die zudem durch zwei Besonderheiten charakterisiert sind: Nach Vietnam können die USA im internationalen System den bis dato erhobenen politisch-ideologischen Universalitätsanspruch nicht mehr aufrecht erhalten. Während in der Vergangenheit "die ideologische Dialektik von Emanzipation und Expansion ... geradewegs zum Signum der amerikanischen Krisenperioden..."[129] wurde, ist die Verdrängung der innergesellschaftlichen Probleme nach außen heute bestenfalls noch bedingt möglich. Infolge des dialektischen Außen-Innen-Verhältnisses akzentuiert eine in ihrem Selbstverständnis verunsicherte und machtpolitisch wie insbesondere ideologisch in der Defensive befindliche US-Außenpolitik zugleich die internen Krisenerscheinungen. Innergesellschaftlich stehen die USA - an den äußeren Grenzen der liberalen Tradition angelangt - gegenwärtig vor der Frage, ob und wie sie ihre bislang im wesentlichen - ob ausschließlich, braucht hier nicht beurteilt zu werden - frühbürgerliche gesellschaftliche Basis durch genau solche Wertsystemstrukturen und institutionellen Lösungen erweitern oder gar überwinden können, die im gesellschaftlichen wie politischen Prozeß kaum eine Rolle gespielt haben; oder - um die Terminologie von Louis Hartz nochmals aufzunehmen - für die USA geht es darum, ob und wie sie Elemente genau der 'europäischen Vergangenheit' - samt deren antagonistischen Transformationen im historischen Prozeß - in sich aufnehmen können, die sie zum Zeitpunkt der Emigration bewußt hinter sich gelassen hatten.

Die Chancen für einen solchen tiefgreifenden sozialen wie ideologischen Wandel scheinen indes gegenwärtig nicht besonders groß zu sein, wenngleich sich auch in einigen wichtigen gesellschaftlichen Bereichen der USA eine zunehmende Relativierung der überholten liberalen Wertprämissen als Basis der gesellschaftlichen und politischen Organisation abzeichnet. Auf der politisch-institutionellen Ebene stellen die Reformen im Nominierungsverfahren des Präsidentschaftskandidaten der Demokratischen Partei im Jahre 1972 einen ersten Ansatz dar. Die Auswahl der convention-Delegierten erfolgte im wesentlichen auf der Basis sowohl des politischen als auch des gesellschaftlichen Proporzes[130]. In der Arbeitswelt setzt sich zunehmend der Grundsatz von 'equal opportunity employment'[131] durch. Die ethnischen und sozialen Minoritäten, denen die mißlungene Reformpolitik der Kennedy und Johnson Administration ihre soziale Unterprivilegierung drastisch vor Augen führte, finden in wachsendem Maße zu einer eigenständigen politischen und gesellschaftlichen Identität und versuchen, den sozialen Status ihrer Angehörigen nicht mehr individualistisch, sondern als Gruppe durch kollektives Handeln zu verändern:

"This (i.e. cultural pluralism, R.O.S.) may ultimately force the United States to alter its political self-image radically so that it may begin to reinterpret itself for what it really is, a society composed of several large and residentially concentrated ethnic groups..." (zit. n.Wollmann 1973, S.357).

Dabei hat das individualistisch-integrationistische Konzept des melting pot, das noch der maßgeblich von den 'Liberalen' und der weißen und schwarzen Mittelklasse getragenen Bürgerrechtsbewegung unter Martin Luther King zugrundelag, nicht zuletzt aufgrund der gescheiterten Reformprogramme seine Attraktivität weitgehend eingebüßt. Hellmut Wollmann (1973) hat diese Veränderungstendenzen in der US-amerikanischen Gesellschaft jüngst unter dem Gesichtspunkt der Partizipation auf lokaler Ebene nachgezeichnet. Die auf der Basis gesellschaftlicher Pluralität entstehenden institutionellen Strukturen und politisch-sozialen Verflechtungen veranlaßten ihn dabei zu der allzu optimistischen Schlußfolgerung:

"... insbesondere die wachsende politische Organisiertheit und Bewußtheit sozialer und ethnischer Randgruppen, vor allem der zentralstädtischen Schwarzen, die politische Praxis dieser Randgruppen mit community action agencies und community control, die sich hieraus verfestigenden lokalen 'Machtbasen', das 'Nervengeflecht' koalitionsbereiter Gruppen, Faktoren insgesamt, die als politisch kaum mehr beseitigbare Bedingungen für eine - keineswegs notwendig nur inkrementale - gesellschaftliche Veränderung in den USA zu beurteilen sind." (Ebenda, S.358).

In Ansätzen weist die Entwicklung zweifellos in die hier aufgezeigte Richtung; durchgesetzt haben sich diese Veränderungen bislang allerdings bestenfalls in Ansätzen. Überschaut man die Politik der

USA seit den neo-liberalistischen Reformen Mitte der 60er Jahre, sind es insbesondere zwei Tendenzen, die die innergesellschaftliche Entwicklung zunehmend bestimmen: zum einen die wachsende Erfolglosigkeit staatlicher Politik-Programme[132]. Die sozialstaatlichen Interventionen zur Integration und zum Abbau der krassesten sozialen Ungleichheiten mit dem Ziel möglichst weitgehender Minimierung sozialen Konfliktpotentials erbringen kaum noch Ergebnisse, die auch nur annäherungsweise dem eigenen neo-liberalen Anspruch der 'equality of opportunity' gerecht werden können. "The End of Liberalism", wie Theodore J.Lowi (1969) es bereits vor einigen Jahren formulierte, scheint gekommen. Als Reaktion hierauf gewinnen zum zweiten anti-liberale Wertströmungen in jüngster Zeit bedeutend an Boden, und zwar sowohl auf der Ebene der Herrschaftseliten als auch in der meist weißen Mittelklasse. Die politische Elite wendet sich zur Verschleierung der eigenen Hilflosigkeit wie der Legitimitätskrise des Gesamtsystems in wachsendem Maße autoritären Lösungen zu, die an die Stelle politisch-ökonomischer Programme und Zielveränderungen treten. Watergate ist nur ein Beispiel von vielen für das von Verunsicherung und individueller Machterhaltung getragene Verhalten eines politisch-administrativen Systems in Washington, dessen programmatische Lösungsversuche von denen, für die sie entwickelt wurden, nämlich die Minderheiten (vor allem Schwarze und Chicanos) und/oder die sozialen Randgruppen, schon längst nicht mehr als erfolgversprechend und hilfreich, sondern zumeist als Almosen und nur widerwillig angenommen werden, von denen, die ihre eigene gesellschaftliche Position dadurch unterminiert meinen, zunehmend heftiger 'bekämpft' werden. Die oft gewalttätigen Auseinandersetzungen um das 'busing'[133] sind dafür ebenso typisch wie die Erfolge der Anti-Establishment-Kandidaten bei den nationalen Wahlen und primaries nach 1972. In seiner Reaktion glaubt sich das konservative 'Middle America', da sich die Aktionen gegen Programme und Personen richten, deren Wertsystembasis neo-liberal ist, auch noch auf die frühliberalen Werte berufen zu können, die es wiederherzustellen gelte. In diesem Sinne ist es nicht nur eine im Grunde bedeutungslose Beschwörung der Vergangenheit, wenn z.B. die 'busing-Gegner' in Boston sich selbst mit den 'Sons of Liberty' der amerikanischen Revolution, Washington mit dem London Georg III. und den von der Bundesregierung eingesetzten Federal Judge, der in Boston den Schulintegrationsplan ausarbeitete und durchsetzt, mit den von der britischen Krone ernannten Richtern vergleichen[134].

Bei einer derartigen Umdeutung und Instrumentalisierung der amerikanischen Geschichte, die zudem noch bei großen Teilen der weißen Mittelklasse auf Sympathie trifft, dürften die Chancen gering sein, daß sich in absehbarer Zukunft die erforderlichen gesellschaftlichen Veränderungen zur Überwindung der aus eben den liberalen Werten resultierenden sozialen Ungleichheiten durchsetzen können. Für die USA gelten jedenfalls weiterhin die Schlußfolgerungen, die Christopher Jencks in seiner Studie 'Inequality' zu Beginn der 70er Jahre zog, daß nämlich

"... until we change the political and moral premises on which most Americans now operate, poverty and inequality, will persist at pretty much their present level." (Jencks 1972, S.9).

4.3. Zum Verhältnis von ethnisch-kultureller Pluralität, sozialer Mobilität, bürgerlicher Individualität und Egalität

In Kanada - und zwar in der anglo- wie frankokanadischen Subgesellschaft - ist die amerikanische Form des bürgerlich-liberalen Wertsystems in ihrer Totalität nie übernommen worden[135]. Anglokanadische Geschichte und Wertsystem weisen zweifelsohne Elemente dessen auf, was Hartz das liberale Fragment nennt. Die Gleichsetzung von Englisch-Kanada mit den USA, wie sie von Hartz und von Kenneth D. McRae (in: Hartz 1964) vorgenommen wird, rechtfertigt dies indes nicht. Die anglokanadische Subgesellschaft ist zugleich von einer Reihe von historischen Erfahrungen bestimmt, die der amerikanischen liberalen Tradition fremd sind und die Unterschiede zwischen beiden Gesellschaften ausmachen. Auf vier Faktoren sei hier kurz eingegangen:

Erstens: Besondere Bedeutung kommt der Beurteilung der amerikanischen Revolution und der Interpretation der Emigrationsgründe der United Empire Loyalists zu. Sieht man in der amerikanischen Revolution - wie Hartz und McRae - keinen revolutionären Prozeß, geht man vielmehr davon aus, daß die ideologischen und sozialen Prämissen der kolonialen Gesellschaft bereits bürgerlich-liberale waren, liegt logisch eine Gleichsetzung von Englisch Kanada mit den USA nahe (ebenda, S.235). Eine solche Interpretation vernachlässigt allerdings die doch tiefergreifenden gesellschaftlichen Veränderungen, die Bestandteil oder Ausgangspunkt des Unabhängigkeitskrieges gewesen sind. Die amerikanische Revolution mag keine sozialstrukturelle Umwälzung bewirkt haben, von ihr sind dessen ungeachtet vielfältige soziale Konsequenzen ausgegangen. Die Loyalists, die sich im Gefolge der amerikanischen Revolution in den damaligen kanadischen Kolonien niederließen, kamen im wesentlichen aus zwei Gründen nach Kanada: Als Anhänger der britischen Krone waren sie gegen eine Loslösung der amerikanischen Kolonien eingetreten und befanden sich damit in Opposition zum American mainstream. Diese ihre Haltung bekamen sie während und nach dem Unabhängigkeitskrieg in vielfältiger Weise zu spüren[136]. Die Loyalists verließen die amerikanischen Kolonien zweitens wegen der gesellschaftlichen Zielvorstellungen, die dem Konflikt mit dem Mutterland zugrunde lagen. Die frühbürgerlichen, gleichermaßen individualistischen wie egalitären Werte standen ihrem eigenen, oft in ihrer persönlichen - ökonomischen - Position begründeten, aristokratisch-elitären Gesellschaftsbild entgegen. Sie emigrierten in die kanadischen Kolonien in der Hoffnung, das soziale Gefüge - und damit ihre eigene Stellung - perpetuieren zu können:

"... in its new wilderness home and its new aspect of British North Americanism, colonial Toryism made its second attempt to erect on American soil a copy of the English social edifice. From one point of view this is the most significant thing about the Loyalist movement; it withdrew a class concept of life from the south, moved it up north and gave it a second chance." (Lower 1946, S.114).

Die Loyalists brachten - gemessen an den USA - ein konservatives Gesellschaftskonzept mit nach Kanada, das die nachfolgende politische und soziale Wirklichkeit determinierte. Kanada stellte somit stets - und dies gilt in Sonderheit für das 19.Jahrhundert - ein politisches wie gesellschaftliches Gegenmodell auf dem nordamerikanischen Kontinent dar, ein Faktum, das zumindest von den Eliten bewußt betont und gelebt wurde. Elitenakkommodation und nicht die Majorisierung der Minorität durch die Mehrheit ist eins der Kennzeichen der politischen wie sozialen Entwicklung Kanadas.
Zweitens: Die fortdauernde Loyalität Englisch-Kanadas zur britischen Krone einerseits, der seit dem Unabhängigkeitskrieg latente, aus Gründen der Eigenständigkeit unumgängliche Anti-Amerikanismus gerade der Anglokanadier andererseits, die u.a. 1812 zum Krieg zwischen Britisch Nordamerika und den USA führten, bildeten zentrale Bestandteile der kanadischen Identität. Vor allem der Anti-

Amerikanismus - oder das Bewußtsein, anders zu sein als die USA - haben die kanadische Geschichte und das Verhältnis zu den USA stets bestimmt.

Drittens: Der Terminierung der Fragment-Bildung sowie Zeitpunkt, Ausmaß und Herkunft der Immigration kommen in dem Hartzschen Theorem erhebliche Bedeutung zu. Die Entwicklung der kanadischen Gesellschaft hat sich unter diesen Gesichtspunkten deutlich anders vollzogen als die der USA. Zum Zeitpunkt der amerikanischen Revolution existierten in den 13 Kolonien bereits deutlich institutionalisierte und strukturierte Gesellschaften, die teilweise über eine mehr als 100-jährige eigene amerikanische Tradition verfügten; in Englisch-Kanada hingegen bildeten sich die gesellschaftlichen Strukturen vielfach erst nach der Emigration der Loyalists und in der ersten Hälfte des 19.Jahrhunderts aus.

Viertens: Die Koexistenz zweier unterschiedlicher Gesellschaften von Beginn der britischen Herrschaft an hat die Entwicklung Kanadas in eine andere Richtung gelenkt als die USA. Ethnisch-kultureller Dualismus und multi-nationale Pluralität haben nicht nur die Beziehungen der Gruppen miteinander, sondern auch die Prämissen der Wertsysteme der ethnischen Subgesellschaften selbst qualitativ bestimmt.

Die außerordentlich egalitären und demokratischen Prinzipien frühbürgerlich Lockescher Provenienz, wie sie die US-amerikanische Gesellschaft zumindest dem Anspruch nach stets bestimmt haben, vermochten sich in Kanada (in keiner der beiden Subgesellschaften) nicht durchzusetzen - weder faktisch in der gesellschaftlichen Wirklichkeit noch normativ im Wertsystem. Damit ist zugleich Individualismus, Egalität, (ökonomische) Leistung, den zentralen US-amerikanischen Normen, im kanadischen Wertsystem zu keiner Zeit ein auch nur entfernt vergleichbarer Rang zugekommen. Die drei Werte bilden maßgebliche Variablen für vertikale Mobilität. Geht man von einer solchen Wechselwirkung aus, behindern sämtliche Faktoren, die Individualismus, Egalität, Leistung entgegenstehen, gleichfalls die Chancengleichheit und die Möglichkeiten vertikaler Mobilität. Insofern ist die Idee des melting pot, die Vereinzelung der Angehörigen der ethnischen Gruppen, die logische Konsequenz des extrem individualistischen amerikanischen Wertsystems[137]. Die fortwährende Existenz ausgeprägter ethnisch-kultureller Loyalitäten hingegen erschwert die Assimilierung an den American way of life. Ethnisch-kulturelle Pluralität kann in einem solchen Wertsystem nur ein Hindernis bilden, das Chancengleichheit und sozialen Aufstieg beschränkt. Vergleicht man die US-amerikanische und die kanadische Gesellschaft unter diesem Gesichtspunkt, sind in Kanada die Chancen auf und das Ausmaß vertikale(r) Mobilität in historischer Perspektive geringer gewesen.

Den empirischen Nachweis hierfür lieferte u.a. John Porter mit seiner im Jahre 1965 publizierten Studie 'The Vertical Mosaic. An Analysis of Social Class and Power in Canada'. Sein großer Verdienst liegt insbesondere darin, daß er mit seiner Studie für viele Einzelbereiche die offensichtliche Diskrepanz zwischen gesellschaftlicher Wirklichkeit und conventional wisdom in Kanada aufgezeigt hat. Dies gilt für die Perzeption Kanadas als offener und egalitärer Mittelklassengesellschaft, die bis zum Erscheinen seiner Analyse weitgehend das Bewußtsein des common man wie der verschiedenen Eliten, einschließlich der Sozialwissenschaft, bestimmte. Seit Porters Studie jedoch sind die vielfach klassenähnlichen Strukturen der kanadischen Gesellschaft und die Gründe für die Diskrepanz zwischen subjektivem Bewußtsein und objektiven Bedingungen einsichtiger geworden. In der Studie hat Porter zweitens die enge Beziehung zwischen ethnisch-kultureller Pluralität und Sozialstruktur aufgezeigt. Seine These wird bereits aus dem Titel der Studie, der bewußten Abwandlung der Definition Kanadas als Canadian mosaic, deutlich (ebenda, S.XI). Er hat damit - gleichfalls als einer der ersten in Kanada - die Idee des Canadian mosaic von der Prämisse der Demokratisierung der Sozialstruktur her kritisiert und empirisch belegt, daß der ethnisch-kulturelle Pluralismus einen der Faktoren bildet, der in Kanada bestehende soziale Ungleichheiten verfestigt hat und der Demokratisierung der Sozialstruktur tendentiell entgegenwirkte. Für ihn folgt aus diesem strukturellen Hemmnis:

"Where there is strong association between ethnic affiliation and social class, as there almost always has been, a democratic society may require a breaking down of the ethnic impediment to equality, particularly the equality of opportunity" (ebenda, S.73).

Ethnische Loyalitäten - zumal, wenn sie als gesellschaftliche Zielvorstellung begriffen werden - wirken jedoch nicht nur in die Prozesse sozialer Mobilität ein. Je homogener und abgeschlossener die einzelnen Bevölkerungsgruppen in einer Gesamtgesellschaft leben, desto größer werden automatisch auch die Bedeutung der ethnisch-kulturellen Besonderheiten und der Einfluß derjenigen politischen und sozialen Eliten, die diese Besonderheiten verkörpern[138]. In Quebec stellten Konfession und katholische Kirche zwei maßgebliche Integrationsfaktoren der frankokanadischen Identität dar. Mit der ethnisch-kulturellen Besonderheit perpetuierten sich Einfluß und Macht der Institution katholische Kirche. Die Bezugspunkte verschoben sich häufig in der Weise, daß die frankokanadische Eigenständigkeit und die Position der Kirche in Quebec als austauschbar angesehen wurden. Ein Angriff auf die soziale Stellung der Frankokanadier wurde zum Angriff auf die katholische Kirche und vice versa. Gesellschaftliche Innovationen, die primär nur den Intentionen der katholischen Kirche und insbesondere denen des Klerus zuwiderliefen, gefährdeten in dieser Perzeption zugleich die Position der Frankokanadier in der kanadischen Gesellschaft insgesamt. Sie stießen damit auf die natürliche Abwehrhaltung der Frankokanadier, ohne jedoch objektiv die Frage der nationalen Identität zu berühren. In diesem Sinne ist die außerordentlich späte Adaption Quebecs an die bürgerlich-kapitalistische Industriegesellschaft nicht zuletzt auch als Folge der ethnisch-kulturellen Separierung anzusehen.

Diese wenigen Bemerkungen reichen aus, um die soziale Ambivalenz eines gesellschaftlichen Konzepts deutlich werden zu lassen, in dem als einem Element der ethnisch-kulturellen Pluralität sowohl faktisch als auch normativ entscheidender Einfluß zukommt:

Einerseits behindert ein eher gruppenorientiertes, auf ethnisch-kultureller Pluralität aufbauendes, weniger individualistisch ausgerichtetes Wertsystem die Prozesse vertikaler Mobilität. Dies gilt individuell für die sozio-ökonomische Stellung, den gesellschaftlichen Rang des einzelnen, trifft aber auch für das Verhältnis der Bevölkerungsgruppen untereinander zu. Ethnisch-kulturelle Separierung kann so nicht unerheblich zur Versäulung gesellschaftlicher Zustände beitragen. Sie verstärkt Einfluß und Macht der Eliten innerhalb der einzelnen ethnischen Gruppen und perpetuiert zugleich den Status der Gruppen. Die gesellschaftliche Dominanz der Anglokanadier im Verhältnis von Anglo- und Frankokanadiern, die führende Rolle der beiden charter groups im Verhältnis sämtlicher ethnischer Gruppen der kanadischen Bevölkerung ist durch die ethnisch-kulturelle Pluralität gefördert worden.

Andererseits stellten der anglo- und frankokanadische Dualismus und die multi-nationale Diversität stets eine starke Barriere gegen die vielfältigen Gravitäten des übermächtigen südlichen Nachbarn dar; eine unabdingbare Voraussetzung dafür, daß sich der kanadische Staat das Ausmaß an Unabhängigkeit und Souveränität bewahren konnte, über das er heute verfügt. Sodann garantierte die Zielvorstellung ethnisch-kultureller Pluralität den verschiedenen ethnischen Gruppen zumindest in gewissem Umfang ihre Eigenständigkeit, insbesondere den Frankokanadiern ihre nationale Identität. Die dualistischen Strukturprinzipien, so ungleichgewichtig die Stellung von Anglo- und Frankokanadiern im Verlauf der Geschichte auch immer gewesen sein mag, bildeten die Basis, die es den beiden charter groups bislang ermöglichte, den für den Bestand des kanadischen Gemeinwesens erforderlichen, wenn auch stets labilen Interessenausgleich zu erreichen.

Der Grundsatz ethnisch-kultureller Pluralität wirkt sich zudem auch in den übrigen gesellschaftlichen Subsystemen nachhaltig aus und relativiert so die individuell-private Komponente bürgerlich-liberaler Gesellschaften insgesamt, z.B. auch im ökonomischen Sektor, in dem einerseits die Staatsinterventionen weit stärker ausgeprägt sind als in den USA, andererseits dem Grundsatz der privaten Profitmaximierung längst nicht die Geltung zukommt[139]. In den stärker gruppen-orientierten und gesellschaftsbezogenen Werten verfügt Kanada damit zumindest in einigen gesellschaftlichen Teilbereichen über die Voraussetzungen, von denen auch gesamtgesellschaftlich langfristig die erforderlichen Impulse zur Überwindung sowohl der individuellen Ungleichheiten als auch der öffentlichen Armut induziert werden könnten. Mit der Reduktion des Gleichheitsprinzips auf die neo-liberale 'equality of opportunity' wird dabei nicht mehr allzuviel zu erreichen sein. An die Stelle des individuellen Anspruchs auf Gleichheit und einer Politik, die sich in ihrer neo-liberalen Form bestenfalls in der Herstellung gleicher Startchancen erschöpft und zumeist noch nicht einmal dazu in der Lage ist, hat ein Wertkonzept zu treten, das die Gleichheit vom Ergebnis gesellschaftlicher Politik ('equality of result') her bestimmt, wobei Gleichheit oder Ungleichheit an der Situation der sozial Schwachen auszurichten sind; d.h. Ungleichheit ist nur dann gerechtfertigt, wenn sie außer denen, die von ihr direkt profitieren, zugleich auch den strukturell Unterprivilegierten zugute kommt. John Rawls (1971) hat diese Forderung in seiner Sozialphilosophie von 'Justice as fairness' auf die Formel gebracht:

"General Conception"

"All social primary goods - liberty and opportunity, income and wealth, and the bases of self-respect - are to be distributed equally unless an unequal distribution of any or all these goods is to the advantage of the least favored." (Ebenda, S.62)

Ohne die 'Vergesellschaftung' von Wirtschaft und Gesellschaft wird dies nicht zu erreichen sein.

Das Argument, dem die Überlegungen zu den beiden nordamerikanischen Gesellschaften galten, so verkürzt und aphoristisch sie auch bleiben müssen, lautet also:

- In Phasen der Entwicklung der kapitalistischen Gesellschaft, als der Anspruch des liberal-bürgerlichen Wertsystems einigermaßen mit der Realität in Einklang gebracht werden konnte, gingen von dem einzigartig individualistischen Wertsystem, von der Vereinzelung der Angehörigen ethnischer Gruppen in den USA, verstärkende Wirkungen in Richtung auf die Demokratisierung der Gesellschaft aus. Der ethnisch-kulturelle Pluralismus stand dem in Kanada während dieser Periode tendentiell entgegen und bildete einen der Faktoren, die der kanadischen Gesellschaft - gemessen an der US-amerikanischen - deutlich konservative Züge verlieh.
- In der Gegenwart dürfte sich das Verhältnis indes verkehrt haben. Die kanadische Gesellschaft enthält in ihrem Wertsystem Elemente, die der US-amerikanischen noch immer fremd sind. Der Antagonismus der beiden charter groups erforderte bereits in der Mitte des 19. Jahrhunderts zumindest im Prinzipiellen die Entscheidung zugunsten der Eigenständigkeit der verschiedenen ethnisch-kulturellen Gruppen. Der Dualismus von Anglo- und Frankokanadiern, die dann multinationale Pluralität, bringen gesellschaftliche Konflikte eigener Art mit sich; sie bewirken aber auch ganz generell ein stärker gruppen-orientiertes Bewußtsein. Zweifelsohne bestehen aufgrund der vielfältigen, vor allem ökonomischen Dependenz Kanadas in vielen Teilbereichen beider Gesellschaften ähnliche Probleme; was die kanadische der US-amerikanischen Gesellschaft gegenwärtig voraus hat - und die ethnisch-kulturelle Pluralität stellt nur ein Beispiel dar -, ist ein Wertsystem, das starke 'gesellschaftliche' Elemente enthält, wodurch die individuell-private Komponente deutlich relativiert wird. Ohne diese Elemente dürften jedoch Innovationen mit dem Ziel sozialer und politischer Egalität in der Zukunft nicht mehr erreichbar sein. In den USA hingegen erweist sich

die liberale Tradition heute mehr und mehr als Hemmnis sozialen Wandels und erschwert ganz außerordentlich die Überwindung der Lockeschen Implikate des Wertsystems:

- Die Aufgabe der individualistischen, der Idee des melting pot verpflichteten Integration ethnischer und rassischer Gruppen zugunsten des Grundsatzes ethnisch-kultureller Pluralität;

- die Abkehr von der überkommenen Einstellung zum Gleichheitspostulat und dessen Beschränkung auf die formale Garantie des individualistischen Anspruchs auf 'equality of opportunity'; als 'equality of result' hat sich der Gleichheitsbegriff an den tatsächlichen Ergebnissen zu orientieren, die sich aus ihm im sozialen Prozeß ergeben;

- die Aufgabe des Besitzindividualismus zugunsten gesellschaftlich-politischer Kontrolle:

"... the concept (and the institution) of property... will have to change <u>from</u> access to the means of labour <u>to</u> access to the means of a fully human life, and will therefore have to become (a) a right to a share in political power to control the uses of the amassed capital and the natural resources of the society, and (b), beyond that, a right to a kind of society, a set of power relations throughout the society, essential to a fully human life..." (Macpherson 1973, S.123).

Zumindest die Voraussetzungen, zu einem solchen Bewußtsein auf demokratisch-evolutionärem Wege zu gelangen, sind in den westeuropäischen Gesellschaften wie in Kanada wesentlich besser als in den USA. Dessen ungeachtet bestehen selbstverständlich auch in Kanada die typischen sozialstrukturellen Barrieren liberal-kapitalistisch organisierter Gesellschaften, prägt der bürgerliche Widerspruch von formaler Gleichheit und materieller Ungleichheit das sozioökonomische System.

F. FAKTOREN SOZIO-ÖKONOMISCHER ENTWICKLUNG

1. Indikatoren ökonomisch-industrieller Entwicklung in Kanada

Im Jahre 1871, kurz nach Gründung des Bundesstaates, lebten etwa 4/5 der kanadischen Bevölkerung auf dem Land. Mehr als die Hälfte der Erwerbstätigen war in der Landwirtschaft oder in vergleichbaren Berufen des primären Wirtschaftssektors beschäftigt[1]. 1971 betrug der Anteil der Landbevölkerung nur noch 23,9 %. Im primären Bereich waren nurmehr ca. 8 % der labour force beschäftigt. Innerhalb eines Jahrhunderts entwickelte sich Kanada von einem vorwiegend agrarisch strukturierten Land zur Industrienation, von einer traditional organisierten zu einer modernen, von industrieller Produktion und Massenkonsum bestimmten Gesellschaft.

Das langanhaltende Nebeneinander von agrarischer und industrieller Expansion und der Immigrationscharakter der Gesellschaft, d.h. der Import von Kapital, technischem know how und Direkt-Investitionen, Arbeitskräften etc., verliehen der kanadischen Entwicklung dabei zwar eine gewisse Besonderheit, im Grunde aber vollzog sich der Wandel analog den Prozessen in vergleichbaren westlich-kapitalistischen ökonomischen Systemen. Allerdings setzte die Industrialisierung Kanadas relativ spät ein. Auf die historischen Faktoren, die dafür maßgebend waren, wird an anderer Stelle noch einzugehen sein. Legt man das Entwicklungsmodell Rostows (1967) zugrunde, befand sich Kanada noch in der zweiten Hälfte des 19. Jahrhunderts in der zweiten Wachstumsstufe, während der politisch-institutionell durch die Gründung des Bundesstaates und die Eingliederung des Westens in die Konföderation, sozio-ökonomisch durch den beginnenden Ausbau der Infrastruktur, die Grundlagen für den Industrialisierungsprozeß geschaffen wurden. Begünstigt von dem weltweiten Wirtschaftsboom und der außerordentlichen Einwanderung, erreichte Kanada zwischen 1896 und 1914 die Phase des take-off[2]:

stages of growth	Canada	US
1) the traditional society	-1867	-1815
2) the preconditions for take-off	1867-1896	1815-1843
3) the take-off	1896-1914	1843-1863
4) the drive to maturity	1914-1950	1863-1920
5) the age of high mass consumption	1950-	1920-

Die Zuwachsraten des GNP spiegeln diesen Entwicklungsverlauf in etwa wider. So stieg es in der Zwischenkriegszeit langsamer als vor dem I.Weltkrieg. Zwischen 1896 und 1914 lag die jährliche Zuwachsrate real bei 3,7 %, zwischen 1914 und 1950 hingegen nur bei 3,0 %[3]. 1926 betrug das GNP $ 10.203 Millionen (in constant 1961 dollars), bis 1940 war es auf $ 14.867 Millionen (1926 = 100, 1940 = 147,7) angestiegen[4]. Wesentlich stärker und schneller wuchs es nach dem II.Weltkrieg, von $ 21.057 Millionen (ebenfalls in 1961 constant dollars) 1945 auf 1961 $ 39.646 Millionen (1945 = 100, 1961 = 188,3); 1971 betrug es $ 67.782 Millionen (1945 = 100, 1971 = 321,9 bzw. 1961 = 100, 1971 = 170,9). Zwischen 1950 und 1967 lag der jährliche reale Zuwachs im Durchschnitt bei 5,3 % (nach Firestone 1969, passim). Die Steigerungsraten des BIP lagen im Durchschnitt der Jahre 1961 bis 1966 real bei 6,8 % und erreichten zwischen 1966 und 1973 durchschnittlich 5,0 % (n. Canada Year Book 1974, S.814).

Im Verlauf des Industrialisierungsprozesses traten auch in Kanada die typischen Transformationserscheinungen in Gesellschaft und ökonomischem System ein, u.a.: die Land-Stadt-Wanderung; der Wandel in Produktionsformen wie -gütern und die damit verbundene Veränderung der Berufsstruktur; der Rückgang selbständiger Arbeit und Einkommen; der wachsende Einfluß des Staates auf den Wirtschaftsablauf; die Oligopolisierung und Monopolisierung der Produktion etc.

1.1. Zur Bedeutung der Agrarstruktur

Im Jahre 1871 lebten noch 80,4 % der gesamten Bevölkerung in ruralen Gebieten. Der Familienhof bildete die Basis einer noch weitgehend agrarisch, in vielem auch subsistenz-wirtschaftlich organisierten Gesellschaft, die in den vier Gründungsprovinzen die Strukturen der 'frontier'[5] zwar hinter sich gelassen hatte, diesen aber vielfach noch ähnelte:

"The farm household in Upper Canada was still a basically self-sufficient unit. Food was grown and processed at home. The raw products of the farm were turned into articles of wear with the assistance of the local shoemaker and tailor who would take produce in return for their services...
The farm was often a base of operations, on which individuals could fall back when other projects and occupations ended in disaster... Everywhere the family and its relatives were a close economic unit; the various members helped one another when new enterprises started or old ones failed. The material basis for this mutual welfare association was the family farm..."

Diese sicherlich idyllische Charakterisierung der Rowell-Sirois Commission (Book I, S.27) verzeichnet zweifelsohne die tatsächliche gesellschaftliche Situation in den ersten Jahren der kanadischen Konföderation, übergeht die bestehenden sozialen Ungleichheiten, verdeckt die Härte der Lebensbedingungen in den Gebieten der 'frontier'[6]. Zudem war die kanadische Agrargesellschaft - geht man von der Möglichkeit des Landerwerbs und des selbständigen Farmbetriebs als Indikator des Demokratisierungsgrades aus - in Relation zum vergleichbaren Entwicklungsstand der US-amerikanischen Agrargesellschaft weit weniger demokratisch strukturiert, der Landerwerb schwierig. Dennoch war die Durchschnittsgröße der Farmen relativ gering; 1871 lag sie bei 97,9 acres[7]. Die kleinen Betriebsgrößen zeigen den demokratisierenden Effekt von 'frontier' und Landerwerb, wenngleich durch die Durchschnittswerte andererseits die Existenz von Großgrundbesitz und die teilweise vorhandene Oligarchisierung des Grund und Bodens statistisch verdeckt werden.

Im Jahre 1901 lebten noch 62,5 % der Bevölkerung in ruralen Gebieten, waren noch 40,3 % aller Erwerbstätigen im Agrarsektor beschäftigt. Wenngleich der prozentuale Rückgang der ruralen Bevölkerung und der im Agrarbereich Beschäftigten zeigt, daß Industrialisierung und Urbanisierung die Sozialstruktur zu verändern begannen, dürfen diese Daten dennoch nicht über die Tatsache hinwegtäuschen, daß zur gleichen Zeit die Besiedlung der im Jahre

Tabelle 25 : Landbevölkerung und im Agrarsektor Erwerbstätige

Jahr	Bevölkerung in %	Erwerbstätige absolut	in %
1901	62,5	718.281	40,3
1911	54,6	928.336	34,4
1921	50,5	1.025.358	32,6
1931	46,3	1.118.342	28,6
1941	45,7	1.074.904	25,7
1951	38,4	826.093	15,7
1956	33,4		
1961	28,9	648.910	10,0
1966	26,4		
1971	23,9	542.000	6,3

Quellen: Kalbach/McVey 1971, passim; Stat.Can./6,10,passim.

1905 als Provinzen Saskatchewan und Alberta konstituierten kanadischen Prärie stattfand. Hier wird ein weiterer der Faktoren deutlich, in denen sich die gesellschaftliche Entwicklung zwischen den beiden nordamerikanischen und den westeuropäischen Staaten unterscheidet: In Kanada und den USA (wo der Prozeß allerdings eher abgeschlossen war) existierte zumindest in den ersten Phasen der Industrialisierung noch immer eine agrarische 'frontier', bestand ein ökonomischer und sozialer Dualismus von Industrie- und Agrargesellschaft[8]. Industrialisierung und gleichzeitige Expansion in der Landwirtschaft schlossen einander nicht aus. So stieg die Weizenproduktion zwischen 1896 und 1913 allein in den neukonstituierten Prärieprovinzen von 10.000.000 auf 209.000.000 bushel[9]. Für unsere Überlegung eines fortdauernden Nebeneinander von agrarischer und industrieller Expansion ist indes wichtiger, daß auch die landwirtschaftliche Anbaufläche und die Zahl der Farmen zunahmen, zudem die Durchschnittsgröße der Betriebe weiterhin relativ klein blieb (1921: 198, 1931: 225 acres[10]). Trotz des prozentualen Rückgangs an der Gesamtzahl der Erwerbstätigen stieg zwischen 1901 und 1921 die absolute Zahl der im Agrarbereich Beschäftigten nochmals um 300.000 an[11].

Die agrarische Grenze war vor dem I.Weltkrieg noch offen; sie schloß sich erst in den 20er Jahren. Seither traten auch in der kanadischen Landwirtschaft die für die industrialisierten westlichen Gesellschaften typischen Entwicklungen ein[12]: Rückgang der absolut wie prozentual im Agrarbereich Erwerbstätigen, sinkende Zahl der Farmeinheiten bei wachsender Betriebsgröße und steigender Produktivität, weitgehender Übergang zu markt- und vor allem

Tabelle 26 : Zur Farmgröße in Kanada, 1931 - 1971

	1931 No.	1931 %	1951 No.	1951 %	1961 No.	1961 %	1971 No.	1971 %
Number of farms	728,623		623,091		480,903		366,128	
Farms by size								
1- 4 acres	19,713	2,7	9,315	1,5	8,822	1,8	7,425	2,0
5- 10 "	24,028	3,3	21,481	3,4	11,141	2,3	10,174	2,8
11- 50 "	80,070	11,0	59,076	9,5	33,597	7,0	26,560	7,3
51-100 "	148,255	20,4	123,411	19,8	77,837	16,2	44,603	12,2
101-200 "	233,306	32,0	173,895	27,9	125,672	26,2	79,972	21,8
201-299 "	35,620	4,9	38,970	6,3	36,158	7,5	29,372	8,0
300-479 "	103,247	14,2	94,336	15,1	77,494	16,1	57,449	15,7
480-639 "	36,738	5,0	40,148	6,4	37,403	7,8	30,086	8,2
640 acres and over	47,646	6,5	62,459	10,1	72,779	15,1	80,487	22,0

Quelle: Stat.Can./36,passim.

auch export-orientierter Produktion etc. Erwerbstätig waren im Agrarbereich 1971 nur noch 6,3 % der labour force . Rationalisierung und Mechanisierung, die Verwendung von neuartigen Düngemitteln etc. glichen die Abwanderung der Arbeitskräfte jedoch mehr als aus. Die landwirtschaftliche Nutzfläche vergrößerte sich von 1931 85.732.172 auf 98.852.826 (1951) und 108.146.877 (1971) acres (nach Stat.Can./36, passim). Die Zahl der Farmen ging hingegen stark zurück: 1951 wurden noch 623.091 Betriebe bewirtschaftet, 1961 nur noch 480.903 und 1971 366.128. Dadurch wuchsen die Betriebsgrößen erheblich: 1951 betrug die Durchschnittsgröße 279, 1961 bereits 358,8 und 1971 463,4 acres (vgl. ebenda). Der Anteil der Farmen bis zu einer Größe von 200 acres lag 1931 noch über 2/3 ;

Tabelle 27 : Vergleich zwischen Farmgröße und Farmertrag, 1951 und 1971

value of products sold $	1951 all farms in %	1951 farm revenue in %	1971 all farms in %	1971 farm revenue in %
10.000 and over	3,4	21,7	30,9	77,3
davon:				
25.000 and over			9,1	47,7
15.000 - 25.000			10,1	17,0
10.000 - 15.000			11,7	12,6
5.000 - 10.000	11,0	26,6	22,4	14,3
2.500 - 5.000	23,2	29,3	17,2	5,5
250 - 2.500	37,8	19,3	22,1	2,4
Less than 250	14,0	0,4	7,2	0,1
Part-time farms	10,5	2,3	-	-
Institutional farms	0,1	0,4	0,2	0,4
Total	100,0	100,0	100,0	100,0

Quellen: Porter 1965, S.142; Stat.Can./36,passim.

1971 war er unter 50 % abgesunken. Der Prozentsatz der Groß-Farmen über 640 acres verdreifachte sich während dieser Zeit von 6,5 auf 22,0 %. Ein ähnliches Konzentrations-Ergebnis vermittelt Tabelle 27, in der der jährliche Verkaufsertrag klassifiziert und mit dem Ertrag sämtlicher Farmen korreliert ist.
Die Abnahme der Anzahl der Farmen, die Vergrößerung der Betriebe, der kontinuierlich und während der letzten zehn Jahre stark steigende Produktionsanteil der großen Farmen an der Gesamtproduktion zeugen vom Wandel in der Agrarstruktur. Die Konzentration auf die großen Farmen reflektiert die Adaptation der Landwirtschaft an die Konzentrationsprozesse, wie sie für die Entwicklung des gesamten ökonomischen Systems in der Industriegesellschaft kennzeichnend sind[13]. Die Veränderungen zeigen zudem, wieweit sich die Agrarstruktur von dem Charakter der 'frontier' entfernt hat. Im Bewußtsein der Bevölkerung spielen jedoch die Erlebnisse, Erfahrungen und Traditionen der 'frontier', sicherlich oft romantisch verklärt, unverändert eine große Rolle. Die agrarische 'frontier' bot lange Zeit die Möglichkeit zu horizontaler und damit für viele gleichfalls zu vertikaler Mobilität; nicht zuletzt auch hierauf beruht die Perzeption Kanadas als einer offenen Gesellschaft:

"The historical source of the image of a classless Canada is the equality among pioneers in the frontier environment of the last century. In the early part of the present century there was a similar equality of status among those who were settlers in the west, although, ..., these settlers were by no means treated equally. A rural, agricultural primary producing society is a much less differentiated society than one which has highly concentrated industries in large cities. Equality in the rural society may be much more apparent than real, but the rural environment has been for Canada an important source of the image of equality." (Porter 1965, S.3f).

1.2. Urbanisierung und Bevölkerungswanderung

Der Anteil der Landbevölkerung ist im Zuge der Industrialisierung beständig zurückgegangen; die Urbanisierung nahm dabei vor allem nach dem II.Weltkrieg sprunghaft zu: 1956 wohnten 66,6 %, 1971 76,1 % der Kanadier in Städten[14]. Während 1941 nur ca. 1/3 der Bevölkerung in 12 Metropolitan Areas lebte, waren es 1961 45 % in 17, 1971 55 % in 22 Metropolitan Areas[15].

Allein 25 % der kanadischen Bevölkerung wohnten 1971 in den beiden Ballungsräumen von Montreal und Toronto. Die Wachstumsrate von Metropolitan Toronto lag dabei nach dem II.Weltkrieg deutlich über derjenigen von Montreal. Toronto hat heute Montreal als größte kanadische Stadt fast erreicht; eine Entwicklung, die im Zusammenhang mit dem Nationalitätenproblem zu sehen ist, was vor allem eine große Zahl der Einwanderer der kleineren ethnischen Gruppen stets veranlaßte, sich dort nicht anzusiedeln. Von den ca. 3,5 Millionen Immigranten, die zwischen 1946 und 1971 nach Kanada kamen, gaben ca. 50 % Ontario als erste Residenz an, nur ca. 20 % Quebec. In den Jahren 1969 bis 1971 ließen sich 54 (1969), 55 (1970) und 53 % (1971) in Ontario, nur 17 (1969), 16 (1970), 15 % (1971) in Quebec nieder (s. Stat.Can./75, passim). Sodann ist insbesondere in jüngster Zeit unter dem Eindruck der möglichen Sezession Quebecs eine Reihe von Unternehmen, die sich traditionell mit ihren Konzernzentralen, vielfach auch ihren Produktionsstätten in einer der beiden ökonomischen Metropolen Kanadas, entweder in Toronto oder Montreal, niedergelassen hatte, vollständig aus Montreal abgewandert oder hat zumindest teilweise ihre Unternehmen ausgelagert. Der Zuwachs an neuen Arbeitsplätzen blieb dadurch deutlich hinter dem Torontos und anderer industrieller Ballungsräume zurück. Zudem war die Arbeitslosigkeit in Quebec und Montreal stets größer als in Ontario, Toronto oder in Rest-Kanada. Sie lag beständig 20 bis 50 % über dem gesamtkanadischen Durchschnitt und ist in der Regel doppelt so hoch wie in Ontario. Die Bevölkerung Quebecs stellte 1971 ca. 1/4 der Erwerbstätigen in Kanada, jedoch 40 % der Arbeitslosen[16]. Der Anreiz für eine Migration nach Quebec oder Montreal ist aufgrund dieser sozio-ökonomischen Faktoren nicht unerheblich geringer als für eine Wanderung nach Rest-Kanada. Die negativen Prognosen über die Bevölkerungsentwicklung Quebecs in der nahen Zukunft beruhen auch auf diesem Faktum. Für die frankokanadischen Independisten stellt dies in ihrer Einschätzung der gesellschaftlichen Situation der Frankokanadier einen weiteren der vielfältigen Gründe für ihre Überzeugung dar, daß die frankophone Subgesellschaft im Rahmen der kanadischen Konföderation auf Dauer weder ihre nationale Identität wird bewahren noch eine gleichrangige sozio-ökonomische Entwicklung wird erreichen können.

Bei dem ausgeprägten sozio-ökonomischen Entwicklungsgefälle schwankt das Ausmaß der Urbanisierung von Provinz zu Provinz erheblich. 1971 betrug der Urbanisierungsgrad bei einem nationalen Durchschnitt von 76,1 % zwischen minimal 38,3 % in Prince Edward Island und maximal 82,3 % in Ontario; nach Ontario und Quebec (80,6 %) sind British Columbia (75,5 %) und Alberta (73,5 %) am stärksten urbanisiert, während Saskatchewan (53,0 %) sowie vor allem die vier maritimen Provinzen den geringsten Anteil städtischer Bevölkerung aufweisen, wobei die Urbanisierung in Nova Scotia in den letzten Jahren sogar minimal zurückgegangen ist[17]. Ähnlich differenziert stellt sich das Bevölkerungswachstum der Provinzen dar. So lag der Bevölkerungsanstieg seit dem II.Weltkrieg in den Maritimes, in Saskatchewan, aber auch in Quebec teilweise erheblich unter dem nationalen Durchschnitt; in Ontario, British Columbia und Alberta wuchs die Bevölkerung indessen deutlich überproportional:

Tabelle 28 : Bevölkerungszuwachs nach Provinzen, 1951 - 1971

	1941-1951	1951-1961	1961-1971
Canada	18,6	30,2	18,2
Newfoundland	-	26,7	14,0
Prince Edward Island	3,6	6,3	6,7
Nova Scotia	11,2	14,7	7,0
New Brunswick	12,7	15,9	6,1
Quebec	21,7	29,7	14,6
Ontario	21,4	35,6	23,5
Manitoba	6,4	18,7	7,2
Saskatchewan	- 7,2	11,2	0,1
Alberta	18,0	41,8	22,2
British Columbia	42,5	39,8	34,1
Yukon	85,1	60,8	25,7
North West Territories	33,1	43,7	51,3

Quellen: Stat.Can./22,passim; Kalbach/McVey 1971, S.70ff.

Die ökonomische 'Rückständigkeit'[18] bewirkte jedoch nicht nur, daß kaum Immigranten in die maritimen Provinzen und nach Saskatchewan kamen, sondern führte auch die teilweise erhebliche Abwanderung der einheimischen Bevölkerung mit herbei. Die Netto-Migration dieser Provinzen ist seit langem stark negativ. Die große Mehrheit der Immigranten, aber auch die einheimischen Kanadier wanderten vielmehr in die sozio-ökonomisch am stärksten entwickelten Provinzen und deren industrielle Ballungszentren, nach Ontario, British Columbia, und in den letzten Jahren, seit der Entdeckung und beginnenden Ausbeutung der Rohstoffe, u.a. der Erdölvorkommen, auch nach Alberta.

Wenngleich die Urbanisierung Kanadas in den letzten Jahren weiter zugenommen hat, verringerten sich seit Mitte der 60er Jahre die Zuwachsraten, die zwischen 1961 und 1966 sowie 1966 und 1971 nur noch bei jeweils 2,5 Prozentpunkten lagen. Ähnlich verlangsamt hat sich auch die Wanderung in die Ballungsräume. In den 17 Metropolitan Areas nahm die Bevölkerung zwischen 1951 und 1961 um 44,8 % zu; im nachfolgenden Jahrzehnt bis 1971 lag der Zuwachs nur noch bei 35,5 % (vgl. Stat.Can./10,22). Kingsley Davis hat in einer international vergleichenden Untersuchung gezeigt, daß die Verstädterung ab einem Urbanisierungsgrad von ungefähr 75 % nur noch minimal zunimmt oder gar rückläufig wird[19]. Kanada hat dieses Ausmaß der Verstädterung zumindest im nationalen Durchschnitt während der letzten Dekade erreicht.

1.3. Produktions- und Berufswandel

Im Zuge der Industrialisierung wandelten sich Produktionsformen wie -güter und die Berufsstruktur in typischer Weise. In der zweiten Hälfte des 19.Jahrhunderts stellte die Landwirtschaft noch den größten Anteil an der nationalen Produktion von Gütern und Dienstleistungen. Im Jahre 1910 war der Prozentsatz der drei Wirtschaftssektoren, Agrar-, Industrie-, Dienstleistungssektor, in etwa gleich. Nach dem I.Weltkrieg machte der industrielle Sektor 1/4 der Gesamtproduktion aus. Sein Anteil ist seither nur noch geringfügig gestiegen. Beurteilt man die Struktur der kanadischen Wirt-

Tabelle 29 : Überblick über die Zusammensetzung von BIP und Labour Force 1870 - 1971 (in %)

	Percent of Total Gross Domestic Product (1)			Percent of Total Employment		
	Agriculture	Manufacturing	Services	Agriculture	Manufacturing	Services
1870	33,3	19,0	20,9	50,0	13,1	17,0
1890	27,0	23,5	28,1	45,8	16,2	24,2
1910	22,8	22,7	27,8	34,3	19,9	33,4
1920	19,4	24,2	29,7	32,8	17,5	36,9
1945	10,7	27,4	53,3 (2)	24,4	26,5	40,5
1950	10,4	28,7	48,9	21,1	26,1	42,4
1966	6,4	25,6	57,2	8,3	24,0	56,9
1971	4,3	22,9	62,6	7,6	22,2	62,7

Anmerkungen: (1) 1870 - 1920: Gross National Product at market prices; 1945 - 1966: Gross Domestic Product at factor costs
(2) Unter Einschluß der Kriegsausgaben, wodurch der Anteil des Dienstleistungssektors aufgebläht ist.

Quellen: Firestone 1968, S.129; Stat.Can./3, S.125; 74, S.298.

schaft am jeweiligen Anteil der drei großen Produktionssektoren am BIP, erreichte Kanada in den 20er Jahren den Entwicklungsstandard der Industrienation, oder - in Rostows Typisierung - die vierte Wachstumsphase des 'drive to maturity'[20]. Schaut man indessen auf die Zusammensetzung der labour force , zeigt sich die auch in der Zwischenkriegszeit unverändert große Bedeutung des Agrarsektors. Der Vergleich beider Indikatoren erweist einmal mehr die bis zur Weltwirtschaftskrise andauernde kanadische Sonderentwicklung des Nebeneinander von industrieller und agrarischer Expansion.

Nach dem II.Weltkrieg glich sich diese Diskrepanz jedoch aus. 1966 arbeiteten 24 % der Erwerbstätigen im industriellen Bereich und produzierten 25,6 % des BIP. Überproportional war der Zuwachs an Arbeitskräften wie am Anteil des BIP seit dem Ende des II.Weltkriegs insbesondere im Dienstleistungsbereich, in dem 1966 56,9 % sämtlicher Erwerbstätigen beschäftigt waren; der Anteil am BIP lag bei 57,2 %. Vor allem die zunehmende Bedeutung des tertiären Sektors seit dem Ende des II.Weltkriegs verdeutlicht den typischen, zweiphasigen Verlauf in der Entwicklung des Industrialisierungsprozesses auch der kanadischen Wirtschaft: Das wirtschaftliche Wachstum verlagerte sich nach erreichter Industrialisierung mehr und mehr auf den Dienstleistungsbereich, der allerdings infolge der stark merkantil bestimmten Interessen der einheimischen Wirtschaft auch zuvor bereits stets einen beträchtlichen Anteil an der Entwicklung der kanadischen Volkswirtschaft aufgewiesen hatte[21].

Die Industrialisierung bewirkte auch in Kanada den typischen Rückgang selbständiger Arbeit und Einkommen. Im September 1972 waren insgesamt 8,381 Millionen Kanadier erwerbstätig; von ihnen waren 7,323 Millionen (87,4 %) lohnabhängig beschäftigt, 868.000 (10,4 %) selbständig[22]. Bis zur Weltwirtschaftskrise **lag der An-**

Tabelle 30 : Zusammensetzung der individuellen Einkommen, 1926 - 1973

	1926	1950	1971	1973
		in Prozent		
Lohnabhängige Arbeit (wages, salaries, military pay)	58,5	64,2	71,1	69,3
Selbständige Arbeit	30,5	21,3	9,7	10,4
net income from farm production	14,7	8,1	2,0	3,2
net income of non-farm unincorporated business	15,8	13,2	7,7	7,2
Kapital-Einkommen (interests, dividends, investment)	8,5	6,9	7,6	7,9
Einkommen aus Sozialleistungen (transfer payments)	2,5	7,6	11,6	11,9

Quelle: Stat.Can./73,74,passim.

teil individueller Einkommen aus selbständiger Arbeit am Gesamt-Einkommen noch zwischen 25 und 30 %.
Der erste größere Rückgang im selbständigen Farm-Einkommen trat während der Weltwirtschaftskrise ein. Von allen Wirtschaftssektoren am stärksten betroffen, stürzte die kanadische Landwirtschaft in ihre zweite Existenzkrise nach 1918 bis 1921, die eine Vielzahl von vor allem kleineren Farmen nicht überlebte[23]. In Saskatchewan z.B. sank das Pro-Kopf-Einkommen in den vier Jahren von 1929 bis 1933 um 71 %[24]. Der Anteil der Farmer am individuellen Einkommen verringert sich von 13,4 % im Jahre 1928 auf nur noch 3,3 % (n. Stat.Can./73, passim). Spiegeln sich in diesen Daten die Auswirkungen der gesamtwirtschaftlichen Depression wider, lag der prozentuale Rückgang selbständiger Einkommen nach dem II.Weltkrieg in dem durch den industriellen Boom ausgelösten Strukturwandel des ökonomischen Systems begründet.

1.4. Formen der Staatsintervention

Staatliche Eingriffe in den ökonomischen Prozeß besitzen in Kanada eine lange Tradition, die weit ins 19.Jahrhundert zurückreicht, ja eigentlich nie durch den 'liberalen Nachtwächterstaat' unterbrochen worden war. Dennoch unterlag das Verhältnis von Staat und Ökonomie, auf das in anderem Zusammenhang noch zurückzukommen sein wird (s.u. Abschnitt 2), auch in Kanada den typischen Veränderungen, die sich in zahlreichen anderen Industrienationen im Gefolge von Weltwirtschaftskrise und II.Weltkrieg durch den Übergang zur (neo-liberalen) Staatsintervention ergaben. In Kanada wie anderswo bewirkten erst die Depression und der nachfolgende Krieg die theoretische und politische Anerkenntnis staatlicher Intervention als Regulativ im ökonomischen System.

Nach dem II.Weltkrieg erreichte Kanada so nicht nur den ökonomischen Entwicklungsstand einer vollends industrialisierten, auf Massenkonsum ausgerichteten Wirtschaft. Zugleich setzten sich in zunehmendem Maße auch die Strukturmerkmale im ökonomischen System durch, die mit dem Begriff des 'organisierten Kapitalismus' umschrieben sind[25]. Wenngleich die staatlichen Interventionen geringer als etwa in den westeuropäischen Gesellschaften sind, erfüllt der Staat seither auch in Kanada die für diese Phase kapitalistischer Entwicklung typischen Funktionen[26]. Die klassischen Staatsaufgaben wurden ergänzt um das neo-liberalistische Konzept antizyklischer Wirtschaftspolitik. Steuer- und Haushaltspolitik wurden am jeweiligen konjunkturellen Verlauf ausgerichtet und entweder restriktiv oder wachstumsfördernd eingesetzt. Der Staat übernahm zugleich in verstärktem Umfang Aufgaben im Bereich der Infrastruktur; dies gilt etwa für den Ausbildungssektor, für die Versorgung im sozialen Bereich, für die Übernahme der Basis-Energieversorgung (public utilities), für die Verkehrserschließung (z.B. der Ausbau des St.Lorenz-Stroms, der Trans Canada Pipeline, des Trans Canada Highway, des Flugnetzes etc.), der in Kanada als einem der Staaten mit den größten Rohstoffreserven der Erde, die aufgrund der geographisch-klimatischen Bedingungen zudem nur schwer zugänglich und erschließbar sind, besondere Bedeutung zukommt.

Die systemstabilisierende Zielsetzung von Vollbeschäftigung und ausgewogenem Wirtschaftswachstum, sodann die zunehmende Konzentration der staatlichen Interventionen auf dem Gebiet der Strukturpolitik: - Sei es durch direkte Subventionsleistungen, die nach der offiziellen Haushaltsstatistik von $ 64 Millionen (1950) auf $ 854 Millionen (1972) anstiegen und stets zu einem beträchtlichen Teil dem Agrarsektor zuflossen, den Staatsbetrieben ('Crown Corporations'), ferner dem Transportwesen und vor allem dem öffentlich-rechtlichen Rundfunk und Fernsehen[27]. - Sei es durch indirekte Maßnahmen, wie steuerliche und kreditpolitische Hilfen, Staatsaufträge und andere direkte oder indirekte Investitionsformen. 1950 erreichte die Kapitalbildung des Staates $ 497 Millionen (12,9 % der gesamten öffentlichen und privaten, in- und ausländischen Kapitalbildung in Höhe von 3.862 Millionen) und stieg bis 1972 auf $ 3.966 Millionen (17,8 % von insgesamt $ 22.313 Millionen) an (n. Stat.Can./73, passim). - Sei es durch handelspolitische Maßnahmen zur Sicherung der Absatzchancen. So garantierten z.B. auf dem Agrarsektor nicht zuletzt die staatlich ausgehandelten Weizenexporte,u.a. in die Sowjetunion und in die Volksrepublik China, Produktion und Preis[28]. Während bis etwa 1960, im Zeichen des 'Kalten Krieges', kaum in 'kommunistische Märkte' exportiert wurde, machte der Export in diese Länder zwischen 1964 und 1966 knapp die Hälfte der Weizenausfuhr Kanadas aus. 1971 - 1972 gingen von insgesamt 478,1 Millionen bushel Weizen allein 111,7 Millionen

(23,3 %) nach China, 109,6 Millionen (22,9 %) in die Sowjetunion; erst dann folgten Japan mit 10,6 % und Großbritannien mit 9,9 % (n.Canada Year Book 1974, passim).

Die zunehmenden Interventionen spiegeln sich eindrucksvoll wider in der Entwicklung des Steueraufkommens und dem beständigen Wachstum der Staatsausgaben in den letzten 50 Jahren. Während der Anteil des privaten Verbrauchs am BSP kontinuierlich zurückging, von etwa 86 % in den 20 Jahren nach Gründung der Konföderation bis auf unter 60 % Anfang der 70er Jahre, stiegen andererseits sowohl die Kapitalbildung als auch die Staatsausgaben. Diese lagen zwischen 1870 und 1890 durchschnittlich bei 5,6 % des GNP; nach dem II.Weltkrieg betrugen sie jährlich etwa 14 % und erreichten 1971 ca. 1/5 . Das gesamte Steueraufkommen, direkte wie indirekte Steuern auf allen drei staatlichen Ebenen, betrug im Jahre 1926 ganze $ 732 Millionen; 1950, zu Beginn der ökonomischen Booms nach dem II.Weltkrieg, war es auf $ 4.153 Millionen angestiegen und erreichte 1972 $ 34.554 Millionen[29]. Zwischen 1926 und 1950 wuchs das Steueraufkommen um 567 Prozentpunkte (1926 = 100), zwischen 1950 und 1972 um 832 Prozentpunkte (1950 = 100). Das BIP lag 1926 bei $ 4.866 Millionen, 1950 betrug es $ 16.866 Millionen (1926 = 100, 1950 = 346) und erreichte 1972 einen Betrag von $ 91.716 Millionen (1950 = 100, 1972 = 544). In Relation zum BIP ergab sich damit ein Steueranteil von 15,0 % (1926), 24,6 % (1950) und 37,7 % (1972). Umgerechnet auf die Bevölkerung bedeutete dies 1931 eine durchschnittliche Steuerbelastung (sämtlicher direkter und indirekter Steuern) von $ 77 pro Kopf der Bevölkerung (21,8 % am Pro-Kopf-Einkommen vor Steuerabzug); 1951 lag sie bereits bei $ 385 (31,1 %) und betrug 1971 $ 1.367 (40,1 %). Eingeführt im Jahre 1917 während des I.Weltkriegs, war die Belastung des einzelnen durch die Einkommensteuer in der Zwischenkriegszeit noch relativ gering. Der überwiegende Anteil der Steuereinnahmen rekrutierte sich aus indirekten Steuern. 1926 flossen 86,0 % des staatlichen Gesamtaufkommens aus indirekten Steuern, während die Einkommensteuer nur 7,3 % ausmachte. Zudem war die Zahl der Einkommensteuerpflichtigen klein; im Jahre 1938 z.B. waren etwa 4,5 Millionen Kanadier erwerbstätig. Einkommensteuer zahlten jedoch nur 337.000 Personen[30]. Die Notwendigkeit, die Kriegsaufwendungen finanzieren zu müssen, die während des II.Weltkriegs zur Senkung der Einkommensteuergrenzen führte, die in der Folgezeit nach dem Ende des Krieges reale und inflationär bedingte Steigerung der Einkommen bewirkten dann das starke Wachstum der Einnahmen aus der Einkommensteuer. Nach dem II.Weltkrieg verschob sich aber auch die Zusammensetzung des Steueraufkommens zu Lasten des individuellen Steuerzahlers[31]. So sanken die Steuerleistungen der Unternehmen zwischen 1950 und 1972 prozentual um mehr als die Hälfte auf 11,2 %[50]. Der Anteil aus individueller Einkommensteuer hingegen stieg von 14,7 % auf 33,0 %. Berücksichtigt man zudem, daß die indirekten Steuern bis an den Verbraucher weitergegeben werden und dies die Bezieher kleinerer und mittlerer Einkommen relativ stärker belastet, hat sich das Steuergefüge nach dem II.Weltkrieg - auch wenn man die ausgleichende Wirkung der Steuerprogression berücksichtigt - zu Lasten des lohnabhängigen Durchschnittsbürgers verändert[32].

Die Staatsinterventionen erstrecken sich komplementär zur Produktionsebene vor allem auf den Konsumtions- und Distributionsbereich. Die 'Sozialinterventionen' umfassen auch in Kanada vornehmlich regulierende Maßnahmen zur Einkommensverteilung und Schutz für sozial schwache Gruppen; sei es durch direkte staatliche Leistungen, sei es durch indirekte Hilfen. Unter den indirekten Hilfen an Gütern und Dienstleistungen stehen dabei Ausbildungs- und Gesundheitswesen an der Spitze. Im Bereich der Gesundheit wandte der Staat 1961 eine Milliarde Dollar auf (ca. 5 % sämtlicher Staatsausgaben); 1967 lag der Betrag bei $ 2,4 Milliarden oder ca. 12 % der Haushalte aller drei staatlichen Ebenen[33].

Im Mittelpunkt der staatlichen 'Sozialinterventionen' stehen jedoch die direkten 'transfer payments'[34]. Die Sozialgesetzgebung ('social security') - Arbeitslosenversicherung ('unemployment in-

Tabelle 31 : Zusammensetzung des Steueraufkommens (alle Gebietskörperschaften), 1950 und 1972

	1950 in millions of dollars	1950 in %	1972 in millions of dollars	1972 in %
Direct Taxes	2.024	48,7	19.857	57,5
Persons	977	23,5	15.693	45,4
Income	612	14,7	11.410	33,0
Other*	365	8,8	4.283	12,4
Corporate Income	993	23,9	3.877	11,2
Non-Resident Income (Persons, Corporate)	54	1,3	287	0,8
Indirect Taxes	2.129	51,3	14.697	42,5
Total	4.153	100,0	34.554	100,0

* = U.a. 'succession duties', estate taxes, employer and employee contributions to social security etc.

Quellen: Stat.Can./73,74,passim.

surance'), Familienunterstützung ('family allowance'), Rentenversicherung ('old age pension'), Krankenversicherung ('universal hospital insurance') - wurde in Kanada allerdings relativ spät, und zwar erst nach dem II.Weltkrieg, eingeführt. Angekündigt in der Thronrede des Jahres 1943, bildeten die sozialpolitischen Maßnahmen neben der ausgeprägten 'anti-sozialistischen' Propaganda die zweite Komponente der politischen 'Doppelstrategie', mit der Premierminister Mackenzie King und die Liberale Partei auf die Wahlerfolge der sozialistischen C.C.F. bei Provinzwahlen während des II.Weltkriegs reagierten und damit der C.C.F. bei der Unterhauswahl von 1945 die Basis in der Wählerschaft weitgehend entzogen[35]. Innerhalb der Jahre 1944 bis 1946 stiegen die staatlichen Sozialleistungen um das Vierfache[36]. 1972 erreichten die staatlichen Zahlungen eine Höhe von $ 9.846 Millionen oder 20,8 % der Staatsausgaben (s. Stat.Can./73, 74, passim). Die 'transfer payments' kommen dabei, wenngleich auch nicht ausschließlich, vornehmlich den unteren Einkommensgruppen zugute[37]. Schlüsselt man die Zusammensetzung der Einkommen auf, so ergab sich seit 1961 ein Anteil der Sozialleistungen an der Gesamtsumme der Einkommen von:

Tabelle 32 : Anteil von transfer payments am individuellen Einkommen, 1961 - 1973

Einkommen	1961	1971	1973
unter $ 1.000	65,0	68,5	67,4
$ 1.000 - 1.999	39,5	66,2	
$ 2.000 - 2.999	18,2	41,1	64,1
$ 3.000 - 3.999	8,3	36,9	42,6
$ 4.000 - 4.999	5,9	19,4	33,7
$ 5.000 - 5.999	4,6	11,5	20,1
$ 6.000 - 6.999	4,2	8,1	14,6

Quellen: Poduluk 1968, S.249ff; Stat.Can./52,54,passim.

In der untersten Einkommensquintile, deren obere Grenzen bei 1951: $ 1.260, 1961: $ 1.930, 1971: $ 3.110, 1973: $ 3.980 lagen, betrug der Anteil der 'transfer payments' 1951: 24,9 %, 1961: 34,9 %, 1971: 53,3 % und 1973: 55,6 %[38]. Neben der Steuerprogression bilden die Sozialleistungen die zweite Komponente staatlicher Einkommensumverteilung. Beide zusammen hatten zur Folge, wie Jenny R. Poduluk (1968, S.283ff) für die 50er und frühen 60er Jahre gezeigt hat, daß Ein- und Mehr-Personen-Familien mit einem Jahreseinkommen unter $ 4.500 von der Umverteilung profitierten, die darüberliegenden Einkommensgruppen, insbesondere ab $ 7.000, hingegen die Umverteilung maßgeblich finanzierten.

Insgesamt wirkten sich die staatlichen Eingriffe stark systemstabilisierend aus. Die anti-zyklische Haushaltsgestaltung und die Strukturpolitik auf der Produktionsebene beeinflußten regulierend Arbeitsmarkt und Wirtschaftswachstum, die wohlfahrtsstaatlichen Maßnahmen auf der Distributionsebene reduzierten und/oder verdeckten soziales Konfliktpotential. Die kanadische Politik der 50er und 60er Jahre garantierte damit die typische Weiterentwicklung des kapitalistisch organisierten ökonomischen Systems: Einerseits förderte sie die Konzentrationstendenzen auf der Kapital- und Produktionsebene und damit indirekt auch die ökonomische Abhängigkeit; andererseits führte die wesentlich auf Massenkonsum ausgerichtete Produktion dazu, daß Kanada heute über einen der höchsten Lebensstandards in der Welt verfügt.

2. Abhängigkeit und ökonomische Entwicklung

2.1. Formen und Perioden ökonomischer Abhängigkeit

"The richest underdeveloped country" nennt Kari Levitt Kanada in ihrer Studie 'The Silent Surrender' (1970, S.25). Diese aphoristisch verkürzte, aber treffende Charakterisierung beschreibt einerseits den außerordentlichen natürlichen Reichtum des Landes an Rohstoffen und anderen Ressourcen fast jedweder Art, den fortgeschrittenen Stand industrieller Entwicklung, den hohen Lebensstandard; sie zeigt andererseits die ökonomische Abhängigkeit Kanadas von den USA auf, die in einer Reihe von Merkmalen Ähnlichkeiten mit den Dependenzstrukturen von Metropole und Peripherie, von 'entwickelter' Erster und 'unterentwickelter' Dritter Welt aufweist[39]. Die starke, durch die multi-nationalen Konzerne vermittelte Verflechtung mit der US-amerikanischen Wirtschaft, wie sie die kanadische Gegenwart bestimmt, wird allerdings nur verständlich nach einem Blick auf die historische Dimension einer von Beginn an abhängigen Ökonomie, die eingebettet gewesen ist zunächst in das merkantilistische Verbundsystem von Metropole und Kolonie, sodann in das kapitalistisch strukturierte System der weltweiten Arbeitsteilung. Die kanadische Wirtschaft ist stets auch dadurch bestimmt worden, daß sie in erheblichem Umfang in Funktion externer Zentren produzierte. Versucht man eine Periodisierung, die sich nicht nur an Wachstumsmodellen orientiert, sondern die als Indikatoren u.a. auch den Produktionsmittelbesitz, Kapital- und Warenströme, Art und Sektoren der Investitionen etc. mit berücksichtigt, so kann man bis zum Ende des II.Weltkriegs sieben Entwicklungsphasen unterscheiden[40].

1) Kolonial-merkantilistische Phase bis 1846/48

Eingeordnet in das merkantilistische Verbundsystem waren die Kolonien auf kanadischem Boden von Beginn der europäischen Siedlung an; dies gilt für die Periode französischer Herrschaft ebenso wie für die britischen Kolonien nach 1763, wenngleich sich die entstehenden innergesellschaftlichen Strukturen entsprechend den differenten Gesellschaftsformationen im jeweiligen Mutterland auch unterscheiden mögen. So bestimmte in Französisch-Kanada das absolutistische Herrschaftssystem mit deutlich mittelalterlich-feudalistischen Relikten (Seigneurie) die Sozialverhältnisse, vollzog sich die gesellschaftliche Formierung in den britischen Kolonien orientiert an der bereits bürgerlichen englischen Gesellschaft. Für das Verhältnis von Anglo- und Frankokanadiern und die Entwicklung der beiden Subgesellschaften sind diese Unterschiede zweifellos eminent wichtig, für die Ökonomie Kanadas aber sind sie nur von untergeordneter Bedeutung. Zum einen waren die merkantilistischen Interessen Frankreichs wie Großbritanniens im Grunde identisch: Beide zielten auf Versorgung des Mutterlandes vor allem mit Pelzen, Holz und anderen Produkten der Stapelwirtschaft und den Absatz der eigenen Manufaktur- und in Ansätzen Industrie-Produkte auf dem kolonialen Markt[41]. Zweitens erfolgte gerade wegen der merkantilistischen Handelsschranken nach der Niederlage Frankreichs die fast völlige Trennung des späteren Quebec vom ehemaligen Mutterland und die Zentrierung der Wirtschaft auf die neue Metropole Großbritannien hin, so daß die weitere Entwicklung primär von britischen und anglokanadischen Interessen determiniert wurde.

Träger des merkantilistischen Systems und der Stapelwirtschaft war neben den Handelskompanien der Metropolen schon bald eine einheimische, pro-britisch orientierte und von der Herkunft her meist britische und/oder loyalistische Handelsbourgeoisie, die - abgesehen von wenigen Einzelfällen - nur in geringem Umfang vom Niedergang des Pelzhandels nach 1820 in Mitleidenschaft gezogen wurde[42]. Maßgeblich dafür waren vor allem drei Faktoren: So übte der Staat in dieser Periode eine doppelte Schutzfunktion aus. Die merkantilistischen, durch Entrepôt-Prinzip und Navigationsakte definierten Handelsstrukturen garantierten weiterhin den von außen nur wenig gestörten Transatlantik-Handel mit dem Mutterland und erleichterten indirekt damit den Übergang auf andere Stapelprodukte, insbesondere auf die Holzwirtschaft. Zweitens schützte die britische Kolonialadministration im Innern die mit ihr durch den Family Compact bzw. dem Château Clique verbundenen Interessen von Großgrundbesitz und Handel gegen die kleinbürgerliche Opposition. Diese frühe Interessenverbindung von Administration und Kapital stellt eine der Besonderheiten dar, die sich auch im weiteren ökonomischen Entwicklungsprozeß von bestimmendem Einfluß erweisen sollten[43]. Der Staat nahm dabei bereits vergleichsweise frühzeitig den ökonomischen Prozeß lenkende Eingriffe vor. Ohne derartige Interventionen, sei es, daß der Staat die erforderlichen Infrastrukturmaßnahmen (wie etwa beim Bau des Cornwall Canal) in eigener Regie durchführte, sei es, daß er den zunächst Kanal-, dann Eisenbahnbau durch finanzielle Hilfen oder auch durch Landvergabe zu außerordentlich günstigen Konditionen unterstützte, wäre die Erschließung Zentral-Kanadas und der Prärie in der Form durch einheimisches Kapital nicht möglich gewesen[44]. Der Staat trug insofern bereits in der 1.Hälfte des 19.Jahrhunderts mit dazu bei, daß sich die Interessen des Handels zusätzlich zum Transatlantikgeschäft auch auf die Schaffung eines transkontinentalen Marktes richteten. Allerdings liegt in der Konzentration auf den Handel, nicht zuletzt eine Folge der Abhängigkeit von den Anforderungen im Steuerzentrum Großbritannien, eine der Deformationen im ökonomischen Entwicklungsprozeß Kanadas begründet. Auch die einheimische Handelsbourgeoisie zielte auf Kapitalakkumulation vor allem im merkantilen Sektor, vernachlässigte die Industrialisierung. Reinvestitionen und Neugründungen von Unternehmungen konzentrierten sich entweder auf den Ausbau der Infrastruktur oder auf den Aufbau von dem Handel angelagerter Industrien wie Sägewerken zur Holzverarbeitung, Hafenanlagen, Schiffswerften und -ausrüstungen etc.[45] Eine solchermaßen merkantil und auf den Export von Stapelprodukten in das Mutterland orientierte Ökonomie traf die von den Whigs bestimmte liberale Politik nach 1840, die den kanadischen Kolonien politisch zwar die innere Selbstregierung brachte, mit der Durchsetzung des Freihandels und der Abschaffung der corn laws (1846) ökonomisch ebenso unvorbereitet wie hart. Die depressivenWirkungen wurden noch dadurch verstärkt, daß sich Europa selbst in der Krise befand, was zum einen die ohnehin reduzierten Absatzchancen weiter verringerte, zum anderen die Europäer massenweise zur Emigration auch nach Kanada veranlaßte.

2) Kontinentale Integration oder Abgrenzung? 1848 - 1967

Die Konsequenzen der britischen Freihandelspolitik ließen in Kanada Forderungen nach einer Neuorientierung der ökonomischen Präferenzen an Gewicht gewinnen. Zusätzlich zu Bauern, Händlern und anderen Angehörigen des Kleinbürgertums, denen anpolitischer Reform, insbesondere aber an billigeren Importen verarbeiteter Produkte lag, traten nach 1850 auch große Teile der Handelsbourgeoisie für die kontinentale Öffnung und eine Annäherung an die USA ein. Ihr

Interesse richtete sich auf den stetig wachsenden US-amerikanischen Markt als Absatzgebiet für die eigenen kanadischen Rohstoffe. 1854 kam es durch den 'Reciprocity Treaty' zur ersten Öffnung der Märkte auf Gegenseitigkeit[46]. Die mit der konsequent liberalistischen Position ökonomischer Integration zu einem nordamerikanisch-kontinentalen Markt notwendig verbundenen, für Kanada negativen Nebenwirkungen machten indes sehr bald auf die Widersprüchlichkeit dieser als reciprocity bezeichneten Öffnung des kanadischen Marktes aufmerksam. Sie führte zur Entwicklung einer anti-integrationistischen Alternative, der zwar - zu verschiedenen Zeiten von verschiedenen Interessengruppierungen getragen - selbstverständlich verschiedenartige Ziele und Konzeptionen zugrundelagen, die zudem stets maßgeblich von außerökonomischen Motiven bestimmt gewesen ist, der aber seit mehr als 100 Jahren gemeinsam waren ein ökonomisch wie außerökonomisch begründbarer Anti-Amerikanismus und die Zielvorstellung nationaler ökonomischer Eigenständigkeit. Bei Wahlen zur Disposition gestellt, entschieden sich zumindest in der Vergangenheit bei den Unterhauswahlen von 1891, 1911 und 1921 Mehrheiten gegen reciprocity und für eine stärkere Eigenständigkeit gegenüber den USA[47], was indes langfristig die Penetration der kanadischen Ökonomie durch die USA nicht verhindern konnte.

Die Ursachen für die Abkehr von 'reciprocity' in der Mitte des 19.Jahrhunderts waren primär ökonomischer Natur, da die kontinentale Öffnung nicht nur neue Absatzmärkte schuf, sondern die gleichen merkantilen Interessen mit ihrer Intention der Erschließung des kanadischen Westens auch der Konkurrenz des erheblich weiter ausgebauten US-amerikanischen Eisenbahnnetzes aussetzte, das zudem in der Nord-Süd-Dimension wesentlich kürzere und damit billigere Transportmöglichkeiten mit sich brachte. 'Reciprocity' schuf somit Profitmöglichkeiten für den Stapel- und Rohstoffabsatz in der Nord-Süd-Dimension, bedrohte aber zugleich die Monopolposition der einheimischen Handelskreise in der Ost-West-Dimension[48]. In Umrissen werden hier bereits, noch ehe der Westen überhaupt erschlossen, geschweige denn besiedelt war, sowohl der die Entwicklung seit dem I.Weltkrieg bestimmende Interessengegensatz zwischen Zentral-Kanada und der Peripherie als auch die zentrifugale Wirkung der US-amerikanischen Wirtschaftskraft sichtbar. Negative Konsequenzen, die für die Mitte des 19.Jahrhunderts aufgrund der Struktur der Staatseinkünfte umso bedeutsamer waren, ergaben sich aus der Öffnung auch für das staatlich-politische System, das nach 1866 ca. 2/3 des Staatshaushalts aus Zöllen bestritt und auf diese Einnahmen angewiesen war, um die bei britischen Banken zur Finanzierung des (privaten) Eisenbahnnetzes eingegangenen Staatsschulden tilgen zu können[49]. Die Errichtung der Zollschranken gegenüber den USA war damit auch eine finanzpolitische Notwendigkeit. Zusammen mit den politischen Implikationen und der ethnisch-kulturellen Dimension führten diese Faktoren die kanadische Politik 1867 zum Zusammenschluß der vier Gründungsprovinzen zum Bundesstaat, dessen integrative Basis in Ermangelung einer gemeinsamen sozio-kulturellen Tradition auf der Anerkenntnis kultureller Dualität und auf der Ersetzung eines eher historisch und kulturell bestimmten Nationalismus durch einen "political nationalism ... expressed in terms of tariffs and railways..." (Craig Brown, in: Russel 1966, S.162) beruhte.

3) Nationale Expansion und Schutzzollpolitik 1867 - 1900

Die kanadische Wirtschaft war zu Beginn des Bundesstaates noch kaum industrialisiert, nur in geringem Maße kapitalisiert. Der Buchwert sämtlichen Auslandskapitals erreichte gerade $ 200 Millionen, von denen allein $ 185 Millionen britischer Herkunft waren. 1870 bestanden insgesamt nur 38.898 Industrieprodukte herstellende Betriebe, die 181.679 Erwerbstätige beschäftigten. Die durchschnittliche Betriebsgröße lag bei fünf Personen, die Höhe des investierten Kapitals bei durchschnittlich $ 1.900[50]. Die Mehrzahl dieser meist noch handwerklichen Betriebe produzierte dabei in Funktion der agrarisch und vielfach von den Strukturen der 'frontier' bestimmten Wirtschaft. Das eine maßgebliche Ziel der von den Konservativen unter Macdonald nach der Unterhauswahl von 1878 eingeleiteten Politik des ökonomischen Nationalismus ergab sich aus der Notwendigkeit der Importsubstitution durch Industrieansiedlung und industrielle Diversifizierung. Der Schutzzoll bildete jedoch nicht allein hierfür das Instrumentarium. Er diente zugleich als Barriere gegen einen extensiven Warenverkehr in der Nord-Süd-Richtung und stellte eine notwendige Voraussetzung dar für eine von Kanada selbst ausgehende und gelenkte Erschließung des Westens in der Ost-West-Dimension, die das Hauptanliegen zunächst der konservativen und später nach ihrem Frontwechsel in der wirtschaftspolitischen Konzeption auch der liberalen Bundesregierung vor dem I. Weltkrieg ausmachten. Die Konzentration der Wirtschaftspolitik auf den Ausbau der Infrastruktur in Richtung Westen, die finanziellen Hilfen für den Eisenbahnbau und damit die Unterstützung der merkantilen Kapitalinteressen durch die Politik während des letzten Drittels des 19.Jahrhunderts, ruhte dabei auf zwei Pfeilern[51]: Zum einen reflektierte sie trotz ökonomischer Nachteile die Zustimmung weiter, auch kleinbürgerlicher Bevölkerungskreise, zu einer Politik, die nationale Expansion mit anti-amerikanischer Zielsetzung verband. Zweitens war sie jedoch vor allem das Resultat der außerordentlich engen Verbindung von ökonomischer und politischer Elite, wie sie nicht zuletzt auch durch Wahlrechtsbeschränkung, Honoratiorenparlamentarismus, Wahlbeeinflussungen etc. mit hervorgebracht wurde. Dem 1878 gewählten Unterhaus gehörten allein 56 Großhändler und 55 Juristen an, ferner eine beträchtliche Zahl von Versicherungs- und Bankkaufleuten, Schiffs- und Holzfabrikanten etc. [52]. Für Frank Underhill standen hinter der 'nationalen Politik' der Konservativen

"... the interests of the ambitious, dynamic, speculative or entrepreneurial business groups, who aimed to make money out of the new national community or to install themselves in the strategic positions of power within it - the railway promoters, banks, manufacturers, land companies, contractors..." (Underhill 1964, S.25).

Die vornehmlich merkantile Ausrichtung des kanadischen Kapitals akzentuierte sich im Zuge der Erschließung des Westens und der nationalen, gegen die USA gerichteten Politik eher noch, da das vorhandene einheimische wie fremde Kapital weitgehend von Investitionen im Bereich von Infrastruktur und Handel absorbiert wurde. Kanada entwickelte sich im doppelten Sinne zum 'Hinterland', was allerdings auch der bewußten Entscheidung der einheimischen Eliten entsprach[53]. Erstens blieb Kanada weiterhin primär Lieferant von Agrar-, Holz- und anderen Stapelprodukten für den europäischen, insbesondere britischen Markt, woraus im übrigen eine weitere Verstärkung der Abgrenzung gegenüber den USA resultierte, da diese am Import von Agrarprodukten verständlicherweise kein Interesse hatten.

Zweitens stellte sich auch innerkanadisch in den Beziehungen zwischen der entstehenden Prärie und Zentral-Kanada zunächst politisch und ökonomisch, dann im wesentlichen nurmehr ökonomisch ein der dependenten Struktur von Peripherie und Metropole ähnliches

Verhältnis her. Entscheidend dafür war u.a. der Erwerb von Rupert's Land und des North-West Territory durch den Bund im Jahre 1870, wodurch sich das Verhältnis von Provinzen und Bund zugunsten des letzteren verschob, da bis zur Konstituierung der Provinzen Alberta und Saskatchewan im Jahre 1905 der Bund auf einer Fläche, die fünfmal so groß war wie die der vier Gründungsprovinzen zusammen, die Landvergabe kontrollierte; sodann die Monopolisierung der Transportwege und damit auch die Preisgestaltung und Vermarktung der Agrarprodukte des Westens durch die etablierten Handelsinteressen. Ferner erfolgte die Ansiedlung der Industrie fast ausschließlich in Zentral-Kanada; 1911 z.B. wurden 4/5 der kanadischen Industrieproduktion in Quebec und Ontario erwirtschaftet, wobei aufgrund der importsubstituierenden Intention insbesondere solche Unternehmen gegründet worden waren, die zum Ausbau der Infrastruktur und für die Versorgung der Agrarproduzenten mit Maschinen und handwerklichen Erzeugnissen erforderlich waren[54]. Zu den verschiedenen, einseitig die merkantilen Interessen bevorzugenden Determinanten im Verhältnis von Prärie und Zentral-Kanada gehören u.a.:

"- metropolitan policies confined the hinterland to the production of a small number of staples;
- metropolitan policies required the hinterland to buy the manufactured products of the heartland;
- the hinterland and the heartland were physically linked by transportation facilities established and characteristically operated for the benefit of the latter;
- capital development in the hinterland was carried out through institutions centred in the heartland;
- in international economic relations, the interests of the hinterland were usually sacrified to those of the heartland;
- many of the critical aspects of the heartland-hinterland relations were carried out through the instrumentalities of large business organizations protected by the imperial authorities from foreign or hinterland competition..." (Smiley 1975, S.43).

4) Agrarboom und erste Industrialisierungstendenzen 1900 - 1913

Eingeleitet wurde die Politik des ökonomischen Nationalismus unter Macdonald und den Konservativen nach 1878. Die weltweite Depression der 70er und 80er Jahre verzögerte dann zwar den 'Erfolg' der ökonomischen Zielsetzung, verhinderte aber nicht die Ausformung und Durchsetzung ihrer maßgeblichen Strukturen. Die volle Entfaltung der (aufgrund des prägenden Merkmals) auch als 'wheat economy' (Levitt 1970, S.65) bezeichneten Entwicklungsphase kanadischer

Ökonomie trat infolgedessen erst nach der Jahrhundertwende unter Laurier und den Liberalen ein, als - begünstigt durch den internationalen Vorkriegsboom - einerseits die Nachfrage nach kanadischen Agrarprodukten erheblich anstieg, dadurch und durch die Förderungsmaßnahmen der liberalen Bundesregierung andererseits die europäischen Immigranten zur Besiedlung der Prärie angelockt wurden. Vor Ausbruch des I.Weltkriegs war durch den Bau einer neuen Eisenbahnlinie eine zweite transkontinentale Verbindung geschaffen und der Westen nicht nur erschlossen, sondern das landwirtschaftlich nutzbare Land überwiegend besiedelt.

Das außerordentliche Wachstum der kanadischen Wirtschaft, das nur von der Periode nach 1950 im Gefolge des Koreabooms übertroffen wurde, wurde bei der einheimischen Kapitalknappheit in erheblichem Umfang von außen finanziert. Waren in den 33 Jahren zwischen 1867 und 1901 insgesamt $ 1,105 Milliarden ausländischen Kapitals nach Kanada geflossen, erhöhte sich das Fremdkapital allein in den folgenden Jahren bis 1913 um $ 2,545 auf insgesamt $ 3,850 Milliarden, von denen mit 73,2 % fast 3/4 aus Großbritannien stammten (vgl. ebenda, S.64ff). Kanada war damit das Land mit dem relativ größten Anteil britischen Kapitals; 1913 waren immerhin allein 14 % des gesamten im Ausland investierten britischen Kapitals in Kanada angelegt. Die vornehmlich auf Eisenbahnen bzw. andere Transportmittel und Staatspapiere orientierten Investitionsmuster britischer Anleger (vor dem I.Weltkrieg ergab sich folgende Verteilung des britischen Auslandskapitals: Eisenbahnen 41 %, Staatsanleihen 30 %, Finanzkapital 8 %, Rohstoffabbau 7 %, Verarbeitende Industrie 6 %[55]) bestimmte auch die britischen Investitionen in Kanada.

Ein zweites wesentliches Strukturmerkmal stellte die Anlageform dar: 93 % aller britischen und 80 % sämtlicher in Kanada bis zum Jahre 1913 getätigter ausländischer Investitionen erfolgten als Portfolio-Investitionen; die Kapital-Abhängigkeit Kanadas vor dem I.Weltkrieg unterschied sich dadurch in ihrer Qualität entscheidend von den gegenwärtigen Dependenz-Strukturen, die definiert sind durch die Direktinvestition meist multinationaler/amerikanischer Konzerne[56]. Zielen die Multis mit ihren Direktinvestitionen auf Produktionsmittelbesitz, Marktkontrolle, vertikale Integration und die Zentralisierung der Entscheidungsprozesse, wobei der Ertrag auf die Direktinvestitionen nur ein Teilziel darstellt und die Gewinne zur weiteren Konzernkonsolidierung im jeweiligen

(Aus-)Land oft zu großen Teilen reinvestiert werden, verstanden sich die Anleger von Portfolio-Investitionen in erster Linie als Finanziers, deren Interesse sich primär auf die Verzinsung ihres meist nur temporär festgelegten Kapitals richtete. Im Gegensatz zur langfristigen Direktinvestition besteht dabei die Möglichkeit der Tilgung des geborgten Kapitals, verbleiben in aller Regel die Unternehmensentscheidungen in den Händen der Kreditnehmer. Betrachtet man die Zusammensetzung der ökonomischen Elite, wird auch dieser Unterschied sichtbar. Im letzten Drittel des 19.Jahrhunderts jedenfalls wandelte sie sich infolge von Schutzzollpolitik sowie Herkunft und Form der Investitionen deutlich. Waren nach Untersuchungen von W.T.Acheson z.B. 1885 ca. 50 % der ökonomischen Elite Kanadier oder in Kanada geboren, so war ihr Anteil bis zum Jahre 1910 auf 74 % angestiegen[57].

Das britische Kapital strebte zumindest nicht nach direkter Kontrolle der ökonomischen Entwicklung; es war vielmehr an Zinsrealisierung interessiert und beschränkte sich wie in den anderen nicht als Kolonien zum Empire gehörenden Staaten, wie in politisch unabhängigen Drittstaaten, so auch in Kanada, weitgehend auf die defensive Rolle eines allerdings im Weltmaßstab operierenden Rentiers, insofern ist dem vergleichenden Urteil Donald Creightons (1970, S.181) sicherlich zuzustimmen:

"The basic principle of the nineteenth century British Empire, in economics as well as in politics, had been devolution - the encouragement of local initiative and the grant of local autonomy. The hard foundation of the twentieth-century American Empire was to be centralized control."

Der Spielraum für eine eigenständige ökonomische Entwicklung war jedenfalls in Kanada zu keinem Zeitpunkt größer als vor dem I.Weltkrieg. Dennoch hinterließ die Metropole-Hinterland-Struktur, wie sie durch Agroexport und britisches Portfolio-Kapital definiert war, ihre langfristig wirksamen Spuren und trug mit zur fortdauernden Deformation der kanadischen Ökonomie bei. Beide Bedingungen, vor allem die Abhängigkeit vom Portfolio-Kapital, das sich aufgrund seiner Funktion als Finanz- und/oder Zinskapital und anders als die auf Industrie und/oder Rohstoffe konzentrierten Direktinvestitionen vornehmlich im merkantilen, Transport-, Dienstleistungs-Sektor anlagerte, verstärkten nämlich die ohnehin ausgeprägte Präferenz des einheimischen Kapitals und der Kanadier in der ökonomischen Elite für Unternehmungen im Bereich von Handel, Verkehr, Banken und anderen nicht-industriellen Sektoren - ein Ungleichgewicht im ökonomischen System, das (sich) bis heute nicht mehr veränderte (oder verändert werden konnte).

Der Diversifizierungsspielraum wurde von den Kanadiern vor dem I.Weltkrieg nur unzulänglich ausgefüllt, so daß Industrialisierungskapazitäten ungenutzt blieben, die zunehmend von US-amerikanischen Firmen wahrgenommen wurden. Zwar war der Umfang amerikanischer Investitionen mit einem Anteil von 21,7 % am gesamten Auslandskapital noch vergleichsweise gering, doch handelte es sich bei ca. 2/3 des US-amerikanischen Kapitals um Direktinvestitionen (nach Levitt 1970, S.64ff). Eine ganze Reihe der bekannten amerikanischen Konzerne (u.a. Gillette, International Harvester, Westinghouse, Singer, Edison Electric etc.) hatte längst Tochterfirmen in Kanada gegründet. Zumindest tendentiell zeichneten sich Richtung, Form und Zielsetzung des US-amerikanischen Kapitals schon in einer Phase der ökonomischen Entwicklung ab, die noch weitgehend von der Politik des ökonomischen Nationalismus und von britischem Kapital bestimmt wurde. Weitere Indizien, die den einsetzenden Wandel im ökonomischen System signalisierten, stellten erste Konzentrationsprozesse, auch bereits Veräußerungen an US-amerikanische Konzerne dar. Vor allem aber wies drittens der Industriesektor außerordentliche Wachstumsraten auf, wobei der Wert der Eisen- und Stahlproduktion zwischen 1900 und 1910 um das Dreifache, der der Textilproduktion um das Zweieinhalbfache anstieg[58]; 1910 übertraf die Industrieproduktion erstmals den Anteil des Agrarsektors am BIP. Die Penetration durch das US-amerikanische Kapital, Industrie und Rohstoff orientierte Produktion, Unternehmenskonzentration, wie sie ansatzweise schon in der noch vom Agrarexport dominierten Wirtschaftsstruktur in Erscheinung traten, bildeten in der Folgezeit die drei bestimmenden Elemente des allerdings nicht kontinuierlichen Wandels in Richtung auf die gleichermaßen abhängige wie organisiert kapitalistische Ökonomie.

5) I.Weltkrieg und Nachkriegsboom 1913 - 1928

Die nachfolgende Entwicklung auch der kanadischen Ökonomie ist maßgeblich mitbestimmt worden von den beiden Weltkriegen und der Depression der 30er Jahre. Der Zeitraum bis zur Weltwirtschaftskrise ist dabei geprägt von dem fortdauernden Dualismus von agrarischer und industrieller Expansion. Dies galt insbesondere für die Jahre des I.Weltkriegs, während der Kanada zusätzlich zu seinem militärischen Engagement die Entente in beträchtlichem Maße mit Weizen und Munition versorgte. Das Wachstum im Agrarsektor mit vergrößerter Anbaufläche und steigender Produktion setzte sich nach einer kurzfristigen Depression nach Ende des Krieges auch noch in der 2.Hälfte der 20er Jahre fort. Dies führte u.a. dazu, daß ca. die Hälfte von sämtlichem auf dem Weltmarkt gehandeltem Weizen im Jahre 1928 aus Kanada kam, was einen wertmäßigen Anteil von 32 % am kanadischen Gesamtexport bedeutete[59]. Seither ist der Prozentsatz der Agrarprodukte am Außenhandel zwar rückläufig, betrug aber 1950 immerhin noch ca. 1/4 des Exportwertes und erreichte in den letzten Jahren stets ein Niveau von knapp über 10 %. Steigende Bedeutung kam seit dieser Periode der kanadischen Wirtschaft der Produktion und dem Export von holzverarbeiteten Waren, vor allem der Herstellung von Zellulose und Papier, zu; ihr Anteil am Export lag bereits 1928 bei rund 15 %.

Vom I.Weltkrieg gingen starke Wachstumsimpulse aber insbesondere im industriellen Sektor aus. So verdoppelte sich zwischen 1910 und 1920 mit der Stahlproduktion der Wert der industriellen Produktion insgesamt. Zusätzlich zu Kohle, Dampfmaschine, Eisen und Stahl, die auch in Kanada die Träger der ersten Industrialisierungsphase gewesen waren, gewannen dabei zunehmend die Rohstoffextraktion anderer als eisenhaltiger Mineralien, Erdöl und Wasserkraft an Gewicht für die Struktur der Volkswirtschaft. Im Rohstoffbereich stieg vor allem die Nachfrage nach Kupfer, Zink, Nikkel etc. Wasserkraft und andere Brennstoffe begannen, die Kohle als Energieträger zu ersetzen[60]. Neben der Kohle verloren nach dem I.Weltkrieg bereits auch Eisen und Stahl ihre Pilotfunktion für den ökonomischen Prozeß; an ihre Stelle als Schrittmacher der industriellen Entwicklung traten mit Beginn der 20er Jahre nicht von ungefähr Holz bzw. Holzverarbeitung, mineralische Rohstoffextraktion und deren Basisverarbeitung zu industriellen Halbfertigwaren sowie die neuen Energieträger.

Die veränderten Gewichtungen einer verstärkt auf Massenkonsum ausgerichteten industriellen Produktion, die durch die Umstellungen der in- wie ausländischen Volkswirtschaften auf Friedensproduktion weiter akzentuiert wurde, stellten jedoch nur einen Aspekt des ökonomischen Strukturwandels dar. Sie gingen einher mit der veränderten weltpolitischen Rolle sowohl Großbritanniens als auch der USA als Konsequenz des I.Weltkriegs und waren damit im wesentlichen ein Reflex der dortigen Folgewirkungen des Krieges, die durch den Weltmarkt vermittelt, nicht zuletzt in der besonderen Export- und Kapitalverflechtung der kanadischen Ökonomie begründet lagen. Die in ihrem Potential durch den Krieg immens gewachsene Wirtschaftsmacht USA nahmen die Position des durch den Krieg ausgebluteten und verschuldeten 'Mutterlandes' Großbritannien ein. Sie lösten Großbritannien dabei zum einen als Haupthandelspartner Kanadas ab; bereits 1921 erreichte der Warenverkehr zwischen den beiden nordamerikanischen Staaten einen Anteil von 60 % des kanadischen Außenhandels[61]; der Prozentsatz liegt seit Mitte der 50er Jahre bei ca. 70 %. Allein schon durch das Volumen bei einem derartig einseitig auf ein Abnehmerland hin strukturierten Außenhandel ergeben sich zwangsläufig Abhängigkeiten, so daß die seit dem boom der 20er Jahre auf Massengüter ausgerichtete US-amerikanische Produktion mit ihrem enormen Bedarf an Rohstoffen und Halbfertigwaren für die eigene Herstellung stets maßgeblich mitbestimmte, was und in welchem Umfang in Kanada an Rohstoffen gefördert und industriellen Produkten hergestellt wird. Dadurch ist die kanadische Wirtschaft zugleich stark vom Konjunkturverlauf in den USA abhängig.

Die US-amerikanische Wirtschaft trat zweitens auch auf dem Kapitalsektor die Nachfolge Großbritanniens an, das zur Finanzierung ihrer Kriegs- und Kriegsfolgelasten sowohl während als auch nach dem Krieg in erheblichem Umfang Kapital aus Kanada abgezogen hatte (vgl. Levitt, S.64ff). Zwar stiegen zwischen 1913 und 1926 die britischen Direktinvestitionen um $ 136 Millionen auf $ 366 Millionen an, doch gingen im gleichen Zeitraum die Portfolio-Investitionen um $ 317 Millionen zurück, so daß die Gesamtsumme um $ 181 auf 2.637 Millionen absank; prozentual bedeutete dies einen Rückgang des britischen Anteils am Auslandskapital von 72,9 auf 43,9 %. Die amerikanischen Kapitalinvestitionen hingegen stiegen um $ 2.361 auf $ 3.196 Millionen (s.ebenda). Dabei übertrafen allerdings auch beim US-amerikanischen Kapital die Portfolio- die Direktinvestitionen noch deutlich, eine Tendenz, die sich erst nach dem Ende des II.Weltkriegs in ihr Gegenteil verkehrte. Insgesamt erreichte der Anteil des amerikanischen Kapitals im Jahre 1926 bereits 53 %; es ist seither kontinuierlich gewachsen, während die Kapitalzuflüsse aus sämtlichen anderen Ländern stärkeren Schwankungen unterlagen.

6) Weltwirtschaftskrise und ihre Folgen 1929 - 1939

Von der Weltwirtschaftskrise war die kanadische Gesellschaft aufgrund der außerordentlichen Exportorientierung ihrer Wirtschaft besonders hart und lang anhaltend betroffen. Verglichen mit 1929 sank bis zum Jahre 1934, dem Tiefpunkt der Depression, das GNP pro Kopf der Bevölkerung real um mehr als 1/3. Von den drei zentralen Sektoren der kanadischen Ökonomie war die Holz- und Papierindustrie im Jahre 1932 gerade noch zu 53 % ausgelastet, der Export von mineralischen Rohstoffen um 60 % abgesunken; in der Landwirtschaft ging eine Vielzahl von vor allem kleinen und mittleren Farmen bankrott[62]. Strukturell bedeutsam waren insbesondere die Konzentrationsvorgänge, die im Verlauf der Weltwirtschaftskrise nicht nur den Agrarsektor erfaßten. Vielmehr wurde bereits während der 30er Jahre, wie u.a. Lloyd Reynolds (1940) in einer Untersuchung der Wettbewerbssituation in Kanada gezeigt hat, der Markt auch in vielen Branchen der Industrie nur noch von einigen wenigen Konzernen kontrolliert. Beispielsweise produzierten bei Autos drei Firmen 89 % des kanadischen output; Kupfer: 4/75 %, Papier: 5/90 %, Zucker: 5/100 %, Baumwolle/Textilien: 2/79 %; Reifen: 5/65 %, Elektrische Geräte: 3/100 %; je ein Konzern war verantwortlich für 55 % der Erdöl- und Benzin-, 71 % der Nickel-, 74 % der Zink-, 90 % der Zementproduktion (Reynolds 1940, Tabelle I,5). Die starke Konzentration ist für Reynolds das Resultat der Penetration des kanadischen Marktes durch die jeweiligen US-amerikanischen Branchenführer, deren Tochtergesellschaften, wie u.a. Imperial Oil (Tochter von Standard Oil), Canadian Westinghouse, Canadian General Electric, die drei bekannten Automobilkonzerne, die vier Reifenhersteller B.F.Goodrich, Uniroyal, Firestone, Goodyear etc., aufgrund der vielfältigen strukturellen Wettbewerbsvorteile (Kapitalkraft, Konzerngröße, Absatzmarkt USA etc.) gegenüber den kanadischen oder anderen ausländischen Konkurrenten schnell eine ähnlich marktbeherrschende Position gewannen wie ihre Muttergesellschaften auf dem amerikanischen Markt, zumal die Profitraten der Branchenführer in Kanada wie in den USA gerade auch während der Weltwirtschaftskrise deutlich über den Durchschnittsprofiten in der verarbeitenden Industrie insgesamt lagen:

"Canadian monopolies earned 12.2 per cent annually on stockholders' investment over the ten years 1928-37. Over the comparable period 1927-35, manufacturing companies generally were able to earn only 4.0 per cent in Canada and 6.3 per cent in the United States" (Reynolds 1940, S.60f).

7) Expansion im Zeichen des II.Weltkriegs 1939 - 1946

Die kanadische Volkswirtschaft überwand die Weltwirtschaftskrise nur sehr langsam; das Niveau der 20er Jahre erzielte sie erst im Jahre 1939 wieder, als das Bruttosozialprodukt pro Kopf der Bevölkerung gerade den Wert des Jahres 1929 erreichte. In großem Ausmaß setzten Wirtschaftswachstum und vor allem industrielle Expansion eigentlich erst mit dem Beginn des II.Weltkriegs ein, dessen stimulierende Wirkung auf die industrielle Produktion dem Prozeß des I.Weltkriegs vergleichbar war, allerdings unterschied sich die Kriegsproduktion quantitativ wie qualitativ. Die kanadische Industrie, u.a. der Großkonzern Massey-Ferguson, produzierten vornehmlich Flugzeuge, Kriegsschiffe, Panzer etc. sowie allein rund eine Million Kraftfahrzeuge[63]. So stieg z.B. der Umsatz von Massey-Ferguson, der 1939 noch keine Rüstungsgüter produziert hatte, von $ 21 Millionen im Jahre 1939 über $ 58 (1942) auf $ 116 Millionen im letzten Kriegsjahr 1945 an; der Anteil der Rüstungsgüter betrug 49 bzw. 58 %[64].

Der verhältnismäßig späten und dann auch nur schleppenden Wiederbelebung der kanadischen Wirtschaft vor dem II.Weltkrieg lagen verschiedene Ursachen zugrunde. So bedeutete die extreme Exportabhängigkeit, daß eine Steigerung der kanadischen Nachfrage erst einsetzte, als die Depression insbesondere auf dem US-amerikanischen Markt überwunden war. Auch die veränderten Tendenzen in der Kapitalbildung, die sowohl in den Jahren der Depression als auch während des II.Weltkriegs deutlich von den vorangegangenen Entwicklungen abwichen, wirkten sich ähnlich konjunkturhemmend aus. Die Summe des insgesamt in Kanada investierten ausländischen Kapitals blieb zwischen 1930 und 1947 fast konstant. Dies galt auch für die stark expansive Phase des II.Weltkriegs, während der der Buchwert der ausländischen Investitionen nur von $ 6.913 (1939) auf $ 7.178 Millionen (1946) anstieg (n. Levitt 1970, S.64ff). Insgesamt gesehen, trug damit ausländisches Kapital nur wenig zur Überwindung der Depression wie zur Finanzierung der kanadischen Kriegswirtschaft bei; sie erfolgten beide weitgehend aufgrund eigener Kapitalbildung. Kanada entwickelte sich zudem während des Krieges zum Kapitalexporteur, der entscheidenden Anteil an der Finanzierung der britischen Kriegsanstrengungen hatte. Der Zahlungsbilanzüberschuß (einschließlich kanadischer Auslandsinvestitionen) erreichte zwischen 1940 und 1950 $ 6,5 Milliarden; zwischen 1946 und 1950 lag der Netto-Kapitalexport bei ca. $ 6 pro Kopf der Bevölkerung. Dennoch vollzogen sich selbstverständlich in den 16 Jahren beider Phasen Veränderungen in Zusammensetzung, Höhe und Herkunft des Auslandskapitals: So darf der fast konstante Saldo nicht darüber hinwegtäuschen, daß sich der mit dem I.Weltkrieg beginnende Abfluß britischen Kapitals zwischen 1926 und 1946 um weitere $ 969 Millionen fortsetzte, von denen in den Kriegsjahren 1939 bis 1946 allein $ 808 Millionen abgezogen wurden. Der Anteil des britischen Kapitals an den gesamten Auslandsinvestitionen in Kanada betrug 1946 nurmehr 23,2 %. Neues Auslandskapital kam fast ausschließlich aus den USA, deren Anteil über 60,0 % (1939) bis 1946 auf 72,0 % anwuchs. Dabei überstiegen in der Summe die Portfolio- ($ 2.927) noch immer die Direktinvestitionen ($ 2.428 Millionen); doch bestand der Kapitalimport aus den USA nach 1926 in seiner Mehrheit aus Direktinvestitionen. Der Prozentsatz der Direktinvestitionen am gesamten Auslandskapital belief sich 1946 bereits auf 39,0 %, wobei der US-amerikanische Anteil an den ausländischen Direktinvestitionen 85,9 % betrug (n.ebenda).

Die Veränderungen im Kapitalverkehr nach dem I.Weltkrieg, der nur zögernde konjunkturelle Aufschwung nach der Weltwirtschaftskrise wie die außerordentliche Expansion während des II.Weltkriegs waren indes nicht nur exogen bedingt. Sie lagen zugleich maßgeblich begründet in der Wirtschaftspolitik der liberalen Bundesregierungen unter Mackenzie King, die sich nach dem I.Weltkrieg endgültig von der allerdings bereits nach 1910 ausgehöhlten Politik des ökonomischen Nationalismus der Ära Macdonald/Laurier abwandten. Mit ihrer betont wirtschafts-liberalistischen Politik der 'Offenen Tür', die sie nach der Unterhauswahl von 1921 gegenüber den USA einleiteten, förderten Mackenzie King und die Liberalen bewußt die Integration der beiden nordamerikanischen Wirtschaftsräume. Zum einen der Abbau der Zollschranken, zum zweiten das Konzept der 'industrialization by invitation' bildeten die beiden Leitlinien, an denen sich die kanadische Politik seither orientierte. Die Ausbreitung des US-amerikanischen Kapitals hätte sich in der Form, wie sie nach dem I.Weltkrieg einsetzte, ohne die Rückendeckung durch die liberalen Bundesregierungen sicherlich nicht vollziehen können. Verantwortlich für die kontinentale Orientierung und enge Bindung an die US-amerikanische Wirtschaft wie für die unternehmerfreundliche kanadische Politik im Innern waren nach dem liberalen Unterhauswahlsieg des Jahres 1935 insbesondere C.D.Howe, der als Wirtschaftsminister und während des II.Weltkriegs als Vorsitzender des 'Wartime Industries Control Board' die kanadische Wirtschaftspolitik für zwei Jahrzehnte bestimmte, und als zweiter maßgeblicher Wirtschaftspolitiker Donald Gordon, während des Krieges Vorsitzender des 'Wartime Prices and Trade Board'[65]. In der unternehmerfreundlichen Konzeption der Wirtschaftspolitik ist einer der Gründe zu suchen, daß der Wirtschaftsaufschwung nach der Depression relativ lang auf sich warten ließ, da die liberale Bundesregierung nach 1935 zur Wiederbelebung der Konjunktur bewußt auf eine Politik des deficit spending, der Arbeitsbeschaffungsprogramme, der Nachfragesteigerung über konsumptive Maßnahmen etc. verzichtete. Die liberale Regierung beschränkte ihre staatlichen Interventionen vielmehr auf die Produktionsebene; ihrer Politik der Kapitalbildung und Investitionsanreize galten u.a. die Gründung der 'Industrial Development Bank', die Nationalisierung der 'Bank of Canada' im Jahre 1938. Finanziert wurden die Maßnahmen vornehmlich durch Veränderungen in der Steuerstruktur und auf Kosten des individuellen Steuerzahlers, sodann durch die Tatsache, daß die Etats der kanadischen Gebietskörperschaften noch nicht durch die Zahlung von Sozialleistungen belastet waren. Die Finanzierung der industriellen Expansion während des II.Weltkriegs resultierte damit zu großen Teilen aus einheimischer Kapitalakkumulation.

Als nach Ende des II.Weltkriegs die Sozialstaatsinterventionen eingeführt wurden, hatten sich die drei zentralen Komponenten endgültig ausgebildet, die die Entwicklung der organisiert kapitalistischen Ökonomie Kanadas seither maßgeblich determiniert haben: zum ersten die neo-liberale Wirtschaftspolitik des Staates, zum zweiten eine außerordentlich enge Verbindung von ökonomischer Elite und politischer wie staatlich-bürokratischer Elite, sowie drittens und insbesondere die Abhängigkeit der kanadischen Wirtschaft vom US-amerikanischen (Absatz-)Markt und Kapital. Anders als vor dem I.Weltkrieg, als die kanadische Ökonomie in ihrem Export auf Europa ausgerichtet und vom britischen Portfolio-Kapital abhängig war sowie im Innern mit der Politik nationaler Expansion auf die Integration in ost-westlicher Richtung zielte, ist die ökonomische Entwicklung spätestens seit dem II.Weltkrieg entscheidend geprägt von den Bedingungen und wirtschaftlichen Zielen der USA[66]. Sie wird bestimmt davon, daß

"... Canada's new staples are marketed mainly in the United States ... The frontier of settlement is no longer a frontier of settlement producing agricultural staples for Europe; it is a frontier of capital-intensive resource industries producing raw materials for the United States. Development therefore to the extent that it is based on those staples, must be in the direction of continental integration along north-south lines" (Aitken 1961, S.136).

2.2. Ökonomische Entwicklung im Zeichen von Direktinvestition und multi-nationaler Konzernpolitik

Im Jahre 1972 konstatierte der unter Leitung des Unterhausabgeordneten Herb Gray erstellte 'Report on Foreign Direct Investment in Canada', dessen Veröffentlichung die liberale Bundesregierung zwar nicht verhindern konnte, von dem sie sich allerdings bezeichnenderweise zu distanzieren versuchte, daß "... the degree of foreign ownership and control of economic activity is already substantially higher in Canada than in any other industrialized country and is continuing to increase..." (Gray Report, S.5). Ausländisch kontrollierte Unternehmen tätigten allein ca. 1/3 aller ökonomischen Aktivitäten (n.ebenda). Die große Masse des Fremdkapitals floß dabei erst nach dem Ende des II.Weltkriegs ins Land, insbesondere seit dem Nachfrageboom, der durch den Korea-Krieg ausgelöst wurde. Der Buchwert aller ausländischen Kapitalinvestitionen in Kanada verdoppelte sich seither sowohl zwischen 1952 und 1960 als auch zwischen 1960 und 1970; betrug er 1952 noch $ 10,4 Milliarden, lag er 1960 bei $ 22,2 Milliarden und erreichte im Jahre 1970 $ 44,0 Milliarden. Der Prozentsatz der Direktinvestitionen, der 1946 erst 39 % ausgemacht hatte, stieg seither kontinuierlich bis auf 60,0 % im Jahre 1970 an[67].

Die Investitionen kamen auch weiterhin vornehmlich aus den USA, deren Anteil am Auslandskapital in Kanada bereits 1967 80,7 % erreichte. Kanada wurde damit zum bevorzugten Land für US-amerikanisches Kapital, dessen Präferenzen sich deutlich verändert hatten. Nicht mehr nach Lateinamerika, wo z.B. 1924 52 % und noch 1958 43 % aller US-amerikanischen Auslands-Direktinvestitionen angelegt waren, sondern nach Kanada bzw. Kanada und Europa floß die Masse des US-amerikanischen Kapitals nach dem II.Weltkrieg[68]. Von sämtlichen US-amerikanischen Direktinvestitionen im Ausland entfallen auf Kanada (seit Ende der 50er Jahre) wie auf Europa (seit Ende der 60er Jahre) jeweils ca. 30 %, während es in Lateinamerika z.B. 1967 nurmehr 17 % waren. Die Verlagerung in der US-amerikanischen Kapitalanlage, abnehmende Investitionen in den unterentwickelten Staaten Lateinamerikas bei wachsender Penetration entwickelterer Ökonomien, reflektiert die zumindest relativ rückläufigen Investitionen im Rohstoffbereich, während die Kapitalanlage im industriellen Sektor stark expandierte. Waren beispielsweise zu Ende des 19.Jahrhunderts 69 % des US-amerikanischen Auslandskapitals in der Rohstoffextraktion, nur ganze 15 % in der verarbeitenden Industrie investiert, ergab sich zu Beginn der 70er Jahre folgende Relation: 42 % im industriellen und 36 % im Rohstoffsektor[69].

Einem ähnlichen Wandel in den sektoralen Präferenzen der US-amerikanischen Investitionen ist auch die kanadische Ökonomie unterworfen gewesen[70]; im Falle Kanadas erstreckten sich die Investitionen zusätzlich zu der zunächst im Vordergrund stehenden Rohstoffextraktion allerdings schon frühzeitig auf den industriellen Bereich. Dem amerikanischen Kapital ging es nicht nur um die Versorgung der eigenen einheimischen Produktion mit den erforderlichen Rohstoffen; es zielte - und hierin unterscheidet sich die abhängig kapitalistische Entwicklung der kanadischen Ökonomie maßgeblich von denen der sog. 'Dritten Welt' - auch auf industrielle Produktion und Massenkonsum in Kanada selbst. Das Interesse der US-amerikanischen Investoren konzentrierte sich dabei insbesondere seit dem Strukturwandel während und im Gefolge des I.Weltkriegs auf die Autoindustrie, die Holzverarbeitung und Papierherstellung, die Verarbeitung vor allem auch der nicht-eisenhaltigen Erze zu Halbfertigwaren etc. Nach dem II.Weltkrieg traten dann die bekannten Wachstumsbranchen dieser Jahre in den Industriegesellschaften, wie die Chemische Industrie, die Elektro- und Elektronik-Industrie etc., hinzu. Seit dem Investitionsboom der 50er Jahre befindet sich neben der Rohstoffextraktion auch die Industrieproduktion mehrheitlich in ausländischem, vornehmlich US-amerikanischem Besitz. Der Anteil des ausländischen Kapitals ist dabei in den Branchen in aller Regel umso größer, desto abhängiger die industrielle

Produktion vom Rohstoff ist, da die Ausgangsbasis der Ausdifferenzierung der Konzernproduktion in Kanada oft die Rohstoffextraktion darstellte und sich im Zuge vertikaler Unternehmenskonzentration in der Weise vollzog, daß in Erweiterung der Rohstoffgewinnung zunächst die Herstellung von Halbfertig-, dann von Fertigwaren in die Unternehmensproduktion mit aufgenommen wurde. In den letzten Jahren zeigen sich als Folge der Umweltproblematik zudem Tendenzen, vor allem die Produktion solcher Erzeugnisse in Kanada entweder fortzusetzen oder neu aufzubauen, deren Herstellung für die Mutterkonzerne in den USA aufgrund der strengeren gesetzlichen Umweltanforderungen dort weniger profitabel geworden sind.

Schlüsselt man nach Wirtschaftssektoren und Branchen auf, ergibt sich, daß sich bereits Ende der 60er Jahre u.a. 58,0 % der Unternehmen in der verarbeitenden Industrie in ihrer Kapitalbasis zumindest mehrheitlich in ausländischem Besitz befanden; für den Rohstoffsektor ermittelte Statistics Canada in ihrem Bericht entsprechend dem 'Corporations and Labour Unions Return Act' einen Anteil von fast 63 % (n.Gray Report 1972, S.20ff). Einige Branchen im Bereich der Industrie wie bei Petroleum- und Kohleprodukten (99,5 %), Gummiverarbeitung (93,1 %), Transportmittelherstellung (86,6 %), Chemikalien und chemische Produkte (81,5 %) wurden dabei fast völlig von außen kontrolliert. Eine sektorale Aufgliederung zeigt aber auch, daß andere Bereiche der kanadischen Wirtschaft nur in verhältnismäßig geringem Umfang von Fremdkapital durchdrungen sind[71]. So befanden sich vom Buchwert des Kapitals mehrheitlich in ausländischer Hand im Jahre 1968 nur 12,4 % im Finanzsektor, 8,9 % im Transportwesen, 14,5 % im Baugewerbe sowie 20,5 % im Einzel- und 27,9 % im Großhandel (n.ebenda). Ähnliche Ergebnisse sektoraler Art ermittelte das Statistische Büro auch für das Jahr 1971; sie sind in Auswahl in Tabelle 33 wiedergegeben:

Tabelle 33 : Zum Verhältnis von in- und ausländischen Kapitalanteilen nach Sektoren, 1971 (in Prozent)

	Foreign	private	public	Other
Retail Trade				
Assets	22	55	2	21
Profits	14	27	49	9
Wholesale Trade				
Assets	33	52	7	8
Profits	31	55	7	7
Utilities				
Assets	8	33	58	-
Profits	20	68	10	2
Manufacturing				
Assets	58	39	1	2
Profits	66	33	-	1

Quelle: Calura, Report 1971; zit. nach Clement 1975, passim.

In seiner Untersuchung der ökonomischen Elite nach dem II.Weltkrieg geht John Porter (1965) von den Unternehmen aus, die während der 50er Jahre mehr als 500 Personen beschäftigten, und analysiert die Personalstrukturen in diesen (in seiner Terminologie) 'dominant corporations' auf der Direktorenebene (vgl. ebenda, S.233ff, 570ff). Von Interesse sind für uns insbesondere zwei Ergebnisse; die ethnisch-kulturelle Herkunft sowie die Frage nach der Nationalität bzw. Residenz der ökonomischen Elite. Von den von Porter ermittelten 1.613 Direktorenpositionen waren 1.304 von Personen besetzt, die in Kanada residierten, 256 (16 %) wurden von den USA aus, 53 (3 %) gar von Großbritannien aus wahrgenommen (ebenda, S.266ff). Zählt man die in Kanada lebenden Ausländer hinzu, ergab sich, daß zwischen 1/4 bis 1/5 der obersten Führungspositionen der kanadischen Wirtschaft während der 50er Jahre von Nicht-Kanadiern besetzt waren. Die Verteilung zwischen kanadischen und ausländischen Staatsangehörigen entsprach damit in etwa dem Prozentsatz ausländischer und ausländisch-kontrollierter Unternehmen. Diese Beziehung besteht unverändert fort. So ergab eine während der 60er Jahre vorgenommene Analyse der 217 kanadischen Unternehmen, deren Vermögenswerte damals $ 25 Millionen überstiegen, daß der Prozentsatz des nicht-kanadischen Führungspersonals umso größer wurde, desto größer der Anteil des ausländischen Kapitals war (zit. n.

Gray Report 1972, S.142ff). Bei den mehrheitlich ausländisch-kontrollierten Unternehmen residierten 53 % der Direktoren außerhalb Kanadas, waren nur 44 % kanadische Staatsbürger; im einzelnen ergaben sich folgende Relationen:

Tabelle 34 : Residenz und Staatsangehörigkeit von Direktoren in Unternehmen mit mehr als $ 25 Millionen Buchwert

Degree of Non-Resident Ownership	a) Total Directors	b) Directors Resident in Canada	in % von a)	Directors who are Canadians	in % von b)	in % von a)
95 per cent and over	841	391	46,5	317	81,1	37,7
75 to 94,9 per cent	232	145	62,5	123	84,8	53,0
50 to 74,9 per cent	259	165	63,4	152	92,1	58,7
25 to 49,9 per cent	236	192	81,4	186	96,9	78,8
5 to 24,9 per cent	439	399	90,0	392	98,2	89,3
Under 5 per cent	155	150	96,8	148	98,7	95,5
Totals	2,162	1,442	66,7	1,304	90,4	60,3

Quelle: Übernommen aus Gray Report 1972, S.143.

Ein beträchtlicher Teil des top managements der kanadischen Wirtschaft rekrutiert sich damit aus einer 'externen Elite'. Wallace Clement, der in seiner Studie "The Canadian Corporate Elite" (1975) mit ähnlichen Kategorisierungen und Fragestellungen arbeitete wie John Porter und eine Überprüfung der Ergebnisse Porters für den Beginn der 70er Jahre versuchte, fand durch seine Umfragen indes nicht nur diese Daten bestätigt. So ermittelte Clement, daß im Jahre 1972 40 % der Direktorenposten in den 'dominant corporations' entweder von nicht-kanadischen Staatsbürgern oder nicht in Kanada residierenden Personen besetzt waren, wobei der Prozentsatz mit steigendem ausländischen Kapital zunahm. Zudem ergab sich auch innerhalb der ökonomischen Elite eine der Kapitalstruktur vergleichbare Sektoralisierung; so waren die Direktorenpositionen von im Lande residierenden Kanadiern im Finanzsektor zu 79,6 %, im Bereich der public utilities zu 75,3 %, beim Handel zu 51,7 % besetzt; in der verarbeitenden Industrie waren es hingegen nurmehr 44,7 %, im Bereich der Rohstoffextraktion nur 24,0 % (n.ebenda, S.150ff).

Der sektoral unterschiedlich starken Penetration der kanadischen Wirtschaft durch das ausländische Kapital liegen zweifellos verschiedene Verursachungsfaktoren zugrunde. So geht einerseits die Konzentration des einheimischen kanadischen Kapitals im Finanz-, Dienstleistungs- und Handelssektor auf die historisch begründeten strukturellen Deformationen zurück, wie sie in den Anfängen der gesellschaftlichen Entwicklung Kanadas entstanden und sich seit der kolonial-merkantilistischen Phase perpetuiert haben. Das kanadische Kapital ist seither und unabhängig vom ökonomischen Entwicklungsniveau stets vornehmlich im merkantilen Bereich angelegt worden; die dort realisierten Gewinne wurden auch im Verlauf des Industrialisierungsprozesses zumindest bislang nur in relativ geringem Ausmaß in industrieller Produktion investiert. Hierin äußert sich zugleich die aus vorindustrieller Zeit tradierte und unverändert existente Präferenz der kanadischen ökonomischen Elite, die - unabhängig davon, ob es Kapitaleigner oder Manager waren und sind - stets primär merkantil und kommerziell orientiert gewesen ist. Die Trennungen der ökonomischen Elite zwischen einheimischer, merkantil-kommerzieller einerseits und externer, vornehmlich industriell ausgerichteter andererseits führten dabei nach dem II.Weltkrieg keineswegs notwendig zu Konflikten; beide Kapitalinteressen profitierten vielmehr wechselseitig voneinander (vgl. ebenda, S.120ff, passim).

Zu den zumindest ebenso wichtigen exogenen Faktoren der Konzentration des US-amerikanischen Kapitals auf Rohstoff- und Industriesektor[72] zählen u.a. das Erfordernis der eigenen Rohstoffabsicherung, die vergleichsweise mit anderen Branchen höheren Wachstums- und Profitraten, die geringere Krisenanfälligkeit, die Ausnützung und gleichzeitige Vergrößerung des Technologievorsprungs etc., während im Gegensatz zum Verhältnis von 'Erster und Dritter Welt' Lohnkosten, soziale Belastungen und andere Preisfaktoren bei einem nur geringen Lohngefälle zwischen Kanada und den USA keine allzu große Rolle spielen[73]. Zu nennen ist jedoch insbesondere die Anlage des US-amerikanischen Kapitals mittels Direktinvestitionen in Form von Tochtergesellschaften und Zweigniederlassungen. Es kann dabei in unserem Zusammenhang nicht darum gehen, den mittlerweile zahlreichen Analysen der 'Multis' eine weitere hinzuzufügen [74], noch ist hier der Ort, im einzelnen die verschiedenen theoretischen Konzepte zu erläutern, die diesen Untersuchungen zugrundeliegen, seien sie neo-liberaler, seien sie neo-marxistischer Provenienz oder seien sie bestimmt von der neo-merkantilistischen Richtung, die maßgeblich von der Kanadierin Kari Levitt in ihrer schon zitierten Studie 'The Silent Surrender' mitentwickelt wurde

[75]. Levitt sieht nicht zuletzt aufgrund vergleichbarer Vermarktungsmonopole in den multi-nationalen Konzernen die Nachkommen der merkantilistischen Handelskompanien des 17. und 18.Jahrhunderts; ihre Hauptthese lautet:

"... the subsidiaries and branch plants of large American-based multinational corporations have replaced the operations of the earlier European-based mercantile venture companies in extracting the staple and organizing the supply of manufactured goods. In the new mercantilism, as in the old, the corporation based in the metropole directly exercises the entrepreneurial function and collects a 'venture profit' from its investment. It organizes the collection or extraction of the raw material staple required in the metropolis and supplies the hinterland with manufactured goods, whether produced at home or 'on site' in the host country..." (Levitt 1970, S.23f).

Die nachfolgenden Ausführungen beschränken sich vielmehr auf die Darstellung einiger Bedingungen und Konsequenzen, die zwar generalisierbar sein mögen, die sich jedoch insbesondere aus den speziellen Auswirkungen von Struktur, globaler Strategie und Zielen der Konzerne für die Wirtschaft und Gesellschaft Kanadas ergeben [76]. Der multi-nationale Konzern ist erstens dadurch gekennzeichnet, daß er in mehreren politisch/völkerrechtlich unabhängigen Staaten Direktinvestitionen tätigt und Tochterfirmen[77] gründet mit den daraus folgenden vielfältigen Möglichkeiten, durch u.a. Kapital- und Gewinntransfer, durch unterschiedliche Buchungsmechanismen, durch Arbeitsplatz- und Produktionsstättenverlagerung etc. nicht nur die jeweils günstigsten Bedingungen auszunützen, sondern auch die unterschiedlichen nationalen Konjunktur- und Wirtschaftspolitiken zu umgehen oder durch gegenläufige Strategien scheitern zu lassen. Zumindest ebenso wichtig sind die Konsequenzen, die aus dem zweiten maßgeblichen Strukturmerkmal der 'Multis' resultieren, aus dem Faktum nämlich, daß sie bestehen aus:

"... a parent firm and a cluster of subsidiaries or branches in various countries with a common pool of managerial, financial, and technical resources. The parent firm operates the whole in terms of a coordinated global strategy..." (Gilpin 1976, S.184).

Vertikale Integration über die Ländergrenzen hinweg wird zum entscheidenden Konzernziel; in den verschiedenen Niederlassungsstaaten werden zumeist nur Teile der Produktion hergestellt und/oder vermarktet; das Entscheidungs- und Steuerzentrum befindet sich in aller Regel im Heimatstaat des Konzerns, wodurch letztlich entsprechend der ökonomischen Bedürfnisse und gesellschaftlich-politischen Verhältnisse der Metropole entschieden, produziert und transferiert wird. Die Gründe hierfür können auch in Kanada sehr verschieden sein:

"... It may be most efficient, for example, for the parent to undertake all the research and development of the international enterprise, rather than having part or all of it undertaken by subsidiaries... Truncation of the Canadian subsidiary may seem advisable to the foreign parent to minimize the investment risk, to reduce the danger of making available training and know-how to Canadians who might subsequently employ it to become a competitor, or to give the parent maximum flexibility to draw off profits from the subsidiary through royalties or management fees or the prices charged for inputs supplied to the Canadian operations..." (Gray Report 1972, S.405).

In ihrem Ergebnis maximiert die Marginalisierung oder Verstümmelung ('truncation') der Produktion, d.h. die von den multi-nationalen Konzernen bewußt betriebene Politik, ihren Tochterfirmen nur Teilfunktionen eines modernen Unternehmens zu übertragen, in aller Regel die Ergebnisse der Konzernmutter[78]. Neo-liberale Ökonomen sehen denn auch gerade in dieser globalen Strategie der multi-nationalen Konzerne einen der wesentlichen Faktoren ökonomischer Entwicklung im Weltmaßstab[79]. Die Marginalisierung der Produktion in länderübergreifenden Zweigniederlassungen wird interpretiert als die Nationalstaaten übergreifende effiziente und rationale Mittelausnutzung. Der multi-nationale Konzern erscheint dadurch als Überwinder nationaler Grenzen im Interesse von weltweiter Effizienz, globaler Entwicklung; er wird zum Motor einer humaneren Welt:

"... the multinational corporation, precisely because it is a threat to the sovereingty and independence of the nation state, may well be the harbinger of further evolution of human society toward a more humane, equitable and non-discriminatory civilization" (Johnson 1973, S.167).

Der Nationalstaat hingegen gilt Harry Johnson, einem der führenden Verfechter der kontinentalen Integration Kanadas unserer Tage, als "agency of social conservatism" (zit. bei Smiley 1975, S.52), eine Interpretation, die der Einschätzung von Nationalstaat und multinationalem Konzern durch George W.Ball aus dem Jahre 1967 inhaltlich voll entspricht:

"... (w)ile the structure of the multinational corporation is a modern concept, designed to meet the requirements of a modern age, the nation-state is a very old-fashioned idea and badly adapted to serve the needs of our present complex world" (zit. bei Gilpin 1976, S.186).

Die Hypothese von Effizienz und Rationalität im Weltmaßstab, wie sie von neo-liberalen Interpreten für die multi-nationalen Konzerne formuliert wird, braucht in unserem Zusammenhang nicht näher auf ihren Realitätsgehalt hin untersucht zu werden, zumal auch bei einem positiven Urteil noch immer nach dem Gehalt wie dem 'cui bono' der behaupteten Effizienz und Rationalität zu fragen wäre. Für ökonomisch abhängige Gesellschaften wie beispielsweise Kanada ist die 'branch plant economy' jedenfalls weder rational noch effizient.

Für die nationalen Ökonomien hat die Abhängigkeit von den multi-nationalen Konzernen vielmehr eine ganze Reihe von verhängnisvollen Konsequenzen, die eine eigenständige, d.h. von den zumeist US-amerikanischen Konzernzentralen der 'Multis' unabhängige Entwicklung weitgehend ausschließen. So führt die Personalpolitik der Konzerne dazu, daß - wie das kanadische Beispiel eindrucksvoll zeigt - das top management aus einer weitgehend 'externen Elite' zusammengesetzt ist und zudem die meisten der Kanadier in der ökonomischen Elite ihre Ausbildung an einer der business schools US-amerikanischer Universitäten erhalten und/oder ihre berufliche Karriere oft in Unternehmen südlich des 49.Breitengrades begonnen haben. Dadurch, daß die Konzernpolitik der 'Multis' bewußt auf die Marginalisierung ihrer Tochterfirmen zielt, sind sie nicht in der Lage, unabhängig vom Gesamtkonzern zu existieren[80]. Bei entsprechender Konzentration und Penetration durch multi-nationales Kapital führt dies auf nationaler Ebene zu einer ähnlichen Verstümmelung der einzelnen Volkswirtschaften, die einerseits eine Vielzahl von Teilproduktionen nicht ausführen, die für ihre eigenständige Weiterentwicklung an sich lebensnotwendig wären, andererseits aber auch dazu veranlaßt werden, längst überholte oder für die eigene Wirtschaft im Grunde überflüssige Aufgaben zum Nutzen der 'Multis' wahrzunehmen. Der Gray Report resümierte:

"... It (i.e. truncation) does not necessarily maximize the profits of the Canadian subsidiary, nor its contribution to the Canadian economy. Depending on which activities are involved, truncation may mean less production for the Canadian market, less opportunity for innovation and entrepreneurship, fewer export sales, fewer supporting services, less training of Canadian personel in various skills, less specialized product development aimed at Canadian needs or tastes, less spill-over economic activity..." (Gray Report 1972, S.406).

Die Gefahren dieser durch die multi-nationalen Konzerne definierten Strukturbedingungen der 'branch plant economy' für nationale Ökonomien wie die kanadische werden sichtbar u.a. in der Überfremdung in der ökonomischen Elite, aber auch bei zwei weiteren Faktoren von erheblicher gesamtgesellschaftlicher Bedeutung, zum einen in der Frage von Kapital- und Profittransfers, von Reinvestitionen und Konzentrationstendenzen, zum zweiten in der volkswirtschaftlich lebenswichtigen Frage eigenständiger technologischer Entwicklung und des Technologietransfers.

Eines der Hauptargumente der Befürworter der kontinentalen Integration lautet in aller Regel, daß das erreichte industrielle Niveau der kanadischen Wirtschaft nur mit Hilfe der ausländischen Investitionen und des Technologieimports zu erzielen möglich war, oder anders formuliert, daß ohne Kapital und Technologie von außen die kanadische Wirtschaft erheblich rückständiger und der Lebensstandard der Bevölkerung wesentlich niedriger wäre[81]. Dies ist zweifellos richtig; ergänzt werden muß die nur einen Teilaspekt erfassende Aussage allerdings (was in der Argumentation der Kontinentalisten oft unterbleibt) durch zwei notwendige Feststellungen: zum einen die Bemerkung, daß dadurch die Entscheidungen über die Produktion in den einzelnen Unternehmen wie die Entwicklung der Volkswirtschaft im ganzen der nationalen Kontrolle zu einem Gutteil entzogen sind, zum zweiten durch den Hinweis, daß den Kapitalimporten stets ein beträchtlicher Rückfluß an Gewinnen, Dividenden, Royalties, Lizenzen und anderen Gebühren gegenübergestanden hat. So überstiegen in den 50er Jahren die US-amerikanischen Kapitalimporte in Form von Direktinvestitionen die retransferierten Profite nur um $ 1,2 Milliarden (n.Levitt 1970, S.92ff). Zwischen 1960 und 1967 betrugen die Rückflüsse aus US-amerikanischen Tochtergesellschaften $ 5,9 Milliarden, während im gleichen Zeitraum Direktinvestitionen in Höhe von nur $ 4,1 Milliarden ins Land flossen, sich somit eine negative Bilanz von immerhin $ 1,8 Milliarden herstellte (ebenda). Im Gray Report (1972, S.24ff) veröffentlichte Daten des Statistischen Büros über die Finanzierungen in den ausländisch kontrollierten Unternehmen Kanadas ergaben u. a., daß der Buchwert ausländisch kontrollierter Investitionen zwischen 1946 und 1967 um $ 24,5 Milliarden anstieg. Unter Einbeziehung von 'capital consumption and depletion allowances' erhöhte sich die Gesamtsumme der zur Verfügung stehenden Finanzierungen auf $ 43,9 Milliarden. Davon entfielen auf Kapitalimport aus den Staaten der betreffenden Konzerne $ 9,7 Milliarden (22,1 %); $ 8,3 Milliarden (18,8 %) waren reinvestierte Gewinne; $ 4,9 Milliarden entstammten dem kanadischen Kapitalmarkt. In der Periode zwischen 1960 und 1967 war der Prozentsatz des Auslandszuflusses sogar auf 18,9 % abgesunken. Die in diesen Daten zum Ausdruck kommenden Tendenzen sind offenkundig; zum ersten decken die Töchter der 'Multis' ihren Kapitalbedarf weitgehend im Lande selbst; zweitens wird sichtbar, daß unabhängig vom Kapitalimport die ausländische Kontrolle weiter wächst:

"... even if new foreign investment were to be entirely excluded from Canada, foreign control would continue to grow in absolute terms, due both to internal generation of funds by foreign controlled companies and by their ability to raise funds in the Canadian capital markets..." (Gray Report 1972, S.26).

Wenngleich kompatible Daten für Anfang der 70er Jahre nicht zugänglich waren, so ist davon auszugehen, daß sich diese Tendenzen nicht grundlegend gewandelt haben. Eine derartige Schlußfolgerung lassen die seither weiter gewachsenen ausländischen Kapitalanteile in den verschiedenen Wirtschaftssektoren ebenso zu wie die Entwicklung der Kapitalbilanz in den letzten Jahren, in der nach 1967 stets beträchtliche Kapitalimporte im längerfristig terminierten Kapitalverkehr (trotz steigender kanadischer Investitionen im Ausland) außerordentlichen Defiziten im kurzfristigen Kapitalverkehr gegenüberstehen, wodurch sich der positive Saldo in der Netto-Kapitalbilanz stark (auf 1967: 519, 1968: 446, 1969: 982, 1970: 424, 1971: 471, 1972: 874, 1973: -42, jeweils Mio.$) verringerte[82]. Dieser circulus vitiosus ökonomischer Abhängigkeit, der vornehmlich daraus resultiert, daß sich ab einem bestimmten Grad an ausländischen Direktinvestitionen das Ausmaß ausländischer Kontrolle durch in Kanada selbst und von Kanadiern erbrachte Arbeit und Kapitalerträge auch dann noch vergrößert, wenn von außen keinerlei neue Investitionen ins Land gelangen[83], wird durch die Unternehmenskonzentration, insbesondere durch die Übernahme von bis dato kanadischen Firmen durch multinationale Konzerne, weiter akzentuiert. Die Zahl von Unternehmenszusammenschlüssen, an denen ausländisch kontrollierte oder ganz in ausländischem Besitz befindliche Betriebe beteiligt waren, ist in den zwei Jahrzehnten zwischen 1951 und 1971, vor allem seit Mitte der 60er Jahre, stark gestiegen (vgl. Gray Report 1972, S.63ff). Die Zahl der 'merger' lag zwischen 1951 und 1961 bei 468, stieg bis 1967 auf 529 an und betraf allein in den vier Jahren 1968 bis 1971 624 Firmen. Die Verkaufs- wie auch Übernahmegründe ähneln weitgehend den Faktoren der Unternehmenskonzentration in anderen liberal-kapitalistischen Industriegesellschaften; auf sie braucht hier nicht näher eingegangen zu werden. Wichtig festzuhalten bleibt in unserem Zusammenhang indes, daß von der ausländischen Firmenübernahme meist nur wenig stimulierende Wirkungen für die ökonomische Entwicklung ausgehen[84]. In der Regel werden dadurch weder neue Arbeitsplätze geschaffen (eher existente wegrationalisiert),noch setzt der Kauf in größerem Umfang einheimisches Kapital frei, das an anderer Stelle produktiv verwandt werden könnte, da die Bezahlung oft durch Ausgabe von Aktien des ausländischen Mutterkonzerns an den Verkäufer erfolgt. Einerseits sind so wachstumsfördernde Impulse gering, andererseits nimmt die ausländische Besitzkonzentration, ohne daß dem auch nur annähernd adäquate Gegenleistungen entsprächen, weiter zu.

Ähnlich weitreichende Konsequenzen gehen von der technologischen Abhängigkeit aus. Als Ursachen nennt der Gray Report (1972, S.115ff) insbesondere drei Gründe: erstens die Nähe zu den USA sowie das ungleiche Potential und Entwicklungsniveau der beiden nordamerikanischen Gesellschaften; zweitens die Penetration vor allem der kapital- und technologieintensiven Sektoren durch das US-amerikanische Kapital mit der Tendenz der 'Multis', neben den unternehmenspolitischen Entscheidungen die Forschungs- und Entwicklungsprozesse des gesamten Konzerns im Lande der Konzernmutter zu konzentrieren. Als dritten Faktor führt der Report an, daß Forschung und technologische Entwicklung in Kanada vornehmlich außerhalb des privatwirtschaftlichen Sektors durchgeführt wurden. Dabei dürfte es sich allerdings eher um eine Folgewirkung der ausländischen Penetration als um einen eigenständigen Faktor handeln. Zudem ist auf den Immigrationscharakter der kanadischen Gesellschaft zu verweisen; ein beträchtlicher Teil des in Kanada angewandten technischen know how ist stets mit den Immigranten ins Land gekommen (s. Kapitel E/2).

Zusammen haben die verschiedenen Verursachungsfaktoren bewirkt, daß der wissenschaftliche und/oder technologische output Kanadas nach dem II.Weltkrieg verhältnismäßig gering war[85]. In einer vergleichenden Untersuchung technologischer Innovationen in zehn westlichen Industrienationen, die die OECD Mitte der 60er Jahre durchführte, rangierte Kanada bei allen Kategorien am unteren Ende der Rangfolge[86]; so kam von den nach Meinung der OECD wichtigsten 100 nach 1945 eingeführten neuen Technologien keine aus Kanada; Kanada nahm damit allein den letzten Platz ein. An achter Stelle lag es beim Gebühreneingang für Patentlizenzen, jeweils an Platz neun beim Export von forschungsintensiven Erzeugnissen und beim Export von eigenen Patenten. Nach einer anderen Untersuchung erfolgte die Lizenzierung von 95 % der in Kanada ausgestellten Patente zugunsten von Tochterfirmen ausländischer und/oder ausländisch kontrollierter Firmen; 2/3 der Unternehmen waren in US-amerikanischem Besitz[87]. Am unteren Ende der Rangfolge befand sich Kanada noch Mitte der 60er Jahre auch bei den Aufwendungen für Forschung und Entwicklung; nimmt man das Verhältnis zum GNP als Maßstab, machten 1967 die Ausgaben für R & D ('research and development') nur 1,4 % des Sozialproduktes aus, wobei der Anteil des öffentlichen Sektors außerordentlich hoch war[88]. Während z.B. in den USA oder der BRD etwa 2/3 der Ausgaben für R & D von der Privatwirtschaft getätigt wurden, waren es in Kanada nur 37,7 %. Von den 62,3 % des öffentlichen Sektors entfielen dabei 26,7 % auf die Finanzierung der sekundären und tertiären Schulbildung durch die staatlichen wie privaten gemeinnützigen Bildungsträger. Der starke Anteil des Staates an den insgesamt indes geringen Aufwendungen für Forschung und Technologie dürfte sich bei der seitherigen Ausweitung der Bildungsausgaben sicherlich nicht verringert haben (s. Kapitel F/4).

Die gesellschaftlichen Kosten der deformierten technologischen Infrastruktur, wie sie maßgeblich aus dem internen Technologietransfer der multi-nationalen Konzerne herrühren, sind beträchtlich[89]. Wichtiger als die finanziellen Belastungen der kanadischen Ökonomie aus den anfallenden Gebühren, Patente etc., denen - gemessen an dem industriellen Entwicklungsniveau - nur geringe, allerdings aufgrund der ökonomischen Beziehungen mit den Ländern der 'Dritten Welt' steigende Einkünfte aus eigenem Technologieexport gegenüberstehen, sind dabei die längerfristigen Wirkungen, die sowohl aus dem kanadischen Technologiedefizit als auch aus der Kontrolle der in Kanada entwickelten technologischen Innovationen in den multi-nationalen Konzernen resultieren. Die Gefahr ist jedenfalls offenkundig, daß derartige technologische Kapazitäten aufgebaut werden, die zumindest primär nicht den kanadischen Bedürfnissen entsprechen. Zweitens verführtder durch die 'Multis' vermittelte relativ leichte Zugang zu ausländischem know how dazu, die Entwicklung der eigenen technologischen Infrastruktur zu vernachlässigen. Beide Faktoren zusammengenommen reduzieren drittens die Nachfrage nach Arbeitsplätzen in Forschungs- und Entwicklungsbereichen, was wiederum die Abwanderung qualifizierter Arbeitskräfte und neuerlichen Import von Technologien nach sich ziehen kann. Die importierte oder ausländisch kontrollierte Technologie bestimmt dabei nicht nur die ökonomischen Entwicklungsbedingungen; von ihr gehen - wie von der ökonomischen Penetration von außen insgesamt - zugleich Wirkungen u.a. auf das sozio-kulturelle System aus; Technologie ist immer auch das Resultat der spezifischen, gesellschaftlichen, politischen und kulturellen Werte des Landes, in dem sie produziert wird; durch den Technologietransfer entstehen dadurch notwendig Probleme für die sozio-kulturelle Identität.

Von welchem Standpunkt man die Zukunftsperspektiven der in Ansätzen bereits post-industriellen Gesellschaften[90] auch betrachten mag, ihrer technologischen Kapazität wird für die weitere Entwicklung ihrer Ökonomie und der Lebensqualität ihrer Bevölkerungen maßgebliche Bedeutung zukommen. Insofern ist es nicht sonderlich überraschend, wenn vielfach der Gesichtspunkt eigenständiger technologischer Innovationsfähigkeit im Bereich ökonomischer Entwicklung auch in der Frage der Beurteilung von Entwicklung und Unterentwicklung an die Stelle der bekannten Gradmesser wie Urbanisierung, Industrialisierung, Wachstumsraten etc. tritt. Beurteilt man Kanada danach, ob und in welchem Umfang die verwandten Technologien auf einheimischen oder importierten Innovationen[91] basieren, ist mit Donald V.Smiley und anderen das Land zu Recht als unterentwickelt, zumindest aber als in hohem Grad abhängig anzusehen[92].

Mit Ausnahme von nur wenigen Staaten, für die eine Politik der nationalen Autarkie möglich ist, ist für die meisten der sog. Entwicklungsländer ein Rückzug aus dem von strukturellen Ungleichheiten determinierten Weltwirtschaftssystem kein gangbarer Weg[93]. Die Abkoppelung vom Weltmarkt würde sie härter treffen als die industrialisierte Erste Welt, von der sie abhängig sind. Ist eine stärker autozentrierte ökonomische Entwicklung dieser Länder nur mittels einer Strategie assoziativ-dissoziativen Verhaltens auf dem Weltmarkt denkbar, die auch dann noch einer Gratwanderung gleichkommt[94], so stellt die Trennung vom US-amerikanischen Wirtschaftssystem für Kanada erst recht keine Alternative dar. Dagegen sprechen u.a. vor allem drei Gründe: erstens die Nähe und Aufnahmekapazität des US-amerikanischen Marktes; zweitens das mittlerweile erreichte Ausmaß der Penetration der kanadischen Wirtschaft durch US-amerikanisches Kapital; drittens der Grad der industriellen Entwicklung und der damit verbundene hohe Lebensstandard in Kanada. Bereits der Versuch einer völligen Loslösung von den USA würde bei den zu erwartenden Sanktionen zumindest mittelfristig katastrophale Folgen für Ökonomie und Gesellschaft in Kanada mit sich bringen. Der Gray Report formuliert daher in seinen Schlußfolgerungen u.a. zu Recht, daß

"... policy initiatives providing for Canadian ownership across all or large parts of the economy would not remove most of the important remaining problems, nor would they advance the broad objectives of the government and the people of this country..." (Gray Report 1972, S.431).

Nach seiner Meinung könne es somit nicht um eine generelle Kanadisierung (weder privat-wirtschaftlich noch vergesellschaftet) der kanadischen Ökonomie gehen, sondern vielmehr darum, die offensichtlichen Kosten der Abhängigkeit von den multi-nationalen Konzernen in der Zukunft zu verringern und gleichzeitig die Vorteile, die sie böten, auszunützen (s.ebenda). Hauptintention müsse es folglich sein, den Fehlentwicklungen einer deformierten 'branch plant economy' entgegenzuwirken. Auf der Basis von im Grundsatz neo-liberalen Ordnungsvorstellungen, die allerdings durch die Aufnahme von Erkenntnissen und Schlußfolgerungen der neo-merkantilistischen Schule stark modifiziert sind, entwickelt der Gray Report detaillierte Vorschläge für reformistische Veränderungen (ebenda, S.431f f), die hier abschließend nur sehr verkürzt und generell wiedergegeben werden können. Im Kern laufen die komplizierten und miteinander zusammenhängenden Einzelmaßnahmen alle auf eine Strategie qualitativer Kontrolle und Eigenständigkeit hinaus; sie sind durch die Begriffe 'industrial strategy' - 'key sector approach' - 'direct investment control' umschrieben.

Ausgehend von der Überzeugung, daß die Nationalisierung allen ausländischen Kapitals weder möglich noch sinnvoll ist, schlägt der Gray Report die staatliche Überwachung sämtlicher ausländischer Direktinvestitionen vor. Sie soll die Einhaltung von Auflagen garantieren, die innerbetrieblich, insbesondere bei Produktion, Forschung und Entwicklung etc. die Marginalisierung und Verstümmelung der Tochterfirmen abbauen oder bei Neugründungen von vornherein ihr Entstehen verhindern. Zudem soll die Personalpolitik der

Unternehmen mit dem Ziel überwacht werden, die gleichberechtigte Beschäftigung von Kanadiern im management und vor allem in den R & D-Abteilungen zu gewährleisten. In Anbetracht der auch in den Personalstrukturen weitgehend von außen gesteuerten multi-nationalen Tochterfirmen ist dies sicherlich eine notwendige Forderung. Ob die Ersetzung des externen managements durch einheimisches kanadisches Führungspersonal entscheidende Veränderungen in den deformierten Unternehmens- und Wirtschaftsstrukturen herbeiführen würde, ist allerdings mehr als fraglich. Dies umso mehr, als die kanadische ökonomische Elite in der Vergangenheit ihre Präferenz im Finanz-, Handels- und Dienstleistungssektor sah.

Die Vorstellungen des Gray Reports erschöpfen sich folglich nicht in der Forderung nach innerbetrieblicher Überwachung des ausländischen Kapitals. Sie zielen darüber hinaus auch auf die Erweiterung der einheimischen Kontrolle des Kapitals und der ökonomischen Entwicklung insgesamt. Als ein Denkmodell zur Reduktion der Abhängigkeit diskutierte der Report (ebenda, S.503ff) ein Konzept der Unternehmensstruktur, das ausländische Investitionen - und zwar in allen Bereichen der Wirtschaft - allein in der Form von 'joint ventures' und bei kanadischer Kapitalmajorität von 51 % gestatten würde. Der Report verwarf diese generelle Beschränkung indes; aus Gründen ökonomischer Effizienz und betrieblicher Rationalität, vor allem aber wegen der zu erwartenden Reaktionen der multi-nationalen Konzerne, die kaum noch an der kanadischen Wirtschaft interessiert sein und danach streben dürften, ihre Investitionen zu minimieren, sowie aufgrund der zu geringen einheimischen Kapazitäten, die zumindest zwischenzeitlich nicht in der Lage wären, Kapital und Produktionsmittel gleichwertig zu ersetzen, lehnte der Report die generelle Kanadisierung der Wirtschaft auch in der Form von 'joints ventures' ab. In Ergänzung der staatlichen Überwachung sämtlicher ausländischer Investitionen trat er vielmehr für eine nach Sektoren und Branchen abgestufte Kanadisierung des ökonomischen Systems ein. Der zulässige Anteil ausländischer Investitionen pro Wirtschaftszweig wie ausländischen Kapitals pro Firma könne dabei durchaus von Branche zu Branche variieren (s. ebenda, S.493ff). Ohne konkrete Festlegungen über den jeweilig noch zulässigen Grad ausländischer Beteiligungen vorzunehmen, zielte der Report mit seinen Vorschlägen zur 'industrial strategy' und zum 'key sector approach' auf die Durchsetzung kanadischer

Kontrolle zumindest in der Form von Mehrheitsbeteiligungen in 'joint ventures' in bestimmten technologie- und forschungsintensiven Bereichen der verarbeitenden Industrie, ferner auch auf qualitative Kontrolle im Finanzsektor, aus Gründen sozio-kultureller Überfremdung auch im Bereich der Informationsmedien und der Kommunikationsträger etc.

Wenngleich derartige Zielvorstellungen einer Kanadisierung von entwicklungsstrategisch bedeutsamen Sektoren der kanadischen Wirtschaft bislang noch nicht einmal ansatzweise in die Praxis umgesetzt worden sind, ist die Bereitschaft zum Abbau der ökonomischen Abhängigkeit mittels einer Strategie qualitativer Kontrolle infolge der intensiven Diskussionen der letzten Jahre doch größer, als man vermuten könnte. So ermittelte z.B. Garth Stevenson (1974) in einer Umfrage unter den Abgeordneten der Provinzparlamente ein erhebliches Maß an Skepsis gegenüber ausländischen Investitionen, das die Einstellung fast aller Parlamentarier und unabhängig von ihrer Parteizugehörigkeit kennzeichnete. Mit Ausnahme der Provinzparlamentarier Albertas sprachen sich dabei die Mandatsträger der anderen Provinzen mehrheitlich für die Institutionalisierung von 'joint ventures' aus, mit dem Ziel, in allen Unternehmen mit ausländischem Kapital kanadische Mehrheitsbeteiligungen von zumindest 51 % herzustellen (vgl. ebenda, S.642ff). Hierin zeigt sich zumindest die verstärkte Bereitschaft,über die bislang nur punktuell praktizierten Veränderungen hinauszugehen.

Die Ausweitung kanadischer Eigenständigkeit bei gleichzeitiger Reduktion ausländischer Kontrolle müßte sich im Rahmen einer sektoralen Kanadisierung insbesondere auf die Rohstoffressourcen erstrecken, in denen etwa der Historiker Donald Creighton (1972) 'Geburtsrecht' ('birthright') und Existenz Kanadas begründet sieht. Für ihn ist allein der Nationalstaat in der Lage, der internationalen Rohstoffverschwendung zu begegnen und der bislang grenzenlosen Ausbeutung begrenzter Ressourcen entgegenzuwirken, wie sie resultiere aus einem einseitig an Wachstum und Wohlstand orientierten Wertkonzept und der trügerischen US-amerikanischen Grundhaltung, daß "... progress consists in the conquest of nature for the satisfaction of human wants"[95]. Das Spannungsverhältnis zwischen hohem Lebensstandard und Abhängigkeit einerseits, nationaler Eigenständigkeit andererseits dürfte indes zumindest mittelfristig kaum einseitig aufhebbar sein; den Verzicht auf eine Veränderung der Prioritäten - und insofern ist den Forderungen Creightons und anderer zuzustimmen - rechtfertigt dies allerdings ebensowenig, zumal von der ökonomischen Abhängigkeit von den USA zentrifugale Wirkungen ausgehen, die die ohnehin starke innere Heterogenität Kanadas verschärfen. Auf die Tatsache, daß mit zunehmender Penetration des US-amerikanischen Kapitals die Kohäsion der kanadischen Gesellschaft weiter schwinden wird, hatte bereits Anfang der 60er Jahre z.B. Hugh G.Aitken (1961) ebenso nachdrücklich hingewiesen wie auf das Faktum, daß Bestrebungen des Bundes, den ausländischen Direktinvestitionen mit restriktiven Maßnahmen zu begegnen, ökonomische Konflikte zwischen Bund und Provinz(en) herbeiführen werden[96]. Hinzukommt, daß das innerkanadische Entwicklungsgefälle durch die US-amerikanischen Investitionen und die dadurch verstärkte Nord-Süd-Orientierung der kanadischen Ökonomie erheblich akzentuiert wurde. Sie haben einer innerkanadischen Umverteilung mit dem Ziel, sozial-strukturelle Disparitäten abzubauen, bislang stets entgegengestanden. Mit einer Strategie privatwirtschaftlicher Kanadisierung allein dürfte dies allerdings nicht zu erreichen sein. Ohne eine beträchtliche Erweiterung der Staatsinterventionen sind kaum nachhaltige Veränderungen im ökonomischen Prozeß vorstellbar, die erstens eine Reduktion der Abhängigkeit von außen herbeiführen, die zweitens der unkontrollierten Exploitation der Rohstoffreserven entgegenwirken, die drittens das sozio-ökonomische Gefälle innerhalb Kanadas reduzieren. Eine derartige Politik, der ökonomischen Bedrohung der eigenen nationalen Identität wieder stärker als in der Vergangenheit mit ökonomischen Mitteln zu begegnen, bliebe aber dessen ungeachtet und unabhängig von der jeweiligen konjunkturellen Situation eine außerordentlich gefährliche Gratwanderung, die insbesondere den hohen Lebensstandard der kanadischen Bevölkerung zu berücksichtigen hat.

3. Kanada - eine Gesellschaft der Mittelklasse?

3.1. Anmerkungen zum Lebensstandard

Die kanadische Gesellschaft weist heute in vielen ihrer Strukturen die Merkmale auf, die man seit der inzwischen klassischen Studie von John Kenneth Galbraith aus dem Jahre 1958 mit dem Terminus der 'Affluent Society' zu charakterisieren pflegt. Pro-Kopf-Einkommen und bestimmte Konsumgüter gelten dabei gleichermaßen als Indikatoren des Lebensstandards und der Stufe sozialer Entwicklung wie als Statussymbole, wobei der durch den Erwerb bestimmter Konsumgüter ausgewiesene Lebensstandard vielfach zu der maßgeblichen gesellschaftlichen Norm überhaupt und zu einem Wert hochstilisiert wurde, mit dem man den egalitären Charakter der Gesellschaft messen zu können und den sozial-strukturellen Wandel in Richtung auf die "nivellierte Mittelstandsgesellschaft" (Schelsky) nachzuweisen glaubte. Der scheinbar allgemeine Wohlstand trübte den Blick. Die Frage nach dem Sinn und dem gesellschaftlichen wie individuellen Nutzen wurde vielfach nicht mehr gestellt, und man negierte die entstehenden 'social costs'. Der steigende Lebensstandard verschleierte, daß damit auch die individuellen Kosten wuchsen, um in den gewandelten Lebensbedingungen die gleichermaßen steigenden und als Norm postulierten Bedürfnisse befriedigen zu können. Vor allem jedoch wurden die fortbestehenden sozialen Ungleichheiten aus dem Bewußtsein verdrängt, da man die Massenproduktion als Alternative sah. Höherer Lebensstandard - realisiert durch beständig ausgeweitete Massenproduktion von Konsumgütern - schien der Ausweg, der die 'soziale Frage' auf Dauer lösen würde (vgl. u.a. Galbraith 1958, passim). Die Wohlstandsgesellschaft mag die sozialen Spannungen verringert, die 'Qualität' der Ungleichheit verändert haben, die gesellschaftlichen Grundverhältnisse wandelten sich dadurch nicht. Die Ungleichheiten existieren fort; die Positionen im Produktionsprozeß blieben im Grunde unverändert, wie stark sich Lebensbedingungen und Lebensstil auch wandelten[97]. Es ist nun mittlerweile (und zu Recht) vielfach bereits Allgemeingut geworden, den in dem Konzept der Wohlstandsgesellschaft verborgenen ideologischen Gehalt zu kritisieren. Dennoch prägen in den wachstumsbestimmten Industriegesellschaften Lebensstandard

Tabelle 35 : Überblick über die Zusammensetzung des Privat-Verbrauchs, 1870-1974 (in Tsd.$)

	Essential Food	Expenditures Clothing and Personal Furnishings	Shelter	Sub-Total	Other Expenditures	Total Expenditures	Essential Expenditure as % of Total Expenditures
1870	141	66	55	262	142	404	64,9
1890	203	120	90	413	278	691	59,8
1910	487	291	234	1.012	665	1.677	60,3
1920	1.362	654	463	2.479	1.492	3.971	62,4
1945	1.920	1.040	832	3.792	3.177	6.969	54,4
1950	3.140	1.528	1.385	6.053	5.973	12.026	50,3
1966	7.620	3.141	5.323	16.084	18.756	34.840	46,2
1971	12.021	14.732		26.753	27.236	53.989	49,6
1974	18.665	6.703	14.253	39.621	40.289	79.910	49,3

Quellen: Firestone 1969, S.129; Stat.Can./73,75.

und der Konsum gewisser als Statussymbole begriffener Waren unverändert Bewußtsein und Verhalten. Es ist damit unumgänglich, indes eingedenk ihres ideologischen Gehalts, an einigen Beispielen aus dem Konsumbereich den Grad der affluence in der kanadischen Gesellschaft zu illustrieren.

Der Anstieg des Lebensstandards zeigt sich u.a. darin, daß die Ausgaben für lebensnotwendige Güter wie Lebensmittel, Kleidung, Unterkunft etc., prozentual beständig zurückgegangen sind [98]. Während die Kanadier im ersten Drittel des 20.Jahrhunderts noch 30 % ihrer verfügbaren Einkommen für Nahrungsmittel aufwenden mußten, lag der Anteil in den 50er Jahren nur noch bei 23,7 %. Die Ausgaben für lebensnotwendige Güter am Gesamtkonsum sanken von 64,9 % im Jahre 1870 bis auf 46,2 % Mitte der 60er Jahre[99]. Der kanadischen Bevölkerung steht so im Durchschnitt über die Hälfte ihres verfügbaren Einkommens für Produkte und Dienstleistungen zur Verfügung, die nicht notwendigerweise zur Befriedung ihrer Grundbedürfnisse erforderlich sind.

Bei einer ganzen Reihe langlebiger Konsumgüter, die heute in der Regel zur Beschreibung des Lebensstandards herangezogen werden, treten dabei in Kanada schon seit einiger Zeit kaum noch einkommensspezifische Unterschiede auf. So verfügten bereits 1968 fast sämtliche Haushalte über Telefon (92,3 %), Radio (96,8 %), Kühlschrank (97,4 %), Waschmaschine (81,6 %) oder Fernsehapparat (94,6 %)(n.Stat.Can./46, S.10ff). In der niedrigsten Einkommensklasse der Haushalte (unter $ 1.000) hatten immerhin noch mehr als 3/4 Telefon, mehr als 2/3 eine Waschmaschine, über 80 % einen Fernseher. Diese Güter gehören somit zur Normalausstattung der kanadischen Haushalte, so daß nicht mehr ihr Besitz als solcher, sondern bereits die Qualität der Waren zum Kriterium des Lebensstandards avanciert ist. Deutlich wird dies etwa bei der Unterscheidung von Schwarz-Weiß- und Farbfernsehgeräten oder bei der Unterscheidung, ob ein Haushalt über ein oder mehrere Autos verfügt. Hier treten sichtbare Differenzen aufgrund der Einkommensverhältnisse auf. Der Anteil der Farbfernseher wächst kontinuierlich entsprechend den Einkommensklassen. Während 1968 durchschnittlich 3,9 % aller Haushalte einen Farbfernseher besaßen, waren es in der höchsten Einkommensklasse 12,1 % (n.ebenda). Im nationalen Durchschnitt hatten 1968 3/4 aller Haushalte zumindest ein Auto. Mehr als einen Wagen hatten in der Gruppe der Haushalte mit mindestens $ 10.000 schon ca. 1/4, in der mit mindestens $ 12.000 schon ca. 1/3. In der obersten Einkommensklasse über $ 15.000 besaßen in etwa gleichviel Haushalten ein(48,0 %) oder mehrere (46,5 %) Autos. Im Durchschnitt sämtlicher Haushalte hatten 13,9 % mehr als ein Auto[100].

Im Mittelpunkt der vom Statistischen Büro durchgeführten Erhebungen zum Lebensstandard stehen aber die Wohnverhältnisse, die in den beiden nordamerikanischen Gesellschaften (stärker als etwa in Westeuropa) einen der maßgeblichen Indikatoren darstellen. Ihre gesellschaftliche Bedeutung gewinnen Haus oder Wohnung dabei durch die Eigentumsfunktion. 1968 wohnte nur etwas mehr als 1/3 aller Haushalte zur Miete; fast 2/3 besaßen also ihr eigenes Haus. Die Relationen haben sich seither nur geringfügig verändert. Der Prozentsatz der Eigentum-Haushalte sank beispielsweise von 1968 bis 1972 nur um ca. 2 % von 63 auf 61 % ab [101]. Die Unterschiede aufgrund des Einkommens sind dabei erstaunlich gering; selbst in der niedrigsten Einkommensklasse unter $ 1.000 verfügten 1968 noch 58,8 % der Haushalte über ihr eigenes Haus. Die Tatsache, daß der Anteil der Eigentumshaushalte in der untersten Einkommensklasse größer ist als in der Einkommensklasse zwischen $ 4.000 und $ 5.000, resultiert nicht zuletzt aus dem Gegensatz von Stadt und Land. Einerseits liegen die Einkommen auf dem Land deutlich niedriger, andererseits ist der Erwerb von Grund und Boden sowie von Häusern billiger als in der Stadt. Während in ruralen Gebieten 86,9 % aller Haushalte über Privat-Häuser verfügten, waren es in Städten (über 20.000 Einwohner) nur 53,6 %. In den städtischen Ballungsräumen überstieg der Privatbesitz erst in der Kategorie von $ 6.000 bis $ 7.000 50 %. Bei einem Einkommen von weniger als $ 5.000 lag der Anteil der Eigentumshaushalte nur zwischen 30 und 38 %[102].

Trotz dieser Unterschiede bleibt der hohe Anteil des Privatbesitzes an Häusern und Wohnungen eine der entscheidenden gesellschaftlichen Größen. Auch wenn man in Rechnung stellt, daß (ähnlich wie in den USA) der Grund- und Hauserwerb bei der vielfach noch immer fast unermeßlichen Weite des Landes wesentlich leichter möglich ist als in anderen hochindustrialisierten Gesellschaften. Das Verhältnis von Eigentümer- und Mietwohnungen (bzw. Häusern) ist in der Bundesrepublik z.B. genau umgekehrt [103]; besitzen hier nur ca.1/3 der Haushalte ihre Häuser oder Wohnungen als Eigentum, sind es in Kanada eben fast 2/3. Der Hauserwerb steht der großen Mehrheit der kanadischen Familien offen.

Tabelle 36 : Zum Verhältnis von Eigentums- und Miethäusern bzw. Wohnungen, 1931 - 1971

	Total Dwellings	Owner-Occupied		Tenant-Occupied	
		Number	Percent	Number	Percent
1931	2,252,729	1,362,896	60,5	889,833	39,5
1941	2,573,155	1,457,526	56,6	1,115.340	43,4
1951	3,409,295	2,236,955	65,6	1,172,340	34,4
1961	4,546,573	3,001,295	66,0	1,545,278	34,0
1971	6,034,505	3,636,925	60,3	2,397,580	30,7

Quellen: Kalbach/McVey 1971, S.316; Stat.Can./28,passim.

Aus einer Gesellschaft der Farmer während des vorindustriellen Zeitalters ist heute eine Gesellschaft der Hauseigentümer geworden. Sieht man darüber hinaus im Hausbesitz das entscheidende Kriterium der affluence, mißt man den Grad gesellschaftlicher Egalität ausschließlich an den vorstehend angeführten Indikatoren des Lebensstandards, dann wird man nicht umhin können, den weitgehend egalitären und offenen Charakter der kanadischen Gesellschaft hervorzuheben. Die Möglichkeit, diese Güter zu erwerben, hat maßgeblich dazu beigetragen, daß Kanada als 'Mittelklassengesellschaft' perzipiert wird.

Indes spiegelt sich hierin nur die eine Seite der gesellschaftlichen Wirklichkeit Kanadas wider. Affluence beseitigt soziale Ungleichheit nicht, wie hoch der Lebensstandard auch sein mag. Er verdrängt sie bestenfalls aus dem Bewußtsein. Am krassesten sichtbar wird dies zweifellos in den USA. In der Gesellschaft mit dem höchsten Lebensstandard lebten - wie u.a. Michael Harrington in seiner sozial-kritischen Studie 'The Other America' der amerikanischen Bevölkerungsmehrheit zeigen wollte - zu Beginn der 60er Jahre etwa 1/5 aller Familien oder zwischen 40 bis 50 Millionen Menschen in oder am Rande der Armut[104]. Kanada unterscheidet sich hierin nicht sonderlich von seinem großen Nachbarn.

3.2. Einkommensverteilung: Beurteilungskriterien

Die Beschreibung der Einkommensverhältnisse und ihrer sozialen Konsequenzen ist aus vielen Gründen problematisch. Dies gilt bereits für die Datenbasis[105]. Auch eine optimale Einkommensstatistik ermöglicht bestenfalls annäherungsweise ein Bild von den tatsächlichen Verhältnissen. Noch problematischer ist die Beurteilung der statistischen Angaben zur Einkommensverteilung in einer Gesellschaft. Allgemeingültige Maßstäbe, die über den Grundkonsens, allen Gesellschaftsmitgliedern ein menschenwürdiges Leben mit so wenig Armut und soviel sozialer Gerechtigkeit wie möglich zu garantieren, hinausgehen, wird man kaum finden können. Die Fragen, wie Armut oder Reichtum zu definieren sind, bei welchen Einkommensgrenzen sie einsetzen, welche Einkommensunterschiede gesellschaftlich sinnvoll und/oder zulässig sind, werden von Gesellschaft zu Gesellschaft als Folge des unterschiedlichen sozialen Entwicklungsstandes, aber auch innerhalb einer Gesellschaft von den verschiedenen Gruppen dieser Gesellschaft unterschiedlich beantwortet werden. Bei der Beurteilung individueller Einkommen, der Lebensumstände, die sie ermöglichen, wie der Einkommensschichtung in der Bevölkerung wird es sich so stets um subjektive und relative Kriterien handeln.

Wir gehen im folgenden von zwei empirischen Definitionen aus, die in Kanada selbst als Maßstab verwandt werden. Sie beruhen beide auf der Prämisse, daß in einer 'entwickelten' Industriegesellschaft die Befriedigung der Grundbedürfnisse des

Menschen als Selbstverständlichkeit zu gelten habe[106]. Die Gewähr des Lebensunterhalts, wie zureichende Nahrungsmittelversorgung, ausreichende Kleidung und Wohnung, Gesundheitsversorgung, Schulbildung etc., die in den meisten 'Entwicklungsländern' noch ein gesellschaftliches Primärziel darstellen, bildet in Industriegesellschaften wie der kanadischen für sich allein genommen keinen Maßstab mehr für die Definition von Armut. Die Grenze ist höher anzusetzen; der Economic Council of Canada definierte Armut vielmehr als

"an insufficient access to certain goods, services and conditions of life which are available to everyone else and have come to be expected as basis to a decent, minimum standard of living ..." (Economic Council 1968, S.104).

Die Definition orientiert sich dabei am Verhältnis der Ausgaben für lebensnotwendige Güter zum individuell verfügbaren Einkommen[107]. Ausgangspunkt ist die gesamtgesellschaftliche Relation. Übersteigen die Anforderungen, die Individuen oder Familien für die Befriedigung dieser Grundbedürfnisse aufbringen müssen, den gesamtgesellschaftlichen Durchschnitt erheblich, ist davon auszugehen, daß diese Personen und Familien in bedürftigen Verhältnissen leben müssen. Operationalisiert wurde diese Definition erstmals für den Census von 1961. Als Grenzwert für Armut - offiziell bezeichnet mit dem neutralen, aber zugleich auch irreführenden Terminus 'low income' - wurden Ausgaben von 70 % für lebensnotwendige Güter angenommen. Der empirische Vergleich mit den Einkommensverhältnissen ergab dann die Einkommensgrenzen, die in der Folgezeit entsprechend der Preisentwicklung fortgeschrieben wurden.

Tabelle 37 : Einkommensgrenzen von Armut ('low income'), 1961 - 1971

	1961	1967	1971	1973
Unattached Individuals	$ 1.500	1.740	2.013	2.270
Two Person Family	$ 2.500	2.900	3.355	3.783
Three Person Family	$ 3.000	3.480	4.026	4.539
Four Person Family	$ 3.500	4.060	4.679	5.295
Five or More Person Family	$ 4.000	4.640	5.368	6.053

Quellen: Poduluk 1968, passim; Stat.Can./44,52,53,55,passim.

Ähnlich empirisch orientiert an den Konsum- und Lebensgewohnheiten ist auch der zweite Beurteilungsmaßstab, mit dem das 'Mittelklassen-Einkommen' definiert wird[108]. Die Definition geht aus von dem Besitz solcher langlebiger Güter, wie sie vorstehend beschrieben wurden, u.a. dem Besitz eines Autos, Fernsehapparates, von komfortablen Wohnverhältnissen im eigenen Haus, sodann von der Möglichkeit, die Freizeit kreativ zu gestalten, von regelmäßigen Urlaubsreisen, der Gewähr einer guten, über die Schulpflicht hinausgehenden Ausbildung für die Kinder etc. Ende der 50er Jahre und Anfang der 60er Jahre benötigte man für einen solchen Lebensstil ein Einkommen von etwa $ 7.000 bis $ 8.000 im Jahr. Legt man nur die Geldentwertung anhand des 'Consumer Price Index' zugrunde (1961 = 100, 1971 = 133,4, 1973 = 150,4), ergibt sich ein durchschnittliches Familieneinkommen von etwa $ 9.300 bis 10.700 für 1970/1971, von etwa $ 11.000 bis 12.000 für 1973/1974[109]. Außer acht bleiben - wie bei der Fortschreibung der Einkommensgrenzen für 'low income' - dabei die Steuerprogression, vor allem aber die gewandelten Lebensbedingungen und die Veränderungen im Konsumverhalten, die eine solche, am Konsum orientierte Definition notwendig berücksichtigen muß. Überproportional steigen als Folge der gewandelten Lebensbedingungen, u.a. etwa durch die notwendige längere und teuere Ausbildung, bereits die Aufwendungen zur Aufrechterhaltung eines bestehenden Lebensstandards. Zudem wachsen mit dem zunehmenden Lebensstandard die Bedürfnisse und deren Kosten, wie etwa das Beispiel der unterschiedlichen Preise für Schwarz-Weiß- und Farb-Fernsehgeräte verdeutlicht. Die Einkommensgrenze, wie sie aus der statistischen Fortschreibung anhand der Preisentwicklung resultiert, stellt damit für die Gegenwart sicherlich ein Minimum dar, um die Bedürfnisse eines 'Mittelklassen-Lebensstiles', wie er im Jahre 1961 definiert wurde, auch heute befriedigen zu können.

3.3. Einkommensentwicklung; 1921 bis 1971

Aufgrund der unzureichenden Quellenlage sind Aussagen über Lebensstandard und Einkommensverhältnisse in Kanada für die Zeit vor dem II.Weltkrieg nur bedingt möglich. Die einzigen, einigermaßen zuverlässigen statistischen Daten, die über einen längeren Zeitraum und in den Kategorisierungen vergleichbar vorliegen, sind vom Census ermittelte Angaben von Lohn- und Gehaltsempfängern über ihren Verdienst. Die hierzu in Tabelle 38 zusammengestellten Angaben vermitteln zumindest einen groben Eindruck von der Einkommensentwicklung seit dem Ende des I.Weltkriegs. Sie

Tabelle 38 : Durchschnittlicher Jahreslohn der lohnabhängigen männlichen Erwerbstätigen, 1921 bis 1961, vor Steuerabzug und in 1961 constant dollars

Age Group	1921	1931	1941	1951	1961
19 and under	798	644	665	1.112	1.142
20 - 24	1.190	1.090	1.218	2.022	2.542
25 - 34		1.601	1.862	2.694	3.845
35 - 44	1.680	2.081	2.273	2.885	4.366
45 - 54		2.138	2.439	2.830	4.274
55 - 64	1.645	1.905	2.244	2.704	3.897
65 and over	1.239	1.531	1.707	2.076	2.890
Total	1.486	1.649	1.915	2.563	3.679

Quelle: Poduluk 1968, S.242.

ist gekennzeichnet von teilweise erheblichen realen Steigerungen im Brutto-Verdienst[110]; dies gilt für diejenigen, die ihre Arbeitsplätze behielten, sogar noch für den Beginn der Depression im Jahre 1930. Arbeitslosigkeit, Lohn- und Preisverfall auf dem Höhepunkt der Weltwirtschaftskrise bewirkten jedoch nach 1931 einen Rückgang unter das Lohnniveau von 1921. Real nahmen die Einkünfte aus lohnabhängiger Arbeit durchschnittlich von 1921 bis 1931 um 11 %, zwischen 1931 und 1941 trotz der Depression nach 1933 um 16 %, von 1941 bis 1951 um 34 %, von 1951 bis 1961 um 44 % zu. Die Erhöhungen der Steuerlastquoten und die Steuerprogression relativieren den realen Brutto-Zuwachs allerdings, so daß die verfügbaren Einkommen jeweils geringer anzusetzen sind[111]. Von den Einkommenssteigerungen gingen bis zum Beginn des industriellen Booms nach dem II.Weltkrieg zumindest tendentiell auch egalisierende Wirkungen aus. Die Disparitäten im

Lohn- und Gehaltsniveau verringerten sich zwischen 1930/31 und 1951, wie die in Tabelle 39 wiedergegebenen Veränderungen in den Lohnquintilen zeigen.

Tabelle 39 : Verteilung von Löhnen und Gehältern in % nach Einkommensquintilen, 1930/31 und 1951

	1930/31	1951
First quintile	5,3	8,0
Second quintile	11,3	13,9
Third quintile	17,3	17,9
Fourth quintile	23,5	22,6
Fifth quintile	42,6	37,5

Quelle: Poduluk 1968, S.268.

Der Anteil in den drei unteren Lohn- und Gehaltsquintilen stieg zwischen 1930/31 und 1951 um etwa sechs Prozentpunkte, so daß 1951 60 % der Lohn- und Gehaltsbezieher 39,8 % der Gesamtlohnsumme verdienten. Weltwirtschaftskrise und sozio-ökonomischer Wandel hatten zur Folge, daß die Einkommensstruktur zu Beginn der 50er Jahre weniger ungleich war als in der Zwischenkriegsperiode. Die Umverteilung blieb aber relativ gering; dies umso mehr, als Rückschlüsse auf die Einkommensschichtung der Gesellschaft bei der beschränkten Datenbasis, die nur Einkünfte aus lohnabhängiger Arbeit berücksichtigt, problematisch sind. Mit den nicht erfaßten Einkommensarten aus selbständiger Arbeit, Kapital- und Grundbesitz fehlen Angaben gerade über die Einkommensquellen, über die vornehmlich die obersten Einkommensschichten verfügen. Das Bild, das die Verteilung der Lohn- und Gehaltseinkommen vermittelt, verzerrt damit die Einkommensschichtung zuungunsten des common man .

Die realen Einkommenssteigerungen setzten sich auch in den 50er und 60er Jahren fort. Umgerechnet auf das Preisniveau von 1961 betrug das durchschnittliche Jahreseinkommen sämtlicher Familien-Einheiten ('families and unattached individuals' = Ein- und Mehr-Personen-Familien[112]) 1951 $ 3.526. Bis 1961 war es auf $ 4.815 angestiegen, lag nominal 1967 bei $ 6.519 (= $ 5.651 in constant 1961 dollars) und erreichte 1971 $ 8.845(= $ 6.634). Ausgehend vom Preisniveau von 1961 verfügten dabei 1951 mehr als 2/3 sämtlicher Familien über ein Jahreseinkommen, das unter $ 4.000 lag; 1959 waren es nurmehr knapp die Hälfte, und 1967 war der Anteil unter 40 % abgesunken. Der Prozentsatz der Fami-

Tabelle 40 : Zur Zusammensetzung der Einkommensklassen, 1951 - 1973

(a) Zusammensetzung der Ein- und Mehr-Personen-Familien ('Families and Unattached Individuals') nach Einkommensklassen, 1951 - 1967, constant 1961 dollars in %

Income class in $	1951	1954	1957	1959	1961	1965	1967
under 2.000	29,0	24,3	23,3	21,8	20,6	17,6	17,4
2.000 - 3.999	39,2	33,3	29,7	28,1	25,0	21,8	20,8
4.000 - 4.999	13,4	15,8	15,0	16,0	14,9	12,9	11,4
5.000 - 6.999	11,2	15,7	17,7	19,0	22,0	21,7	21,2
7.000 - 9.999	4,9	7,4	9,9	10,6	12,1	17,1	18,0
over 10.000	2,3	3,5	4,3	4,5	5,3	8,9	11,2
average income $	3.526	4.045	4.309	4.447	4.815	5.386	5.651
median income $	3.095	3.573	3.814	4.006	4.262	4.825	5.016

(b) Zusammensetzung der Ein- und Mehr-Personen-Familien ('Families and Unattached Individuals') nach Einkommensklassen, Anteil der Einkommensklassen am Gesamteinkommen, 1955 - 1973, current dollars

Income Class in $	1955		1959		1965		1971		1073	
	Family Units in %	Aggregate Income in %	Family Units	Aggregate Income in %	Family Units in %	Aggregate Income in %	Family Units in %	Aggregate Income in %	Family Units in %	Aggregate Income in %
under 2.000	26,4	7,2	21,9	5,1	15,1	2,9	12,8	1,6	8,2	0,7
2.000 - 3.999	36,3	28,6	29,0	19,6	19,4	9,9	13,0	4,4	11,9	3,2
4.000 - 4.999	15,1	17,6	15,2	14,9	11,3	8,5	6,0	3,0	6,0	2,5
5.000 - 6.999	13,1	20,1	19,5	25,3	22,8	22,8	12,9	8,8	10,5	5,8
7.000 - 9.999	6,0	12,6	9,9	18,1	19,2	26,7	19,5	18,7	16,3	12,9
10.000 -14.999	3,1	13,9	4,5	17,0	12,0	29,2	22,5	30,9	23,7	27,3
over 15.000							13,2	32,6	23,6	47,4
15.000-19.999							11,0	22,6	13,6	21,4
20.000-24.999									5,5	11,3
over 25.000							2,2	10,0	4,5	14,7
average Income $			4.521		6.049		8.845		10.694	
median Income $			3.936		5.327		7.832		9.441	

Quellen: Poduluk 1968, passim; Stat.Can./41,42,46,52,55,passim.

lien in den Einkommensklassen über $ 7.000 wuchs von 7,2 % (1951) auf 15,1 % (1959) und erreichte 1967 29,2 %. Einkommen von (nominal) über $ 7.000 hatten 1971 55,2 % sämtlicher Familien; sie verfügten dabei über 88,2 % der Gesamteinkommen[113]. Die Relation zwischen dem Prozentsatz der Familien und deren Einkommensanteilen in den verschiedenen Einkommensklassen ist ein deutliches Indiz für die ungleiche Einkommensverteilung. Während in den beiden untersten Einkommensklassen unter $ 4.000 25,8 % sämtlicher Familien-Einheiten gerade 6 % der Gesamteinkommen erzielten, besaßen in den beiden obersten Einkommensklassen 22,5 % ($ 10.000 - 14.999) und 13,2 % (über $ 15.000) der Familien einen Anteil von 30,9 bzw. 32,6 % an den Gesamteinkommen. Über $ 25.000 Jahreseinkommen hatten 1971 153.000 (2,2 %) Ein- und Mehr-Personen-Familien. Ihr Anteil an den Gesamteinkommen von $ 60,465 Milliarden lag bei 10 %. Das Durchschnittseinkommen in dieser Einkommensklasse betrug fast $ 40.000. 1973 ergab sich folgende Relation: Die 322.000 Familieneinheiten in der Einkommensklasse über $ 25.000 (= 4,5 %) verfügten bei einem Gesamteinkommen von $ 76.309 über $ 11,251 Milliarden oder 14,7 % (n. Stat.Can./55, passim).

Im Jahre 1961 verfügten knapp unter, 1971 knapp über 3/4 der kanadischen Bevölkerung über 15 Jahre über irgendeine Art von Einkommen. Lohnabhängige Arbeit stellt dabei die Hauptquelle aller Einkünfte dar und betrug seit 1951 stets etwa 4/5 der Brutto-Einkommen sämtlicher Ein- und Mehr-Personen-Familien[114]. Nur die Einkommensbezieher von mehr als $ 25.000 verfügten in größerem Umfang über Einkommen aus selbständiger Arbeit und 'investment'. Im Jahre 1971 betrug das Gesamteinkommen sämtlicher Familien-Einheiten aus selbständiger Arbeit $ 3,369 Milliarden (n. Stat.Can./52, passim); davon entfielen allein $ 1,039 Milliarden oder 30,8 % auf die 153.000 Einkommensbezieher der höchsten Einkommensklasse, weitere $ 641 Millionen oder 19,0 % auf die nächst niedere Einkommensklasse zwischen $ 15.000 - 24.999. Die Einkommen aus Kapital- und anderem Besitz machten insgesamt $ 2,804 Milliarden aus; allein $ 734 Millionen (26,2 %) flossen den Einkommensbeziehern über $ 25.000, $ 598 Millionen (21,3 %) der Einkommensklasse zwischen $ 15.000 - 24.999 zu. Die Verteilung der Einkünfte aus selbständiger Arbeit und aus Vermögen war somit ungleicher als die ohnehin bereits ungleiche Einkommensschichtung. Während 13,2 % der Einkommensbezieher mit Einkommen über $ 15.000 über 32,6 % der Gesamteinkommen verfügten, entfielen auf sie 49,8 % aus selbständiger Arbeit und 45,7 % aus 'investment'. 1973 ergab sich für die 332.000 Einkommensbezieher in der Klasse über $ 25.000: Bei einem Anteil von 14,7 % an allen Einkommen verfügten die 4,5 % der Einkommensbezieher dieser Klasse über immerhin 37,4 % der Einkommen aus selbständiger Arbeit und über 27,6 % der Einkommen aus den verschiedenen Arten von Kapitalerträgen (n. Stat.Can./55, passim).

Die Daten vermitteln zudem nur ein unzureichendes Bild von den Einkünften aus Vermögen in diesen Einkommensklassen[115]. So wachsen mit steigendem Einkommen die indirekten, für das individuell familiäre Einkommen aber nicht unerheblichen Einkünfte und Vergünstigungen in Form von Gütern und Dienstleistungen. Während die statistisch ermittelten niederen und mittleren, vornehmlich aus lohnabhängiger Arbeit resultierenden Einkommen der Realität in der Regel ziemlich nahekommen, wächst mit steigendem Einkommen der Prozentsatz der direkten und indirekten Einkünfte, die entweder bewußt nicht angegeben oder statistisch nicht oder nur schlecht erfaßbar sind. Die tatsächlichen Einkommen der Reichen liegen damit nicht unbedeutend über ihren feststellbaren Einkommen; die Einkommensverhältnisse sind in Wirklichkeit ungleicher. Hinzu kommt, daß es sich bei unseren Angaben stets um vorsteuerliche Brutto-Einkommen handelt. Die Bezieher höherer Einkommen sind aber in der Regel eher in der Lage, die Vielzahl der legalen und illegalen Möglichkeiten der Steuererleichterungen und -hinterziehung auszunützen. Geht man von den tatsächlich verfügbaren Netto-Einkommen aus, verschiebt sich die Einkommensschichtung noch stärker zuungunsten des common man [116].

Die ungleichen Einkommensverhältnisse resultieren auch in Kanada aus ähnlichen sozial-strukturellen Bedingungen, wie sie die meisten anderen bürgerlichen Industriegesellschaften bestimmen: Einkommensunterschiede treten auf zwischen Männern und Frauen, Stadt und Land; sie hängen ab von Alter, Bildung, Beruf etc. [117]. So hat das sozio-ökonomische Entwicklungsgefälle in Kanada regional und provinzial deutliche Einkommensdifferenzen mitverursacht. Bei einem nationalen Durchschnittseinkommen von $ 8.845 (= 100) für sämtliche Ein- und Mehr-Personen-Familien lagen die Einkommen 1971 in den Provinzen Ontario mit $ 9.853 (= 111,4), British Columbia mit $ 9.165 (= 103,6) und Alberta mit $ 8.759 (= 99,0) am höchsten. Es folgten Quebec ($ 8.532 = 96,5) und Manitoba ($ 7.808 = 88,3), in denen die Einkommen noch einigermaßen an den nationalen Durchschnitt heranreichten, während in Saskatchewan ($ 6.594 = 74,6) und in der Atlantik-Region ($ 6.680 = 77,6) die Einkommensmöglichkeiten beträchtlich geringer waren (n. Stat.Can./52, S.54ff). 1973 ergab sich bei einem nationalen Durchschnitt von $ 10.694 folgende Rangfolge: Ontario ($ 11.719), British Columbia ($ 11.442), Alberta ($ 10.273), Quebec ($ 10.137), Manitoba ($ 9.297), Saskatchewan ($ 9.258), Nova Scotia ($ 9.197), New Brunswick ($ 8.632), Newfoundland ($ 8.380), Prince Edward Island ($ 7,315; n. Stat.Can./55, passim). Die provinzialen Differenzen wirken sich zudem auf den Gegensatz von Stadt und Land aus (1971: metropolitan areas: $ 9.720 = 109,9; Land: $ 6.851 = 77,5; n. Stat.Can./52, S.54ff). Die Einkommensdifferenzen zwischen Stadt und Land sind dabei in den stärker entwickelten Provinzen, etwa in Ontario und British Columbia, deutlich geringer als in den sozio-ökonomisch rückständigeren wie den maritimen Provinzen[118].

Im Jahre 1971 lag das durchschnittliche (nicht familiäre) Einkommen von selbständig Erwerbstätigen bei $ 7.980 (1973: $ 9.751), von Lohnabhängigen bei $ 6.617 (1973: $ 7.801). Tabelle 41 vermittelt einen Eindruck der Durchschnittseinkommen nach Berufssparten:

Tabelle 41 : Einkommen und Berufssparten, 1971 und 1973

	Average Income in $ 1971		Average Income in $ 1973		Income of over $ 10.000 in % 1971	Income of over $ 10.000 in % 1973
All male individuals	7.004	(=100)	9.563	(=100)	21,5	39,7
Managerial	11.823	(168,8)	15.390	(160,9)	48,0	74,7
Professional and Technical	11.711	(167,2)	12.911	(135,0)	49,3	59,1
Manufacturers, Miners, Craftsmen	7.582	(108,2)			22,7	
Product Fabrication			8.735	(91,3)		36,7
Maschining			8.861	(92,7)		37,3
Construction			9.548	(99,8)		41,9
Sales	7.251	(103,5)	10.035	(104,9)	23,8	40,8
Transportation and Communication	7.148	(102,0)	8.649	(90,4)	13,0	36,1
Clerical	6.898	(98,5)	7.867	(82,3)	14,8	26,2
Service and Recreation	5.746	(82,0)	7.135	(74,6)	13,0	24,2
Labourers	4.675	(66,7)			3,9	
Farmers, Loggers, Fishermen	4.254	(60,7)	6.591	(68,9)	8,7	

Quellen: Stat.Can./52,55,passim.

Selbst in den Gruppen der 'managerial and professional occupations' verdienten weniger als die Hälfte über $ 10.000 und erreichten damit die anhand der Preisentwicklung fortgeschriebene Grenze für ein Leben im 'Wohlstand', wie es den Bedürfnissen und dem Bewußtsein der Majorität der kanadischen Bevölkerung vom 'Mittelklassen-Lebensstil' in etwa entsprechen dürfte. Unter den Facharbeitern im industriellen Sektor waren es ca. 1/4. Das individuelle Einkommen allein garantiert nur einer Minderheit der Einkommensbezieher und ihrer Familien, gemessen an dem conventional wisdom von der Mittelklassengesellschaft, sogar einer verhältnismäßig kleinen Minderheit, die Möglichkeit eines Lebens im 'Wohlstand'.

Im Durchschnitt verfügen die Frauen über Einkommen, die - seit den 50er Jahren kaum verändert - mehr als die Hälfte unter denen der Männer liegen. Im Jahre 1971 betrug das Einkommen der Frauen im Durchschnitt $ 2.948 (vgl. Stat.Can./52, S.87ff). In den starken Differenzen zum Männer-Einkommen ($ 7.004) äußert sich vor allem die traditionelle Unterbezahlung der Frauen, die für gleiche Arbeit und Leistung in fast allen Berufssparten auch in Kanada in der Regel geringere Vergütungen als die Männer erhalten[119]. Die niedrigeren Einkommen resultieren aber auch aus dem tradierten Rollenverständnis, das noch immer zwischen typischen Frauen- und Männer-Berufen unterscheidet. Sodann kommt hinzu, daß die große Mehrheit der erwerbstätigen Frauen Zweitverdiener in den Familien sind und vielfach nur Teilzeitbeschäftigungen nachgehen[120]. Trotz der offensichtlichen Unterbezahlung nahm die Zahl der erwerbstätigen Frauen seit dem II.Weltkrieg stark zu[121]. Im Jahre 1951 waren 24,1 % der weiblichen Bevölkerung über 15 Jahre berufstätig, 1961 29,5 %; bis 1971 war die Zahl auf 2,831 Millionen (36,5 %) angestiegen. Von den verheirateten Frauen arbeiteten im Jahre 1951 11,2 %, 1961 22,0 %; 1971 betrug der Anteil genau 1/3. So sind es gerade die Zusatzeinkommen der Frauen, von denen der Lebensstandard der kanadischen Familien entscheidend abhängt. Wie Tabelle 42 zeigt, ist die Zahl der Familien mit mehr als einem Verdiener außerordentlich hoch. Zumindest zwei Familienmitglieder verfügten bereits 1961 in mehr als der Hälfte aller Mehr-Personen-Familien über Einkommen. Die Zahl ist im nachfolgenden Jahrzehnt nochmals angestiegen, so daß 1971 nurmehr in ca. 1/3 sämtlicher Familien allein das Familienoberhaupt für den Lebensunterhalt sorgte.

Als Folge des realen Einkommenszuwachses seit dem Ende des II.Weltkriegs ist das Ausmaß der affluence gestiegen und auch in seiner sozialen Basis verbreitert. 1951 verfügten weniger als 10 % aller Familien über ein Einkommen, das (umgerechnet auf das Preisniveau von 1961) über $ 7.000 im Jahr lag. Die Einkommensgrenze für einen Lebensstandard, der sich an den Bedürfnissen des 'Mittelklassen-Lebensstiles' orientiert, erreichten 1961 etwa 1/4 aller Mehr-Personen-Familien. Legt man nur die Preisentwicklung zugrunde, hatten im Jahre 1971 45,3 % der Familien ein Einkommen, das die entsprechende Grenze von $ 10.000 im Jahr überschritt. Vernachlässigt man die zusätzlichen Kostensteigerungen, die aus den gewandelten Lebensbedingungen und Konsumgewohnheiten resultieren und die die Grenze sicherlich um einiges nach oben verschieben, war damit zu Beginn der 70er Jahre fast die Hälfte aller kanadischen Familien in der Lage, ein Leben zu füh-

Tabelle 42 : Einkommen und Anzahl der familiären Einkommensbezieher

1961	Number	in %	Average Income in $		Income of over $ 7.000 in %
Unattached Individuals	955.042		2.123		1,7
Families	3.626.964	100,0	5.704	(=100)	24,5
income recipients					
one	1.576.262	43,4	4.681	(82,1)	13,1
two	1.469.975	40,5	5.861	(102,8)	25,9
three or more	569.959	15,7	8.244	(144,4)	52,9
Total	4.582.006		4.815		17,4
1971	**Number**	**in %**	**Average Income in $**		**Income of over $ 10.000 in %**
Unattached Individuals	1.729.000		4.346		7,7
Families	5.107.000	100,0	10.368	(=100)	45,3
income recipients					
one	1.774.000	34,7	8.217	(79,3)	29,2
two	2.429.000	47,6	10.563	(101,8)	48,1
three or more	888.000	17,4	14.319	(138,1)	70,7
Total	6.836.000		8.845		37,5
1973	**Number**	**in %**	**Average Income in $**		**Income of over $ 12.000 in %**
Unattached Individuals	1.906.000		5.149		7,2
Families	5.229.000	100,0	12.716	(=100)	47,2
income recipients					
one	1.653.000	31,7	9.981	(78,5)	28,6
two	2.551.000	48,9	12.559	(98,8)	48,3
three or more	1.014.000	19,4	17.719	(139,3)	75,5
Total	7.135.000		10.694		36,6

Quellen: Poduluk 1968, S.124; Stat.Canada/52,55, passim.

ren, wie es dem Bewußtsein der Bevölkerung von der egalitären und/oder 'nivellierten Mittelklassengesellschaft' entspricht. Jedoch erreichten von den Ein-Personen-Familien gerade 7,7 %, von den Familien mit nur einem Einkommensbezieher nur eine Minderheit von unter 30 % ein solches Einkommensniveau; eine Entwicklung, die sich auch in der jüngsten Zeit nicht verändert, sondern eher akzentuiert hat. Ohne Mehrfachverdienst ist es trotz aller Einkommenssteigerungen nur einer Minorität möglich, die Bedürfnisse zu befriedigen, die als Norm das Konsum-Bewußtsein in der kanadischen Gesellschaft prägen.

3.4. 'Low Income'

Im Jahre 1961, als Ausmaß und sozial-strukturelle Variablen von 'low income' erstmals statistisch erfaßt und analysiert wurden, ermittelte das Census Büro entsprechend den oben genannten Kriterien 415.548 Ein-Personen-Familien mit 916.050 Mehr-Personen-Familien, deren Einkünfte unterhalb der angenommenen jeweiligen Einkommensgrenzen lagen. In oder am Rande der Armut lebten damit 43,5 % sämtlicher Ein-Personen-Familien und 23,5 % aller Mehr-Personen-Familien[122]. Wie in den meisten westlichen Industriegesellschaften wandelten sich dabei auch in Kanada im Verlauf der völligen Industrialisierung die Grenzen und der Charakter der Armut. Im Gegensatz zur Frühphase kapitalistisch-industrieller Entwicklung, als die große Masse des Industrieproletariats in Armut lebte, sind heute vornehmlich soziale Randgruppen betroffen, gesellschaftliche Gruppen, die nicht, noch nicht oder nicht mehr in die industriell-ökonomische Entwicklung integriert sind [123]. Armut oder 'low income' treten verstärkt in Regionen sozio-ökonomischer Rückständigkeit ('insular poverty'[124]) auf, wie in Kanada etwa in den maritimen Provinzen oder in Saskatchewan, wo der Prozentsatz von 'low income' erheblich über dem gesamtkanadischen Durchschnitt liegt. Sie erfassen zweitens die Gruppen der Gesellschaft, die sich der erforderlichen sozialen Mobilität nicht anzupassen vermögen, sei es aufgrund mangelnder Bildungsvoraussetzungen, sei es aufgrund beschränkter horizontaler Mobilität, etwa durch traditionelle Bindungen auf dem Land. Betroffen sind zunehmend kinderreiche Familien und die alte, aus dem Arbeitsprozeß bereits ausgeschiedene Bevölkerung, des weiteren die arbeitslose oder versteckt arbeitslose, unterbeschäftigte Bevölkerung. In den 60er Jahren fand in Kanada eine begrenzte Reduktion der Armut statt. Im gesamtkanadischen Durchschnitt waren im Jahre 1967 nur mehr 39,0 % der Ein-Personen- und 18,4 % der Mehr-Personen-Familien 'low income units'. 1971 lag der Prozentsatz bei 37,6 bzw. 15,9 % (n. Stat.Can./52, S.72ff). Der prozentuale Rückgang ist nicht zuletzt auf die wohlfahrtsstaatliche Umverteilungspolitik zurückzuführen. Zudem bewirkten die in den 60er Jahren vom Bund eingeleitete regionale Strukturpolitik[125], der Finanzausgleich zwischen Bund und Provinzen, die Wirtschaftsförderung strukturschwacher, vor allem ruraler Gebiete eine begrenzte Nivellierung des provinzialen Entwicklungsge-

Darstellung 9 : Zur Verbreitung von 'low income' in Kanada, 1961 und 1971
(in Prozent)

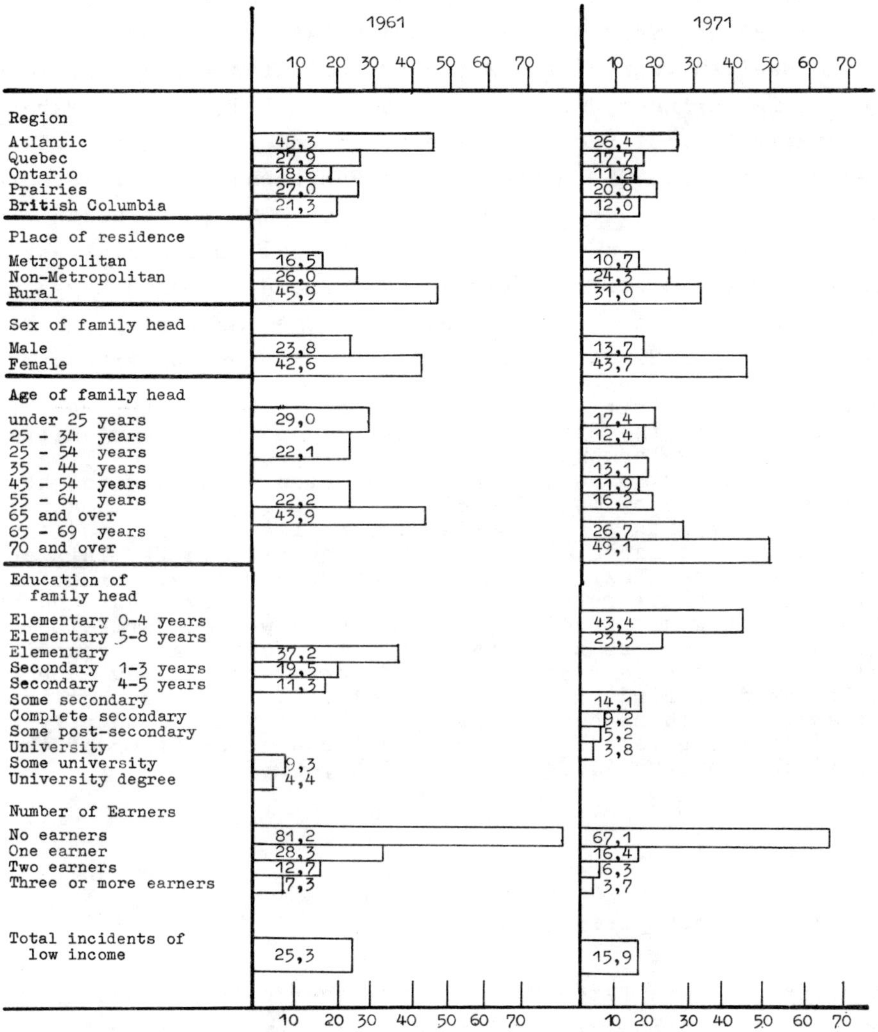

Quellen: Für 1961 zusammengestellt nach Jenny R. Poduluk 1968, S. 186ff;
für 1971 in Anlehnung an Stat. Can. / 52, passim.

fälles und damit zugleich eine tendentielle Angleichung der Disparitäten von regional begründeter Armut.

Das Ausmaß bedürftiger Personen und Familien ist aber weiterhin recht hoch. Zum einen berücksichtigen die ausschließlich auf Fortschreibung der Inflationsraten basierenden Beurteilungskriterien von 'low income' die gewandelten Lebensbedingungen nur unzureichend und verzerren dadurch die tatsächlichen Verhältnisse. Zum zweiten wuchs - trotz des prozentualen Rückgangs, wenn auch nur in geringem Umfang - die Zahl der Bedürftigen. Waren es im Jahre 1961 1.331.598 Einzel-Personen und Familien (415.548 Ein-Personen-, 916.050 Mehr-Personen-Familien), lag die absolute Zahl 1971 bei ca. 1.460.000 Familien (650.000 Ein-Personen-, 810.000 Mehr-Personen-Familien; vgl. ebenda). Die sozial-staatliche Interventionspolitik war so zu kaum mehr in der Lage, als der Zunahme der sozialen Ungleichheit entgegenzuwirken und eine Verschärfung der Situation der sozial Schwachen zu verhindern.

"Whatever the definition and formulation, however, the result is generally clear: the standards of living and the opportunities for personal development of an important proportion of Canadians are substantially below the levels expected according to the criteria accepted by most Canadians as being just and adaquate and in keeping with the rhetoric of Canadian politics and the way in which the social values are defined within it. This applies to Indians, Eskimoes, negroes and other ethnic minorities as well as to clusters of the poor both in highly urban and rural slums. It would be difficult to find a well-informed person on the subject who is not appalled by the social and economic conditions of substantial numbers of Canadians. It would be equally hard to find one who would not readily agree that in part at least, these conditions prevail for reasons totally unrelated to the personality or personal characteristics of the individuals concerned..." (Meisel 1973a, S.55).

3.5. Einkommensungleichheiten: 1951 - 1971

Analysiert man die Daten zur Einkommensverteilung, läßt der historische Vergleich für die Periode nach dem II.Weltkrieg vor allem zwei Schlußfolgerungen zu[126]: Die Einkommen sind in Kanada stark ungleich verteilt. Im Jahre 1971 verfügten die untersten Einkommensbezieher in der ersten Quintile gerade über 3,6 % der Gesamteinkommen, die drei unteren Quintilen zusammengenommen, also 60 % aller Ein- und Mehr-Personen-Familien, über weniger als 1/3. Hingegen erzielten die 20 % der obersten Quintile einen Einkommensanteil von 43,3 %. Beurteilt man die gesellschaftlichen Verhältnisse in Kanada nach der Einkommensverteilung, erweist sich die Vorstellung von der offenen und egalitären Mittelklassengesellschaft als Fiktion.

Wie wenig sich diese ungleiche Verteilung seit dem Ende des II.Weltkriegs verändert hat, zeigen die nachfolgend zusammengestellten Angaben zu den Einkommensquintilen:

Tabelle 43 : Anteil der Einkommen nach Einkommensquintilen, 1951 - 1973

	1951	1961	1971	1973
1. Quintile %	4,4	4,2	3,6	3,9
Upper Limit $	1.260	1.930	3.110	3.980
2. Quintile %	11,2	11,9	10,6	10,7
Upper Limit $	2.310	3.568	6.275	7.620
3. Quintile %	18,3	18,3	17,6	17,6
Upper Limit $	3.180	4.950	9.295	11.286
4. Quintile %	23,3	24,5	24,9	25,1
Upper Limit $	4.320	6.630	12.941	15.943
5. Quintile %	42,8	41,1	43,3	42,7

Quellen: Poduluk 1968, passim; Stat.Can./52,55,passim

Durchschnittlich stieg das Einkommen in Kanada von (jeweils) nominal $ 3.185 (= 100) im Jahre 1951 auf 1961 $ 4.815 (= 151,2), zwischen 1961 und 1971 auf $ 8.845 (1961 = 100, 1971 = 183,7). Der durchschnittliche Zuwachs betrug damit zwischen 1951 und 1961 $ 1.630. Die oberen Einkommensgrenzen der ersten bis vierten Quintile veränderten sich jedoch nicht in dem gleichen Umfang:

Obere Grenze	1951	1961
1. Quintile	$ 1.260 (= 100)	1.930 (= 153,2)
2. Quintile	$ 2.310 (= 100)	3.568 (= 155,2)
3. Quintile	$ 3.180 (= 100)	4.950 (= 155,7)
4. Quintile	$ 4.320 (= 100)	6.630 (= 155,7)

Der Einkommenszuwachs war damit nicht für alle Einkommensbezieher gleich, sondern erfolgte in etwa proportional zu den ungleichen Einkommensanteilen, wie sie im Jahre 1951 existierten:

"The relative distribution of income, then, showed little change over this 11-year period. The impression exists that incomes have become more equally distributed because incomes have risen substantially in recent decades. In fact, these increases appear to have been distributed proportionally throughout the distribution so that the shape of the distribution has remained unchanged" (Poduluk 1968, S.277).

Zwischen 1961 und 1971 lag die durchschnittliche Einkommenssteigerung bei (nominal) $ 4.030. In den vier Quintilen veränderten sich die oberen Grenzen:

Obere Grenze	1961	1971	1973
1. Quintile	$ 1.930 (= 100)	3.110 (= 161,1)	3.980 (= 206,2)
2. Quintile	$ 3.568 (= 100)	6.275 (= 175,0)	7.620 (= 213,6)
3. Quintile	$ 4.950 (= 100)	9.295 (= 187,8)	11.286 (= 228,0)
4. Quintile	$ 6.630 (= 100)	12.491 (= 195,2)	15.943 (= 240,0)

Quellen: Poduluk 1968, passim; Stat.Can./52,56,passim.

In den 60er Jahren veränderte sich der Einkommenszuwachs damit nicht einmal mehr proportional in dem gleichen Ausmaß. Vielmehr lag die Steigerung in den beiden unteren Quintilen deutlich unter dem Durchschnittswert, während in der dritten, vierten und fünften Quintile (der Anteil letzterer am Gesamteinkommen wuchs von 41,1 % auf 43,4 % bzw. 42,7 %) die Einkommen überproportional zunahmen. Wandelte sich zwischen 1951 und 1961 die Verteilung der Einkommen kaum, veränderte sich die Einkommensentwicklung in den 60er Jahren gar zuungunsten der niederen und mittleren Einkommensbezieher. Die ohnehin ungleiche Einkommensverteilung ist noch ungleicher geworden; eine Tendenz, die sich - wie die Daten aus dem Jahre 1973 zeigen - durch die stark steigenden Inflationsraten der letzten Jahre sowie infolge der trotz der Steuerprogression unter Berücksichtigung aller Steuerarten insgesamt regressiven Steuerlastquote[127] weiter akzentuierte. Die Einkommensverhältnisse in der kanadischen Gesellschaft nach dem II.Weltkrieg sind so, wie im Grunde in den meisten westlichen Industriegesellschaften, von zwei Merkmalen charakterisiert: Einerseits bestehen ausgeprägte Einkommensungleichheiten, die sich durch reale Einkommenssteigerungen und staatliche 'Sozialintervention' zugunsten der sozial Schwachen nur geringfügig veränderten. Ein Abbau sozialer Ungleichheit fand nicht statt[128].

Andererseits führten auf Massenkonsum ausgerichtete Produktion, Einkommenssteigerungen und staatliche Umverteilung dazu, daß sich der Lebensstandard der kanadischen Bevölkerung erheblich erhöhte. Die soziale Basis erweiterte sich insofern, als - vielfach nur aufgrund von Mehrfachverdienst - die Zahl derjenigen Familien zunahm, die an dem Konsum der massenproduzierten Güter und Dienstleistungen partizipieren können. Einkommenssteigerungen und verbesserte Konsummöglichkeiten durch gewachsene individuelle Kaufkraft bestärkten dabei das Bewußtsein von der offenen und egalitären Gesellschaft. Sie wirkten so in Kanada wie anderswo ausgesprochen systemstabilisierend. Das zunehmend auf die Konsumsphäre reduzierte Bewußtsein minimierte und veränderte die sozialen Gegensätze, ohne jedoch die gesellschaftlichen Ungleichheiten tatsächlich tendentiell, geschweige denn grundlegend zu wandeln. Realer Einkommenszuwachs und staatliche 'Sozialintervention' vermögen den Lebensstandard zu erhöhen, zur Nivellierung ungleicher Einkommensverhältnisse reichen sie nicht aus. Dazu bedarf es entweder größerer Erschütterungen im ökonomischen System, wie zuletzt etwa durch die Weltwirtschaftskrise und den II.Weltkrieg, von denen u.a. in Kanada wie in den USA zumindest in der Tendenz ein Abbau sozialer Ungleichheit ausging, oder aber tiefgreifender systemstruktureller Veränderungen. Die These, daß die Anhebung des Lebensstandards zugleich auch weniger ungleiche Einkommensverhältnisse mit sich bringt, ist nicht viel mehr als eine Fiktion, eine Scheinalternative allerdings, die das Bewußtsein der Bevölkerungsmehrheit bestimmt. Kanada unterscheidet sich hierin kaum von anderen kapitalistischen Gesellschaften; John Porters Schlußfolgerung aus der Mitte der 60er Jahre gilt unverändert:

"In both the United Kingdom and in the United States there has been extensive criticism of the myth of affluence and the 'psychology of abundance' as these have been applied to the two countries. In particular it has been argued that welfare measures to redistribute income and wealth, particularly over the last generation, have had very little effect on the structure of inequality in either country. The pattern of inequality in Canadian society is probably general to industrial systems, which, in the absence of special social policies... do not have a built-in equalizing force as a natural law" (Porter 1965, S.132).

4. Bildung und Sozialstruktur

In der modernen Industriegesellschaft mit ihrer arbeitsteiligen Spezialisierung sind Bildung und Schule stärker als je in der Vergangenheit zu entscheidenden gesellschaftlichen Variablen geworden, von denen gleichermaßen der industriell-ökonomische Fortschritt wie die gesamtgesellschaftliche Entwicklung eines Staates abhängen. Bildung und sozio-ökonomische Entwicklung bedingen sich gegenseitig; einerseits hängen industrielles und ökonomisches Wachstum von den Leistungen des Ausbildungswesens ab; andererseits prägen das ökonomische System, der Grad der Industrialisierung und Technologisierung Ausmaß und Inhalt der Bildung. Die Funktionen von Schule und Bildung beschränken sich jedoch nicht auf ihre materiellen Aufgaben für Arbeitsmarkt und ökonomische Entwicklung. Bildung stellt zudem einen der Eckpfeiler dar, auf dem die egalitären Prämissen des bürgerlich-liberalen Wertsystems ruhen[129]. Der Egalitätsanspruch betrifft zunächst das Ausbildungswesen selbst. Darüber hinaus gründet sich aber auch der gesamtgesellschaftliche Egalitätsanspruch nicht zuletzt auf dem egalitären Bildungsprinzip. In einem Wertsystem, in dem das Spannungsverhältnis zwischen formaler Gleichheit und materieller Ungleichheit nicht grundsätzlich aufhebbar ist, gilt individuelle Bildungschancengleichheit als elementare Voraussetzung, damit jeder einzelne die Möglichkeiten erhält, entsprechend seinen Neigungen und Fähigkeiten ökonomischen und gesellschaftlichen Erfolg haben zu können. Nach dem conventional wisdom der bürgerlich-liberalen Gesellschaft glaubt man, durch Bildung die sozialen Barrieren abbauen oder gar überwinden zu können, die Ungleichheiten hervorrufen. Vertikale Mobilität und soziale Egalität verwirklichen sich in dieser Sicht vornehmlich durch Chancengleichheit im Ausbildungswesen.

Das Bildungsergebnis, das gesellschaftlich wie individuell erzielt wird, hängt von einer Vielzahl von interdependenten Einzelbestandteilen ab. Alle die Faktoren, die vornehmlich pädagogischer Natur sind - wie z.B. die so umstrittene Frage der Beurteilung und Messung von Begabung und Leistung[130] - müssen in unserem Zusammenhang ebenso unberücksichtigt bleiben wie auch eine Reihe bildungspolitischer Fragen und Probleme, deren Bedeutung für das Bildungsergebnis einleitend nur erwähnt werden soll:

Darstellung 10 : Zur Struktur des Bildungswesens, 1973/74

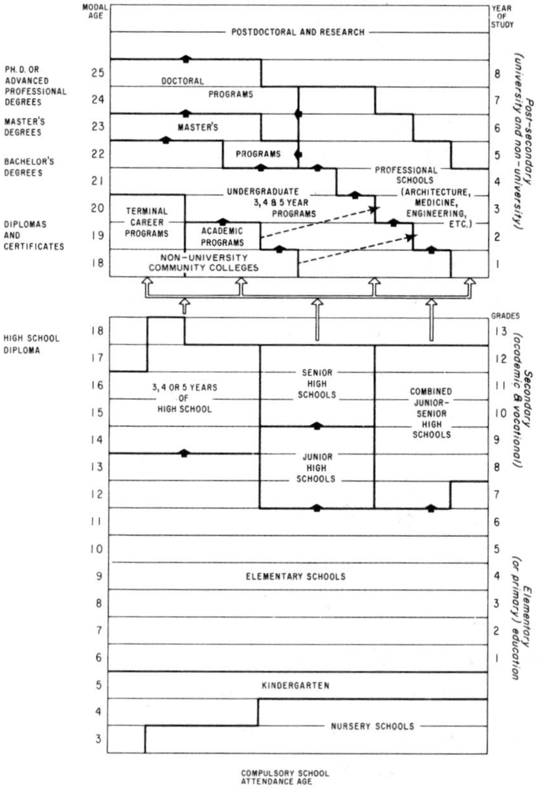

Quelle: Übernommen aus Stat.Can./57, S.20.

die relativ späte Säkularisierung und Verstaatlichung des kanadischen Bildungswesens bei bis heute fortbestehenden privaten Schul- und Universitätsträgern[131], die föderalistische Kulturhoheit mit provinzial mehr oder minder unterschiedlichen Ausbildungssystemen und einer bis heute noch differierenden Dauer der Schulpflicht, die bis zur Vollendung des 14., 15. oder 16. Lebensjahres reicht[132]; die Frage nach den Schulformen und Ausbildungsgängen, ihren Auswirkungen auf die Bildungsinhalte und die Durchlässigkeit der Bildungsgänge etc. Die folgende Analyse gilt vornehmlich zwei Gesichtspunkten, die sich aus den Grundfunktionen von Bildung ergeben, der Interdependenz zwischen Bildung und Sozialstruktur sowie der Frage, ob und inwieweit das kanadische Ausbildungswesen den egalitären Anspruch des Wertsystems einzulösen in der Lage ist.

4.1. Daten zu Scholarisation und Ausbildungsniveau

Im Ausbildungswesen steht Kanada heute zusammen mit den USA und Schweden an der Spitze der kapitalistischen Industriegesellschaften. Dies erweist bereits ein kurzer Vergleich der gebräuchlichen Indikatoren (u.a. Alphabetisierung, Scholarisation, die Höhe der öffentlichen Ausgaben, deren Relation zum BSP etc.). Während z.B. 1968 in der BRD nur 3,6 %, in den USA 5,5 % des Nationaleinkommens für Bildung und Ausbildung ausgegeben wurden, waren es in Schweden 7,9 % und in Kanada 7,7 % des GNP. Im Schuljahr 1970/71 war der Betrag in Kanada auf 8,8 % oder $ 348 pro Kopf der Bevölkerung angestiegen (vgl. Stat.Can./57, S.91ff, S.473ff).

In der Vergangenheit jedoch war Kanadas Ausbildungswesen stets nur unzureichend auf seine gesellschaftlichen Aufgaben vorbereitet. Die Gründe hierfür sind vielfältiger Natur und

Tabelle 44 : Scholarisationsrate nach Altersklassen, 1941 - 1971

Age Group	1941	1951	1961			1971		
			Total	Male	Female	Total	Male	Female
10 - 14	94,3	93,0	97,1	97,0	97,1	98,2	98,2	98,2
15 - 19	35,4	40,0	58,5	61,2	55,7	69,9	70,8	68,6
20 - 24	3,7	4,8	8,0	11,3	4,6	15,3	20,0	10,6

Quellen: Porter 1965, S.174; Informationen der Stat.Can.

wechselseitig miteinander verknüpft: Sie liegen zunächst in den provinzial unterschiedlich strukturierten Schulsystemen selbst begründet. Die außerordentlich lange Periode konfessioneller Schulträgerschaften, die späte Säkularisierung und Verstaatlichung der Schulsysteme sind weitere Faktoren[133]. Beides resultiert nicht zuletzt aus dem dualistischen Charakter der Gesamtgesellschaft und insbesondere dem Einfluß der katholischen Kirche in ihrer Funktion als Identitätspunkt für die frankophone Kultur. Das Klischee stimmt jedenfalls auch in Kanada: Die Konfessionsschulen haben Entwicklung und Niveau der Ausbildung noch bis in die 50er Jahre hinein gehemmt[134]. Wichtiger waren aber die Wirkungen der ökonomischen Strukturen und ihrer spezifisch kanadischen Bedingungen[135]. Zunächst ist in diesem Zusammenhang erneut auf die späte Industrialisierung zu verweisen. In seinem ökonomischen Entwicklungsstand hinkte Kanada jeweils etwa eine Generation hinter den USA und auch den meisten anderen westlichen Industrienationen her[136]. Vergleicht man die Wachstumsraten von BSP und Bildungsausgaben, fällt zudem auf, daß sich trotz des sozio-ökonomischen Wandels nur geringe Veränderungen im Bildungs-Ausmaß vollzogen[137]. Der Anteil der Aufwendungen für Bildung am GNP erhöhte sich bis zur Jahrhundertwende von ca. einem Prozent 1867 auf etwa eineinviertel Prozent im Jahre 1896. Vor dem I.Weltkrieg stieg der Prozentsatz bis auf ca. 2 % (1914) an, erreichte zwischen den Weltkriegen ca. 2,5 % und lag 1950 bei nur 2,6 %. Wenngleich sich das Bildungswesen in seinen Inhalten an die gewandelten wirtschaftlichen und technologischen Notwendigkeiten zu adaptieren begann, veränderte sich das Ausmaß an Ausbildung erstaunlich wenig. Zwischen 1926 und 1945 trat unter dem Einfluß der Weltwirtschaftskrise und des II.Weltkriegs, bezogen auf die Pro-Kopf-Bevölkerung, sogar ein geringer realer Rückgang in den Ausgaben ein.

Verursacht wurde diese Diskrepanz zwischen sozio-ökonomischer und Bildungs-Entwicklung vornehmlich durch den Immigrations-Charakter der Gesellschaft, durch das in vielen Sektoren von außen mitbestimmte Wirtschaftssystem. Aus den ökonomisch und industriell weiter entwickelten Staaten, insbesondere zunächst aus Großbritannien, dann seit dem I.Weltkrieg aus den USA, floß nicht nur Kapital nach Kanada, zugleich wurden auch technologisch kompliziertere Industrieprodukte, vor allem aber in beträchtlichem Maß technisches know-how durch die Immigranten importiert. Noch in der zweiten Hälfte der 50er Jahre kamen jedes Jahr auf jeden Kanadier, der an kanadischen Colleges oder Universitäten einen Abschluß ablegte, ca. 1,5 Einwanderer, die ihren vergleichbaren Bildungsgrad im Ausland erhalten hatten[138]. Die veränderten Arbeitsmarktanforderungen konnten zumindest teilweise durch Immigration von außen ausgeglichen werden, so daß das Bildungswesen sich zwar inhaltlich, im Bildungs-Ausmaß aber nur relativ gering an die gewandelten sozio-ökonomischen Bedingungen zu adaptieren brauchte. In der wirtschaftlich-industriellen Entwicklung ohnehin zurückliegend, verschoben sich die Entwicklungsstadien auf dem Bildungssektor noch weiter. Die Phase des 'take-off' im Bildungsbereich erreichte Kanada so wesentlich später als die auf ökonomischem Gebiet; sie trat erst mit dem Ende des II.Weltkriegs und damit ein halbes Jahrhundert später ein[139].

In den beiden letzten Dekaden vollzog sich jedoch eine drastische Verbesserung im Bildungswesen. Der Anteil der Bildungs-Ausgaben am GNP stieg von 2,6 % (1950) auf 4,5 % im Jahre 1960. Zwischen 1960 und 1970/71 wuchsen die Ausgaben nominal von $ 1,7 Milliarden auf $ 7,4 Milliarden[140]. Der Anteil am GNP verdoppelte sich fast auf 8,8 %. Die gestiegenen finanziellen Aufwendungen fanden ihre Entsprechung in einem deutlich höheren Bildungsniveau der Bevölkerung. Der Anteil derjenigen männlichen Bevölkerung von 16 bis 65 Jahre, die über die gesetzliche Schulpflicht hinaus zumindest einige Zeit die high school besucht hatten, betrug nach dem Census von 1961 bereits fast 50 %. Zwischen 1960 und 1972 sank der Prozentsatz derjenigen über 14 Jahre (Männer und Frauen), die nur Primarschulbildung besaßen, von 47,7 % auf 29,4 % ab, hingegen stieg die Bevölkerungsgruppe mit high school-Besuch, einigen Jahren oder bis zum Abschluß, kontinuierlich auf 1972 über 60 % an. Fast 10 % hatten 1972 die Universität besucht [140]. Im Anwachsen der Schülerzahlen, im verlängerten Schulbesuch, im gestiegenen Bildungsniveau der Erwerbstätigen spiegelt sich dabei der industrielle Boom nach dem II.Weltkrieg wider, der die Adaptation des Bildungswesens an den gesamtgesellschaftlichen Wandel erforderte und mit der Anpassung an die sozio-ökonomischen Erfordernisse des Industriesystems zugleich die Anhebung des Bildungsniveaus zur Folge hatte. Darstellung 11 ver-

Darstellung 11 : Zum Bildungsniveau der männlichen Bevölkerung in Kanada, 1951 - 1971 (in Prozent)

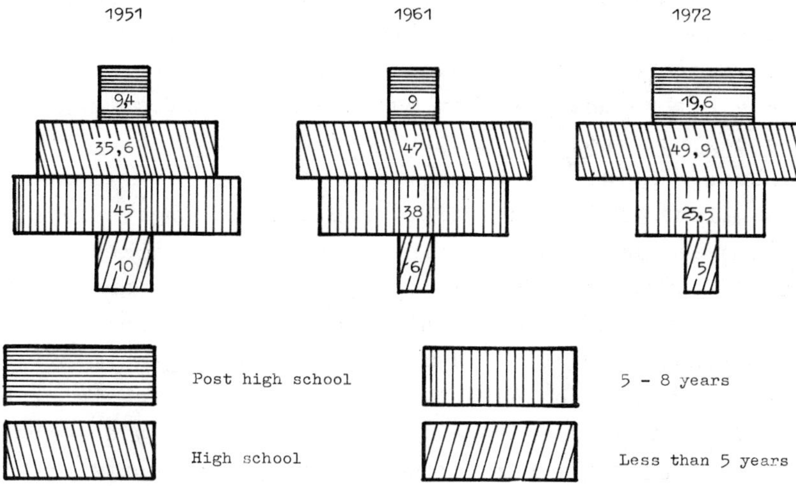

Anmerkung: Für 1951 und 1961: Männliche Bevölkerung im Alter von 16 bis 65 Jahre; für 1972: Männliche Bevölkerung über 14 Jahre.

deutlicht diesen Entwicklungstrend, daß nämlich die Zahl derjenigen mit schlechter Schulbildung zurückgeht und heute relativ klein ist, die Zahl derjenigen, die eine gute (= universitäre) Ausbildung besitzen, zwar zunimmt, aber noch immer verhältnismäßig gering ist. Die Masse der kanadischen Bevölkerung verfügt heute über ein mittleres Bildungsniveau.

Diese Tendenzen im Bildungswesen seit dem II.Weltkrieg, die ein weiteres Indiz für den Mittelklassen-Charakter der kanadischen Gesellschaft zu sein scheinen, sollten indes nicht den Blick für die vielfältigen Ungleichheiten und sozialstrukturellen Barrieren verstellen, die trotz der Verbesserungen im Bildungsniveau in den Ausbildungsbedingungen unverändert fortbestehen[142]. Diskrepanzen ergeben sich sowohl im Bildungsniveau von Stadt und Land[143] als auch zwischen den einzelnen Provinzen, insbesondere zwischen dem Osten und Westen Kanadas, zwischen den Maritimes einerseits und den Provinzen westlich von Quebec andererseits[144]. Zudem läßt der provinziale Vergleich die negative Sonderstellung Quebecs offenkundig werden. Der Vergleich in den Scholarisationsraten zeigt dabei die Widersprüchlichkeit in der

Bildungsentwicklung seit dem Weltkrieg auf. Zwar fand in allen Provinzen ein Anstieg in den Schülerzahlen und -raten statt. Während jedoch - mit Ausnahme von Newfoundland - im Jahre 1951 der Scholarisationsgrad der 15- bis 24-jährigen in den Maritimes noch in etwa dem nationalen Durchschnitt entsprach, hat sich seither die Diskrepanz zwischen Ost und West verfestigt, wuchs die Differenz zum nationalen Durchschnitt, klafft die 'Bildungs-Schere' heute stärker auseinander als je zuvor[145].

Ein ähnliches Ergebnis ergibt sich bei der Analyse des Bildungsniveaus der Bevölkerung. Eine Repräsentativ-Erhebung aus dem Jahre 1966, die verkürzt in Tabelle 45 wiedergegeben ist, korreliert Altersklassen und Schulbildung auf regionaler Ebene. Sie läßt zumindest in der Tendenz die Veränderungen im Bildungsniveau der Regionen während der letzten zwei Jahrzehnte sichtbar werden, indem man die beiden Altersklassen der 25 bis 44 bzw. der 45 bis 64 Jahre alten Bevölkerung vergleicht. Letztere Altersklasse bildete, grob gesprochen, 20 Jahre zuvor, im Jahre 1946 also, die Gruppe der 25- bis 44-jährigen. Allerdings berücksichtigt ein solcher Vergleich weder Sterblichkeit, Immigration, Emigration noch zwischenregionale Wanderungsbewegungen; er vermittelt somit nur Annäherungswerte (s. Stat.Can./64, passim). Die Daten zeigen einerseits die Anhebung des Bildungsniveaus in allen Regionen, andererseits jedoch auch die teilweise erheblichen regionalen Ungleichheiten. Während in der Altersklasse der 45- bis 64-jährigen im nationalen Durchschnitt 50,8 % nur über Primarschulbildung verfügten, waren es in den Maritimes 53,6 %, ein Unterschied von 2,8 Prozentpunkten. In der Altersgruppe der 25- bis 44-jährigen lag der Anteil derjenigen mit Primarschulbildung zwar nurmehr bei 40,5 %, doch betrug die Abweichung in

Tabelle 45 : Bildungsniveau der kanadischen Bevölkerung 1966 nach Regionen in den Altersklassen 24 - 44 bzw. 45 - 64 Jahre, in %

	Canada	Atlantic	Quebec	Ontario	Präries	B.C.
25 - 44 years						
Elementary	34,7	40,5	45,4	30,4	29,9	20,2
Secondary	54,0	50,6	44,1	58,2	58,3	64,7
University	11,3	8,9	10,5	11,4	11,8	15,1
45 - 64 years						
Elementary	50,8	53,6	60,8	45,7	51,1	39,0
Secondary	40,6	39,9	32,0	45,2	39,8	49,6
University	8,6	6,5	7,2	9,1	9,1	11,4

Quelle: Stat.Can./64,passim.

der jüngeren Altersklasse 5,8 Prozentpunkte. Betrachtet man die beiden Altersgruppen in zeitlicher Perspektive, so zeigt sich auch hier, daß die generelle Anhebung des Bildungsniveaus nicht gleichzeitig zur Angleichung der regionalen Unterschiede geführt hat. Wie das minimale Bevölkerungswachstum, die Abwanderung nach Westen in die industriellen Ballungsräume, sind auch die geringere Scholarisation, das deutlich niedrigere Bildungsniveau im kanadischen Osten ein Reflex des fehlenden sozio-ökonomischen Anreizes und der relativen 'Unterentwicklung'[146]. Einerseits erfordert der Arbeitsmarkt nur in geringem Maße qualifizierte Arbeitskräfte, entfällt dadurch die Notwendigkeit für eine verstärkte Ausbildung in Sekundarschulen und im universitären Bereich, andererseits fehlen durch die schwächere Scholarisation Voraussetzungen für sozio-ökonomischen Wandel. Die Wechselbeziehung zwischen Ausbildung und Sozialstruktur wird hier besonders deutlich. Beide Faktoren haben mit dazu beigetragen, daß sich im Osten traditionale Verhaltensmuster perpetuiert haben und unverändert auch die politischen Strukturen der Maritimes prägen.

4.2. Soziale und familiäre Bedingungen von Bildungschancen

Die Ungleichgewichte im Bildungswesen erweisen sich auch in Kanada schnell als sozial-strukturell bedingte Ungleichheiten, wenn man das Bildungsniveau der Bevölkerung mit verschiedenen sozialen Indikatoren korreliert. Zutage tritt diese Abhängigkeit z.B. beim Verhältnis von Bildungsniveau und Berufsstruktur, das in Graphik 12 dargestellt ist, oder auch in der Beziehung zwischen Bildung und Einkommen[147]. Das durchschnittliche Jahreseinkommen der Familien in den drei Bildungskategorien (Primar-, Sekundar-, Universitätsabschluß des Familienoberhauptes) lag im Jahre 1959 bei $ 4.039 für diejenigen mit Primar-, bei $ 5.242 für diejenigen mit Sekundar-, bei $ 7.643 für diejenigen mit Universitätsabschluß[148]. In den zehn Jahren zwischen 1959 und 1969 trat zwar in allen drei Kategorien eine erhebliche Steigerung im Durchschnittseinkommen ein (auf nominal 1969: $ 7.730, $ 9.935, $ 15.526), doch fand auch in diesem Fall kein Angleichungsprozeß statt. Vielmehr stieg das Durchschnittseinkommen der Familien mit Universitätsabschluß (nominal bei 1959 = 100 auf 203) stär-

Darstellung 12 : Zur Beziehung von Bildungsniveau und Berufsstruktur in Kanada, 1961 und 1972 (in Prozent)

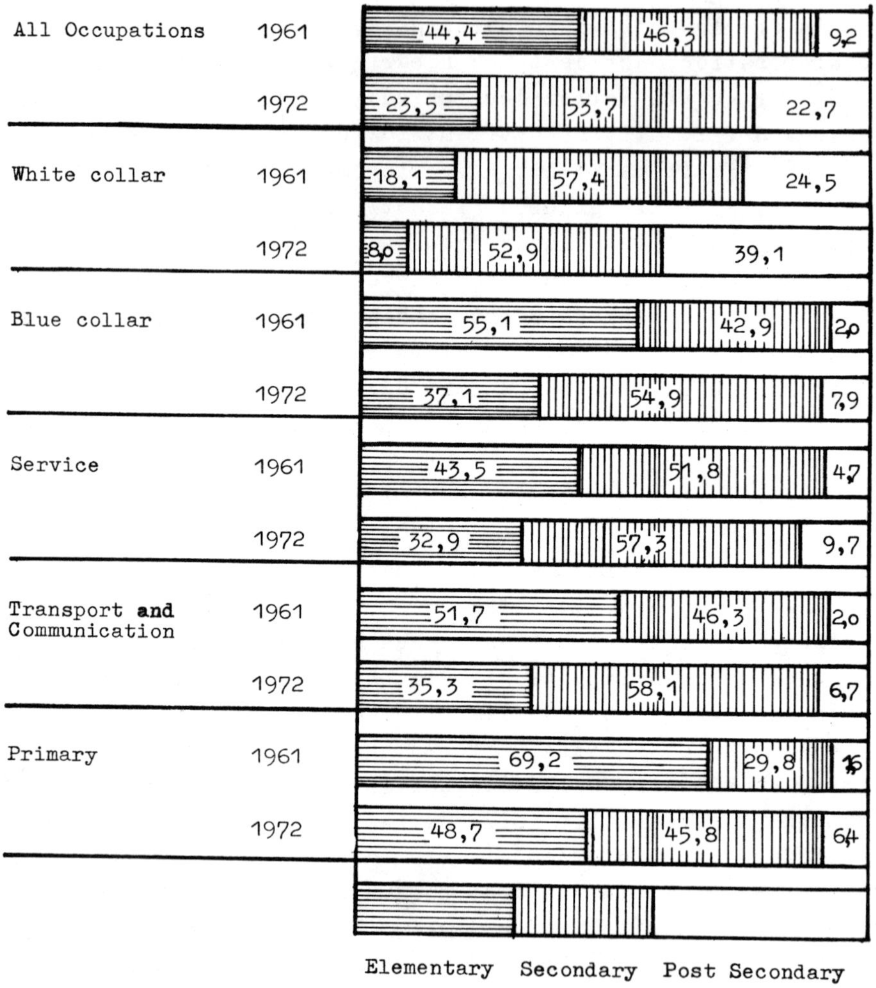

ker als das der beiden anderen Kategorien (190 bzw. 198), so daß sich die Beziehung - höhere Schulbildung gleich höherem Einkommen - in den letzten Jahren weiter akzentuierte.

Besonders sichtbar wird die sozial-strukturelle Barriere, die Abhängigkeit des individuellen Bildungsniveaus von den sozio-ökonomischen Verhältnissen, analysiert man die soziale und familiäre Herkunft der Studenten. Im Jahre 1961 waren im Alter zwischen 19 und 24 Jahre fast 2/3 der Kinder von Eltern mit Universitäts-, ca. 1/3 der Kinder von Eltern mit high school-Abschluß in der Ausbildung, hingegen nur noch 14,6 % der Kinder von Eltern, die die Primarschule besucht hatten, aber über keine Weiterbildung auf der Sekundarschule verfügten[149]. Während nur 12 % der Kinder, deren Familien 1961 unter $ 3.000 verdienten, sich noch in der Ausbildung befanden, war es bei einem Einkommen von über $ 7.000 die Hälfte der Kinder dieser Altersklasse [150]. Eine Umfrage unter den Studenten der 'arts and science faculties' aus dem Jahre 1961 ergab, daß 70 % der Eltern über ein Einkommen von über $ 5.000 verfügten; gesamtgesellschaftlich lag das familiäre Einkommen von nur 31 % der Familienoberhäupter zwischen 35 und 65 Jahre über diesem Betrag (vgl. Porter 1965, S.189). Die Über- bzw. Unterrepräsentation der Studenten von Eltern mit höherer bzw. niedriger Ausbildung wird vollends offenbar, zieht man zum Vergleich das Bildungsniveau der Gesamtgesellschaft im Jahre 1961 heran. Während nur 4,6 % aller Familienoberhäupter zwischen 35 und 65 Jahre einen Universitätsabschluß besaßen, waren es unter den Eltern der Studentenschaft mehr als viermal so viel. Der Anteil der Familienoberhäupter mit ausschließlich Primarschulbildung war hingegen in der Gesamtgesellschaft doppelt so groß wie unter den Eltern der Studentenschaft. Ein ähnliches Mißverhältnis vermittelt die Berufsanalyse der Eltern von Studenten. Untersuchungen des Statistischen Büros aus den Jahren 1956 und 1961 (s. Stat.Can./59, Stat.Can./60), denen allerdings differierende Kategorien zugrundelagen, erwiesen in ihrer Tendenz beide, daß etwa die Hälfte der Eltern der Studentenschaft in den zwei höchsten Gruppen der Berufsskala, in den Gruppen der 'professionals, proprietors and managers' erwerbstätig war, während der Anteil der Eltern aus der Arbeiterschaft relativ gering war. Auch hier zeigte sich eine erhebliche Verzerrung zuungunsten der einfachen Bevölkerungsschichten.

Die Verbesserung des kanadischen Bildungswesens nach dem II.Weltkrieg wirkte sich in den 60er Jahren insbesondere im tertiären Bildungsbereich, dem universitären wie nicht-universitären, aus. Die finanziellen Aufwendungen für diesen Sektor wuchsen zwischen 1960 und 1970 von $ 330,5 Millionen auf $ 2.148,8 Millionen an. Während 1960 nur 19,4 % der Gesamtausgaben für den tertiären Bildungsbereich aufgewendet wurden, waren es 1970 28,9 % (n. Stat.Can./57, S.93, S.178). Die Zahl der Studenten verdreifachte sich; sie stieg von 161.143 Studenten im gesamten teritären Sektor, von 113.654 Studenten an Colleges und Universitäten im Schuljahr 1960/61 auf 1970/71 475.548 bzw. 308.135. Die Scholarisationsrate in der Altersklasse der 18- bis 24-jährigen verdoppelte sich von 1960/61 9,7 % für sämtliche Studenten und 6,7 % für Universitätsstudenten auf 1970/71 18,1 bzw. 13,6 % (n.ebenda, S.148f).

Bereits diese Globaldaten lassen auf eine gegenüber den 50er Jahren auch sozial verbreiterte Basis in der Studentenschaft schließen. Genauere Auskunft vermitteln wieder Analysen zur Herkunft der Studenten, wie sie das Statistische Büro in einer Repräsentativ-Erhebung aus dem Jahre 1968/69 vorgenommen hat (s. Stat.Can./61, passim). Nimmt man das elterliche Einkommen als Indikator - die Ergebnisse sind freilich problematisch, da etwa 1/5 der Befragten hierzu keine Angaben machten[151] -, ergibt sich, daß das Jahreseinkommen der Eltern von etwa 15 % der Universitätsstudenten über $ 15.000 lag. Von den Universitätsstudenten, die Angaben machten, nannten etwa über 40 % ein elterliches Einkommen von unter $ 7.000 (n.ebenda). Gesamtgesellschaftlich hatte 1969 hingegen knapp über die Hälfte der kanadischen Familien ein Jahreseinkommen unter $ 7.000 (s. Stat.Can./49, passim). Eine deutlichere Diskrepanz bestand in der Einkommensklasse über $ 15.000, in der 1969 nur 8,3 % sämtlicher Familien waren, jedoch annähernd doppelt so viele Familien von Universitätsstudenten. Vergleicht man diese Unterschiede mit den wesentlich größeren Differenzen zu Ende der 50er Jahre, so wird ein tendentieller Angleichungsprozeß zwischen den Einkommen von Studenten- und denen aller kanadischen Familien sichtbar. Geht man von der beruflichen Schichtung aus, zeigt sich, daß die Väter von 60 % sämtlicher im tertiären Bildungssektor Studierender Lohn- oder Gehaltsempfänger waren. Insgesamt dürfte annähernd die Hälfte der Väter selbständige oder gehobene Berufe ausgeübt haben. Auffällig ist vor allem der nur geringe Anteil von Studenten, deren Väter als Arbeiter oder einfache Angestellte beschäftigt waren. Ein Vergleich mit sämtlichen Erwerbstätigen kann für die Periode Ende der 60er Jahre nicht angestellt werden, da die Berufskategorien voneinander abweichen. Jedoch bleibt festzuhalten: Die Väter einer deutlich überproportionalen Zahl von Studenten üben

Tabelle 46: Vergleich zwischen der beruflichen Schichtung der Väter von Studenten und sämtlicher Erwerbstätigen.

a) Percentage Distribution of University Students' Parents, by Occupational Level, 1956

Occupational Level	Students' Parents	Total Labour Force
Proprietors and Managers	25,7	8,3
Professionals	24,9	7,1
Clerical and Sales	12,3	16,5
Skilled and Semi-skilled	21,1	30,6
Agriculture	10,9	15,7
Labour	5,1	20,5
Total	100,0	100,0

b) Percentage Distribution of Students by Faculty and by Occupation of Fathers, 1961

Fathers' Occupation	Arts	Law	Medicine	Family heads/ 35-65
Professional	19,8	26,4	29,5	14,2
Managerial and Proprietary	27,0	26,3	22,2	8,0
Clerical	4,2	5,4	5,7	7,1
Commercial	8,0	7,3	7,5	5,1
Service	6,2	5,4	2,5	8,6
Transport	5,7	3,2	4,5	6,6
Craftsmen	14,3	12,7	13,2	29,1
Labourers	1,6	1,1	2,9	4,5
Others	13,2	12,2	12,2	16,8
Total	100,0	100,0	100,0	100,0

Quelle: Porter 1965, S.189.

unverändert gehobene Berufe aus, während Studenten, deren Väter der Arbeiterschaft angehören, erheblich unterrepräsentiert sind. Die Verbreiterung der sozialen Basis in der Studentenschaft dürfte sich vornehmlich auf Familien erstreckt haben, deren Väter in mittleren Berufen, etwa als Angestellte in der Verwaltung, im Dienstleistungssektor, als Techniker in der Industrie beschäftigt sind.

Zwischen dem Bildungsgrad von Eltern und Kindern besteht eine enge Beziehung. Diesem Phänomen der Abhängigkeit der Ausbildungschancen vom familiären Bildungsniveau ging u.a. auch die schon zitierte Umfrage aus dem Jahre 1966 nach (s. Stat.Can./64). Sie bestätigte dabei nicht nur dieses bekannte Abhängigkeitsverhältnis. Verkürzt wiedergegeben sind ihre Ergebnisse in Tabelle 48, die den Bildungsgrad der Väter als Ausgangspunkt hat und in der Korrelation aufzeigt, welches Bildungsniveau die Söhne erreichten[152]. Die Aufgliederung nach Altersklassen vermittelt zudem einen Überblick in historischer Dimension. Die Daten verdeutlichen zunächst zweierlei; zum einen zeigt die Betrachtung der drei Altersklassen die Anhebung des kanadischen Bildungsniveaus. Während in der Gruppe der 45- bis 64-jährigen nur 9,7 % über Universitätsbildung verfügten, waren es in der Gruppe der 20- bis 24-jährigen immerhin 22,0 %. Zum zweiten wird aus der Über- bzw. Unterrepräsentation in den einzelnen Kategorien die Abhängigkeit der Bildungschancen der Kinder vom Bildungsniveau ihrer Eltern offenkundig. In der Kategorie der Väter mit Universitätsbildung trat zugleich eine nicht geringe Zunahme ein. In der Altersklasse der 45- bis 64-jährigen besaß knapp die Hälfte der Söhne wie ihre Väter Universitätsbildung, in der Altersklasse der 20- bis 24-jährigen war der Prozentsatz auf fast 2/3 angestiegen. Diese Zunahme entsprach einerAbnahme vor allem in der Kolumne Elementarschulbildung. Der Anteil der Söhne, die nur die Elementarschule, deren Väter aber die Universität besuchten, an sich bereits minimal, ging von etwa 15 % auf 2 % zurück. Drastische Verminderung des Bildungsniveaus und damit sozialer Abstieg sind relativ selten. Die Kategorie Elementarschulbildung der Väter zeigt zwar in den Altersklassen die Verbesserung des Bildungsniveaus auf; dennoch blieb eine deutliche Unterrepräsentation bestehen. Auch in der Altersklasse der 20- bis 24-jährigen - konkret also der Generation, die nach dem II.Weltkrieg aufwuchs,

Tabelle 47 : Vergleich zwischen der beruflichen Schichtung der Väter von Studenten und der sämtlicher Erwerbstätigen in Kanada, 1969, in %

Present or Past Occupation of Father of all Post-Secondary Students, 1968/69		Occupational Structure of Total Labour Force, annual average 1969	
Self-Employed	30,7	Managerial/professional	22,9
Farm	8,8	Clerical	14,8
Business	15,4	Sales	6,8
Professional	6,5	Service	12,0
Works for Employer	57,8	Transport	5,3
Executive/Managerial	10,5	Farmers and Farm Workers	6,9
Professional/Technical	9,3	Craftsmen	25,5
Administrative	11,0		
Clerical/Sales	6,3	Labourers and Primary Occupations	5,7
Processing/Machining/ Assembling	5,9		
Labouring	9,2		
Others/No Response	11,6		

Quellen: Stat.Can./61,70,passim

Tabelle 48 : Educational Attainment of Males 20 - 64 Years of Age, by Age and Fathers' Level of Education, January 1966

	Total	Males' Level of Education University in %	Index	Secondary in %	Index	Elementary in %	Index
All Ages and Fathers' Level of Education							
Totals	100,0	13,8		45,2		41,0	
University	100,0	55,8	4.1	37,5	0.8	6,7	0.2
Secondary	100,0	28,7	2.1	61,0	1.3	10,3	0.3
Elementary	100,0	7,4	0.5	41,8	0.9	50,8	1.2
Age of Males and Father's Level of Education							
20 - 24 years	100,0	22,0		56,8		21,2	
University	100,0	63,2	2.9	34,8	0.6	*	*
Secondary	100,0	31,5	1.4	62,6	0.1	5,9	0.3
Elementary	100,0	11,8	0.5	56,2	1.0	32,0	1.5
25 - 44 years	100,0	14,3		48,2		37,5	
University	100,0	56,5	4.0	38,9	0.8	*	*
Secondary	100,0	27,9	2.0	62,5	1.3	9,6	0.3
Elementary	100,0	8,0	0.6	45,2	0.9	46,8	1.2
45 - 64 years	100,0	9,7		36,2		54,1	
University	100,0	48,4	5.0	37,1	1.0	*	*
Secondary	100,0	27,1	2.8	56,3	1.6	16,6	0.3
Elementary	100,0	5,2	0.5	32,9	0.9	61,9	1.1

* = Die geringe Zahl der Fälle in diesen Kategorien ließ keine Angaben zu.
Quelle: Stat.Can./64, S.18.

während der 50er Jahre die high school, während der 60er Jahre die Universität besuchte - besaßen nur 11,8 % Universitäts-, 56,2 % high school- und noch immerhin 32,0 % nur Elementarschulbildung. Während sich so auf der Ebene der Universitäts- und Elementarschulbildung in der zwar veränderten, aber generell fortbestehenden Über- bzw. Unterrepräsentation unverändert der Einfluß der elterlichen Bildung auf den Bildungsgrad der Kinder manifestiert, fand im mittleren Bildungsbereich ein tendentieller Angleichungsprozeß statt (vgl. Stat.Can./64, S.17f).

Der Einfluß der elterlichen Bildung einerseits, das Ausmaß von Bildungsmobilität andererseits werden noch leichter einsichtig, wenn man die Daten indiziert, d.h. das Verhältnis zwischen dem Prozentsatz der Kinder in einer der drei elterlichen Kategorien und dem Prozentsatz sämtlicher Kinder in einer Bildungskolumne herstellt[153]. In der großen Mehrzahl verfügen die Kinder über das gleiche Bildungsniveau wie ihre Eltern. Der Einfluß der elterlichen Bildung ist bei Familien mit Universitätsbildung am stärksten ausgeprägt (s.ebenda, S.19f). Die Bildungselite rekrutiert sich folglich in einem beträchtlichen und weit überproportionalen Umfang aus sich selbst. Dennoch besteht bis zu einem gewissen Grad die Möglichkeit der Mobilität. Allerdings vollzieht sich die Verbesserung des Bildungsniveaus langsam und in kleinen Schritten. Kinder von Eltern mit Sekundarschulbildung besitzen entweder das gleiche Bildungsniveau oder Universitätsbildung. Ein Überspringen einer Bildungsebene stellt noch immer die Ausnahme dar. Die Indizierung in den drei Altersklassen bestätigt dies auch in historischer Dimension, wenngleich die generelle Verbesserung der Ausbildungsbedingungen und die Anhebung des gesamten Bildungsniveaus nach dem II.Weltkrieg einen tendentiellen Nivellierungsprozeß ausgelöst haben. Auf der Ebene der Universitätsbildung hat sich dadurch - wie das Absinken der Index-Werte aufzeigt - die Diskrepanz in Relation zum gesamtgesellschaftlichen Bildungsniveau reduziert; auf der Ebene der Sekundarschulbildung bewirkten die veränderten Rahmenbedingungen in der jüngsten Altersgruppe die weitgehende Aufhebung des familiären Einflusses. Anderes ergab jedoch die Indizierung der Elementarschulebene, wo

"... the value of the index does not fall but actually rises very slightly, suggesting a possible strengthening of educational inheritance among the most poorly educated, or, looking at it another way, indicating that the general increase in educational attainment... has been taking place less rapidly among sons whose fathers have no more than elementary schooling..." (ebenda, S.20).

4.3. Gesellschaftliche Barrieren und Gleichheit der Ausbildungschancen

Die Egalisierung der Bildungschancen, die Demokratisierung des Bildungsergebnisses ist ein langwieriger, mehrdimensionaler Prozeß. Trotz der seit den 60er Jahren eingetretenen tendentiellen Nivellierungen ist auch Kanada von einem demokratisierten Bildungssystem noch immer weit entfernt. Damit stellt sich auch für die kanadische Gesellschaft unverändert die theoretische Frage, ob erstens allein durch gleiche Bildungschancen, sollten sie existieren, ein Abbau sozial-struktureller Ungleichheiten in

Richtung auf eine stärkere und weitestmögliche Demokratisierung der Gesellschaft überhaupt erfolgen kann, ob zweitens unter unveränderten gesellschaftlichen Rahmenbedingungen gleiche Bildungschancen 'für alle' überhaupt erreichbar sind (s. u.a. Jencks 1972, passim). Die Indikatoren, denen wir unter sozialstrukturellen Gesichtspunkten nachgegangen sind, vermitteln ein deutlich ambivalentes Bild. Sie lassen insbesondere folgende Schlußfolgerungen zu: Die Bildungsmöglichkeiten sind in sozialstruktureller Hinsicht bestenfalls bedingt offen. Im Jahre 1956 verfügten die Eltern von 1/3 der Studenten über ein Jahreseinkommen, das unter $ 4.000 und damit unter dem nationalen Durchschnitt lag. 1961 besaßen die Eltern von 1/4 der Studenten nur Primarschulbildung. Für diese Studenten bot das Ausbildungswesen die Möglichkeit zu vertikaler Mobilität und verbesserte sich im Vergleich zur Stellung ihrer Eltern ihre gesellschaftliche Position. Dennoch existierte Ende der 50er Jahre - gemessen an der Gesamtgesellschaft - eine deutliche Verzerrung und eine erhebliche Überrepräsentation der Kinder höherer sozialer Schichten unter den Studenten. Während der 60er Jahre verbreiterte sich die soziale Basis auch in der Studentenschaft. Die Unterschiede im Einkommen zwischen Familien von Studenten und sämtlichen kanadischen Familien glichen sich tendentiell an. Kinder aus Familien mit mittleren Einkommen, mit Vätern aus Mittelklasse-Berufen und von Eltern, die über Sekundarschulbildung verfügen, besuchten in deutlich größerem Umfang die Universität als zuvor. Dennoch stehen auch weiterhin erhebliche Barrieren der Bildungsmobilität entgegen. Dies gilt vor allem für die unteren sozialen Schichten. Insbesondere die Korrelation zwischen dem Bildungsniveau von Eltern und Kindern zeigt, daß die Nivellierungsprozesse in der Bildung vornehmlich zwischen den gehobenen und mittleren sozialen Schichten stattgefunden haben. Die Studentenschaft ist zwar keine 'geschlossene Gesellschaft'; indes der schichtenspezifische bias, wenn auch gegenüber den 50er Jahren verringert, besteht unverändert fort[154]. Die Bildungselite rekrutiert sich zu einem sehr großen Teil weiterhin aus sich selbst; einer der zahlreichen Faktoren, durch den sich die sozialen Strukturen in der Gesellschaft perpetuieren.

Die 'Bildungsexplosion' der 50er und 60er Jahre hat zweifellos eine tendentielle Egalisierung mit sich gebracht. Sie geht aber nicht über ein beschränktes Maß hinaus. Die vielfach auch heute noch gängige These, die in der Bildung einen, wenn nicht d e n zentralen Faktor sieht, durch den sich in den bürgerlich-liberalen Gesellschaften vertikale Mobilität und soziale Egalität verwirklicht, ist für viele nur Fiktion. Sie wird es solange bleiben, solange die anderen und in ihren gesellschaftlichen Konsequenzen bedeutsameren sozialen Barrieren, die Ungleichheit in der sozialen Wirklichkeit hervorrufen, vor allem der Besitzindividualismus, fortbestehen. Auch hierin unterscheidet sich Kanada nicht grundsätzlich von den Erfahrungen in anderen westlichen Industrienationen[155]. Allein durch Bildung und die formale Garantie gleicher Bildungschancen sind weder eine Egalisierung der Bildungsergebnisse noch eine über graduelle Nivellierungen hinausgehende Demokratisierung sozialer Ungleichheiten zu erreichen, wie für die US-amerikanische Gesellschaft u.a. die schon zitierte Studie von Christopher Jencks (Jencks 1972, passim) jüngst erneut gezeigt hat. Chancengleichheit im Ausbildungsbereich vermag den Widerspruch von formaler Gleichheit und materieller Ungleichheit nicht aufzuheben. Für den Abbau sozialstruktureller Ungleichheiten bedarf es grundlegenderer Veränderungen in den bürgerlich-liberalen Gesellschaften.

5. Sozialstruktur und ethnische Fragmentierung

5.1. Ethnische Disparitäten in Berufs- und Einkommensstrukturen

Ihren besonderen Charakter erhält die Sozialstruktur Kanadas zum einen - worauf bereits detaillierter hingewiesen wurde - durch die außerordentliche ökonomische Abhängigkeit. Hinzu kommt als sicherlich ähnlich bedeutsamer zweiter Faktor die ausgeprägte Wechselwirkung zwischen der ethnisch-kulturellen Fragmentierung des 'Canadian Mosaic' und der Sozialstruktur des 'Vertical Mosaic'.

Frei von Berufs- und Statusschranken, die etwa in Kastengesellschaften den Zugang zu bestimmten sozialen Positionen und Berufen an bestimmte ethnisch-kulturelle und/oder soziale Bedingungen binden, unterliegt die Berufswahl auf dem liberal-kapitalistisch organisierten kanadischen Arbeitsmarkt keinen formalen Beschränkungen, steht der Zugang zu allen Berufen rechtlich allen ethnischen Gruppen offen. So finden sich dann auch in allen Berufsgruppen Mitglieder verschiedener Ethnien. Vor allem gilt dies auch für die meist akademischen Dienstleistungsberufe wie Ärzte, Rechtsanwälte, Journalisten, auch Lehrer etc., die stets von Angehörigen aller ethnischen Gruppen ausgeübt wurden, wobei sich deren Klienten vielfach allerdings aus der eigenen ethnischen Gruppe rekrutierten[156]. Zudem sind selbstverständlich die Angehörigen aller ethnischen Gruppen vom sozio-ökonomischen Wandel, von den vom Industrialisierungsprozeß ausgelösten Veränderungen in der Berufsstruktur, von der Urbanisierung etc. betroffen gewesen. Sichtbar wird dies z.B. am steigenden Urbanisierungsgrad sämtlicher ethnischer Gruppen. Den generellen ökonomischen Entwicklungstendenzen haben sie sich nicht entziehen können. Unter den verschiedenen Assimilierungszwängen kommt den sozio-ökonomischen und berufsstrukturellen Adaptationsnotwendigkeiten ohnehin die größte Bedeutung zu.

Obgleich sämtliche ethnischen Gruppen, trotz aller Abkapselung und subgesellschaftlichen Eigenständigkeit auch die Frankokanadier, in e i n e m und formal offenen ökonomischen System integriert waren und sind, bestanden dennoch stets deutliche ethnische Differenzierungen, zumal die sozio-ökonomische Position maßgeblich durch den Eingangsstatus der Immigranten bestimmt worden ist und die Einwanderung stets dazu tendierte, das sozialstrukturelle Gefälle auch ethnisch zu verfestigen. Betrachtet man das Ausmaß der Über- bzw. Unterrepräsentation in den einzelnen Berufsgruppen, wie es in Anlehnung an die Analyse John Porters in Tabelle A 24 für die Zeit nach 1931 aufgeführt ist, zeigt sich eine klare Rangabstufung der ethnischen Gruppen[157]. An der Spitze standen im Jahre 1931 die Kanadier jüdischer Herkunft und die Anglokanadier, wobei zwischen den drei britischen Gruppen keine größeren Unterschiede auftraten. Die Iren, die in der Mitte des 19.Jahrhunderts als ungelernte Arbeiter das Arbeitskräftepotential für den Eisenbahnbau stellten, hatten in der Zwischenkriegsperiode ihre inferiore soziale Position überwunden. Langfristig ist damit einerseits eine Veränderung des sozialen Eingangsstatus in der kanadischen Gesellschaft durchaus möglich gewesen. Andererseits war der Grad sozialer Mobilität jedoch geringer,als die Daten anzuzeigen scheinen. Sie verschleiern nämlich, daß der Bevölkerungsanteil der Iren, die in der zweiten Hälfte des 19.Jahrhunderts fast 1/4 (1871: 24,3 %) der Gesamtbevölkerung ausmachten, seither kontinuierlich gesunken ist. Eine große Zahl der unterprivilegierten Iren emigrierte in die USA, während die sozial besser gestellten in Kanada verblieben[158]. In der beruflichen Skala folgten dann die frankokanadische, deutsche sowie die west- wie nordeuropäischen Bevölkerungsgruppen, während das Berufsniveau der ost-, süd- und südosteuropäischen Gruppen deutlich niedriger war.

Zwischen 1931 und 1951 ging im Zuge des ökonomisch-industriellen Wandels der Anteil der im Agrarbereich Erwerbstätigen bei allen ethnischen Gruppen zurück. Die Abnahme war indes keineswegs gleichförmig; diejenigen, die ohnehin im landwirtschaftlichen Sektor überrepräsentiert waren, verließen den Agrarsektor - proportional gesehen - in geringerem Umfang als z.B. die bereits unterrepräsentierten Anglokanadier. Vom Industrialisierungsprozeß profitierten diejenigen, die in der beruflichen Skala bereits an der Spitze standen, relativ in stärkerem Maße als die ethnischen Gruppen, die in den niederen Berufskategorien überproportional vertreten waren. Dies gilt insbesondere im Verhältnis der beiden charter groups. In der Berufskategorie 'professional and financial' nahm die Überrepräsentation der Anglokanadier weiter zu, verstärkte sich die Unterrepräsentation der Frankokanadier. Zudem erfolgte in den Berufsgruppen der 'primary and unskilled' nur eine relativ geringe Abnahme der frankokanadischen Überrepräsentation. Wenn überhaupt, partizipierten die Frankokanadier nur in minimalem Umfang an der industriellen Entwicklung seit dem Ende des II.Weltkriegs; sie hatten Mühe, ihre soziale Position in der kanadischen Gesellschaft zu behaupten.

"There are some aspects of this vertical mosaic which are important. One is that, except for the French, the rough rank order has persisted over time. Germans, Scandinavians, and Dutch are the nearest to the British in their occupational levels... Italians, Polish, Ukrainians, and groups from southeast Europe are still at the lower end of the occupational spectrum. The French could be placed between these last and the groups from northern Europe..." (Porter 1965, S.90).

Ein ähnliches Bild vermittelt auch Darstellung 13, die sich in der beruflichen Kategorisierung an die Datenauswertung der B and B Commission anlehnt und auf die vier Berufsgruppen konzentriert [159], denen im Zuge des sozialen Wandels für die Industriegesellschaft besondere Bedeutung zukommt, auf die beiden Berufsgruppen der 'managers and professionals' (1931: 11,0 %, 1961: 17,8 % sämtlicher Erwerbstätigen) sowie die beiden Berufsgruppen der Arbeiterschaft, die ungelernten Arbeiter (1931: 13,2 %, 1961: 6,2 %) und die industriellen und gewerblichen Facharbeiter (1931: 17,0 %, 1961: 28,8 %). Die ethnischen Differenzierungen in diesen vier Berufsgruppen sind erheblich. Während in den beiden gehobenen Berufsgruppen nur 13,5 % aller frankokanadischen männlichen Erwerbstätigen beschäftigt waren, waren es, deutlich über dem nationalen Durchschnitt liegend, 21,4 % aller Anglokanadier. Von den insgesamt 4,7 Millionen männlichen Erwerbstätigen waren im Jahre 1961 44 % britischer Herkunft; 28 % waren Frankokanadier. In den Kategorien der 'managers and professionals' betrug der anglokanadische Anteil jedoch 53 %; die Frankokanadier stellten nur 21 % der Erwerbstätigen dieser beiden Kategorien. Auch hier zeigt sich eine Abstufung in der beruflichen Schichtung, wie John Porter sie ermittelt hat: Anglokanadier und Kanadier jüdischer Herkunft stehen an der Spitze; das Berufsniveau der anderen ethnischen Gruppen ist deutlich niedriger; es ergibt sich folgende weitere Rangfolge: deutschstämmig, frankokanadisch, osteuropäisch, süd- und südosteuropäisch.

Darstellung 13 : Occupation and Ethnic Origin in Canada 1961,in %

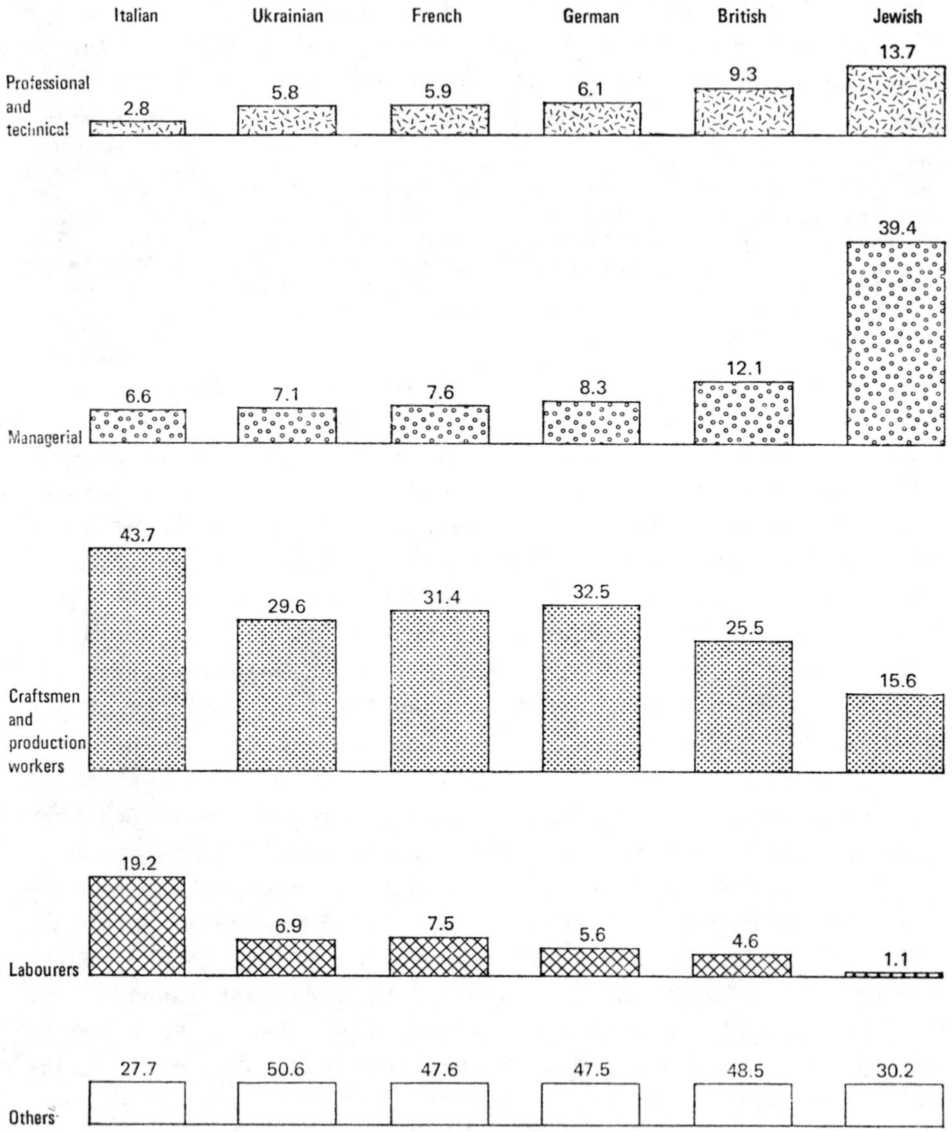

Quelle : Übernommen aus B and B Commission, Book III, S.39.

Diese Ergebnisse ethnischer Über- bzw. Unterrepräsentation in den verschiedenen Berufsgruppen auf nationaler Ebene weisen regional und provinzial kaum größere Abweichungen auf. Zwar unterscheidet sich die Berufsstruktur in ihrer Gesamtheit teilweise von Provinz zu Provinz erheblich, das Verhältnis von Über- bzw. Unterrepräsentation ändert sich dadurch jedoch nicht; d.h. die Anglokanadier sind gleichartig in allen Provinzen in den qualifizierten Berufen überproportional vertreten, während der Anteil der Frankokanadier in diesen Berufen unter dem Durchschnitt liegt (s. B and B Commission, Book III, S.40ff). Bei dem ausgeprägten regionalen Entwicklungsgefälle läßt dies nur den Schluß zu, daß vom Grad industrieller Entwicklung nur vergleichsweise geringe Wirkungen ausgehen (s. ebenda). Zwar verändert sich mit dem sozial-strukturellen Wandel die Berufsstruktur insgesamt, doch bleiben das abgestufte Berufsniveau und die Rangfolge der ethnischen Gruppen in ihrem Grundmuster erhalten:

"If, despite these variations, the relative positions of those of French origin in the various occupations remain the same from province to province, the conclusion must be that one remains 'French Canadian' in occupation long after one has lost the French language. Two explanations suggest themselves, and they are probably interrelated. First, Canadians of French origin may have certain occupational preferences which persist even after they have become Anglophones. Second, they may be denied the opportunities to enter certain advanced occupations either because of inadequate education or because of discriminatory practices" (B and B Commission, Book III, S.42).

In den empirischen Untersuchungen der ökonomischen Elite von Porter (1965) bzw. Clement (1975), auf die im Zusammenhang der Abhängigkeitsstrukturen der kanadischen Ökonomie bereits verwiesen wurde, sind beide Autoren auch der Frage der ethnischen Zusammensetzung der Führungspositionen in der kanadischen Wirtschaft nachgegangen. Unter den von Porter ermittelten Kanadiern, die Direktorenposten einnahmen, waren 1/5 nicht in Kanada geboren, sondern als Immigranten nach Kanada gekommen, und zwar fast je zur Hälfte aus den USA und Großbritannien; nur ca. 5 % waren aus anderen Staaten. Die Manager gehörten damit insgesamt fast ausschließlich der anglokanadischen Bevölkerungsgruppe an (s. Porter 1965, S.285ff). Mitglieder der kleineren ethnischen Gruppen, immerhin über 1/5, aber auch Frankokanadier, ca. 30 % der Bevölkerung, waren so gut wie nicht vertreten. Von den insgesamt 760 Personen waren nur 51 (6,7 %) frankokanadischer Herkunft (s. ebenda).

"Even this proportion of French in the elite tends to overstate their importance... One-third of the French were lawyers and about a further one-third had important political affiliations. There were no more than a handful who... could be classed as topranking industrialists in their own province..." (Porter 1965, S.286).

Die von Clement ermittelten Daten für das Jahr 1972 vermitteln ein kaum verändertes Bild: 86,2 % der Führungspositionen waren von Anglokanadiern besetzt; ihnen standen gegenüber 8,4 % frankokanadischer Herkunft (Clement 1975, S.150ff); 5,4 % gehörten den kleineren ethnischen Gruppen an, die damit stärker als die Frankokanadier in Managementpositionen aufstiegen; in Relation zur Bevölkerung besteht allerdings auch hier die strukturelle Ungleichheit fort.

Diese Konzentration von Anglokanadiern bzw. die Abwesenheit von Frankokanadiern und Angehörigen der kleineren ethnischen Gruppen in den Führungspositionen der kanadischen Großunternehmen bedeutet damit natürlich keineswegs, daß es nicht auch bei allen anderen ethnischen Gruppen soziale Stratifikationen von ganz arm bis superreich gegeben hat oder gibt. Die sozialen Führungsschichten, die zweifellos existieren, setzten sich nur aus anderen Berufssparten zusammen, teils weil sie keinen Zugang in den rein ökonomisch-industriellen Bereich haben finden können (sozial-strukturelle Barriere), teils weil sie sich aufgrund unterschiedlicher sozio-kultureller Wertvorstellungen, u.a. etwa auch im Sinne der Max Weberschen Differenzierung[160], bewußt den Berufen zuwandten, die in der Wertskala ihrer ethnischen Gruppen traditionell ein höheres Sozialprestige besitzen (ethnisch-kulturelle Barriere). Die Sektoren des ökonomischen Systems, denen für die industrielle Entwicklung besondere Bedeutung zukommt, sind jedenfalls stets weitgehend von außen oder von Anglokanadiern bestimmt worden. Nun bildet die äußerst kleine Gruppe des top managements in den kanadischen Großunternehmen sicherlich ein extremes Beispiel. Doch bestätigt es zwei der maßgeblichen Strukturmerkmale der kanadischen Gesellschaft, die sich - wie der Zeitvergleich der Studien von Porter und Clement deutlich werden läßt - trotz der rapiden ökonomischen Entwicklung und des sozialstrukturellen Wandels nur minimal veränderten; es zeigt zum einen den starken ausländischen, US-amerikanischen Einfluß in der kanadischen Wirtschaft, zum zweiten die soziale Rangabstufung der ethnischen Gruppen, die vertikal-hierarchische Züge zumindest insofern aufweist, als in der beruflichen Schichtung

the proportion of British in each class generally increases from the lowest to the highest class whereas the reverse is true for the French. The Jewish group follows the pattern similar to that of the British whereas all other origins follow the French pattern..." (Blishen 1958, S.524).

Dieses reziproke Verhältnis kennzeichnet auch die ethnische Zusammensetzung der Bundesbürokratie und des Militärs. So waren im Jahre 1961 in Relation zum Bevölkerungsanteil sowohl die Angehörigen der kleineren ethnischen Gruppen als auch die Frankokanadier deutlich unter-, die Anglokanadier stark überrepräsentiert. Zudem vergrößerte sich der Prozentsatz der Anglokanadier mit steigendem Berufsniveau, während der Anteil der Frankokanadier in den niederen Berufssparten überproportional war. Durch die von der Liberalen Partei seit Mitte der 60er Jahre verfolgte Politik der Zweisprachigkeit und des 'equal partnership' von Anglo- und Frankokanadiern ergab sich zwar keine schnelle Veränderung des Mißverhältnisses - die Anglokanadier sind auch gegenwärtig in der Bundesbürokratie noch über-, die Frankokanadier unterrepräsentiert -, doch setzte seit Ende der 60er Jahre eine verstärkte Rekrutierung von Frankokanadiern gerade auch für die gehobenen, akademische Abschlüsse voraussetzenden Beamtenberufe ein[161]. Die eingeleiteten Maßnahmen waren immerhin so, daß in extremen anglokanadischen Bevölkerungskreisen das Schlagwort von der 'French power' in Ottawa aufkam[162].

Die B and B Commission ermittelte auf der Basis des Census von 1961 erstmals Daten über die Einkommenssituation der ethnischen Gruppen[163]. Es stellten sich dabei Unterschiede heraus, die der Rangfolge im Berufsniveau in etwa entsprachen:

Tabelle 49 : Einkommen und ethnische Herkunft in Kanada 1961

Ethnic origin	Male non-agricultural labour force		Total male labour force
	Dollars	Index	Index
All origins	4,414	100,0	100,0
British	4,852	109,9	109,8
French	3,872	87,7	85,8
German	4,207	95,3	103,1
Italian	3,621	82,0	81,0
Jewish	7,426	168,2	166,9
Ukrainian	4,128	93,5	86,8
Others	4,153	94,1	98,2

Quelle: B and B Commission, Book III, S.16.

Das Durchschnittseinkommen der erwerbstätigen Frankokanadier lag etwa 20 % unter dem der Anglokanadier. Weniger als die Frankokanadier verdienten nur noch die Kanadier italienischer Herkunft. Sie befanden sich damit am Ende der Einkommensskala, die folgende Reihenfolge aufwies: jüdischer, anglokanadischer, deutscher, anderer, ukrainischer, frankokanadischer, italienischer Herkunft. Welchen sozialen Indikator man auch wählt, die strukturell verfestigten sozialen Positionen der ethnischen Gruppen in der kanadischen Gesellschaft, vor allem die Dominanz der Anglo- und die Inferiorität der Frankokanadier im Verhältnis beider Gruppen zueinander treten immer zutage, wie die B and B Commission zu Recht resümierte:

"By every statistical measurement which we used, Canadians of French origin are considerably lower on the socio-economic scale. They are not as well represented in the decision-making positions and in the ownership of industrial enterprises, and they do not have the same access to the fruits of modern technology. The positions they occupy are less prestigious and do not command as high incomes; across Canada, their average annual earnings are $ 980 less than those of the British. Furthermore, they have two years less formal education" (B and B Commission, Book III, S.60).

5.2. Zur sozio-ökonomischen Position der Frankokanadier in Quebec

Die Verhältnisse im frankokanadischen Quebec stellen in ihrem Grundmuster ein Abbild dieser historisch gewachsenen und strukturell verfestigten Interdependenz von ethnisch-kultureller Fragmentierung und sozialer Schichtung dar, wie sie die kanadische Gesamtgesellschaft determiniert. In der frankokanadischen Provinz treten prinzipiell die gleichen Differenzierungen zutage; nur sind sie wesentlich stärker akzentuiert. Sie erhalten ihren besonderen Charakter allein bereits durch die andersartige Bevölkerungszusammensetzung. Außerhalb Quebecs bilden die Frankokanadier nur eine Minderheit, die knapp 10 % (1971: 9,14 %) ausmacht. Hingegen leben über 3/4 aller Frankokanadier (1971: 77,1 %) in Quebec und stellen dort eine Bevölkerungsmajorität von 4/5 (1971: 78,9 %), während die Anglokanadier und die Angehörigen der kleineren ethnischen Gruppen nur eine relativ kleine Minderheit von jeweils 10 % (1971: Anglokanadier: 10,6 %; andere: 10,5 %) der Provinzbevölkerung bilden (vgl. Stat.Can./15, passim). Die Frankokanadier begreifen legitimerweise Quebec als 'ihre' territoriale, sozio-kulturelle, politische und 'nationale' Einheit auf dem nordamerikanischen Kontinent wie innerhalb der kanadischen Konföderation.

In der gesellschaftlichen Wirklichkeit Quebecs stellen sich die Verhältnisse indes anders dar, sind die ethnisch begründeten sozialen Disparitäten noch größer als auf der gesamtkanadischen Ebene, ist vor allem das Mißverhältnis zwischen den beiden charter groups besonders scharf ausgeprägt. Ein Blick auf die berufliche Schichtung verdeutlicht dies. Insgesamt gesehen ähnelt die Zusammensetzung der labour force in Quebec der gesamtkanadischen. Der Anteil der Frankokanadier bei den 'managers and professionals' lag dabei in Quebec wie im industriellen Ballungszentrum von Metropolitan Montreal über dem Prozentsatz auf gesamtkanadischer Ebene (vgl. B and B Commission, Book III, passim); während es in Kanada insgesamt 13,5 % waren, belief sich ihr Anteil in Quebec auf 14,2 % und in Montreal auf 16,6 %. Wenngleich dadurch die Differenz zum jeweiligen Durchschnitt in Quebec (- 3,7 Prozentpunkte) geringer war als in Kanada (- 4,3 Prozentpunkte), waren die Frankokanadier auch in Quebec und Mon-

Darstellung 14 : Occupation and Ethnic Origin in Quebec 1961, in %

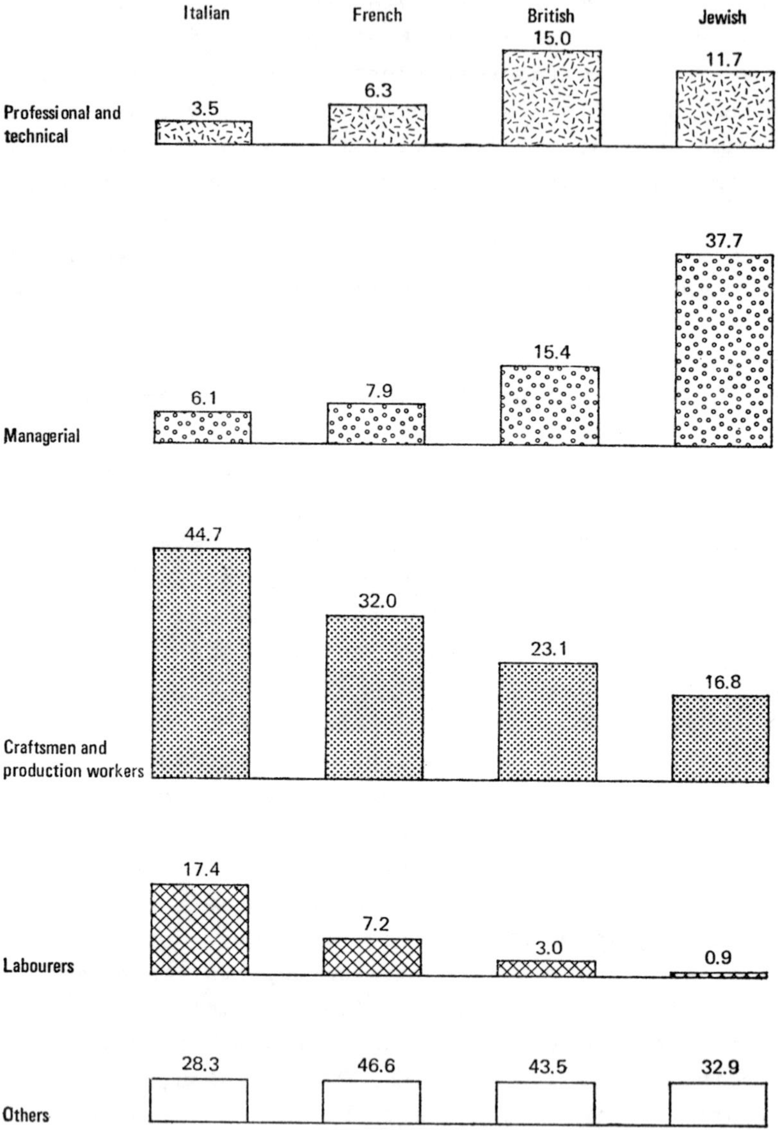

Quelle: Übernommen aus B and B Commission, Book III, S.43.

treal in diesen beiden Berufsgruppen noch deutlich unterrepräsentiert. Die Überrepräsentation der Anglokanadier lag hingegen erheblich höher. Auf nationaler Ebene gehörten 21,4 % der anglokanadischen Erwerbstätigen den Berufsgruppen der 'managers and professionals' an, in Quebec betrug der Anteil 30,4 %, in Montreal gar 34,8 %. Der Abstand zwischen Anglo- und Frankokanadiern stieg folglich in Quebec auf 16,2 und in Montreal auf 18,2 Prozentpunkte an. Eine gleichartige Relation, allerdings mit umgekehrten Vorzeichen, zeigt sich in den anderen Berufsgruppen. Während der Anteil der anglokanadischen Erwerbstätigen in den Kategorien der Arbeiterschaft sinkt, wächst der Prozentsatz der Frankokanadier von 38,9 % (Kanada) auf 39,2 % (Quebec) bzw. 42,7 % (Montreal), nimmt somit der Abstand zwischen Anglo- und Frankokanadiern in Quebec und Montreal stark zu und verschärft sich das ohnehin existente Mißverhältnis. Es ergibt sich damit eine ausgesprochen paradoxe Situation: In Quebec, wo sie 4/5 der Bevölkerung stellen, stehen die Frankokanadier auf der beruflichen Skala kaum besser da als außerhalb Quebecs, während die anglokanadische Bevölkerungsminorität von 10 % in der an sich frankokanadischen Provinz - relativ gesehen - ein wesentlich höheres Berufsniveau aufweist als im gesamtkanadischen Maßstab.

Diese Diskrepanzen finden ihre notwendige Entsprechung auf der Einkommensebene (vgl. B and B Commission, Book III, S.16ff). Das Durchschnittseinkommen der Frankokanadier betrug in Quebec im Jahre 1961 $ 3.880 und war damit gerade acht Dollar (!) höher als das frankokanadische Durchschnittseinkommen in ganz Kanada. In der anglokanadischen Minderheit der Provinz überstieg es den nationalen Durchschnitt jedoch um $ 1.066 (!) und erreichte $ 5.918. Ein ähnlich paradoxes Verhältnis wird sichtbar, wenn man als weitere Variable die Sprache mit einbezieht.
In Quebec ergab sich somit 1961 folgende Rangabstufung im Einkommen: einsprachige Anglokanadier - zweisprachige Anglokanadier - einsprachig-englische Frankokanadier - zweisprachige Frankokanadier - einsprachige Frankokanadier, wobei das Durchschnittseinkommen der einsprachigen Frankokanadier gerade 50 % von dem der einsprachigen Anglokanadier erreichte.

Die Gründe der Einkommensungleichheiten versuchte die B and B Commission mit Hilfe von multi-variablen Regressionsanalysen, die u.a. Alter, Industriezweig, Bildung, Beruf, Arbeitslosigkeit

Darstellung 15 : Occupation, Ethnic Origin, and Religion in Montreal 1961, in %

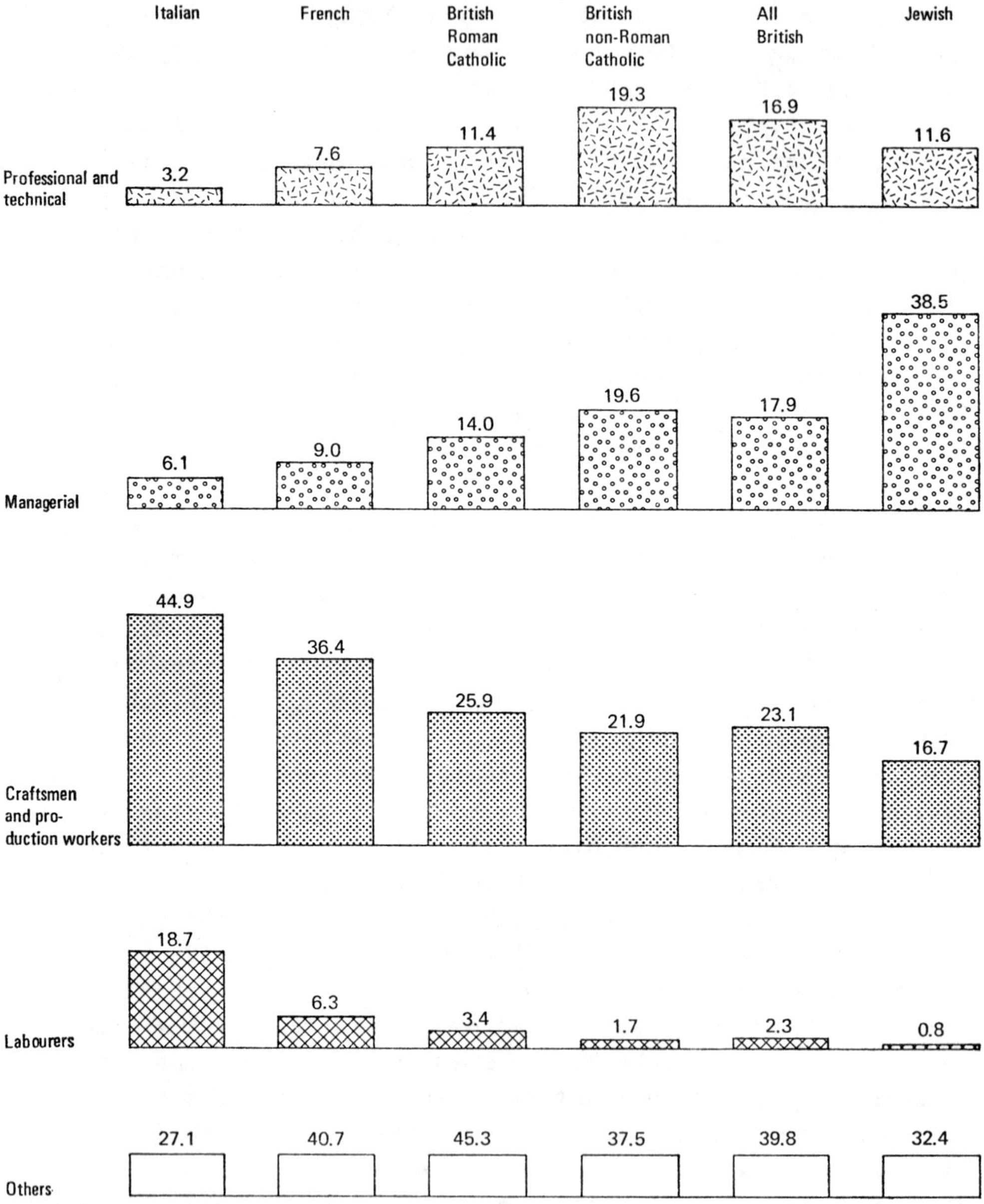

Quelle: Übernommen aus B and B Commission, Book III, S.44.

Tabelle 50 : Zum Verhältnis von ethnischer Herkunft, Umgangssprache und Einkommen, 1961

		Canada		Quebec	
Ethnic origin	Knowledge of official languages	Distribution %	Average income	Distribution %	Average income
British	Overall average	100,0	$ 4,852	100,0	$ 5,918
	English only	93,2	4,758	53,7	6,049
	French only	0,3	2,535	2,2	2,783
	Both	6,5	6,284	44,0	5,929
French	Overall average	100,0	3,872	100,0	3,880
	English only	6,4	4,017	0,4	5,775
	French only	36,5	3,097	45,8	3,107
	Both	57,1	4,350	53,8	4,523
All origins	Overall average	100,0	4,414	100,0	4,227
	English only	67,6	4,541	11,1	5,502
	French only	10,7	3,088	36,7	3,099
	Both	21,6	4,745	52,2	4,772

Quelle: B and B Commission, Book III, S.21.

und Unterbeschäftigung, Zweisprachigkeit, ethnische Herkunft als Faktoren berücksichtigten, statistisch annäherungsweise zu bestimmen (s. B and B Commission, Book III, S.61ff). Dabei zeigte sich sehr deutlich, daß die üblichen Verursachungsfaktoren, wie Bildung, Beruf, regionales Entwicklungsgefälle, die Einkommensdisparitäten nur zum Teil zu erklären vermögen. Die größte Rolle spielt bei der engen Wechselwirkung von Bildung und sozialer Schichtung das traditionelle Bildungsgefälle von Anglo- und Frankokanadiern. Als alleinige Ursache sind das geringere Bildungsniveau der Frankokanadier, die andersartige Ausrichtung der Bildungsinhalte, wie sie bis zu Beginn der 60er Jahre das Bildungswesen Quebecs kennzeichneten, jedoch nicht anzusehen. Zum einen liegen die andersartigen Bildungsvoraussetzungen in den sozialen Verhältnissen der Gesellschaft Quebecs selbst begründet. Zum zweiten ergeben sich auch bei gleichem Bildungsniveau Berufs- und Einkommensdifferenzen zwischen den ethnischen Gruppen. So ermittelte die B and B Commission erhebliche Einkommensunterschiede bei gleicher Berufsausübung in vielen Berufssparten, auch in akademische Ausbildung voraussetzenden Berufen (s. ebenda). In Metropolitan Montreal wiesen z.B. die Durchschnittseinkommen von Berufen wie denen der Ärzte und Chirurgen, Architekten oder Ingenieure deutliche Abweichungen auf; bei den lohnabhängig-erwerbstätigen Ingenieuren lag das Einkommen der Frankokanadier im Jahre 1961 z.B. 18 % unter dem der Anglokanadier (s. ebenda). Der Abbau des frankokanadischen Bildungsdefizits, wie er Mitte der 60er Jahre eingeleitet wurde, kann bestenfalls tendentielle Angleichungen im Berufsniveau und in den Einkommen, nicht aber die Aufhebung der strukturellen Ungleichheiten im Verhältnis der beiden charter groups bewirken.

In ihren Regressionsanalysen der Einkommensdifferenzen zwischen anglo- und frankokanadischen Lohnempfängern in Metropolitan Montreal (1961: $ 1.898) errechnete die B and B Commission, daß ca. 60 % der Disparität auf Alter, Industriezweig, Unterbeschäftigung, Ausbildung und Beruf zurückzuführen sind. 38,5 % sah sie in direkter Abhängigkeit von ethnisch begründeten Einflüssen[164]. Die Trennung der einzelnen Faktoren vermittelt indes nur höchst vordergründige Ergebnisse von statistischem Wert, da auch diese Faktoren zureichend nur in ihrem gesellschaftlichen Gesamtzusammenhang aus der historischen Situation heraus erklärt werden können und gleichfalls selbst in starkem Maße eine Konsequenz von ethnisch-kultureller Fragmentierung und sozialer Schichtung sind. Dennoch bleibt festzuhalten, daß bei konstanten anderen Einflußfaktoren, vor allem gleichartigen Bildungsvoraussetzungen, unverändert deutliche ethnische Differenzierungen auftreten, ein Frankokanadier in Montreal noch immer weniger verdienen würde als ein Anglokanadier.

In den Jahren 1971 und 1972 analysierte die von der Provinz-Regierung eingesetzte 'Commission Gendron' die Situation der französischen Sprache in der Arbeitswelt Quebecs[165]. Im Hinblick auf die Beschäftigungsstrukturen erbrachten die Untersuchungen Ergebnisse, die sich kaum von denen der B and B Commission unterschieden. In der labour force Quebecs waren im Jahre 1971 ca. 344.000 englisch- und 1.820.000 französisch-sprachige Quebecker beschäftigt, d.h. auf einen englisch- kamen 5,3 französisch-sprachige Erwerbstätige (n. Commission Gendron 1972, vol. 1 , S.110ff). In den einzelnen Wirtschaftssektoren existierten dabei unverändert erhebliche ethnische Differenzierungen. So

Tabelle 51 : Zu den Besitzverhältnissen in der Wirtschaft Quebecs, 1961

Size of establishments owned by Francophone Canadians, Anglophone Canadians, and foreign interests in selected industrial sectors, measured by numbers employed Quebec, 1961.

	Employes	Percentage of labour force in establishments owned by		
	Number (thousands)	Franco-phone Canadians	Anglo-phone Canadians	Foreign interests
Agriculture	131,2	91,3	8,7	0,0
Mining	25,9	6,5	53,1	40,4
Manufacturing	468,3	21,8	46,9	31,3
Construction	126,4	50,7	35,2	14,1
Transportation and communications	102,4	37,5	49,4	13,1
Wholesale trade	69,3	34,1	47,2	18,7
Retail trade	178,7	56,7	35,8	7,5
Finance	62,2	25,8	53,1	21,1
Services	350,9	71,4	28,6	0,0
All industries	1,515,3	47,3	37,3	15,0

Quelle: B and B Commission, Book III, S.54.

ergab sich im primären Sektor ein Verhältnis von 19,0 Frankokanadiern zu einem Anglokanadier, im Baugewerbe von 15,7 zu eins, des weiteren folgten: Öffentliche Verwaltung: 9,0 zu eins; Handel: 8,1 zu eins, Industrie: 4,9 zu eins; Öffentliche Versorgung: 3,2 zu eins; Finanzsektor: 2,4 zu eins (vgl. ebenda). Zudem bestand mit Ausnahme der Sektoren Handel und Öffentliche Verwaltung in allen anderen Sektoren in den Berufen des managements die starke Unterrepräsentation der Frankokanadier, in den Arbeiterberufen aller Sektoren die ebenso ausgeprägte Überrepräsentation fort.

Die ethnische Sektoralisierung in den Beschäftigungsstrukturen, wie sie somit zu Beginn der 70er Jahre kaum verändert war, weist auf den Umstand hin, in dem die soziale Unterprivilegierung der Frankokanadier - wenngleich zweifellos nicht allein und monokausal - maßgeblich begründet liegt, auf die Tatsache nämlich, daß die Wirtschaft Quebecs zu einem erheblichen Teil von anglokanadischen oder US-amerikanischen Interessen bestimmt wird [166]. Ein grobes Bild von den Besitzverhältnissen in der Wirtschaft im Jahre 1961 vermittelt Tabelle 51, in der mit Ausnahme des Öffentlichen Sektors für die verschiedenen Wirtschaftssektoren der Prozentsatz der Erwerbstätigen in franko-, anglokanadischen und ausländischen Unternehmen zusammengestellt ist.

Insgesamt waren dabei weniger als 50 % der Beschäftigten in frankokanadischen, 37,7 % in anglokanadischen und 15 % in ausländischen, vornehmlich US-amerikanischen Betrieben erwerbstätig. Dieses im Durchschnitt aller Wirtschaftssektoren bereits erhebliche Ausmaß nicht-frankokanadischer Kontrolle ist zudem sektoral stark akzentuiert. So bestanden 1961 im Agrar- und Dienstleistungsbereich keine ausländischen und nur eine geringe Zahl anglokanadischer Unternehmen. Die vornehmlich frankokanadischen Betriebe beider Sektoren beschäftigten 24 % der gesamten 'labour force' Quebecs, jedoch fast die Hälfte aller Erwerbstätigen, die in frankokanadischen Betrieben arbeiteten. In den anderen Wirtschaftsbereichen lag der Anteil von Beschäftigten in frankokanadischen Unternehmen deutlich niedriger. Im extraktiven Sektor arbeiteten gerade 6,5 %, im Finanzsektor 1/4 und in der verarbeitenden Industrie 1/5 der Erwerbstätigen für frankokanadische Unternehmen.

Diese Ungleichgewichte finden ihre Entsprechung in gleichartigen Abstufungen der Betriebsgrößen, der Produktivität, des Lohnniveaus[167]. So beschäftigten 1961 im industriellen Bereich die frankokanadischen Betriebe im Durchschnitt 94 Erwerbstätige, während die Durchschnittszahl in den anglokanadischen 145 und in den ausländischen 332 betrug. Der Produktivitätsdurchschnitt lag in frankokanadischen Unternehmen bei $ 6.500 im Jahr, in anglokanadischen Unternehmen bei $ 8.400 und erreichte in ausländischen Betrieben $ 12.200. Das durchschnittliche Lohnniveau war in frankokanadischen Unternehmen um zwölf respektive 30 % niedriger als in anglokanadischen und ausländischen Betrieben. Zudem produzierten die frankokanadischen Unternehmen weitgehend für den einheimischen Markt. Nur die Leder- und Holzindustrie setzte über die Hälfte ihrer Produktion außerhalb Quebecs ab; gerade 22 % der Gesamtproduktion von frankokanadischen Betrieben in der verarbeitenden Industrie wurden 1961 außerhalb Quebecs verkauft, während die anglokanadischen und ausländischen Unternehmen dieses Wirtschaftszweiges 49 bzw. 60 % ihrer Produkte nicht in Quebec vermarkteten[168]. Unter dem Gesichtspunkt der Besitzverhältnisse ist die Wirtschaft Quebecs ausgesprochen ungleichgewichtig strukturiert. Die Produktion der frankokanadischen Unternehmen ist vornehmlich auf den eigenen Markt ausgerichtet, darüber hinaus weitgehend konsumorientiert[169]. Die modernen, wachstumsintensiven und exportorientierten Industriezweige, von denen die ökonomische Gesamtentwicklung, der technologisch-industrielle 'Fortschritt' maßgeblich abhängen, befinden sich überwiegend in den Händen anglokanadischer (= gesamtkanadischer, pro-föderaler) oder ausländischer, US-amerikanischer Interessen. Die B and B Commission (Book III, S.58f) bezeichnete diese Situation als 'unnatürlich'. Nicht zuletzt als Folge dieser Besitzverhältnisse besteht eine außerordentlich enge Verflechtung der Wirtschaft Quebecs mit den ökonomischen Systemen Gesamt-Kanadas und der USA; bestimmt durch Arbeitsteilung, durch Multinationalität der Unternehmen wie der Märkte, insbesondere aber durch eine relativ unausgewogene Diversifikation, stellt sie nur einen komplementären, vielfach dependenten, regional-territorialen Sektor der kontinental-nordamerikanischen Wirtschaftsstruktur dar[170]. Die Folgen dieser 'strukturellen Heterogenität', die jedoch ein gesamtkanadisches Problem ist, stellen die eigenständige Entwicklung Kanadas wie Quebecs zunehmend stärker in Frage[171].

Die ökonomischen Interdependenzen wie die Besitzverhältnisse haben neben den vornehmlich wirtschaftsstrukturellen Konsequenzen zugleich auch eine Reihe von sozialen und sozio-kulturellen Implikationen. Das unterschiedliche Lohnniveau von frankokanadischen und nicht-frankokanadischen Unternehmen ist eine der Folgewirkungen; offene, vor allem aber versteckte Diskriminierung in der Arbeitswelt, z.B. bei der Einstellung, ist eine weitere. Die Commission Gendron formulierte diesen Tatbestand in ihrer Analyse der Sprachstrukturen

- teils mit selbst auferlegter Zurückhaltung als:

"Some aspects of the crisis (of Quebec, R.O.S.) go to the failure of the Province of Québec, at the public or official level, to present a sufficiently '<u>French</u>' face to non-Quebecers, - both to the World outside Québec..., and also to non-Québec commercial and industrial enterprises and also individuals... doing business and conducting affairs and otherwise operating within the Province. We believe that this helps to explain... a very real neglect on the part of foreign and non-Québec corporations to give greater recognition, within their organizations, to the '<u>French</u>' fact in Québec society and Québec life. These foreign and non-Québec corporations have often lagged in the adoption of affirmative policies to recruit and promote French-Canadians in the higher echelons of their Québec operations and activities.." (Commission Gendron, vol.2, S.74).

- teils mit berechtigter Schärfe als:

"The essentially rather negative conception historically taken by the English-speaking economic élite in Québec of the French-Canadians' claim to equality of opportunity in the direction of the industrial and economic development of Québec..." (ebenda, S.10).

Hinzu kommt jedoch insbesondere und als weiteres entscheidendes Moment, daß vom ökonomischen System stets deutlich negative Wirkung auf die Stellung der französischen Sprache ausgegangen ist. Die anglokanadisch oder US-amerikanisch kontrollierten Unternehmensstrukturen wie die in den kontinental-nordamerikanischen Markt integrierte Produktion mit ihren ausschließlich an die englische Sprache gebundenen technischen und technologischen Industrienormen haben dazu geführt, daß das Englische weitgehend zur Sprache des ökonomischen Systems auch in Quebec avancierte [172]. Für Anglokanadier existierte so weder in der Arbeitswelt noch in den meisten anderen Lebensbereichen, in denen seit der Gründung der Konföderation der sprachliche Dualismus institutionalisiert ist, die Notwendigkeit, französisch als zumindest zweite Sprache anzunehmen, während die Frankokanadier gezwungen waren, englisch zu sprechen (vgl. Commission Gendron, vol.1 , S. 134ff).

In dieser Situation standen die Frankokanadier stets vor dem gleichen Dilemma, das ihre niedere Position im ökonomischen System und damit auch individuell ihre sozio-ökonomische Unterprivilegierung begründet:

- Wollten sie ihre sozio-kulturelle Identität bewahren, implizierte dies Freigabe der Schlüsselpositionen in der Wirtschaft und damit - teils freiwillige, teils strukturell erzwungene - Unterordnung im ökonomischen System.
- Wollten sie in einer vielfältig von den Anglokanadiern und/oder in der jüngsten Vergangenheit zunehmend von US-amerikanischen Interessen dominierten Wirtschaft erfolgreich sein, erforderte dies Anpassung. Ihren Ausdruck findet dieses Faktum etwa in den Einstellungen derjenigen wenigen Frankokanadier, die in der Wirtschaft Quebecs in Führungspositionen gelangt sind. So stellte z.B. die B and B Commission in einer Umfrage fest, daß etwa die Hälfte der von ihr befragten frankokanadischen Führungskräfte in einem erheblichen Maß von Selbstverleugnung der Meinung war, daß "a French Canadian who is successful is more English than French"[173].

Ähnlich symptomatische Einstellungen erbrachte eine von der Commission Gendron durchgeführte Umfrage, in der danach gefragt wurde, ob und auf welchen betrieblichen Ebenen französisch als Arbeitssprache eingeführt werden könne:

Tabelle 52 : Umfrageergebnisse zu der Frage, ob und auf welcher betrieblichen Ebene französisch als Arbeitssprache eingeführt werden könnte

Level	French-speaking persons	English-speaking persons	Total
No level	22 %	45 %	35 %
All levels	49 %	29 %	38 %
Some levels	29 %	26 %	27 %
Upper management	8 %	7 %	7 %
Intermediate management	42 %	27 %	33 %
White-collar workers	58 %	67 %	63 %
Blue-collar workers	83 %	87 %	85 %

Quelle: Commission Gendron 1972, vol.I, S.132.

Diese mehr als aufschlußreichen Angaben zeigen einmal mehr das außerordentliche Maß anglokanadischer Intransigenz und die überhebliche Überzeugung eines großen Teils der Anglokanadier, daß im Grunde nur die eigene Sprache ökonomisch-industrieller Entwicklung angemessen sei. Sie werfen zum anderen aber auch ein bezeichnendes Licht auf die Mentalitätslage der Frankokanadier selbst, die das Bewußtsein ihrer sozialen Unterprivilegierung so internalisiert haben, daß nur die Hälfte der Befragten an die Möglichkeit der Einführung des Französischen als Arbeitssprache auf allen betrieblichen Ebenen glaubt.

Anpassung war so die eine der ungleichen Alternativen; die andere hieß zumindest in der Vergangenheit Rückzug aus dem ökonomischen System oder - wie Ramsay Cook es formuliert hat - "La Survivance - French Canadian Style" (R.Cook 1971, S.114ff).

G. EGALITE OU INDEPENDANCE - REFORMPOLITIK IM ZEICHEN FRANKO-KANADISCHER FORDERUNGEN NACH GLEICHHEIT ODER AUTONOMIE

1. Voraussetzungen und Bedingungen der 'Quiet Revolution' in Quebec

Im Frühjahr 1965 konstatierte die 'B and B Commission', daß "Canada, without being fully conscious of the fact, is passing through the greatest crises in its history" (Preliminary Report, S.13). Die Einschätzung gilt bis heute fort; sie wurde während des folgenden Jahrzehnts nicht nur bestätigt, sondern die zahlreichen spektakulären Ereignisse (u.a. de Gaulles: 'Vive le Québec Libre' im Jahre 1967, die 'Oktober-Krise' des Jahres 1970, um nur zwei zu nennen) bewirkten zudem, daß das Bewußtsein in der kanadischen Bevölkerung wuchs, in einer Periode der Krise zu leben. Ihre Gründe können letztlich darauf zurückgeführt werden, daß die Möglichkeit eines Interessenausgleichs zwischen Anglo- und Frankokanadiern im Rahmen ethnischer-kultureller Pluralität zunehmend in Frage gestellt wird. Die Idee des Canadian mosaic hat an Attraktivität verloren.

Das auslösende Moment für diese gesamtkanadische Entwicklung bildeten die sozialen Umwälzungen in Quebec nach dem II.Weltkrieg, die der frankophonen Subgesellschaft ihre nationale und soziale Unterprivilegierung in Quebec wie im Bundesstaat deutlicher als zuvor vor Augen führten. Seit der Quiet Revolution [1] resultierte daraus die legitime Forderung der Frankokanadier, das Prinzip des nationalen Dualismus und die Garantie sozio-kultureller Eigenständigkeit ('la survivance') in den verschiedensten gesellschaftlichen Bereichen Realität werden zu lassen. Dieser Emanzipationsprozeß fand seinen formelhaften Ausdruck in den Schlagworten 'Maître chez Nous' oder 'Egalité ou Indépendance' und umfaßte vor allem folgende Forderungen[2]:
Erstens: Die Neuinterpretation des föderativen Systems auf der Grundlage sozio-kultureller Dualität und Gleichberechtigung.
Zweitens: Die Durchsetzung beruflicher, ökonomischer und sozialer Gleichheit der Frankokanadier insbesondere in Quebec und den zweisprachigen Gebieten, so daß die Frankokanadier nicht länger entweder am unteren Ende der beruflichen Leiter verbleiben oder sich an die anglophone Kultur und Sprache adaptieren müssen.

Drittens: Den Abbau der anglokanadischen oder US-amerikanischen Dominanz in Quebec und die Überführung politischer und wirtschaftlicher Entscheidungsprozesse in frankokanadische Verantwortung.
Ziel der Reformbestrebungen seit Beginn der 60er Jahre war so die Überwindung, zumindest aber die Verbesserung der inferioren sozialen Position der Frankokanadier in Kanada wie in Quebec.

1.1. Anmerkungen zur historischen Dimension frankokanadischer Unterprivilegierung

Kenneth D.McRae hat in der sog. Quiet Revolution , während der Quebec den Schritt in die Gegenwart vollzog, zwei, wenngleich interdependente Phänomene gesehen, zum einen: "a revolt against the past relationship of French Canada with English Canada", zum zweiten: "a revolt of the (French Canadian, R.O.S.) society against itself, against its tradition and its elite" (McRae in: Hartz 1964, S.233f). So überraschend dies erscheinen mag, erst nach dem II.Weltkrieg überwanden die Frankokanadier die sozialen wie ideologischen Grundlagen, die sich seit der zweiten Hälfte des 18.Jahrhunderts herausgebildet hatten und danach die innere Entwicklung der frankophonen Subgesellschaft determinierten. Daß sich im wesentlichen vorindustrielle Strukturen bis in die Mitte des 20.Jahrhunderts perpetuieren konnten, resultiert letztlich aus der besonderen sozialen und politischen Situation, in der sich die Frankokanadier im britischen Nordamerika befanden; es liegt begründet in ihrem zuerst kolonial-abhängigen Status, dann in ihrer Minoritätsposition. Wenn die Frankokanadier ihre eigene Geschichte durch 'conquêtisme' und 'colonialisme' bestimmt sehen, trifft dies in den Grundprämissen zweifellos zu[3]. Andererseits verschleiert das so reduzierte Geschichtsverständnis eine Reihe historischer Entwicklungsfaktoren, die nicht ausschließlich den Anglokanadiern und dem von ihnen bestimmten Verhältnis der beiden kanadischen Subgesellschaften zugeschrieben werden können.

Eine der folgenschwersten Konsequenzen des britischen Sieges und der französischen Niederlage im Siebenjährigen Krieg stellt die fast völlige Trennung der Frankokanadier von ihrem Mutterland dar[4]. Die Frankokanadier waren seither weitgehend auf sich selbst angewiesen. Zwischen Quebec und der Metropole bestanden in so gut wie allen Lebensbereichen nur noch äußerst lockere, oftmals unterbrochene Beziehungen. Auf die Tatsache, daß nach 1763 nur noch eine verschwindend kleine Zahl von Franzosen nach Kanada und Quebec einwanderte, wie die daraus resultierenden sozialen Konsequenzen, ist in anderem Zusammenhang bereits hingewiesen worden. Ihre besondere Bedeutung erhält die Trennung zwischen der ehemaligen französischen Kolonie und dem Mutterland vor allem dadurch, daß mit der Niederlage im Siebenjährigen Krieg zwangsläufig auch der Handelsverkehr unterbrochen wurde. Im Schutz der neuen, 'eigenen' Kolonialmacht wurde der Handel so schon bald weitgehend von Briten und Anglokanadiern monopolisiert[5]. Die ökonomische Entwicklung im britischen Nordamerika, zunächst der Handel vornehmlich mit Rohprodukten, etwa mit Holz und Pelzen, in zweiter Linie mit Agrarprodukten, später die manufakturelle und beginnende industrielle Produktion, hatte ihren Bezugspunkt in Großbritannien, sowohl was den Absatzmarkt anlangte, als auch hinsichtlich des erforderlichen Kapitalimports zum Auf- und Ausbau der ökonomischen Strukturen. Der frankophonen Subgesellschaft fehlte dadurch die Basis zur weiteren eigenständigen ökonomischen Entwicklung, da sie weder über einen eigenen Absatzmarkt noch über 'eigene' Kapitalimporte verfügte. Vor allem aber besaß sie keine zahlenmäßig ausreichende eigene bürgerliche Handelselite.

"This division along ethnic lines into 'haves' and 'have-nots', which lasted for nearly a century, arose largely from the fact that the commercial minded English had the governmental influence and the access to British capital which enabled them to exploit the Canadian commercial revolution, which began with the Peace of 1783 and the coming of the Loyalists... The French Canadians, long largely ousted from the management of the fur trade, had fallen back on the professions, petty trades, agriculture, and unskilled labour. The professional men and tradesmen were not commercially minded. The habitants were deeply traditional" (Wade 1968, vol.I, S.109).

Die sich verhältnismäßig schnell nach dem Beginn der britischen Kolonialherrschaft verfestigende ethnische Differenzierung in der sozio-ökonomischen Schichtung wird infolge ihrer noch heute nachwirkenden Bedeutung in der frankokanadischen Historiographie vor allem jüngeren Datums verständlicherweise kontrovers beurteilt[6]. Doch wie man die sozial-strukturellen Entwicklungen zwi-

schen 1760 und 1840 auch interpretiert, unabhängig von der Frage, - ob die französische Kolonie vor Beginn der britischen Kolonialherrschaft noch fast ausschließlich mittelalterlich-feudal organisiert war und sich somit noch keine funktionsfähige frankokanadische bürgerliche Handelselite formiert haben konnte[7];
- ob solche bürgerlichen sozialen Strukturen im Entstehen begriffen waren und vorzeitig zum Stillstand gebracht wurden, sei es durch die Emigration derjenigen Frankokanadier, die diese Elite hätten formieren können[8], sei es ausschließlich durch die erzwungene Trennung vom Mutterland und die britische Kolonialherrschaft, die der bestehenden, bürgerlich-orientierten Elite die sozio-ökonomische Basis entzogen[9];
- ob die frankokanadischen Eliten aufgrund ihrer französischen kolonialen Vergangenheit von anderen sozialen und ideologischen Wertvorstellungen bestimmt waren als die nach den Maximen bürgerlich-liberaler Werte und protestantisch-kapitalistischer Ethik handelnde anglokanadische Bourgeoisie und anders als jene ökonomische Entwicklung und Erfolg weniger als Selbstzweck denn als Mittel zum sozialen Aufstieg innerhalb der eigenen, noch weitgehend aristokratisch-feudalen Subgesellschaft verstanden[10]; in ihrem Ergebnis weisen die verschiedenen Interpretationen alle auf die Tatsache hin, daß im Gegensatz zu den Anglokanadiern in der frankophonen Subgesellschaft keine frankokanadische bürgerliche Elite entstand, die eine vergleichbare und ebenbürtige kapitalistische Entwicklung hätte einleiten können. Den Schlußpunkt bildete dann die von der britischen Kolonialmacht niedergeschlagene, in ihrer sozialen Basis wie den ideologischen, politischen und sozialen Intentionen bürgerliche Revolte von 1837/38. Mit der Niederlage der Reformbewegung des Parti Rouge scheiterte der für einen langen Zeitraum letzte Versuch des frankokanadischen Bürgertums, sich gegen die sozio-ökonomische Dominanz der anglokanadischen Bourgeoisie aufzulehnen und die eigene, sich strukturell verfestigende inferiore Position im ökonomischen System zu überwinden[11]. Die Frankokanadier standen seither abseits der ökonomisch-industriellen Entwicklung Kanadas.

Die Niederlage der bürgerlichen Reformbewegung von 1837/38 leitete endgültig die folgende, einhundertjährige Abkapselung der frankophonen Subgesellschaft ein, den Rückzug auf die traditionalen, agrarisch-klerikalen Basen ihrer Gesellschaft. Liberal-bürgerliche Innovationen fanden kaum noch Eingang nach Quebec, weder auf sozio-kulturellem, politischem noch auf sozio-ökonomischem Gebiet. Die Ursachen hierfür sind vielschichtig. Sie liegen neben dem kolonialabhängigen Status auch in der aristokratisch-feudalen Struktur der frankophonen Subgesellschaft selbst begründet. Komplementär zu der außerordentlich wichtigen sozioökonomischen Komponente, der aufgrund der kolonialen Bedingungen zum Scheitern verurteilten frankokanadischen bürgerlichen Revolution, treten gleichermaßen ideologische und sozio-kulturelle Faktoren. Ohne sie ist insbesondere die dominante Rolle, die die katholische Kirche bis in die Mitte des 20.Jahrhunderts in der frankophonen Subgesellschaft gespielt hat, nicht zureichend zu erklären.

Die britische Kolonialmacht garantierte den Frankokanadiern von Beginn an, erstmalig durch das Quebec Act von 1774, ihre sozio-kulturelle Eigenständigkeit. Während sich die katholische Kirche in der französischen Kolonialepoche unter der strikten Kontrolle des monarchisch-absolutistischen französischen Staates befunden hatte, erreichte sie unter der britischen Kolonialmacht ein weit größeres Maß an Autonomie, das sich nicht nur auf die religiös-dogmatische Freiheit erstreckte, sondern zugleich auch die Anerkenntnis ihrer sozialen Führungsposition in der noch weitgehend feudalen frankophonen Subgesellschaft durch die britische Kolonialmacht implizierte[12]. Die Interessen der protestantischen britischen Kolonialmacht und der frankokanadischen katholischen Kirche waren von Beginn der britischen Kolonialherrschaft an fast deckungsgleich. Diese Interessenidentität trat insbesondere in den Auseinandersetzungen mit der liberalen Reformbewegung zutage, von deren Niederlage die katholische Kirche gleich dreifach profitierte[13]: zum ersten institutionell, indem ihre alleinige Trägerschaft des Bildungswesens in Quebec von der britischen Kolonialmacht erneut und endgültig bestätigt wurde; zum zweiten dadurch, daß in der Folgezeit in Quebec so gut wie keine handlungsfähige ideologische wie politische Alternative mehr existierte; zum dritten und vor allem insofern, als die ideologisch-dogmatischen Wertvorstellungen der katholischen Kirche von da ab den einzig verbliebenen sozio-kulturellen Bezugspunkt für die Bewahrung der frankokanadischen nationalen Identität darstellten.

Die katholische Kirche und eine unter ihrem Einfluß stehende nationalistisch-konservative Historiographie[14], die beide bis etwa zum II.Weltkrieg das frankokanadische Geschichtsbewußtsein ausschließlich bestimmten, begründeten in der Folgezeit mit der Notwendigkeit der nationalen Identität nicht nur die sozio-kulturelle Abkapselung, die für die in die Position der Bevölkerungsminorität geratene frankophone Subgesellschaft zweifellos eine 'conditio sine qua non' für ihre Eigenständigkeit war. Sie rechtfertigten zugleich auch die inferiore soziale Position der Frankokanadier zum ersten mit der These von den zwei Frankreich, von dem 'guten', vorrevolutionären 'Ancien Régime', das sich in Quebec erhalten habe, und dem 'schlechten' nachrevolutionären Frankreich[15], zum zweiten mit der These von der - im doppelten, sowohl im ideologisch-dogmatischen als auch im sozio-ökonomischen Wortsinn - anti-liberalen Sonderrolle, die der frankophonen Subgesellschaft auf dem nordamerikanischen Kontinent zukomme [16]. Die frankokanadische Identität war so seit der Mitte des 19. Jahrhunderts erstens definiert durch die katholische Konfession und die missionarische Aufgabe aller Frankokanadier, trotz der weithin feindlichen, protestantischen Umwelt den 'rechten Glauben' auf dem nordamerikanischen Kontinent aufrecht zu erhalten; sie war zweitens definiert durch die Aufgabe, der vornehmlich auf ökonomisch-industrielle Entwicklung ausgerichteten anglokanadischen und US-amerikanischen Umwelt die Werte einer traditionalen, agrarischen Gesellschaft zu vermitteln. Noch 1937 formulierte der frankokanadische Historiker Abbé Groulx als die geschichtliche Funktion der frankophonen Subgesellschaft die gleichermaßen apostolische wie traditional-agrarische Berufung der Frankokanadier auf dem nordamerikanischen Kontinent[17].

Der zweifache, ideologische wie sozio-ökonomische Rückzug begründete sowohl die Versäulung als auch die sozio-ökonomische 'Rückständigkeit' der frankophonen Subgesellschaft. Er garantierte über einen langen Zeitraum hinweg vor allem die soziale Führungsrolle der katholischen Kirche und der mit ihr verbundenen agrarischen Elite, die sich mit zunehmendem sozialem Wandel, insbesondere während der Regierungsperiode der Union Nationale unter Führung von Maurice Duplessis bis 1960[18], verstärkt autoritär-repressiver Mittel zur Aufrechterhaltung ihrer sozialen und politischen Vorherrschaft innerhalb der frankophonen Subgesellschaft bedienten[19]. Vor allem aber legitimierten sie, durch die These von der Sonderrolle ideologisch verklärt, die soziale Inferiorität der Frankokanadier, verhinderten ökonomische Eigeninitiativen und überließen die industrielle Entwicklung weitgehend zunächst den Anglokanadiern, dann den Anglokanadiern und den US-Amerikanern. Insbesondere im 20.Jahrhundert vergrößerte sich dadurch die sozio-ökonomische 'Rückständigkeit'. Zumindest teilweise ist die strukturell verfestigte soziale Unterprivilegierung der Frankokanadier somit selbst verschuldet, dies umso mehr, als die Frankokanadier, vor allem seit der Gründung der Konföderation, sowohl auf kulturellem Gebiet als auch im politischen System Quebecs eigenverantwortlich handeln und auch auf Bundesebene das politische System maßgeblich mitbestimmen konnten[20].

Die Interpretationen, die das ungleiche Verhältnis von Anglo- und Frankokanadiern allein auf den kolonialabhängigen Status zurückführen, sind zumindest einseitig. Vor allem die Tatsache, daß von einer Umwelt, die von bürgerlich-liberalen Wertvorstellungen geprägt war und ist, über einen Zeitraum von fast 100 Jahren kaum Wirkungen ausgingen und während dieser Periode so gut wie nicht in die frankophone Kultur eindrangen, ist damit kaum zu erklären. Ihr liegen sozio-kulturelle Faktoren zugrunde, wie sie etwa Max Weber (1963) in seiner klassischen religionssoziologischen Studie 'Die protestantische Ethik und der Geist des Kapitalismus' einsichtig gemacht hat, indem er das enge Wechselverhältnis zwischen den Werten der bürgerlich-liberalen, kapitalistischen Gesellschaft und der protestantisch-calvinistischen Religion, die Verwandtschaft von "asketischem Protestantismus und kapitalistischem Geist" analysierte. Liberal-kapitalistische Zielvorstellungen trafen auf die Barriere katholisch-dogmatischer Werte, die aufgrund des besonderen Mehrheiten-Minderheiten-Verhältnisses von Anglo- und Frankokanadiern und der nicht nur kulturellen, sondern auch sozialen Führungsposition der katholischen Kirche in Quebec besonders stark akzentuiert waren. Die traditionale, klerikal-agrarische Versäulung der frankophonen Subgesellschaft bis in die Mitte des 20.Jahrhunderts findet zum Teil ihre Erklärung sicherlich auch in der feudalen Fragmentierung, auf die u.a. Kenneth D.McRae (in Anlehnung an das Geschichtstheorem von Louis Hartz von der jeweils besonderen Fragmentierung europäischer Kultur und Ideologie in den überseeischen Kolonisationsgesellschaften) hinweist[21]. Frankokanadischer Kultur und frankokanadischem Wertsystem fehlten die Erfahrungen der französischen, bürgerlichen Revolution wie die aus ihr resultierenden sozialen und ideologischen Entwicklungen. Liberale Wertvorstellungen drangen erst zu einem Zeitpunkt in das Bewußtsein der Frankokanadier, als sich die Sozialstruktur Quebecs, allerdings weitgehend unter dem Einfluß der anglokanadischen ökonomischen Elite, bereits stark verändert hatte[22], als die Diskrepanz zwischen der liberal-kapitalistischen Industrialisierung des ökonomischen Systems und den überkommenen traditionalen Werten von einer vorindustriellen Gesellschaft im kulturellen und politischen System immer schwieriger zu überbrücken war.

Die Öffnung Quebecs nach dem II.Weltkrieg war dabei maßgeblich bestimmt von Kräften wie Trudeau und seinem intellektuellen Freundeskreis[23]. Von ihnen gingen entscheidende Impulse auf die Quiet Revolution aus. Allerdings ist der Beginn der gesellschaftlichen Veränderungen in Quebec infolge der verschiedenartigen Verursachungsfaktoren nur schwer genau zu periodisieren. Bezieht man sich auf die intellektuelle Basis, so setzt der Prozeß mit der Einrichtung des sozialwissenschaftlichen Instituts der Université Laval Ende der 30er und Anfang der 40er Jahre ein. Unter Führung der Professoren Father George-Henri Lévesque (Soziologe), Maurice Lamontage (Ökonom), Maurice Tremblay (Soziologe) bildete sich in den 40er Jahren die intellektuelle, zunächst liberale Opposition aus. Zu ihr gehörten u.a. außer Trudeau z.B. Marcel Pépin, Jean Marchand, Gérard Pelletier, André Laurendeau (einer der beiden Vorsitzenden der B and B Commission). Seit den 60er Jahren bildeten sie den Führungszirkel der frankokanadischen Liberalen auf Bundesebene und hatten und haben, wie etwa Marchand, Pelletier, Pépin, Ministerposten in der liberalen Bundesregierung inne. Ihre politische Karriere begannen sie fast alle in der frankokanadischen Gewerkschaftsbewegung, die unter ihrer Führung Ende der 40er und Anfang der 50er Jahre von ihrer klerikal-syndikalistischen Grundhaltung abging. Sie sind in dieser Zeit maßgeblich an der gewerkschaftlichen Mobilisierung und Organisierung der frankokanadischen Arbeiterschaft beteiligt gewesen. Pelletier und Marchand z.B. organisierten auch den 'Asbestos-Strike' von 1948/49, die erste größere soziale Konfrontation zwischen den traditionalen Eliten und der liberalen, sozialreformerischen Opposition[24]. Auf sozialer Ebene bildete zweifellos der 'Asbestos-Strike', von der Regierung Duplessis mit Polizeigewalt scharf bekämpft, den Ausgangspunkt der Quiet Revolution , zumal sich auch innerhalb des katholischen Klerus sozialreformerische Kräfte durchzusetzen begannen.

Die Ursachen für die Versäulung in der frankophonen Subgesellschaft glaubte die liberale Opposition der 50er Jahre, ähnlich wie Louis Hartz, durch das ausgefallene bürgerlich-liberale Fragment begründet. In der Übernahme der bürgerlich-liberalen Werte der Anglokanadier und der Modernisierung der vorindustriellen Systemstrukturen in der Gesellschaft Quebecs sahen sie nicht nur die Möglichkeit, um die Diskrepanz zwischen sozio-kulturellem und ökonomischem System auszugleichen, sondern auch die Alternative, die die Frankokanadier langfristig aus ihrer sozialen Unterprivilegierung herausführen könnte[25]. In der Provinzwahl von 1960 setzte sich das gesellschaftliche Konzept der liberalen Opposition erstmalig im politischen System Quebecs durch [26]. Die Liberale Partei erzielte 51,6 % der Stimmen, 51 der 91 Parlamentsmandate und löste damit die konservativ-nationalistische Union Nationale in der Regierungsverantwortung ab, die diese - unterbrochen nur während des II.Weltkriegs von 1939 bis 1944 - unter Premierminister Maurice Duplessis seit 1936 innegehabt hatte. Die Wahl von 1960 führte jedoch nicht nur den politischen Machtwechsel herbei, sondern reichte in ihrer Bedeutung weit über dieses Faktum hinaus.

1.2. Parteiengefüge und Wählerstruktur Quebecs seit 1960

Wenngleich die Union Nationale zwischen 1966 und 1970 unter Daniel Johnson nochmals die Regierung in Quebec stellte, signalisierte dennoch ihre Niederlage von 1960 politisch wie sozial das Ende der Vorherrschaft der vorindustriellen Eliten, die unter Ausnützung des Nationalitätenantagonismus jahrzehntelang ihr autoritäres Regime aufrechterhalten konnten und die Entwicklung der frankophonen Subgesellschaft in eine anti-moderne, traditionalistische Richtung gelenkt hatten. Zwar hatte der sozio-ökonomische Wandel insbesondere nach dem II.Weltkrieg ihre Position bereits stark ausgehöhlt[27], doch dauerte es bis zum Tod von Maurice Duplessis (September 1959), ehe die Verbindung von Agrarinteressen und katholischer Kirche ihre gesellschaftliche Dominanz endgültig einbüßte. Der Wahlsieg der liberalen Provinzpartei manifestierte, daß sich auch in Quebec der Übergang in die moderne, kapitalistische Industriegesellschaft vollzogen hatte. Äußerlich sichtbar wurde dies etwa darin, daß erstmals in städtischen Wahlkreisen gewählte Abgeordnete die Basis der Regierungsmehrheit im Parlament stellten[28]. Mit den Liberalen hatten sich die Interessen der bürgerlich-liberalen 'Mittelklasse' erstmals auch politisch durchgesetzt. Die in der Folgezeit von der liberalen Provinzregierung unter Jean Lesage eingeleitete Reformpolitik unterschied sich im Grundsatz nur unwesentlich von den ideologisch-programmatischen Zielvorstellungen anderer liberaler Parteien. "For a Quebec which was emerging from the Middle Ages, this was already a giant step forward" (Rioux 1971, S.77).

Die Regierungsübernahme durch die Liberalen bedeutete dabei insbesondere in zweifacher Hinsicht den Beginn einer neuen Ära in Quebec. Sie bewirkte - erstens - in der frankokanadischen Bevölkerung die Einsicht, daß eine eigenständige und selbstbestimmte Entwicklung möglich ist. An die Stelle der fatalistischen Abkapselung trat seither ein Prozeß nationaler Emanzipation und steigender Erwartungen. Zweitens begann sowohl die weitgehende Säkularisierung der bis dahin noch vielfach theokratischen frankophonen Subgesellschaft, als auch die neo-liberalistische Politik staatlicher Intervention im ökonomischen und sozialpolitischen Bereich[29]. Allerdings verstärkten sich dadurch die Assimilierungszwänge. Die jetzt gleichartigen Wertvorstellungen führten den Frankokanadiern zugleich ihre während eines Jahrhunderts ideologisch verschleierte, soziale Inferiorität vor Augen. In dem Maße, in dem sich die in den Prämissen jetzt gleichartigen Beurteilungskriterien im Bewußtsein der Frankokanadier verstärkten, wuchsen zugleich die Forderungen nach Veränderungen, begann die 'Revolution der steigenden Erwartungen'[30]. Mit der liberalen Adaptations- und Modernisierungskonzeption war so zum einen die Notwendigkeit angelegt, die sozialen Ungleichheiten abzubauen; zum zweiten resultierte aus ihr fast zwangsläufig die grundlegende, systemkritische Position, wie sie heute durch die independistische Fundamentalopposition vertreten wird, wobei sich seit Mitte der 60er Jahre, vor allem seit der Gründung des 'Parti Québécois' unter René Lévesque die independistische Zielvorstellung mit der sozialreformerischen und sozialistischen Alternative verband[31]. Die bürgerlich-liberale, proföderale Konzeption und das gleichermaßen independistische wie auf die sozialistische Veränderung der sozio-ökonomischen Basis zielende Konzept stehen sich in Quebec unverändert gegenüber. Sie bestimmen seit der Provinzwahl von 1970 das Strukturbild des provinzialen Parteiengefüges und die Regierungsverhältnisse.

Das Wahlverhalten in der Provinz Quebec ist dabei insbesondere seit dem Auftreten des Parti Québécois bei Provinzwahlen gegenwärtig von zwei, die anderen Einflüsse überragenden Faktoren bestimmt[32]. Neben den ethnisch-kulturellen Bedingungen determiniert insbesondere der Gegensatz von Stadt und Land die Wahlentscheidung. In Ansätzen hat dies zu einem 'doppelten', einem städtischen und einem ruralen Parteiensystem, geführt[33]. In den Städten, vor allem in dem industriellen Ballungszentrum Montreal, stehen sich dabei in einer Zwei-Parteiensystem-Struktur die Liberalen und der Parti Québécois gegenüber, während sich das Parteiensystem auf dem flachen Land, wo der ethnisch-kulturelle Faktor aufgrund der fast ausschließlich frankokanadischen Bevölkerung eine weit geringere Rolle spielt, noch im Übergangsstadium befindet und von vier Parteien konstituiert ist, von den Liberalen, die die Union Nationale als die dominante Partei abgelöst haben, sowie den Créditistes und den Parti Québécois; letzterer konnte bislang auf dem Land allerdings kaum größere Stimmenanteile erzielen. Bei der Provinzwahl von 1970 erreichte die Liberale Partei 45,4 % der Stimmen; auf die Union Nationale und die Créditistes entfielen 19,6 bzw. 11,1 %, der Parti Québécois erzielte bei seiner ersten Kandidatur auf Anhieb 23 % der Stimmen. Wie der Vergleich von Muttersprache und Parteipräferenz aufzeigt, lag der Anteil der Frankokanadier, die für die Liberalen votierten, deutlich unter dem provinzialen Stimmenergebnis der Partei. Von denjenigen, die französisch als Muttersprache nannten, gaben bei einer zeitgleich mit den Wahlen im April 1970 durchgeführten Umfrage als Parteipräferenz an: 34,7 % die Liberalen, 34,3 % den Parti Québécois, 16,8 % die Union Nationale, 14,2 % die Créditistes[34]. Während von denen, die weder englisch noch französisch als ihre Muttersprache bezeichneten, alle Befragten eine liberale Wahlabsicht äußerten, nannten von den englisch-sprachigen Wählern des sample: 71,9 % die Liberale Partei, 15,6 % den Parti Québécois, 9,4 % die Union Nationale und 3,1 % die Créditistes[35].

Neben diesen ethnisch-kulturellen Bedingungen ist das Wahlverhalten in Montreal zweitens stark von ökonomischen Faktoren bestimmt[36]. Aufgrund der sozial-strukturellen Verhältnisse in Quebec sind die nicht-frankokanadischen Minderheiten zugleich auch die sozio-ökonomisch bessergestellten Bevölkerungsschichten, die zusammen mit der kleinen frankokanadischen ökonomischen Elite ein elementares Interesse am Fortbestand der staatlichen und politischen Strukturen besitzen. Ein pro-föderales Votum zugunsten der Liberalen ist damit zugleich auch eine Wahlentscheidung für den sozialen status quo . Veränderungen im sozialen Gefüge der Provinz sind durch diese spezifische Wählerbasis der Liberalen Provinzpartei konditioniert. Die Wahlentscheidung für den fast ausschließlich von Frankokanadiern gewählten Parti Québecois in Montreal weist gleichfalls diesen Doppelcharakter auf; sie beruht sowohl auf der independistischen Orientierung als auch auf der sozialreformerischen Ausrichtung der Partei. Als independistische Fundamentalopposition wird der Parti Québécois gewählt u.a. von weiten Kreisen der frankokanadischen Bildungselite, von Teilen der frankokanadischen Provinzbürokratie, in großem Umfang von der städtischen Jugend[37], der die Bildungsreformen der Quiet Revolution erstens ihre Unterprivilegierung vor Augen führten, die zweitens durch die Anhebung des Bildungsniveaus über wesentlich verbesserte Startchancen verfügt, die diese Möglichkeiten jedoch nur beschränkt wahrnehmen kann, da der komplementär erforderliche Abbau sozialstruktureller Barrieren nicht erfolgte. Aus sozio-ökonomischen Motiven heraus wählt zudem ein erheblicher Prozentsatz der frankokanadischen Arbeiterschaft, vornehmlich unter den sozial Schwächsten, den Parti Québécois. Klassifiziert man nach Alter und Berufsstruktur, so ergab eine die gesamte Provinz und alle ethnischen Gruppen berücksichtigende Repräsentativerhebung vor der Provinzwahl von 1970 folgende Parteipräferenzen:

Tabelle 53 : Wahlabsicht 1970 nach Berufsstruktur und Alter, in Prozent

Wahlabsicht	gehobene	mittlere Berufe	niedere	18-24	25-54 Jahre	über 55
Liberale	35,7	52,2	28,6	28,9	40,3	45,4
Parti Québécois	42,9	4,3	28,6	49,1	29,9	16,7
Créditistes	6,6	8,7	25,9	11,4	13,7	13,6
Union Nationale	14,8	34,8	17,0	9,6	16,2	24,2

Quellen: Lemieux/Gilbert/Blais 1970, S.66,68.

Die Wählerbasis des Parti Québécois rekrutiert sich somit einerseits aus vornehmlich independistisch orientierten Angehörigen der frankokanadischen Eliten, andererseits aus vornehmlich sozio-ökonomisch motivierten Wählern der untersten sozialen Schichten. Sie ähnelt in dieser Kombination den Wählerkoalitionen der (in der Terminologie David Apters) 'technologically competent' und 'technologically superfluous'[38], wie sie sich in einigen der vom sozialen Wandel am stärksten betroffenen städtischen Ballungszentren der USA bei lokalen Wahlen bereits als mehrheitsfähig erwiesen haben[39].

Ähnlich zusammengesetzt waren die Parteiwählerschaften bei der Wahl vom Oktober 1973, bei der ca. 4/5 der nicht-frankokanadischen Wählerschaft der Provinz für die Liberalen votierten. Zwar erzielten sie bei 54,6 % der insgesamt abgegebenen Stimmen aufgrund der Bevölkerungsstruktur der Provinz notwendigerweise gegenüber 1970 einen beträchtlichen Stimmenzuwachs auch in der frankokanadischen Wählerschaft, doch erfolgte dies im wesentlichen auf dem flachen Land und außerhalb Montreals. In Metropolitan Montreal hingegen wählten ca. 40 % der frankophonen Bevölkerung die independistische Alternative des Parti Québécois, so daß die Liberale Partei zumindest in Groß-Montreal auf die fast einmütige Unterstützung durch die nicht-frankokanadischen Wähler angewiesen war, um in den dortigen Wahlkreisen die zum Mandatsgewinn notwendigen Stimmenmehrheiten zu erzielen. Insgesamt erhielt der Parti Québécois 30,2 % der in der Provinz abgegebenen Stimmen. Die besondere Struktur des provinzialen Parteiensystems sowie die Wirkungen der relativen Mehrheitswahl in Einerwahlkreisen führten jedoch dazu, daß die Partei nur sechs der 110 Parlamentsmandate gewinnen konnte, und verhinderten, daß sie eine ihrem Stimmenanteil angemessene Repräsentation im Parlament erreichte[40].

In den Zielen geht es sowohl den Liberalen als auch der independistischen Fundamentalopposition um den Abbau der sozialen Ungleichheiten zwischen den ethnischen Gruppen, insbesondere um die Aufhebung des Mißverhältnisses von Anglo- und Frankokanadiern. Die liberale, zugleich pro-föderale Reformpolitik beruht dabei weitgehend auf modernisierungstheoretischen Prämissen; sie konzentriert sich darauf, innerhalb der bestehenden staatlichen, gesamtkanadischen wie sozio-ökonomischen Gesellschaftsstrukturen die Diskrepanz in den Startbedingungen zwischen Anglo- und Frankokanadiern zu verringern und soweit als möglich Chancengleichheit zu garantieren. Die liberale Reformpolitik erfaßte insbesondere drei gesellschaftlich-politische Ebenen und konzentrierte sich auf gleichfalls drei issues:

Die Neudefinition des kanadischen Föderalismus und der Versuch, die Akkommodationsmechanismen zwischen Bund und Provinzen neu zu gestalten (föderal-provinziale Ebene).

Die Sprachenpolitik mit der Institutionalisierung der Zweisprachigkeit (föderale Ebene) einerseits und dem Versuch der sprachlichen Nationalisierung Quebecs (provinziale Ebene) andererseits.

Die Öffnung und Demokratisierung des frankophonen Bildungssystems (provinziale Ebene), die am Beginn der systemimmanenten Reformpolitik stand und zugleich die bedeutsamste Maßnahme des nach dem Wahlsieg der Liberalen von 1960 eingeleiteten sozialen Wandels darstellte. Der Umbruch im Bildungswesen Quebecs war deshalb so radikal, weil sich in ihm die klerikal-agrarische Versäulung der frankokanadischen Subgesellschaft am krassesten perpetuiert hatte. Im Grunde blieb nur ein Element des Bildungswesens unangetastet, die Separierung zwischen franko- und anglophonem Schulsystem; ansonsten jedoch beseitigte die Reform der 60er Jahre ein Bildungssystem, dessen Grundlagen in die erste Hälfte des 19.Jahrhunderts zurückreichten.

2. Bildung und ethnisch-kultureller Dualismus in Quebec

2.1. Strukturmerkmale des frankophon-klerikalen Bildungswesens in Quebec vor 1960

Nach ihrem Sieg über Frankreich im Siebenjährigen Krieg unternahm die britische Kolonialmacht im ausgehenden 18. und beginnenden 19.Jahrhundert - bemüht um die Konsolidierung und den Ausbau des neugewonnenen Landes - auch auf dem Gebiet der Bildung den Versuch, die bis dahin von der katholischen Kirche monopolisierten Bildungsinstitutionen (in der Mitte des 18.Jahrhunderts und bei einer Bevölkerung von ca. 65.000 existierte in Französisch-Kanada allerdings noch kein formalisiertes und ausgedehntes Bildungswesen) soweit als möglich unter staatliche und damit ihre eigene, anglokanadische Kontrolle zu bringen[41]. Die Kolonialmacht war zum einen um Zentralisierung bemüht, zum zweiten bestrebt, ein öffentliches Elementarschulwesen in der Provinz Lower Canada einzurichten[42]. Die Säkularisierungsbestrebungen trafen notwendigerweise auf die Ablehnung der Frankokanadier; zum einen auf den Widerstand des katholischen Klerus, der nur in wenigen seiner Pfarrgemeinden die Einrichtung öffentlicher Schulen zuließ[43]; zum zweiten aber auch - und hier werden die besonderen gesellschaftlich-politischen Verhältnisse deutlich - auf den Widerstand der bürgerlichen Opposition der Patriotes unter Louis Joseph Papineau. Säkularisierung, vor allem aber 'Verstaatlichung' des Bildungswesens, beides an sich integrale Bestandteile bürgerlich-liberaler Zielvorstellungen des frühen 19.Jahrhunderts, und national-frankokanadische Interessen schlossen einander aus. Die frankokanadische Reformbewegung entschied sich gegen die Vertretung bürgerlich-liberaler Werte auf sozio-kulturellem Gebiet. Implizit bedeutete dies zugleich, daß sie die sozio-kulturellen und bildungspolitischen Komponenten der frankophonen nationalen Identität der katholischen Kirche und deren dogmatischen Wertvorstellungen überließ; dies umso mehr, da die Rebellion von 1837 scheiterte und die bürgerliche Reformbewegung auf lange Zeit fast jegliche Bedeutung einbüßte[44].

Mit der bürgerlichen Revolution blieb in Quebec die Trennung von Kirche und Staat sowie die Säkularisierung des Bildungswesens aus. Der Staat und seine Institutionen verfügten zwar über die

Prärogative, das Bildungswesen in Quebec durch Gesetzgebung zu normieren; es gelang ihnen aber nicht, die Gesetzesinhalte zu bestimmen[45]. Die staatliche Intervention beschränkte sich bis in die Mitte des 20.Jahrhunderts im wesentlichen auf die formale Normierung sowie auf die Organisation und Sicherstellung der Finanzierung der öffentlichen wie vor allem auch der privaten Schulen.

Weitere Strukturmerkmale bildeten sich in der Provinz Canada zwischen 1841 und 1867 aus. Der Dualismus des politischen Systems, die praktische Separierung in zwei Provinzhälften, in Canada East (Quebec) und West (Ontario), die ethnisch-kulturelle Dualität übertrugen sich auch auf das Bildungssystem. Zusätzlich zu der quasi-föderalen Separierung trat ein weiteres, aus dem Dualismus resultierendes Element hinzu. Der jeweiligen religiös-kulturellen Minderheit wurde seit 1841 in jeder Schulgemeinde das Recht auf 'Minderheitenschulen' eingeräumt und zu diesem Zweck eine separate und folglich konfessionell geprägte Schuladministration eingerichtet; in deren Zuständigkeit fiel die gesamte Verwaltung sowie die Bestimmung der Bildungsinhalte[46]. Damit war nicht nur der ethnisch-kulturelle Dualismus im Bildungswesen vom Staat anerkannt, sondern zugleich auch die dominierende Rolle der Kirchen, vor allem der katholischen, im öffentlichen Schulwesen sanktioniert. Damit waren bereits zu Beginn der kanadischen Konföderation die entscheidenden Strukturmerkmale entstanden. Das Bildungswesen in Quebec war charakterisiert durch:
- ein Nebeneinander von privaten und öffentlichen Schulträgern;
- die Beschränkung staatlicher Intervention auch im öffentlichen Schulbereich auf die formale Gesetzesnormierung und Finanzierung;
- eine weitgehend dezentralisierte Organisationsstruktur; die Administration sowie die Bestimmung der Bildungsinhalte vollzogen sich vornehmlich auf lokaler Ebene;
- die Separierung in zwei voneinander unabhängige Bildungssysteme auf ethnisch-konfessioneller Basis;
- den überragenden Einfluß der Kirche auch auf das öffentliche Bildungswesen, sowohl institutionell-organisatorisch als auch inhaltlich (n. Commission Parent, vol.1, S.23ff).

Zwar entwickelte sich das Bildungswesen in den nachfolgenden einhundert Jahren weiter, wurden zahlreiche neue Elemente eingefügt. So entstanden nach 1900 verschiedene naturwissenschaftliche und technische Fachschulen. Die private, katholische Université Laval institutionalisierte neue Fachrichtungen, so 1910 l'école forestière, 1920 l'école de Chimie, 1937 la faculté des Sciences. Die öffentliche l'Université de Montréal besaß seit ihrer Gründung im Jahre 1920 eine naturwissenschaftliche Fakultät (vgl. ebenda). Im Grunde aber perpetuierte sich der traditionelle, vorindustrielle Charakter des frankophonen Bildungswesens. Sofern Veränderungen vorgenommen wurden, verstärkten sie die bestehenden Strukturprinzipien nur noch. In diese Richtung wirkten u.a. die Schulgesetze von 1869 und 1875. Sie schufen die organisatorische Basis des öffentlichen Schulwesens für die Folgezeit und präformierten indirekt auch die Bildungsinhalte (vgl. ebenda, S.14ff). An die Stelle des Erziehungsministers trat der Conseil de l'instruction public der sich aus den Bischöfen von Katholiken und Protestanten sowie aus von diesen bestellten Laien zusammensetzte. Allerdings verlagerten sich die Bildungsentscheidungen schon bald in die an sich nachgeordneten 'Comité catholique' und 'Comité protestant'. Ihnen gehörten außer den jeweiligen Mitgliedern des conseil weitere kooptierte Mitglieder an. Durch den Bestellungsmodus war einerseits der Einfluß des Staates auf ein Minimum reduziert, andererseits die Kontrolle des Klerus sichergestellt (s. ebenda, S.30). In die Kompetenz der comités, die als Folge der ethnisch-konfessionellen Separierung völlig unabhängig voneinander fungierten, fielen zudem alle maßgeblichen inhaltlichen Fragen: u.a. die Festlegung der Zahl der Schuljahre, die Bestimmung der Lehrinhalte, einschließlich der Schulbücher und Lehrmaterialien, die Festsetzung der Examensanforderungen, die Bildungs- und Schuladministration von der Entscheidung über Schulbauten bis zur Lehrereinstellung; sodann vor allem auch die Kontrolle über die écoles normales und damit die Lehrerausbildung (s. ebenda, S.32). Die ethnisch-konfessionelle Separierung in der Bildungsadministration übertrug sich damit auf die Inhalte; das anglo- und frankokanadische Bildungssystem in Quebec vermittelte grundsätzlich voneinander unterschiedenes Wissen. Zudem differierten die Bildungsebenen und schulischen Laufbahnen .

Der überragende Einfluß der Kirche im öffentlichen Bereich garantierte zugleich, daß das dualistisch organisierte Bildungswesen von öffentlichen und privaten Schulträgerschaften bis in die Mitte unseres Jahrhunderts erhalten blieb. Da der katholische Klerus beide Schulträger kontrollierte, war er zudem in der Lage, die Aufgabenteilung zwischen öffentlichen und privaten Institutionen in seinem Sinne zu determinieren. Die Funktionen beider Schulträger veränderten sich kaum: die öffentlich-konfessionellen Schulen vermittelten die Elementar-Schulbildung (die gesetzliche Verankerung der Schulpflicht gelang erst nach einem 50-jährigen Streit im Jahre 1943[47]); die privat-konfessionellen besaßen eine fast monopolartige Position im sekundaren und tertiären Bildungssektor, da der Zugang zu den Universitäten für die meisten akademischen Berufe den Besuch des privaten collège classique erforderte (s. Commission Gendron, vol.1 , S.49ff). Diese Arbeitsteilung, die bis zum Ende des II.Weltkriegs fortbestand, zeigt exemplarisch, wie negativ die katholische Kirche dem Industrialisierungsprozeß gegenüberstand[48]. War es lange Zeit die Intention des Klerus, auf industrielle Entwicklung ausgerichtete Bildungsinhalte überhaupt von der frankokanadischen Bevölkerung soweit als möglich fernzuhalten, so übertrug er, als die Anforderungen des Arbeitsmarktes dies nicht mehr gestatteten, die Vermittlung solcher Inhalte auf die öffentlich-konfessionellen Sekundarschulen. Seine 'eigenen', noch unmittelbarerer Kontrolle unterliegenden Sekundarschulen unterrichteten indessen auch weiterhin vornehmlich humanistische Lehrinhalte. Zweitens wird deutlich, in welchem Maße die katholische Kirche noch im zweiten Drittel des 20.Jahrhunderts die Bildungspolitik nach ihren Interessen bestimmen konnte.

Nach dem II.Weltkrieg wuchs allerdings die Rolle der öffentlichen Schulen im Sekundarbereich. So besuchten im Schuljahr 1961/62 in Quebec insgesamt, d.h. das ethnisch-kulturell getrennte Schulsystem zusammen betrachtet, auf allen drei Bildungsebenen ca. 88 % der Schüler öffentliche Schulen (n. Commission Gendron, vol.1 , S.49ff). Von ihnen befanden sich etwa 76 % in Primarschulen; 24 % oder 280.000 Schüler gingen im weiterbildenden Bereich in öffentliche Schulen. Zwar besuchten 'nur' zwölf Prozent aller Schüler private Schulen; wichtiger war jedoch, daß von diesen fast 3/4 Sekundarschüler waren; d.h. von insgesamt 400.000 Schülern, die weiterführende Schulen besuchten, wurden 120.000 oder noch immer 30 % in Privatschulen unterrichtet (vgl. ebenda). Zudem beschränkte sich die Ausbildung im öffentlichen Bereich weiterhin auf die erste Sekundarstufe, während für die Absolvierung der achtjährigen Sekundarstufe unverändert der Besuch des collège classique unumgänglich war:

"... the present (i.e. in 1958, R.O.S.) secondary course exists in two separate forms; one public, of five years' duration, often free, but leading only to certain university faculties (science, commerce, agriculture,etc.); the other private, of eight years' duration, taught by the classical colleges and comparatively expensive, but giving admission to all faculties. French-speaking parents have not failed to notice that English-Canadian pupils are able to take a secondary course in the public schools at no or almost no charge, and to enter all university faculties, while their own children do not have the same opportunities" (Charles Bilodeau, zit. bei Porter 1965, S.171).

Die hier charakterisierten Grundzüge des Bildungswesens - der überragende Einfluß des katholischen Klerus, die betont frankophone Ausrichtung, die weitgehend traditionell-humanistischen sowie anti-modernen und von der Konfession dogmatisch geprägten Bildungsinhalte, der privat-elitäre Sekundarbereich, die bewußte Separierung entlang der ethnisch-kulturellen Grenze etc. hatten bis zu Beginn der 60er Jahre Bestand. Zusammen mit den sozialstrukturellen Barrieren bewirkten sie, daß das Bildungsniveau Quebecs im Vergleich zu den anderen Provinzen und das der Frankokanadier im Vergleich zu dem von Anglokanadiern und den anderen ethnischen Gruppen noch Ende der 50er Jahre deutlich niedriger war. Nach den Bevölkerungszählungen von 1951 und 1961 bestanden folgende Differenzen in der Scholarisation:

Tabelle 54 : Scholarisation und ethnische Herkunft der männlichen Bevölkerung im Alter von 5 - 24 Jahre. Angegeben als Differenz zum nationalen Durchschnitt, 1951 und 1961

	1951	1961
Nationaler Durchschnitt	53,8	68,3
British	+3,0	+4,0
French	-3,3	-4,2
German	± 0	-2,7
Italian	-7,9	-7,1
Jewish	+11,1	+16,5
Dutch	-0,6	-1,3
Scandinavian	+3,1	+0,8
All other European	-0,3	+2,1
Asian	+7,5	+5,3
Indian/Eskimo	-12,5	-13,5

Quelle: Porter 1965, S.89.

Ähnliche Differenzen existierten im Bildungsniveau der labour force. Es bestand eine offensichtliche Rangabstufung im Ausbildungsstand der ethnischen Gruppen[49], verfügten im Jahre 1961 die Kanadier jüdischer Provenienz über das höchste Bildungsniveau, gefolgt von den Anglokanadiern, der deutschstämmigen Bevölkerungsgruppe, den Kanadiern ukrainischer Herkunft, den Frankokanadiern und der italienischen Bevölkerungsgruppe. Italiener und Frankokanadier waren in der Gruppe der Erwerbstätigen, die nur Primarschulbildung besaßen, deutlich überrepräsentiert; der Anteil der Frankokanadier mit einem oder zwei Jahren high school-Besuch entsprach dem nationalen Durchschnitt; die Italiener waren in dieser Gruppe bereits unterrepräsentiert. Der Prozentsatz der Kanadier jüdischer Herkunft und der Anglokanadier mit high school-Abschluß und Universitätsausbildung hingegen überstieg den gesamtkanadischen Durchschnitt erheblich. Während 11,5 % der erwerbstätigen Anglokanadier über Universitätsbildung verfügten, waren es nur 5,8 % der Frankokanadier.

Aus den spezifischen Bedingungen des Bildungs- und Schulwesens resultierte in Quebec jedoch nicht nur ein deutlich niedrigeres Bildungsniveau. Es war zudem einer der Faktoren, die bis in die Mitte des 20.Jahrhunderts hinein die überkommenen, weithin vorindustriellen sozialen Strukturen perpetuierten. Die Separierung der beiden Schulsysteme unterstützte die bewußte Abkapselung der Frankokanadier. Zusammen mit der dogmatisch-katholischen Wertorientierung bewirkte dies, daß auf industrielle Entwicklung ausgerichtete Bildung für lange Zeit fast ausschließlich in anglokanadisch-protestantischen Schulen unterrichtet wurde. Die Frankokanadier überließen den Anglokanadiern den ökonomischen Sektor und trugen zu ihrer inferioren Position im ökonomischen System bis zu einem gewissen Grad selbst bei. Spät, dann nur zögernd und unzulänglich, begann sich das Bildungswesen an den sozialen Wandel zu adaptieren. Die äußerst späte Modernisierung Quebecs, die individuelle soziale Unterprivilegierung der Frankokanadier sind zumindest insofern auch eine Folge der in zweifacher Weise - institutionell durch die Schulträgerschaft, religiös-dogmatisch durch die Ausbildungsgänge und 'die anerzogene geistige Eigenart'[50] - von der katholischen Kirche bestimmten Bildung[51].

Andererseits stellte das Bildungswesen zusammen mit Kirche, Konfession und Sprache einen der Pfeiler dar, auf denen die nationale Identität der Frankokanadier ruhte, wie schon André Siegfried in seiner klassischen Studie um die Jahrhundertwende betonte:

"... The French (i.e. the French Canadian, R.O.S.) policy is clearly defined. As it is essential for the future that the children should retain the tongue and the creed of their parents, our compatriots are determined that French and the doctrines of Catholicism shall be taught under their own supervision in public schools set apart for them and subsidized by the state. There must be no question of secular education in this clearly defined and homogeneous world in which there are few who are not obedient servants of the Church..." (Siegfried 1966, S.59).

"From the point of view of the relations between the French Catholics and the English Protestants, the educational system of Quebec has produced the best result: the two sets of schools coexist without fear of conflict or dispute, because they have no points of contact. The situation is exactly that of two separate nations kept apart by a definite frontier and having as little intercourse as possible: that is the price of the peace which prevails in the schools of Quebec..." (Ebenda, S.64).

Der Preis, den die Frankokanadier bezahlen mußten, führte im 20.Jahrhundert zu industrieller und technologischer Rückständigkeit, trug zur Versäulung der frankokanadischen Subgesellschaft bei und perpetuierte die Macht der traditionellen Eliten, vor allem die dominante Rolle der katholischen Kirche[52]. Wie das Beispiel des Bildungswesens zeigt, blieb die Unterordnung der sozio-kulturellen Bestimmungsfaktoren der frankokanadischen Identität unter Konfession und Kirche bis in die 50er Jahre d a s Kennzeichen der sozialen Entwicklung in Quebec:

"Jusqu'à ces dernières années, l'action de l'Etat québécois avait été limité à l'intérieur de frontières précises. L'omniprésence de l'Eglise depuis la deuxième partie du 19e siècle avait empêché l'Etat québécois de remplir les fonctions que les états modernes se sont progressivement attribuées. La doctrine officielle qui prévalait en la matière, tant chez la plupart des hommes politiques que chez ceux d'Eglise, voulait que l'Etat ne jouât qu'un rôle supplétif dans les secteurs de la vie sociale qui pouvaient toucher à la culture, c'est-à-dire qui pouvaient s'inspirer d'une certaine philosophie de l'homme et de la vie. C'était nommément surtout l'éducation et le bien-être social. Dans ces domaines, l'Etat se devait d'abord d'aider l'initiative privée - qui n'était en réalité qu'une facon de désigner l'Eglise - à remplir les tâches qu'elle s'était historiquement vu attribuer et qu'elle continuait à considérer comme essentiellement siennes..." (Rocher 1973, S.30f).

2.2. Die Säkularisierung und Modernisierung des Bildungssystems in der Quiet Revolution

Die Grundlagen für die nach dem Wahlsieg der liberalen Provinzpartei seit 1961 eingeleitete Bildungsreform erarbeitete die von der liberalen Parlamentsmehrheit durch Gesetz vom 28.Februar 1961 eingesetzte Commission Parent[53]. Ihr fünfbändiger Bericht stellte die Basis dar u.a. für das sog. Bill 60 von 1964 und das drei Jahre später verabschiedete Gesetz "sur les collèges d'enseignement général et professionnel"[54]. Zugrunde lagen den Reformvorstellungen der Commission Parent vor allem zwei Prämissen; sozial-strukturell ging sie von der Anerkenntnis der Industriegesellschaft aus, auf die das Bildungswesen auszurichten sei; ideologisch beruhten alle ihre Überlegungen auf bürgerlich-liberalen Wertvorstellungen. Auf der Basis dieser beiden Prämissen formulierte die Kommission ihre politisch programmatischen Ziele:

Demokratisierung, damit das egalitäre Bildungsprinzip und individuelle Chancengleichheit soweit als möglich garantiert werden können (s. Commission Parent, vol.4, S.3ff).

Säkularisierung, damit die Bildung nicht mehr von den dogmatischen Wertvorstellungen und Interessen nur einer sozialen Gruppe determiniert wird, sondern sich an den jeweiligen gesellschaftlichen Bedürfnissen insgesamt orientieren kann. Die Bestimmung der Bildungsinhalte hat sich im Rahmen des politischen Systems und seiner Institutionen zu vollziehen (ebenda, vol.1, S.83ff).

Adaptation an den gesellschaftlichen Pluralismus. Der zivilisatorischen Vielschichtigkeit der modernen Gesellschaft hat das Bildungswesen durch die gleichrangige Vermittlung von kulturell-pluralistischen Inhalten zu entsprechen (s. ebenda, vol.4, S.7). Neben der Kirche sollen auch die anderen gesellschaftlichen Gruppen auf die Bestimmung der Bildungsinhalte einwirken können (s. ebenda, vol.1, S.94ff). Pluralistisch hat das Schulwesen aber auch insofern zu werden, als der konfessionell neutrale Staat den Eltern und Schülern die Wahl zwischen konfessionellen und nicht-konfessionellen Schulen freistellt und konfessionelle (katholisch wie protestantisch) und laïzistische öffentliche Schulen einrichtet[55].

Adaptation an die Erfordernisse des Industriesystems, wobei

sich die Bildungsinhalte insbesondere im sekundären und tertiären Bereich an den jeweiligen Anforderungen des Arbeitsmarktes auszurichten haben (s. ebenda, vol.2, S.32).

Diese grundsätzlichen Überlegungen zur Funktion der Bildung bestimmten die Commission Parent bei der Formulierung sämtlicher Detailvorschläge; sie wurden als Leitlinien weitgehend in die Bildungsreform übernommen. Im Bereich der Administration ging die Kontrolle und Organisation des gesamten Schulwesens in die Hände von Regierung und provinzialer Bürokratie über. Als zentrale Verwaltungsinstanz wurde das Erziehungsministerium neu eingerichtet, in dessen Kompetenz seither alle zumindest relevanten bildungspolitischen Entscheidungen fallen[56]. Alle nichtstaatlichen Gremien (u.a. der 'Conseil Supérieur de l'education', die 'Comité catholique' und 'Comité protestant', die entsprechend der pluralistischen Grundkonzeption von Delegierten der verschiedenen gesellschaftlichen Organisationen gebildet werden[57]) verfügen im wesentlichen nur über beratende Funktionen; ihnen soll zum einen die Aufgabe der Vermittlung zwischen dem Staat und der gesamten Öffentlichkeit sowie den speziellen Interessen von Schülern, Eltern und Lehrern zukommen. Zum anderen sind die Bildungsbeiräte als konsultative Organe mit input-Funktionen für den Entscheidungsprozeß des Staates gedacht (vgl. Commission Parent, vol.1, S.120ff). Entscheidungskompetenz besitzen 'le comité catholique et protestant' allerdings in dogmatischen Fragen. So können sie u.a. die Schulbücher und Lehrmaterialien im Hinblick auf die in ihnen enthaltenen religiösen und moralischen Wertvorstellungen kontrollieren (s. Commission Parent, vol.4, S. 58ff). Trotz dieses Einspruchsrechts bleiben Funktion und Einfluß der Kirchen im Bildungswesen jedoch gering, und fallen alle maßgeblichen bildungspolitischen Entscheidungen seit 1964 im Rahmen des politischen Systems, auf das der über ein Jahrhundert lang dominante katholische Klerus seit den Säkularisierungsprozessen der Quiet Revolution zunehmend weniger einzuwirken vermag:

"On peut dire que la lutte de l'épiscopat québécois contre le Bill 60... a été la dernière importante bataille politique menée par le haut-clergé. Depuis cet événement, le clergé québécois est devenue étonnamment discret, silencieux, se tenant systématiquement en dehors des enjeux politiques actuels..." (Rocher 1973, S.31f).

Im materiell-inhaltlichen Bereich konzentrierte sich die Bildungsreform vor allem auf die Neukonzeption der Curricula mit stärkerer Berücksichtigung technisch-naturwissenschaftlicher Fächer sowie insbesondere auf die Integration und Koordination sämtlicher Schultypen und Bildungsgänge in einem Gesamtsystem[58]. Mit dem 'Gesamtschulsystem' hoffte man, den Demokratisierungsanspruch und das egalitäre Bildungsprinzip am ehesten realisieren zu können. Dies bedeutete zugleich den Abbau der bis 1960 bestehenden Eingangsbarrieren vor allem im sekundaren Bildungsbereich. Für den Besuch der Sekundarschulen wurde die Schulgeldfreiheit eingeführt. Die exklusiven Schultypen, wie le collège classique, wurden als Eingangsqualifikation für die Universitäten abgeschafft. Öffentliche und private Schulen sind dadurch seither gleichgestellt und vermitteln zudem weitgehend identische Lehrinhalte. Ferner baute man die Differenzen zwischen den ethnisch-kulturell separierten franko- und anglophonen Bildungssystemen ab (vgl. Commission Parent, vol.2, S.69ff).

Das zuvor dreigliedrige Schulsystem wurde unter Berücksichtigung dieser Gesichtspunkte völlig neu gestaltet (s. Darst.16). Bei einer Schulpflicht von zehn Jahren schließt sich an die sechsjährige Elementarschule die fünfjährige und zweistufige 'high school' an, die zudem einen vorgezogenen und berufsorientierten sekundaren Bildungsabschluß bereits mit dem Ende der zehnjährigen Schulpflicht erlaubt. Als wichtigstes Bindeglied in der neuen 'Gesamtschulkonzeption' wurde im Jahre 1967 der zwei- oder dreijährige 'Collège d'enseignement général et professionnel' (CEGEP) eingerichtet (s. ebenda, S.57ff; S.155ff), der neben seiner Hauptfunktion der zweijährigen Vorbereitung auf das Universitätsstudium gleichfalls in bestimmten Bereichen nach drei Jahren einen berufsbezogenen Abschluß ermöglicht. Die Curricula sind doppelgleisig angelegt; zum einen wird fachlich spezialisierte Ausbildung vermittelt, zum anderen durch die für alle verbindlich zu belegenden Grundkurse die 'Allgemeinbildung' fortgeführt. Das System der CEGEP befindet sich noch immer im Aufbaustadium, wobei vielfach bestehende Schultypen, wie le collège classique, Lehrerseminare, berufsbildende Institutionen etc. einfach durch Namensänderung eingegliedert wurden. Dennoch gewährleistet die gesamtschulartige Integration zum ersten Mal in der Geschichte des Bildungswesens in Quebec tatsächlich

Darstellung 16 : Zur Struktur des Bildungswesens in Quebec
(Vorschlag der Commission Parent)

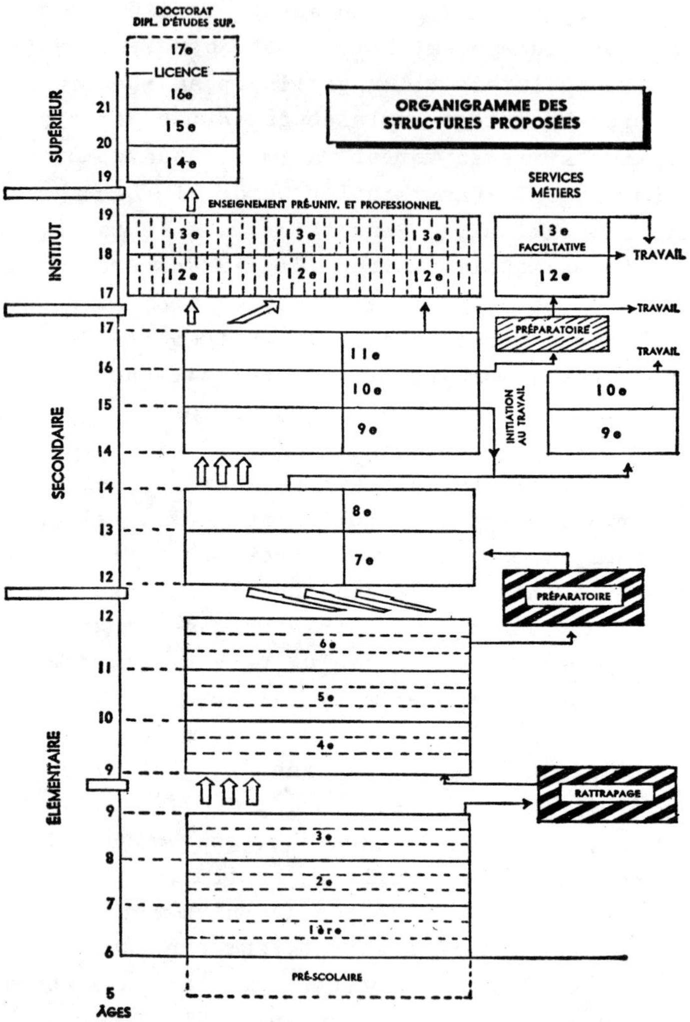

Quelle: Übernommen aus Commission Parent, vol.II, S.71.

Durchlässigkeit im Schulsystem; der CEGEP bietet endlich die Voraussetzung für den Anspruch auf individuelle Chancengleichheit.

Beurteilt man die Bildungsreform in Quebec immanent, mißt man die Ergebnisse an den ihnen als Rahmenbedingungen zugrundeliegenden zwei Prämissen, zum einen an der Ausrichtung auf die Bedürfnisse der Industriegesellschaft, zum zweiten an den Prinzipien des bürgerlich-liberalen Wertsystems, sind die auf der Basis der Empfehlungen der Commission Parent seit 1964 vollzogenen Reformen relativ erfolgreich gewesen. So erbrachten der Abbau der elitären Eingangsbarrieren und die Angleichung der Bildungsinhalte in den anglo- und frankophonen Bildungssystemen - verglichen mit den Verhältnissen vor 1960 - eine mehr als nur geringe, tendentielle Demokratisierung. Die Abkehr von den dogmatischen Wertvorstellungen der katholischen Kirche und das am zivilisatorischen Pluralismus orientierte Bildungsverständnis erlaubten eine bessere Anpassung der Inhalte an die gesellschaftlichen Notwendigkeiten. Die gesamtschulartigen Bildungsgänge vereinfachten die Übergänge von einer Schulstufe zur anderen und führten dadurch eine deutliche Egalisierung der individuellen Startbedingungen herbei. Insgesamt waren mit der Bildungsreform sowohl die institutionellen als auch die inhaltlichen Voraussetzungen für die 'Bildungsexplosion' geschaffen, die seit der zweiten Hälfte der 60er Jahre auch in Quebec begann. Die in Tabelle 55 zusammengestellten Daten zur Entwicklung der Scholarisation in Quebec zwischen 1961 und 1971 vermitteln einen deutlichen Eindruck von dem starken Zuwachs der Schülerzahlen im sekundären und tertiären Bildungsbereich. Die Scholarisationsrate in den Altersgruppen über 16 Jahre, also nach Ende der Schulpflicht, stieg immerhin durchweg um mehr als das Doppelte. Die Bildungsreform hatte damit zweifellos eine tendentielle Nivellierung der zuvor ausgeprägten Bildungsungleichheiten sowohl in ethnisch-kultureller als auch in sozialer Hinsicht zur Folge.

Insgesamt erbrachten die verschiedenen Reformen der Quiet Revolution (neben der Ausbildungsreform u.a. eine stärkere Ausrichtung der staatlichen Politik am neo-liberalistischen Konzept des New Deal, wohlfahrtsstaatlich orientierte soziale Sicherung, die Verstaatlichung verschiedener Versorgungsindustrien wie der Elektrozitätswerke etc.) eine weitreichende Modernisierung der frankophonen Subgesellschaft. Quebec adaptierte sich zunehmend

Tabelle 55: Scholarisation in Quebec, 1961 - 1971, in %

Alter	61[1]	62[1]	65	66	67	68	69	70	71	Zuwachs 61-71 in %
-5	3,8	3,9	12,8	16,6	18,4	21,0	23,0	24,8	24,9	+555,3
5	52,2	57,7	65,8	73,1	78,8	86,8	88,9	91,0	91,0	+ 74,3
6	100,3	98,0	98,5	97,5	98,2	96,9	98,5	98,5	98,5	-(2)
7	99,7	100,8	98,8	98,1	99,2	98,9	98,5	98,5	98,5	-
8	97,1	99,8	100,0	97,3	98,7	99,4	98,5	98,5	98,5	-
9	96,9	97,3	96,4	100,3	98,3	99,3	98,5	98,5	98,5	-
10	97,8	96,2	99,4	94,9	100,4	98,1	98,5	98,5	98,5	-
11	95,9	96,9	103,0	104,2	97,0	100,3	98,5	98,5	98,5	-
12	96,9	94,8	97,3	95,8	99,3	95,2	98,5	98,5	98,5	-
13	95,3	97,3	95,2	97,4	95,1	98,6	98,5	98,5	98,5	+ 3,4
14	92,3	91,9	92,4	93,7	95,4	94,4	95,0	95,5	96,0	+ 4,0
15	73,8	79,0	81,5	86,1	88,1	90,5	91,5	93,0	93,5	+ 26,7
16	50,9	57,3	65,0	68,6	72,3	77,8	80,5	82,5	84,0	+ 65,0
17	30,8	34,8	43,3	45,1	48,7	54,4	57,5	60,5	63,0	+104,5
18	16,0	19,0	26,6	27,1	28,9	33,0	35,0	37,0	39,0	+143,8
19	10,2	11,2	15,7	16,7	17,2	20,9	22,0	23,0	23,5	+130,4
20	7,3	7,3	8,6	8,2	8,2	10,5	12,0	14,0	16,0	+119,2
21(3)			3,1	4,3	4,0	6,0	7,0	8,0	8,5	+174,2
22			1,4	1,8	1,8	3,2	4,0	5,0	5,5	+292,9
23			0,7	0,9	0,7	1,2	1,5	2,0	2,1	+200,0
24			0,4	0,5	0,4	0,7	1,0	1,0	1,2	+200,0

Anmerkungen: (1) Daten über 20 Jahre nicht zugänglich. (2) Zuwachsrate aufgrund allgemeiner Schulpflicht annähernd null. (3) Zuwachsraten für 1965-1971.

Quelle: L'Education au Québec. Rapports des Activités du Ministre de l'Education en 1972, Québec 1973, S.46.

an das industriell-kapitalistische Gesamt-Kanada und verringerte seine ökonomische und soziale 'Rückständigkeit'. Durch die Politik des 'catching up'[60] verminderte sich zugleich die Inferiorität der Frankokanadier als nationale Gruppe und verbesserte sich individuell die Stellung der Bevölkerung. Dennoch stellt sich weiterhin die Grundsatzfrage, ob eine entscheidende Veränderung der sozial-strukturell verfestigten Ungleichheit zwischen den beiden charter groups im Rahmen der bestehenden gesellschaftlichen Bedingungen auf dem eingeschlagenen evolutionären Weg überhaupt erreichbar ist, oder ob sich durch Adaptation und Verbesserung der individuellen Startbedingungen nicht doch nur ein minimaler, über tendentielle Egalisierung nicht hinausgehender Abbau der Ungleichheiten vollzieht, so daß das tradierte Verhältnis, die Dominanz der Anglo- und die Unterprivilegierung der Frankokanadier, im Grunde unverändert bleibt.

Über diese Begrenzungen systemimmanenter Modernisierung gingen die Reformen im Ausbildungssystem jedenfalls nicht hinaus, wenngleich im Bildungssektor die einschneidendsten Veränderungen stattfanden und aufgrund des großen Nachholbedarfs der Wandel folglich relativ ausgeprägt war. Allein durch die vollzogenen Reformen dürfte der jahrzehntelange Vorsprung der Anglokanadier jedoch nicht entscheidend abgebaut und in ein Verhältnis individueller wie nationaler Gleichheit zwischen den beiden charter groups verwandelt werden können; zumal dann nicht, wenn der überkommene bürgerlich-liberale Wert des formalen Anspruchs auf individuelle Gleichheit der Ausbildungschancen als zentrale Wertprämisse aufrecht erhalten wird und die Realisierung des egalitären Bildungsprinzips dadurch in der sozialen Wirklichkeit beschränkt bleibt. Hinzu kommt, daß die Anpassung im sozio-ökonomischen Bereich infolge der verstärkten Sozialisationsprozesse die Gefahr wachsender sozio-kultureller Assimilierung mit sich brachte und somit die nationale Identität der Frankokanadier bedroht und langfristig aushöhlt[61]. Aus beiden Überlegungen heraus sehen die frankokanadischen Independisten in der Konzeption des catching up keine Alternative für die eigene Subgesellschaft[62], während die Federalisten aufgrund ihrer pro-föderalen, gesamtkanadischen Option zwangsläufig auch die Protagonisten der Reformpolitik sind, die zumindest in den Prämissen modernisierungstheoretischen Entwicklungskonzepten für die Staaten der Dritten Welt ähnelt.

3. Kapazitätsbedingungen des kanadischen föderativen Systems

3.1. Verfassungspolitische Rahmenbedingungen des Föderalismus

Der Föderalismus, wie wir ihn heute kennen, soll vor allem zwei Funktionen erfüllen. Ziel ist zum einen Machtdiffusion mittels vertikaler Gewaltenteilung und Minoritätenschutz mittels territorialer Eigenständigkeit. Zweitens dient er der Integration von heterogenen Gesellschaften, wobei meist ökonomische Integration und politische und/oder sozio-kulturelle Eigenständigkeit durch die föderalen Lösungsmechanismen institutioneller wie materieller Art vermittelt werden sollen. Um beide Fragen, einerseits den Zusammenschluß von 'autonomen' territorialen Einheiten zum Zweck ökonomischer Entwicklung, andererseits den Schutz der sozio-kulturellen Identität der Frankokanadier, ging es bei der Verfassungskonstitution von 1867. Beide Problembereiche, der ökonomische wie der ethnisch-kulturelle, standen auch 100 Jahre danach, Ende der 60er Jahre, noch im Mittelpunkt des Versuchs einer Neudefinition des kanadischen Föderalismus, um den sich die 'Federal-Provincial Constitutional Conferences' seit November 1967 bemühten[63]. Den dritten maßgeblichen Gegenstand der Beratungen, deren Ergebnisse programmatisch zusammengefaßt wurden in der 'Victoria Charter' vom 16.Juni 1971, bildeten die Frage der Verfassungssouveränität Kanadas und die Normierung der Bedingungen für Verfassungsänderungen, die bis 1949 grundsätzlich nur vom britischen Parlament vorgenommen werden konnten[64]. Seither verfügt das kanadische Bundesparlament wenigstens in Teilbereichen über die Verfassungssouveränität; die beiden Häuser können das BNA ändern, sofern die folgenden Bereiche nicht tangiert werden:

"... matters coming within the classes of subjects by this Act assigned exclusively to the Legislatures of the provinces, or as regards rights or privileges by this or any other Constitutional Act granted or secured to the Legislature or the government of a province, or to any class of persons with respect to schools or as regards the use of the English or the French language or as regards the requirements that there shall be a session of the Parliament of Canada at least once each year, and that no House of Commons shall continue for more than five years from the day of the return of the Writs for choosing the House..." (BNA, sec. 91).

Bei den ausgedehnten Kompetenzen der Provinzen ist diese Regelung kaum als 'Teil-Souveränität' anzusehen. An der verfassungspolitischen Abhängigkeit von Großbritannien änderte sich dadurch kaum etwas, da für die angeführten Ausnahmen die Zustimmung des Westminster Parlaments weiter erforderlich ist. Die seit 1950 unternommenen Versuche, die Verfassungs-Souveränität vollständig in kanadische Kompetenz zu überführen, scheiterten[65]. So z.B. die Bemühungen von Guy Favreau und seinem Vorgänger als Bundesjustizminister, E.Davie Fulton, Anfang der 60er Jahre; das sog. 'Fulton-Favreau-Formula' sah u.a. vor, daß Fragen, die die verfassungsrechtlichen Kompetenzen der Provinzen berühren, die Regelungen der Sprachen- und Schulfrage durch das BNA und die Normierungen des zum Repräsentationsschlüssel für Unterhauswahlen in section 51 A (Senatsklausel) nur dann revidiert werden können, wenn neben den zwei Kammern des Bundesparlaments auch sämtliche Provinz-Parlamente zustimmen[66]. Die von den Constitutional Conferences in die Victoria Charter aufgenommene Formel enthielt folgende Regelung:

"Amendments to the Constitution of Canada may from time to time be made by proclamation issued by the Governor General under the Great Seal of Canada when so authorized by resolutions of the Senate and House of Commons and of the Legislative Assemblies of at least a majority of the Provinces that includes

(1) every Province that at any time before the issue of such proclamations had, according to any previous general census, a population of at least twenty-five percent of the population of Canada;

(2) at least two of the Atlantic Provinces;

(3) at least two of the Western Provinces that have, according to the then latest census, combined populations of at least fifty percent of the population of all Western Provinces..." (zit.n. Special Joint Committee 1972, S.108).

Legt man die Bevölkerungsverteilung von 1971 zugrunde, bedeutet dies: Nach (1) besitzen sowohl Ontario als auch Quebec ein Vetorecht; nach (3) verfügt praktisch auch British Columbia über ein Vetorecht, da entweder nur alle drei Prärieprovinzen (ohne British Columbia) oder aber British Columbia plus eine der Prärieprovinzen über mehr als 50 % der Bevölkerung stellen.

Daß Verfassungsänderungen unverändert der - wenn auch im Grunde nurmehr formalen - Zustimmung durch das britische Parlament bedürfen, ist ein besonders typischer Reflex der historischen Besonderheit Kanadas; in ihr spiegeln sich noch immer der einst kolonialabhängige Status, die engen Bindungen an das Mutterland. Dieser verfassungspolitische Anachronismus des seit dem Ende des I.Weltkriegs und endgültig seit dem Westminster Statut von

1931 völkerrechtlich souveränen Kanadas ist jedoch vor allem eine Folge der Tatsache, daß das kanadische politische System bislang nicht in der Lage gewesen ist, einen die verschiedenen Subsystem-Interessen berücksichtigenden Verfassungsreformkompromiß auszuhandeln. Wie schwer ein solcher Ausgleich ist, zeigen die komplizierten Formeln, sodann auch das Beispiel der Reform der Repräsentation zum Unterhaus (s. Kapitel B/4).

Aufgrund der verfassungspolitischen Immobilität konnten in den entscheidenden Politikbereichen nur wenige Verfassungsänderungen durchgesetzt werden. Die Aufgabenverteilung zwischen Bund und Provinz, wie sie 1867 für eine bestimmte Phase der gesellschaftlichen Entwicklung verfassungsrechtlich normiert wurde, blieb jedenfalls in ihren Grundzügen unangetastet. Letztlich bedeutete dies, daß die Verfassungsnormierungen den gewandelten sozialen und ökonomischen Bedingungen immer weniger entsprachen und sich vielfach zum Hemmschuh politisch-sozialer Veränderung entwickelten. Der verfassungspolitische Impasse veranlaßte die Politik zudem, nach Auswegen zu suchen, die die Verfassungsnormen weitgehend unangetastet ließen, aber dennoch zugleich und unterhalb der Verfassungsebene die erforderlichen Adaptationen ermöglichten, wodurch sich allerdings Verfassungsnorm und Verfassungswirklichkeit zunehmend weiter voneinander entfernten.

Den Anstoß zu dieser Entwicklung bildete insbesondere die keynesianisch/neo-liberale Erweiterung der Staatsinterventionen auf sozial- und wirtschaftspolitischem Gebiet. Sie erforderten im Grunde eine indessen nicht erreichbare Neuabgrenzung der Verfassungskompetenzen zwischen Bund und Provinzen; an ihre Stelle traten neue Akkommodationsmechanismen, die von der Anerkenntnis wechselseitiger Kompetenzerweiterung und gemeinschaftlicher Durchführung der zusätzlichen Staatsfunktionen ausgingen. Zwar ergab sich zunächst ein Aufgaben- und damit Machtzuwachs des Bundes; er vollzog sich vor allem aufgrund der Ausnahmegesetzgebung während des II.Weltkriegs und im Jahrzehnt nach 1945 im Zuge der Einführung der New Deal gleichen sozialpolitischen Reformen unter den liberalen Bundesregierungen bis 1957. Der Bund besaß zu dieser Zeit einen Einflußspielraum, der, gemessen an den zentralisierteren europäischen Staaten, stets relativ gering, im Vergleich zur eigenen kanadischen Geschichte außerordentlich groß war. Seit Ende der 50er und Anfang der 60er Jahre setzten sich jedoch gegenläufige Tendenzen im politischen Prozeß durch. Die Provinzen konnten als Folge einer ganzen Reihe von Faktoren, unter denen neben u.a. dem zentrifugalen Einfluß der USA, dem Konflikt von Anglo- und Frankokanadiern etc. die Abwehrreaktion auf die zentralistischen Tendenzen nur ein Motiv darstellte, ihre Machtposition auf Kosten des Bundes erheblich ausbauen[67]. Die Gewichtsverlagerung führte aber keineswegs zu 'bürgernaher' Dezentralisierung und zu erweiterten Partizipationschancen der Bevölkerung an den politischen Entscheidungen; sie beschleunigte vielmehr auch in Kanada die bereits in Gang befindliche Entwicklung zum 'kooperativen Föderalismus', in der man (generell) in nicht zentralistisch verfaßten bürgerlich-demokratischen Staaten die ebenso folgerichtige wie notwendige Adaptation der föderativen Systemstrukturen an die zunehmende Organisiertheit der kapitalistischen Gesellschaft sehen kann[68].

Kooperativer Föderalismus bedeutet aber gleichzeitig auch die Ausweitung exekutiver Kompetenzen und Macht, so daß man diesen als Resultat der neo-liberalen Staatsinterventionen eingetretenen Strukturwandel im politischen System gleichermaßen als 'executive federalism' beschrieben hat[69]. Komplementär zum Einflußverlust des Parlaments zugunsten der Regierungen und vor allem der staatlichen Bürokratien, auf den u.a. die Parlamentarismuskritik nachdrücklich hingewiesen hat, tritt als weiteres strukturelles Merkmal die Verlagerung der maßgeblichen politischen Entscheidungen auf die intergouvernementale Ebene. Kooperativer Föderalismus ist gekennzeichnet durch eine Vielzahl interministerieller Instanzen, von gemeinsam beschickten Agenturen, oftmals auch von informellen Gremien von Bundes- und Provinzbürokratien, die (in einem engeren Verfassungsverständnis) vielfach auf einer extrakonstitutionellen Basis agieren. Allen gemeinsam ist, daß sie häufig im Niemandsland politischer Kontrolle angesiedelt sind; sie können weder vom Bundes- noch von den Provinzparlamenten hinreichend kontrolliert werden; zudem sind auch die Medien der öffentlichen Meinung oft nur schwerlich in der Lage, die ihnen zugrundeliegenden Prozesse der Elitenakkommodation aufzuhellen.

Derartige institutionalisierte wie informelle Entscheidungsabläufe zwischen Bund und Provinzen gibt es mittlerweile auch in Kanada in allen den Politikbereichen, wie sie für die Bundesrepublik etwa mit dem ideologiebehafteten Begriff der 'Gemeinschaftsaufgaben' umschrieben sind. An der Spitze der bereits Ende der 60er Jahre annähernd 200 verschiedenen Instanzen des kooperativen Föderalismus - seien es interprovinziale, seien es gemeinsam von Bund und Provinzen bestellte Gremien - stehen die Federal-Provincial Conferences der Premierminister, die allerdings in unregelmäßigen Abständen und mit wechselnden Themenstellungen abgehalten werden[70]. Sie haben sich jedoch vor allem durch die Constitutional Conferences seit 1967 zu einem außerordentlich wichtigen Gremium der Beratung und Absprache über politische Grundsatzfragen entwickelt, in denen manche politischen Beobachter "the third level of government in Canada"[71] sehen. Die Victoria Charter schlug die verfassungsrechtliche Verankerung dieser jährlich vom Premierminister einzuberufenden Konferenz vor. Der gemeinsame Ausschuß von Senat und Unterhaus für die Verfassungsrevision entwickelte dazu weitergehende Vorstellungen; er schlug zudem die Einrichtung eines ständigen von Bund und Provinzen gemeinsam bestellten Sekretariats vor, das in Fortführung seiner Koordinationsfunktion für die Constitutional Conferences die Entscheidungsvorbereitung in allen Bereichen der 'Gemeinschaftsaufgaben' übernehmen solle[72]; der Ausschuß forderte ferner die Einrichtung einer gleichfalls jährlich einzuberufenden Konferenz der Repräsentanten aller drei Gebietskörperschaften, um damit auch den Gemeinden die Möglichkeit der Artikulation einzuräumen. Weit weniger im Zentrum des öffentlichen Interesses als die Federal-Provincial Conferences, aber deshalb von nicht geringerem Einfluß ist die jährliche Konferenz der Provinzpremiers ohne Beteiligung des Bundes, die 1960 erstmals auf Initiative des liberalen Regierungschefs Lesage in Quebec zusammentrat. Das Gewicht dieser Zusammenkunft scheint gerade in ihrem informellen Charakter zu liegen; hinzu kommt, daß die Bundesinteressen in diesen Gesprächen nicht vertreten sind, was einen Ausgleich der Provinzen in Fragen, in denen sie der Bundesexekutive gemeinsam gegenüberstehen, zweifelsohne fördert.

Von den zahlreichen Gremien unterhalb der Ebene der Regierungschefs kommen besondere Bedeutung vor allem den Instanzen in Bund und Provinzen zu, die für Durchführung und Weiterentwicklung des komplexen Finanzsystems zuständig sind, wie die Finanzminister-Konferenz, sodann die ständigen Einrichtungen, u.a. das im Jahre 1955 eingesetzte 'Continuing Committee on Fiscal and Economic Matters', das 1964 institutionalisierte 'Tax Structure

Committee' etc. Aus der Sicht der USA, die bis Ende der 60er Jahre kaum zu einer systematischen finanziellen Kooperation der drei Gebietskörperschaften in der Lage waren und dessen System des 'revenue sharing', von dem damaligen Präsidenten Nixon mit dem Schlagwort: "Returning Power to the People" propagiert[73], mehr schlecht als recht funktioniert, galt Kanada in der Vergangenheit gerade wegen der Möglichkeit finanzieller Umverteilung als Vorbild für einen funktionsfähigen kooperativen Föderalismus.

3.2. Regionale Entwicklungsdisparitäten - Finanzstruktur - föderale Umverteilungsmöglichkeiten

Die ökonomische Machtverteilung, wie sie bei der Gründung der Konföderation im BNA verfassungsrechtlich normiert wurde, bestimmt in den Grundzügen auch heute noch das Verhältnis zwischen Bund und Provinz. Section 91 definiert die Bundes-, section 92 die Provinz-Kompetenzen, wobei - wie u.a. Donald Creighton in einer jüngst wieder veröffentlichten Analyse gezeigt hat - die Unterscheidung von 'land' und 'commerce' das maßgebliche Machtverteilungskriterium darstellte[74]. In Übereinstimmung mit dem an Schutz vor der US-amerikanischen Konkurrenz interessierten kanadischen Handelskapital (vgl. Kapitel F/2) zielten die Verfassungsväter mit dem Bundesstaat primär auf eine Zoll- und Währungsunion, die einen zusammenhängenden und unbehinderten Warenverkehr nördlich des 49.Breitengrades ermöglichte[75]. Der Bund verfügt seither über die alleinige Gesetzgebungskompetenz in allen Fragen, die Handel, Verkehr und Kommunikation international wie innerkanadisch betreffen, in Fragen des Währungs- und Bankensystems, bei Patenten und anderweitigen Urheberrechten, im Staatsrecht, u.a. bei Fragen wie der Naturalisierung, im Zivil- und Strafrecht etc. Von den Kompetenzen des Provinzgesetzgebers, u.a. das Gesundheitswesen, Justizverwaltung und Strafvollzug, das Gemeinderecht, öffentliche Arbeiten mit Ausnahme derjenigen, die interprovinziale Transport- und Kommunikation betreffen, etc., ist vor allem das Eigentumsrecht der Provinzen an Land und Bodenschätzen einschließlich deren Veräußerung, auch der Verstaatlichung von privatem Grundbesitz, besonders hervorzuheben. In einem Land, dessen ökonomisches Potential außerordentlich von den natürlichen Ressourcen abhängt, verfügen die Provinzen dadurch über ein erhebliches politisches wie ökonomisches Gewicht. Hinzu kommt, daß die Verfassungsväter aus Gründen der Garantie des ethnisch-kulturellen Dualismus von Anglo- und Frankokanadiern den Provinzen Kulturhoheit und Bildungswesen übertrugen. Zwei der drei grundlegenden input-Faktoren im ökonomischen System, der Faktor Boden und indirekt über die vermittelte Ausbildung auch der Faktor Arbeit, fallen damit in die Kompetenz der Provinzen und eben nicht nationalstaatlicher Politik.

An dieser legislatorischen Machtverteilung durch das BNA hat sich bis heute nichts Entscheidendes geändert. Verfassungsrechtlich erfolgten nur drei Ergänzungen, die sämtlich erst nach der Weltwirtschaftskrise eingeführt wurden und sozialstaatliche Absicherungen beinhalten[76]: 1940 erhielt das Bundesparlament die alleinige Zuständigkeit auf dem Gebiet der Arbeitslosenversicherung; im Jahre 1951 - und neuerlich verfassungsrechtlich modifiziert im Jahre 1964 - wurde bei der staatlichen Rentenversicherung die konkurrierende Gesetzgebung eingeführt; ein Streitpunkt, der auch bei den Verfassungskonferenzen ab 1967 wieder auf der Tagesordnung stand und Anlaß wie Ursache für das Scheitern der Victoria Charter im Jahre 1971 bildete.

Einen, wenn nicht den zentralen Vermittlungsmechanismus im politischen System, der einen Ausgleich unterschiedlicher ökonomischer Zielvorstellungen und finanzieller Interessen ermöglichen soll, stellt heute der Finanzausgleich dar, wobei sich Bund und Provinzen, zumindest ebenso oft aber die Minderheit der reichen auf der einen und die Mehrheit der armen Provinzen gemeinsam mit dem Bund auf der anderen Seite, konfliktiv gegenüberstehen. Auch in diesem eminent wichtigen Politikbereich sind die konkreten Lösungen in Steuerrecht und Finanzstruktur das Ergebnis von Regelungen unterhalb der Ebene des Verfassungsrechts. Detaillierte und/oder an den sozio-ökonomischen Wandel adaptierte Verfassungsbestimmungen zur Finanzstruktur existieren nicht; es gelten vielmehr noch immer die Normen des BNA in ihrer ursprünglichen Fassung, die die Erhebung direkter Steuern konkurrierend Bund und Provinzen übertrug, in section 91 dem Bundesparlament indes gestattete: "The raising of money by any mode or system of Taxation" (BNA, s.91). Orientiert an den ökonomischen Strukturen Kanadas in der Mitte des 19.Jahrhunderts, erhielt der Bund die Hauptquellen staatlicher Einnahmen der damaligen Zeit, Zölle, indirekte Steuern, Abgaben, zugewiesen. Die Situation hat sich mittlerweile selbstverständlich grundlegend gewandelt; dies gilt für das Verhältnis von indirekten zu direkten Steuern ebenso wie hinsichtlich der Höhe des Steueraufkommens von Bund und Provinz.

Ausgleichszahlungen des Bundes an die Provinzen gibt es seit der Gründung des Bundesstaates. Erste Subventionen sind bereits 1867 in die Verfassung aufgenommen worden; sie bestehen bis heute fort, wenngleich ihre Höhe (im Haushaltsjahr 1972/73 $ 33,8 Millionen) notwendig gering ist[77]. Die Beteiligung des Bundes an vorher festgelegten, von den Provinzen durchzuführenden Politikprogrammen erfolgte erstmalig 1912, als der Bund für eine Periode von zehn Jahren einen Betrag von $ 10 Millionen für landwirtschaftliche Ausbildungsprogramme bereitstellte. Bedeutung erlangte die Frage des Finanzausgleichs allerdings erst seit der Weltwirtschaftskrise und seit dem II.Weltkrieg, als im Gefolge der Kriegsanforderungen und der Sozialstaatsinterventionen der Anteil des Staates am GNP stark anstieg. Die Form der Finanzstruktur geht dabei zurück u.a. auf den im Jahre 1940 veröffentlichten Rowell-Sirois-Report, der in seinen Schlußfolgerungen formulierte, daß aus der Weltwirtschaftskrise als eine Konsequenz gesellschaftspolitischer Veränderung die Notwendigkeit resultiere,

"... to enable each province (including its municipalities) without resort to heavier taxation than the Canadian average to provide adequate social, educational and developmental services..." (Rowell-Sirois 1940, Book II, S.126).

Erreicht werden sollte dies durch ein völlig neues System steuerlicher Umverteilung, in dessen Mittelpunkt ein genereller interprovinzialer Finanzausgleich ohne besondere Ausgabeverpflichtungen der Empfänger, ohne Bindungen an bestimmte Sachprogramme stehen und dessen Grundlage die unterschiedlichen Provinzbedürfnisse bilden sollten. Zumindest das Ziel der Forderungen, die Herstellung neo-liberaler Chancengleichheit mittels Finanzausgleich und Umverteilungen im Steueraufkommen, setzte sich anschließend als Basis des kooperativen Föderalismus durch[78]. Im Jahre 1941 erfolgte als weiterer maßgeblicher Schritt in Richtung auf das moderne Finanzsystem die Übernahme der Einkommenssteuer durch den Bund, der dafür Ausgleichszahlungen leistete und seit 1962 auch die provinziale Einkommenssteuer stellvertretend mit einzieht und sie über den Umweg des Finanzausgleichs an die Provinzen weitergibt. Formal wird drittens der Finanzausgleich gleichfalls seit 1941 jeweils für eine Periode von fünf Jahren abgeschlossen, ist jedoch stets, bislang letztmalig für den Zeitraum bis 1977 durch das 'Federal-Provincial Fiscal Arrangements Act' von 1972, wenn auch in den Details mehrfach modifiziert, fortgeschrieben worden. Grundsätzlich lassen sich vier Formen der Umverteilung zwischen Bund und Provinzen unterscheiden:

Erstens: Die als 'general purpose transfers' bezeichneten, an keine Bedingungen geknüpften Zuschüsse des Bundes, deren Umfang allerdings verhältnismäßig gering und zudem in den letzten Jahren rückläufig ist.

Zweitens: Die als 'specific purpose transfers' bezeichneten Beiträge des Bundes zu bestimmten, von Bund und Provinzen gemeinsam finanzierten Sozialleistungen und Entwicklungsprojekten[79]. Lag die Summe derartiger Bundesmittel im Haushaltsjahr 1953/54 gerade bei $ 75 Millionen, so erreichte der Bundesbeitrag 1967/68 $ 1,3 Milliarden und 1972/73 unter Einschluß der Zahlungen an die zwei Bundesterritorien $ 3,044 Milliarden. Es handelt sich dabei primär um Zahlungen für Sozialleistungen im Rahmen solcher staatlichen Programme wie der 1958 eingeführten Krankenhausversicherung ('hospital care' mit einem Bundeszuschuß in Höhe von 1972/73 $ 962 Millionen), dem 1968 institutionalisierten System von 'Medicare' (1972/73: $ 668 Millionen), dem 'Canada Assistance Plan', in dem seit 1966/67 alle Wohlfahrts-Programme zusammengefaßt sind (1972/73: $ 493 Millionen). Die z.B. im Haushaltsjahr 1972/73 verbleibenden rund $ 800 Millionen im Rahmen der 'specific purpose transfers' werden weitgehend verwandt für Zuschüsse im Ausbildungsbereich und für Projekte ökonomischer Entwicklung im landwirtschaftlichen, aber auch im industriellen und in den weiteren bekannten Bereichen der Infrastrukturpolitik.

Drittens: Die als 'federal equalization transfers' bezeichneten Ausgleichszahlungen, die nicht an Auflagen gebunden sind und den eigentlichen Kern des Finanzausgleichs ausmachen. Ihre Basis stellen die Einkommenssteuer sowohl aus lohnabhängiger Arbeit als auch aus Unternehmenstätigkeit dar. Die Verteilung der Mittel auf die Provinzen erfolgt dabei nach einem Schlüssel, der (nach dem Finanzausgleichsgesetz von 1972) den Anteil jeder Provinz an der Summe aller staatlichen Einkünfte aus 19 verschiedenen steuerlichen und anderen Einnahmequellen in Relation setzt zum Bevölkerungsanteil der betreffenden Provinz. Die Summe dieser Mittel lag

Tabelle 56 : Zur Struktur der Ausgleichsleistungen des Bundes an die Provinzen

	Federal Equalization Transfers 1969/70	Grants 1968/69 Unconditional	Grants 1968/69 Conditional	Grants 1968/69 Total	Federal Equalization Transfers 1971/72	in % of Provincial Revenue
	Mio. $	Mio. $	Mio. $	Mio.$	Mio. $	
Nfld.	86,0	76,3	65,9	142,2	120,6	71
P.E.I.	16,9	14,6	14,3	28,9	23,2	61
N.S.	90,0	80,6	96,6	177,2	93,8	34
N.B.	83,1	66,2	65,7	131,9	97,2	39
Que.	343,1	382,9	186,1	569,0	511,6	19
Ont.	-	26,8	475,0	501,8	-	-
Man.	42,1	47,5	78,1	125,6	58,6	14
Sask.	12,3	27,4	76,2	103,6	115,6	27
Alta.	-	14,2	119,8	134,0	-	-
B.C.	-	2,2	124,7	126,9	-	-
Total	673,5	738,7	1.302,4	2.041,1	1,021,6	

Finanzleistungen des Bundes 1972/73

	Federal Equalization Transfers	per capita	Unconditional Grants	Specific Purpose Transfers	Total Transfer Payments	per capita
	Mio. $	(Bev.1971)	Mio. $	Mio. $	Mio. $	(Bev.1971)
Nfld.	114,4	219	12,6	112,5	239,5	459
P.E.I.	146,8	131	2,4	33,1	182,2	163
N.S.	25,1	32	6,2	136,6	168,0	213
N.B.	125,2	197	4,6	124,9	254,8	402
Que.	462,4	77	254,3	482,6	1.199,3	199
Ont.	-	-	49,4	1.142,1	1.191,5	155
Man.	89,8	91	4,8	169,8	264,4	268
Sask.	173,6	187	3,3	135,7	312,7	338
Alta.	-	-	22,8	280,3	303,1	186
B.C.	-	-	6,2	291,1	297,3	136
Total	1.137,4		366,6	2.908,7	4.412,8	205

Quellen: Canada Yearbook 1974, passim; Brewis 1971, passim; Smiley 1972, passim.

beispielsweise 1967/68 bei $ 549,6 Millionen und stieg in der Folgezeit auf 1971/72 $ 1.020,6 und 1972/73 $ 1.137,4 Millionen, wobei traditionell mit Ausnahme der drei 'reichen' Provinzen Ontario, British Columbia und Alberta, allen anderen Provinzen, also auch Quebec, Bundesmittel zugeflossen sind. Im Haushaltsjahr 1971/72 betrug dabei der Anteil dieser Bundeszuschüsse am Provinzhaushalt von Newfoundland ca. 70 %, im Falle Quebecs machten die Zuschüsse immerhin 19 % des Etats aus.
Viertens: Die Aufteilung der Einkommenssteuer auf Bund und Provinzen, wobei in der Vergangenheit je nach den in den verschiedenen 'Tax Collection Arrangements' getroffenen Regelungen der Prozentsatz differierte, aber auch das System des Steuerausgleichs variierte (s.u.).

Durch den II.Weltkrieg und im Gefolge der im Anschluß daran praktizierten neo-liberalen Politik vergrößerte sich wie in den anderen liberal-kapitalistischen Industriestaaten auch in Kanada der Anteil des Staates am Brutto-Sozial-Produkt rasch wachsend, wenngleich auch keineswegs stetig. Lag der Prozentsatz der Einnahmen aller drei staatlichen Ebenen vor dem II.Weltkrieg noch unter 1/5, betrug er nach einem kurzfristigen Rückgang nach Ende des Krieges während der 50er Jahre knapp über 1/4, um 1966 ca. 1/3 und nach 1972 über 4/10 des GNP zu erreichen. Einen ähnlichen, allerdings durch antizyklische Haushaltsführung modifizierten Verlauf kennzeichnet die Zuwachsraten bei den Staatsausgaben; veränderte sich die Staatsquote während der 50er Jahre kaum, stieg der Anteil der Staatsausgaben am GNP zwischen 1960 und 1966 bzw. 1966 und 1974 jeweils um knapp 10 Prozentpunkte von 19,4 % auf 28,5 % bzw. 38,1 %.

Analysiert man die Finanzstruktur mit Blick auf die jeweilige Finanzkraft der drei Gebietskörperschaften, werden erhebliche Veränderungen im Anteil der Gebietskörperschaften sowohl bei den Einnahmen als auch bei den Ausgaben sichtbar. Die Umschichtungen in der Finanzkraft von Bund, Provinz und Gemeinden sind zusätzlich zur Ausdehnung der Staatsquote ein weiteres maßgebliches Charakteristikum der Periode nach dem II.Weltkrieg[80]. Der Anteil des Bundes, der z.B. im Jahre 1945 immerhin 70,5 % sämtlicher Staatseinnahmen betragen hatte, während die Provinzen und Gemeinden (bei Berücksichtigung nur ihrer eigenen Einnahmequellen, ohne Transfereinkünfte) über einen Anteil an den Staatseinnahmen von 12,2 % bzw. 10,7 % verfügten, sank nach dem Krieg in starkem Maße ab; erhielt der Bund 1950 noch 60,9 % sämtlicher Staatseinnahmen, sind es seit Mitte der 60er Jahre nurmehr knapp unter oder über 40 %. Eine ähnlich rückläufige Tendenz weisen die Ausgabenanteile des Bundes auf, wobei noch verstärkend hinzu kommt, daß sich der Prozentsatz der Ausgleichszahlungen des Bundes seit 1950 von damals 11,0 % des Bundeshaushaltes auf 22,1 % im Jahre 1974 verdoppelte. Nur geringfügig veränderten sich hingegen Einnahme- wie Ausgabenanteile der Gemeinden; allerdings reduzierten sich die Eigenmittel der Kommunen drastisch. Der Anteil des kommunalen Finanzaufkommens an den Gemeindeetats liegt gegenwärtig unter 50 %, so daß die Kommunen, die im Jahre 1950 ihre Haushalte noch zu 3/4 selbst finanzierten, heute weitgehend auf die vornehmlich von den Provinzen aufgebrachten Transferleistungen des Finanzausgleichs angewiesen sind. Nutznießer waren so die Provinzen, deren Finanz-

Tabelle 57 : Einnahmen und Ausgaben der Gebietskörperschaften, 1950 - 1974

	1950	1960	1966	1970	1972	1974
a) GNP in Mio.$	18.491	38.359	61.828	85.685	103.952	140.880
b) Total Revenue in Mio.$ (incl. transfers)	4.866	11.970	23.418	39.590	49.686	70.183
c) Total Revenue in Mio.$ (without transfers)	4.433	10.245	19.957	33.051	41.168	58.924
in % of a)	24,0	26,7	32,7	38,6	39,6	41,8
d) Federal Revenue in Mio.$	2.962	6.406	9.817	15.296	19.249	29.003
in % of a)	16,0	16,7	15,9	17,9	18,5	20,6
in % of b)	60,9	53,5	41,9	38,6	38,7	41,3
e) Provincial Revenue in Mio.$	1.164	3.165	7.087	13.500	17.238	24.603
in % of a)	6,3	8,3	11,5	15,8	16,6	17,5
in % of b)	23,9	26,4	30,3	34,1	34,7	35,1
own sources in Mio.$	903	2.186	5.494	10.153	12.789	18.578
in % of e)	77,6	69,1	77,5	75,2	74,2	75,5
	261	979	1.593	3.347	4.449	6.025
f) Local Revenue in Mio.$	740	2.399	4.488	7.130	8.600	10.357
in % of a)	4,0	6,2	7,3	8,3	8,3	7,4
in % of b)	15,2	20,0	19,2	18,0	17,3	14,8
own sources in Mio.$	568	1.653	2.620	3.938	4.531	5.123
in % of f)	76,8	68,9	58,4	55,2	52,7	49,5
transfers	172	746	1.868	3.192	4.069	5.234
g) Total Expenditure in Mio.$ (incl. transfers)	4.016	11.594	21.015	36.855	47.212	64.820
without transfers in Mio.$	3.594	9.903	17.628	30.404	38.792	53.623
in % of a)	19,4	19,4	28,5	35,5	37,3	38,1
h) Federal Expenditure in Mio.$	2.291	6.518	9.323	14.797	19.495	27.826
in % of a)	12,4	17,0	15,1	17,3	18,8	19,8
in % of g)	57,0	56,2	44,4	40,1	41,3	42,9
goods and services	923	2.426	3.267	4.551	5.444	7.401
in % of h)	40,3	37,2	35,0	30,8	27,9	26,6
transfers to govts.	251	994	1.664	3.397	4.558	6.146
in % of h)	11,0	15,3	17,8	23,0	23,4	22,1
i) Provincial Expenditure in Mio.$	1.034	2.920	6.563	13.078	16.880	22.791
in % of a)	5,6	7,6	10,6	15,3	16,2	16,2
in % of g)	25,7	25,2	31,2	35,5	35,7	35,2
goods and services	391	986	1.890	4.109	5.340	7.445
in % of i)	37,8	33,8	28,8	31,4	31,6	32,7
transfers to govts.	171	714	1.760	3.098	3.911	5.082
in % of i)	16,5	24,5	26,8	23,7	23,2	22,3
k) Local Expenditure in Mio.$	691	2.156	3.916	6.675	7.845	9.960
in % of a)	3,7	5,6	6,3	7,8	7,5	7,1
in % of g)	17,2	18,6	18,6	18,1	16,6	15,4
goods and services	614	1.869	3.399	5.803	6.809	8.821
in % of k)	88,6	86,7	86,8	86,9	86,8	88,6

Anmerkung: Die Basis für die Prozentangaben bilden die Einnahmen bzw. Ausgaben einschließlich der jeweiligen Transfer-Leistungen.

Quelle: Stat.Can./74,passim.

kraft gleich in zweifacher Weise anwuchs; erstens profitierten sie von den steigenden Leistungen des Bundes im Rahmen des Finanzausgleichs; zweitens vergrößerten sich ihre Einkünfte deutlich überproportional, wie der - verglichen mit den Etats des Bundes wie der Gemeinden - stark gestiegene Anteil der Provinzhaushalte am GNP zeigt (vgl. Tabelle 57).

Zugrunde lagen diesen Veränderungen in der Finanzkraft der Gebietskörperschaften Reformen im System des Finanzausgleichs, die die Provinzen in Wechselwirkung mit dem in der 2.Hälfte der 50er Jahre einsetzenden Prozeß der Machtverlagerung im Verhältnis Bund-Provinzen in der Folgezeit sukzessive zu erreichen wußten. Hervorzuheben sind dabei drei Aspekte, in denen es den Provinzen gelang, strukturelle Veränderungen durchzusetzen[81]:

Erstens vermochten die Provinzen die Koppelung von Einkommenssteuerhoheit und Ausgleichsleistungen des Bundes aufzubrechen, die seit der Implementierung des Finanzausgleichs im Jahre 1941 bestanden hatte, als die Provinzen auf die verfassungsrechtlich mögliche Erhebung eigener Einkommenssteuer zugunsten der Zuschüsse des Bundes im Rahmen der Umverteilung durch den Finanzausgleich verzichtet hatten. Nachdem die Provinz Quebec bereits 1954 im Alleingang begonnen hatte, die individuellen Einkommen zusätzlich zur Bundessteuer mit einer eigenen Provinzsteuer zu belegen, gab der Bund in der Abmachung zum Finanzausgleich von 1957 das faktisch bereits durchbrochene Junktim auf; er leistete seine Zuschüsse an die Provinzen seither ohne Bedingungen und unabhängig von den fortbestehenden Anteilen der Provinzen an der Einkommenssteuer.

Zweitens verzichtete der Bund damit auf das Einkommenssteuermonopol, das ihm unter dem Eindruck der Anforderungen während des II.Weltkriegs faktisch zugefallen war. Zwar sah das Finanzabkommen von 1957 die Einkommenssteuer noch als Bundessteuer an, von der den Provinzen ein bestimmter Anteil zugewiesen wurde, doch enthielt das Abkommen mit Blick auf den steuerlichen Alleingang Quebecs die Kann-Vorschrift, daß die Provinzen den ihnen zustehenden Prozentsatz auch als eigenständige Steuer erheben könnten, wobei sich der Einkommenssteueranspruch des Bundes gegenüber dem Steuerpflichtigen um den Prozentsatz der Provinzsteuer verringerte. Im folgenden Finanzabkommen von 1962 wurde die dadurch praktisch schon vollzogene Aufspaltung der Einkommenssteuer durch die

Einführung eben dieses Abzugssystems dann formal fixiert[82]. Den Provinzen fließt seither ein beträchtlicher Teil an der Einkommenssteuer aus eigenem Recht zu, wenngleich sie auch weiterhin und zudem kostenfrei vom Bund eingezogen wird; dies gilt umso mehr, als gegenwärtig nicht nur alle Provinzen Einkommenssteuer erheben, sondern mittlerweile bereits von Provinz zu Provinz unterschiedliche Steuersätze gelten.

Drittens ist es den Provinzen bei den verschiedenen Neuverhandlungen der Finanzabkommen gelungen, den Anteil und damit das Verhältnis von Bund und Provinz am Gesamtaufkommen der Einkommenssteuer beträchtlich zu ihren Gunsten zu verschieben. Der Anteil an der Einkommenssteuer aus Unternehmenstätigkeit betrug nach 1957 zunächst 9 %; er wurde 1967 um einen Punkt angehoben; allerdings lag der Prozentsatz mit 11- 13 % in sieben der zehn Provinzen über den bei den Zahlungen an den Bund absetzbaren 10 % des Gesamtbetrags. Der Anteil an der individuellen Einkommens-/Lohnsteuer war 1957 zunächst auf 10 % festgelegt worden und wurde 1962 auf 16 % mit einer jährlichen Erhöhung um einen Prozentpunkt bis auf 20 % sowie 1967 nochmals um acht Punkte auf 28 % angehoben. Der Prozentsatz der Provinzsteuer übersteigt indes auch bei der individuellen Einkommenssteuer - bei zu Beginn des Jahres 1974 interprovinzialen Differenzen zwischen minimal 30,5 % in British Columbia und Ontario und maximal 42,5 % in Manitoba - seit längerem überall mehr oder minder deutlich den abzugsfähigen Verrechnungssatz[83]. Durch die Steuerreform im Jahre 1972 wurde allerdings auch diese Verbindung zwischen Bund und Provinzen bei der Einkommenssteuer aufgehoben; der Bund reduzierte die individuell zu leistenden Einkommenssteuersätze um genau die Höhe des Verrechnungssatzes, womit das Abzugs- und Umverteilungsverfahren entfiel. Wenngleich sich dadurch für den Steuerzahler bei in der Summe gleichen Steuersätzen keine Veränderungen ergaben, stellte die Reform durch die jetzt auch formal endgültig vollzogene Aufspaltung der Einkommenssteuer einen weiteren bedeutsamen strukturellen Einschnitt im Verhältnis zwischen Bund und Provinzen dar; Bund und Provinzen erheben seither die Einkommenssteuer völlig unabhängig voneinander, aus eigenem Recht und auch in der Bemessung selbständig.

Die Ursachen für die Machtverlagerung weg vom Bund, wie sie durch die Veränderungen im Finanzsystem einerseits reflektiert, andererseits infolge der ständig wachsenden Finanzkraft der Provinzen aber auch beeinflußt wurde, brauchen in diesem Zusammenhang nur kurz beleuchtet zu werden. Einer der Gründe lag sicherlich in der Abnützung einer in der Regierung verbrauchten liberalen Bundespartei, die - seit 1935 ununterbrochen regierend - zunehmend weniger in der Lage war, auf die politischen Entwicklungen zureichend zu reagieren, geschweige denn innovativ auf sie einzuwirken. Hinzu kam, worauf John Meisel (1962) in seiner Analyse der Unterhauswahl von 1957 zu Recht hingewiesen hat, die Vernachlässigung von regionalen und provinzialen Bedürfnissen vor allem der Bevölkerung der Prärie und an der Ostküste zugunsten der Interessen Zentral-Kanadas. Zusammen mit der in etwa gleichzeitigen konjunkturzyklischen Depression nach dem 'Korea-Boom', der sich in der Peripherie infolge des niedrigeren sozio-ökonomischen Entwicklungsniveaus zudem überdurchschnittlich auswirkte, verstärkte dies die in der Bevölkerung außerhalb Quebecs traditionell weit verbreiteten Einstellungen,die den Liberalen als Partei wenig Kompetenz, dafür umso mehr Arroganz in ihrem Verhalten gegen den 'Durchschnittskanadier' zuweisen[84].

Die wachsende Unzufriedenheit in der Bevölkerung galt zwar primär der Regierungspartei, richtete sich zugleich aber auch gegen die Zentralgewalt in Ottawa überhaupt, eine Tendenz, auf der die Konservativen und ihr Spitzenkandidat Diefenbaker ihre Wahlkampfstrategie von 1957 aufbauten und die sie nach dem Wahlsieg auch aus der Regierung heraus durch eine bewußt betriebene Politik der Dezentralisierung weiter verfolgten. Dieser Konzeption, die nach 1963 von den dann neuerlich liberalen Bundesregierungen Pearson und Trudeau im Grundsatz kaum anders fortgesetzt wurde, lag die Überlegung zugrunde, durch Dezentralisierung und Ausweitung der Provinzkompetenzen ein höheres Maß an Zusammenarbeit zwischen Bund und Provinzen zu erreichen. Mit Hilfe der Akkommodationsmechanismen des kooperativen Föderalismus hoffte man, den zunehmenden zentrifugalen Kräften begegnen zu können , zugleich die Möglichkeit zu erfolgreicher Zusammenarbeit in einer vielfach fragmentierten Gesellschaft dokumentieren zu können[85]. Eine wesentliche Rolle in diesem Prozeß spielte das frankokanadische Quebec mit seinen Forderungen "Maître chez nous" und "Egalité ou indépendence", die sich allerdings - so sehr sie das Verhältnis von Anglo- und Frankokanadiern auch belasteten - indirekt zugunsten auch aller anderen Provinzen auswirkten, und zwar immer dann, wenn aus Gründen des ethnisch-kulturellen Ausgleichs Quebec Zugeständnisse vom Bund eingeräumt wurden. Reformen, die primär auf die strukturellen Ungleichheiten zwischen Anglo- und Frankokanadiern zielten, hatten damit auch zur Folge, daß sich in den Beziehungen von Bund und Provinzen die Gewichte weiter zugunsten der Provinzen verlagerten.

Ungeachtet seines Einflußverlustes im politischen System führte der Bund die finanzielle Unterstützung der Provinzen nicht nur fort, sondern steigerte die Beiträge in den letzten 10 - 15 Jahren erheblich. Seit der Regierungsübernahme durch Diefenbaker und die Konservativen setzte sich, auch unabhängig von der ethnisch-kulturellen Dimension, durch die die Problematik allerdings erheblich an Brisanz und Dringlichkeit gewann, zunehmend die gleichermaßen integrationistisch-pro-föderale wie neo-liberale Auffassung durch, daß den strukturellen Deformationen im sozio-ökonomischen Entwicklungsniveau des Landes nurmehr durch gemeinsame Politik-Programme von Bund und Provinzen und der Umverteilung zwischen den Provinzen begegnet werden könne. Die Notwendigkeit derartiger strukturpolitischer Maßnahmen lag bei den sozialen Disparitäten zwischen Stadt und Land und bei dem krassen Entwicklungsgefälle unter den Provinzen offen zutage. Bereits ein kurzer Blick auf einige ökonomische Indikatoren verdeutlicht die erheblich schlechteren Lebensbedingungen der Bevölkerung in den maritimen Provinzen und in der Prärie. Ein stark unterdurchschnittliches Pro-Kopf-Einkommen bei beträchtlich höherer (vgl. Tabelle 58), struktureller Arbeitslosigkeit indizieren dies ebenso wie die Bevölkerungsabwanderung während der letzten Jahrzehnte, das niedrigere Bil-

Tabelle 58 : Pro-Kopf-Einkommen nach Provinzen, 1950 - 1974
(in $ zu laufenden Preisen)

	1950		1960		1966		1970		1974	
Nfld.	530	51,0	920	55,6	1.379	60,7	1.983	63,4	3.319	66,8
P.E.I.	573	55,1	942	56,9	1.385	60,1	2.082	66,5	3.274	65,9
N.S.	774	74,4	1.265	76,4	1.722	74,8	2.423	77,4	3.990	80,3
N.B.	730	70,2	1.127	68,1	1.578	68,5	2.252	72,0	3.702	74,5
Que.	894	86,0	1.443	87,1	2.055	89,2	2.774	88,7	4.504	90.7
Ont.	1.261	121,3	1.951	117,8	2.680	116,4	3.705	118,4	5.559	112,0
Man.	1.055	101,4	1.647	99,5	2.117	91,9	2.906	92,9	4.733	95,3
Sask.	867	83,4	1.478	89,3	2.143	93,1	2.267	72,5	4.702	94,7
Alta.	1.046	100,6	1.653	99,8	2.306	100,1	3.105	99,2	5.066	102,0
B.C.	1.272	122,3	1.909	115,3	2.570	112,0	3.405	108,8	5.374	108,2
Terr.			1.750	105,7	1.860	80,8	2.960	94,6	4.544	91,5
Can.	1.040	= 100,0	1.656	= 100,0	2.303	= 100,0	3.129	=100,0	4.966	= 100,0

Quelle: Stat.Can./74, S.248f.

Tabelle 59 : Anteil der Erwerbstätigen und der Arbeitslosen nach Regionen

	1953	1961	1966	1971	1974
Partizipationsrate:					
Atlantic	46,9	48,1	48,6	48,1	*)
Quebec	54,1	52,8	54,3	54,9	57,9
Ontario	55,2	56,7	57,2	58,3	63,4
Prairies	52,2	55,6	55,7	57,0	*)
British Columbia	50,6	51,8	54,9	57,2	60,5
Canada	53,1	54,1	55,1	56,1	60,5
Arbeitslosenrate:					
Atlantic	5,5	11,2	6,4	8,6	*)
Quebec	3,8	9,2	4,7	8,2	6,6
Ontario	2,1	5,5	2,5	5,2	4,4
Prairies	1,9	4,6	2,1	4,5	*)
British Columbia	4,0	8,5	4,5	7,0	6,2
Canada	3,0	7,1	3,6	6,4	5,4

Anmerkungen: Partizipationsrate = Anteil der erwerbstätigen und arbeitslosen labour force an der Bevölkerung über 15 Jahre.

Arbeitslos = Beschäftigungslose Personen, die während der vorangegangenen vier Wochen auf Arbeitssuche waren; Personen, die zwischen 4 und 26 Wochen beschäftigungslos waren, nicht auf Arbeitssuche waren, aber für den Arbeitsmarkt zur Verfügung standen; Personen, die bereits einen Arbeitskontrakt besaßen, zum Zeitpunkt der Erhebung aber noch beschäftigungslos waren.

Arbeitslosenrate: Anteil der Arbeitslosen an der Gesamtzahl der labour force. / * = nicht bekannt.

Quelle: Stat.Can./72,passim.

Tabelle 60: Zur beruflichen Schichtung der männlichen Erwerbstätigen nach Regionen in %, 1951 - 1976

	Maritimes			Quebec			Ontario		
	1951	1961	1976	1951	1961	1976	1951	1961	1976
White Collar	18,7	23,9	33,0	25,8	30,9	39,9	28,4	33,0	41,5
Blue Collar	30,9	33,4	38,7	38,0	37,7	38,7	40,3	37,6	37,1
Transport/ Communication	8,3	8,5	9,7	7,5	8,2	10,0	7,1	7,2	10,1
Service/ Recreation	7,2	11,9	7,9	5,8	7,5	6,0	7,0	8,6	5,7
Primary	33,5	19,9	10,1	21,0	12,8	5,2	16,1	11,1	5,4
Others	1,4	2,4	0,6	1,9	2,9	0,8	1,1	2,5	0,2
	Prairie Provinces			British Columbia			Canada		
	1951	1961	1976	1951	1961	1976	1951	1961	1976
White Collar	21,7	26,6	35,2	27,0	31,6	36,6	25,3	30,3	38,8
Blue Collar	22,2	25,8	30,8	37,9	37,3	40,7	33,0	35,0	37,0
Transport/ Communication	6,0	6,5	7,8	8,4	8,1	9,3	9,2	7,5	9,6
Service/ Recreation	5,4	7,5	6,5	8,7	9,7	7,1	6,6	8,5	6,2
Primary	44,0	31,3	19,8	16,5	10,4	6,4	24,6	16,1	8,2
Others	0,7	2,3	-	1,5	2,9	-	1,3	2,6	0,1

Quellen: Kalbach/McVey 1971, S.243; Stat.Can./8,72,passim.

dungsniveau und die ausgeprägten regionalen Differenzen in der Berufsstruktur (vgl. Tabellen 59/60).

Die Kooperation von Bund und Provinzen richtete sich zum einen auf sozialpolitische Maßnahmen; durch die verschiedenen, Mitte der 60er Jahre eingerichteten Programme wie den 'Canada Pension Plan', den entsprechenden Pensionsfond in Quebec, den 'Canada Assistance Plan' etc. gelang einerseits eine weitere Vereinheitlichung der sozialen Leistungen, andererseits erreichten die Provinzen mit ihrer Beteiligung am System der sozialen Absicherung Einfluß auf Entscheidungen und Mittelzuweisungen in einem zentralen, wenn nicht dem wichtigsten Politikbereich des Wohlfahrtsstaates. Zudem wurde den Provinzen z.B. mit den Rentenfonds eine weitere Finanzquelle zur Kreditierung von Investitionen eröffnet. Bund und Provinzen zielten zweitens insbesondere auf die Nivellierung des sozio-ökonomischen Gefälles durch strukturpolitische Förderungsmaßnahmen. Die gesetzliche Grundlage für diese Entwicklungsprogramme stellte zunächst das 'Agricultural Rehabilitation and Development Act' dar, das im Jahre 1961 von der konservativen Regierung Diefenbaker ausging und zum Vorbild für die gesetzlich geregelten Nachfolgeprogramme wurde, wie u.a. für den auf Kooperationsbasis von Bund und Provinzen im Jahre 1966 etablierten 'Fund for Rural Economic Development' oder auch die allein vom Bund durchgeführten Entwicklungsmaßnahmen, die nach 1963 von der 'Area Development Agency' und seit 1969 vom neu eingerichteten 'Department of Regional Economic Expansion' koordiniert wurden[86]. In der inhaltlichen Konzeption unterschieden sich die Programme indes grundsätzlicher. Die im Rahmen des ARDA von 1961 eingeleiteten Maßnahmen waren orientiert an dem Ziel, die Agrarproduktion auszuweiten; durch die Erweiterung der Anbaufläche, Hilfen zur Verbesserung schlechter Böden, Programme zur Rekultivierung etc. sollten Produktivität und Kapazität gesteigert werden, um auf diese Weise sowohl die Einkommenssituation auf dem Lande zu verbessern als auch genügend Anreize für neue Arbeitsplätze in der Landwirtschaft zu schaffen[87]. Während die Förderungsmaßnahmen des ARDA somit auf die Modernisierung des Agrarsektors selbst hinausliefen, was bei der agrarischen Interessenbindung der Konservativen Partei seit der Diefenbaker Revolution nicht allzu sehr überrascht, zielte die Strukturpolitik der nach 1963 wieder liberalen Bundesregierungen vornehmlich auf sozialen Wandel durch Industrialisierung, wie aus der Funktionszuweisung an die 'Area Development Agency' deutlich hervorgeht:

"... to plan within designated areas, the replacement of those industrial activities dislodged by advances in technology, resource depletion, or changes in world markets;
to provide incentives for the establishment of industry;
to evaluate and publicize the potential of each area in terms of unused human skills, resources and power, and such natural or social advantages as it may possess,
to seek out potential new industries or new products for each area and facilitate their introduction;
to promote the development and improvement of existing industries ..." (zit. nach Brewis 1971, S.18).

In die Praxis umgesetzt wurde das liberale Industrialisierungskonzept vor allem auf zwei Wegen. An die Stelle output-orientierter Programme zur Steigerung der Agrarproduktion traten dabei vor allem input-orientierte Maßnahmen. Dies betraf zum einen insbesondere die Erweiterung der Ausbildungsförderung durch den Bund; mit Hilfe besonderer Bildungs-, Ausbildungs- und Fortbildungsprogramme hoffte man ehemals, in der Landwirtschaft Erwerbstätige aus den ländlichen und rückständigen Gebieten für industrielle Arbeit umzuschulen bzw. vorzubereiten. Ganz im Sinne neo-liberaler Funktionsvorstellungen von Bildung und Chancengleichheit avancierte nach der neuerlichen Regierungsübernahme durch die Liberale Partei Bildung und Ausbildung neben der Finanzierung der sozialen Absicherung zum zweiten Schwerpunkt bundesstaatlicher Förderung überhaupt. Allerdings lagen dem nicht nur entwicklungs-ökonomische Überlegungen zugrunde. Die liberalen Entwicklungsbemühungen beruhten zweitens auf Anreizen zur Industrieansiedlung sowohl durch steuerliche Erleichterungen als auch durch Kredite und Subventionen für Unternehmen, die Industrien in Förderungsgebieten auf- bzw. ausbauten. Nach der Unterhauswahl von 1968, in der Fragen der regionalen Strukturpolitik vor dem Hintergrund der frankokanadischen Forderung nach Gleichberechtigung als Mittel zum Abbau regionaler Disparitäten diskutiert wurden, wurden durch das 'Regional Incentives Development Act', das zum 1.Juli 1969 in Kraft trat, die Förderungsbedingungen fortgeschrieben, wobei bei unveränderter Konzeption die Höhe der direkten Staatszuschüsse pro geschaffenen Arbeitsplatz deutlich erhöht und die Gesamtsumme staatlicher Hilfen auf 50 % der Neuinvestitionen oder $ 12 Millionen festgelegt war[88]. Zu Förderungsgebieten wurden erklärt: die maritimen Provinzen mit Newfoundland ohne Labrador, der Osten und

Nordwesten Quebecs und ausgewählte Gebiete in allen anderen Provinzen. Die Auswahl der Förderungsmaßnahmen erfolgte durch das 'Department of Regional Economic Expansion' in Zusammenarbeit und nach Absprache mit den Provinzen und den betroffenen Gemeinden[89].

Um die verfassungsrechtliche Normierung der Kooperation auf strukturpolitischem Gebiet ging es maßgeblich auf den 'Constitutional Conferences' nach 1967. In unserem Zusammenhang sind insbesondere zwei Problembereiche von Interesse.

Erstens sollten als Ziel die neo-liberalen Postulate regionaler Chancengleichheit und provinzialer Umverteilung verfassungsrechtlich fixiert werden. In einem Grundsatzartikel sollte das Anrecht auf gleichartige Lebensbedingungen, äquivalente staatliche Leistungen und Chancengleichheit eines jeden Kanadiers, unabhängig von seinem Wohnort, formuliert sein[90]. Zudem beabsichtigte man in einem weiteren Artikel der neuen Verfassung Modus und Schlüssel der Umverteilung der Bundesmittel auf die Provinzen festzulegen. Wenngleich diese Vorstellungen nur unwesentlich über die Beschreibung der Kooperationspraxis der 60er Jahre hinausreichten, waren sie dennoch nicht unumstritten. In der Kontroverse zwischen den 'armen' und 'reichen' Provinzen mit dem Bund auf der Seite der ersteren ging es dabei in erster Linie um die Grundsatzfrage, wie und mit welchen Kriterien die Bemessungsgrundlage für die Umverteilungen zu definieren sei. Während der Bund und die 'armen' Provinzen ihre Konzeption auf dem Territorialprinzip aufbauten und die Definition der zu nivellierenden regionalen Disparitäten in Abhängigkeit von dem Verhältnis von Wirtschaftskraft, Lebensstandard und Entwicklungsniveau der als Einheit verstandenen Provinzen untereinander sehen wollten, traten die 'reichen' Provinzen, die bei einer solchen Bemessungsgrundlage nicht in den Genuß von Bundesmitteln gelangen würden, für Lösungen auf individualistischer Basis ein[91]. Insbesondere die zum damaligen Zeitpunkt von dem als konservativ und 'ordo-liberal' einzuschätzenden Social Credit gestellte Provinzregierung von British Columbia vertrat den Standpunkt, daß es weniger um die Entwicklungsförderung ganzer Regionen und/oder Provinzen ginge, als vielmehr um die Garantie eines gewissen Basis-Lebensstandards. Unabhängig vom Entwicklungspotential der entsprechenden Provinz hätte der Bund die Aufgabe,durch individuelle Finanzhilfen dafür zu sorgen, daß jeder einzelne Kanadier diesen Lebensstandard erreichen könne[92]. Die für die Victoria Charter von 1971, in der die Ergebnisse der Constitutional Conferences zusammengefaßt wurden, erarbeitete Formulierung stellt einen deutlichen Kompromiß zwischen beiden Positionen dar; so verzichtete man auf eine Detailnormierung hinsichtlich Modus und Ausmaß der Umverteilung von Bundesmitteln; zweitens wurde die Aufforderung zur Reduktion von ökonomischen und sozialen Disparitäten eng mit der Herstellung individueller Chancengleichheit verbunden, während ein Hinweis auf die regionale bzw. provinziale Dimension der strukturellen Entwicklungsungleichheiten in dem betreffenden Artikel 46 der Victoria Charter unterblieb:

"The Parliament and Government of Canada and the Legislatures and Governments of the Provinces are committed to:
(1) the promotion of equality of opportunity and well being for all individuals in Canada;
(2) the assurance, as nearly as possible, that essential public services of reasonable quality are available to all individuals in Canada; and
(3) the promotion of economic development to reduce disparities in the social and economic opportunities for all individuals in Canada whereever they may live..." (zit. nach Joint Special Committee 1972, S.108).

Zweitens ging es bei den Beratungen um das politisch-ökonomische Gewicht von Bund und Provinzen vor allem um die Zuständigkeiten im System der sozialen Sicherheit, die das frankokanadische Quebec neu geregelt sehen wollte. Die Forderungen der zunächst von der Union Nationale unter Daniel Johnson, anschließend von der liberalen Provinzpartei unter Robert Bourassa gestellten Regierung Quebecs zielten dabei auf eine Entmachtung des Bundes bei Fragen der Sozialstaatsinterventionen. Zwar sollte der Bund formal weiterhin das Recht der Gesetzgebung auf den Gebieten der Altersversicherung und aller anderen Leistungen des Sozialstaats wie Berufsausbildungsbeihilfen, Familienunterstützung, Kindergeld etc. haben, seine legislatorische Kompetenz allerdings nur dann wahrnehmen können, wenn die Provinzen selbst nicht gesetzgeberisch aktiv werden[93]. Eine solche Regelung hätte nicht nur - worauf Trudeau als Premierminister des Bundes bei seinen Einlassungen im Verlauf der Konferenzen verschiedentlich mit Nachdruck hinwies[94] - den Fortbestand eines einheitlichen Systems sozialer Sicherheit sehr erschwert, wenn nicht gar unmöglich gemacht; sie hätte darüber hinaus zur Konsequenz gehabt, daß das Zentrum politischer Macht infolge der veränderten Bezugspunkte im System der Sozialstaatsinterventionen über kurz oder lang vom Bund auf die

Provinzen übergegangen wäre. Eine derartige Verlagerung der Gewichte im politischen Koordinatensystem Kanadas konnte bei der außerordentlichen Bedeutung, die die individuelle Absicherung durch die Sozialstaatsinterventionen heute sowohl für die Legitimation des politischen Systems als auch für den Machterhalt der Parteien hat, selbst die in der Regel den frankokanadischen Interessen gegenüber aufgeschlossene liberale Bundesregierung unter Trudeau nicht hinnehmen. Die Victoria Charter enthielt folglich auch in dieser Streitfrage einen deutlichen Kompromiß, indem in den Artikeln die Zuständigkeit der Provinzen auf alle Gebiete der Sozialgesetzgebung ausgedehnt, andererseits aber am Grundsatz konkurrierender Kompetenz festgehalten wurde, wobei die Bundesregierung die Provinzen nur über ihre Gesetzesvorhaben auf sozialpolitischem Gebiet vorab in Kenntnis setzen muß[95]. Der an sich pro-föderal orientierten liberalen Provinzregierung Bourassa ging diese Lösung nicht weit genug; sie zweifelte daran, den Kompromiß der Victoria Charter innenpolitisch in Quebec vertreten zu können und zog deshalb das Fortdauern des Schwebezustands mit der Chance, in der Zukunft weitere Zugeständnisse durchzusetzen, einer innenpolitischen Konfrontation um die Kompromißlösung vor[96]. So scheiterte die gesamte Verfassungsreform am Einspruch Quebecs. Die Ablehnung war umso schwerwiegender, als die Victoria Charter neben den Festlegungen zum kooperativen Föderalismus und zur Verpflichtung regionaler Chancengleichheit, neben der Regelung der Verfassungsrevisionskompetenz als dritten maßgeblichen Bestandteil die Bestätigung der von den liberalen Bundesregierungen nach 1963 eingeleiteten Sprachenpolitik durch sämtliche Provinzregierungen erbracht hätte, durch die Victoria Charter somit der Dualismus von Anglo- und Frankokanadiern bestätigt und die Gleichberechtigung der beiden Sprachen auf Bundesebene und in der Mehrzahl der Provinzen (mit Ausnahme von Saskatchewan, Alberta, British Columbia) anerkannt worden wäre[97].

In der Entwicklung des föderalen Systems, im Verhältnis von Bund und Provinzen ist folglich eine Reihe von durchaus widersprüchlichen Tendenzen zu konstatieren. So ist die politische Entwicklung der jüngeren Vergangenheit einerseits durch zunehmende staatliche Eingriffe in den ökonomischen Prozeß charakterisiert; der Prozentsatz des Staates am Bruttosozialprodukt ist in den letzten Jahren beständig gestiegen. Ein maßgeblicher Anteil dieser Interventionen galt - global formuliert - dem Ziel, mittels neo-liberal geprägter Konjunktur- und Strukturpolitiken und durch den Mechanismus des Finanzausgleichs das sozio-ökonomische Entwicklungsgefälle im Land zu reduzieren und den strukturellen Ungleichheiten entgegenzuwirken. Diese aus einer gesamtstaatlich, nationalen Perspektive heraus vom Bund eingeleitete Politik führte andererseits notwendig einen Machtzuwachs der aufgrund ihrer verfassungsmäßigen Position von Beginn des Bundesstaates an ohnehin einflußreichen Provinzen im föderalen Gefüge herbei. Hinzu kommt der bewußt geförderte Ausgleich von Anglo- und Frankokanadiern. Die Dialektik des auf Kooperation beruhenden föderalistischen Prozesses brachte es mit sich, daß eine an ethnisch-kultureller Gleichberechtigung und nationaler Integration orientierte Politik des Bundes zugleich eine Verschärfung der Konflikte zwischen 'armen' und 'reichen' Provinzen, zwischen Zentrum und Peripherie bewirkte; die wachsenden zentrifugalen Kräfte resultierten somit nicht zuletzt aus der pro-föderalen Zielsetzung selbst.

Ähnlich widersprüchlich sind die Ergebnisse der Entwicklungsbemühungen. Trotz aller Förderungsmaßnahmen und lokal begrenzten Erfolge in der Industrialisierung und Diversifizierung von ehemals einseitig landwirtschaftlichen Gebieten ist man dem selbst gesteckten Ziel einer Angleichung der disparaten Lebenschancen bestenfalls in Ansätzen nähergekommen. Mehr als inkrementale Veränderungen wird man solange nicht erreichen, solange sich die Eingriffe des Staates auf Globalsteuerung und im Rahmen der Strukturpolitik im wesentlichen auf indirekte Interventionen wie die Förderung der Industrieansiedlung und Hilfen im Ausbildungswesen beschränken. Dies gilt umso mehr, als der Einfluß des Bundes auf die Extraktion von Rohstoffen, Kanadas eigentlichen Reichtum, noch immer minimal ist und bereits der Versuch der Einflußnahme z.B. über steuerliche Maßnahmen nicht nur den Widerstand des meist ausländischen Kapitals im Rohstoffbereich auslöst, sondern auch die jeweilige Provinzregierung auf den Plan ruft, die ihr verfassungsrechtliches Grund und Boden-Regal gefährdet sieht. Auch die Tatsache, daß sich z.B. im Pro-Kopf-Einkommen der Provinzen die Differenzen gegenüber den 60er Jahren verringerten, sollte nicht darüber hinwegtäuschen, daß die Ursachen des regionalen Entwicklungsgefälles bislang nicht angetastet wurden; die Analyse des Economic Council aus dem Jahre 1968 gilt zumindest in ihren strukturellen Aspekten unverändert:

"Differences in both the levels of economic and social well-being and in economic opportunity among the various regions and provinces of Canada are large, and have persisted with only modest change for over 40 years. This persistance has been remarkable; neither strong national economic growth nor the strains and turbulences of depression and war have had lasting effects on the basis pattern of regional disparities. There is little reason to suppose that the historical mix of market forces and public policy is likely to lead in good times to a significant reduction in those disparities..." (Economic Council 1968, S.141).

4. 'Bilingualism and Biculturalism'

4.1. Ursachen und Motivationen der Zweisprachigkeit

Im Jahre 1963 ernannte die liberale Bundesregierung unter Lester Pearson die 'Royal Commission on Bilingualism and Biculturalism' (kurz: B and B Commission) und stellte ihr die Aufgabe

"to inquire into and report upon the existing state of bilingualism and biculturalism in Canada and to recommend what steps should be taken to develop the Canadian Confederation on the basis of an equal partnership between the two founding races..."[98].

Die Regierung Pearson veränderte mit dieser Entscheidung und den Grundsatzbeschlüssen für 'equal partnership' und für 'bilingualism and biculturalism' die kanadische Wirklichkeit[99]. Während diese Aussage heute bereits ohne allzu großes Zögern getroffen werden kann, ist es noch immer problematisch, die politisch-gesellschaftlichen Prozesse und insbesondere Motivationen zu evaluieren, die dazu geführt haben, daß gerade in den 60er Jahren einerseits die Federalisten in bilingualism and biculturalism die Antwort auf die bedrohte Existenz der kanadischen Konföderation gefunden zu haben glaubten, daß andererseits ein nicht unerheblicher Teil der frankokanadischen Bevölkerung in der staatlichen Unabhängigkeit Quebecs die einzige Alternative sieht.

Die gesellschaftlichen Gründe sind dabei noch relativ leicht auszumachen; auf der Ebene der politischen Verursachungsfaktoren und Entscheidungsmitovationen sind jedoch nur sehr unzureichende Erklärungsversuche möglich. Die politische Brisanz, die Tatsache, daß jeder Kanadier von der Alternative 'Egalité ou Indépendence' betroffen ist, bilden Barrieren, die bislang in Kanada einen rationalen und ideologiekritischen Erklärungsversuch sehr erschwert haben. Die gesellschaftlichen Ursachen liegen maßgeblich in der Öffnung Quebecs nach dem II.Weltkrieg begründet. Auch die zentrale Funktion der Sprache, die ihr seither als Wert und Einflußfaktor auf die sozialen Prozesse zukommt, ist als eine der Folgewirkungen zu begreifen. Die drastische sprachliche Assimilierung der frankokanadischen Bevölkerung, wie sie vor allem durch den Census von 1961 dokumentiert ist, mußte so gleich einem Alarmsignal wirken, zumal komplementär die frankokanadischen Geburtenraten bis unter den nationalen Durchschnitt absanken. Beide Entwicklungen mußten einerseits die Independisten in ihrer Option bestärken. In zwei maßgeblichen Teilbereichen glaubten sie ihre eigene Analyse der frankophonen Kultur und Gesellschaft bestätigt. Meßbare Daten schienen den von ihnen vorgezeichneten Weg Quebecs in Richtung auf die staatliche Unabhängigkeit zu objektivieren:

"... regardless of the discords among political parties, regardless of the often only half-concealed interests of certain classes of society, regardless of the deep, emotional fear of risk, it appears indisputable that Quebec is heading down a one-way street to sovereignty..." (Jean Blain in: Lévesque 1968, S.9).

Für die Federalisten andererseits lag bei der Bedeutung, die die Sprache erlangt hat, und bei den alarmierenden Ausmaßen der Assimilierung der Schluß nahe, der existentiellen Bedrohung durch die Sprache selbst zu begegnen. Dennoch wäre es zu einfach, wollte man in der Entscheidung für bilingualism and biculturalism im wesentlichen nur eine Reaktion auf die sprachliche Assimilierung der Frankokanadier sehen. Die beiden Optionen, die pro-föderale wie die independistische, sind zu zentral für die kanadische Gesellschaft, als daß man sie monokausal mit demographischen und sprachlichen Entwicklungen erklären könnte. Beide Optionen sind eng mit bestimmten politischen Gruppen und gesellschaftlichen Kräften verbunden.

In seinen Analysen zum sozialen und politischen Verhalten der kanadischen Bevölkerung, zu den Unterschieden in Wertsystem und Kultur innerhalb der kanadischen Gesamtgesellschaft, hat John Meisel (1973a) des öfteren auf die offensichtliche Diskrepanz in den Einstellungen und Interessen zwischen den sozialen, politischen und kulturellen Eliten einerseits und dem common man andererseits hingewiesen. Die Eigeninteressen der jeweiligen Eliten, die zudem als opinion leaders öffentliche Meinung und Bewußtsein entscheidend prägen, haben zweifellos und in diesem Falle sicherlich in besonderem Maße die so fundamental gegensätzlichen Zielvorstellungen beeinflußt:

"... there can be little doubt that the leaders of an aggressive nationalism and of separatism have benefited personally from the cultural, political and economic developments which have followed the Quiet Revolution and that they would do so even more in an independent Quebec. Writers and other intellectuals, musicians, artists, politicians, technocrats and civil servants, people in the communications industry - these are the individuals who not only make nationalist revolutions but who also to some extent, live off them. I am not suggesting that their nationalist commitment is insincere or that their idealism is tainted by a mercenary careerism but merely that in forecasting the future their vision and perceptions cannot but influenced by self-interest and, more important, by the environment in which they function daily and which they unwittingly come to believe resembles the larger world more closely than is likely to be the case..." (Meisel 1973a, S. 193f).

Was hier für die Independisten hervorgehoben worden ist, gilt gleichermaßen für die Federalisten. Auch die pro-föderale Option ist von der Interessenlage ihrer Vertreter bestimmt. Vergegenwärtigt man sich die Sprachstrukturen Kanadas, wird der Einfluß regionaler Faktoren sofort einsichtig. Im Ansatz haben dies auch die zahlreichen von der B and B Commission durchgeführten Hearings aufgezeigt. Insbesondere das vielfach minimale Verständnis der einsprachig-englischen Bevölkerung für die Zweisprachigkeit trat dabei zutage[100]. Tatsächlich muß es schwerfallen, den Kanadiern des Westens, welche soziale Stellung sie auch individuell einnehmen, den Sinn von bilingualism and biculturalism zu vermitteln, in einer Region, wo praktisch englisch die alleinige Umgangssprache ist, und französisch bestenfalls einer 'Fremdsprache' gleichkommt. Hinzu kommt erschwerend die traditionelle Antipathie des kanadischen Westens gegenüber den Zentren Kanadas, gegenüber Ontario und Toronto, Quebec und Montreal sowie der Bundesmetropole Ottawa. So sieht ein großer Teil der Bevölkerung des Westens, insbesondere unter den Angehörigen der kleineren ethnischen Gruppen, in der Institutionalisierung der Zweisprachigkeit den Versuch, die gesellschaftliche Präponderanz Zentral-Kanadas zu perpetuieren. Zudem verstehen viele Angehörige der kleineren ethnischen Gruppen, die sich sprachlich und teilweise kulturell an das britische Kanada assimiliert haben[101], nicht, warum die Frankokanadier nicht einen ähnlichen Prozeß durchmachen können, warum ihnen besondere Rechte eingeräumt werden sollen. In bilingualism and biculturalism, durch die die Vorrangstellung der beiden charter groups in der multi-nationalen kanadischen Gesellschaft garantiert wird, sehen viele Angehörige der kleineren ethnischen Gruppen so den bewußten Versuch, sie zu diskriminieren; sie fürchten, zu Bürgern zweiter Klasse herabzusinken. Zahlreiche Fragen, die der B and B Commission bei dessen Hearings gestellt wurden, drückten diese Besorgnis aus:

"Are we, west of the Ontario border, to be considered second-class citizens? We are a third of the population in this country

... and should be considered equal citizens..."
"... is it true that my freedoms are actually limited because my extraction is not from one of the so-called founding races?" (zit.n.Preliminary Report, S.50).

So bleiben für die Bevölkerung des Westens allein die verschiedenen 'rationalen' Gründe, der Fortbestand des Bundesstaates, die Abgrenzung gegenüber den USA etc., dann ein gewisses philanthropisches Bewußtsein für die andere nationale Gruppe, verbunden mit der Einsicht in die Notwendigkeit von Gleichheit und Gleichbehandlung der frankophonen Kultur sowie die Verantwortung der (Sprachen-)Majorität gegenüber der Minorität:

"To guarantee survival and equality for the minority language may thus become one of the duties of the majority. And this normally requires various moves on the part of the majority: a) respecting the minority language by accepting communications in it and by taking care that the use of this language, especially in official documents, is of a quality that does not offend the sensibilities of the minority; b) accepting part of the cost of bilingualism proportionate to its numbers; and c) allowing the minority a certain amount of linguistic self-determination necessary to the preservation of its language. All this is basically a question of attitudes and understanding on the part of the majority..." (Book I, S.14).

Bei fehlendem Eigeninteresse der Bevölkerung des Westens an der französischen Sprache, bei zunächst nur geringen Vorteilen, die von den zahlreichen als negativ perzipierten Wirkungen zudem überlagert oder verdrängt werden, muß es indes bereits schwierig sein, die Verbindung dieser Faktoren mit bilingualism and biculturalism zu verstehen, geschweige denn die Existenz Kanadas in Abhängigkeit von der Institutionalisierung der Zweisprachigkeit zu begreifen; zumal auch die Überlegung, daß Sprachenkenntnisse sich in einer 'kleiner werdenden Welt' individuell als nützlich erweisen könnten, bei dem ungleichen Prestige von englisch und französisch, bei der Dominanz der englischen Sprache in der Welt und in Nordamerika für eine englisch-sprachige Bevölkerung weit weniger einsichtig ist als im gegenteiligen Fall für diejenigen, die französisch oder eine andere Sprache von geringerem internationalen Rang als Muttersprache sprechen.

Ein offensichtliches Interesse an der Erhaltung der kanadischen Konföderation, an dem anglo- und frankokanadischen Dualismus und an der Zweisprachigkeit hat zweifellos und in erster Linie die Bevölkerung des 'Bilingual Belt'. Der Hauptimpuls ist von dem zunächst regional bestimmten Sonderinteresse dieser Zone und einer Teilbevölkerung Kanadas ausgegangen, die in ihrer großen Mehrheit seit langem zweisprachig ist. Ihr ist es aufgrund ihrer Position in der Gesellschaft gelungen, die Sprachenverhältnisse, in denen sie selbst lebt, auf die gesamtkanadische Ebene zu transponieren und als Norm zu institutionalisieren. Dies gilt etwa für die Anglokanadier im 'Bilingual Belt', denen die Zweisprachigkeit bei der wachsenden Attraktivität der independistischen Alternative in der frankokanadischen Bevölkerung zumindest als das geringere von zwei Übeln erscheinen muß[102]. Vielen von ihnen dürfte indes, ausgelöst durch das gestiegene frankophone Selbstverständnis, bewußt geworden sein, daß die inferiore der beiden charter groups sprachlich und sozio-kulturell wie sozial ein legitimes Anrecht auf 'equality' besitzt, das sie den Frankokanadiern bislang vorenthalten haben. Trotz eines zweifellos existenten anglokanadischen 'backlash' hat sich bei einer großen Zahl Anglokanadier die Einsicht durchzusetzen begonnen, daß es dazu eines eigenen Beitrags und des Verzichts auf eine Reihe der bisherigen Vorrechte bedarf[103].

Daß zumindest der Grundsatz der Zweisprachigkeit bei der überwiegenden Mehrheit der Frankokanadier nicht unpopulär ist, braucht nicht besonders betont zu werden. Verschiedene Repräsentativumfragen haben dabei ergeben, daß sogar unter der einsprachig französischen Bevölkerung 2/3 der Separierung Quebecs ablehnend gegenüberstanden; unter der zweisprachig frankokanadischen Bevölkerung waren es über 70 %. Auch unter den Wählern des Parti Québécois sprach sich bei der Wahl von 1970 die Hälfte gegen eine politische und ökonomische Trennung Quebecs von Kanada aus; nur 39 % votierten dafür[104]. Neben der faktischen Verbesserung der Situation der französischen Sprache, vor allem außerhalb Quebecs, vermittelt die Institutionalisierung von bilingualism den Frankokanadiern die Genugtuung der gleichrangigen Behandlung. Während bislang aufgrund der Präponderanz der englischen Sprache im Alltag im wesentlich nur sie gezwungen gewesen waren, englisch als zweite Umgangssprache anzunehmen, müssen jetzt infolge des institutionellen Zwanges erstmals in größerer Zahl auch Teile der englisch-sprachigen Bevölkerung französisch als zweite Umgangssprache lernen.

Bedeutsamer für die Formulierung und Durchsetzung von bilingualism and biculturalism war und ist jedoch die sozio-ökonomische Komponente, wenngleich sie in engem Zusammenhang mit den hier zunächst skizzierten regionalen, ethnischen und psychologischen Einflußfaktoren steht. Die Institutionalisierung der Zweisprachigkeit hat die Arbeitsbedingungen auf vielfältige Weise verändert. So gibt es z.B. heute, zehn Jahre nach der Einsetzung der B and B Commission im öffentlich- (bundes-)staatlichen Sektor, aber bereits vielfach im privatwirtschaftlichen Bereich fast keine Publikation mehr, die nicht zweisprachig erscheint, fast keine überlokale oder überregionale Veranstaltung und Konferenz mehr, auf der nicht simultan gedolmetscht wird. Für viele Bereiche, für die bislang nur ein Beschäftigter und eine Organisation gebraucht wurden, sind nun zwei Beschäftigte und zwei Organisationen oder zumindest neue oder erweiterte Suborganisationen erforderlich[105]. Dies gilt zweifelsohne nicht für alle Sektoren in der industrialisierten Gesellschaft, aber vornehmlich eben für die Bereiche des tertiären Sektors, die das 'Industriesystem' (J.K. Galbraith) in wachsendem Maße prägen. Die Beschäftigten der 'Technostruktur', insbesondere im 'Bilingual Belt' Kanadas, und damit eine sozial ganz bestimmte Minorität der Gesellschaft, haben ein vitales Interesse an der Zweisprachigkeit.

Dies gilt zugleich für die überwiegende Mehrheit der Beamten und Angestellten in der Bundesbürokratie, welcher ethnisch-kulturellen Gruppe sie auch angehören, ob Anglo- oder Frankokanadier, zudem auf allen Verwaltungsebenen, in Ottawa und im nachgeordneten civil service des Bundes in den Provinzen und auf lokaler Ebene. Ihr Eintreten für die Zweisprachigkeit entspringt dem elementaren Interesse, das sie am Fortbestand der kanadischen Konföderation und damit an ihrem Arbeitgeber haben[106]. Es trifft darüber hinaus praktisch für die gesamte, ca. 600 000 Einwohner zählende Bevölkerung von Metropolitan Ottawa zu, die in der einen oder anderen Weise von der Existenz Ottawas als Bundeshauptstadt lebt. Dies gilt umso mehr, als Ottawa in der Mitte des 19.Jahrhunderts aus Gründen des Ausgleichs zwischen Anglo- und Frankokanadiern, an der Provinzgrenze von Ontario und Quebec gelegen, als 'künstliche' Hauptstadt geschaffen wurde[107]. Ottawa ist auch heute noch im wesentlichen nur Regierungs- und Verwaltungszentrum und würde im Falle eines Auseinanderbrechens der Konföderation wohl kaum weder Hauptstadt Rest-Kanadas noch eines selbständigen

Quebec werden können. So gehört nur wenig Phantasie dazu, sich den bei einer Sezession Quebecs einsetzenden Niedergang Ottawas und die Verwandlung in eine Geisterstadt mit monumentalem Charakter vorzustellen[108]. Persönlich identifiziert mit der pro-föderalen Option und der Zweisprachigkeit sind neben der Bundesbürokratie zweifellos auch große Teile der kulturellen und intellektuellen Elite, sofern sie sich nicht der frankokanadisch-independistischen Alternative verschrieben haben, eine große Zahl derjenigen, die in den Kommunikationsmedien beschäftigt sind, sodann insbesondere die überwiegende Mehrheit des mittleren und höheren Management im industriellen Sektor. Wie überhaupt das ökonomische System ein offensichtliches Interesse am Fortbestand des staatlichen und/oder politischen Gesamtsystems, an der Existenz des kanadischen Bundesstaates hat. Die staatliche Souveränität Quebecs würde automatisch auch die Strukturbedingungen der kanadischen oder besser der nordamerikanischen Wirtschaft verändern. Dies betrifft das gesamte ökonomische System, insbesondere aber die sozioökonomischen Strukturen Quebecs. In Quebec, vor allem im Wirtschaftszentrum Montreal, verbinden sich dabei die Interessen des ökonomischen Systems Kanadas mit denen der sozial im Vergleich mit der frankokanadischen Bevölkerungsmajorität der Provinz privilegierten anglokanadischen Bevölkerungsminorität[109].

John Meisel hob ein spezifisches Eigeninteresse an der independistischen Option für frankokanadische "writers, and other intellectuals, musicians, artists, politicans, technocrats and civil servants (i.e. civil servants within the Quebec provincial government. R.O.S.), people in the communications industry" (Meisel 1973a, S.193f), hervor. Zwischen denjenigen, die die Unabhängigkeit Quebecs zu ihrer Sache gemacht haben, und denjenigen, die sich mit der pro-föderalen Zielvorstellung und der Zweisprachigkeit identifizieren, bestehen deutliche soziale Kompatibilitäten. Es sind zwar nicht dieselben Individuen[110], aber im Grunde doch die Angehörigen der gleichen sozialen Schichten in der kanadischen Gesellschaft, die im wesentlichen separiert durch ihre jeweilige 'nationale' oder 'nationalistische' Option wie ihre jeweiligen individuellen Lebensverhältnisse und Eigeninteressen zu den Protagonisten entweder der independistischen oder bundesstaatlichen Zielvorstellungen geworden sind.

Der Bruch durch die kanadischen Eliten entlang der sozio-kulturellen und sprachlichen Grenzen ist in der kanadischen Geschichte nur selten so stark gewesen wie in der mit der Quiet Revolution einsetzenden Gegenwart. Dies wiegt umso schwerer, als in heterogenen, vielfach fraktionierten Gesellschaften der Kooperation der Eliten für den staatlichen und sozialen Zusammenhalt wesentlich größere Bedeutung zukommt als in homogeneren Gesellschaften [111]. Die Existenz der kanadischen Konföderation dürfte damit nicht zuletzt davon abhängen, ob auch in der Zukunft in politischen wie sozio-ökonomischen Fragen ein Grundkonsens zwischen den Eliten erreicht werden kann, wie er zuletzt in den 60er Jahren von verschiedenen Teil-Eliten in bilingualism and biculturalism gefunden wurde und zumindest mehrheitlich auch politisch durchgesetzt werden konnte.

4.2. Exkurs: Anmerkungen zum Theorem der 'consociational democracy'

Die Bedeutung der Elitenkooperation hat im Zusammenhang mit der Sprachenfrage gleichfalls bereits um die Jahrhundertwende Henri Bourassa betont, was ex post vor dem Hintergrund der Institutionalisierung von bilingualism and biculturalism 70 Jahre danach nur als frappierend erscheinen kann:

"On the question of language, I do not believe that it is possible or desirable for the mass of our people to learn and speak English. The common man can generally use only one language. The diffusion of the English language among the populace will take place at the expense of the national idiom and will soon harm the inner fibres of our ethnic temperament. This would be the surest road to the annihilation of our nationality. The case is not the same for our elite, those who by their wealth, intellectual culture and political and social position, ought to lead our people and maintain the union between ourselves and our neighbours. On them falls the duty of learning English, of drawing close to the elite of the English majority, of thoroughly studying the temperament, aspirations and the traits of English Canada. Moreover, the English elite have the same responsibility. If the most influential and most enlightened of the two races tried to have more to do with each other and got to know each other better, our national future would not be so precarious" (Bourassa, zit.n.J. Levitt 1970, S.105).

Das elitär-aristokratische Konzept Henri Bourassas findet sich heute, im Grundsatz kaum anders, allerdings versehen und erweitert um den modernen Apparat sozial-wissenschaftlicher Kategorisierung und Techniken in den demokratie-theoretischen Modellansätzen der 'Konkordanz-Demokratie' oder der 'consociational democracy' wieder, wie sie am Beispiel ähnlich segmentierter europäischer Gesellschaften (z.B. der Schweiz, Österreichs, Belgiens, der Niederlande) entwickelt wurden[112]. So geht Arend Lijphart u.a. davon aus, daß

"... the essential characteristic of consociational democracy is not so much any particular institutional arrangement as overarching cooperation at the elite level with the deliberate aim of counteracting disintegrative tendencies in the system..." (Lijphart 1968b, S.21).

In einem neueren Beitrag nimmt Lijphart (1971) auch den ersten Gedanken Bourassas auf: Damit die ethnischen Gruppen bzw. Kulturen ihre Sicherheit und Identität bewahren könnten, sollte die Masse der Teilbevölkerungen in einem Gesamtsystem soweit als möglich voneinander separiert bleiben:

"Because good social fences may make good political neighbours, a kind of voluntary apartheid (sic!) policy may be the most appropriate solution for a divided society." (Ebenda, S.11).

Niemand wird bestreiten wollen, daß die nationale Identität einer Kultur ein erhebliches Maß an innerer Homogenität und auch bis zu einem gewissen Grad Schutz gegen einen allzu starken Assimilierungsdruck erfordert. Das Konzept ethnisch-kultureller Pluralität und insbesondere des Dualismus von Anglo- und Frankokanadiern basiert geradezu auf der gegenseitigen Anerkennung und Achtung der nationalen Identitäten, sodann auf der Verantwortung der Majorität gegenüber Rechten und Stellung der Minorität. Die Notwendigkeit innerer Homogenität der (nationalen) Gruppen in einer segmentierten Gesellschaft rechtfertigt indes keineswegs, weder Versäulung und Abkapselung zur Zielvorstellung zu erheben, noch die Beziehungen der Kulturen allein auf die Elitenkooperation zu reduzieren - und dies auch nicht unter der Prämisse der Stabilität des Gesamtsystems. Im Kontext der so andersartigen deutschen Gesellschaft hat Ralf Dahrendorf die generalisierbare Grundproblematik von Versäulung, Fraktionierung und Stabilität aufgezeigt:

"... Die Schranken der Mobilität in der halbierten Gesellschaft schaffen zwei stabile Säulen der Gesellschaft eigener Art... die fortdauernde Bedeutung zugeschriebener Positionen überhaupt und der nach wie vor quasi-zugeschriebene Charakter von Positionen, die in einer modernen Gesellschaft erwerbbar sind, schaffen eine Variante jener Starre, die jede Versäulung in die Struktur einer Gesellschaft einfügt und durch die sie ihr den Weg zu liberalen politischen Strukturen versperrt.

Denn wir bewegen uns hier auf dem schmalen Grat zwischen Stabilität und Starre politischer und sozialer Strukturen... Niemand wünscht jene Instabilität der politischen Verfassung, die die Auflösung der Weimarer Republik kennzeichnet... Aber die Starre einer Gesellschaft, ..., birgt kaum weniger Gefahren. Denn der Wandel ist ein ständiger Gast in menschlichen Gesellschaften... Wird der Wandel aufgehalten, dann schließen sich nicht nur die Tore des Fortschritts (worüber man noch verschiedener Meinung sein könnte), sondern es werden auch Energien des Wandels aufgestaut, die sich später dann in unkontrollierbaren und explosiven Veränderungen Luft verschaffen. Stabilität ist eine gute Sache; aber wenn sie zur Starre ausartet, produziert sie ihren inneren Widerspruch, die Revolution" (Dahrendorf 1968, S.142f).

Die Parallele scheint auf den ersten Blick weit hergeholt; dennoch findet man die Problematik im Grundsatz in der Geschichte Quebecs wieder: Die Entwicklung der frankophonen Subgesellschaft von der bewußten Separierung zur zumindest als Zielvorstellung postulierten nationalen Emanzipation - "from a nationalism of withdrawl to a nationalism of participation." (Meisel 1973a, S.186) - reflektiert sowohl "den schmalen Grat zwischen Stabilität und Starre" als auch den von Dahrendorf diagnostizierten inneren Widerspruch der Revolution. Die jahrzehntelange Abkapselung der frankophonen Subgesellschaft, deren zwei Prämissen treffend mit dem Satz: "... to resist assimilation from without, to resist emancipation from within"[113] umschrieben worden sind, garantierte über einen langen Zeitraum hinweg Stabilität nach innen, über die Elitenkooperation auch eine relative Stabilität im Verhältnis der beiden charter groups; sie führte aber letztlich zu Versäulung und Starre, rief als Zwischenstation in der Quiet Revolution die Öffnung und eine stärkere Adaptation Quebecs hervor und mündet in der Gegenwart bei einem Teil der Frankokanadier in der independistischen, bei einigen auch in der independistisch-sozialistischen Alternative[114].

Hier wird die ganze Problematik und Gefahr demokratie-theoretischer Modelle wie der 'Konkordanz-Demokratie' oder der 'consociational democracy' offenkundig. Als analytische Erklärungshilfe mögen sie nützlich sein, um den oligarchischen Charakter sozialer und politischer Systeme transparent werden zu lassen. Zudem läßt sich mit ihnen zeigen, warum stark segmentierte Gesellschaften ein vielfach als überraschend empfundenes Maß an Stabilität aufweisen, indem man mittels des Akkommodationsmodells dem zentralen stabilitätsfördernden Mechanismus, dem Ausgleich zwischen den Eliten auf die Spur kommt[115]. Tatsächlich ist hierin das einzig wirkliche Verdienst des konkordanzdemokratischen Ansatzes zu sehen, in der Erkenntnis nämlich, daß sozio-kulturelle Homogenität einer Gesellschaft keine Vorbedingung ist "for political integration, which in turn is a prerequisite for political stability, especially in democracies..." (Lijphart 1971, S.5).

Unter der Prämisse der Stabilität, die allzu leicht zum Selbstzweck wird, können Theoreme dieser Art aber auch sehr schnell ihre Funktion als Erklärungshilfe verlieren. Weist man ihnen gar normativen Charakter zu, wie Lijphart ihn für seinen Ansatz reklamiert (ebenda, S.13f), dann erweist sich augenblicklich der ausgeprägt konservativ-elitäre innere Gehalt der Theoreme selbst. Mit Hilfe des Modells, mit dem man die Abhängigkeit der Stabilität des Gesamtsystems zum ersten von der Elitenkooperation, zum zweiten von der Trennung der Masse der Teilbevölkerung nationaler Gruppen nachgewiesen zu haben vorgibt, läßt sich eine bewußt auf die Bewahrung des gesellschaftlichen status quo ausgerichtete und die Perpetuierung der jeweiligen Eliten sowie deren soziale Privilegierung garantierende Politik rechtfertigen. Die Notwendigkeit zur Erhaltung des Gesamtsystems scheint nicht nur die Existenz von Eliten zu objektivieren, sondern verleiht ihnen auch den Schein der Legitimität, wodurch sich die Privilegierung der bestehenden Eliten verfestigt und die Oligarchisierung der Gesamtgesellschaft nur gefördert werden kann. In einer segmentierten Gesellschaft hemmt die Pluralität als Wert ohne Zweifel die Herausbildung eines vornehmlich von der sozialen Stellung und den Klassenantagonismen her bestimmtes Bewußtsein des Individuums wie der sozialen Gruppen. Zudem sind die Tendenzen zur Oligarchisierung in einer auf ethnisch-kulturelle Pluralität ausgerichteten Gesellschaft latent stärker ausgeprägt. Das Konzept impliziert indes keineswegs notwendig die bewußte Reduktion der Beziehungen zwischen den Kulturen auf die Elitenkooperation, wie 'Konkordanz-Demokratie' oder 'consociational democracy' sie nahezulegen scheinen.

In diesem Zusammenhang scheint es sinnvoll, in zwei weiteren Aspekten auf den bereits zitierten Beitrag Lijpharts, "Cultural

Diversity and Theories of Political Integration" (1971), einzugehen. Hierzu bedarf es zunächst der historischen Verortung des Beitrags. Der Aufsatz ist die revidierte Fassung eines papers, das Lijphart auf einer Tagung am 17./18.Oktober 1970 in Quebec City vorgetragen hat, zu einem Zeitpunkt also, als die sog. 'Oktober-Krise' ihren Höhepunkt erreicht hatte[116].(Am 5.Oktober 1970 entführte die separatistische Untergrundorganisation FLQ ('Front du Libération du Québec') zunächst den britischen Diplomaten James Richard Cross, am 10.Oktober dann Pierre Laporte, Minister in der Provinzregierung Quebecs. Am 15.Oktober faßte die liberale Bundesregierung Trudeau den Beschluß, das 'War Measures Act' in Kraft zu setzen; am folgenden Tag befand sich ganz Kanada im Ausnahmezustand. Am 18.Oktober fand man die Leiche Pierre Laportes; James Cross überlebte. Die Entführer durften als Gegenleistung nach Kuba ausreisen.) In dem Beitrag referiert Lijphart u.a. die sechs von Robert Dahl dargelegten Konfliktlösungsmöglichkeiten in segmentierten, aus mehreren Subkulturen bestehenden Gesellschaften: "1) violence and repression; 2) secession and separation; 3) mutual veto; 4) autonomy; 5) proportional representation; 6) assimilation" (Dahl 1966, S.358f). Ungeachtet der politischen Ereignisse führt Lijphart dann aus, daß die dritte, vierte und fünfte Möglichkeit konkordanzdemokratisch strukturierte Gesellschaften charakterisiere, während die drei anderen Lösungsmöglichkeiten kennzeichnend für Gesellschaften mit Mehrheitsentscheid und Assimilierung als gesellschaftlichen Entscheidungs- und Strukturmerkmalen seien (Lijphart 1971, S.10). Es muß zumindest unverständlich erscheinen, daß die 'Oktober-Krise' 1970, mit deren Höhepunkt an 'violence and repression' Lijphart direkt konfrontiert war, ihn nicht zu einer Relativierung seines hier wiedergegebenen Gedankenganges veranlaßten. 'Violence and repression' treten eben nicht nur oder in erster Linie in segmentierten Gesellschaften auf, die auf Assimilierung und Majorisierung ausgerichtet sind. Es genügt auch nicht, sie als Folge gescheiterter Integration, mangelhafter oder gänzlich fehlender Elitenkooperation etc. zu begreifen. Die gesellschaftlichen Ursachen, die zu der Eskalation des Jahres 1970 führten, zur durch Bombenattentate, Entführungen und Geiselmord praktizierten Gewalt der FLQ, zu der als Reaktion mit der Verhängung des Ausnahmezustandes praktizierten Repression des Staates, sind nicht zuletzt in der Versäulung und sozialen

Erstarrung der frankophonen Subgesellschaft zu suchen. 'Violence and repression' sind geradezu der innere Widerspruch einer bewußt geförderten Separierung der Teilbevölkerung in einer segmentierten Gesamtgesellschaft.

Zumindest ebenso überraschend ist auch ein weiterer Gedankengang Lijpharts, wenn er im Kontext seines Modells und seiner Überlegungen zu Integration und Stabilität Ernest B.Haas zustimmt und dessen aus dem Jahre 1958 stammenden, neo-funktionalistischen Schlußfolgerungen am Beispiel des westeuropäischen Integrationsprozesses zitiert:

"... In the Uniting of Europe he (i.e. Haas, R.O.S.) states explicitly that 'it suffices to single out and define the political elites', and that 'it is as impracticable as it is unnecessary to have recourse to general public opinion and attitude surveys'"[117].

In dem gewählten Vergleich mit dem frühen westeuropäischen Einigungsprozeß wird der Gehalt von Lijpharts Theorem besonders offenbar. Lijphart hebt hier nicht nur auf die Notwendigkeit und Bedeutung der Elitenkooperation für die Stabilität von segmentierten Gesellschaften ab, sondern er reduziert die gesellschaftlichen und politischen Prozesse geradezu auf sie. Hieraus ergeben sich bereits dann erhebliche Probleme, wenn man den Ansatz als gesellschaftliche Zielvorstellung akzeptiert. Am kanadischen Beispiel hat jüngst Kenneth D.McRae zu Recht betont, daß

"if elite-mass relationships are not cohesive, the whole process of negotiation between the subcultures begins to lose meaning, and if accommodation negotiated between the elites is rejected by the English-speaking electorate, the French-speaking electorate will lose confidence in its spokesmen at the federal level..." (McRae 1974, S.252).

Lijphart indes problematisiert diese Beziehung nicht und macht folglich die seinem Modell immanenten Gefahren gar nicht mehr aus. Für ihn ist es ausreichend, die Eliten aufzufinden und zu definieren. Die Frage des Konsensus zwischen Elite und Teilbevölkerung stellt sich damit nicht mehr[118]. So ist bereits die Einholung der Zustimmung der Teilbevölkerungen unerheblich, geschweige denn die Unterordnung der Eliten und ihres Handelns unter die gesellschaftlichen und politischen Optionen der Teilbevölkerungen erforderlich. Eine solche Abkoppelung der Eliten mag in oligarchisierten Gesellschaften Realität und als solche analytisch zu untersuchen sein; dies rechtfertigt indes keineswegs, sie zur gesellschaftlichen Zielvorstellung zu erheben, wie Lijphart dies mit dem Anspruch auf Normativität seines Modells vorschlägt. Seiner eigenen, fast wie eine Entschuldigung wirkenden Feststellung, daß "... consociationalism is not an ideal solution in terms of the aims of 'liberty, equality, and fraternity'..." (1971, S.14), kann man nur zustimmen. Allerdings drängt sich dabei nicht nur die Frage auf, auf welchem Demokratieverständnis sein Theorem der "consociational democracy" beruht, sondern man wird wohl fragen müssen, ob ihm überhaupt ein mehr als leerformelhaftes Verständnis von Demokratie zugrunde liegt.

4.3. Folgewirkungen der föderalen Sprachenpolitik

Die sprachenpolitischen Reformbestrebungen, um die die liberalen Bundesregierungen seit Mitte der 60er Jahre bemüht waren, gingen in Intention wie Ergebnissen über die vorstehend kurz skizzierten außerordentlich elitär-demokratischen Modellvorstellungen hinaus. Die Sprachenpolitik des Bundes hinterließ deutliche Spuren in den verschiedensten Lebensbereichen, wobei auch den psychologischen Auswirkungen eine nicht gering zu veranschlagende Bedeutung zukommt. Allein bereits die Arbeiten der B and B Commission haben durch ihre Wirkung in der kanadischen Öffentlichkeit die gesellschaftlichen Bedingungen verändert, indem sie mit ihrer breit angelegten Bestandsaufnahme der kanadischen Gesellschaft, die weit über ihren eigentlichen Auftrag der Analyse der Sprachenstrukturen hinausreicht, in dieser Art erstmalig der kanadischen Bevölkerung die ethnisch-kulturellen, politischen und sozialen Verhältnisse ihrer Gesellschaft einsichtig machten[119]. Die B and B Commission führte einer breiten Öffentlichkeit die sozialstrukturellen Faktoren vor Augen, die die Unterprivilegierung der frankophonen Subgesellschaft begründen. Sie versetzte die Frankokanadier in die Lage, ihre Forderungen nach sozialer und kultureller Gleichheit nachdrücklicher und vor allem mit den wissenschaftlich abgesicherten Argumenten einer von der kanadischen Regierung eingesetzten, offiziösen Kommission zu vertreten. Die B and B Commission trug damit maßgeblich zu einer gewandelten Einschätzung des Verhältnisses von Anglo- und Frankokanadiern bei, die das Bewußtsein der kanadischen Öffentlichkeit wie die gesellschaftliche Wirklichkeit materiell veränderten. Die Arbeiten schärften zudem den Blick für die Wechselwirkungen zwischen Sprache und Ökonomie und trugen mit dazu bei, daß die Sprache seither zur entscheidenden Determinante der frankophonen Eigenständigkeit avancierte:

"In wishing to become francophonic or genuinely bilingual, and in depriving English of its monopoly position in some sectors of Quebec life, the province is defending the core, or heartland of French Canada. The dramatic and highly emotional reaction of many even moderate French Canadian nationalists to the language question must be understood in these terms. For the handling of this question, more even than the problem of constitutional revision in Canada as a whole, and more than the economic aspects of French Canadian nationalism, will determine whether French culture can survive in Canada whether, as in Louisiana, it is largely to become a colourful folk-memory, to be celebrated annually by a crassly commercial Mardi Gras..." (Meisel 1973a, S.195f).

Die Politik des bilingualism and biculturalism mit dem Ziel, die sprachliche 'Einbahnstraße', die die Frankokanadier englisch, aufgrund der Dominanz des Englischen die Nicht-Frankokanadier hingegen nur in vergleichsweise geringem Maße französisch zu lernen zwang, langfristig in 'a two-way street' zu verwandeln, richtete sich auf Bundesebene faktisch insbesondere auf drei staatlich kontrollierte Bereiche: Erstens auf das politisch-administrative System, zweitens auf den Schul- und Bildungssektor, drittens auf das öffentlich-rechtlich organisierte Rundfunk- und Fernseh-System CBC. Die maßgebliche gesetzliche Grundlage für die sprachenpolitischen Initiativen bildet dabei das 'Official Languages Act'[120] aus dem Juli 1969, das englisch und französisch gleichberechtigt zu den beiden offiziellen (Amts-)Sprachen Kanadas erklärt und auf Bundesebene die Zweisprachigkeit institutionalisiert, um die frankokanadische Minderheit außerhalb Quebecs in die Lage zu versetzen, ihre Muttersprache stärker als bisher im Alltag, vor allem im Verkehr mit den staatlichen Behörden, gebrauchen zu können. Die Einführung der Zweisprachigkeit im internen Dienst- wie im Publikumsverkehr gilt für sämtliche bundesstaatlichen Institutionen; sie betrifft folglich neben der Bundesbürokratie auch die Judikative sowie mit den 'Crown corporations' alle bundesstaatlichen Dienstleistungsbetriebe und sonstigen Unternehmen einschließlich aller ihrer Tochterfirmen, wie z.B. die nationale Luftlinie Air Canada, die staatliche Eisenbahn Canadian National Railways sowie alle halbstaatlichen Behörden und Körperschaften des öffentlichen Rechts wie insbesondere die Canadian Radio and Television Commission und vor allen Dingen CBC.

Eingeteilt wurde Kanada durch das Official Languages Act in drei Sprachzonen, in ein- und zweisprachige Distrikte und in Metropolitan Ottawa als National Capital Region[121]. Die Einführung von bilingual districts fordert das Gesetz in allen den Gebieten, in denen ein Bevölkerungsanteil von mindestens 10 % französisch oder englisch als Minderheitssprache spricht. In diesen Bezirken sowie in der National Capital Region gilt Zweisprachigkeit in allen Behörden und auf allen Ebenen. Die Einrichtung der zweisprachigen Bezirke ließ indes aus politischer Rücksichtnahme sowohl gegenüber den Nicht-Frankokanadiern, insbesondere den Angehörigen der kleineren ethnischen Gruppen außerhalb Quebecs als auch gegenüber der frankokanadischen Majorität in Quebec lange auf sich warten. Erst im November 1975 unterbreitete eine bereits zweite für die Schaffung der bilingual districts eingesetzte Beraterkommission detaillierte Vorschläge, die die liberale Bundesregierung dem Unterhaus mit der Stellungnahme vorlegte, daß sie an der Institutionalisierung von zweisprachigen Bezirken anhand der von der Kommission erarbeiteten Kriterien festhalten werde[122]. Die Kommission schlug 30 bilingual districts vor, wobei mit Ausnahme von British Columbia in jeder Provinz ein Bezirk liegen sollte, und regte zudem an, daß die Bundesbehörden in allen Provinzhauptstädten und in einer Reihe weiterer großstädtischer Zentren auch unabhängig von der Tatsache, daß dies formal keine zweisprachigen Bezirke im Sinne des Gesetzes seien, zweisprachig amtieren sollten. In Quebec hingegen sollte nach Meinung der Kommission bei faktischer Zweisprachigkeit in Montreal auf die formale Konstituierung zweisprachiger Bezirke verzichtet werden, um die provinziale Zielsetzung der sprachlichen Nationalisierung Quebecs nicht zu konterkarieren[123].

Die Nicht-Einrichtung der bilingual districts wirkte sich indes kaum negativ aus; die Ungewißheit begünstigte vielmehr die Durchsetzung der Zweisprachigkeit in den bundesstaatlich kontrollierten Sektoren auch in solchen Diaspora-Gebieten außerhalb Quebecs, die bei erfolgter Distrikt-Einteilung nicht erfaßt worden wären; dies umso mehr, als das Gesetz in section 10 normierte, daß in derartigen Gebieten zwar nicht die dort residierende Bevölkerung, wohl aber von außerhalb stammende Reisende derselben Minderheit ein Anrecht auf Zweisprachigkeit bei der Abwicklung ihres Behördenverkehrs besäßen. Indirekt führte dies vielfach zu einer extensiven Auslegung des Official Languages Act, wie grundsätzlich die faktische Situation selbstverständlich in erheblichem Maße von den individuellen Einstellungen gegenüber bilingualism and biculturalism abhängt. Die zahlreichen Beschwerden, die über die unzulängliche Zweisprachigkeit in den verschiedensten bundesstaatlichen oder halbstaatlichen Institutionen gerade aus diesen Gebieten Klage führen, sind Indizien nicht nur für die bis heute vielfach mangelhafte Realisierung der sprachenpolitischen Zielsetzung in der Praxis, welche Faktoren der nur langsamen Implementierung auch zugrunde liegen mögen, sei sie verursacht durch Obstruktion der beteiligten Beamten und Angestellten, sei sie die Folge einer Politik, die in Ausführung ihrer Konzeption bislang oft nur halbherzig die erforderlichen Mittel und Einrichtungen zur Verfügung gestellt hat. Die Vielfalt der aus Diaspora-Gebieten stammenden Kritik ist zugleich ein deutliches Indiz dafür, daß bilingualism and biculturalism nicht als eine territorial teilbare, sondern zu Recht als gesamtkanadische Zielvorstellung verstanden worden ist, deren Durchsetzung überall erwartet wird. Gerichtet werden können derartige Petitionen an den 'Commissioner of Official Languages', ein Posten, der ebenfalls durch das Sprachengesetz geschaffen wurde, und seine von der Exekutive unabhängige, dem Bundesparlament zugeordnete Behörde[124]. Der Language Commissioner, der über dem Vorsitzenden eines US-amerikanischen Untersuchungsausschusses vergleichbare Rechte (u.a. mit dem Recht auf nötigenfalls zwangsweiser Zeugeneinvernahme und Zeugenvereidigung) verfügt, fungiert zum einen als Ombudsmann für Beschwerde führende und/oder Hilfe suchende Kanadier, ist aber zum zweiten auch beauftragt, von sich aus Sonderuntersuchungen hinsichtlich des Status der Zweisprachigkeit in allen vom Sprachengesetz erfaßten Behörden und Institutionen durchzuführen. Seine Kompetenzen beschränken sich dabei nicht nur auf die Veröffentlichung der Untersuchungsergebnisse in seinem jährlich dem Parlament vorzulegenden Bericht; er ist den Bundesbehörden gegenüber zugleich in gewissen, durch das Sprachengesetz und die nachgeordneten Detailnormierungen bestimmten Grenzen weisungsberechtigt; werden von ihm gemachte Auflagen von der Bürokratie nicht realisiert, hat formal das Unterhaus zu entscheiden. Verglichen mit den Resultaten der Institution Ombudsmann in anderen Staaten, hat die Arbeit des Language Commissioner bislang beträchtliche Wirkungen hervorgebracht; dies gilt für seine Vermittlungsfunktion zwischen Bürger und Bürokratie ebenso wie für die durch seine Auflagen eingeleiteten Veränderungen und Anregungen an Unterhaus und Senat. Die Einwirkungsmöglichkeiten finden allerdings ihre Grenzen an den von der Politik definierten generellen Zielvorgaben für die sprachenpolitischen Reformen.

Von vielfältigen Rücksichtnahmen war die Sprachenpolitik vor allem bei der Umstrukturierung des öffentlichen Dienstes zur Durchsetzung der Zweisprachigkeit in der Bürokratie geprägt. Die personalpolitischen und beamtenrechtlichen Reformen stießen auf Zurückhaltung oder auch hinhaltenden Widerstand bei einem beträchtlichen Teil der anglokanadischen und den kleineren ethnischen Gruppen angehörenden Beamten, von denen einige nach der Institutionalisierung der Zweisprachigkeit um ihre Weiterbeschäftigung im öffentlichen Dienst überhaupt, viele um ihre angestammte Position fürchten zu müssen glaubten. Zu derartigen Einschätzungen, wie wenig substantiiert diese auch sein mochten, fühlten sie sich durch die ersten Maßnahmen bestärkt. In dieser Weise interpretierten sie die Einrichtung von sog. 'French Language Units' (seit 1975 in 'Units Working in French' umbenannt), die Ende 1971 einsetzte, und wodurch in einer festgelegten Zahl bestimmter Abteilungen in der Verwaltung bei grundsätzlich bestehender Zweisprachigkeit Französisch als innerdienstliche Amtssprache eingeführt wurde[125]. Mißtrauen löste gleichfalls das Programm zum Sprachentraining aus, das den einsprachigen Beamten kostenlos und während der Dienstzeit einen mehrjährigen Sprachenunterricht bietet. In Verbindung mit dem ebenso unbegründeten Schlagwort von der 'French Power in Ottawa' führte das zudem in den Medien und aus parteipolitischen wie ideologischen Motiven hochgespielte Unbehagen in Teilen der Bevölkerung, vor allem aber unter der Bürokratie, zu einem anglokanadischen backlash gegen die Sprachenpolitik der liberalen Bundesregierung. Es bildete einen der Gründe für den damaligen Verlust der Mandatsmehrheit der Regierung Trudeau, der auch dadurch mit verursacht wurde, daß in einigen Wahlkreisen im Großraum Ottawa ein Teil der an sich überwiegend pro-föderal wie pro-liberal orientierten Bürokratie aus Protest gegen die Liberalen votierten und so zur Abwahl liberaler Unterhausabgeordneter beitrugen[126].

Der veränderten Stimmungslage glaubte sich die Politik anpassen zu müssen. Dies betraf die parlamentarisch in die Minderheit geratene liberale Regierung, die zusätzlich ihre Rückendeckung in der Bürokratie gefährdet sah und sich zudem darum bemühen mußte, ihr seit der Diefenbaker Revolution zunehmend weiter reduziertes parteipolitisches Terrain außerhalb Zentral-Kanadas wiederzugewinnen ebenso, wie das in seiner Haltung gegenüber den frankophonen Forderungen insgesamt weniger aufgeschlossene Unterhaus. Die vom Unterhaus im Juni 1973 in der Form einer Resolution beschlossenen Richtlinien zur Personalpolitik bestimmten u.a.:

"...
(3) that a knowledge of English and French is one of the elements of merit in the selection of candidates for bilingual positions;

(4) that competitions for bilingual positions will be open both to bilingual candidates and unilingual candidates who have formally indicated their willingness to become bilingual...

(6) that unilingual incumbents of bilingual positions may elect to become bilingual and undertake language training or transfer to another job having the same salary maximum, if they were to decline such a transfer, to remain in their positions even though the posts have been designated as bilingual;

(7) that employees who, as of April 6, 1966, had at least ten years of continuous service and who, since that date, have been employed continuously in the federal Public Service, will be entitled to apply for any job that has been identified for future designation as bilingual without having to indicate their willingness to become bilingual...

(9) that language training, at public expense, will be provided to unilingual public servants as well as to persons who are appointed to the Public Service to bilingual positions..."

(Zit. nach Commissioner of Official Languages 1972-1973, S.512).

Die Richtlinien sind ein deutliches Indiz für die fortdauernde Brisanz der Sprachenpolitik und für die vielfach von den Betroffenen - ob zu Recht oder zu Unrecht sei dahingestellt - antizipierten personellen Auswirkungen in der Bundesbürokratie. Das Dilemma, vor das das Unterhaus sich gestellt glaubte, hoffte es durch einen Kompromiß lösen zu können, der beiden Interessen gleichermaßen gerecht zu werden versuchte. So räumte man einerseits praktisch allen einsprachig englischen Beamten und Angestellten eine Arbeitsplatzgarantie ein, um ihnen ihre Ängste zu nehmen, hielt aber andererseits sowohl an der Zielvorstellung der Zweisprachigkeit als auch an den drei wichtigsten Reformmaßnahmen im öffentlichen Dienst fest. Erstens beauftragte das Unterhaus in dersel-

Tabelle 61: Aufschlüsselung der Positionen im öffentlichen Dienst Kanadas, nach Sprachenstatus und Berufsgruppe (Stand Nov.1974)

	Bilingual		English Essential		French Essential		English or French		Total	
	No.	%	No.	%	No.	%	No.	%	No.	%
Executive	996	92,6/ 1,8	75	7.0/ 0,0	4	0,4/ 0,0	1	0,0/ 0,0	1.076	0,4
Admin.& Foreign Service	18.075	36,5/ 32,9	25.614	51,6/ 14,8	4.112	8,3/ 11,2	1.801	3,6/ 7,6	49.602	17,2
Scient.& Professional	7.159	26,4/ 13,0	14.555	53,7/ 8,4	2.908	10,7/ 8,0	2.494	9,2/ 10,6	27.116	9,4
Technical	4.245	15,1/ 7,7	18.899	67,0/ 10,9	2.200	7,8/ 6,0	2.852	10,1/ 12,1	28.196	9,8
Administrative Support	19.476	24,8/ 35,5	42.356	53,9/ 24,4	8.019	10,2/ 21,9	8.774	11,1/ 37,1	78.625	27,2
Operational	4.964	4,8/ 9,1	72.055	69,2/ 41,5	19.327	18,6/ 52,9	7.710	7,4/ 32,6	104.056	36,0
Total	54.915	19.0/100,0	173.554	60,1/ 100,0	36.570	12,7/ 100,0	23.632	8,2/ 100,0	288.671	100,0

Tabelle 62 : Aufschlüsselung der Positionen im öffentlichen Dienst Kanadas, nach Sprachenstatus und Provinzen (Stand. Nov.1974)

	Bilingual		English Essential		French Essential		English or French		Total	
	No.	%	No.	%	No.	%	No.	%	No.	%
British Columbia	218	0,8/ 0,4	27.072	99,1/ 15,6	40	0,1/ 0,1	3	0,0/ 0,0	27.333	9,5
Alberta	249	1,4/ 0,5	18.100	98,5/ 10,4	21	0,1/ 0,1	2	0,0/ 0,0	18.372	6,3
Saskatchewan	95	1,2/ 0,2	8.040	98,7/ 4,6	7	0,1/ 0,0	1	0,0/ 0,0	8.143	2,8
Manitoba	301	2,5/ 0,5	11,852	97,2/ 6,8	37	0,3/ 0,1	5	0,0/ 0,0	12.195	4,2
National Cap.Region	36.646	44,1/ 66,7	22.233	26,8/ 12,8	4.198	5,0/ 11,5	19.981	24,1/ 84,6	83.058	28,8
Ontario	2.223	3,7/ 4,0	56.198	94,5/ 32,4	202	0,4/ 0,6	841	1,4/ 3,6	59.464	20,6
Quebec	12.967	27,6/ 23,6	592	1,3/ 0,3	31.834	67,8/ 87,0	1.529	3,3/ 6,5	46.922	16,3
New Brunswick	1.576	19,3/ 2,9	5.483	67,3/ 3,2	138	1,7/ 0,4	955	11,7/ 4,0	8.152	2,8
Prince Edward Island	33	2,4/ 0,1	1.357	97,3/ 0,8	2	0,1/ 0,0	3	0,2/ 0,0	1.395	0,5
Nova Scotia	486	3,0/ 0,9	15.418	94,9/ 8,9	60	0,4/ 0,2	279	1,7/ 1,2	16.243	5,6
Newfoundland	35	0,7/ 0,1	4.900	99,2/ 2,8	3	0,1/ 0,0	0	0,0/ 0,0	4.938	1,7
Northern Canada	21	0,9/ 0,0	2.204	97,5/ 1,3	9	0,4/ 0,0	26	1,2/ 0,1	2.260	0,8
Outside Canada	65	33,1/ 0,1	105	53,6/ 0,1	19	9,7/ 0,0	7	3,6/ 0,0	196	0,1
Total	54.915	19,0/100,0	173.554	60,1/100,0	36.570	12,7/ 100,0	23.632	8,2/ 100,0	288.671	100,0

Quelle für Tabellen 61 und 62: Language Commissioner 1975, S.392f.

ben Resolution die für die Personalpolitik zuständigen Behörden, die Public Service Commission und den Treasury Board, bis zum Dezember 1973 Zahl und Art der Zweisprachigkeit erfordernden Stellen in der Bürokratie festzulegen. Zur Besetzung der so definierten Positionen bestimmte dieselbe Resolution eine Übergangsfrist bis zum Jahresende 1978. Die in den Tabellen 61/62 in Anlehnung an den Report des Language Commissioner aus dem Jahre 1973/74 zusammengestellten Angaben vermitteln einen groben Eindruck sowohl über die berufliche Aufschlüsselung der insgesamt einzurichtenden 54.915 zweisprachigen Positionen, was einem Anteil von 19 % an der Gesamtzahl der im öffentlichen Dienst des Bundes Beschäftigten entspricht, als auch über die provinziale Aufteilung dieser Stellen, wobei allein 2/3 der bilingual positions auf die Bundesbürokratie im Großraum Ottawa entfallen, weitere 23,6 % in der Provinz Quebec eingerichtet werden sollen, so daß über 90 % der zweisprachigen Positionen auf die Behörden dieser beiden Regionen entfallen [127]. Die Stelleninhaber dieser Posten haben - sofern sie einsprachig sind - während der fünfjährigen Übergangszeit die Möglichkeit, die zweite Sprache zu erlernen; sollten sie in Übereinstimmung mit den Richtlinien dazu nicht bereit sein, wird durch die Einstellung eines weiteren Amtsinhabers die Stelle doppelt besetzt. Die doppelte Stellenbesetzung ist denn auch in der Praxis aus verschiedenen Gründen einer der für fraktionierte Gesellschaften wie der kanadischen typischen Auswege aus den die staatliche Integrität potentiell sprengenden Auseinandersetzungen[128]. Die Ausklammerung der Konfliktaustragung bringt indes auch in diesem konkreten Fall der Auseinandersetzung zwischen anglokanadischer Bürokratie und gesamtkanadisch pro-föderaler Politik nur eine temporäre wie lokale Verschiebung der Problematik; eine Lösung des Konflikts stellt der eingeschlagene Weg nicht dar, da die zugrundeliegenden Gegensätze zwischen einer am Fortbestand ihrer bislang dominierenden Position interessierten anglokanadischen Bürokratie und einer auf eine angemessenere Beteiligung der Frankokanadier im politisch-administrativen System des Bundes zielende Politik prinzipiell nicht angetastet wurden.

Zweitens hielten Regierung und Parlament an der Einrichtung der im internen Dienstbetrieb einsprachig französisch arbeitenden Abteilungen fest; die Zahl der in der National Capital Region in solchen Einheiten beschäftigten Beamten und Angestellten soll bis Ende 1978 auf ca. 8.000 angehoben werden, was gemessen an der Zahl der Beamten in der Region Ottawa im Jahre 1973/74 einem Anteil von 10 % entspräche; 1975 lag die Zahl erst bei 3.500; hingegen arbeiteten ca. 24.000 Beamte in faktisch einsprachig englischen Abteilungen, eine Tatsache, die neuerlich das noch immer bestehende Mißverhältnis in der Bundesbürokratie verdeutlicht[129].

Fortgesetzt wurde nach 1973 drittens die Politik des (mehr oder minder) freiwilligen Sprachenunterrichts. Bei geschätzten Kosten von zusätzlich zu Gehaltsfortzahlung und Dienstausfall etwa $ 10.000 pro Kopf für das dreijährige Unterrichtsprogramm haben das von der Regierung durchgeführte Sprachtraining bis 1975 ca. 12.000 Angehörige des öffentlichen Dienstes mit Examen abgeschlossen[130]. Allerdings sind auch im Zusammenhang mit dem (so sollte man meinen, unproblematischen) Sprachunterricht negative Auswirkungen aufgetreten. Zum einen ergab u.a. eine im Auftrag der Bundesregierung von der Université de Montréal vorgenommene Analyse der bilingual positions, daß die von der Public Service Commission den einzelnen Positionen zugewiesenen differenzierten Anforderungen im Sprachniveau der zweiten Sprache bei einer Reihe von Posten in der Praxis nicht genügen, um die dort anfallenden Amtsgeschäfte tatsächlich zweisprachig abwickeln zu können[131]. Da die Sprachqualifikation für die Positionen (z.B. die Dauer des Sprachtrainings) nach diesen unzulänglichen Normen beurteilt wird, kann dies für einen ehemals einsprachigen Beamten bedeuten, daß er zwar am Sprachtraining erfolgreich teilgenommen hat und formal als zweisprachig gilt, dennoch aber nicht in der Lage ist, seinen Dienst in der zweiten Sprache zu versehen. Hierin äußert sich zumindest ein erhebliches Maß an Praxisferne sowohl bei der Klassifizierung des Sprachniveaus als auch in der Konzeptionalisierung des nur wenig angewandte Sprachkenntnisse vermittelnden Unterrichts. Sodann fehlt den Beamten nach Beendigung ihrer Sprachausbildung vielfach die Möglichkeit, ihre Kenntnisse anzuwenden[132]; so ergab eine Umfrage unter den 2.483 zuvor einsprachig englischen Absolventen des Jahres 1973/74, daß ca. 40 % von ihnen die gerade erlernte französische Sprache während der Arbeit so gut wie nie, weitere 51 % sie nur selten gebrauchten, der Sprachunterricht somit für die Praxis weitgehend irrelevant geblieben sei. Eine ein Jahr später durchgeführte Nachfolgeuntersuchung des Language Commissioner erbrachte ähnliche Ergebnisse für die englisch-sprachigen Absolventen des Französisch-Unterrichts; anders hingegen stellt sich dies bei den ehemals einsprachig französischen Beschäftigten dar; von ihnen gebrauchten nur 2 % die englische Sprache nicht; 80 % jedoch sprachen englisch zumindest während 20 % ihrer Arbeitszeit, ca. 40 % gar zu 70 und mehr Prozent ihres Dienstes.

Die offensichtlich gegenläufige Tendenz läßt je nach dem Standort deutlich gegensätzliche Interpretationen zu und scheint vordergründig insbesondere die beiden Extrempositionen sowohl von Anglo- wie Frankokanadiern zu bestätigen[133]. So verstärkte die in ihrem Fall offensichtliche Praxisferne des Sprachunterrichts bei den anglokanadischen wie den kleineren ethnischen Gruppen angehörenden Beamten die weit verbreitete Abneigung gegen die Politik der Zweisprachigkeit im allgemeinen wie gegen das Sprachtraining im besonderen, das nach der Meinung vieler von ihnen für ihre praktische Arbeit überflüssig sei und zu dem sie allein aus politischen Motiven heraus veranlaßt würden. Aus independistisch frankophoner Sicht stellt dieser Tatbestand ein zusätzliches Beispiel für die Doppelzüngigkeit einer Politik dar, die formalrechtlich und in der (wie sie meinen) propagandistischen pro-föderalen Interpretation die Gleichbehandlung von Anglo- und Frankokanadiern herbeiführe, faktisch jedoch genau das Gegenteil bewirke, nämlich zur Folge habe, daß nur noch mehr Québécois als ohnehin bereits durch die Politik des bilingualism and biculturalism gezwungen würden, sich sprachlich und damit auch kulturell an die anglophone Kultur zu assimilieren. Sicherlich ebenso berechtigt wie derartige Einschätzungen ist die vermittelnde Position des Language Commissioner, der sich durch die unterschiedlichen Folgen des Sprachentrainings veranlaßt sah, neuerlich auf die bekannte Feststellung zu verweisen, daß die Erhaltung einer Sprache entscheidend von ihrer Verbreitung in der Arbeitswelt abhängig ist. Daraus abgeleitet forderte er, daß den anglophonen Absolventen - wenngleich auf freiwilliger Basis - die Chance geboten werden sollte, unmittelbar nach Abschluß des Sprachunterrichts für einen bestimmten Zeitraum in einer französisch-sprachigen Arbeitsumwelt zu arbeiten[134]. Zumindest indirekt ist in dieser Interpretation die Kritik eingeschlossen, daß die Reformen zur Durchsetzung der Zweisprachigkeit im öffentlichen Dienst bislang weder in der Konzeption weitreichend genug angelegt noch in der Durchführung konsequent genug gewesen seien.

Tatsächlich dürften die negativen Auswirkungen des Sprachenunterrichts eine der Konsequenzen des widersprüchlichen, von allzu großer Rücksichtnahme gegenüber den Interessen der anglokanadischen Bürokratie geprägten Richtlinien-Kompromisses aus dem Jahre 1973 sein. Durch eine offensiver von der Politik vertretene pro-föderale Haltung hätten sich die negativen Begleiterscheinungen mindestens in ihrem Ausmaß vermindern lassen. Dies gilt umso eher, als sich trotz der nur halbherzigen Reformen die Zusammensetzung der Bundesbürokratie - verglichen mit der Situation, wie sie die B and B Commission für das Jahr 1961 ermittelte, aber auch im Vergleich der Jahre 1971 bis 1975 - doch in Richtung auf eine angemessenere Repräsentation der Frankokanadier zu verändern beginnt [135]. So stieg der Anteil der Frankokanadier z.B. in der Berufsgruppe der 'Administrative and Foreign Service'-Positionen zwischen 1971 und 1975 von 16 auf 21 %, in der Gruppe der 'Scientific and Professional'-Positionen von 11 % auf fast 18 %. Die zwar nur langsam einsetzenden, aber mittlerweile doch deutlichen Veränderungen in der Zusammensetzung des öffentlichen Dienstes dürften jedenfalls die in diesem Aspekt vorsichtig optimistische Zwischenbilanz des Language Commissioner in seinem fünften Jahresbericht rechtfertigen:

"Such gradual gains justify neither the cynicism of some Francophones about English plots to keep them all sweepers nor the paranoia of some Anglophones about a massive French takeover. Beyond the cries and whispers of these different mythologies of linguistic doom, there seems a solid if slow historic trend toward giving all Canadians a better chance to serve their country interestingly. No doubt there remains much sloth in the system in accommodating Francophones' talents. No doubt progress has been slowed too by prejudice, tradition and - it needs to be recalled - the still-recent failure, now being overcome, of French Canada's education régime to produce enough administrators, scientists and technicians... But the trend is clear and, in general, fairly positive" (Language Commissioner 1976, S.16).

Weit weniger kontrovers als die Reformversuche in der Bundesbürokratie sind bislang die Bemühungen der föderalen Sprachenpolitik im Schul- und Bildungssektor gewesen. Allerdings zeigen sich auch in diesem zweiten Hauptbereich von bilingualism and biculturalism widersprüchliche Ergebnisse und gegenläufige Tendenzen. Vergegenwärtigt man sich jedoch die traditionell nur minimale Bereitschaft englisch-sprachiger Bevölkerungen - seien es die Großbritanniens, der USA oder auch die Englisch-Kanadas -,eine weitere Sprache zu erlernen, so werden in dieser Perspektive einige ermutigende Veränderungen im Ansatz erkennbar. Dies ist umso bemerkenswerter, als die Möglichkeiten des Bundes, auf die Bildungspolitik einzuwirken, gering sind. Sie erschöpfen sich im wesentlichen auf indirekte Interventionen und die Bereitstellung von Finanzhilfen an die Provinzen für zweckgebundene Projekte im Rahmen des kooperativen Föderalismus. Insgesamt stellte der Bund für Projekte zur Förderung des Sprachunterrichts in den vier Jahren von 1970 bis 1974 $ 300 Millionen und seither jährlich $ 80 Millionen zur Verfügung[136].

Im Mittelpunkt der bildungspolitischen Maßnahmen stand die möglichst vollständige Einrichtung zweisprachiger Ausbildung in den Elementar- und Sekundarschulen aller Provinzen. Dabei muß hervorgehoben werden, daß es primär um die Einführung von traditionellem Fremdsprachenunterricht ging. Daneben wurde auf experimenteller Basis allerdings auch eine Reihe von zweisprachigen Schulen aufgebaut, zudem ein von der Bundes- und der Provinzregierung Ontarios gemeinsam getragenes Programm eingerichtet, das Kindern, die außerschulisch in einer sprachlich homogenen Umwelt leben, die Möglichkeit schafft, ausschließlich in der zweiten Sprache unterrichtet zu werden, d.h. daß Kinder mit englisch als Muttersprache in französisch-sprachige und umgekehrt frankophone Kinder in englisch-sprachige Schulen gehen können, wobei die jeweilige Muttersprache nurmehr als Fremdsprache unterrichtet wird [137]. Dieses sog. 'immersion project', in dem der Language Commissioner die Unterrichtsform der Zukunft für eine dann zweisprachige Bevölkerung sieht, stößt indes (trotz der überraschend positiven Reaktionen aller derjenigen, die an den Experimentierschulen, ob als Schüler, Lehrer oder Eltern beteiligt sind[138]) auf weit verbreitete Skepsis. Anglo- wie Frankokanadiern gemeinsam ist die Befürchtung, daß derartig zweisprachig unterrichtete Kinder in allen nicht sprachlichen Fächern gegenüber den einsprachig unterrichteten Altersgenossen mit gleicher Muttersprache benachteiligt sein könnten. Viele Frankokanadier fürchten, daß bei dem weiterhin ungleichen Prestige beider Sprachen ihre Kinder der eigenen Muttersprache entfremdet und an die anglophone Kultur adaptiert werden könnten. Zweitens ist die Einstellung verbreitet, daß langfristig aufgrund des stark asymmetrischen Verhältnisses von anglokanadischer Bevölkerungsmajorität und frankokanadischer Minorität eine solche Unterrichtsstruktur zur verstärkten Durchdringung der frankophonen Kultur durch anglophone Werte mittels der französischen Sprache führen würde.

Die Möglichkeit, Französisch als zweite (Fremd-)Sprache zu lernen, besteht heute formal im Primar- und Sekundarschulbereich im gesamten anglophonen Kanada wie auch im bilingual belt. Mit Ausnahme von Newfoundland, Prince Edward Island, Saskatchewan, wo in den ersten Klassen der elementary school kein Fremdsprachenunterricht angeboten wird, kann Französisch überall in allen Klassen und teilweise auch im Kindergarten bzw. in den Vorschulen Bestandteil des Curriculums der öffentlichen Schulen sein[139]. Die faktische Entscheidung darüber, wie die Stundenpläne im Detail gestaltet werden und ob Französisch tatsächlich unterrichtet wird, fällt bei der dezentralisierten Schulorganisation jedoch weitgehend in die Kompetenz der lokalen Schulaufsichtsbehörden. Im Elementarschulsektor bedeutet dies, daß z.B. im Schuljahr 1974-75 von rund 2,5 Millionen Elementarschülern in den neun Provinzen ohne Quebec nur 36,5 % in Französisch als zweiter Sprache unterrichtet wurden [140]. Der Prozentsatz schwankte zwischen minimal 5,6 % in Saskatchewan und maximal 67,2 % in New Brunswick. Die Zunahme gegenüber dem Schuljahr 1970/71 betrug im Durchschnitt immerhin 7,3 Prozentpunkte, wobei sich die Zahl der Schüler mit Französisch-Unterricht in solchen Provinzen mit niedriger Ausgangsbasis im gleichen Zeitraum z.B. in Nova Scotia oder British Columbia verdoppelte bzw. verdreifachte. Praktisch konstant blieb hingegen mit 6,5 % gegenüber 6,3 % im Jahr 1970/71 der Anteil der zweiten Sprache am Gesamtstundenplan, so daß der Umfang des Sprachenunterrichts im Primarsektor kaum als ausreichend angesehen werden kann, um einigermaßen sinnvolle Sprachkenntnisse zu vermitteln. Nach aller Erfahrung ist dazu ein kontinuierlicher Schulunterricht von etwa sechs bis sieben Jahren bei wöchentlich drei bis fünf Stunden erforderlich[141].

Negativer stellt sich die Entwicklung des Französisch-Unterrichts auf der Sekundarschulebene dar. Zwar liegt die Stundenzahl mit einem Anteil von knapp 12 % fast doppelt so hoch, doch ist der Anteil der Sekundarschüler, die überhaupt Französisch lernen, gegenüber dem Jahr 1970/71 bis 1974/75 von 55,7 % auf 41,3 % gesunken. Die Ursachen für diesen drastischen Rückgang sind vielschichtig[142]. Sie liegen zum einen in curricularen Reformen begründet, die die Fächerkombination auf der high school in das Ermessen von Eltern und Schülern stellen. Bei dem geringen Interesse an Sprachen, bei den vergleichsweise schlechten Berufschancen bei geisteswissenschaftlich-humanistischer Ausbildung in einem vornehmlich naturwissenschaftliche und technologische Kenntnisse honorierenden ökonomischen System verwundert im Falle der Abwahlmöglichkeit durch den Schüler ein solcher Trend nicht. Zweitens haben die Universitäten in ihrem Bemühen, für den Arbeitsmarkt möglichst rasch und funktional und zudem möglichst viele Gebühren zahlende Studenten auszubilden, diesen Trend durch die Aufgabe von Sprachqualifikationen als Studieneingangs- bzw. Examensvoraussetzung gefördert. Drittens ist die negative Entwicklung - wie der Language Commissioner zu Recht betont hat - durch die Sprachenpolitik selbst mitverschuldet. So haben sicherlich weder die Arbeitsplatzgarantie für einsprachige Angehörige im öffentlichen Dienst, wie sie seit der Resolution des Unterhauses vom Jahre 1973 als Maßstab für die Beschäftigungspolitik des Bundes praktiziert wird, noch ganz generell die emotionalisierte Auseinandersetzung um die Politik der Zweisprachigkeit eine Atmosphäre geschaffen, von der stimulierende Wirkungen für den Sprachenunterricht in den Schulen ausgegangen sind.

Zusätzlich zum Sprachenunterricht in der Schule finanziert der Bund im Bildungssektor eine Reihe von Stipendienprogrammen, mit dem Ziel, vor allem Multiplikatoren zu erreichen[143]. So vergibt er u.a. Fortbildungsstipendien für Englisch- bzw. Französisch-Lehrer, zahlt Beihilfe zum Sprachlehrerstudium, finanziert Sommer- und Ferienkurse für Absolventen der high school und hat die Finanzierung des nach dem 'immersion project' im Schulbereich wohl interessantesten Programms, des sog. 'Interprovincial Second-Language Monitor Programme', übernommen, das anglo- wie frankokanadischen Studenten ein Jahresstipendium gewährt, wenn sie sich verpflichten, Sekundarschülern der anderen Muttersprache zwischen sechs bis acht Wochenstunden Konversationsunterricht zu erteilen. Der Umfang aller dieser Maßnahmen ist allerdings noch immer relativ bescheiden; zudem übersteigt die Nachfrage das Angebot deutlich. So waren z.B. im Jahre 1976 nur 5.000 Ferienkursstipendien vorgesehen, gab es ganze 432 Jahresstipendien im Monitor Programme bei immerhin 2.800 Bewerbungen. Bei einem solchermaßen umstrittenen und emotionalisierten Gegenstand wie der Sprachenpolitik stehen selbstverständlich die entstehenden Kosten stets ganz besonders im Mittelpunkt der Auseinandersetzung; zumal in Phasen konjunktureller Depression und wachsender Haushaltsdefizite liegt es bei zunehmenden Verteilungskämpfen für die Politik nahe, zunächst in der Öffentlichkeit unpopuläre bzw. konfliktive issues entweder ganz zu streichen oder in der Finanzierung stark zu beschneiden. So ist es nicht allzu verwunderlich, daß der Language Commissioner in seinem bislang letzten, im Frühjahr 1976 erschienenen Jahresbericht für 1975 Kostenerwägungen in den Vordergrund seiner Analysen und Vorschläge stellt und unter diesem Gesichtspunkt der Kosten-Nutzen-Relation insbesondere bemüht ist, die langfristig positiven Auswirkungen der Sprachenpolitik im Bildungsbereich aufzuzeigen[144]. Dabei geht es ihm u.a. offensichtlich um zweierlei: zum einen versucht er, durch die Betonung der langfristigen bildungspolitischen Dimension dem falschen Eindruck entgegenzutreten, der aus der einseitigen öffentlichen Diskussion entstanden ist und die Politik der Zweisprachigkeit auf das zudem nur Scheincharakter besitzende, indes hochgespielte und dadurch politisch relevante Bürokratieproblem reduziert. Zweitens geht es ihm konkret um die Weiterfinanzierung der ohnehin längst nicht ausreichenden langfristigen Bildungsprogramme, deren Fortsetzung in Zeiten des Abbaus und/oder der Verlagerung staatlicher Leistungen zweifellos ernsthaft gefährdet ist[145]. Denn soviel dürfte unstrittig sein: Nachhaltige Resultate der Sprachenpolitik sind, wenn überhaupt, nur langfristig und über die Vermittlung durch Bildung und Schule zu erzielen.

Die Massenmedien haben im Verlauf der frankophonen Emanzipationsbestrebungen nach dem II.Weltkrieg eine wesentliche Rolle gespielt; zunächst bildeten sie den wichtigsten Vermittler neuer Werte und Kenntnisse von außen und trugen damit zu Beginn der Quiet Revolution zur Zerstörung des verkrusteten, anti-liberalen und weitgehend noch vor-industriellen Weltbildes bei; später entwickelten sie sich zunehmend zum Träger der entstehenden neuen frankophonen Identität Quebecs, wenngleich auch sie - wie die Medien in Kanada insgesamt - in ihren Programminhalten primär auf die Interessen und Bedürfnisse eines (wie auch immer und von wem definierten) Mittelklassenpublikums zielen[146]. Eine ähnlich bedeutsame Funktion kommt den Medien im Hinblick auf die Fortexistenz der französischen Sprache in Kanada zu. Relativ schlecht bestellt ist es dabei - worauf schon hingewiesen wurde - um die französisch-sprachige Presse. Zahl und Auflage der französischen Zeitungen und Periodica sind gering. Die Versorgung der Diaspora-Gebiete ist jedenfalls nurmehr durch Rundfunk und Fernsehen zu gewährleisten.

Tabelle 63 : Anzahl der Radio- und Fernsehstationen, Wochenzeitungen, nach Sprache und Provinzen, 1973

Zahl der Sprache	Radio-Stationen			Fernseh-Stationen			Wochenzeitungen		
	Engl.	Franz.	Bilingual	Engl.	Franz.	Bilingual	anglok.	frankok.	Bilingual
Nfld.	17			4			9		
P.E.I.	2			1			2		
N.S.	18			7			30	1	
N.B.	10	1		2	1		14	1	3
Que.	11	58	3	2	12		18	116	55
Ont.	88	10		21	1		296	2	1
Man.	14	1		6	1	2	63	1	1
Sask.	18	1		7			103		
Alta.	28	1		6			118	1	
B.C.	57	1		9			112	1	
Canada	263	73	3	65	15	2	765	123	60

Quelle: Stat.Can./3, S.232f.

Die Rundfunk- und Fernsehstruktur Kanadas weist selbstverständlich starke Ähnlichkeiten mit der Medienlandschaft der USA, in ihrer gemischten Verfassung von sowohl privaten als auch öffentlichen Systemen aber zugleich auch mit den Medienstrukturen Großbritanniens auf, zumal britische, meist von der BBC stammende Produktionen neben US-amerikanischen einen beträchtlichen Bestandteil an den englisch-sprachigen Programmen ausmachen[147]. Die vertikale Organisation entspricht weitgehend dem US-amerikanischen Muster mit lokalen Stationen, die entweder den großen Systemen gehören oder aber als separate Unternehmen sich als sog. 'affiliates' zur Übernahme des überregionalen Programms an die nationalen Systeme anschließen, an das öffentlich-rechtliche CBC/Radio Canada oder an das private, aus Werbung finanzierte, zudem relativ eng mit amerikanischem Kapital und der US-Gesellschaft ABC verflochtene System CTV/TMC. Das anglophone CTV-System setzt sich zusammen aus zwölf Mitglieder-Stationen mit eigenen Lokalsendungen und Beiträgen zum überregionalen Programm sowie 77 'affiliates'; an das frankophone System Tele-Métropole Corporation sind drei Stationen angeschlossen. Die im Jahre 1932 nach britischem Vorbild als öffentlich-rechtliche Rundfunkanstalt gegründete CBC, mit den von Beginn an bestehenden zwei Teilsystemen CBC und Société Radio Canada die älteste funktionierende zweisprachige Bundesinstitution überhaupt, gleicht in ihrem vertikalen Aufbau den privaten Systemen. Sie setzt sich heute zusammen aus 18 Einzelstationen, von denen 13 zur englisch-sprachigen CBC, fünf zum französisch-sprachigen Teilsystem Radio Canada gehören und die, ähnlich wie die bundesrepublikanische ARD, auch alle für die beiden überregionalen Programme produzieren. Angeschlossen sind der CBC zudem 32 anglo- und acht frankophone private 'affiliates'. Als halbstaatliche Institution ist die CBC dem kanadischen Parlament verantwortlich, aber auch von ihm abhängig, wobei sich in der Praxis - und anders als in Großbritannien - nicht zuletzt infolge der langanhaltenden Asymmetrie im Parteiensystem eine deutliche Abhängigkeit von der liberalen Mehrheitsfraktion des Unterhauses und damit auch der Regierung hergestellt hat[149]. Finanziert wird die Anstalt - da keine Rundfunkgebühren erhoben werden - überwiegend aus Etatmitteln. Während wie in den USA die Einnahmen der privaten Stationen fast ausschließlich aus Werbung resultieren, beim Rundfunk zu 97,6 %, beim Fernsehen zu 86,3 %, setzen sich die Haushalte bei CBC-Radio, das fast ohne Werbung sendet, zu 95 %, bei CBC-TV, das in den letzten Jahren aus Konkurrenznotwendigkeiten zur Ausweitung der Werbung gezwungen war, immerhin noch zu 78,3 % aus Steuermitteln zusammen (Daten für 1970)[150].

Halbstaatliche Organisation und öffentliche Finanzierung bedeuten in unserem sprachenpolitischen Zusammenhang insbesondere zweierlei: Erstens unterliegt CBC den gleichen Bedingungen innerbetrieblicher Zweisprachigkeit wie die Bundesbürokratie[151]. Zweitens besteht die Verpflichtung, in Programm und technischer Sendungs- wie Empfangsqualität gleichartige Rundfunk- und Fernsehbedingungen in beiden Sprachen zu schaffen, wobei sich diese im Rundfunkgesetz festgeschriebene Funktionsbestimmung längst nicht mehr nur auf die zweisprachige Versorgung der im Official Languages Act definierten bilingual districts bzw. auf Diaspora-Gebiete mit einer Minderheitenbevölkerung von mindestens 10 % beschränkt. Der im Frühjahr 1974 mit Billigung von Regierung und Unterhaus eingeleitete Expansionsplan der Anstalt sieht u.a. in einem Zeitraum von fünf Jahren die Erweiterung des zweisprachigen Sendenetzes um mehr als 500 Relaisstationen vor, die ca. 300 Gemeinden mit mehr als 500 Einwohnern zusätzlich versorgen sollen [152]. Diese Minderheitenformel stellt dabei nur einen Zwischenschritt dar. Einige der vom Language Commissioner im Jahre 1975 gemachten und von der Anstalt (allerdings vorbehaltlich der Finanzierungsmöglichkeiten) in ihr Ausbauprogramm übernommenen Vorschläge zielen gegenwärtig bereits zumindest regional auf eine flächendeckende zweisprachige Versorgung mit Rundfunk und Fernsehen, die für New Brunswick und Ontario bis Ende 1978 erreicht werden soll; bis zum gleichen Zeitpunkt soll in den Maritimes, in Quebec und in Ontario die UKW-Stereo-Empfangskette voll zweisprachig ausgebaut sein. Zudem ist CBC verpflichtet, zum Januar 1977 das Konzept eines stufenweisen Ausbaus in Richtung auf eine gleichartige zweisprachige Versorgung des ganzen bewohnten Territoriums fortzuschreiben.

Ein solcher Ausbau der zweisprachigen Versorgung bedeutet zwar nicht, daß in sämtlichen Diaspora-Gebieten die neu errichteten Stationen eigene, auch auf lokale Bedürfnisse eingehende Sendungen produzieren werden; bei der Realisierung dieser Erweiterungsprojektionen ist jedoch in absehbarer Zeit damit zu rechnen, daß die gesamte kanadische Bevölkerung mittels Relaisstationen und der Übernahme des Programms des frankophonen Teilsystems Radio Canada entweder ganztägig oder durch die Ausstrahlung von Konservenprogrammen zumindest zeitweilig am Tage französisch-sprachige Sendungen beider oder wenigstens eines der beiden Medien wird empfangen können. Wenngleich dies - wie u.a. die zahlreichen Beschwerden an den Language Commissioner zeigen - gegenwärtig noch keineswegs erreicht ist, sind bei einer pro-föderalen Sichtweise dennoch Rundfunk und Fernsehen der Teilbereich, auf dem die Konzeption der Zweisprachigkeit noch am weitesten vorangekommen ist. Der Ausbau ist immerhin so weit realisiert, daß es in Zukunft primär nicht mehr um die zweisprachige Versorgung der Bevölkerung überhaupt gehen kann, sondern daß zunehmend auch Qualität und Inhalte in die Betrachtung einzubeziehen sind. Um es pointiert zu formulieren: Allein mit einer Synchronisation von Programmen anderer gesellschaftlich-kultureller Systeme - unabhängig davon, ob es sich um die Übernahme anglokanadischer, britischer oder US-amerikanischer Produktionen handelt - dürfen sich weder die pro-föderale Politik, sofern sie tatsächlich von dem Ziel sozio-kultureller Dualität eigenständiger Subgesellschaften ausgeht, noch das Medium selbst begnügen. Als Erfolg der pro-föderalen Sprachenpolitik bleibt allerdings zu verbuchen, daß mit der Ausweitung zweisprachiger Senderketten durch das öffentlich-rechtliche System CBC die Voraussetzungen zunehmend geschaffen worden sind, die solche Auseinandersetzungen über die Programminhalte überhaupt erst sinnvoll werden lassen[153].

Die Konflikte um die Sprachenpolitik haben in der jüngsten Zeit und insbesondere nach den zwei liberalen Wahlsiegen, zum einen nach dem überstarken Mandatsgewinn der Provinz-Liberalen unter Robert Bourassa in Quebec vom Oktober 1973, zum zweiten nach der Mandatsmehrheit für Trudeau und die Bundespartei nach der Unterhauswahl vom Juli 1974, eher zu- als abgenommen. Die Liberalen, auf die Fortführung ihrer Reformpolitik verpflichtet, gerieten in Quebec wie auf Bundesebene zwischen die Fronten der sprachenpolitischen Gegner in beiden Lagern. Während den einen, denen im Grunde jedwede Veränderung im Verhältnis von Anglo- und Frankokanadiern bereits ein Dorn im Auge ist, die zweifellos weder auf föderaler Ebene noch in Quebec sehr tiefgreifenden Reformversuche viel zu weit gehen, halten die anderen etwa auch das Sprachengesetz Quebecs vom Juli 1974 (auf das sogleich zurückzukommen sein wird) nur für Verschleierung und Augenwischerei ohne strukturelle Bedeutung. Infolge der Wechselwirkung von Bundes- und Provinzpolitiken wurden, obgleich Bundes- und Provinzpartei wie die beiden frankokanadischen Premiers Trudeau und Bourassa nur wenig miteinander verbindet, die sprachenpolitischen Maßnahmen einer der beiden Regierungen zudem jeweils beiden Administrationen angelastet. Wie kontrovers, emotional brisant der Sprachen-issue noch immer ist, wie nichtig, oft auch skurril die Anlässe für weitreichende Folgen sein können, zeigt als ein Beispiel der Konflikt zwischen kanadischer Pilotenvereinigung und liberaler Bundesregierung vom Frühsommer 1976[154]. Auf die Absicht der Regierung Trudeaus, die französische Sprache im Sprechfunk zwischen Pilot und Fluglotsen der Flughäfen Quebecs bei innerkanadischen Flügen einzuführen (und damit auf den Versuch, ähnliche Verhältnisse wie in den meisten Staaten herzustellen, in denen der Sprechfunk bei inländischen Flügen in der Regel in der Muttersprache erfolgt), reagierte die Pilotenvereinigung mit Streik und der ablehnenden Begründung, die Flugsicherheit wäre durch derartige Experimente gefährdet. Unmittelbar vor Beginn der Olympischen Spiele auf einen reibungslosen Flugverkehr angewiesen, war die Regierung Trudeau zum Nachgeben gezwungen. Bei den Frankokanadiern rief dies den Eindruck hervor, daß die Bundesregierung sich dem Willen von 2.670 anglokanadischen Piloten beuge; das von der liberalen Mehrheit beherrschte Provinzparlament sah sich veranlaßt, in einer einstimmig verabschiedeten Resolution das Recht der Fluglotsen Quebecs zu bekräftigen, ihren Dienst in der Muttersprache zu verrichten.

René Lévesque und der Parti Québécois sahen sich neuerlich in ihrer ablehnenden Haltung gegenüber der Politik von bilingualism and biculturalism bestärkt[155]. Andererseits trat wegen zu weitreichender sprachenpolitischer Maßnahmen aus dem gleichen Anlaß der aus Winnipeg stammende Verteidigungsminister Richardson aus der Regierung Trudeau zurück. Dadurch verschlechterte sich die Position der im Westen Kanadas politisch ohnehin kaum mehr präsenten liberalen Bundespartei nur noch weiter und waren alle ihre Bemühungen konterkariert, die nach der Unterhauswahl von 1974 auf eine Verbreiterung ihrer Parteibasis im anglokanadischen Rest-Kanada und insbesondere in der Prärie zielten[156]. Ähnlich gespalten reagierten mit der kanadischen Öffentlichkeit die Liberalen auch auf die Politik der sprachlichen Nationalisierung Quebecs.

Die Tatsache, daß sich die Sprachenpolitik gegenwärtig in der Defensive befindet, was einerseits daraus resultiert, daß sie stets von zwei Seiten angegriffen wird, andererseits aber auch den Verfechtern der Reformpolitik anzulasten ist und eine Konsequenz ihrer oft nur unzureichenden und/oder konzeptionell nur wenig in sich kohärenten Einzelmaßnahmen darstellt, darf indes nicht darüber hinwegtäuschen, daß durch eben diese Politik eine Reihe von Strukturveränderungen eingeleitet wurde, die kaum mehr reversibel sein dürfte. Dies gilt für die Konsequenzen des Sprachengesetzes in der Bürokratie wie für die allerdings erst in der Zukunft vollends sichtbaren Wirkungen der schulischen und kulturellen Möglichkeiten, wie sie etwa durch die bildungspolitischen Reformen, aber auch durch den Ausbau der Massenmedien geschaffen wurden. Sodann stellt die Fortführung der Sprachenpolitik aus verschiedenen Gründen unverändert eine Notwendigkeit kanadischer Politik dar. Die Versuche, den Französisch-Unterricht außerhalb Quebecs fest zu institutionalisieren, die Ausdehnung französisch-sprachiger Rundfunk- und Fernsehprogramme auf die Diaspora-Gebiete zeigen einmal mehr sehr deutlich die wechselseitigen Abhängigkeiten zwischen der Position der frankokanadischen Minderheit außerhalb Quebecs, einem frankophonen Québec und dem Fortbestand des anglo-frankokanadischen Dualismus unter allerdings einem kanadischen Dach; (was natürlich nicht heißt, daß nicht neue Lösungen an die Stelle der in ihrer Basis letztlich aus dem Jahre 1867 stammenden Kompromißformel der Konföderation treten können und werden, zumal dies unterhalb der Ebene der verfassungsrechtlichen Normierungen

Tabelle 64: Bevölkerung nach Sprachstatus 1961 und 1971 (in Prozent)

	English only		French only		Both English and French		Neither English nor French	
	1961	1971	1961	1971	1961	1971	1961	1971
Newfoundland	98,5	98,0	0,1	0,1	1,2	1,8	0,2	0,1
Prince Edward Island	91,1	91,2	1,2	0,6	7,6	8,2	0,2	--
Nova Scotia	92,9	92,6	0,8	0,5	6,1	6,7	0,2	0,2
New Brunswick	62,0	62,5	8,7	15,9	19,0	21,5	0,2	0,1
Quebec	11,6	10,5	61,9	60,9	25,5	27,6	1,1	1,0
Ontario	89,0	87,3	1,5	1,2	7,9	9,3	1,6	2,2
Manitoba	89,6	89,2	0,9	0,5	7,4	8,2	2,1	2,1
Saskatchewan	93,6	93,6	0,4	0,2	4,5	5,0	1,5	1,2
Alberta	94,1	93,7	0,4	0,2	4,3	5,0	1,2	1,1
British Columbia	95,3	94,1	0,2	0,1	3,5	4,6	1,0	1,2
Yukon	93,5	93,2	0,3	0,1	5,6	6,6	0,6	0,1
Northwest Territories	58,9	73,3	0,5	0,3	7,0	6,1	33,6	20,3
Canada	67,4	67,1	19,1	18,0	12,2	13,4	1,3	1,5

Quelle: Stat.Can./3, S.225.

ja längst geschehen ist, wobei der kooperative Föderalismus, aber auch die Politik des bilingualism and biculturalism nur zwei besonders offenkundige Elemente der verschiedenartigen strukturellen Veränderungen sind). Die Frankokanadier außerhalb Quebecs sind auf die Unterstützung Quebecs angewiesen. Anders als beispielsweise die Schwarzen in den USA, mit denen sich frankokanadische Nationalisten, von denen sich viele selbst als 'nègres blancs' [157] verstehen, gerne vergleichen, sind die Frankokanadier in der vorteilhaften Situation, von Anbeginn an über ein zusammenhängendes Territorium zu verfügen. Vor allem diese Territorialität garantierte in der Vergangenheit die Eigenständigkeit; nur sie bietet eine Chance für den Fortbestand der frankophonen Kultur in Nordamerika; allerdings ist es gerade diese Territorialität, die auch den Forderungen der nationalistisch-independistischen Opposition Gewicht verleiht[158]. Hinzu kommt als weitere Bedingung, daß unter den gegebenen Verfassungsstrukturen der Konföderation eine Politik, in deren Mittelpunkt Sprache und Kultur stehen, ohne die Kooperation aller Provinzen nicht viel erreichen kann; sie ist angewiesen auf das Zusammenspiel eines Québec, das aus existentiellen Gründen legitimerweise auf der francophonisation der Provinz beharrt, eines Ottawa, das um des föderalen Fortbestandes willen zweisprachig orientiert ist, mit den einsprachig-englischen Provinzen, die oft nur widerwillig zur Politik der Zweisprachigkeit zu bewegen sind. Auch durch diese Konfiguration entstehen Reibungsverluste, können systembedrohende Gefahren auftreten.

Das Ende dieser fragilen Struktur, die in ihrer Dialektik von subgesellschaftlicher Abkapselung und Identitätsbewahrung zweier Kulturen einerseits und notwendig assimilierender sozialer Interaktion andererseits die kanadische Gesamtgesellschaft überhaupt erst konstituiert, bedeutet jedoch zwangsläufig die Aufgabe der kulturellen Eigenständigkeit von mehr als 1,2 Millionen Frankokanadiern in den Diaspora-Gebieten, konkret u.a. sicherlich auch die Einstellung ihrer Rundfunk- und Fernsehprogramme, deutlich reduzierte Möglichkeiten des Französisch-Unterrichts, wodurch auch die nicht-frankokanadische Bevölkerung auf verschiedene Weise nachteilig betroffen wäre. Auch ihr wäre mit der Einstellung und/oder den reduzierten Möglichkeiten von Schule und Massenmedien, die heute zweifellos zwei besonders wichtige Vermittlungsinstanzen einer Kultur bilden, die gegenwärtig bestehende, wenn auch sicherlich viel zu wenig genutzte Chance auf ein plurales Kulturangebot genommen. Der sozio-kulturelle Dualismus, wie er sich seit Beginn der liberalen Reformpolitik Mitte der 60er Jahre in bilingualism and biculturalism konkretisiert, stellt darüber hinaus einen Grundpfeiler dar, auf dem die gesellschaftliche Existenz Kanadas sich gründet. Ohne ihn ist die ethnisch-kulturelle Pluralität des Canadian mosaic nicht denkbar, so daß - was von den Angehörigen der kleineren ethnischen Gruppen lange nicht erkannt wurde[159] - die Politik der Zweisprachigkeit implizit neuerlich die Verankerung dieser Grundsätze und die Absicherung der kollektiven und stärker gesellschaftlich-orientierten Wertprämissen bedeutet. Die Wechselbeziehung von ethnischer und Sozialstruktur braucht hier nur nochmals erwähnt zu werden. Ohne die kulturelle Vielfalt verliert Kanada zugleich seine Besonderheit gegenüber den USA. Englisch-Kanada, langfristig aber auch das frankophone Quebec, wären wohl kaum in der Lage, sich dem ohnehin starken Sog der USA zu entziehen. Insofern sind auch die Frankokanadier in Quebec auf den Bestand Kanadas angewiesen.

5. Francophonisation oder Sezession Quebecs

5.1. Konzepte zur sprachlichen Nationalisierung Quebecs

Komplementär zu der Institutionalisierung der Zweisprachigkeit auf Bundesebene, durch die sich die Möglichkeiten der frankokanadischen Minorität vergrößerten, ihre Muttersprache als Umgangssprache im Alltag zu benützen, konzipierte die liberale Reformpolitik als zweites Element ihrer sprachenpolitischen 'Doppelstrategie', die für die weitere Existenz der französischen Sprache auf dem nordamerikanischen Kontinent ein unabdingbares Erfordernis darstellt, die sprachliche 'Nationalisierung' Quebecs. Die französische Sprache soll dadurch zum primären Kommunikationsmittel in Quebec werden, so daß die frankokanadische Bevölkerungsmajorität der Provinz - im Gegensatz zur gegenwärtigen Situation - in der Zukunft in die Lage versetzt wird, ihre Muttersprache in allen Lebensbereichen zu verwenden. Im Mittelpunkt der sprachlichen 'Nationalisierung', deren Realisierungsmöglichkeiten im einzelnen von der Commission Gendron analysiert wurden und für die sie detaillierte Reformvorschläge ausarbeitete[160], steht dabei die 'francophonisation' des ökonomischen Systems, d.h. die Durchsetzung der französischen Sprache in allen Sektoren der Arbeitswelt, im öffentlich-staatlichen und im privat-wirtschaftlich organisierten Bereich sowie auf allen Berufsebenen. Im einzelnen schlug die Commission Gendron u.a. vor:

"1 We recommend that the Québec Government set itself the general goal of making French the common language of Québecers, that is, a language known by everyone which can thus serve as an instrument of communication in contact situation between French-speaking people and Québecers of other language groups....

5 We recommend that the objective of the first stage be to make French the working language of French-speaking people;... that the objective of the second stage be to make French the common language of oral communication between French- and English-speaking people; that the objective of the final stage be to make French the language of written communication in work milieus.

6 We recommend that all enterprises institute a policy to bring about the gradual bilingualization of their English-speaking senior personnel, such policy to be implemented in three stages to establish French as the language of internal communication in work milieus...

9 We recommend that the Government propose, to the enterprises, a policy of 'Francophonisation' whereby, competence being equal, the number of French-speaking employees at intermediate and senior levels of the administrative hierarchy would be increased to an average rate which, in most establishments, would appreciably approach that existing in the Québec labor force....

11 We recommend that the Québec Government establish with enterprises a policy respecting the presence of French-speaking personnel (Francophonisation) at senior levels which would tend, in the course of the next ten years, to increase such presence by 10 % at the first senior level, by 20 % at the second senior level, and by 10 % at the third senior level...

15 We recommend that firms, the great majority of whose senior employees are English-speaking, create a linguistic climate favorable to the introduction of French-speaking staff (Francophonisation), either by bilingualizaing a certain number of those senior employees or by hiring competent bilingual French-speaking senior employees.

16 We recommend that, following prior agreement with firms and in order to remove an obstacle that could be serious for small and mediumsized firms, the Government assume the cost of the bilingualization of English-speaking senior staff....

52 We recommend that a maximum period of five years be granted private service enterprises to make the use of French general in their direct communication, written or verbal, with the French-speaking client...

54 We recommend that the Government take measures to make the use of French compulsory within five years, in all written material describing goods or services...

55 We recommend that the use of French be obligatory in every inscription on a consumer product or its packaging and that no inscription in another language take precedence over the inscription written in French..."

(Commission Gendron, vol.I, S.291ff).

Über die rein sprachliche Ebene hinaus liegt dieser Konzeption so die Überlegung zugrunde, die inferiore Position der Frankokanadier in der Gesellschaft Quebecs zu verändern. Mit der Durchsetzung der französischen Sprache in der Arbeitswelt glaubt man, die Startchancen der Frankokanadier im ökonomischen System verbessern und denen der Anglokanadier angleichen zu können; durch die Veränderung der sprachlichen Situation in den Betrieben und eine zielgerichtete Einstellungspolitik werde sich - so die Intention - langfristig auch das soziale Gefälle verringern. Die Sprache wird damit - zusammen mit der Anhebung des Bildungsniveaus der Frankokanadier - zum Vehikel, durch das man in der Zukunft zum einen die bedrohte Existenz der frankokanadischen nationalen Identität zu bewahren, durch das man zum zweiten die strukturell verfestigte soziale Unterprivilegierung der Frankokanadier zu überwinden hofft.

Wenngleich die Grundlagen des liberal-kapitalistisch organisierten ökonomischen Systems, zumindest in den Prämissen, durch solche Veränderungen nicht tangiert sind, werden sie kaum ohne größere staatliche Eingriffe in das ökonomische System und die Unternehmenspolitik zu realisieren sein. Die sprachenpolitische Konzeption stößt damit notwendig an die Barrieren systemimmanenter Reformpolitik. Bereits innerparteilich werden sich die Veränderungen, so wie sie von der Commission Gendron vorgeschlagen worden sind, bei der ideologischen und vor allem sozialen Basis der Liberalen Partei auf Bundes- wie Provinzebene nur schwer und erst nach geraumer Zeit durchsetzen lassen. Bislang gehen die tatsächlichen Veränderungen in den Sprachenstrukturen faktisch nur in geringem Maße über den staatlich kontrollierten Bereich hinaus. Dies gilt auch für die zuletzt nach dem Wahlsieg der Liberalen bei der Provinzwahl vom Oktober 1973 eingeleiteten Maßnahmen, wenngleich sich die Veränderungen formal auch auf den ökonomischen Sektor erstrecken.

Durch Gesetz vom Juli 1974 (Loi 22) wurde Französisch zur offiziellen Verkehrssprache der Provinz Quebec mit Konsequenzen insbesondere im Regierungs-, Handels- und Rechtsverkehr sowie im Schulsystem[161]. Konkret bedeutet dies, daß Französisch Amtssprache im regierungs-offiziellen Verkehr in der Administration im Innern, aber auch nach außen ist. Beschäftigt in der Provinzbürokratie kann nur werden, wer in für die jeweilige Position 'angemessener Weise' französisch spricht. In Kontakt treten kann der Bürger mit der staatlichen Verwaltung allerdings in jeder der beiden Sprachen. In Gemeinden und Schulbezirken mit einer anglokanadischen Minorität von mehr als 10 % besteht auch formal weiterhin Zweisprachigkeit. Gewerblichen Zwecken dienender Verkehr etwa von Unternehmungen, aber auch von einzelnen Wirtschaftssubjekten mit dem Staat hat jedoch einzig in der offiziellen Amtssprache zu erfolgen[162]. Juristische Personen werden z.B. nur dann amtlich zugelassen, wenn sie ihren Firmennamen in französisch führen. Alle zum Verkauf stehenden Waren und Dienstleistungen müssen in französisch ausgezeichnet, angekündigt, verpackt und beschriftet sein.

Die Unternehmen sind ferner verpflichtet, Anweisungen, Nachrichten und sonstige Kommunikationen an ihre Beschäftigten - zumindest auch - in französisch vorzunehmen. Das Gesetz enthält zudem Festlegungen hinsichtlich der französischen Sprache in der Arbeitswelt. So hängt die Gewährung von staatlichen Unterstützungen (u.a. Prämien, Subventionen, Steuervergünstigungen, Kredithilfen, Staatsaufträgen) seither auch von den Sprachenverhältnissen im Arbeitsprozeß der Unternehmen ab, wobei Betriebsgröße, Personalstärke, Anteil der Frankokanadier im Management, Zweisprachigkeit im Management und andere Kriterien zur Klassifizierung der 'francophonisation' im Betrieb herangezogen werden sollen[163]. Grundlage von Staatssubventionen sollen dann diese Klassifizierungen bilden. Allerdings unterblieb im Gesetz eine detailliertere Normierung, wie sie etwa von der Commission Gendron vorgeschlagen wurde.

Verantwortlich für die Realisierung dieser Maßnahmen ist die durch das Gesetz geschaffene Kontrollkommission, die 'Régie de la langue française', deren neun Mitglieder, zwei haupt- und sieben halbamtliche, für zehn bzw. fünf Jahre vom Governor auf Vorschlag der Provinzregierung ernannt werden[164]. Neben anderen wurden der Kommission zwei weitere Hauptaufgaben zugewiesen: Erstens soll die Régie alle drei Jahre in sämtlichen Gemeinden und Schulbezirken die Zahl der englisch-sprachigen Bevölkerung ermitteln und davon ausgehend eine Liste mit den mehrheitlich englisch-sprachigen Gemeinden und solchen mit mehr als 10 % anglophoner Minderheit erstellen. Zweitens obliegt ihr die Durchführung und Kontrolle der durch das Gesetz normierten neuerlichen einschneidenden Veränderungen im Schulsystem. Das Gesetz garantiert zwar den Fortbestand des dualistischen Bildungssystems mit seinen für Franko- und Anglokanadier getrennten Schulen, da bei einer Minorität von 10 % pro Schulbezirk Schulen mit Englisch als erster Unterrichtssprache eingerichtet werden müssen. Andererseits können diejenigen Kinder, die den kleineren ethnischen Gruppen angehören, nicht mehr, wie zumeist in der Vergangenheit, in englischsprachige Schulen gehen, sondern sie sind gezwungen, französischsprachige Schulen zu besuchen. Das Gesetz normiert zu diesem Zweck, daß nur diejenigen Kinder, die die gewünschte Unterrichtssprache bereits in 'ausreichendem' Umfang sprechen, in Schulen mit Englisch als erster Unterrichtssprache gehen können, praktisch also nur Kinder mit Englisch als Muttersprache; alle anderen Kinder mit dritten Muttersprachen oder ungenügenden Englischkenntnissen müssen hingegen französisch-sprachige Schulen besuchen. Der Sprachnachweis hat durch Tests zu erfolgen, die dem jeweiligen Alter bzw. den Schulstufen angepaßt sein sollen.

Die Gewichtung der Reformmaßnahmen im Sprachengesetz, wie sie von der überstarken liberalen Parlamentsfraktion nach der Provinzwahl vom Oktober 1973 durchgesetzt wurde, wirft ein bezeichnendes Licht sowohl auf die Interessenbindung der Liberalen in Quebec als auch die gesellschaftlichen Machtstrukturen in der Provinz. Die Reaktionen vermitteln einen Eindruck von der Brisanz der Sprachenpolitik, über die'Revolution der steigenden Erwartungen', letztlich auch darüber, wie gespalten die Bevölkerung Quebecs gegenwärtig ist. Einerseits garantiert das Gesetz der anglokanadischen Minorität die Zweisprachigkeit und englisch-sprachige Schulen. Die Angehörigen der anderen ethnischen Minderheiten in der Provinz zwingt es hingegen, ihre Kinder in französisch-sprachige Schulen zu schicken. Zwar bilden die weder anglo- noch frankokanadische Bevölkerung Kanadas, vor allem die Einwanderer nach dem II.Weltkrieg, die ethnischen Wählergruppen, die tendentiell am stärksten die Liberale Partei wählen, doch fehlt es ihnen zahlenmäßig an Gewicht und sozio-ökonomisch an Macht, um ihre Interessen gegenüber Franko- wie Anglokanadiern durchsetzen zu können. Hält man sich vor Augen, daß von ca. 140.000 Immigranten, auch denen italienischer Herkunft, 48 % zu Hause englisch, nur 2 % französisch, die anderen 50 % ihre Muttersprache sprechen, zeigt sich die Brisanz dieser Maßnahmen, die noch dadurch verschärft wurde, daß z.B. zu Beginn des Schuljahres 1975/76 die Kinder etwa italienischer Herkunft auch dann und gegen den Willen ihrer Eltern in französisch-sprachige Schulen geschickt wurden, wenn sie den Einstufungstest in Englisch erfolgreich abgelegt hatten[165]. Nun mag die sprachliche Nationalisierung Quebecs derartige Maßnahmen objektiv erforderlich machen, den Betroffenen erscheinen sie aus ihrer subjektiven Sicht sicherlich nicht ganz zu Unrecht als Willkür, dies umso mehr, als die Veränderungen im Schulsystem bislang die einzig einschneidenden Reformen im Rahmen der sprachlichen Nationalisierung Quebecs blieben.

Die durch das Sprachengesetz Quebecs eingeleiteten Veränderungen im ökonomischen System sind vergleichsweise bescheiden. In ihrer Beschränkung auf die Deklarationspflicht in der Konsumsphäre sowie auf die bestenfalls mittelbaren Auflagen hinsichtlich der Beschäftigungspolitik in den Betrieben blieb die liberale Provinzregierung Bourassa weit hinter den Steuerungsmöglichkeiten zurück, die ihr das Instrumentarium neo-liberaler Wirtschaftspolitik bietet, was in diesem konkreten Fall sicherlich weniger einen Beleg für die nur selektive Autonomie des Staates und die beschränkten Handlungsspielräume der Regierungen darstellt, sondern vielmehr als ein weiterer Hinweis für die enge Verbindung von ökonomischer Elite und Liberaler Partei zu gelten hat. Somit ist auch weiterhin offen, ob die intendierten Reformen der Commission Gendron auch auf das ökonomische System ausgedehnt werden können. Eine Realisierung wird maßgeblich davon abhängen, ob die Reformmaßnahmen im ökonomischen System sowohl von den anglokanadischen und US-amerikanischen Wirtschaftsinteressen als auch von der Liberalen Partei selbst als eine Form von Staatsinterventionismus begriffen werden, der mit neo-liberalistischen Konzeptionen noch vereinbar ist. Während die Liberale Partei in der Vergangenheit mehrmals über die Flexibilität verfügte, sich an die politischen und gesellschaftlichen Notwendigkeiten zu adaptieren, zeigen die nur halbherzigen Reformen nach 1973 eher das Gegenteil auf.

5.2. Sprachenpolitik und politisches System

Als Partei, die ihre Wählerbasis seit Jahren vornehmlich in Zentral-Kanada besitzt, vertritt die Liberale Partei unter regionalen, ökonomischen und politischen Gesichtspunkten zu allererst diejenigen Teile in der kanadischen Bevölkerung, die ein elementares Eigeninteresse am Fortbestand der kanadischen Konföderation als staatlicher und insbesondere ökonomischer Einheit haben, die damit aber auch notwendig am Ausgleich zwischen Anglo- und Frankokanadiern interessiert sein müssen[166]. Die Politik der Zweisprachigkeit ist ein Reflex dieses Faktums und entspricht in diesem Sinne zweifellos der Option der liberalen Wählerschaft. Sie entspricht aber auch den Interessen der politischen und sozialen Eliten, dies umso mehr, als sie in der kanadischen Gesellschaft, sofern pro-föderal orientiert, außerordentlich eng miteinander verbunden sind[167]. Liberale Partei, Bundesbürokratie und ökonomische Elite bilden dabei weitgehend eine Interessengemeinschaft, die während der langen, nur intervallartig unterbrochenen Regierungsvorherrschaft der Liberalen seit 1921 fast wie selbstverständlich entstand:

"The modern Liberal party, as fashioned by Mackenzie King and his principal colleagues, became a competent administrative party in which the role of politicians and bureaucrats had become almost indistinguishable... The closest interaction between officials and politicians, as well as the coming of age, so to speak, of the King-St.Laurent party, occured during the Second world war and its aftermath. The simultaneous advent to Ottawa of two new phenomena left an indelible mark on the Liberal party: Keynesian economics and temporary recruits from the private sector... helped create Canada's prodigious industrial war effort and postwar growth. These developments gave the Liberals... a vast network of close contacts with the technocratic and managerial elites in industry..." (John Meisel 1973a, S.231f).

Die Politik der Zweisprachigkeit ist im Rahmen dieser Interdependenzen eine direkte Konsequenz der zwei Grundpfeiler, auf denen die Präponderanz der Liberalen in der kanadischen Politik beruht: erstens auf der strukturellen Asymmetrie im Parteiensystem als Folge der Tatsache, daß es seit 1896 allein ihr gelungen ist, die ethnisch-kulturelle Barriere in den Wählerschaften von Anglo- und Frankokanadiern zu überwinden; zweitens auf der engen Verflechtung der Liberalen Partei mit der Bürokratie und der ökonomischen Elite. Beide Faktoren haben die Lösungsmöglichkeiten liberaler und damit zugleich kanadischer Politik entscheidend konditioniert: Der Fortbestand des kanadischen Bundesstaates als staatliche und ökonomische Einheit erfordert den Abbau der sozialen Unterprivilegierung der Frankokanadier und damit gesellschaftliche Veränderung; die spezifische ethnisch-kulturelle, vor allem aber soziale Basis der Liberalen Partei beschränkt ihren gesellschaftspolitischen Handlungsspielraum andererseits auf politische Zielvorstellungen, die die Grundstrukturen der liberal-kapitalistischen Gesellschaft unberührt lassen. Die Politik der Zweisprachigkeit auf Bundesebene ist der Versuch der Reformpolitik im Rahmen dieser zwei Bedingungen. Sie weist folglich, wie alle modernisierungstheoretisch begründete Reformpolitik, neben ihren transformierenden Elementen gleichermaßen systemstabilisierende Züge auf.

Die Sprachenpolitik des Bundes wie vor allen Dingen der liberalen Provinzregierung Bourassa geriet damit, je weiter sie voranschritt, in das bekannte Dilemma derartig determinierter Reformversuche. Einerseits wuchsen die gesellschaftlichen Widerstände; andererseits nahm mit der von der Reformpolitik seit der

Quiet Revolution selbst ausgelösten 'Revolution der steigenden Erwartungen' die Enttäuschung zu. Der gap zwischen den gesellschaftlichen Veränderungen und Reformerwartungen vergrößerte sich zusehends. Die systemimmanente Modernisierungspolitik löste auch in Quebec die Hoffnung auf systemüberwindende Veränderungen aus, ohne daß den Betroffenen zugleich die systemstrukturellen Barrieren als zumindest retardierende Faktoren ins Bewußtsein traten[168]. Die Diskrepanz zwischen objektiven Reformmöglichkeiten und subjektiven Reformerwartungen führte zu Desillusionierung und vielfach zu der Schlußfolgerung, daß nicht Systemreform, sondern nur noch Systembruch die erforderlichen Transformationen zuungunsten der Frankokanadier tatsächlich möglich werden läßt. Die wachsende Attraktivität der gleichermaßen independistischen wie sozialreformerischen fundamentaloppositionellen Position in der frankophonen Bevölkerung Quebecs zeigt dies sehr deutlich.

Auf der anderen Seite des Spektrums aktivierte gerade das Sprachengesetz vom Juli 1974 die gesellschaftlichen Widerstände. Zwar sind die Maßnahmen des Gesetzes unter der Prämisse der Erhaltung der frankophonen Kultur, die aufgrund des strukturellen Ungleichgewichts die sprachliche Nationalisierung Quebecs zweifellos als conditio sine qua non erfordert, sicherlich nicht sonderlich tiefgreifend; bei den Gegnern der Sprachenpolitik, unter den ca. 10 % Anglokanadiern Quebecs, insbesondere aber bei den vom Gesetz am direktesten Betroffenen, den Angehörigen der kleinen ethnischen Gruppen, löste Loi 22 nicht nur einen Sturm der Entrüstung aus, sondern führte auch zu einer Reihe von Gegenaktionen, u.a. verschiedenen Schulstreiks zu Beginn des Schuljahres im Frühherbst 1975[169]. Beteiligt war daran vor allem auch ein Großteil der Italiener Montreals, mit 5,9 % nach Franko- und Anglokanadiern die drittgrößte Gruppe in Metropolitan Montreal, die trotz gleicher Konfession, Sprach- und Kulturverwandtschaft eben wegen des größeren Gewichts der englischen Sprache, ihre Kinder bislang überwiegend in englisch-sprachige Schulen schickte. Die Italiener wie die anderen weder Anglo- noch Frankokanadier fühlten sich zudem von der Liberalen Partei, deren traditionelle Anhänger sie seit den 50er Jahren sind, im Stich gelassen. Die schwindende Basis der Regierung Bourassa in diesen Wählergruppen, auf deren Stimmen die Liberalen in einer Reihe von Montrealer Wahlkreisen bei Provinz-, aber auch Unterhauswahlen zum Mandatsgewinn nicht verzichten können, führte notwendig zu einer innerparteilichen

Zerreißprobe. Aus der Furcht heraus, die nicht-frankokanadischen Wähler endgültig zu verlieren, machten sich einige maßgebliche liberale Politiker zu deren Fürsprechern und forderten die Rücknahme des Sprachengesetzes. Zu denen, die seit dem Frühsommer 1976 öffentlich gegen ihren liberalen Provinzpremier Bourassa Front machten, zählen u.a. auch zwei ehemalige Bundesminister der Regierung Trudeau, die wegen der Sprachenfrage aus ihren Ämtern in Ottawa ausschieden[170]. Während Bryce Mackasey, ehemals Generalpostmeister, für die Abschaffung des gesamten Gesetzes zu kämpfen versprach, begründete Jean Marchand, seit den 50er Jahren neben Gérard Pelletier einer der engsten Vertrauten Trudeaus und einer der Architekten der pro-föderalen Reformpolitiken, seine Rückkehr in die Provinzpolitik mit der Notwendigkeit, das Sprachengesetz zu novellieren. Durch die innerparteiliche Opposition solch prominenter Bundespolitiker ist die Stellung der Regierung Bourassa selbstverständlich stark erschüttert und mit ihr die Sprachenpolitik insgesamt weiter in Mißkredit geraten. Die Gefahr, daß Bourassa mit seiner zweifellos vermittelnden Position mittlerweile bei Anglo- wie Frankokanadiern, bei den pro-föderalen wie independistischen Kräften, bei den Befürwortern wie Gegnern der Reformpolitik auf Ablehnung stößt und er sich zwischen alle Stühle gesetzt hat, ist offenkundig. Allerdings wäre dies primär das Resultat fehlerhafter politischer Praxis, zumal der Regierung Bourassa seit geraumer Zeit eine Vielzahl weiterer Fehlleistungen angelastet wird, und spräche sicherlich nicht gegen den Versuch der 'francophonisation' Quebecs überhaupt.

Die frankokanadischen Nationalisten und Independisten indessen sehen in der modernisierungstheoretisch-reformistischen Sprachenkonzeption der Liberalen keine ausreichende Alternative, die zur Überwindung der sozialen Unterprivilegierung der Frankokanadier in der Lage sei[171], wenngleich auch sie die dadurch möglichen, tendentiellen Veränderungen durchaus anerkennen[172]. Für sie sind die Motivationen, die die Federalisten zu bilingualism and biculturalism veranlaßt haben, die Absichten, die diese damit für die Zukunft verfolgen, einfach und klar. In ihrem auf die Formeln von 'colonialisme' oder 'conquêtisme' reduzierten Geschichtsverständnis stellt sich die Politik der Zweisprachigkeit als die an die veränderten gesellschaftlichen Notwendigkeiten angepaßte Strategie der pro-föderalen Elite und insbesondere der Anglokanadier dar, durch die die Angehörigen der Eliten ihre individuelle

Position, letztere ihre sozio-kulturelle und sozio-ökonomische Dominanz aufrechtzuerhalten versuchen. Viele von ihnen sahen wie René Lévesque, dem Parteiführer des Parti Québécois, die Institutionalisierung von bilingualism and biculturalism als 'Operation Panic' an:

"This latest announcement of the creation of the kind of country (i.e. a country of equality, R.O.S.) we have been denied for the last hundred years is yet another attempt to anaesthesize Quebec public opinion which finally is dangerously awake to its own interests... If the anaesthetic should 'take', the emergency would be over for a long, long time. In factum how many generations would be required (for we must be reasonable, mustn't we?) to see transformed into a binational, bicultural environment those nine provinces which have never been anything but an English-speaking melting-pot? Another hundred years? That's certainly what they hope... To sum up, they would like to substitute for our objective (which is the essential emancipation of Quebec) only a pale shadow, a pious impossibility..." (René Lévesque 1969, S.84ff).

Bilingualism and biculturalism nur Alibi- und Verschleierungsfunktionen zuzuweisen, wird jedoch weder den Intentionen der Federalisten gerecht, noch berücksichtigt eine solch einseitige Beurteilung die von der Politik der Zweisprachigkeit seit Mitte der 60er Jahre ausgelösten Veränderungen. Wichtiger als die eher tagespolitischen und polemischen Äußerungen sind indes die Argumente in einer Reihe von wissenschaftlich-politökonomischen Studien der independistischen Fundamentalopposition. Innerhalb des Parti Québécois gibt es dabei zwei Richtungen: Die einen gehen mit ihren in den Prämissen vielfach neo-marxistischen Analysen der Gesellschaft Quebecs dabei von der US-amerikanischen Kapitalismus-Kritik, wie sie u.a. von Baran und Sweezy vorgetragen wurde[173], und dependenz-theoretischen Ansätzen, etwa der Untersuchung André Gunder Franks zu Lateinamerika[174], aus. Aufgrund ihrer marxistisch bestimmten Interpretationen bedarf es zunächst der grundlegenderen Systemveränderung, zum einen der Auflösung der staatlichen föderalen Strukturen, zum zweiten und vor allem der Überwindung der bestehenden Besitz- und Produktionsverhältnisse in der Wirtschaft Quebecs[175]. Ohne Transformation der sozio-ökonomischen Basis erscheinen ihnen vom sozio-kulturellen und politischen Überbau mit Hilfe der Sprache induzierte Reformmaßnahmen nur als inkrementale Veränderungen, die die tatsächlichen Abhängigkeitsstrukturen wie die individuelle Unterprivilegierung der Frankokanadier nicht grundlegend abbauen können. Die politische Unabhängigkeit sieht diese Gruppe nur als Hebel, um mit Hilfe des

Bruchs der bestehenden ökonomischen Verflechtungen auch die ökonomische Abhängigkeit zu überwinden.

Die sozialdemokratische und reformistische Mehrheit in dem Parti Québécois tritt neben der Forderung nach politischer Unabhängigkeit für graduelle Reformen im ökonomischen System ein; sie zielt zugleich auf eine assoziative Kooperation mit Rest-Kanada und den USA. In ihrer binnenwirtschaftlichen Konzeption, die sich eher an den analytischen und programmatischen Vorstellungen der französischen Sozialisten oder des linken Flügels der britischen Labour Party als an der Wirtschaftspolitik der bundesrepublikanischen SPD-Regierung ausrichtet, zielt sie auf eine gemischte Wirtschaftsverfassung von staatlicher, genossenschaftlicher und privater Produktion[176]. Der staatliche Sektor soll dabei beträchtlich erweitert werden, sowohl im konsumptiven Bereich der Sozialstaatsinterventionen als auch in der Produktionssphäre, in der die staatliche Kontrolle über die strategisch und qualitativ wichtigen Rohstoffe ausgedehnt und durch Nationalisierung im Bereich von Banken und Finanzkapital die Voraussetzungen für verbesserte staatliche Einwirkungsmöglichkeiten auf die Investitionsentscheidungen geschaffen werden sollen. Die independistische Zielvorstellung ist orientiert am Vorbild der EWG und am westeuropäischen Integrationsprozeß; sie lehnt sich eng an de Gaulles 'Europa der Vaterländer' an. Der Mehrheit in dem Parti Québécois schwebt dabei ein politisch und kulturell souveräner Nationalstaat Quebec vor, der sich nach erfolgter Sezession mit Rest-Kanada und den USA zu einer Währungs- und Zollunion zusammenschließt; die Bedingungen der Assoziation seien nach der Erlangung der Unabhängigkeit auf der Basis unabhängiger und gleichberechtigter Partner neu auszuhandeln[177].

Es ist hier nicht der Ort, detailliert die Positionen von dem PQ nahestehenden frankokanadischen Ökonomen darzulegen, sowohl was ihre wirtschafts-, währungs- und zollpolitischen Vorstellungen als auch ihre Konzeption der zunächst erforderlichen ökonomischen Entflechtung Kanadas anlangt; noch kann es darum gehen, im einzelnen über mögliche Konsequenzen einer Auflösung der kanadischen Konföderation zu spekulieren, sei sie die Folge der einseitig von Quebec vollzogenen Loslösung, sei sie (was mittlerweile ebenso denkbar erscheint) das Ergebnis einer aus Trotz und Überdruß resultierenden Einwilligung Englisch-Kanadas in die Auflösung des Bundesstaates[178]. Angemerkt sei allerdings, daß insbesondere der Verweis auf das Modell EWG aus verschiedenen Gründen fragwürdig ist. Mag der Hinweis auf das erfolgreiche Beispiel EWG für die tagespolitischen Auseinandersetzungen noch verständlich sein und vor allem als ein Argument gegen die weit verbreitete Furcht der Bevölkerung vor dem Absinken des Lebensstandards nach einer Trennung Quebecs dienen, sind Überlegungen, die auf der Übertragbarkeit des Integrationsmodells EWG basieren, indes wenig realistisch. Sie gehen u.a. von dem grundsätzlichen Kooperationsinteresse Rest-Kanadas und den USA aus; dies ist jedoch noch längst nicht ausgemacht. Die westeuropäische Situation und die möglichen Verhältnisse nach einer politischen Sezession Quebecs in Kanada sind zudem kaum vergleichbar. Während sich in Westeuropa ein Integrationsprozeß nationaler, zu Beginn noch weithin autonomer Wirtschaften vollzieht, ginge es in Kanada umgekehrt zunächst um die Desintegration einer ausgesprochen arbeitsteiligen und interdependenten Wirtschaft auf dem nordamerikanischen Kontinent. Hinzu kommt, daß das ökonomische Gewicht der einzelnen Partner mit demjenigen der einzelnen Staaten Westeuropas nicht im entferntesten vergleichbar ist. Die Überzeugung des PQ,durch die politische Unabhängigkeit in einer Wirtschaftsunion größere nationale Entscheidungskompetenzen im ökonomischen Sektor, etwa auf dem Gebiet der Investitionen ausländischer Konzerne, erreichen zu können, als dies in der Konföderation gegenwärtig möglich ist, ist gleichfalls nur wenig reflektiert. Sinnvoll sind strukturelle Eingriffe in das ökonomische System mit dem Ziel der Eindämmung der Dependenz von den USA sicherlich nur in gesamtkanadischem Rahmen.

Verfechter der sozialdemokratischen Mehrheitsposition, aber auch die zentrale Integrationsfigur, der es bislang gelungen ist, die theoretisch und programmatisch doch deutlich unterschiedenen Flügel der Partei beieinander zu halten, ist ihr Parteiführer René Lévesque, dessen politischer Weg sowohl die gesellschaftliche Entwicklung Quebecs als auch die Karrieremuster eines kanadischen Politikers in etwa widerspiegelt. Im Jahre 1922 in der Gaspé geboren, stammt Lévesque aus der traditional-ruralen frankophonen Subgesellschaft; wie viele Frankokanadier hat auch er irische Vorfahren und wächst zweisprachig auf[179]. Nach einem kurzen Studium an der Université de Montréal ging er im Jahre 1942 als Kriegsberichterstatter - und auch dies ist symptomatisch - der 'American Broadcasting Station in Europe', für deren französisch-sprachige Abteilung er arbeitet, nach Europa. Anfang der 50er Jahre berichtete er für Radio Canada aus Korea. Kommentator und Moderator beim Fernsehen von Radio Canada bis 1959, gehörte Lévesque zudem zur intellektuellen liberalen Opposition um Pelletier, Marchand und Trudeau und war - wie diese - einer der journalistischen Wegbereiter der Quiet Revolution und des Emanzipationsprozesses der Frankokanadier zu Beginn der 60er Jahre.

Mit dem liberalen Wahlsieg von 1960 als liberaler Abgeordneter im Provinzparlament von Quebec eingezogen und schon bald Minister zunächst für öffentliche Arbeit und Energie, dann für Bodenschätze, zuletzt Minister für Familie und Wohlfahrt, zeichnet Lévesque an führender Stelle für die Durchsetzung der liberalen Reformen in den 60er Jahren mitverantwortlich; u.a. gilt dies für die Nationalisierung der Elektrizitäts- und anderer öffentlicher Versorgungseinrichtungen[180]. Seine Vorstellungen einer stetigen Ausdehnung des öffentlichen Sektors im Bereich der sozialstaatlichen Absicherung als auch im Bereich von Rohstoffextraktion und industrieller Produktion stießen jedoch in der Liberalen Partei zunehmend auf Ablehnung; als sich innerparteilich nach der Wahlniederlage gegen Daniel Johnson und die Union Nationale von 1966 ordo-liberale Kräfte verstärkt durchsetzten, geriet Lévesque mit seinem sozialreformerischen Programm in die Isolierung. 1967 verließ er die Liberale Partei und gründete (in letztlich konsequenter Fortentwicklung seiner sozialreformerischen Position, zudem den gesellschaftlichen Entwicklungsprozeß der 'Revolution der steigenden Erwartungen' in Quebec reflektierend und zugleich beschleunigend) den 'Mouvement Souveraineté-Association', dem sich aufgrund seiner independistischen und auf eine assoziative Verbindung mit Rest-Kanada zielenden Programmatik innerhalb von nur einem Jahr mit dem 'Rassemblement pour l'indépendance Nationale' und dem 'Ralliement Nationale' die anderen separatistischen politischen Organisationen, insbesondere sozialistischer Provenienz, anschlossen[181]. In dem erfahrenen Politiker und brillianten Redner Lévesque hatten die Independisten die erforderliche parteipolitische Integrations- und Führungspersönlichkeit gefunden. Die Anhängerschaft des im Juni 1968 nach dem Zusammenschluß der verschiedenen Organisationen entstandenen Parti Québécois nahm nicht zuletzt auch aus diesem Grund rasch zu. Nach dem relativen Erfolg bei der Provinzwahl von 1970 stieg die Mitgliederzahl der in Organisation und innerparteilichen Entscheidungsstrukturen westeuropäischen Parteien recht nahekommenden Mitgliederpartei auf immerhin über 80.000 an (eine für kanadische Verhältnisse außerordentlich hohe Zahl), die in ihrer sozialen Basis sich einerseits aus der frankophonen Bildungselite, andererseits - entsprechend der gleichermaßen sozialreformerischen Zielsetzung - aber auch aus einen beträchtlichen Teil der frankokanadischen Arbeiterschaft rekrutiert[182].

Die analytische Perspektive der frankophonen Subgesellschaft, die vornehmlich auf die sozio-ökonomische Abhängigkeit der weitgehend von außen kontrollierten Wirtschaft abhebt (aus welcher dependenz-theoretischen Richtung sie sich auch herleitet), wird zumindest von einem großen Teil der Mitgliedschaft des Parti Québécois vertreten. Damit stehen sich die beiden Gesellschaftskonzeptionen, die pro-föderal-liberalistische der Liberalen Partei sowie die independistisch-sozialistische bzw. independistisch-sozialreformerische des Parti Québécois, auch im politischen System kontrovers gegenüber und sind - wie bei den Provinzwahlen Quebecs von 1970 bis 1973 - dem Verdikt der Wählerschaft unterworfen. Für die fundamentaloppositionelle Alternative des Parti Québécois entschieden sich im Oktober 1973 immerhin etwa 40 % der frankokanadischen Wähler im industriellen Ballungsraum von Groß-Montreal[183]. Aufgrund von Wahlkreiseinteilung und relativer Mehrheitswahl blieb der Partei allerdings eine dem Stimmenanteil von insgesamt 30 % angemessene Repräsentation versagt. Einen ähnlichen Doppelcharakter der Repräsentation von independistischen und sozialreformerischen Interessen wie in Selbstverständnis und Funktion der Partei im provinzialen Parteiensystem Quebecs weist auch die Basis des Parti Québécois auf. Sowohl 'ethnicity' als auch 'class' sind dabei die bestimmenden Variablen, so daß sich die Wählerschaft des Parti Québécois einerseits aus independistisch orientierten Frankokanadiern aus der Elite wie der gehobenen Mittelklasse, andererseits aus einem beträchtlichen Teil der frankokanadischen Arbeiterschaft zusammensetzt. Untersuchungen der Wählerstruktur der Partei bei der Provinzwahl vom Oktober 1973 haben dies im einzelnen erneut bestätigt[184]. Vier Faktoren verdienen dabei besonders hervorgehoben zu werden:

Erstens muß betont werden, daß sich die Wählerschaft des Parti Québécois fast ausschließlich aus frankophonen Québécois rekrutierte. Nur verschwindend wenige Anglokanadier und Angehörige der

Tabelle 65: Provinzwahlergebnisse in Quebec nach Stimmen und Mandaten, 1956 - 1973

	1956				1960				1962			
	Stimmen		Mandate		Stimmen		Mandate		Stimmen		Mandate	
	abs.	in %	abs.	in %	abs.	in %	abs.	in %	abs.	in %	abs.	in %
UN*)	956.082	51,8	72	77,4	977.318	46,6	43	45,2	900.817	42,2	31	32,6
Lib.	827.268	44,8	20	21,5	1.081.152	51,6	51	53,7	1.205.253	56,4	63	66,3
Andere	62.379	3,4	1	1,1	38.127	1,8	1	1,1	31.096	1,4	1	1,1
Total	1.845.729		93		2.096.579		95		2.137.166		95	

	1966				1970				1973			
	Stimmen		Mandate		Stimmen		Mandate		Stimmen		Mandate	
	abs.	in %	abs.	in %	abs.	in %	abs.	in %	abs.	in %	abs.	in %
UN	949.928	40,9	56	51,9	564.544	19,7	17	15,7	146.209	4,9		
Lib.	1.098.312	47,2	50	46,3	1.304.341	45,4	72	66,7	1.623.734	54,7	102	92,7
RIN	127.356	5,5										
RN	76.362	3,3										
RC					321.770	11,2	12	11,1	294.706	9,9	2	1,8
PQ					661.404	23,0	7	6,5	897.859	30,2	6	5,5
Andere	72.871	3,1	2		20.911	0,8			8.520	0,3		
Total	2.324.828		108		2.872.970		108		2.971.028		110	

Anmerkung: *) UN = Union Nationale
Lib. = Parti Libéral
RIN = Rassemblement our l'Indépendance Nationale
RN = Ralliement Nationale
RC = Ralliement Créditiste
PQ = Parti Québécois

Quelle: Nohlen/Schultze, in Vorbereitung

kleineren Gruppen, auch der Italiener Montreals, wählten Parti Québécois.

Zweitens korreliert die Wahlentscheidung für den Parti Québécois in starkem Maße sowohl mit dem Bestimmungsfaktor Alter als auch mit dem Grad der schulischen Ausbildung; d.h. auch bei der Wahl von 1973 war der Anteil der Parti-Québécois-Wähler umso größer, je höher das Bildungsniveau war; der Anteil war zudem unter den jüngeren Wählern beträchtlich höher als bei den älteren[185]. Beide Faktoren sind eng miteinander verknüpft und eine Folge der sicherlich kulturrevolutionäre Züge enthaltenden Bildungsreform der frühen 60er Jahre, ohne deren bewußtseinsverändernde Impulse weder die Emanzipationsbestrebungen der Frankokanadier insgesamt noch die Attraktivität des Parti Québécois (sowohl was deren inhaltliche Positionen als auch die Zahl der PQ-Anhänger anlangt) denkbar sein dürften.

Drittens wirkt sich die independistische Position des Parti Québécois als intervenierende Variable der sozialstrukturellen Determinanten des frankophonen Wählerverhaltens aus. Dies galt - wie Hamilton und Pinard in ihrer jüngst erschienenen Analyse zeigen - bei der Wahl von 1973 sowohl für Wähler der gehobenen Mittelklasse als auch Arbeiter-Wähler. Unterscheidet man die Wählerschaft zunächst nach den groben berufsstrukturellen Kategorien der 'blue and white collar workers', treten kaum Differenzen auf. Der Anteil des Parti Québécois in den beiden Berufsgruppen ist mit 39 % bei den nicht-manuell Erwerbstätigen gegenüber 34 % bei den manuell Erwerbstätigen fast gleich[186]. Differenziert man jedoch in der Gruppe der 'white collar-Erwerbstätigen', zeigen sich interessante Differenzen; so ermittelten Hamilton und Pinard für 1973 einen Prozentsatz von PQ-Wählern: 'professionals and semi-professionals': 58 %, 'managers and owners': 23 %; clerical and sales: 38 %; blue collar: 38 %. Während also frankophone Wähler der gehobenen Mittelklasse aus den Bereichen der Selbständigen und der leitenden Angestellten etc. deutlich unterproportional den Parti Québécois wählten, entschieden sich Wähler aus den Gruppen der Beamten und Angestellten des öffentlichen Dienstes, aus dem kulturellen Subsystem und auch viele aus dem Sektor der traditionell freien Berufe stark überdurchschnittlich für den Parti Québécois; dies bedeutet, daß eine Wahlentscheidung pro oder contra Parti Québécois - ganz allgemein formuliert - in starkem Maße mit dem jeweiligen Eigeninteresse entweder am Fortbestand des ökonomischen status quo oder am Fortbestand der Eigenständigkeit der frankophonen Subgesellschaft korreliert. Der Bruch zwischen politischem und kulturellem System auf der einen und ökonomischem System auf der anderen Seite, auf den u.a. John Meisel nachdrücklich für die Ebene der Eliten hingewiesen hat, zeigt sich somit in etwa auch in der Wählerschaft der frankophonen Mittelklasse insgesamt.

Fragt man nach Faktoren, die die Wahlentscheidung für oder gegen den Parti Québécois in der frankokanadischen Arbeiterschaft strukturieren, ist zunächst auf den Gegensatz zwischen Stadt und Land, die Unterschiede zwischen Metropolitan Montreal und dem Hinterland Quebecs zu verweisen. Sodann formulieren Hamilton und Pinard aufgrund ihrer Daten als weitere Hypothesen, daß die Wahlentscheidung zugunsten des Parti Québécois von der gewerkschaftlichen Bindung abhängt[187], da die frankokanadischen Gewerkschaften für die Wahl des Parti Québécois eingetreten waren, daß Jungarbeiter, die noch unter dem säkularisierten Bildungswesen in die Schule gegangen waren, aber auch Arbeiterfamilien mit Kindern, die nach 1960 die Schule besuchten, überdurchschnittlich PQ wählten[188]. Ähnlich wie im Wählerverhalten der Elite und der Mittelklasse wirkte sich also auch bei den Arbeiterwählern die Frage der Unabhängigkeit als intervenierende Variable aus. Dies begrenzt zum einen die Möglichkeiten des Parti Québécois; andererseits sieht man gerade hieran, daß sich der Graben zwischen Befürwortern und Gegnern der Loslösung durch die gesamte frankophone Bevölkerung zieht.

Viertens kommt als weitere Bedingung, die den politischen Aktionsradius des Parti Québécois von der Ebene der Wählerschaft her determiniert, hinzu, daß die Mehrheit der gesamten Provinzbevölkerung, aber auch eine, wenn auch in den letzten Jahren abnehmende Mehrheit der Frankokanadier Quebecs die Sezession unverändert ablehnt. Dies galt für den Zeitraum der Oktober-Wahl von 1973, trifft aber auch für die Zeit danach weiterhin zu, will man Meinungsumfragen hierzu Glauben schenken[189]. Vor dem Hintergrund einer bezüglich der völligen Loslösung Quebecs sicherlich mehrheitlich ablehnenden Haltung der Bevölkerung erscheinen somit Interpretationen der Independisten in einem anderen Licht, die davon ausgehen, daß "Quebec is heading down a one-way street to sovereignty"[190]. Ähnliches gilt auch für Analysen von den Independisten wohlwollenden Anglokanadiern, die die Trennung Quebecs von Kanada schon vor einiger Zeit als unausweichliche Entwicklung interpretierten[191]; zumindest in ihren deterministischen Grundannahmen sind derartige Positionen mehr als fragwürdig. Die Chance auf die Loslösung wird zudem mit aller Wahrscheinlichkeit umso geringer werden, je erfolgreicher die Reformpolitik versucht, die sozialstrukturellen Barrieren der frankokanadischen Unterprivilegierung zu beseitigen.

Andererseits sind die Chancen des Parti Québécois besser, als man gemeinhin, zumal nach der Provinzwahl vom Oktober 1973, vermutet. Sie werden umso größer, desto mehr es der Partei gelingen sollte, ihre Basis unter den frankokanadischen 'blue collar workers' auszudehnen. Dazu bedarf es allerdings entweder einer Gewichtsverlagerung innerhalb der Partei mit einer stärkeren Betonung sozialpolitischer Fragen, der verstärkten Identifikation mit anderen issues als der Frage der Sezession; oder aber es muß dem Parti Québécois gelingen, die objektiv vorhandenen Wechselwirkungen zwischen Abhängigkeit und sozialer Unterprivilegierung weiten Kreisen der frankophonen Arbeiterschaft als einheitlich zu betrachtendes gesellschaftliches Problem verständlich zu machen. Als Oppositionspartei profitiert der Parti Québécois gegenwärtig sicherlich von dem Protestpotential, das der liberalen Provinzregierung Bourassa neben der Sprachenpolitik auch eine Reihe weiterer Fehlentwicklungen anlastet; zu nennen sind u.a. etwa die Auswirkungen der von der weltweiten Depression ausgelösten Wirtschaftskrise, die Quebec (wie in der Vergangenheit, so auch diesmal) stärker erfaßte als das anglokanadische Kanada, das außerordentlich schlechte soziale Klima, das gespannte Verhältnis zwischen der Provinzregierung und den allerdings auch militanten frankophonen Gewerkschaften, wie es im Gefolge der Streikwellen vor den Olympischen Spielen des Jahres 1976 auch einer größeren europäischen Öffentlichkeit sichtbar wurde, sodann u.a. auch eine Reihe von Korruptionsfällen, in die die liberale Administration verwickelt sein soll. Derartige Bedingungen könnten dazu führen, daß der Stimmenanteil des Parti Québécois bei kommenden Wahlen neuerlich um einige Prozentpunkte ansteigt. Die Partei käme dann in den Bereich der Stimmenzahlen, in dem sich Wahlkreiseinteilung und Wahlsystem, die bei den Wahlen von 1970 wie 1973 eine dem Stimmenanteil angemessene Repräsentation im Parlament verhinderten, in ihren Wirkungen zu ihren Gunsten verändern und der Parti Québécois aufgrund der Disproportion von Stimmen und Mandaten bei einer nur relativen Stimmenmehrheit durchaus die Mandatsmehrheit in der Assemblée Nationale Quebecs zufallen könnte[192]. Auch wenn sich die PQ-Alternative bei folgenden Wahlen nicht als mehrheitsfähig erweisen sollte, bleibt doch ihr erheblicher Einfluß auf die öffentliche Meinung, geht dadurch ein relativ starker Druck auf die liberale Provinzregierung aus, ihre eigenen Reformintentionen tatsächlich in Angriff zu nehmen, um somit zumindest die im Rahmen modernisierungstheoretisch, systemimmanenter Reformpolitik möglichen, tendentiellen Veränderungen in der Gesellschaft Quebecs zugunsten der sozial schwächeren frankokanadischen Bevölkerung durchzusetzen.

H. GESELLSCHAFTLICHE FRAGMENTIERUNG UND POLITISCHES SYSTEM

1. Bestimmungsfaktoren und Besonderheiten der kanadischen Gesellschaft

Kanada ähnelt in seinen sozio-ökonomischen Grundbedingungen - wie wir gesehen haben - anderen bürgerlichen Industriegesellschaften. Es besitzt wie diese die heute typische sozial-hierarchische Schichtung, verfügt über ähnliche berufsstrukturelle Differenzierungen, weist vergleichbare Einkommens- und Besitzunterschiede auf, ist geprägt von sozialen Barrieren, wie sie aus Besitzindividualismus und dem Widerspruch zwischen formaler Gleichheit und materieller Ungleichheit resultieren. Andererseits ist die kanadische Gesellschaft durch eine Reihe von Besonderheiten charakterisiert. Kanada unterscheidet sich dabei nicht nur von den europäischen Gesellschaften, etwa dem britischen Mutterland, sondern auch von seinem südlichen Nachbarn. Zu diesen Besonderheiten zählen u.a.:

1) <u>Der 'Grenz-Charakter'</u>

Auch Kanada galt ähnlich wie die USA aus europäischer Sicht wie im Selbstverständnis der kanadischen Bevölkerung als 'Land der unbegrenzten Möglichkeiten'. Diese Einschätzung ist insbesondere eine Folge der geographischen Rahmenbedingungen der kanadischen Gesellschaft. Als zweitgrößter Flächenstaat der Erde besaß Kanada lange Zeit eine 'agrarische Grenze'; sie schloß sich erst nach dem I.Weltkrieg und ermöglichte über einen langen Zeitraum hinweg zugleich agrarische und industrielle Expansion. Der Norden des Landes ist auch heute noch längst nicht erschlossen. Wenngleich sich Voraussetzungen und Ziele - einst Besiedlung und landwirtschaftliche Nutzung, jetzt vornehmlich Rohstoffabbau - auch grundsätzlich von denen der Vergangenheit unterscheiden, kommt doch der individualistischen und sozialer Kohäsion hinderlichen Pionier-Mentalität auch noch in der Gegenwart die Menschen prägende Bedeutung zu. In diesem Sinne hat Kanada seinen Grenz-Charakter noch immer nicht ganz verloren.

2) Der 'Immigrations-Charakter'

Vergleichbare Wirkungen gingen von der Immigration aus. Der Strom der Einwanderer ist seit dem ersten Drittel des 19.Jahrhunderts jeweils nur kurzfristig unterbrochen worden. Auch gegenwärtig ist mit ca. 15 % ein erheblicher Teil der Bevölkerung nicht im Land geboren. Sozialstrukturell ergänzte die Immigration die außerordentliche horizontale Mobilität der kanadischen Bevölkerung um ein beträchtliches Maß an (echter wie vermeintlicher) vertikaler Mobilität. Dadurch verstärkte sich das Bewußtsein von einer dynamischen Gesellschaft, in der jeder nach seinen individuellen Fähigkeiten ökonomischen und sozialen Erfolg haben könne. Zudem unterlag die Anfangsphase der Industrialisierung spezifischen sozialstrukturellen Bedingungen. Die 'soziale Frage' stellte sich aufgrund des Grenz- wie des Immigrations-Charakters der Gesellschaft in Kanada anders als in Europa.

3) Die ethnisch-kulturelle Fragmentierung

Aus der Immigration resultierte zudem die multinationale Bevölkerung Kanadas. Auch hierin ähneln sich die beiden nordamerikanischen Gesellschaften. Anders als in den USA fehlte in Kanada jedoch das, was Louis Hartz als die 'Liberale Tradition' Amerikas umschrieben hat, die fast naturgesetzliche Absolutheit der bürgerlich-liberalen Werte Lockescher Provenienz. Die US-amerikanische Gesellschaft besaß mit der 'Liberalen Tradition' und ihrem Sonderbewußtsein 'von der besten aller möglichen Welten' ein in sich geschlossenes Weltbild, das der gesellschaftlichen Heterogenität und der geringen Kohäsion der Bevölkerung entgegenwirkte. In Kanada hingegen bestand ideologische und kulturelle Vielfalt. Der von Beginn der britischen Kolonialherrschaft an existente Dualismus von zwei Subgesellschaften, zwischen denen zwar stets vielschichtige (und ungleichgewichtige) Beziehungen bestanden, die sich im Grunde aber sozial wie kulturell und ideologisch ihre Identität bewahrten, schloß Assimilierung als gesellschaftliches Prinzip aus. Im Gegensatz zu den USA konnten sich die ethnischen Gruppen ihre sozio-kulturelle Eigenständigkeit erhalten. Die ethnisch-kulturelle Pluralität des 'Canadian mosaic' schwächte die soziale Kohäsion, verhinderte, daß ein vergleichbarer nationaler Konsensus entstand, wie die USA ihn in der 'Liberalen Tradition' besaßen.

Vor allem aber wirkte der ethnisch-kulturelle Pluralismus der Demokratisierung der Sozialstruktur tendentiell entgegen. Trotz eines grundsätzlich offenen Arbeitsmarktes ergab sich eine ethnisch verfestigte soziale Rangabstufung, wie sie in dem strukturell ungleichen Verhältnis von anglokanadischer Dominanz und frankokanadischer Unterprivilegierung am sichtbarsten zum Ausdruck kommt. Sozio-ökonomische Antagonismen wiesen dadurch stets eine ethnisch-kulturelle Dimension auf; die ethnische Fragmentierung beeinträchtigte die soziale Mobilität, stand der Herausbildung eines einheitlichen, von der sozio-ökonomischen Schichtung bestimmten sozialen und politischen Konflikt-Musters entgegen. Ethnisch-kulturelle und sozio-ökonomische Gegensätze überlagerten sich; mit Blick auf die gesellschaftlichen Verhältnisse Quebecs formulierte John Porter:

"French Canada could well be described as one of those societies in which class conflict becomes diverted into ethnic hostility" (Porter 1965, S.93).

4) Der Einfluß der USA

Kanada befindet sich seit der zweiten Hälfte des 18.Jahrhunderts im Gravitationsfeld seines übermächtigen südlichen Nachbarn. Wenngleich die Einflüsse im historischen Prozeß unterschiedlich stark ausgeprägt waren, sind sie doch stets allgegenwärtig gewesen. So ist die gesellschaftliche Entwicklung Kanadas in allen sozialen Bereichen an dem Entwicklungsstand der USA gemessen worden; ein im Grunde unzulässiger Vergleich, da die vorgegebenen infrastrukturellen Rahmenbedingungen deutliche Unterschiede aufweisen, die verschiedenen Entwicklungsphasen beider Gesellschaften sich in abweichenden Zeiträumen vollzogen haben, insbesondere aber ein erhebliches Mißverhältnis im Entwicklungspotential beider Gesellschaften bestanden hat. Dennoch ist Kanada in der Vergangenheit immer an dem 'modernistischeren Vorbild' der USA beurteilt worden.

Konfrontiert mit dem existentiellen Problem einer tiefgehenden ideologischen, kulturellen und ökonomischen Penetration, die seit dem II.Weltkrieg den Zustand kultureller Überfremdung und struktureller ökonomischer Abhängigkeit erreicht hat, ist Kanada stets gezwungen gewesen, seine Eigenständigkeit nicht nur im Rahmen seiner innergesellschaftlichen Verhältnisse, sondern auch im Hinblick auf die soziale Entwicklung der USA zu definieren. Die erforderliche Abgrenzung erschwerte in starkem Maße die aufgrund der inneren Heterogenität ohnehin schwierige Bestimmung dessen, was die eigene nationale Identität ausmacht und eine selbständige staatliche und gesellschaftliche Entwicklung rechtfertigt, dies umso mehr, als sich Kanada einer Gesellschaft gegenübersah, deren eigene Identität entscheidend von dem imperialistischen und messianische Züge aufweisenden Sonderbewußtsein 'von der besten aller möglichen Welten' determiniert ist. Die USA fanden sich mit der eigenständigen Existenz Kanadas erst sehr spät ab[1]. Die Notwendigkeit, die eigene Identität auch in Negation zur US-amerikanischen definieren zu müssen, beschränkte die Entwicklungsalternativen Kanadas und lenkte die gesellschaftliche Entwicklung in eine bestimmte Richtung. In der Vergangenheit hieß dies vornehmlich Anlehnung an die britisch-monarchischen und zugleich auch konservativen Traditionen. Seit Kanada durch die veränderten weltpolitischen Konstellationen und den Rückzug Großbritanniens aus der Weltpolitik weitgehend auf sich selbst gestellt ist, führte dies zur stärkeren Betonung der gesellschaftlichen Besonderheiten, vor allem der ethnisch-kulturellen Pluralität und des nationalen Dualismus von Anglo- und Frankokanadiern. In jüngster Zeit trat als weitere Komponente der Versuch hinzu, die ökonomisch-industrielle Entwicklung stärker als zuvor in den Rahmen einer Politik kanadischer Eigenständigkeit einzuordnen. Hierin äußert sich die wachsende Erkenntnis, daß die ökonomische Abhängigkeit langfristig die staatliche Existenz nur aushöhlen könne und die Möglichkeiten gesellschaftlicher Selbstbestimmung auf ein Mindestmaß beschränken werde.

Gesellschaftlich-ideologisch basiert der Versuch der ökonomischen Abgrenzung letztlich auf der zweiten grundlegenden Differenz zwischen den beiden nordamerikanischen Gesellschaften. In Auseinandersetzung mit dem Hartzschen Geschichtstheorem hat Gad Horowitz (1966) dabei folgende Unterschiede zwischen Englisch-Kanada und den USA hervorgehoben:

"... (a) the presence of tory ideology in the founding of English Canada by the Loyalists, and its continuing influence on English Canadian culture; (b) the persistent power of whiggery of right-wing liberalism in Canada... as contrasted with the rapid and easy victory of liberal democracy... in the United States; (c) the ambivalent centrist character of left-wing liberalism in Canada as contrasted with the unambiguously leftest position of left-wing liberalism in the United States; (d) the presence of an influential and legitimate socialist movement in English Canada as contrasted with the illegitimacy and early death of American socialism; (e) the failure of English Canadian liberalism to develop into one true myth, the nationalist cult, and the parallel failure to exclude toryism and socialism an 'un-Canadian'; in other words, the legitimacy of ideological diversity in English Canada..." (2).

Im Gegensatz zu den USA verfügt Kanada in der anglo- wie der frankokanadischen Subgesellschaft über das, was man in der Diktion (inhaltlich indes abweichend) von Louis Hartz als 'the corporate past' umschreiben könnte. In dieser Beziehung ist die kanadische den europäischen Gesellschaften wesentlich näher verwandt als dem US-amerikanischen Nachbarn. Kanada besitzt wie diese eine 'konservative Tradition', die ihren Ursprung in dem konservativ-aristokratischen 'toryism' des ausgehenden 18.Jahrhunderts hat, von den United Empire Loyalists als gesellschaftliche Grundlage in das koloniale Britisch Nordamerika gebracht wurde und die in der Folgezeit sowohl von den bis in das 20.Jahrhundert engen Bindungen an das britische Mutterland als auch von dem traditionellen Anti-Amerikanismus mitgetragen wurde. Versehen mit sozialen wie ideologischen Relikten der mittelalterlich-korporativen europäischen Vergangenheit, verfügten die beiden kanadischen Gesellschaftsfragmente zugleich über die Voraussetzungen, aus denen im historischen Prozeß die sozialistische Alternative hervorging. Erheblich stärker als in den USA ist in Englisch-Kanada die in seinem Gesellschaftsfragment angelegte sozialistische Tradition durch die Immigration beeinflußt und verstärkt worden. Ergänzt wurde sie als Folge der in der Mitte des 19.Jahrhunderts noch weitgehend britischen Einwanderung vornehmlich um die tradeunionistischen, sozialreformerischen Vorstellungen des britischen Sozialismus des 19.Jahrhunderts, in geringerem Maße, insbesondere im kanadischen Westen, auch um die sozialistischen Gesellschaftskonzepte kontinental-europäischer Provenienz. Gemessen an den westeuropäischen Gesellschaften bestanden in Kanada zweifellos stets nur relativ schwache klassendichotomische Bindungen. Zieht man indessen die US-amerikanische Gesellschaft als Vergleichsmaßstab heran, zeigt sich die Eigenständigkeit und ungebrochene Attraktivität der sozialistischen Tradition.

5) Die Regionalisierung

Die regionalisierte Struktur der kanadischen Gesellschaft ist wesentlich natürlich bedingt. Die geographischen und klimatischen Rahmenbedingungen, verschiedenartige Ressourcen und die daraus folgenden unterschiedlichen ökonomischen Entwicklungsmöglichkeiten, uneinheitliche Diversifikation und Industrialisierung führen notwendig zu gesellschaftlicher Heterogenität. Aus diesen vorgegebenen natürlichen Differenzierungen resultiert die zunächst infrastrukturelle, aber auch ökonomisch und politisch relevante Vierteilung Kanadas in die Maritimes (Newfoundland, Prince Edward Island, Nova Scotia, New Brunswick), in Central Canada (Quebec und Ontario), in die Prairies (Manitoba, Saskatchewan, Alberta) und in British Columbia.

Akzentuiert wurde die Regionalisierung durch die unterschiedliche zeitliche Besiedlung der einzelnen Landschaften. Die im Entstehen begriffenen regionalen Teilgesellschaften waren gegenüber den bereits strukturierten Gesellschaften vor allem Quebecs und Ontarios deutlich benachteiligt; dies umso mehr, als die Erschließung der kanadischen Prärie weitgehend auf deren Initiative hin erfolgte und zudem in der zweiten Hälfte des 19.Jahrhunderts das erforderliche Kapital entweder unmittelbar oder mittelbar (sofern es sich um externes Kapital, vornehmlich aus Großbritannien handelte) von der anglokanadischen Finanzwelt Torontos und Montreals zur Verfügung gestellt wurde. Die Besiedlung des Westens wurde entscheidend von Zentral-Kanada bestimmt. Der Eisenbahnbau und die daraus resultierende Monopolisierung in der Vermarktung der Agrarproduktion, die anderweitige Absatzmärkte behindernde Schutzzollgesetzgebung sind nur eines von zahlreichen Beispielen für die Abhängigkeit der Prärieprovinzen zu Beginn des Jahrhunderts. Die räumliche Verschiebung der 'agrarischen Grenze' erleichterte darüber hinaus den Industrialisierungsprozeß in Zentral-Kanada, vor allem in Ontario. Wenngleich die Industrialisierung, insbesondere nach dem II.Weltkrieg, alle Regionen erfaßte, blieben doch das sozio-ökonomische Entwicklungsgefälle und der Industrialisierungsvorsprung Zentral-Kanadas erhalten. Der soziale Wandel führte keine grundlegendere Nivellierung herbei; teilweise vergrößerten sich die Disparitäten eher. Negativ betroffen waren vor allem die vier maritimen Provinzen, aber auch die Prärieprovinzen Saskatchewan und Manitoba.

Außerordentlich beeinflußt ist die Regionalisierung von dem Gewicht der USA. Auch heute noch sind für die Bevölkerung von British Columbia Toronto, Ottawa und Montreal, die Zentren der kanadischen Konföderation, wesentlich weiter entfernt als die im Süden 'vor der Haustür liegenden' USA. Der räumlichen Nähe entsprechen vergleichbare infrastrukturelle Bedingungen; die vier Regionen nördlich und südlich der US-amerikanisch-kanadischen Grenze bilden von den äußeren Gegebenheiten her viel homogenere Einheiten als der kanadische Bundesstaat in seiner Ost-West-Ausdehnung[3]. Die Affinität zwischen dem kanadischen Westen und den angrenzenden Bundesstaaten der USA ist aber vor allem ökonomisch bedingt. Der US-amerikanische Markt ist sowohl näher als auch aufnahmefähiger als Zentral-Kanada oder der Osten. Dies galt für die fast ausschließlich von der Agrarproduktion bestimmte Vergangenheit und trifft auch für die Agrar- und Industrieproduktion der Gegenwart zu, zumal bei der steigenden Bedeutung, die der Extraktion von Rohstoffen (z.B. des Erdöls in Alberta) zukommt. Die Wirtschaftsabläufe vollziehen sich im nordamerikanisch-kontinentalen Maßstab und sind stärker zwischenstaatlich (nord-süd-) als innerkanadisch (west-ost-) orientiert. US-amerikanisches Kapital und Nord-Süd-Orientierung haben die regional-ökonomische Differenzierung weiter verschärft und die regionalen Partikularinteressen gefördert[4].

Überlagert sind diese Gegensätze von der ethnisch-kulturellen Regionalisierung, zum einen durch den Antagonismus von Franko- und Anglokanadiern, institutionalisiert weitgehend im Konflikt zwischen Quebec und Rest-Kanada, zum zweiten durch die ungleichen Bevölkerungsstrukturen außerhalb Quebecs. In den maritimen Provinzen blieb die fast ausschließlich anglokanadische und einheimische Bevölkerung in ihrer Zusammensetzung unverändert. In allen anderen Regionen differenzierte die multi-nationale Immigration die Bevölkerungsstrukturen, wobei die Einwanderer in Quebec wie in Ontario auf bereits formierte Gesellschaften trafen; im kanadischen Westen ergab sich jedoch erstens eine relativ ausgeprägte Konzentration der Angehörigen der kleineren ethnischen Gruppen, bildeten sie zweitens - wenn auch zusammen mit den Anglokanadiern - das gesellschaftskonstituierende Element. Der ethnisch-kulturellen Vielfalt kommt dadurch im Westen eine andere Dimension zu als in Zentral-Kanada. Die pro-britische und antiamerikanische Tradition, wie sie sich in Ontario und dem Osten tradiert hat, spielt im Westen nur eine untergeordnete Rolle[5]. Das Verhältnis zu den USA und die Frage der nationalen Einheit haben aufgrund dieser Faktoren im Westen einen deutlich anderen Stellenwert. Dies äußerte sich u.a. in der vielfach von Unverständnis und Ablehnung gekennzeichneten Haltung der Bevölkerung des Westens gegenüber der Politik von bilingualism and biculturalism. Die ökonomische Integration in den US-amerikanischen Markt wird weit weniger als Abhängigkeit begriffen, da der Westen von der kontinentalen Öffnung - relativ gesehen - stärker profitierte. Zudem ist die Einschätzung von der historischen Erfahrung überlagert. Das Verhältnis zwischen dem lange Zeit von den gesellschaftlichen Zentren vernachlässigten Westen und Zentral-Kanada weist in der subjektiven Sicht der Präriebevölkerung gleichfalls Züge der Abhängigkeit auf. Daß zwischen den verschiedenen Formen und Phasen der ökonomischen Abhängigkeiten qualitative Unterschiede bestehen, ist der Bevölkerung bislang nur begrenzt bewußt geworden. Allerdings zeigen sich vor allem unter dem Eindruck der Krise der US-amerikanischen Gesellschaft in den letzten Jahren auch im Westen Kanadas Veränderungen in der Einstellung zu den USA und speziell zum Problem der ökonomischen Penetration. Innerkanadisch überlagerten die regional fragmentierten Konflikt-Muster mögliche andere gesellschaftliche Polarisierungen; die vielfach, durch die äußeren Bedingungen, bevölkerungsstrukturell, ökonomisch etc., begründeten Differenzen führten vielmehr zu einer zentrifugalen und von Partikularinteressen bestimmten regionalisierten Gesellschaft.

Die Folgen dieser Besonderheiten in der kanadischen Gesellschaft sind am treffendsten durch die kurze, aber komplexe Sachverhalte umschreibende Formel von der "fabulous heterogeneity of Canada" (Meisel 1973a, S.2) charakterisiert. Von der vielfachen Fragmentierung sind dabei insbesondere drei strukturell bedeutsame Wirkungen ausgegangen, die sich - worauf vor allem John Porter (1965) in seiner Studie in den verschiedenen sozialen Kontexten stets zu Recht hingewiesen hat - wechselseitig verstärkten und so letztlich in die gleiche Richtung wirkten. Die Konsequenzen der Immigration verdeutlichen dies beispielhaft:

1) Die Immigration erschwerte die Bestimmung dessen, was die nationale Identität ausmacht, und hatte mit zur Folge, daß Kanada aus einer "aggregation of sectional communities"[6] zusammengesetzt ist.

2) Immigration und ethnisch kulturelle Fragmentierung verstärkten das Bild von einer offenen, durch ein hohes Maß von horizontaler wie vertikaler Mobilität bestimmten, egalitären Gesellschaft. Heterogenität und (echte wie vermeintliche) Mobilität standen der Herausbildung kollektiver Bewußtseinsstrukturen stets entgegen. Ein dichotomisches, zumal ein klassendichotomisches Bild der Gesellschaft erfordert jedoch sozialstrukturelle und sozio-kulturelle Bedingungen, die eine große Zahl von Menschen in einer Gesellschaft in eine grundsätzlich gleiche Lage versetzen. An dieser Homogenität sozialer Gruppen hat es in Kanada weitgehend gefehlt. Ohne sie ist aber aus gleicher Interessenlage und gleichem Bewußtsein resultierendes solidarisches Verhalten nur sehr schwer zu erreichen. Ein Klassenbewußtsein gar hat sich dadurch nur relativ ephemer ausbilden können.

3) Die gesellschaftliche Heterogenität führte - im Grunde wie selbstverständlich - dazu, daß die Frage der staatlich kanadischen Einheit zum vorrangigen Problem wurde, der alle anderen sozialen Fragen, gesellschaftlichen wie politischen Werte und Zielvorstellungen untergeordnet wurden:

"The maintenance of national unity has overridden any other goals there might have been, and has prevented a polarizing, within the political system, of conservative and progressive forces. It has never occured to any Canadian commentators that national unity might in fact be achieved by such a polarization. Rather a dissociative federalism is raised to the level of a quasi-religious political dogma, and polarization to right and left in Canadian politics is regarded as disruptive. Consequently the main focus of Canadian politics has been to the right and the maintenance of the status quo...

The major themes in Canadian political thought emphasize those characteristics, mainly regional and provincial loyalties, which divide the Canadian population. Consequently integration and national unity must be a constantly reiterated goal to counter such divisive sentiments. The dialogue is between unity and discord rather than progressive and conservative forces... Canada must be one of the few major industrial societies in which the right and left polarization has become deflected into disputes over regionalism and national unity..." (Porter 1965, S.369).

Wenn auch die Interpretation John Porters überpointiert ist, wenn man nicht davon ausgeht, daß das Spannungsverhältnis zwischen sozialer Egalität und den vielfältig begründeten Barrieren, die ihr in Kanada stets entgegengestanden haben, einseitig aufhebbar ist, trifft seine Analyse doch im Kern die Problematik der kanadischen Gesellschaft. Regionalisierung und Fragmentierung führten dazu, daß die staatliche Einheit eine der wenigen gesamtgesellschaftlichen Zielvorstellungen bildete. Probleme politischer Demokratisierung oder sozialer Egalität traten in ihrer Bedeutung zweitrangig hinter die Bewahrung der kanadischen Eigenständigkeit zurück. Dies verhinderte eine gesamtgesellschaftliche Polarisierung sozialer Gegensätze und lenkte die kanadische Gesellschaft in eine konservative Richtung. Sozio-ökonomische Antagonismen, wie sie aus den Grundbedingungen liberal-kapitalistischer Gesellschaften resultieren, waren stets überlagert, sei es von den regionalen Gegensätzen, wie sie sich z.B. in den regional-ökonomischen Auseinandersetzungen zwischen Peripherie und Zentral-Kanada ausdrükken, sei es von der ethnisch verfestigten sozialen Rangabstufung, wie sie sich vor allem in dem ethnisch-ökonomischen Antagonismus von Anglo- und Frankokanadiern zeigt[7]. Sie wurden dadurch nicht in dem Ausmaß als konfliktiv perzeptiert, das erforderlich gewesen wäre, um die gesellschaftlichen Verhältnisse und das politische System Kanadas als primäres und gesamtgesellschaftliches Konflikt-Muster zu bestimmen. Die relative Schwäche der sozialistischen Tradition und sozialreformerischer Bewegungen liegt vornehmlich in diesen Faktoren begründet. Weder die Gewerkschaften noch die Parteien (C.C.F./NDP, Ralliement Créditiste, Parti Québécois) konnten die regionalen und ethnisch-kulturellen Barrieren überwinden.

Zu diesen Besonderheiten treten komplementär natürlich auch in Kanada die systemtypischen Entwicklungen, vor allem die zunehmende Organisiertheit des kapitalistischen ökonomischen Systems. Die neoliberalistischen Strukturmerkmale, die ausgleichenden und damit zugleich stabilisierenden staatlichen Eingriffe, Massen-Produktion und -Konsum wie ein darauf beruhender außerordentlich hoher Lebensstandard etc. verminderten soziale Spannungen und sozio-ökonomisch begründetes Konfliktpotential. Mit ihnen wandelte sich die 'Qualität' der Ungleichheit, so daß die ungleichen Einkommensstrukturen und Besitzverhältnisse, die immanenten Konzentrationsprozesse in der Wirtschaft, durch die sich die soziale Basis in der Verfügungsgewalt über die Produktionsmittel beständig verringerte, nurmehr in minimalem Umfang konfliktiv perzipiert wurden. Auch in Kanada sprechen die 'Vier Fakten gegen Marx', wie Jürgen Habermas sie zu Beginn der 60er Jahre formuliert hat[8].

Diesen systemtypischen Faktoren kommt umso größere Bedeutung zu, als die Möglichkeiten ökonomischer Expansion kaum Wachstumsbeschränkungen unterlagen. Aufgrund der Vielfalt wie des Ausmaßes an Rohstoffreserven befindet sich Kanada auch zukünftig in der Lage, einen vornehmlich wachstumsorientierten Entwicklungsweg zu verfolgen. So besteht in der kanadischen Gesellschaft - zumindest leichter als in anderen Industrienationen - unverändert der traditionelle Ausweg von Produktions- und Konsumwachstum, der seit dem II.Weltkrieg in den kapitalistisch organisierten Industriegesellschaften soziale Konflikte minimierte und dadurch zur entscheidenden Prämisse sozialer Stabilität wurde. Daß unter diesen Bedingungen das ökonomische System nicht grundsätzlich in Frage gestellt wurde, ist kaum verwunderlich. Der Konsensus in die neoliberalistische Gesellschaftskonzeption wies vor allem seit dem industriellen Boom nach dem II.Weltkrieg nur graduelle Unterschiede auf, wobei die einen stärker sozialreformerische und staatsinterventionistische (etwa die Gewerkschaften und die C.C.F. /NDP), die anderen stärker unternehmerische und marktwirtschaftliche (die Liberale Partei und die zudem auch agrarisch orientierte Konservative Partei) Zielvorstellungen vertraten[9]. Wenn dennoch in jüngster Zeit systemkritische, fundamentaloppositionelle Strömungen an Gewicht gewonnen haben, rührt dies vor allem aus den Konsequenzen der spezifisch kanadischen Situation, zum einen aus der ökonomischen Abhängigkeit von den USA, zum zweiten aus den ethnisch-ökonomischen Antagonismen in Quebec und der sozialen Unterprivilegierung der Frankokanadier.

2. Strukturen des politischen Prozesses

Die komplexen gesellschaftlichen Strukturen, die sich überlagernden sozialen und kulturellen Gegensätze führten in Kanada zu einem politischen und Parteiensystem besonderer Art. Ausgehend von den Ergebnissen extensiver Repräsentativerhebungen, hat John Meisel (1973b) jüngst die verschiedenen politisch relevanten sozialen und kulturellen 'cleavages'[10] zusammengestellt und den Versuch unternommen, ihre Konsequenzen für das politische System aufzuzeigen. Regionalisierung und Fragmentierung als die bestimmenden Merkmale der Gesellschaft prägen dabei die innere Gestalt der Parteien wie das Parteiengefüge; sie finden ihre Entsprechung zudem im föderalistischen Staatsaufbau. Die gesellschaftlichen Konflikte sind somit, sofern sie überhaupt umgesetzt werden, zweifach im politischen System institutionalisiert; sie werden artikuliert: (a) sowohl im nationalen Parteiensystem als auch auf einzelstaatlicher Ebene von einer oder mehreren provinzialen Institutionen; (b) entweder im nationalen Parteiensystem oder auf Provinzebene.

Institutionell gleicht das politische System dem britischen Modell parlamentarischer Regierung. Auf nationaler Ebene ist es bestimmt von der Präponderanz des Unterhauses im Zweikammersystem, der parlamentarischen Verantwortlichkeit der Regierung, der Prärogative der Parlamentsauflösung durch den Premierminister, von der relativen Mehrheitswahl in Einerwahlkreisen etc. Der institutionelle Rahmen entspricht damit den Prämissen eines dichotomischen Politikverständnisses, geht aus vom Gegeneinander von parlamentarischer Regierungsmehrheit und oppositioneller Parlamentsminderheit, basiert auf der Vorstellung der Mehrheitsbildung durch die Wahl selbst und auf dem Konzept alternativer Regierung in einem Zweiparteiensystem.

Bereits der Hinweis auf einige äußere Erscheinungen - z.B. die Zahl von acht Unterhauswahlen bei einer normalerweise fünfjährigen Wahlperiode in den 19 Jahren seit 1957; durchschnittlich ca. 1.000 Kandidaten für 264 Mandate bei jeder Wahl nach dem II.Weltkrieg; die Vorherrschaft einer Partei auf Bundesebene, die nach 1921 nur unterbrochen von zwei relativ kurzen Intervallen (1930 - 1935 und 1957 - 1963) den Premierminister Kanadas stellte etc. - reicht aus, um die Diskrepanz zwischen Modell und Rea-

lität aufzuzeigen. Seit dem Ende des I.Weltkriegs haben sich die sozialen und kulturellen Gegensätze nicht mehr mit der dem Regierungssystem typischen Form eines Zweiparteiengefüges in Übereinstimmung bringen lassen. Gesellschaft und Politik sind determiniert von dem Mißverhältnis zwischen einem dichotomisch angelegten Institutionensystem und einer Gesellschaft, die auf nationaler Ebene nicht eindeutig polarisiert ist, sondern eine Vielzahl von fragmentierten und sich überlagernden Konflikt-Mustern aufweist. Dies hatte zur Folge,
- daß sich ein Mehrparteiensystem 'sui generis' ausbildete,
- daß das nationale Parteiensystem nur bedingt in der Lage ist, die in der Gesellschaft vorhandenen sozialen und kulturellen Gegensätze zu artikulieren und zu integrieren. Einige der zentralen Konflikt-Muster der kanadischen Gesellschaft finden dadurch ihre Agenturen nicht oder nur mittelbar im nationalen Parteiensein.
Die vielfältigen Gegensätze sind vielmehr oft von den föderalen Institutionen aufgegriffen und als provinziale Partikularinteressen in den gesamtpolitischen Prozeß eingebracht worden. Im politischen System Kanadas stellt der Föderalismus damit weniger ein (vertikal-) gewaltenteiliges Element dar; ihm kommt vielmehr die Funktion zu, Integrationspunkt für die regional fragmentierten Konflikte zu sein. Fragt man nach den Institutionen und Mechanismen, in denen und durch die die gesellschaftlichen Gegensätze ausgetragen und geregelt werden, wird dies sofort sichtbar. Die drei zentralen Konflikt-Muster, der ethnisch-kulturelle Antagonismus von Anglo- und Frankokanadiern sowie die beiden regional-ökonomischen 'cleavages' zwischen armen und reichen Provinzen bzw. zwischen Peripherie und Zentral-Kanada sind in starkem Maße in dieser Weise im politischen System institutionalisiert (vgl. Meisel 1973b).

Nur teilweise ist die politische Entwicklung Kanadas damit das Ergebnis nationaler Politik; sie resultiert zweitens maßgeblich aus dem Interessenkonflikt und -ausgleich der Provinzen untereinander bzw. zwischen den Provinzen und der Bundesgewalt, wobei je nach den zur Entscheidung stehenden Sachinhalten die Koalitionen vielfach wechseln, die insgesamt elf politischen Machtträger oft nur wenig miteinander gemein haben und zudem auf ihre jeweils eigenen oppositionellen Kräfte Rücksicht nehmen müssen. Der Konsensus stützt sich im Grunde nur auf zwei Prämissen, zum einen auf die Zielvorstellung, die kanadische Eigenständigkeit zu bewahren, zum zweiten auf den Konsens in das kapitalistisch organisierte ökonomische System und die damit aufs engste verbundene Perzeption Kanadas als offener und dynamischer Gesellschaft. Beide Grundüberzeugungen sind allerdings in jüngster Zeit erschüttert. Das dritte Element kanadischer Identität, die Abgrenzung gegenüber den USA, ist von jeher, vornehmlich aus ökonomischen Gründen, umstritten gewesen.

Akkommodation und nicht Konfliktaustragung der regional geprägten Gegensätze, Kompromiß zwischen elf mehr oder minder eigenständigen politischen Subsystemen sind sowohl Bedingung als auch Begrenzung jeglicher kanadischer Politik. Daß dabei insbesondere unter einem gesamtkanadischen Blickwinkel häufig gesellschaftliche Zielvorstellungen und objektiv notwendige politische Lösungen entweder ganz auf der Strecke bleiben oder erst realisiert werden können, wenn sie im Grunde durch den sozialen und politischen Wandel schon längst wieder überholt sind, ist kaum verwunderlich. Ein typisches Beispiel hierfür bilden die bislang vergeblichen Versuche, das Verfassungsrecht Kanadas an die veränderten sozialen und politischen Realitäten anzupassen. Die Bestrebungen, die Verfassungs-Souveränität vom britischen Westminster-Parlament auf das kanadische politische System zu übertragen, scheiterten stets am Einspruch von zumindest einem der beteiligten Machtträger. Kompromisse zwischen den Provinzen und dem Bund sind in der Regel nur dann möglich, wenn dadurch Besitzstand und Einfluß der elf Subsysteme nicht tangiert sind.

Die Grenzen nationaler Politik einerseits, die Macht und Eigenständigkeit der Provinzgewalten andererseits zeigen sich vor allem auch bei Fragen sozio-ökonomischer Entwicklung. Eine gleichgewichtige Strukturpolitik mit dem Ziel, das provinziale Entwicklungsgefälle zu nivellieren, Finanzausgleich zwischen den reichen und armen Provinzen, Wirtschaftsförderung strukturschwacher Gebiete sind im Grunde nur im gesamtkanadischen Rahmen und bei zentralisierter Planung auf nationaler Ebene sinnvoll. Dies erfordert letztlich eine Ausdehnung der Bundeskompetenzen und damit eine Machtverschiebung in dem fragilen und komplexen Geflecht von Partikularinteressen, auf dem die Existenz der Konföderation beruht und das zudem verfassungsrechtlich abgesichert ist durch die Artikel 92 und 109 des BNA, die die Eigentumsrechte an Land und Bodenschätzen den Provinzen zuerkennen[11].

Symptomatisch für die daraus resultierenden Konflikte ist die durch die explosionsartige Steigerung der Rohstoffpreise seit 1973 zudem besonders brisante Kontroverse um die Erdölvorkommen im Athabasca-Becken Albertas[12]. Der Provinzregierung geht es vornehmlich um ökonomisches Wachstum in Alberta. Das Ziel der amerikanischen Konzerne besteht in möglichst großen Exporten in die USA. Die liberale Bundesregierung ist hingegen an Exportbeschränkungen und an der Vermarktung in Kanada interessiert, um die Importabhängigkeit Zentral-Kanadas (der politischen Basis der liberalen Bundespartei) von ausländischem, vornehmlich venezolanischem Öl zu reduzieren. Sie erhöhte Steuern und Zölle für den Export von Rohstoffen, hob steuerliche Vergünstigungen auf. Unter dem Einfluß der US-amerikanischen Konzerne, die in Reaktion zeitweilig Investitionen und Produktionsstättenaufbau einstellten, bestritt die Provinzregierung Albertas die Verfassungsmäßigkeit der von der Bundesregierung vorgenommenen steuerlichen Maßnahmen, da sie die provinziale Autonomie der Land- und Bodennutzung beeinträchtigen würden[13].

Der Erdölstreit ist mittlerweile durch einen Steuerkompromiß zwischen Bundes- und Provinzregierung weitgehend entschärft worden. Der Konflikt zeigt jedoch exemplarisch zwei der Bedingungen auf, denen die Politik in Kanada unterliegt und auch solange unterliegen wird, wie die verfassungsrechtliche Ressourcenzuweisung an die Provinzen fortbesteht. Unter dem Gesichtspunkt nationaler Eigenständigkeit wie nationaler ökonomischer Entwicklung wäre im Grunde nur die - und zwar im doppelten Sinn - Nationalisierung der kanadischen Rohstoffreserven eine optimale politisch-gesellschaftliche Lösung. Andererseits erfordert die beschränkte kanadische, staatliche wie inländisch-private Kapitalbildung Kapitalimport und damit ausländische (sprich: US-amerikanische) Beteiligung mit all ihren negativen, insbesondere auch innergesellschaftlichen, die Regionalisierung und Fragmentierung fördernden Nebenwirkungen. Dieses gesamtkanadische Dilemma wird zweitens durch die regionale Dimension überlagert. Einer innerkanadisch gerechten Verteilung, der inneren 'Nationalisierung' von natürlichem Reichtum und ökonomischem Wachstum stehen die regional-ökonomischen Partikularinteressen sowie der staatlich-institutionelle Föderalismus beschränkend entgegen. Die sozialen Kosten des kanadischen Föderalismus sind so beträchtlich. Der föderalistische Staatsaufbau verfestigt die regional fragmentierten 'cleavages'.

Die Notwendigkeit zum provinzialen Interessenausgleich hemmt und begrenzt die Lösungsmöglichkeiten. Von der Komplexität der Entscheidungsfindung geht ein deutlich retardierendes Moment aus. Die Entscheidungsprozesse, formalisierte wie informelle, ähneln den Akkommodationsmechanismen der 'consociational democracy', weisen die modelltypischen Konsequenzen des elitären Demokratie-Theorems auf und stellen ein weiteres der zahlreichen Elemente dar, die die kanadische Politik in eine konservative Richtung lenken[14].

Andererseits wirkt der Föderalismus den zahlreichen zentrifugalen Kräften in der kanadischen Gesellschaft entgegen. Indem die regional begründeten Gegensätze auf Provinzebene artikuliert werden können, werden sie zugleich in das politische Gesamtsystem integriert. Die gesellschaftlichen Konflikte sind so durch die Verlagerung auf die provinziale Ebene mediatisiert, was vor allem zwei Wirkungen hat. Aufgrund der politischen Dezentralisation können sie erstens wesentlich leichter und erfolgreich in das politische System transformiert werden. Der Protest der Agrarbevölkerung des Westens in der ersten Hälfte des 20.Jahrhunderts ist ein typisches Beispiel hierfür. Erfolg bei Provinzwahlen sowie Provinzparteien und Provinzregierungen, die ihre Interessen vertraten, vermittelten nicht nur das Gefühl der 'responsiveness' des politischen Systems, sondern sie zwangen auch die politischen Machtträger des Gesamtsystems, die Bedürfnisse der Agrarbevölkerung zu berücksichtigen. Vom Föderalismus gehen insofern deutlich stabilisierende Wirkungen aus. Dadurch, daß die gesellschaftlichen Konflikte auf die Ebene der Elitenkooperation transformiert sind, sind sie zweitens stets kanalisiert worden, ist ihnen viel von ihrer Brisanz genommen worden.

Die Beurteilung des kanadischen Föderalismus wird aufgrund dieser ambivalenten Wirkungen je nach den primären gesellschaftlichen Zielvorstellungen unterschiedlich ausfallen. Diejenigen, die soziale Egalität, gesellschaftliche und politische Demokratisierung als primäre Ziele ansehen, werden vor allem auf die Perpetuierung der sozialen Gegensätze und ihre Regionalisierung hinweisen, die soziale Rangabstufung als Folge ethnisch-kultureller Pluralität betonen, das sozio-ökonomische Entwicklungsgefälle hervorheben, die schwerfälligen und oft dysfunktionalen Kompromißmechanismen betonen; kurz, sie werden im Föderalismus eine der

Barrieren sehen, die Egalität und Demokratisierung behindern. Diejenigen, die die gesellschaftliche Entwicklung Kanadas von der Notwendigkeit der Bewahrung der nationalen Einheit als primärem Ziel abhängig machen (bis heute stets die Mehrheit in der Politik wie auch in den Sozialwissenschaften), werden die daraus resultierenden Beschränkungen gering veranschlagen, die negativen sozialen Kosten in Kauf nehmen und vor allem auf die zweifellos bedeutsame Stabilitäts- wie Integrationsfunktion des Föderalismus hinweisen.

2.1. Strukturbild des Parteiensystems nach 1960

Während des I.Weltkriegs zerbrach das von Konservativen und Liberalen konstituierte Zweiparteiensystem des 19.Jahrhunderts. An seine Stelle trat ein spezifisches Mehrparteiensystem, das gegenwärtig aus sechs Parteien besteht (Liberals, Progressive Conservatives, New Democratic Party, Social Credit/Ralliement Créditiste, Union Nationale, Parti Québécois), von denen vier (Liberals, Conservatives, NDP, Ralliement Créditiste) auf nationaler Ebene agieren und auch nach der bislang letzten Unterhauswahl vom Juli 1974 im Parlament vertreten sind.

Dennoch wurde das Parteiengefüge auch dann noch (fälschlich) als Zweiparteiensystem verstanden, als es sich schon lange in ein Mehrparteiensystem umgebildet hatte; in den kleineren Drittparteien sah man kurzfristige Abweichungen vom Typus, die man negieren zu können glaubte[15]. Der Grund für diese Fehlinterpretation ist recht einfach: In die gängige Klassifikationsunterscheidung von (am britischen Vorbild orientiertem) Zweiparteiensystem und (am kontinentaleuropäischen Parlamentarismus orientiertem) Vielparteiensystem versuchte man, ein Parteiengefüge einzuordnen, das Merkmale von beiden Typen aufweist, das aber im Grunde unter keins von beiden subsumiert werden kann und auch als Parteiensystem 'sui generis' bezeichnet werden sollte:

Kanada besitzt ein Mehrparteiensystem mit struktureller Asymmetrie zugunsten einer Partei, ein System einer "single party dominance", wie Donald V.Smiley (1958, S.92f) es typisierte, oder ein Mehrparteiensystem mit Einparteienregierung, "a multi-party system which has so far sustained a one-party government", wie John Meisel (1973b, S.21) es formulierte.

Der besondere Charakter des kanadischen Parteiengefüges ergibt sich dadurch, daß einerseits die vielfältigen sozialen und kulturellen 'cleavages' nicht in einem dichotomischen Konflikt-Muster integrierbar und in das politische System transformierbar sind, daß andererseits die gesellschaftlichen Konflikte nicht parteipolitisch verfestigt sind; d.h. das Mehrparteiensystem ist nicht in der Weise strukturiert, daß eine oder auch mehrere der Parteien ausschließlich oder vornehmlich je eine der bestehenden zahlreichen gesellschaftlichen Konfliktinteressen repräsentieren. Die regionalen Gegensätze haben nicht zu einer Vielzahl von regionalen Parteien und zu einem regional fraktionierten Parteiensystem geführt; der Antagonismus von Anglo- und Frankokanadiern hat kein ethnisch-kulturell fraktioniertes Parteiensystem bewirkt. In dieser Besonderheit unterscheidet sich das Strukturbild des kanadischen Parteiengefüges grundlegend von denen vergleichbar fragmentierter Gesellschaften, etwa dem Parteiensystem Belgiens oder dem der Niederlande. Abgesehen von den beiden rein frankokanadischen Parteien, der Union Nationale und dem an ihre Stelle tretenden Parti Québécois, die nicht an Unterhauswahlen teilnehmen, handeln die kanadischen 'Bundes-'Parteien nicht als Repräsentanten eines bestimmten gesellschaftlichen Partikularinteresses, sondern als gesamtkanadische, nationale Parteien.

Die kanadischen Parteien sind Kaderparteien (im Sinne von Maurice Duverger[16]) oder Koalitions- und Wählerparteien (im Sinne von V.O.Key's Definition der US-amerikanischen Parteien als "party in the electorate"[17]). Allein die C.C.F./NDP verfügt über eine größere Mitgliederschaft, was sich nicht zuletzt aus ihrer Verbindung mit den kanadischen Gewerkschaften ergibt; jedoch hat auch sie zu keiner Zeit eine Mitgliedschaft von 100.000 erreicht. Die historisch begründete Organisation als Kaderparteien ist Reflex der sozialen Heterogenität und stellt innerhalb der bestehenden Parteistruktur - wenn man so will - zugleich eine Notwendigkeit dar. Mitgliederparteien kontinentaleuropäischer Prägung würden innerparteilich zwangsläufig eine Verfestigung der Partikularinteressen zur Folge haben und damit die gesellschaftliche Fraktionierung entlang der bestehenden ethnisch-kulturellen und regional-ökonomischen Barrieren stärker in das Parteiensystem übertragen.

Die kanadischen Parteien verstehen sich als Volks- oder Omnibus-Parteien. Sie versuchen wie Volksparteien, unter regionalen und ethnisch-kulturellen Gesichtspunkten wie sozialstrukturell sämtliche Bevölkerungsgruppen anzusprechen und zu integrieren. Sie entsprechen dadurch dem Bild von der offenen und egalitären Mittelklassengesellschaft, verstärken und perpetuieren es zugleich aber auch.

Dieser Besonderheit einer heterogenen und vielfältig fragmentierten Gesellschaft ohne entsprechend fraktioniertem Vielparteiensystem liegen zahlreiche Faktoren zugrunde. Zu ihnen zählen u.a. [18]: 1) Der <u>nationale Grundkonsens</u>, die kanadische Eigenständigkeit zu bewahren, führte nicht nur dazu, daß immer komplexere, vornehmlich auf den föderalistischen Strukturen aufbauende Akkommodationsmechanismen entwickelt wurden, sondern veranlaßte die politisch Handelnden bislang stets auch, über ihre spezifische politische Basis hinaus gesamtkanadisch zu agieren. Charakteristisch für dieses Integrationskonzept sind die von Unterhauswahl zu Unterhauswahl neuerlichen Versuche der Konservativen, sich im frankokanadischen Quebec organisatorisch wie politisch eine Basis aufzubauen. Die Bemühungen waren - abgesehen von den Wahlen von 1930 und 1958 - stets vergeblich. Nach dem II.Weltkrieg wich die Konservative Partei nur einmal vor der Wahl von 1957 von dieser Integrationsstrategie ab. 'The nationalization of politics' stellt das typische Handlungsmuster der kanadischen Parteien dar. Dies gilt auch für die Drittparteien, Social Credit/Ralliement Créditiste und C.C.F./NDP, die zunächst weitgehend regional begrenzte Parteien waren und die beide den Versuch unternahmen, sich zu gesamtkanadischen Parteien zu entwickeln. Dabei wandelten sie sich grundlegend. Aus der fast ausschließlich agrarisch bestimmten C.C.F. entstand die heute vornehmlich urbane, sozialdemokratische NDP. Allerdings gelang es auch ihr nicht, die ethnisch-kulturelle Barriere zu überwinden. Die NDP konnte zu keiner Zeit im frankokanadischen Quebec größere Wählerzahlen erreichen, was bei den engen Bindungen an die jedoch gleichfalls ethnisch-kulturell separierten Gewerkschaften und deren Organisationspotential umso erstaunlicher ist. Der Social Credit, zunächst regional begrenzte Protestbewegung des Westens, bildete sich zum gleichermaßen regional auf das frankokanadische Quebec begrenzten Ralliement Créditiste um, wobei ideologisch die konservative Ausrichtung, sozialstrukturell der agrarische und kleinbürgerliche Charakter erhalten blieben, aufgrund der ethnisch-kulturellen Barriere die

ursprüngliche Basis im kanadischen Westen jedoch verloren ging[19].
2) Die besondere Funktion des Föderalismus als Integrationspunkt regionaler und provinzialer Gegensätze verlagerte diese weg vom nationalen Parteiengefüge. Dadurch, daß das politische System über einen zweiten Artikulations- und Integrationsmechanismus verfügt, entfällt für eine Reihe von gesellschaftlichen Partikularinteressen die Notwendigkeit, sich auf nationaler Ebene in primär regional-ökonomischen oder ethnisch-kulturellen Parteien zu organisieren. Weder die frankokanadisch-nationalistische, konservativ-agrarische Union Nationale in der Vergangenheit noch der independistisch-sozialistische Parti Québécois in der Gegenwart brauch(t)en z.B. durch Teilnahme an den Unterhauswahlen auf gesamtkanadischer Ebene zu agieren; durch die Interdependenz von provinzialer und Bundespolitik bestehen ausreichende Einwirkungsmöglichkeiten auf die nationale Politik, ist der Einfluß der beiden rein frankokanadischen Parteien auf den politischen Prozeß auch so außerordentlich groß. Die politisch-institutionelle Dezentralisierung wirkt damit der Fraktionierung des Parteiensystems entlang der existenten gesellschaftlichen Konfliktinteressen entgegen. Ohne den Föderalismus, der der Wählerschaft zudem die Möglichkeit gibt, durch unterschiedliches Wahlverhalten bei Provinz- und Bundeswahlen unterschiedliche Interessen zu artikulieren, wären die heterogenen Wählerkoalitionen, aus denen sich insbesondere Liberale und Konservative zusammensetzen, wahrscheinlich (wenngleich man mit solchen hypothetischen Überlegungen vorsichtig sein sollte) in mehrere, einzelne Partikularinteressen repräsentierende Parteien zerfallen.
3) Die am britischen Modell alternativer Regierung orientierte politische Kultur und das dichotomische Politikverständnis wirken der Herausbildung eines Vielparteiensystems kontinentaleuropäischer Prägung entgegen. So stoßen Koalitionsregierungen zur parlamentarischen Mehrheitsbildung bei den Parteien und in der Bevölkerung auf Ablehnung. Weil formalisierte Koalitionen und nicht Minderheitsregierungen als das größere Übel gelten und folglich nicht praktiziert werden, gleicht das kanadische politische System noch immer stärker dem britischen Modell als dem kontinentaleuropäischen Parlamentarismus. Dadurch erhält die Frage 'majority or minority government' erhebliche Bedeutung als Entscheidungsfaktor bei Unterhauswahlen. Parteiliche Mehrheitsregierungen durch eine

Partei werden von der Wählerschaft eindeutig bevorzugt, obgleich längst nicht ausgemacht ist, ob eine Mehrheits-, Minderheits- oder Koalitionsregierung in einer bestimmten gesellschaftlichen Situation funktional oder dysfunktional ist. Die Frage 'majority or minority government' überlagert so bei der individuellen Wahlentscheidung die eigentlich politischen Kriterien, u.a. die Überlegung, welche der Parteien die Interessen welcher Wählergruppen am ehesten vertritt[20]. Hieraus resultiert ein nicht unbedeutender Bonus für Liberale und Konservative, die beiden potentiellen Regierungsparteien; es fördert ihren Volkspartei-Charakter und steht vice versa der Formierung von Parteien entlang der gesellschaftlichen Konflikt-Muster entgegen.

4) Unter den verschiedenen Einflußfaktoren des Institutionensystems kommt besondere Bedeutung zudem der modelltypischen, plebiszitär-demokratische Züge aufweisenden personalen Alternative zwischen Premierminister und Oppositionsführer zu[21]. Für die kanadische Politik gilt unverändert und heute noch wesentlich treffender das, was Hugh McDowall Clokie bereits vor 30 Jahren betonte:

"... In Canada more than anywhere else it is possible to define a party as being a body of supporters following a given leader. Parliamentary elections are primarily occasions on which the electors choose between party leaders and prospective prime ministers..." (Clockie 1944, S.92).

Als weiterer institutioneller Faktor ist das Wahlsystem zu nennen. Zwar erfüllt die relative Mehrheitswahl in Einerwahlkreisen ihre maßgebliche Funktion, den parteipolitischen Machtwechsel, nur äußerst selten; führt sie bei dem spezifischen Verhältnis zwischen gesellschaftlicher Heterogenität und institutionell angelegter Polarität zu weiteren atypischen Ergebnissen, u.a. der Verstärkung der politischen Regionalisierung, auf die vor allem Alan C.Cairns (1968) hingewiesen hat, zur Einschränkung der 'competitiveness' in regionalen Hochburgen etc. Doch hat andererseits die relative Mehrheitswahl noch immer eine Reihe von systemtypischen Resultaten zur Folge. Sie stellt einen der Faktoren dar, der die Organisation als Kader- und nicht Mitgliederparteien unterstützt, strukturiert den innerparteilichen Aufbau in der Weise, daß der Wahlkreis zu einem der Organisationsschwerpunkte wird, und dies sowohl auf der Ebene der Bundes- wie der Provinzpolitik. Bundespartei und Bundesorganisation auf der Ebene der Unterhauswahlkreise, Provinzpartei und Provinzorganisation auf der Ebene der

Provinzwahlkreise sind vielfach separiert und führen oft ein Eigenleben, so daß es keinen funktionierenden organisatorischen Aufbau von der untersten politischen Ebene bis hin zur Parteispitze auf Bundesebene gibt[22]. Die Vermittlung zwischen den zahlreichen innerparteilichen Interessen findet statt zum einen mittels des den US-amerikanischen Parteien entlehnten 'convention-System', zum zweiten vor allem durch Kooperation der provinzialen und föderalen Parteieliten[23]. Die innerparteiliche Zweigleisigkeit resultierte aber auch, wofür es vielfältige Beispiele gibt, in völliger Separierung der beiden Ebenen und in politischer Konfrontation. Die spezifischen innerparteilichen Strukturen fördern so die Regionalisierung der kanadischen Politik; sie sind aber andererseits auch eines der Elemente, die bislang den Zusammenhalt der heterogenen Wählerkoalitionen ermöglichten. Wenngleich die Disproportion von Stimmen und Mandaten notwendig von der für das Zweiparteiensystem typischen (und mit Hilfe der Kubusregel meß- und vorhersagbaren) Form abweicht, führt die relative Mehrheitswahl auch in Kanada zu erheblicher Über- bzw. Unterrepräsentation. Im gesamten Wahlgebiet ergibt sich ein Bonus für die potentielle Regierungspartei, auf Wahlkreisebene ein Bonus für den aussichtsreichsten Parteikandidaten, der umso größer wird, je mehr Bewerber an der Wahl im Wahlkreis teilnehmen. Auch vom Wahlsystem gehen somit - wie von den anderen hier skizzierten Einflußfaktoren - Wirkungen aus, die bisher die Herausbildung eines Vielparteiensystems verhinderten, in dem die Parteien je eines oder zumindest vornehmlich eines der gesellschaftlichen Konflikt-Muster vertreten.

Die Wirkungen reichen aber andererseits nicht aus, um die heterogenen gesellschaftlichen Kräfte in ein dichotomisch strukturiertes Parteiensystem zu integrieren. So verstehen sich und handeln die kanadischen Parteien als Volksparteien; aufgrund der Regionalisierung und Fragmentierung können sie es aber nicht sein. Keine der bestehenden Parteien ist in der Lage, alle gesellschaftlichen Begrenzungen, insbesondere die drei zentralen 'cleavages', die beiden regional-ökonomischen Gegensätze sowie den Antagonismus von frankokanadischem Quebec und Rest-Kanada zu überwinden. Die Konservativen, NDP, Social Credit/Ralliement Créditiste scheitern an der ethnisch-kulturellen Barriere. Die Liberalen verloren in einem langen Erosionsprozeß vor und nach der

'Diefenbaker Revolution' ihre Basis in der Wählerschaft des kanadischen Westens und entwickeln sich von Unterhauswahl zu Unterhauswahl stärker zu einer ebenfalls regional determinierten Partei Zentral-Kanadas. In dem so konditionierten Mehrparteiensystem ist diejenige Partei, die unter regionalen und ethnisch-kulturellen Gesichtspunkten der Zielvorstellung einer gesamtkanadischen, nationalen Partei sowie sozialstrukturell dem Charakter der Volkspartei am ehesten entspricht, die potentielle Regierungspartei. Die Liberalen sind diesen beiden Prämissen seit 1921 stets relativ am nächsten gekommen; sie stellten auf Bundesebene in aller Regel die Regierungspartei. Allerdings ist auch ihr Wählerpotential derartig begrenzt, daß auch sie von ihrer engeren Wählerbasis her gleichfalls nicht als Mehrheitspartei anzusehen sind. Wenn sich trotzdem Mandatsmehrheiten im Unterhaus ergeben - seit 1957 nach den Wahlen von 1958 (Konservative), 1968 und 1974 (Liberale) -, ist dies vor allem auf die oben angeführten drei Faktoren zurückzuführen, die Mandats- und Stimmenzahlen der größten Partei über ihr normales Wählerpotential hinaus vergrößern: erstens auf den Bonus der relativen Mehrheitswahl; zweitens auf den Bonus der plebiszitär-demokratischen personalen Alternative; drittens auf den Bonus, der aus dem Entscheidungskriterium 'majority or minority government' resultiert.

Die drei letzten Unterhauswahlen von 1968, 1972 und 1974 spiegeln in ihren Ergebnissen diese Wirkungen in typischer Weise wider. Die lange Periode liberaler Minderheitsregierungen unter Lester Pearson seit 1963 und die einseitige personale Alternative Trudeau - Stanfield erbrachten den Liberalen bei der Wahl von 1968 einen überdurchschnittlich großen Stimmenanteil und die Mandatsmehrheit, ohne daß dies auf grundlegenden und längerfristig relevanten Veränderungen in den politischen Einstellungen der Wählerschaft beruhte. Als nach vier Jahren liberaler Mehrheitsregierung diese Faktoren in ihrer Wirkung neutralisiert waren, die Einschätzung Trudeaus sich gewandelt hatte, trat ohne die beiden Bonus-Effekte eine deutliche Reduktion im Stimmen- und Mandatsanteil der Liberalen ein. Die negative Perzeption der sich anschließenden informellen Zusammenarbeit zwischen Liberalen und NDP, die gewöhnlich der kleineren und der Regierung formal nicht angehörenden Partei angelastet wird, trug dann bei der vorzeitigen Neuwahl vom Juli 1974 zweifellos nicht als alleiniges, aber doch maßgebliches Entscheidungskriterium dazu bei, daß Trudeau und die Liberale Partei erneut eine parlamentarische Mehrheit gewinnen konnten.

3. Lösungsmöglichkeiten kanadischer Politik

3.1. Anmerkungen zu Funktionalität und Kapazität des Parteiensystems

Der politische Prozeß vollzieht sich damit gegenwärtig in einem Mehrparteiensystem mit einer (in der Regel von den Liberalen gestellten) Einparteienregierung, wobei Mehrheits- und Minderheitsregierungen aufeinander abfolgen[24].

Über die Funktionalität und Effizienz eines solchen Parteien- und Regierungssystems kann man geteilter Meinung sein. Vorschnell sind jedoch Urteile, die auf den fehlenden oder nur äußerst seltenen parteipolitischen Machtwechsel abheben und von daher zu einer eher negativ bestimmten Einschätzung gelangen. Wenngleich man die Wahlniederlage Trudeaus und der Liberalen bei der Wahl von 1972 (i.e. den Verlust der Mandatsmehrheit) auf derartige Ursachen zurückführen kann (konkret auf die Arroganz der Liberalen, die sich oft als die einzig kompetente Partei Kanadas begreifen[25]), werden Urteile, die die lange Regierungsperiode der Liberalen von vornherein als dysfunktional ansehen und die strukturelle Asymmetrie im Parteiensystem global für Fehlleistungen verantwortlich machen, dem politischen Prozeß in Kanada sicherlich nicht gerecht. Ähnlich einseitig ist die gängige Auffassung, daß im Grunde nur eindeutig strukturierte Parteiensysteme, möglichst noch in der Form eines Zweiparteiensystems und mit der klaren Alternative von Regierungsmehrheit und Oppositionsminderheit funktionsgerecht und zu innovativen politischen Problemlösungen in der Lage sind, daß hingegen Parteiensysteme, in denen die sozialen und politischen Konflikte sich überlagern, zudem auf den verschiedenen Ebenen des politischen Systems artikuliert und integriert werden, zu politischem Immobilismus neigen. Die politische Entwicklung Kanadas nach dem II.Weltkrieg ist eines der Fallbeispiele, an dem sich zeigen läßt, daß derartige Hypothesen zumindest modifikationsbedürftig sind. Die 'problem solving capacity' des Parteiensystems ist zwar selektiv, gemessen an den strukturellen Bedingungen aber insgesamt doch erheblich:

"The legislative and administrative output of recent Canadian governments, taken as a whole, suggests that the charge of <u>immobilisme</u> cannot be sustained without serious qualification... Sustained efforts were made to bring about some redistribution of wealth and greater social security; tax reforms were introduced; a more acceptable flag was adopted; imaginative programmes for young people and locally supported projects were devised; new formulas for federal-provincial co-operation were invented; the armed forces and some of the foreign services were streamlined and so on. On the other hand, there were major failings: little has been done to contain foreign ownership and control of the Canadian economy, and of much else in Canadian life; policies with respect to unemployment and inflation were inadequate; the condition of the native people remained appalling" (Meisel 1973b, S.31).

Bei einer solchen (immanenten) Beurteilung kann man noch einen Schritt weiter gehen; die von der Asymmetrie zugunsten der Liberalen bestimmte Struktur des Parteiensystems hat sich im Hinblick auf die Stabilität des politischen wie des gesellschaftlichen Systems als relativ funktional erwiesen. Der Bestand der kanadischen Konföderation ist bislang maßgeblich von der recht großen Integrationsfähigkeit der Liberalen Partei und der Kontinuität liberaler Regierungen abhängig gewesen. Es ist noch längst nicht ausgemacht, ob ein funktionierendes Zweiparteiensystem (in dem sich die Regelung der vielfältigen sozialen und kulturellen Gegensätze vornehmlich innerparteilich innerhalb von zwei Volksparteien vollziehen würde) oder ob ein Vielparteiensystem (in dem sich die gesellschaftlichen Gegensätze zweifellos leichter artikulieren ließen, das aber zwangsläufig zu gleichartigen strukturellen Bedingungen wie im kontinentaleuropäischen Parlamentarismus führen würde und in dem sich der Interessenausgleich folglich mittels Koalitionen zwischen den Parteien vollziehen würde) in der Lage wären, Konfliktregelung und Stabilität besser zu gewährleisten. Im Gegenteil, es spricht vieles dafür, daß ein vergleichbares Maß an Interessenakkommodation, wie es bei erstens durch den innerparteilichen Interessenausgleich in der liberalen Volkspartei, zweitens durch das Gegeneinander im Mehrparteiensystem, drittens durch die Interdependenz von Provinz- und Bundespolitiken bislang möglich ist, von den Integrationsmechanismen eines Zwei- oder eines Vielparteiensystems kaum zu erreichen wäre.

Innovationen im politischen Prozeß werden ausgelöst insbesondere von der fast zur Regel gewordenen Abfolge von Mehrheits- und Minderheitsregierungen und von der katalytischen Funktion der kleineren Drittparteien. Der stets drohende Verlust der Mandatsmehrheit zum einen, das parteipolitische Eigeninteresse, eine Mandatsminderheit durch vorzeitige Neuwahlen in eine Mandatsmehrheit zu verwandeln zum anderen, zwingen die (liberale) Regierungspartei unter den spezifischen Bedingungen des Mehrparteiensystems zur besonderen Rücksichtnahme; sie erfordern die Berücksichtigung sowohl der Bedürfnisse ihrer traditionellen Wählerbasis in Zentral-Kanada als auch der Interessen von wahlstrategisch wichtigen politischen, kulturellen, sozialen Minoritätsgruppen, die je nach der gesellschaftlichen Situation in Gruppenzusammensetzung und hinsichtlich der inhaltlichen Forderungen äußerst verschieden sein können.

Die Drittparteien, vor allem C.C.F./NDP können - gerade weil sie nicht als formale Koalitionspartner in der Regierungsverantwortung stehen - in der Öffentlichkeit vorhandene Interessen aufnehmen und in den politischen Prozeß einbringen, Forderungen aufgreifen, die von der Regierungs- oder der großen Oppositionspartei nicht artikuliert oder realisiert werden. Für diesen katalytischen Innovationsprozeß, daß gesellschaftliche Bedürfnisse zunächst von den Drittparteien vertreten, dann von der Regierungspartei durchgeführt werden, gibt es zahlreiche Beispiele, u.a. die Einführung der New Deal-ähnlichen Reformen durch die Liberalen in Reaktion auf die Wahlerfolge der C.C.F. In den letzten Jahren wurde von der NDP u.a. die Problematik der ökonomischen Abhängigkeit von den USA aufgegriffen[26]; dies hat die Liberalen seither gezwungen, ihre Wirtschaftspolitik stärker als zuvor im Lichte der strukturellen ökonomischen Dependenz zu sehen, und sie veranlaßt, (im Rahmen ihrer durch die eigene Basis wie von den objektiven Bedingungen begrenzten Möglichkeiten) die vom Staat beeinfluß- und/oder induzierbare ökonomische Entwicklung in größerem Maße an der Frage nationaler Eigenständigkeit auszurichten.

Der katalytischen Funktion von NDP und Ralliement Créditiste kommt zudem aufgrund der spezifischen sozialstrukturellen Zusammensetzung der Wählerschaften besondere Bedeutung zu. Zwar entspricht die Wählerschaft der Liberalen hinsichtlich dem sozioökonomischen Status dem Anspruch einer Omnibus-Partei weitgehend, doch ergibt sich auch in Kanada innerhalb der Liberalen Partei die für Volksparteien typische sozialstrukturelle Hierarchisierung im innerparteilichen Entscheidungsprozeß; d.h. aufgrund der größeren und leichteren Einwirkungsmöglichkeiten nehmen in Volksparteien Interessenrepräsentation und Einfluß der gesellschaftlichen Eliten stetig zu, je höher und zentralisierter die innerparteilichen Organisations- und Entscheidungsebenen werden, findet vice versa eine wachsende Abkoppelung der in der Zahl großen, aber auf den höheren Ebenen nur wenig vertretenen sozial schwachen und unterprivilegierten Gruppen statt. Diese Tendenzen bestimmen bereits den innerparteilichen Entscheidungsprozeß von Mitglieder-Volksparteien[27], nur noch umso stärker gelten sie für Kader-Volksparteien, wie den kanadischen, wenngleich auch der empirische Nachweis hierfür bei den vielfach nur informellen Entscheidungsabläufen schwer zu führen ist[28]. Die Wählerschaft der sozialdemokratischen NDP, die des Ralliement Créditiste im frankokanadischen Quebec setzen sich hingegen überwiegend aus Wählern der unteren sozialen Schichten zusammen. Für die Mitgliederpartei NDP und bei der engen Verflechtung mit den Gewerkschaften trifft dies zudem für die Parteimitgliedschaft zu. Dadurch entfällt bei beiden Parteien die Notwendigkeit der innerparteilichen Akkommodation von gegensätzlichen sozio-ökonomischen Interessen, wie sie für Omnibus-Parteien konstitutiv und charakteristisch ist. NDP und Ralliement Créditiste können (und müssen) ihre Politik dadurch vor allem auf diese eine gesellschaftliche Gruppe, auf die Bedürfnisse der sozial Schwachen und Unterprivilegierten ausrichten. Wenngleich der Einfluß der Drittparteien bei ihren begrenzten Stimmenanteilen, die auf der parlamentarischen Ebene darüber hinaus durch das Wahlsystem in den Mandatszahlen noch reduziert werden, relativ gering ist, ergibt sich durch diese Konstellation in dem bei der Asymmetrie zugunsten der Liberalen einseitigen Parteiensystem doch ein sozialpolitisches Korrektiv, vor allem natürlich in der Situation von Minderheitsregierungen. In dieser Perspektive zeigt sich, daß das kanadische Parteien- und Regierungssystem ein beträchtliches Maß an 'responsiveness' besitzt:

"It is possible to argue that the existing process is virtually ideal: the party system reacts doubly or even triply to discontent, criticism and the requirements of the lowest economic groupings. The major party, drawing not inconsiderable support from this part of the community, does its best to serve it. If, however, its omnibus nature and the special pleading of more strategically placed voters or other organized supplicants should prevent a healthy internal sensitivity of the Liberal party to the needs of the poor and downtrodden, then the opposition parties, and particularly those most heavily indebted to them electorally, will take up cudgels on their behalf..." (Meisel 1973a, S.53)
"There is, in the Canadian system, therefore, a stabilizing and conservative factor composed, among other elements, of the attitudes of the public towards minority governments and of the broad and seemingly well-rooted support of the Liberals. On the other hand, there is also a flexibility and porousness provided by the

willingness of the electorate to withhold support from the one major party and distribute it among other claimants to power... This flexibility and porousness compels the government party to be forever on the alert... for new crosscurrents of opinion, and it also gives the so-called minor parties the opportunity to influence policies since they not only provide an alternative to reigning governments but also occasionally Parliamentary majorities to the party in power..." (ebenda, S.59).

3.2. Folgewirkungen und soziale Kosten kanadischer Politik

Diese Beurteilung fußt indes auf normativen Kriterien. Sieht man in Stabilität und Integration die entscheidenden Zielvorstellungen, versteht man die Parteien vor allem als Agenten der Adaptation des politischen Systems an den sozialen Wandel (wobei als Prämisse gilt, daß die Grundpfeiler des liberal-kapitalistischen ökonomischen Systems nicht zur Disposition stehen), sind 'problem solving capacity' und 'output' des kanadischen Parteien- und Regierungssystems in der jüngeren Vergangenheit als erheblich, gemessen an den heterogenen gesellschaftlichen Bedingungen, als hoch einzuschätzen.

Möglich ist jedoch auch eine grundsätzlich andere Sicht. Systemstabilität und Integration bilden aufgrund der konfliktregelnden Funktion von Parteien zweifellos wichtige Maßstäbe für ihre Beurteilung. Dennoch kann dies als alleiniges Kriterium nicht ausreichen. Systemstabilität stellt keinen Wert an sich dar; sie ist eine abgeleitete Kategorie, die im Rahmen gesellschaftlicher Dynamik selbst auf ihre Funktionalität hin zu überprüfen ist, die in Relation zur Verwirklichung gesellschaftlicher Ziele (Wachstum, Partizipation, Gleichheit etc.) steht. Politisches System und Parteiengefüge sind nur dann als funktional anzusehen, wenn sie den Prozeß sozialen Wandels nicht nur nicht behindern oder den politischen Überbau an ihn adaptieren, sondern wenn sie auf die gesellschaftliche Entwicklung zielverändernd einzuwirken in der Lage sind. Auf den Prozeß gesellschaftlicher Veränderung abhebend, hat John Porter in seiner Analyse der kanadischen Gesellschaft Politik definiert als:

"Creative politics is politics which has the capacity to change the social structure in the direction of some major social goals and values. By mobilizing human resources for new purposes, it has the initiative in the struggle against the physical environment and against dysfunctional historical arrangements. Creative politics requires a highly developed political leadership to challenge entrenched power within other institutional orders. It succeeds in getting large segments of the population identified with the goals of the political system and in recruiting their energies and skills to political ends" (Porter 1965, S.369).

In diesem Verständnis erfordert die Beurteilung der Funktionalität des (kanadischen) Parteien- und Regierungssystems eine normative Zielbestimmung. Nohlen/Nuscheler (1974, S.25) haben jüngst den Begriff gesellschaftlicher Entwicklung definiert als "magisches Fünfeck von Arbeit, Wachstum, sozialer Gerechtigkeit, Partizipation und Unabhängigkeit". Wenngleich diese Definition in erster Linie hinsichtlich der gesellschaftlichen Verhältnisse und Entwicklungserfordernisse in der 'unterentwickelten' Welt erarbeitet wurde, ist sie doch so allgemeingültig, um auch für verschiedenartige Stadien gesellschaftlicher Entwicklung und für sogenannte 'entwickelte' Gesellschaften aussagekräftig zu sein; dies umso mehr, als Entwicklung keinen endlichen Prozeß darstellt, sondern als ein Kontinuum von stetigem entweder 'Je-weniger' oder 'Je-mehr' zu begreifen ist[29]. Besonders deutlich wird dies am Entwicklungselement der sozialen Gerechtigkeit, um dessen Verwirklichung im Verteilungskampf auch der Industrieländer stets gerungen werden muß.

Inhalt und Qualität der Entwicklungsziele sind allerdings in Industriegesellschaften anders und höher anzusetzen als in Entwicklungsländern. So geht es z.B. nicht um die Bereitstellung von Arbeit überhaupt (wenngleich auch dies bei der in Kanada relativ hohen, nicht nur konjunkturell bedingten Arbeitslosigkeit noch immer ein gesellschaftliches Problem ist), sondern um die Art der Beschäftigung, um die Gewähr qualifizierter und befriedigender Berufe, um die Sicherung der Arbeitsplätze bei konjunkturellen wie strukturellen Krisen, um die Humanisierung der Arbeitswelt, um die Frage des individuellen und gesellschaftlichen Nutzens der bereitgestellten Arbeit etc. Der Aspekt der Partizipation umschließt nicht nur die 'Fundamentaldemokratisierung' und die Möglichkeit der Teilnahme an pluralistischen Organisationen, sondern umfaßt 'soziale Teilhabe' und Demokratisierung auf den verschiedensten gesellschaftlichen Ebenen, vor allem Mitbestimmung im ökonomischen System etc. Unabhängigkeit umschreibt nationale (= völkerrechtliche) Selbständigkeit wie ökonomische Selbstbestimmung[30]. Soziale Gerechtigkeit kann nicht an den überkommenen bürgerlich-liberalen Werten mit der Reduktion auf den formalen Gleichheitsbegriff der 'equality of opportunity' ihre Grenzen finden. An die Stelle von Besitzindividualismus (auch in seiner neo-liberalistischen und staatsinterventionistischen Form) und dem Widerspruch zwischen formaler Gleichheit und materieller Ungleichheit hat die gesellschaftlich-politische Kontrolle über natürliche Ressourcen, Besitz und Produktionsmittel zu treten; "... the concept... of property will... have to become a right to a share in political power to control the uses of amassed capital and the natural resources of the society...", wie C.B.Macpherson (1971, S.123) es formuliert hat. Soziale Gerechtigkeit ist an der Situation der jeweils sozial schwächsten Gesellschaftsmitglieder auszurichten[31]. In dieser Sicht sind Handlungen der politischen Parteien nur dann adäquat und funktional, wenn sich ihre gesellschaftliche Politik an den Bedürfnissen der Unterprivilegierten orientiert und darauf zielt, deren Situation strukturell zu verbessern. Eine vergleichbare Zielbestimmung hat auch (der Kanadier) John Meisel vorgenommen:

"The student concerned with the capacity of the party system... is confronted... by the question of whether the interests of the least favoured economic and social groups <u>are</u> effectively championed within the Canadian party system..." (Meisel, 1973a, S.52).

Legt man derartige Kriterien zugrunde, zeigt sich, daß nationale Stabilität und soziale Integration mit erheblichen Kosten erkauft worden sind. Die Grundfragen der kanadischen Gesellschaft, vor allem die vier großen Dilemmas, die wir hier nur noch einmal in Stichworten in das Gedächtnis zurückzurufen brauchen, konnten nicht gelöst werden.

Erstens: Ökonomisches Wachstum, Industrialisierung und 'affluence' beseitigten die <u>ungleichen Einkommens- und Besitzverhältnisse</u> nicht. Die neo-liberalistische Umverteilungspolitik war kaum zu mehr in der Lage, als der Zunahme sozialer Ungleichheit entgegenzuwirken und eine Verschärfung der Situation der sozial Schwachen zu verhindern. Trotz wohlfahrtsstaatlicher 'Sozialintervention' lebten im Jahre 1971 knapp unter 40 % sämtlicher Ein-Personen- und über 15 % sämtlicher Mehr-Personen-Familien in oder am Rande der Armut.

Zweitens: <u>Heterogenität und Regionalisierung</u> bestehen fort. Die Industrialisierung hat nicht zu einer entscheidenden Nivellierung des regionalen Entwicklungsgefälles beigetragen, zum Abbau ökonomisch-industrieller Rückständigkeit und insularer Armut geführt. Die regional-ökonomischen 'cleavages' stellen sich zunehmend als Konflikte provinzialer Umverteilung von natürlichem Reichtum und ökonomischem Wachstum dar, die bei den föderalistischen Strukturen nur sehr schwer möglich ist, die jedoch unter dem Gesichtspunkt sozialer Gerechtigkeit eine gesellschaftliche Pflicht, unter dem Aspekt kanadischer Unabhängigkeit bei den regional-zentrifugalen Wirkungen der ökonomischen Nord-Süd-Integration eine nationale Notwendigkeit ist.

Drittens: Ökonomisches Wachstum und Lebensstandard wurden erkauft mit weitgehender ökonomischer Dependenz von den USA und mit 'struktureller Heterogenität'. Die Unabhängigkeit Kanadas ist durch die ökonomische Penetration, zu der komplementär eine außerordentliche sozio-kulturelle Überfremdung tritt, heute stark ausgehöhlt.

Viertens: Der Antagonismus von Anglo- und Frankokanadiern bildet auch noch in der Gegenwart das gravierendste gesellschaftliche Problem der kanadischen Konföderation. Die ethnisch verfestigte soziale Rangabstufung findet ihren sichtbarsten Ausdruck in der strukturell bedingten Unterprivilegierung der frankophonen Subgesellschaft. Die neo-liberalistische Reformpolitik seit der Quiet Revolution hat die Auseinandersetzungen eher verschärft als vermindert, weil die intendierten Reformen den Frankokanadiern ihre Inferiorität deutlicher als je zuvor vor Augen führten. Eine grundlegende Veränderung der sozialen Unterprivilegierung bewirkten sie bei allen Teilverbesserungen nicht, da die strukturellen Ursachen bislang weitgehend unangetastet blieben.

Die Politik beschränkte sich im wesentlichen auf die Minimierung und Akkommodation dieser Konflikte; sie zu überwinden, war sie infolge ihrer modernisierungstheoretisch bestimmten Prämissen nicht in der Lage. Nicht zuletzt ist dies eine Konsequenz des besonderen Strukturbildes des kanadischen Parteiensystems mit seiner Asymmetrie zugunsten der Liberalen Partei und der auf nationaler Ebene fehlenden 'Rechts-Links-Dichotomie' der Politik. Der neo-liberalistischen Regierungspartei stand auf Bundesebene keine fundamentaloppositionelle Alternative, noch nicht einmal eine gesamtkanadische und starke sozialreformerische, dem Wohlfahrtsstaat verpflichtete sozialdemokratische Partei gegenüber. Die

Drittparteien stellen zwar ein sozialpolitisches Korrektiv dar; ihre Position ist aber stets schwach gewesen[32]. Es existierte damit kein ausreichendes politisches Gegengewicht, das auf die inneren Widersprüche der neo-liberalistischen Politik hätte aufmerksam machen, das den sozialen Kosten hätte politisch entgegenwirken können, geschweige denn eine mehrheitsfähige oppositionelle Alternative mit andersartigen gesellschaftlichen Zielen. So konnten die Liberalen - und das gleiche gilt für die konservative Regierung Diefenbaker von 1957 bis 1963, deren Politik sich in den Prämissen kaum unterschied - die wachstumsorientierte, kapitalistischer Entwicklung als gesellschaftlicher Zielvorstellung verpflichtete Politik durchführen, ohne lange Zeit auf starke oppositionelle Strömungen zu treffen, die diese Politik relativiert hätten:

"Both Liberal and Conservative governments have, since the Second World War, introduced extensive welfare legislation benefitting virtually all levels of Canadian society and certainly the poor and leastfavoured. The gap between the very rich and the very poor has not been noticeably narrowed, however, and on the whole the legislative output has provided relatively greater advantages to those who have already achieved some sort of take-off position in their standards of living than those at the very bottom of the socio-economic and 'opportunity' pyramid... Liberal politicians and their competent technocratic advisors in the bureaucracy thought of politics very much as the art of the possible... invariably stopping before one began reaching for the stars. They were, in short, prepared to tolerate conditions which, in the seventies, are increasingly being considered as intolerable..." (Meisel 1973a, S.56).

Die vier Grundprobleme, ungleiche Verteilung von Einkommen und Besitz - Regionalisierung - ökonomische Abhängigkeit - Unterprivilegierung der Frankokanadier, mit denen die kanadische Gesellschaft konfrontiert ist, sind auf das engste untereinander verbunden. Wenngleich sie in der Form voneinander abweichen und sich in Intensität und Virulenz unterscheiden, hängen sie doch alle zusammen mit den Entwicklungsprämissen des ökonomischen Systems, vor allem mit dem in der jüngsten Vergangenheit von der Politik nur wenig kontrollierten und auf seine negativen Implikationen hin untersuchten kapitalistischen Entwicklungsweg. Ökonomisches Wachstum und Industrialisierung verminderten die regionalen Disparitäten nicht nur nicht, mit ihnen wuchs vielmehr die regionale Desintegration, nahmen die Gegensätze zwischen Zentrum und Peripherie bzw. zwischen armen und reichen Provinzen zu. Dadurch, daß die regional-ökonomischen 'cleavages' als regionale oder provinziale Partikularinteressen artikuliert ausgetragen werden, werden zudem die ihnen zugrundeliegenden Ursachen, der zentrifugale Einfluß der USA und der sozio-ökonomische Basis-Konflikt - verdeckt. Ökonomisches Wachstum und Lebensstandard wurden nicht nur mit ökonomischer Dependenz bezahlt; die Abhängigkeit von den USA verstärkte zugleich die Regionalisierung der sozialen Gegensätze und beschleunigt so den Prozeß der regionalen Desintegration[33]. Am ausgeprägtesten ist die Interdependenz von individueller Ungleichheit, sozio-kultureller Überfremdung, ökonomischer Abhängigkeit (und nicht nur vom subjektiven Blickwinkel der Frankokanadier aus) jedoch in Quebec. Die Versuche, die soziale Unterprivilegierung der Frankokanadier zu vermindern, bereits die neo-liberalistische Reformpolitik der 'francophonisation' der Arbeitswelt zeigen zudem, daß tiefgreifende Eingriffe in das ökonomische System und in die Unternehmenspolitik unumgänglich sind; ohne sie werden die strukturellen Ursachen der gesellschaftlichen Probleme Kanadas kaum wirksam behoben werden.

In der kanadischen Bevölkerung hat sich diese Einsicht allerdings noch nicht durchgesetzt; vor allem der Zusammenhang der einzelnen Faktoren ist der Bevölkerung erst teilweise bewußt geworden. Die Bestätigung der liberalen Regierungspartei bei der Unterhauswahl vom Juli 1974 macht deutlich, daß die Wählerschaft mehrheitlich weiterhin in wachstumsorientierter, kapitalistischer Entwicklung einen gangbaren Weg sieht. Die Möglichkeiten struktureller Reformen sind jedoch größer, als das Wahlergebnis dies anzuzeigen scheint. Sie sind - wie wir in anderem Zusammenhang darzulegen versucht haben - aufgrund der 'sozialistischen Tradition', der Zielvorstellung ethnisch-kultureller Pluralität zumindest besser als in den USA. Vor allem aber werden die immer deutlicher sichtbaren Folgen der ökonomischen Abhängigkeit wie die gesellschaftlichen und politischen Verhältnisse in Quebec die kanadische Gesellschaft in die Richtung grundlegender Veränderungen führen.

In Quebec hat sich infolge der Intensität des ethnisch-ökonomischen Konfliktes das provinziale Parteiengefüge mit den Liberalen und dem Parti Québécois als den bestimmenden Parteien am weitesten der 'Rechts-Links-Dichotomie' genähert, besteht dort bereits die Alternative zwischen einer neo-liberalistischen Reformpartei und einer fundamentaloppositionellen, sozialreformerischsozialistischen Partei. So sehen denn auch an sozialem Wandel interessierte anglokanadische Analytiker, wie u.a. Kari Levitt, in den Forderungen der Frankokanadier nach politischer, vor allem aber nach ökonomischer Gleichheit und Selbstbestimmung den Ausgangspunkt, der in ganz Kanada strukturelle Veränderungen und eine Politik zur Eindämmung der ökonomischen Abhängigkeit auslösen kann oder wird:

"In the contemporary discussion of national unity, Quebec is generally singled out as the troublemaker in the area of federal-provincial relations. This is a superficial, indeed an erroneous, analysis of the problem. The major national problem is not Quebec separatism, but the problem of maintaining political sovereignty at a time when economic sovereignty is so gravely threatened. The unique resistance to linguistic and cultural assimilation on the part of Canada's Quebec-based population of French origin could be a decisive factor working for the continued existence of Canada.. The political counterpart of a 'new national policy' - if it is not already to late - must be the de facto and de jure accordance to Quebec of a status which acknowledges its unique role as the cultural patrie of francophone North America... (Levitt 1970, S. 55f).

Diese Sicht mag die weitreichenden Konsequenzen einer independistischen oder autonomistischen Lösung unterschätzen und damit einen Desintegrationsprozeß durch einen anderen eintauschen; soviel ist jedoch richtig: Quebec war und ist der 'cornerstone' der kanadischen Gesellschaft; auf die frankokanadischen, systemstrukturelle Veränderungen einschließenden Forderungen nach sozialer Gleichheit und ökonomischer Selbstbestimmung wird die kanadische Politik sich einzustellen haben. Nicht erst seit der sogenannten 'Energie-Krise' sind sich große Teile der kanadischen Bevölkerung dem außerordentlich hohen Grad ökonomischer Abhängigkeit und den daraus resultierenden sozialen Kosten bewußt geworden. Die sich seither verschärfenden internationalen Verteilungskämpfe haben den Prozeß der Bewußtseinsveränderung aber zweifellos akzentuiert. Ein unkontrolliertes ökonomisches Wachstum mittels ausländischer (sprich: amerikanischer) Beteiligung ist heute in Kanada keine Option mehr, die politisch durchsetzbar wäre. Jüngste Maßnahmen der liberalen Regierung Trudeau, vor allem nach ihrem Wahlsieg im Juli 1974, machen dies deutlich. Zwar hat die liberale Regierung Kanada, da heute selbst noch energieimportabhängig, nicht der quasi-gewerkschaftlichen Solidarisierung der OPEC angeschlossen; in ihren außenpolitisch relevanten Entscheidungen (z.B. der Erhöhung der Zölle und Steuern auf Rohstoffexporte, der Exportkontigentierungen u.a. im Energie-Bereich mit dem Ziel, schrittweise bis zu Beginn der 80er Jahre jeglichen Export von Energie-Rohstoffen in die USA zu unterbinden) handelt die Regierung Trudeau aber zunehmend nach dem strategischen Vorbild der erdölproduzierenden Staaten. Bevölkerung wie Regierung haben die Hebelwirkung erkannt, die Kanada in seinen großen Rohstoffreserven besitzt, um qualitativ veränderte Handelsbeziehungen herzustellen und um die ökonomische Dependenz von den USA einzudämmen.

Bei der Dynamik und Interdependenz beider Prozesse, zum einen dem Erfordernis weitreichender Reformen im Verhältnis von Anglo- und Frankokanadiern, zum zweiten den Bestrebungen nach ökonomischer Eigenständigkeit, die über kurz oder lang zur Notwendigkeit schwerwiegender Eingriffe in das ökonomische System führen werden, hat der Wandel der Systemstrukturen im Grunde schon begonnen. Die kanadische Politik, vor allem die liberale Regierungspartei stehen vor der Frage, ob sie sich wie meist in der Vergangenheit reaktiv verhalten und nur ex post adaptieren, oder ob sie die gesellschaftlichen Prozesse zielverändernd im Sinne sozialer Gerechtigkeit und nationaler, ökonomischer wie politisch-staatlicher Unabhängigkeit innovativ gestalten.

ANHANG

STATISTIK

1. Ausgewählte Daten zur Bevölkerungsentwicklung

Tabelle A 1 : Zur Bevölkerungsentwicklung in British North America, 1765 - 1861

	Quebec	Ontario	Nova Scotia	New Bruns-wick	Prince Edward Island	New found-land	Mani-toba	British Colum-bia
1765	69.810							
1767			11.779	1.196	519			
1784	113.021	10.000*						
1790	161.311							
1806		70.700*						
1811		77.000*						
1814		95.000*						
1817			81.351					
1822	427.465*							
1824		150.066		74.176				
1825	479.288	157.923						
1827	471.875	177.174	123.630					
1831	553.134	236.702					2.390	
1834		321.145		119.457			3.356	
1836		374.099				75.094		
1838		399.422	202.575				3.966	
1840		432.159		156.162			4.704	
1841					47.042			
1842		487.053						
1843							5.143	
1844	697.084							
1845						52.064		
1846							4.871	
1848		725.879			62.678			
1849							5.391	
1851	890.261	952.004	276.854	193.800				55.000*
1857						124.288		
1861	1.111.566	1.396.091	330.857	252.047	80.857			51.524

Anmerkung: * = Schätzung

Quelle: Kalbach/McVey 1971, S.17.

Tabelle A 2: Bevölkerungsentwicklung in den Provinzen, 1861 - 1971

Area	1861		1871		1881		1891	
	Number	Per Cent	Number	Per Cent	Number	Per Cent	Number	Per Cent
Canada	3,229,633	100.0	3,689,257	100.0	4,324,810	100.0	4,833,239	100.0
Newfoundland	—	—	—	—	—	—	—	—
Prince Edward Island	80,857	2.5	94,021	2.6	108,891	2.5	109,078	2.3
Nova Scotia	330,857	10.2	387,800	10.5	440,572	10.2	450,396	9.3
New Brunswick	252,047	7.8	285,594	7.7	321,233	7.4	321,263	6.7
Quebec	1,111,566	34.4	1,191,516	32.3	1,359,027	31.4	1,488,535	30.8
Ontario	1,396,091	43.2	1,620,851	43.9	1,926,922	44.6	2,114,321	43.7
Manitoba	[2]	—	25,228	0.7	62,260	1.4	152,506	3.2
Saskatchewan	[2]	—	[2]	—	[2]	—	[2]	—
Alberta	[2]	—	[2]	—	[2]	—	[2]	—
British Columbia	51,524[3]	1.6	36,247	1.0	49,459	1.1	98,173	2.0
Yukon	—	—	—	—	—	—	—	—
Northwest Territories	6,691[3]	0.2	48,000	1.3	56,446	1.3	98,967	2.1

Area	1901		1911		1921		1931	
	Number	Per Cent	Number	Per Cent	Number	Per Cent	Number	Per Cent
Canada	5,371,315	100.0	7,206,643	100.0	8,787,949[5]	100.0	10,376,786	100.0
Newfoundland[7]	—	—	—	—	—	—	—	—
Prince Edward Island	103,259	1.9	93,728	1.3	88,615	1.0	88,038	0.9
Nova Scotia	459,574	8.6	492,338	6.8	523,837	6.0	512,846	4.9
New Brunswick	331,120	6.2	351,889	4.9	387,876	4.4	408,219	3.9
Quebec	1,648,898	30.7	2,005,776	27.8	2,360,510[6]	26.9	2,874,662	27.7
Ontario	2,182,947	40.6	2,527,292	35.1	2,933,662	33.4	3,431,683	33.1
Manitoba	255,211	4.8	461,394	6.4	610,118	6.9	700,139	6.8
Saskatchewan	91,279	1.7	492,432	6.8	757,510	8.6	921,785	8.9
Alberta	73,022	1.4	374,295	5.2	588,454	6.7	731,605	7.1
British Columbia	178,657	3.3	392,480	5.5	524,582	6.0	694,263	6.7
Yukon	27,219	0.5	8,512	0.1	4,157	0.1	4,230	0.0[8]
Northwest Territories	20,129	0.4	6,507	0.1	8,143	0.1	9,316	0.1

Area	1941		1951		1961		1966	
	Number	Per Cent	Number	Per Cent	Number	Per Cent	Number	Per Cent
Canada	11,506,655	100.0	14,009,429	100.0	18,238,247	100.0	20,014,880	100.0
Newfoundland[7]	—	—	361,416	2.6	457,853	2.5	493,396	2.5
Prince Edward Island	95,047	0.8	98,429	0.7	104,629	0.6	108,535	0.5
Nova Scotia	577,962	5.0	642,584	4.6	737,007	4.0	756,039	3.8
New Brunswick	457,401	4.0	515,697	3.7	597,936	3.3	616,788	3.1
Quebec	3,331,882	29.0	4,055,681	29.0	5,259,211	28.8	5,780,845	28.9
Ontario	3,787,655	32.9	4,597,542	32.8	6,236,092	34.2	6,960,870	34.8
Manitoba	729,744	6.3	776,541	5.5	921,686	5.1	963,066	4.8
Saskatchewan	895,992	7.8	831,728	5.9	925,181	5.1	955,344	4.8
Alberta	796,169	6.9	939,501	6.7	1,331,944	7.3	1,463,203	7.3
British Columbia	817,861	7.1	1,165,210	8.3	1,629,082	8.9	1,873,674	9.4
Yukon	4,914	0.0[8]	9,096	0.1	14,628	0.1	14,382	0.1
Northwest Territories	12,028	0.1	16,004	0.1	22,998	0.1	28,738	0.1

	1971	
	Number	Per Cent
Canada	21.568.315	100,0
Newfoundland	522.105	2,4
Prince Edward Island	111.645	0,5
Nova Scotia	788.960	3,7
New Brunswick	634.555	2,9
Quebec	6.027.765	27,9
Ontario	7.703.110	35,7
Manitoba	988.245	4,6
Saskatchewan	926.245	4,3
Alberta	1.627.870	7,6
British Columbia	2.184.620	10,1
Yukon	18.390	0,1
Northwest Territories	34.805	0,2

Quellen: Für 1861-1966 übernommen aus Kalbach/McVey 1971, S.72f und fortgeführt nach Stat.Can./10, passim.

Tabelle A 3 : Zum Verhältnis von Stadt und Landbevölkerung, 1871 - 1971.

	Total population	Rural population	Rural farm population	Urban population	CITIES OF 100,000 POPULATION AND OVER	
					Population	Number of cities
	thousands		per cent			
1871	3,689	81.7	..	18.3	–	–
1881	4,325	76.7	..	23.3	–	–
1891	4,833	70.2	..	29.8	–	–
1901	5,371	65.1	..	34.9	8.9	2
1911	7,207	58.2	..	41.8	15.0	4
1921	8,788	52.6	..	47.4	18.9	6
1931	10,377	47.5	32.0	52.5	22.5	7
1941	11,507	44.3	26.2	55.7	23.0	8
1951	14,009	37.6	19.7	62.4	23.3	10
1961	18,238	30.3	11.8	69.7	22.8	12
1971	21,568	23.9	6.6	76.1	26.8	19

Anmerkung: Zur Definition von 'urban and rural' s. Anmerkung F/14.
Quelle: Stat.Can./3, S.5.

Tabelle A 4 : Bestandteile des Bevölkerungswachstums seit 1921.

	Population at beginning of period	Actual in-crease	Births	Deaths	Natural increase	Immi-grants	Emi-grants	Net migration
					thousands			
1921-31	8,788	1,589	2,415	1,055	1,360	1,203	974	229
1931-41	10,377	1,130	2,294	1,072	1,222	150	242	- 92
1941-51	11,507	2,141	3,186	1,214	1,972	548	379	169
1951-61	14,009	4,229	4,468	1,320	3,148	1,543	462	1,081
1961-71	18,238	3,330	4,105	1,497	2,608	1,429	699	730

Quelle: Stat.Can./3, S.5.

Tabelle A 5 : Bevölkerungsentwicklung in den Metropolitan Areas, 1951 - 1971

	Bevölkerung 1951	1961	Zuwachs 51-61 in %	Bevölkerung 1971	Zuwachs 61-71 in %
Calgary, Alta.	142.315	279.062	96,1	403.330	44,5
Chicoutimi, Que.				133.815	
Edmonton, Alta.	176.782	337.568	91,0	495.915	46,8
Halifax, N.S.	133.931	183.946	37,3	222.650	21,0
Hamilton, Ont.	280.293	395.189	41,0	498.505	26,1
Kitchener, Ont.	107.474	154.864	44,1	226.800	46,9
London, Ont.	128.977	191.283	40,6	286.270	57,8
Montreal, Que.	1.471.851	2.109.509	43,3	2.743.235	30,0
Ottawa, Ont.	292.476	429.750	46,9	602.555	40,2
Quebec, Que.	276.242	357.568	29,4	480.410	34,6
Regina, Sask.				140.675	
Saint Catharines, Ont.				303.440	
Saint John, N.B.	78.337	95.563	22,0	106.695	11,7
Saint John's, Nfld.	68.620	90.838	32,4	132.005	45,1
Saskatoon, Sask.				126.560	
Sudbury, Ont.	73.826	110.694	49,9	155.460	40,4
Thunder Bay, Ont.				112.145	
Toronto, Ont.	1.210.353	1.824.481	50,7	2.628.130	44,0
Vancouver, B.C.	561.960	790.165	40,6	1.082.350	36,9
Victoria, B.C.	113.207	154.152	36,2	195.850	27,0
Windsor, Ont.	163.618	193.365	18,2	258.655	33,7
Winnipeg, Man.	356.813	475.989	33,4	540.260	13,5
Total	5.637.075	8.163.986	44,8	11.875.710	35,5

Anmerkung: Zur Definition der Metropolitan Areas s. Fußnote F/15.

Quellen: Kalbach/McVey 1971, S.101; Stat.Can./20, passim.

Tabelle A 6 : Jährliche Einwanderung nach Kanada, 1867 - 1972

Jahr	Zahl	Jahr	Zahl	Jahr	Zahl	Jahr	Zahl
1867	10.666	1894	20.829	1921	91.728	1948	125.414
1868	12.765	1895	18.790	1922	64.224	1949	95.217
1869	18.630	1896	16.835	1923	133.729	1950	73.912
1870	24.706	1897	21.716	1924	124.164	1951	194.391
1871	27.773	1898	31.900	1925	84.907	1952	164.498
1872	36.578	1899	44.543	1926	135.982	1953	168.868
1873	50.050	1900	41.681	1927	158.886	1954	154.227
1874	39.373	1901	55.747	1928	166.783	1955	109.946
1875	27.382	1902	89.102	1929	164.993	1956	164.857
1876	25.633	1903	138.660	1930	104.806	1957	282.164
1877	27.082	1904	131.252	1931	27.530	1958	124.851
1878	29.807	1905	141.465	1932	20.591	1959	106.928
1879	40.492	1906	211.653	1933	14.382	1960	104.111
1880	38.505	1907	272.409	1934	12.476	1961	71.689
1881	47.991	1908	143.326	1935	11.277	1962	74.586
1882	112.458	1909	173.694	1936	11.643	1963	93.151
1883	133.624	1910	286.839	1937	15.101	1964	112.606
1884	103.824	1911	331.288	1938	17.244	1965	146.758
1885	79.169	1912	375.756	1939	16.994	1966	194.743
1886	69.152	1913	400.870	1940	11.324	1967	222.876
1887	84.526	1914	150.484	1941	9.329	1968	183.974
1888	88.766	1915	36.665	1942	7.576	1969	161.531
1889	91.600	1916	55.914	1943	8.504	1970	147.713
1890	75.067	1917	72.910	1944	12.801	1971	121.900
1891	82.165	1918	41.845	1945	22.722	1972	122.860
1892	30.996	1919	107.698	1946	71.719		
1893	29.633	1920	138.824	1947	64.127		

Quelle: Kalbach/McVey 1971, S.33; Stat.Can./3, S.271ff.

Tabelle A 7 : 'Eingeborene'- und 'Eingewanderte' Bevölkerung 1851 - 1971

Jahr	Bevölkerung insgesamt	Foreign Born	Native Born	Foreign Born in %
1851	2.436.000	460.000	1.976.000	18,9
1861	3.230.000	683.000	2.547.000	21,1
1871	3.605.000	602.000	3.003.000	16,7
1881	4.325.000	603.000	3.722.000	13,9
1891	4.833.000	644.000	4.189.000	13,3
1901	5.371.000	700.000	4.672.000	13,0
1911	7.207.000	1.587.000	5.620.000	22,0
1921	8.788.000	1.956.000	6.832.000	22,3
1931	10.377.000	2.308.000	8.069.000	22,2
1941	11.507.000	2.019.000	9.488.000	17,5
1951	14.009.000	2.060.000	11.950.000	14,7
1961	18.238.000	2.844.000	15.394.000	15,6
1971	21.568.000	3.295.000	18.273.000	15,3

Quelle: Kalbach/McVey 1971, S.133; Stat.Can./14, passim.

Tabelle A 8 : Daten zu Lebenserwartung, Altersaufbau, Geschlecht, 1931 - 1971

	1931	1951	1961	1971
Lebenserwartung bei Geburt in Jahren				
Männer	60,0	66,3	68,4	69,4
Frauen	62,1	70,8	74,2	76,5
Altersaufbau in %				
Männer und Frauen				
0 - 7 Jahre	19,1	20,4	21,6	16,7
9 - 17 Jahre	18,6	14,4	17,3	19,0
18 - 64 Jahre	56,7	57,4	53,5	56,2
65 - Jahre	5,6	7,8	7,6	8,1
Durchschnittsalter in Jahren	24,7	27,7	26,3	26,3
Bevölkerung nach Geschlecht				
Männer	5.374.541	7.088.873	9.218.893	10.795.370
Frauen	5.002.245	6.920.556	9.019.354	10.772.940
Männer auf 100 Frauen	107	102	102	100

Quellen: Stat.Can./3, S.13, 33; Stat.Can./20, passim.

Tabelle A 9 : Geburtenzahl und Geburtenrate nach Jahren: 1921 - 1972

Year	Number of Live Births	Crude Birth Rates	Year	Number of Live Births	Crude Birth Rates
1921	264.879	29,3	1951	381.092	27,2
1922	259.825	28,3	1952	403.559	27,9
1923	247.404	26,7	1953	417.884	28,1
1924	251.351	26,7	1954	436.198	28,5
1925	249.365	26,1	1955	442.937	28,2
1926	240.015	24,7	1956	450.739	28,0
1927	241.149	24,3	1957	469,093	28,2
1928	243.616	24,1	1958	470.118	27,5
1929	242,226	23,5	1959	479.275	27,4
1930	250.335	23,9	1960	478.551	26,8
1931	247.205	23,2	1961	475.700	26,1
1932	242.698	22,5	1962	469.693	25,3
1933	229.791	21,0	1963	465.767	24,6
1934	228.296	20,7	1964	452.915	23,5
1935	228.396	20,5	1965	418.595	21,3
1936	227.980	20,3	1966	387.710	19,4
1937	227.869	20,1	1967	370.894	18,2
1938	237.091	20,7	1968	364.310	17,6
1939	237.991	20,7	1969	369.647	17,6
1940	252.577	21,6	1970	371.988	17,5
1941	263.993	22,4	1971	362.187	16,8
1942	281.569	23,5	1972		15,9
1943	292.943	24,2			
1944	293.967	24,0			
1945	300.587	24,3			
1946	343.504	27,2			
1947	372.589	28,9			
1948	359.860	27,3			
1949	367.092	27,3			
1950	372.009	27,1			

Quellen: Kalbach/McVey 1971, S.57; Information von Stat.Can.

2. Daten zu ethnischer Zusammensetzung und Sprachenstruktur

Tabelle A 10 : Zur ethnischen Struktur der kanadischen Bevölkerung, 1881 - 1971

Ethnic Origin	1881	1901	1911	1921	1931
Canada	4.324.810	5.371.315	7.206.643	8.787.949	10.376.786
British	2.548.514	3.063.195	3.999.081	4.868.738	5.381.071
French	1.298.929	1.649.371	2.061.719	2.452.743	2.927.990
German	254.319	310.501	403.417	294.635	473.544
Italian	1.849	10.834	45.963	66.769	98.173
Jewish	667	16.131	76.199	126.196	156.726
Dutch	30.412	33.845	55.961	117.505	148.962
Polish	-	6.285	33.652	53.403	145.503
Scandinavian	5.223	31.042	112.682	167.359	228.049
Ukrainian	-	5.682	75.432	106.721	225.113
Indian and Eskimo	108.547	127.941	105.611	113.724	128.890
Others and not stated	76.350	116.488	236.926	420.156	462.765
Ethnic Origin	**1941**	**1951**	**1961**	**1971**	
Canada	11.506.655	14.009.429	18.238.247	21.568.310	
British	5.715.904	6.709.685	7.996.669	9.624.115	
French	3.483.038	4.319.167	5.540.346	6.180.120	
German	464.682	619.995	1.049.599	1.317.200	
Italian	112.625	152.245	450.351	730.820	
Jewish	170.241	181.670	173.344	296.945	
Dutch	212.863	264.267	429.679	425.945	
Polish	167.485	219.845	323.517	316.430	
Scandinavian	244.603	283.024	386.534	384.795	
Ukrainian	305.929	395.043	473.337	580.660	
Indian and Eskimo	125.521	165.607	220.121	312.760	
Others and not stated	503.764	698.881	1.194.750	1.398.520	

Quellen: B and B Commission, Book I, S.20; Stat.Can., verschiedene Censuserhebungen.

Tabelle A 11 : Zur ethnischen Zusammensetzung der Provinz-Bevölkerungen, 1971 (in %)

	British	French	German	Italian	Jewish	Dutch	Polish	Scandi-navian	Ukrai-nian	Indian Eskimo	Others
Can.	44,6	28,7	6,1	3,4	1,4	2,0	1,5	1,8	2,7	1,4	6,4
Nfld.	93,8	3,0	0,5	0,1		0,1		0,2		0,2	2,1
P.E.I.	82,7	13,7	0,9			1,1					1,6
N.S.	77,5	10,2	5,2	0,5	0,3	1,9	0,4	0,5	0,3	0,6	2,6
N.B.	57,6	37,0	1,3	0,2	0,2	0,8	0,1	0,6	0,1	0,6	1,5
Que.	10,6	79,0	0,9	2,8	1,9	0,2	0,4	0,1	0,3	0,5	3,3
Ont.	59,4	9,6	6,2	6,0	1,8	2,7	1,9	0,8	2,1	0,8	8,7
Man.	41,9	8,8	12,5	1,1	2,0	3,6	4,3	3,6	11,6	4,4	6,2
Sask.	42,1	6,1	19,4	0,3	0,2	2,1	2,9	6,4	9,2	4,5	6,8
Alta.	46,8	5,8	14,2	1,5	0,5	3,6	2,7	6,0	8,3	2,7	7,9
B.C.	57,9	4,4	9,1	2,5	0,6	3,2	1,4	5,1	2,8	2,4	10,6
Yukon	48,6	6,7	8,4			2,8		5,4	3,3	14,0	10,8
N.W.T.	25,2	6,6	3,8					2,6	1,8	20,6	39,4

Quelle: Stat.Can./23, passim.

Tabelle A 12 : Die kanadische Bevölkerung nach der Muttersprache, 1941 - 1971

	1941		1951		1961		1971	
Total	11.506.655	100,0	14.009.429	100,0	18.238.247	100,0	21.568.310	100,0
English	6.488.190	56,4	8.280.809	59,1	10.660.534	58,5	12.973.810	60,2
French	3.354.753	29,2	4.068.850	29,0	5.123.151	28,1	5.793.650	26,9
German	322.228	2,8	329.302	2,4	563.713	3,1	561.085	2,6
Italian	80.260	0,7	92.244	0,7	339.626	1,9	538.360	2,5
Dutch	53.215	0,5	87.935	0,6	170.177	0,9	144.925	0,7
Scandinavian	143.917	1,3	106.848	0,8	116.714	0,6	84.340	0,4
Polish	128.711	1,1	129.238	0,9	161.720	0,9	134.780	0,7
Ukrainian	313.273	2,7	352.323	2,5	361.496	2,0	309.855	1,4
Yiddish	129.806	1,1	103.593	0,7	82.448	0,5	49.890	0,2
Indian/ Eskimo	130.939	1,1	144.787	1,0	166.531	0,9	179.820	0,8
All Others	361.363	3,1	313.500	2,3	492.137	2,6	795.137	3,6

Quelle: Stat.Can./25, passim.

Tabelle A 13 : Die kanadische Bevölkerung nach Provinzen und Muttersprache, 1961 und 1971 (in %)

	1961			1971		
Province	English	French	All Others	English	French	All Others
Canada	58,5	28,1	13,4	60,2	26,9	12,9
Newfoundland	98,6	0,7	0,7	98,5	0,7	0,8
Prince Edward Island	91,3	7,6	1,1	92,4	6,6	1,0
Nova Scotia	92,3	5,4	2,3	93,0	5,0	2,0
New Brunswick	63,3	35,2	1,5	64,7	34,0	1,3
Quebec	13,3	81,2	5,5	13,1	80,7	6,2
Ontario	77,5	6,8	15,7	77,5	6,3	16,2
Manitoba	63,4	6,6	30,0	77,1	6,1	26,8
Saskatchewan	69,0	6,1	24,9	74,0	3,4	22,6
Alberta	72,2	3,2	24,6	77,6	3,9	19,5
British Columbia	80,9	1,6	7,5	82,7	1,7	5,6
Territories	50,6	3,8	45,6	59,5	3,0	37,5

Quelle: Stat.Can./25, passim.

Tabelle A 14 : Die Provinz-Bevölkerung nach der Muttersprache, 1971

	Canada	Nfld.	P.E.I.	N.S.	N.B.	Que.
English	12.973.810	514.515	103.100	733.555	410.400	789.185
French	5.973.650	3.635	7.365	39.335	215.725	4.867.250
German	561.085	515	140	2.000	1.110	31.025
Italian	538.360	175	30	1.495	755	135.460
Dutch	144.925	120	280	1.850	670	4.660
Scandinavian	84.340	70	45	590	535	2.325
Ukrainian	309.855	45	30	435	110	11.390
Polish	134.780	45	40	555	155	15.480
Yiddish	49.890	30	5	240	125	21.340
Indian/ Eskimo	179.820	1.615	145	2.710	2.725	21.050
All Others	795.795	1.340	460	6.195	2.240	128.600

	Ont.	Man.	Sask.	Alta.	B.C.	Terr.
English	5.971.570	662.720	685.920	1.263.935	1.807.255	31.655
French	482.040	60.550	31.605	46.495	38.035	1.615
German	184.880	82.715	75.885	92.805	89.025	985
Italian	344.285	7.260	2.055	15.570	31.030	255
Dutch	77.470	10.380	4.690	20.670	23.955	180
Scandinavian	15.845	9.205	12.415	17.655	25.380	270
Ukrainian	80.230	72.925	53.390	70.895	20.055	355
Polish	73.980	15.900	7.675	13.725	7.105	120
Yiddish	19.765	5.735	410	1.145	1.085	10
Indian/ Eskimo	28.585	31.670	26.015	29.925	18.550	16.835
All Others	424.455	29.190	26.190	55.055	123.145	925

Quelle: Stat.Can./25, passim.

Tabelle A 15 : Zur Zweisprachigkeit der kanadischen Bevölkerung, 1961 und 1971

Province	Total		English only		French only		Both English and French		Neither English nor French	
	Number ('000)	%	Number ('000)	%	Number ('000)	%	Number ('000)	%	Number ('000)	%
1971					1971					
Canada	**21,568**	**100.0**	**14,469**	**67.1**	**3,880**	**18.0**	**2,900**	**13.4**	**320**	**1.5**
Newfoundland	522	100.0	512	98.0	1	0.1	9	1.8	1	0.1
Prince Edward Island . . .	112	100.0	102	91.2	1	0.6	9	8.2	–	–
Nova Scotia	789	100.0	731	92.6	4	0.5	53	6.7	1	0.1
New Brunswick	635	100.0	397	62.5	101	15.9	136	21.5	1	0.1
Quebec	6,028	100.0	632	10.5	3,668	60.9	1,664	27.6	63	1.1
Ontario	7,703	100.0	6,724	87.3	93	1.2	716	9.3	170	2.2
Manitoba	988	100.0	882	89.2	5	0.5	81	8.2	21	2.1
Saskatchewan	926	100.0	867	93.6	2	0.2	46	5.0	11	1.2
Alberta	1,628	100.0	1,526	93.7	3	0.2	81	5.0	18	1.1
British Columbia	2,185	100.0	2,055	94.1	2	0.1	101	4.6	27	1.2
Yukon	18	100.0	17	93.2	–	–	1	6.6	–	–
Northwest Territories . . .	35	100.0	26	73.3	–	–	2	6.1	7	20.4
1961										
Canada	**18,238**	**100.0**	**12,285**	**67.4**	**3,490**	**19.1**	**2,231**	**12.2**	**232**	**1.3**
Newfoundland	458	100.0	451	98.5	1	0.1	5	1.2	1	0.2
Prince Edward Island . . .	105	100.0	95	91.1	1	1.2	8	7.6	–	–
Nova Scotia	737	100.0	685	92.9	6	0.8	45	6.1	1	0.2
New Brunswick	598	100.0	371	62.0	112	18.7	113	19.0	1	0.2
Quebec	5,259	100.0	609	11.6	3,255	61.9	1,339	25.5	57	1.1
Ontario	6,236	100.0	5,549	89.0	95	1.5	493	7.9	99	1.6
Manitoba	922	100.0	826	89.6	8	0.9	68	7.4	19	2.1
Saskatchewan	925	100.0	866	93.6	4	0.4	42	4.5	13	1.5
Alberta	1,332	100.0	1,254	94.1	6	0.4	57	4.3	16	1.2
British Columbia	1,629	100.0	1,553	95.3	3	0.2	58	3.5	16	1.0
Yukon	15	100.0	14	93.5	–	–	1	5.6	–	–
Northwest Territories . . .	23	100.0	14	58.9	–	–	2	7.0	8	33.6

Quelle: Stat.Can. Vorauspublikation des Census 1971 vom 5.Juni 1973; Statistics Canada, daily, Cat.-No.11-001.

Tabelle A 16 : Muttersprache, Umgangssprache und ethnische Herkunft der Franko- bzw. Anglokanadier, 1971*

Provinz	Frankokanadier / Französisch						Anglokanadier / Englisch					
	a) ethnische Herkunft absolut	b) Muttersprache absolut	in % von a)	c) Umgangssprache abs. in Tsd.	in % von a)		a) ethnische Herkunft absolut	b) Muttersprache absolut	in % von a)	c) Umgangssprache abs. in Tsd.	in % von a)	
Newfoundland	15.415	3.635	23,6	2	13,4		489.565	514.515	104,9	517	105,5	
Prince Edward Island	15.320	7.365	48,1	4	26,7		92.285	103.100	112,0	107	116,3	
Nova Scotia	80.215	39.335	49,0	27	33,7		611.310	733.555	119,9	817	133,7	
Ontario	737.360	482.040	65,4	353	47,9		4.576.010	5.971.570	130,5	6.558	143,3	
Manitoba	86.515	60.550	70,0	40	46,0		414.125	662.720	160,1	817	197,3	
Saskatchewan	56.200	31.605	56,2	16	28,6		390.190	685.920	175,9	832	213,3	
Alberta	94.665	46.495	49,1	23	24,2		761.665	1.263.935	166,1	1.478	194,2	
British Columbia	96.555	38.035	30,4	11	11,3		1.265.455	1.807.255	142,8	2.027	160,2	
Territories	3.500	1.615	46,1	1	25,0		17.730	31.655	177,8	37	205,6	
New Brunswick	235.025	215.725	91,8	199	84,7		365.735	410.400	112,0	431	117,8	
Canada ohne Quebec	1.420.765	926.400	65,2	676	47,6		8.984.070	12.184.625	135,6	13.557	150,9	
Quebec	4.759.355	4.867.250	102,3	4.870	102,4		640.045	789.185	123,3	888	138,8	
Canada / Total	6.180.120	5.793.650	93,7	5.546	89,7		9.624.115	12.973.810	134,8	14.445	149,8	

* = Gegenübergestellt sind hier die vom Census-Büro ermittelten Globaldaten; s. Fußnote E/85.

Quellen: Stat.Can./23,25, passim.

Tabelle A 17 : Zum Verhältnis von ethnischer Herkunft und Zweisprachigkeit

	CONVERSE IN NEITHER ENGLISH NOR FRENCH		CONVERSE IN ENGLISH ONLY		CONVERSE IN FRENCH ONLY		CONVERSE IN BOTH ENGLISH AND FRENCH		TOTAL
	1961	1971	1961	1971	1961	1971	1961	1971	
					per cent				
British	0.1	–	95.5	94.1	0.4	0.6	4.0	5.3	100.0
French	0.2	–	8.6	8.2	61.2	60.1	30.1	31.7	100.0
German	1.3	11.2	95.7	94.0	0.5	0.8	2.6	4.0	100.0
Italian	17.4	16.6	65.2	63.3	6.8	6.0	10.6	14.1	100.0
Jewish	1.3	0.9	79.9	74.3	0.5	1.4	18.4	23.4	100.0
Netherlands	1.6	0.7	95.3	94.6	0.2	0.3	2.9	4.4	100.0
Polish	2.5	2.6	91.3	89.6	0.7	0.7	5.5	7.1	100.0
Russian	2.7	3.8	90.3	89.3	0.5	0.6	6.5	6.3	100.0
Scandinavian	0.2	0.2	97.4	96.6	0.3	0.3	2.1	2.9	100.0
Ukrainian	2.5	2.0	94.6	93.6	0.2	0.2	2.6	4.2	100.0
Other European	4.9	9.2	85.4	79.8	2.0	2.2	7.7	8.8	100.0
Asiatic	11.2	12.0	80.9	78.3	1.3	1.6	6.6	8.1	100.0
TOTALS	1.3	1.5	67.4	67.1	19.1	18.0	12.2	13.4	100.0

Quelle: Stat.Can./3, S.228.

3. Ausgewählte Daten zur Ökonomie

Tabelle A 18 : Zur Zusammensetzung des Gross National Product (in %)

	Private Consumption	Government Consumption	Gross Domestic Capital Formation	Capital Imports	Gross National Capital Formation
1870 und 1890	86,5	5,6	15,2	-7,3	7,9
1890, 1900, 1910	82,1	7,4	18,5	-8,0	10,5
1920, 1929	71,5	10,5	22,9	-5,0	17,9
1926 - 1930	73,0	7,5	21,5	-2,0	19,5
1950 - 1959	63,5	14,1	25,0	-2,6	22,4
1971	58,3	19,6			
1972	58,2	19,5			21,7
1973	57,6	18,8			22,4
1974	56,7	19,4			23,4

Quellen: Firestone 1969, S.129; Stat.Can./74, passim.

Tabelle A 19 : Zur Entwicklung von Gross National Income und Gross National Product, 1926 - 1974

	1926	1933	1940	1950	1960	1970	1973	1974
GNP zu Marktpreisen in Mio.$	5.146	3.492	6.713	18.491	38.359	85.685	120.438	140.880
National Income zu Faktorkosten in Mio.$	4.086	2.328	4.985	14.553	28.837	64.235	92.101	107.781
davon:								
Löhne/Gehälter	2.373	1.796	3.152	9.152	20.141	47.620	66.053	77.155
Selbständige Arbeit:								
Farm	607	66	473	1.301	1.062	1.211	3.137	3.734
Non Farm	641	360	699	1.882	3.192	5.424	6.907	7.345
Unternehmensgewinne/ Kapitaleinkommen	514	226	964	3.004	4.999	11.127	19.656	25.317
Per Capita in $:								
GNP zu lfd. Marktpreisen	544	328	590	1.349	2.147	4.023	5.451	6.276
GNP in 1971 $	1.080	805	1.290	2.462	2.979	4.150	4.793	4.850
Personal Income	429	267	437	1.040	1.656	3.129	4.322	4.966
Personal Expenditure	371	280	392	910	1.426	2.363	3.139	3.560
Personal Expenditure in 1971 $	674	638	791	1.487	1.869	2.419	2.827	2.899

Quelle: Stat.Can./73,74, passim.

Tabelle A 20 : Zur Entwicklung des BIP, 1926 - 1974

	1926	1933	1940	1950	1960	1970	1973	1974
BIP zu Faktorkosten in Mio.$	4.866	3.091	6.045	16.854	34.192	75.427	107.286	125.377
Anteil der Sektoren in %:								
Land-/Forst-/Fischwirtschaft	20,3	10,5	13,5	12,8	6,4	4,3	5,3	5,5
Bergbau/Rohstoffextraktion	3,2	4,3	6,0	3,9	4,0	4,0	4,3	4,7
Verarbeitende Industrie	21,6	20,3	26,6	29,1	26,4	23,3	23,0	22,7
Baugewerbe	4,2	2,4	3,1	5,8	6,0	6,3	6,7	6,8
Transport/Kommunikation	12,9	14,1	11,9	9,3	9,6	9,0	8,6	8,6
Energie				2,2	2,8	2,9	2,9	2,9
Handel/Banken	21,2	26,5	20,2	21,5	24,4	23,7	23,1	22,9
Dienstleistungen	12,2	14,2	10,1	10,3	13,5	19,2	18,9	18,8
Öffentliche Verwaltung	4,4	7,7	8,6	5,1	6,9	7,3	7,1	7,1

Quellen: Stat.Can./73,74, passim.

Tabelle A 21 : Beschäftigtenzahl nach Geschlecht und Partizipationsrate, 1901 - 1973

	POPULATION 14 YEARS AND OVER			LABOUR FORCE			PARTICIPATION RATE		
	Male	Female	Total	Male	Female	Total	Male	Female	Total
	thousands			thousands			per cent		
1901	1,829	1,729	3,558	1,606	279	1,885	87.8	16.1	53.0
1911	2,629	2,245	4,874	2,381	418	2,799	90.6	18.6	57.4
1921	3,055	2,820	5,875	2,742	561	3,303	89.8	19.9	56.2
1931	3,775	3,452	7,227	3,291	751	4,042	87.2	21.8	55.9
1941	4,338	4,097	8,435	3,713	939	4,652	85.6	22.9	55.2
1951	4,857	4,874	9,732	4,076	1,147	5,223	83.9	23.5	53.7
1956	5,398	5,409	10,807	4,437	1,346	5,782	82.2	24.9	53.5
1961	5,991	6,061	12,053	4,782	1,739	6,521	79.8	28.7	54.1
1966	6,678	6,796	13,475	5,193	2,227	7,420	77.8	32.8	55.1
1971	7,622	7,766	15,388	5,800	2,831	8,631	76.1	36.5	56.1
1972	7,795	7,952	15,747	5,938	2,953	8,891	76.2	37.1	56.5
1973	7,978	8,146	16,125	6,127	3,152	9,279	76.8	38.7	57.5

Notes: *1. Newfoundland not included 1901 to 1941.*
2. Figures for 1901 to 1941 are adjusted to include residents of the Yukon and Northwest Territories, Indians on reserves, and members of the armed forces but exclude inmates of institutions.
3. Current Labour Force Survey definitions apply from 1951 to 1973 and these figures include Newfoundland.

Quelle: Übernommen aus Stat.Can./3, S.119.

Tabelle A 22 : Berufliche Schichtung der männlichen Erwerbstätigen ('Male Labour Force') in Kanada, 1911 bis 1971

	1911 absolut	1911 in %	1921 absolut	1921 in %	1931 absolut	1931 in %
All Occupations	2.341.437		2.658.463		3.244.788	
White Collar	349.274	15,0	560.580	21,4	656.238	20,2
Managerial	128.352	5,5	237.021	8,9	236.796	7,3
Professional/ Technical	56.482	2,4	78.744	3,0	120.289	3,7
Clerical	69.408	3,0	126.108	4,7	142.951	4,4
Commercial/Sales	95.032	4,1	118.707	4,8	156.202	4,8
Blue Collar	723.991	30,9	723.617	27,2	980.057	30,2
Manufacturing/ Crafts	402.309	17,2	419.929	15,8	550.704	17,0
Labourers	321.682	13,7	303.688	11,4	429.353	13,2
Service and Recreational	72.037	3,0	91.784	3,4	137.235	4,2
Transportation and Communication	147.179	6,3	157.664	5,9	229.196	7,1
Primary	1.048.956	44,8	1.119.333	42,1	1.240.710	38,3
Agriculture	912.471	39,0	1.007.498	37,9	1.094.396	33,7
Logging	41.396	1,8	36.602	1,4	42.030	1,3
Fishing	34.166	1,4	28.868	1,1	46.964	1,5
Mining	60.923	2,6	46.365	1,7	57.320	1,8
Not Stated			5.485	0,2	1.352	0,0

	1941 absolut	1941 in %	1951 absolut	1951 in %	1961 absolut	1961 in %	1971 in Tsd.	1971 in %
All Occupations	3.352.428		4.114.407		4.705.518		5.343	
White Collar	687.037	20,4	1.044.753	25,3	1.425.997	30,3	2.093	39,2
Managerial	231.581	6,9	388.648	9,4	481.379	10,2	690	12,9
Professional/ Technical	152.161	4,5	217.896	5,3	356.578	7,6	692	13,0
Clerical	151.377	4,5	243.811	5,9	324.811	6,9	347	6,5
Commercial/Sales	151.918	4,5	194.398	4,7	263.229	5,6	364	6,9
Blue Collar	994.001	29,7	1.357.230	33,0	1.648.653	35,0	1.968	36,8
Manufacturing/ Crafts	740.290	22,1	1.027.472	25,0	1.354.594	28,8	1.671	31,3
Labourers	253.711	7,6	329.758	8,0	294.059	6,2	297	5,5
Service and Recreational	153.468	4,6	269.446	6,6	400.339	8,5	382	7,1
Transportation and Communication	252.003	7,5	378.718	9,2	354.736	7,5	393	7,4
Primary	1.256.218	37,5	1.012.965	24,6	752.691	16,1	508	9,5
Agriculture	1.056.092	31,5	793.924	19,3	573.098	12,2	386	7,2
Logging	78.710	2,4	101.146	2,5	78.826	1,7	47	0,9
Fishing	50.922	1,5	52.624	1,3	35.648	0,9	17	0,3
Mining	70.494	2,1	65.271	1,6	65.119	1,3	58	1,1
Not Stated	9.683	0,3	51.295	1,3	123.042	2,6		

Quellen: Stat.Can./8,67, passim.

Tabelle A 23 : Berufliche Schichtung der 'Labour Force' (Männer und Frauen über 15 Jahre), nach Provinzen 1971

Occupation group	Province or Territory					
	Nfld.	P.E.I.	N.S.	N.B.	Que.	Ont.
Managerial, administrative	5.095	1.205	9.645	7.050	103.120	157.070
Natural sciences, engineering, and mathematics	3.035	635	6.410	4.560	54.145	104.950
Social sciences	745	285	2.345	1.655	20.695	32.785
Religion	625	220	1.105	1.060	7.115	7.235
Teaching	6.950	1.935	12.670	9.905	97.535	128.500
Medicine and health	5.755	1.810	11.640	8.400	81.035	124.360
Art, literature and recreation	785	285	2.020	1.305	22.805	34.100
Clerical	16.900	4.225	38.045	29.780	346.385	590.270
Sales	13.480	3.430	27.600	21.020	197.075	320.495
Service	16.245	5.715	44.865	29.535	226.305	355.935
Farming, horticulture and animal husbandry	1.555	6.100	8.505	7.710	77.905	142.785
Fishing, hunting and trapping	7.265	2.200	6.555	2.600	1.945	1.185
Forestry and logging	2.275	130	3.035	6.520	20.040	11.650
Mining and quarrying	2.130	55	3.520	1.510	11.730	19.735
Processing	9.400	2.365	12.995	13.890	97.020	123.180
Machining	1.990	325	5.460	4.190	58.045	127.555
Product fabricating, assembling and repairing	6.395	1.275	14.905	11.695	195.030	278.240
Construction trades	15.040	3.240	25.645	19.650	126.490	208.675
Transport equipment operation	9.440	1.815	14.255	10.810	85.805	120.640
Materials handling	4.235	690	7.225	6.830	39.250	84.045
Other crafts and equipment operation	2.170	295	3.420	2.705	28.270	46.125
Occupations, n.e.c.	1.985	690	2.795	2.330	49.840	76.170
Occupations not stated	14.500	4.085	21.785	18.815	221.580	258.650
All occupations	147.995	42.995	286.440	223.530	2.169.150	3.354.355

	Man.	Sask.	Alta.	B.C.	Yukon/ N.W.T.	Canada
Managerial, administrative	16.755	11.890	27.120	32.570	735	372.245
Natural sciences, engineering, and mathematics	9.865	5.980	20.305	23.615	635	234.130
Social sciences	3.770	2.485	5.895	8.220	185	79.055
Religion	1.195	1.515	1.685	1.750	90	23.590
Teaching	16.065	14.970	28.220	31.730	815	349.295
Medicine and health	16.860	14.435	27.725	34.035	500	326.555
Art, literature and recreation	3.410	2.150	5.040	8.395	180	80.480
Clerical	63.590	39.975	100.310	141.740	2.335	1.373.565
Sales	37.580	31.860	66.105	96.100	995	815.740
Service	48.530	40.040	80.575	119.430	2.745	969.920
Farming, horticulture and animal husbandry	48.800	101.655	89.320	27.750	55	512.150
Fishing, hunting and trapping	310	260	230	4.240	390	27.175
Forestry and logging	975	1.085	2.135	19.245	175	67.260
Mining and quarrying	3.410	3.185	7.375	5.730	780	59.160
Processing	10.085	5.990	15.180	44.330	315	334.740
Machining	8.410	3.630	11.605	19.480	250	240.935
Product fabricating, assembling and repairing	28.015	13.590	31.265	52.855	1.090	634.355
Construction trades	27.325	20.330	51.715	68.850	1.595	568.565
Transport equipment operation	16.080	12.500	26.300	39.715	1.085	338.435
Materials handling	8.830	7.035	14.910	32.350	440	205.840
Other crafts and equipment operation	4.890	3.345	7.040	10.200	385	108.840
Occupations, n.e.c.	7.450	4.950	11.925	9.170	325	167.635
Occupations non stated	31.720	28.210	56.305	78.595	3.020	737.270
All occupations	413.915	371.065	688,285	910.090	19.105	8.626.925

Quelle: Übernommen aus Canada Yearbook 1974, S.325.

Tabelle A 24 : Ethnische Herkunft und berufliche Schichtung der männlichen Erwerbstätigen, 1931 - 1961; Prozentpunkte der Über- bzw. Unterrepräsentation

	British total	British: English	British: Irish	British: Scottish	French	German	Italian	Jewish	Dutch	Scand.	East European	Other European	Asian	Indian and Eskimo	Total male labour force
1931															
Professional and financial	+1.6	+1.6	+1.0	+2.2	−.8	−2.2	−3.3	+2.2	−1.1	−2.9	−3.9	−4.4	−4.3	−4.5	4.8
Clerical	+1.5	+1.8	+1.0	+1.4	−.8	−2.2	−2.5	+.1	−1.9	−2.7	−3.4	−3.5	−3.2	−3.7	3.8
Personal service	−.3	0.0	−.5	−.7	−.3	−1.2	+2.1	−1.2	−1.5	−1.5	−1.1	−1.7	+27.8	−3.1	3.5
Primary and unskilled	−4.6	−4.4	−4.9	−4.8	+3.3	−5.3	+26.1	−14.5	−4.8	+1.4	+12.4	+35.8	+10.2	+45.3	17.7
Agriculture	−3.0	−6.1	+2.7	−1.5	+.1	+21.1	−27.6	−32.4	+18.5	+19.8	+14.5	−5.8	−20.9	−4.9	34.0
All others	+4.8	+7.1	+.7	+3.4	−1.5	−10.2	+5.2	+45.8	−9.2	−14.1	−18.5	−20.4	−9.6	−29.1	36.2
TOTAL	0.0	0.0	0.0	0.0	0.0	0.0	0.0	0.0	0.0	0.0	0.0	0.0	0.0	0.0	100.0
1951															
Professional and financial	+1.6	+1.6	+.9	+2.5	−1.5	−2.2	−3.1	+4.2	−1.7	−2.1	−2.9	−2.4	−2.8	−5.2	5.9
Clerical	+1.6	+1.8	+1.3	+1.4	−.8	−2.5	−1.7	0.0	−2.4	−2.8	−2.8	−2.5	−2.9	−5.2	5.9
Personal service	−.3	−.2	−.4	−.5	−.2	−1.2	+2.0	−1.4	−1.2	−1.0	+.6	+2.0	+23.9	−.6	3.4
Primary and unskilled	−2.2	−1.7	−2.2	−3.2	+3.0	−3.7	+9.6	−11.5	−1.7	+.5	+2.3	+5.7	−1.9	+47.0	13.3
Agriculture	−3.2	−5.5	+.5	−1.6	−.3	+19.1	−14.7	−18.7	+17.3	+14.7	+11.2	+3.4	−8.7	−7.8	19.4
All others	2.5	+4.0	−.1	+1.4	−.2	−9.5	+7.9	+27.4	−10.3	−9.3	−8.4	−6.2	−7.6	−28.2	52.1
TOTAL	0.0	0.0	0.0	0.0	0.0	0.0	0.0	0.0	0.0	0.0	0.0	0.0	0.0	0.0	100.0
1961															
Professional and financial	+2.0	—	—	—	−1.9	−1.8	−5.2	+7.4	−.9	−1.9	−1.2	−1.1	+1.7	−7.5	8.6
Clerical	+1.3	—	—	—	−.2	−1.8	−3.2	−.1	−1.7	−2.4	−1.7	−2.0	−1.5	−5.9	6.9
Personal service	−.9	—	—	—	−.2	−.7	+2.9	−2.4	−.5	−1.1	+.9	+5.1	+19.1	+1.3	4.3
Primary and unskilled	−2.3	—	—	—	+2.8	−2.1	+11.5	−8.9	−2.0	−.2	0.0	+1.8	−3.6	+34.7	10.0
Agriculture	−1.5	—	—	—	−1.4	+8.8	−9.5	−11.7	+10.3	+10.6	+6.9	+.6	−6.5	+6.9	12.2
All others	+1.4	—	—	—	+.9	−2.4	+3.5	+15.7	−5.2	−5.0	−4.9	−4.4	−9.1	−29.5	58.0
TOTAL	0.0				0.0	0.0	0.0	0.0	0.0	0.0	0.0	0.0	0.0	0.0	100.0

Quelle: Übernommen von Porter 1965, S.87.

Tabelle A 25 : Ethnische Herkunft und berufliche Schichtung der männlichen Erwerbstätigen in Quebec, 1931 - 1961

	Percentage of total Quebec labour force	Percentage over- or under-representation	
		British	French
1931			
Professional and financial	6.2	+5.0	−.9
Clerical	4.7	+7.1	−1.4
Personal service	3.8	+.5	−.5
Primary and unskilled	19.6	−7.5	+.3
Agricultural	27.4	−10.6	+4.8
All others	38.3	+5.5	−2.3
TOTAL	100.0	0.0	0.0
1951			
Professional and financial	6.0	+6.1	−1.2
Clerical	6.4	+6.3	−1.1
Personal service	3.4	−.2	−.2
Primary and unskilled	13.4	−6.1	+1.1
Agricultural	16.6	−7.9	+2.5
All others	54.2	+1.8	−1.1
TOTAL	100.0	0.0	0.0
1961			
Professional and financial	7.8	+7.1	−1.5
Clerical	7.8	+5.2	−.7
Personal scrvice	4.5	−1.4	−.4
Primary and unskilled	10.4	−6.0	+1.1
Agricultural	9.1	−4.4	+1.6
All others	60.4	−.5	−.1
TOTAL	100.0	0.0	0.0

Quelle: Übernommen von Porter 1965, S.94.

Tabelle A 26 : Berufliche Schichtung und ethnische Herkunft der männlichen Erwerbstätigen in Kanada, absolut und in Prozent

	All origins	British	French	Dutch	German	Hungarian	Italian	Jewish	Polish	Russian	Scandinavian	Ukrainian	Other Europeans	Asiatic	Indian
All occupations	4,705,518	2,071,417	1,303,280	115,072	297,003	42,536	137,071	49,820	96,100	32,571	110,428	135,987	184,938	37,520	26,977
Managerial	481,379	251,602	99,290	9,121	24,628	2,696	9,021	19,617	8,813	4,938	10,309	9,710	16,607	8,044	309
Professional and technical	356,578	193,391	77,206	7,963	18,083	3,592	3,843	6,806	6,468	2,723	6,545	7,928	12,548	3,608	284
Clerical	324,811	170,365	87,400	5,954	14,922	1,794	5,048	3,383	4,962	1,474	4,958	7,687	9,122	2,025	277
Sales	263,229	135,987	68,036	5,185	13,052	1,310	4,328	7,047	3,693	1,942	4,873	4,788	6,644	1,961	232
Services	400,399	190,152	100,073	7,724	18,914	3,783	11,607	1,272	7,011	1,831	7,602	9,948	21,099	9,207	2,103
Transport and communication	354,736	164,799	115,937	7,635	18,537	1,772	6,495	1,406	4,632	1,736	7,062	8,739	7,735	1,209	1,010
Farmers and farm workers	573,098	222,328	140,636	25,888	62,363	7,467	3,653	225	13,468	6,486	25,272	31,225	23,659	2,135	5,147
Loggers	78,826	20,643	42,836	733	2,121	254	797	6	968	407	2,023	897	3,257	179	3,144
Fishermen, trappers and hunters	35,648	18,249	6,703	613	990	16	67	6	86	30	1,344	129	671	561	4,752
Miners and related workers	65,119	24,555	20,023	870	3,830	851	2,268	14	2,369	390	1,872	2,398	4,665	98	303
Craftsmen and production workers	1,354,594	529,086	409,253	34,035	96,591	14,824	59,942	7,782	33,695	7,889	30,456	40,218	62,074	6,234	4,773
Labourers	294,059	95,884	97,267	7,043	16,610	3,390	26,384	542	7,240	1,906	5,544	9,343	13,275	1,573	3,856
Not stated	123,042	54,376	38,620	2,308	6,372	787	3,618	1,714	2,695	819	2,568	2,977	3,582	686	787

	All origins	British	French	Dutch	German	Hungarian	Italian	Jewish	Polish	Russian	Scandinavian	Ukrainian	Other European	Asiatic	Indian
All occupations	100.00	100.00	100.00	100.00	100.00	100.00	100.00	100.00	100.00	100.00	100.00	100.00	100.00	100.00	100.00
Managerial	10.23	12.15	7.62	7.93	8.29	6.34	6.58	39.38	9.17	15.16	9.34	7.14	8.98	21.44	1.15
Professional and technical	7.58	9.34	5.92	6.92	6.09	8.44	2.80	13.66	6.73	8.36	5.93	5.83	6.79	9.62	1.05
Clerical	6.90	8.22	6.71	5.17	5.02	4.21	3.68	6.79	5.16	4.53	4.49	5.65	4.93	5.40	1.03
Sales	5.59	6.56	5.22	4.51	4.40	3.08	3.16	14.15	3.84	5.96	4.41	3.52	3.59	5.23	0.86
Service	8.51	9.18	7.68	6.71	6.37	8.89	8.47	2.55	7.30	5.62	6.88	7.32	11.41	24.54	7.80
Transport and communication	7.54	7.96	8.90	6.63	6.24	4.17	4.74	2.82	4.82	5.33	6.39	6.43	4.18	3.22	3.74
Farmers and farm workers	12.18	10.73	10.79	22.50	21.00	17.56	2.67	0.45	14.01	19.91	22.89	22.96	12.79	5.69	19.08
Loggers	1.68	1.00	3.29	0.64	0.71	0.60	0.58	0.01	1.01	1.25	1.83	0.66	1.76	0.48	11.65
Fishermen, trappers and hunters	0.76	0.88	0.51	0.53	0.33	0.04	0.05	0.01	0.09	0.09	1.22	0.10	0.36	1.49	17.62
Miners and related work	1.38	1.18	1.54	0.76	1.29	2.00	1.65	0.03	2.47	1.20	1.69	1.76	2.52	0.26	1.12
Craftsmen and production workers	28.79	25.54	31.40	29.58	32.52	34.85	43.73	15.62	35.06	24.22	27.58	29.57	33.57	16.61	17.69
Labourers	6.25	4.63	7.46	6.12	5.59	7.97	19.25	1.09	7.53	5.85	5.02	6.87	7.18	4.19	14.29
Not stated	2.61	2.63	2.96	2.00	2.15	1.85	2.64	3.44	2.81	2.52	2.33	2.19	1.94	1.83	2.92

Quelle: Übernommen aus B and B Commission, Book IV, S.268f.

Tabelle A 27 : Ethnische Herkunft und berufliche Schichtung, 1971

	British Isles	French	German	Hun-garian	Italian	Jewish	Nether-lands
				per cent			
Managerial, administrative and related	5.2	3.7	3.6	2.8	1.8	10.7	3.5
Natural sciences, engineering and mathematics	3.1	1.8	2.7	4.7	1.3	2.6	3.3
Social sciences and related	1.0	0.9	0.6	0.6	0.3	3.3	0.7
Religion	0.3	0.4	0.3	0.2	0.1	0.2	0.4
Teaching and related	4.3	4.5	3.6	3.1	1.6	5.2	3.2
Medicine and related	4.1	3.6	3.5	3.4	1.1	4.9	3.6
Art, literature, performing arts and related	1.0	0.9	0.7	1.3	0.6	2.1	0.8
Clerical and related	18.5	14.7	13.4	11.5	9.7	18.8	11.9
Sales	10.4	8.7	8.7	6.7	6.7	24.2	8.8
Service	10.6	11.2	10.6	11.9	13.0	4.9	10.6
Farming, horticulture and animal-husbandry	5.4	4.4	12.5	9.4	1.8	0.4	14.2
Fishing, hunting, trapping and related	0.4	0.2	0.1	- -	- -	- -	0.2
Forestry and logging	0.6	1.3	0.5	0.4	0.2	- -	0.4
Mining, quarrying including oil and gas field	0.6	0.9	0.7	0.7	0.4	- -	0.4
Processing	3.1	4.9	3.7	4.2	6.2	1.4	3.8
Machining	2.4	2.8	3.4	5.8	5.2	0.6	3.1
Production, fabrication, assembly and repair	5.9	8.2	7.6	9.7	15.6	6.4	6.9
Construction trades	5.6	6.9	7.9	7.2	15.3	1.7	8.1
Transport equipment operation	4.2	4.5	3.5	2.5	2.6	1.7	3.5
Material handling and related	2.4	2.2	2.3	2.4	3.4	0.8	2.3
Other crafts and equipment operation	1.4	1.3	1.1	1.0	0.7	0.6	1.1
Not stated and not elsewhere classified	9.5	12.0	9.0	10.5	12.4	9.5	9.2
TOTALS	100.0	100.0	100.0	100.0	100.0	100.0	100.0

	Polish	Russian	Scandi-navian	Ukrai-nian	Asiatic	Native Indian	Other	Total
				per cent				
Managerial, administrative and related	2.8	3.0	3.8	2.9	3.1	1.5	2.6	4.3
Natural sciences, engineering and mathematics	3.2	3.1	3.0	2.5	7.1	1.1	3.3	2.7
Social sciences and related	0.6	0.6	0.7	0.6	1.0	1.3	0.7	0.9
Religion	0.1	0.2	0.2	0.1	0.1	0.1	0.1	0.3
Teaching and related	3.0	3.5	4.0	3.5	4.7	1.6	3.0	4.1
Medicine and related	3.2	3.2	3.7	3.0	8.5	2.2	3.8	3.8
Art, literature, performing arts and related	0.7	1.1	0.8	0.7	0.9	1.1	1.0	0.9
Clerical and related	14.2	13.7	13.7	14.8	14.7	6.9	12.2	15.9
Sales	7.2	7.7	9.1	8.4	9.1	2.7	6.3	9.5
Service	13.1	11.6	10.7	12.9	16.9	12.4	15.7	11.2
Farming, horticulture and animal-husbandary	8.0	10.4	12.6	11.6	2.2	5.9	5.0	5.9
Fishing, hunting, trapping and related	- -	0.1	0.5	0.1	0.3	2.6	0.2	0.3
Forestry and logging	0.5	1.0	1.2	0.4	0.2	6.2	0.6	0.8
Mining, quarrying including oil and gas field	1.1	0.8	1.1	0.9	0.2	1.0	0.7	0.7
Processing	4.8	4.6	3.0	3.8	3.9	4.1	4.6	3.9
Machining	4.1	2.7	2.0	2.7	2.2	2.2	4.4	2.8
Production, fabrication, assembly and repair	8.9	6.4	5.2	6.9	8.0	4.4	11.0	7.4
Construction trades	6.7	7.4	8.0	6.5	2.0	9.8	7.4	6.5
Transport equipment operation	2.8	3.9	4.0	3.7	1.4	3.6	2.5	3.9
Material handling and related	2.9	3.0	2.6	2.8	2.0	3.1	2.5	2.4
Other crafts and equipment operation	1.0	1.1	1.2	1.1	0.8	0.7	1.0	1.3
Not stated and not elsewhere classified	11.1	10.9	8.9	10.1	10.7	25.5	11.4	10.5
TOTALS	100.0	100.0	100.0	100.0	100.0	100.0	100.0	100.0

Quelle: Übernommen aus Stat.Can./3, S.279f.

Tabelle A 28 : Ethnische Herkunft und Bildungsniveau der Erwerbstätigen in Kanada, 1961

Ethnic origin	Sex	No schooling		Elementary school		High school 1–2 years		High school 3–5 years		University training		Total	
		Number	%	Number	%	Number	%	Number	%	Number	%	Number	%
British	Male	5,100	.3	535;500	30.6	442,400	25.2	550.300	31.4	219,000	12.5	1,752,300	100
	Female	600	.1	134,700	18.5	190,300	26.1	337,500	46.3	65,400	9.0	728,500	100
	Total	5,700	.2	670,200	27.0	632,700	25.5	887,800	35.8	284,400	11.5	2,480,800	100
French	Male	7,600	.7	584,300	53.5	233,400	21.4	197,900	18.1	68,900	6.3	1,092,100	100
	Female	900	.2	152,700	39.4	99,900	25.8	116,300	30.0	17,600	4.5	387,400	100
	Total	8,500	.6	737,000	49.8	333,300	22.5	314,200	21.2	86,500	5.8	1,479,500	100
German	Male	800	.4	88,400	40.0	48,100	21.8	62,900	28.5	20,300	9,2	220,500	100
	Female	100	.1	29,100	31.6	22,600	24.5	35,200	38.2	5,200	5.6	92,200	100
	Total	900	.3	117,500	37.6	70,700	22.6	98,100	31.4	25,500	8.2	312,700	100
Italian	Male	1,700	1.3	93,800	71.0	16,900	12.8	15,800	12.0	4,000	3.0	132,200	100
	Female	1,700	3.6	30,900	66.0	6,300	13.5	6,800	14.5	1,100	2.3	46,800	100
	Total	3,400	1.9	124,700	69.7	23,200	13.0	22,600	12.6	5,100	2.8	179,000	100
Jewish	Male	500	1.0	13,400	26.9	7,600	15.2	15,700	31.5	12,700	25.5	49,900	100
	Female	200	1.4	3,100	22.1	2,100	15.0	6,500	46.0	2,100	15.0	14,000	100
	Total	700	1.1	16,500	25.8	9,700	15.2	22,200	34.7	14,800	23.2	63,900	100
Ukrainian	Male	1,100	1.1	44,800	46.7	20,400	21.3	22,100	23.0	7,600	7.9	96,000	100
	Female	1,100	2.6	15,300	35.5	10,300	23.9	14,200	32.9	2,200	5.1	43,100	100
	Total	2,200	1.6	60,100	43.2	30,700	22.1	36,300	26.1	9,800	7.0	139,100	100
Others	Male	8,300	1.5	241,500	42.6	109,100	19.3	145,900	25.6	61,600	10.9	566,400	100
	Female	2,300	1.1	67,100	32.3	43,200	20.8	78,800	38.0	16,200	7.8	207,600	100
	Total	10,600	1.4	308,600	39.9	152,300	19.7	224,700	29.0	77,800	10.1	774,000	100
Total	Male	25,100	.6	1,601,700	41.0	877,900	22.5	1,010,600	25.9	394,100	10.1	3,909,400	100
	Female	6,900	.5	432,900	28.5	374,700	24.7	595,300	39.2	109,800	7.2	1,519,600	100
	Total	32,000	.6	2,034,600	37.5	1,252,600	23.1	1,605,900	29.6	503,900	9.3	5,429,000	100

Quelle: Übernommen aus B and B Commission, Book I^V, S.103.

Tabelle A 29 : Ethnische Zusammensetzung der Bundesbürokratie und der Streitkräfte, 1961

Distribution (in numbers and percentages) of Federal Public Servants,[1] by Occupation—Canada, 1961

Ethnic origin	Total		Managers		Engineers		Scientists		Professionals		Other clerical		Craftsmen and production workers		Labourers		Other occupations		Not stated	
	Number	%	Number	%	Number	%	Number	%	Number	%	Number	%	Number	%	Number	%	Number	%	Number	%
Total	223,731	100.0	17,617	100.0	2,429	100.0	3,563	100.0	20,118	100.0	88,407	100.0	25,664	100.0	8,160	100.0	54,243	100.0	3,530	100.0
British	131,090	58.6	11,878	67.4	1,630	67.1	2,312	64.9	12,543	62.3	50,727	57.4	14,913	58.1	4,086	50.1	30,843	56.9	2,158	61.1
French	53,823	24.1	3,486	19.8	248	10.2	369	10.4	3,936	19.6	23,665	26.8	6,153	24.0	1,735	21.2	13,471	24.8	760	21.5
Others	38,818	17.3	2,253	12.8	551	22.7	882	24.7	3,639	18.1	14,015	15.8	4,598	17.9	2,339	28.7	9,929	18.3	612	17.4

Percentage Distribution of Military Personnel in each Service and Rank, by Ethnic Origin—Canada, 1966

Ethnic origin	The three services			Army			Air Force			Navy		
	All military personnel	Officers	Men	All military personnel	Officers	Men	All military personnel	Officers	Men	All military personnel	Officers	Men
British	64.7	73.2	63.1	63.6	71.2	62.6	62.5	72.5	60.4	72.1	80.0	70.7
French	19.1	12.5	20.3	21.0	15.3	21.8	19.8	12.3	21.5	12.9	7.0	13.9
Other	16.2	14.3	16.6	15.4	13.5	15.6	17.7	15.2	18.1	15.0	13.0	15.4
German	5.3	4.2	5.5	4.7	4.0	4.8	6.1	4.3	6.4	4.5	4.2	4.6
Italian	0.4	0.5	0.4	0.4	0.7	0.4	0.4	0.5	0.4	0.4	0.2	0.4
Polish	0.8	0.9	0.8	0.6	0.8	0.5	1.1	1.0	1.1	0.8	0.8	0.8
Ukrainian	1.7	1.7	1.7	1.5	0.8	1.6	2.0	2.4	1.9	1.7	1.0	1.8
Other	8.0	7.0	8.2	8.2	7.2	8.3	8.1	7.0	8.3	7.6	6.8	7.8
Total	100.0	100.0	100.0	100.0	100.0	100.0	100.0	100.0	100.0	100.0	100.0	100.0
Sample	*8,324*	*3,074*	*5,250*	*3,154*	*1,199*	*1,955*	*2,974*	*1,184*	*1,790*	*2,196*	*691*	*1,505*

Quelle: Übernommen aus B and B Commission, Book IV, S.274f.

Tabelle A 30 : Zur Entwicklung der Staatseinnahmen, 1926 - 1974

	1926		1933		1940		1950		1960		1970		1972		1974	
	Mio.$	in %	Mio.$	in %	Mio.$	in %	Mio.$	in %	Mio.$	in %	Mio.$	in %	Mio.$	in %	Mio.$	in %
Einnahmen/ Gebietskörperschaften:																
Federal	370	43,5	245	30,7	856	52,3	2.962	60,9	6.406	53,5	15.296	38,6	19,249	38,7	29.003	41,3
Provincial	167	19,6	228	28,6	412	25,2	1.164	23,9	3.165	26,4	13.500	34,1	17,238	34,7	24.603	35,1
Local	314	36,9	325	40,7	368	22,5	740	15,2	2.399	20,0	7.130	18,0	8.600	17,3	10.357	14,8
Sozialabgaben (Canada/ Quebec Pension Plan/ Medicare)											3.664	9,3	4.599	9,3	6.220	8,9
Total	851		798		1.636		4.866		11.970		39.590		49.686		70.183	
Transfers:																
Province:																
from Canada	15	34,1	56	65,1	70	66,0	250	57,7	962	55,8	3.303	37,3	4.400	38,4	5.994	39,6
from local govts.	6	13,6	10	11,6	7	6,6	11	2,5	17	1,0	44	0,5	49	0,4	31	0,2
Local:																
from Canada							1	0,2	32	1,9	94	1,1	158	1,4	152	1,0
from Provinces	23	52,3	20	23,3	29	27,3	171	39,5	714	41,4	3.098	34,9	3.911	34,2	5.082	33,5
Total*	44		86		106		433		1.725		8.867		11.450		15.151	
Einnahmen/Sparten:																
Direct Taxes	103	12,8	130	18,3	514	33,6	2.024	45,7	4.695	45,8	15.963	52,0	19.857	51,9	29.028	52,7
Persons	69	8,6	88	12,4	174	11,4	977	22,0	3.028	29,6	12.624	41,1	15.693	41,0	22.130	40,0
Income	22	2,7	38	5,3	91	5,9	612	13,8	1.979	19,3	8.811	28,7	11.410	29,8	16.177	29,4
Other**	47	5,8	50	7,0	83	5,4	365	8,2	1.049	10,2	3.813	12,4	4.283	11,2	5.953	10,8
Corporate Income	34	4,2	37	5,2	327	21,4	993	22,4	1.588	15,5	3.070	10,0	3.877	10,1	6.468	11,8
Non-Resident Income	-		5	0,7	13	0,9	54	1,2	79	0,8	269	0,9	287	0,8	430	0,8
Indirect Taxes	629	77,9	555	77,9	912	59,6	2.129	48,0	4.901	47,8	12.055	39,2	14.697	38,4	20.541	37,3
Investment Revenue	75	9,3	27	3,8	104	6,8	280	6,3	649	6,3	2.705	8,8	3.682	9,6	5.463	9,9
Total	807		712		1.530		4.433		10.245		30.723		38.236		55.032	

Anmerkungen: *) Die hier nicht angeführten Differenzbeträge ab 1970 beinhalten Transfer-Zahlungen an die Sozialversicherung

**) U.A.Succession Duties, Estate Taxes, Employer and Employee Contributions to Social Security; ab 1971/1972 auch Capital Gains Tax.

Quellen: Stat.Can./73,74, passim

Tabelle A 31 : Zur Ausgabenstruktur der kanadischen Regierungen, in Prozent *)

Ausgewählte Ausgabenbereiche	1933	1939	1945	1950	1960	1965	1967	1970	1972
Verteidigung	1,6	9,9	44,3	14,7	14,1	9,9	8,7	5,5	6,5
Gesundheitswesen	3,7	3,7	1,2	5,6	7,8	9,9	11,7	13,4	31,7 (Gesundheitswesen und Sozialwesen zusammen)
Sozialwesen	19,4	16,9	12,5	20,5	17,7	16,8	16,5	18,5	
Bildung	11,3	10,1	3,3	10,7	14,6	16,4	20,9	19,1	16,2
Verkehr/Kommunikation	9,4	12,8	3,0	11,4	13,3	12,8	11,7	10,3	8,7
Zinsen auf Staatsschuld	31,5	20,8	8,6	11,2	7,9	7,9	6,8	n.b.	n.b.
Andere	23,1	25,8	27,1	25,9	24,6	26,3	23,7	33,2	36,9

Anmerkung: * = für 1972 nur Bundes- und Provinzhaushalte, ansonsten für alle Gebietskörperschaften.
Quellen: Economic Council 1969, S.29; Canada Yearbook 1974, S.770.

Tabelle A 32 : Ausgewählte Daten zur Zahlungsbilanz (in Millionen $)

	1967	1970	1971	1972	1973
Leistungsbilanz					
Handelsbilanz	+ 566	+3.052	+2.427	+1.645	+2.231
Dienstleistungen/Tourismus/Übertragungen	-1.065	-1.946	-2.121	-2.300	-2.656
Saldo	- 499	+1.106	+ 306	- 655	- 425
Kapitalbilanz					
langfristiger	+1.415	+ 752	+ 482	+1.762	+ 659
kurzfristiger Kapitalverkehr	- 896	- 328	- 11	- 888	- 701
Saldo	+ 519	+ 424	+ 471	+ 874	- 42
Sonderziehungsrechte		+ 133	+ 119	+ 177	-
Gesamtsaldo	+ 20	+1.663	+ 896	+ 336	- 467

Quelle: Canada Yearbook 1974, S.821.

Tabelle A 33 : Daten zum Außenhandel, 1955 - 1974

	1955	1960	1965	1970	1972	1973	1974
Export (fob) in Mio. US-$	4.386,0	5.554.5	8.107.1	16.184.9	20.170.4	25.194.0	32.783.4
Import (fob) in Mio. US-$	4.628,3	5.655.2	7.985.9	13.348.5	18.917.3	23.304.0	32.296.3
Handelsbilanz in Mio. US-$	- 242,3	- 100.7	121.2	2.836.4	1.253.1	1.890.0	487.1
Hauptausfuhrgüter in %							
Lebensmittel	18,3	16,3	17,6	9,7	10,3	11,4	11,1
Weizen	7,8	7,6	9,6	4,1	4,6	4,8	6,4
Holz/Holzprodukte/ Papier	34,8	28,9	23,9	17,4	18,1	18,0	17,4
Eisenerze	2,3	0,3	4,1	2,8	1,8	1,8	
Nichteisenerzhaltige Metalle	3,7	8,1	4,0	4,7	4,3	4,9	4,7
Brennstoffe/Erdöl/ Erdgas	1,3	2,7	5,1	6,0	8,6	9,8	15,8
Chemische Produkte	5,6	3,4	3,6	3,4	3,2	3,0	3,3
Nichtelektrische Maschinen	3,5	4,7	6,0	7,5	8,0	7,5	6,8
Elektr.Maschinen	0,7	1,2	2,6	3,3	2,5	2,5	2,3
KFZ	1,1	1,2	3,8	19,5	21,2	19,1	16,7
Hauptausfuhrländer in %							
USA	60,1	56,0	57,6	65,4	70,0	67,9	66,5
EG			21,1	16,2	12,5	12,5	12,6
Großbritannien	18,0	17,4	13,5	8,9	6,6	6,3	5,9
BRD	2,1	3,1	2,2	2,3	1,6	1,8	1,7
Japan	2,1	3,4	3,6	4,7	4,8	7,1	6,9
VR China	0,0	0,2	1,2	0,8	1,3	1,1	1,4
UdSSR		0,2	2,3	0,6	1,4	1,2	0,0
Haupteinfuhrgüter in %							
Lebensmittel	9,2	9,9	8,1	7,3	6,9	7,7	7,3
Erdöl	4,9	5,2	3,6	3,0	3,6	4,0	8,4
Chemische Produkte	5,8	6,0	6,1	6,0	4,9	5,3	5,8
Eisen u.Stahl	4,2	3,9	4,8	3,3	3,0	2,9	4,1
Nichtelektrische Maschinen	16,2	17,9	19,9	18,9	18,4	18,3	17,0
Elektr.Maschinen	5,3	5,2	5,4	6,1	7,0	6,7	6,1
KFZ	7,8	10,0	12,0	20,8	23,6	22,9	20,0
Haupteinfuhrländer in %							
USA	73,4	67,3	70,1	71,1	69,0	70,8	67,4
EG			13,4	11,4	11,5	10,6	9,6
Großbritannien	8,5	10,7	7,2	5,3	5,1	4,3	3,6
BRD	1,2	2,3	2,4	2,7	2,7	2,6	2,4
Venezuela	4,0	3,6	3,0	2,4	2,2	2,2	4,1
Japan	0,8	2,0	2,7	4,2	5,9	4,4	4,5

Quellen: UN, International Trade Statistics, laufende Jahrgänge.

Tabelle A 34 : Ausgewählte Daten zur Struktur des Auslandskapitals in Kanada, 1969/1970 (in Millionen $)

Type of investment	Estimated distribution of ownership USA	GB	Other countries	Total investments of non-residents
	1969			
Government securities				
Government of Canada	419	35	304	768
Provincial	4.664	130	638	5.432
Municipal	1.414	25	133	1.572
Total/Government securities	6.497	190	1.075	7.762
Utilities				
Railways	450	396	141	987
Other	1.007	82	53	1.142
Total, public utilities	1.457	478	194	2.129
Manufacturing	9.882	1.020	737	11.639
Petroleum and natural gas	5.859	556	750	7.165
Other mining and smelting	3.054	253	388	3.695
Merchandising	1.277	350	135	1.762
Financial	2.580	738	650	3.968
Other enterprises	677	80	63	820
Miscellaneous investments	1.762	160	740	2.662
Total investments	33.045	3.825	4.732	41.602
	1970			
Government securities				
Government of Canada	368	37	198	603
Provincial	4.921	219	666	5.806
Municipal	1.346	50	133	1.529
Total/Government securities	6.635	306	997	7.938
Utilities				
Railways	427	388	142	957
Other	1.174	84	69	1.327
Total, public utilities	1.601	472	211	2.284
Manufacturing	10.405	1.006	905	12.316
Petroleum and natural gas	6.179	613	802	7.594
Other mining and smelting	3.163	250	452	3.865
Merchandising	1.375	312	170	1.857
Financial	2.848	803	704	4.355
Other enterprises	764	89	86	939
Miscellaneous investments	1.944	170	775	2.889
Total investments	34.914	4.021	5.102	44.037

Quelle: Canada Yearbook 1974, S.822f.

Tabelle A 35 : Zum Verhältnis von Portfolio- und Direktinvestitionen, 1900 - 1967
(Geschätzter Buchwert des Auslandskapitals in Kanada)

	1900		1914		1930		1939		1946		1950		1960		1967	
	$	%	$	%	$	%	$	%	$	%	$	%	$	%	$	%
Owned by residents of:																
THE UNITED STATES																
Direct	—		—		1,993	26.1	1,881	27.2	2,428	33.8	3,426	39.5	10,549	47.4	17,000	48.9
Portfolio and Other	—		—		2,667	35.0	2,270	32.8	2,730	38.0	3,123	36.0	6,169	27.7	11,030	31.7
Totals	168	13.6	881	23.0	4,660	61.2	4,151	60.0	5,158	71.8	6,549	75.5	16,718	75.2	28,030	80.7
BRITAIN																
Direct	—		—		392	5.1	366	5.2	335	4.6	468	5.4	1,535	6.9	2,152	6.2
Portfolio and Other	—		—		2,374	31.1	2,110	30.5	1,335	18.5	1,282	14.7	1,824	8.2	1,424	4.1
Totals	1,050	85.2	2,778	72.4	2,766	36.3	2,476	35.8	1,670	23.2	1,750	20.1	3,359	15.1	3,576	10.3
OTHER FOREIGN COUNTRIES																
Direct	—		—		42	.5	49	.7	63	.8	81	.9	788	3.5	1,547	4.4
Portfolio and Other	—		—		146	1.9	237	3.4	290	4.0	284	3.2	1,349	6.0	1,549	4.4
Totals	14	1.1	177	4.6	188	2.4	286	4.1	353	4.9	365	4.2	2,137	9.6	3,096	8.9
ALL FOREIGN COUNTRIES																
Direct	—		—		2,427	31.8	2,296	33.2	2,826	39.3	3,975	45.8	12,872	57.9	20,699	59.6
Portfolio and Other	—		—		5,187	68.1	4,617	66.7	4,355	60.6	4,689	54.1	9,342	42.0	14,003	40.3
Totals	1,232		3,837		7,614		6,913		7,181		8,664		22,214		34,702	

Anmerkung: Im Jahre 1970 lag die Summer aller langfristigen ausländischen Investitionen bei \$ 44 Milliarden, davon entfielen \$ 26,4 (= 60,0 %) auf Direkt-, \$ 17,6 Milliarden auf Portfolio-Investitionen.

Quelle: Übernommen aus Gray Report 1972, S.15.

Tabelle A 36 : Buchwert des Kapitals an ausländischen oder mehrheitlich ausländisch-kontrollierten Unternehmen in ausgewählten Branchen

Year	Total Capital Employed	CANADA				U.S.				OTHER			
		Owned		Controlled		Owned		Controlled		Owned		Controlled	
	($ billions)	$	%	$	%	$	%	$	%	$	%	$	%
Manufacturing													
1954	8.3	4.4	53	4.1	49	3.1	37	3.4	41	0.8	10	0.8	10
1960	12.2	5.8	48	5.1	41	5.1	41	5.4	44	1.4	11	1.8	15
1963	13.7	6.2	46	5.5	40	6.0	44	6.3	46	1.4	10	1.9	14
1964	14.8	6.8	46	5.9	40	6.5	44	6.8	46	1.5	10	2.1	14
1965	16.7	7.8	47	6.9	41	7.3	44	7.7	46	1.5	9	2.1	13
1966	18.7	8.8	47	7.9	43	8.3	44	8.5	45	1.6	9	2.2	12
1967	20.5	9.9	48	8.8	43	9.0	44	9.4	45	1.6	8	2.4	12
Petroleum/Natural Gas													
1954	2.5	1.0	40	0.8	31	1.4	57	1.7	67	0.1	3	0.1	2
1960	6.1	2.3	38	1.6	27	3.2†	53	3.9†	64	0.5†	9	0.6†	9
1963	7.6	2.8	37	2.1	28	4.0	53	4.6	61	0.8	10	0.9	11
1964	7.9	3.0	38	2.2	28	4.0	51	4.7	60	0.8	11	1.0	12
1965	8.3	3.1	37	2.2	27	4.2	51	4.8	58	1.0	12	1.3	15
1966	9.1	3.3	37	2.3	26	4.7	51	5.4	59	1.1	12	1.4	15
1967	9.7	3.7	38	2.5	26	4.9	51	5.8	60	1.1	11	1.4	14
Mining/Smelting													
1954	1.9	0.8	44	0.9	49	0.9	48	0.9	49	0.2	8	—	2
1960	3.3	1.3	40	1.3	39	1.7	52	1.7	53	0.3	8	0.3	8
1963	3.8	1.5	39	1.6	41	2.0	53	2.0	52	0.3	8	0.3	7
1964	4.1	1.7	40	1.7	41	2.1	51	2.1	51	0.4	9	0.3	8
1965	4.4	1.8	41	1.7	40	2.2	51	2.3	52	0.4	8	0.3	8
1966	4.8	2.0	41	1.8	38	2.5	51	2.6	53	0.4	8	0.4	9
1967	5.2	2.0	39	1.8	35	2.7	51	2.9	56	0.5	10	0.5	9
Railways													
1954	4.1	2.7	66	4.0	98	0.6	15	0.1	2	0.8	19	—	—
1960	5.3	3.9	74	5.2	98	0.5	9	0.1	2	0.9	17	—	—
1963	5.3	4.1	78	5.2	98	0.5	9	0.1	2	0.7	13	—	—
1964	5.3	4.2	79	5.2	98	0.4	8	0.1	2	0.7	13	—	—
1965	5.3	4.2	80	5.2	98	0.4	8	0.1	2	0.6	12	—	—
1966	5.4	4.3	80	5.3	98	0.4	8	0.1	2	0.6	12	—	—
1967	5.5	4.5	81	5.4	98	0.4	8	0.1	2	0.6	11	—	—
Other Utilities‡													
1954	5.3	4.6	86	4.9	92	0.6	12	0.4	7	0.1	2	—	1
1960	9.2	7.9	86	8.7	95	1.1	12	0.4	4	0.2	2	0.1	1
1963	11.3	9.8	86	10.8	96	1.4	13	0.4	4	0.1	1	0.1	—
1964	12.3	10.2	83	11.8	96	2.0	16	0.5	4	0.1	1	—	—
1965	13.4	11.1	83	12.8	96	2.2	16	0.5	4	0.1	1	—	—
1966	14.9	12.2	82	14.2	96	2.5	17	0.6	4	0.1	1	—	—
1967	16.2	13.2	81	15.5	95	2.9	18	0.7	5	0.1	1	0.1	—

Quelle: Gray Report 1972, S.20.

4. Ergebnisse der Wahlen zum Unterhaus*)

Tabelle A 37 : Zur Entwicklung des Wahlkörpers in Kanada, 1921 - 1974

Wahl- bzw. Census-Jahre	a) Bevölkerung absolut	b) Wahlberechtigte absolut	b) in % von a)	c) Wähler absolut	c) in % von a)	c) in % von b)
1921	8.760.211	4.435.310	50,6	3.123.903	35,7	68,2
1925	8.776.352	4.608.636	52,5	3.168.412	36,1	68,7
1926	8.887.952	4.665.381	52,4	3.273.062	36,8	70,1
1930		5.153.971	57,9	3.922.481	44,1	76,1
1935	10.367.063	5.918.207	57,0	4.452.675	42,9	75,3
1940	10.429.169	6.588.888	63,1	4.672.531	44,8	70,9
1945	11.494.627	6.952.445	60,5	5.305.193	46,2	76,3
1949	11.823.649	7.893.629	66,7	5.903.572	49,9	74,7
1951	14.003.704					
1953		8.401.691	59,9	5.701.963	40,7	67,8
1956	16.073.970					
1957		8.902.125	55,3	6.680.690	41,6	75,0
1958		9.131.200	56,8	7.357.139	45,8	80,5
1961	18.238.247					
1962		9.700.325	53,1	7.772.656	42,6	80,1
1963		9.910.757	54,3	7.958.636	43,6	80,3
1965		10.274.904	56,1	7.796.728	42,7	75,8
1966	20.014.880					
1968		10.860.888	54,3	8.217.916	41,1	75,6
1971	21.568.315					
1972		13.000.778	60,4	9.974.661	46,3	76,9
1974		13.620.353	63,1	9.671.002	44,8	71,0

*) Die Daten der nachfolgenden wahlstatistischen Angaben entstammen den offiziellen Publikationen des Chief Electoral Office (s. die Bibliographie), ferner Scarrow 1962, Beck 1968; zu weiteren Daten s. Nohlen/Schultze in Vorb.

Tabelle A 38 : Ergebnisse der Wahlen zum kanadischen Unterhaus, 1867 - 1917[1)]

Wahl vom	Mandate/ Insgesamt	Conservatives (2)				Liberals (2)				Andere				
		Stimmen		Mandate		Stimmen		Mandate		Stimmen		Mandate		Stimmen/
		abs.	in %	abs.	in %	abs.	in %	abs.	in %	abs.	in %	abs.	in %	Insgesamt
7. 8. -20. 9. 1867	180[3)]	134.269	50,1	108	60,0	131.364	49,0	73	40,0	2.584	1,0	-	-	268.217
20. 7. -12.10. 1872	200	159.006	49,9	104	52,0	156.365	49,1	96	48,0	2.971	0,9	-	-	318.342
22. 1. 1874	206	146.465	45,4	67	32,5	173.477	53,8	138	67,0	2.677	0,8	1	0,5	322.342
17. 9. 1878	206	280.224	52,5	142	68,9	247.043	46,3	64	31,1	6.674	1,2	-	-	533.941
20. 6. 1882	211	261.293	50,7	139	65,9	241.400	46,8	71	33,6	12.811	2,5	1	0,5	515.504
22. 2. 1887	215	362.632	50,2	126	58,6	352.184	48,7	89	41,4	7.906	1,1	-	-	722.722
5. 3. 1891	215	397.731	51,1	121	56,3	366.817	47,1	94	43,7	13.974	1,8	-	-	788.522
23. 6. 1896	213	414.838	46,1	88	41,3	405.185	45,1	118	55,4	79.023	8,8	7	3,3	899.046
7.11. 1900	213	450.790	47,4	80	37,6	487.193	41,2	133	62,4	12.780	1,3	-	-	950.763
3.11. 1904	214	478.729	46,4	75	35,0	536.370	52,0	138	64,5	15.689	1,5	1	0,5	1.030.788
26.10. 1908	221	550.351	46,9	85	38,5	592.596	50,4	135	61,1	31.762	2,7	1	0,4	1.174.709
21. 9. 1911	221	666.074	50,9	134	60,6	623.554	47,7	87	39,4	17.900	1,4	-	-	1.307.528
17.12. 1917	235	1.074.701	57,0	153	65,1	751.493	39,9	82	34,9	59.135	3,1	-	-	1.885.329

Anmerkungen: (1) Infolge der im 19.Jahrhundert oft unsicheren Parteizugehörigkeit der Kandidaten weichen die Daten in den vorliegenden Wahluntersuchungen meist geringfügig voneinander ab. Zurückgegriffen wird hier auf Beck 1968, passim.

(3) 1 Mandat nicht besetzt.

(2) Bei der Wahl von 1867 als 'Government Unionists' = Conservatives und 'Opposition' = Liberals auftretend; 1917 gleichfalls als 'Government' = Conservatives mit Teilen der gespaltenen Liberals und 'Opposition' = Laurier-Liberals kandidierend.

Tabelle A 39 : Ergebnisse der Wahlen zum kanadischen Unterhaus, 1921 - 1940

Wahl vom	6. Dezember 1921				29. Oktober 1925				14. September 1926			
Wahlberechtigte	4.435.310				4.608.636				4.665.381			
in % der Bevölkerung	50,6				52,5				52,4			
Abgegebene Stimmen	3.123.903 (1)				3.168.412				3.273.062			
in % der Wahlberechtigten	68,2				68,7				70,1			
Ungültige Stimmen	n.b.				15.887				16.554			
in % der abgegebenen Stimmen	n.b.				0,50				0,51			
	Stimmen		Mandate		Stimmen		Mandate		Stimmen		Mandate	
	abs.	in %	abs.	in %	abs.	in %	abs.	in %	abs.	in %	abs.	in %
Liberals	1.272.660	40,7	116	49,4	1.256.824	39,9	99	40,4	1.500.302	46,1	128	52,2
Progressives	714.620	22,9	64	27,2	282.152	8,9	24	9,8	171.516	5,3	20	8,2
Conservatives	945.681	30,3	50	21,3	1.465.331	46,5	116	47,3	1.474.283	45,3	91	37,1
Andere (incl.Independents[2])	190.903	6,1	5	2,1	148.218	4,7	6	2,4	110.407	3,4	6	2,4
Insgesamt	3.123.903	100,0	235	100,0	3.152.525	100,0	245	100,0	3.256.508	100,0	245	100,0

Wahl vom	28.Juli 1930				14. Oktober 1935				26. März 1940			
Wahlberechtigte	5.153.971				5.918.207				6.588.888			
in % der Bevölkerung	57,9				57,0				63,1			
Abgegebene Stimmen	3.922.481				4.452.675				4.672.531			
in % der Wahlberechtigten	76,1				75,3				70,9			
Ungültige Stimmen	23.954				45.821				52.271			
in % der abgegebenen Stimmen	0,61				1,02				1,12			
	Stimmen		Mandate		Stimmen		Mandate		Stimmen		Mandate	
	abs.	in %	abs.	in %	abs.	in %	abs.	in %	abs.	in %	abs.	in %
Liberals	1.761.352	45,2	91	37,1	1.975.841	44,8	173	70,6	2.381.443	51,5	181	73,9
Progressives	109.745	2,8	12	4,9								
Conservatives	1.903.815	48,8	137	55,9	1.305.565	29,6	40	16,3	1.416.230	30,7	40	16,3
Conservative-Reconstruction					384.095	8,7	1	0,4				
Cooperative Commonwealth Federation (C.C.F.)					387.056	8,8	7	2,9	393.230	8,5	8	3,3
Social Credit					180.301	4,1	17	6,9	123.033	2,7	10	4,1
Andere (incl.Independents[2])	123.615	3,2	5	2,0	173.996	3,9	7	2,8	306.324	6,6	6	2,4
Insgesamt	3.898.527	100,0	245	100,0	4.406.854	100,0	245	100,0	4.620.260	100,0	245	100,0

Anmerkung: (1) Für 1921 sind die gültigen Stimmen angegeben; n.b. = nicht bekannt.

(2) davon Independents: 1921: 85.783 Stimmen, 2 Mandate; 1925: 23.235 Stimmen, 2 Mandate; 1926: 20.017 Stimmen, 2 Mandate; 1930: 25.456 Stimmen, 3 Mandate; 1935: 15.765 Stimmen, 1 Mandat; 1940: 54.852 Stimmen, 1 Mandat

Tabelle A 40 : Ergebnisse der Wahlen zum kanadischen Unterhaus, 1945 - 1962

Wahlen vom	11. Juni 1945				27. Juni 1949				10. August 1953			
Wahlberechtigte	6.952.445				7.893.269				8.401.691			
in % der Bevölkerung	60,5				66,7				55,3			
Abgegebene Stimmen	5.305.193				5.903.572				5.701.963			
in % der Wahlberechtigten	76,3				74,7				67,8			
Ungültige Stimmen	59.063				54.601				60.691			
in % der abgegebenen Stimmen	1,11				0,92				1,06			
	Stimmen abs.	Stimmen in %	Mandate abs.	Mandate in %	Stimmen abs.	Stimmen in %	Mandate abs.	Mandate in %	Stimmen abs.	Stimmen in %	Mandate abs.	Mandate in %
Liberals	2.146.330	40,9	125	51,0	2.879.662	49,5	193	73,7	2.751.307	48,8	171	64,5
Progressive Conservatives	1.435.747	27,4	67	27,3	1.736.226	29,7	41	15,6	1.749.579	31,0	51	19,2
Cooperative Commonwealth Federation (C.C.F.)	816.259	15,6	28	11,4	782.410	13,4	13	5,0	636.310	11,3	23	8,7
Social Credit	214.998	4,1	13	5,3	135.217	2,3	10	3,8	305.551	5,4	15	5,7
Bloc Populaire	186.822	3,5	2	0,9								
Labor Progressive Party	109.758	2,1	1	0,4	30.632	0,5	-	-	59.622	1,0	-	-
Andere (incl.Independents[1])	336.206	6,4	9	3,7	266.824	4,6	5	1,9	138.893	2,5	5	1,9
Insgesamt	5.246.130	100,0	245	100,0	5.848.971	100,0	262	100,0	5.641.272	100,0	265	100,0

Wahlen vom	10. Juni 1957				31. März 1958				18. Juni 1962			
Wahlberechtigte	8.902.125				9.131.200				9.700.325			
in % der Bevölkerung	56,8				56,8				53,1			
Abgegebene Stimmen	6.680.690				7.357.139				7.772.656			
in % der Wahlberechtigten	75,0				80,5				80,1			
Ungültige Stimmen	74.710				69.842				82.522			
in % der abgegebenen Stimmen	1,11				0,95				1,06			
	Stimmen abs.	Stimmen in %	Mandate abs.	Mandate in %	Stimmen abs.	Stimmen in %	Mandate abs.	Mandate in %	Stimmen abs.	Stimmen in %	Mandate abs.	Mandate in %
Liberals	2.702.573	40,9	105	39,6	2.447.909	33,6	49	18,5	2.861.834	37,2	100	37,7
Progressive Conservatives	2.572.926	38,9	112	42,3	3.908.633	53,6	208	78,5	2.865.502	37,3	116	43,8
Cooperative Commonwealth Federation (C.C.F.)	707.659	10,7	25	9,4	692.398	9,5	8	3,0				
New Democratic Party (NDP)									1.036.853	13,5	19	7,2
Social Credit	463.663	6,6	19	7,2	188.356	2,6	-	-	896.574	11,7	30	11,3
Labor Progressive Party	7.760	0,1	1	0,3	9.869	0,1	-	-				
Andere (incl. Independents[1])	178.399	2,7	3	1,1	40.132	0,6	-	-	29.291	0,4	-	-
Insgesamt	6.605.980	100,0	265	100,0	7.287.297	100,0	265	100,0	7.690.134	100,1	265	100,0

Anmerkung: (1) davon Independents:
1945: 284.909 Stimmen (5,4 %), 7 Mandate
1949: 121.997 Stimmen (2,2 %), 5 Mandate
1953: 56.165 Stimmen (1,0 %), 3 Mandate
1957: 78.311 Stimmen, 2 Mandate
1958: 14.727 Stimmen, ohne Mandat
1962: 6.345 Stimmen, ohne Mandat
1963: 5.236 Stimmen, ohne Mandat

Tabelle A 41 : Ergebnisse der Wahlen zum kanadischen Unterhaus, 1963 - 1974

Wahl vom	8. April 1963	8. November 1965	25. Juni 1968
Wahlberechtigte	9.910.757	10.274.904	10.860.888
in % der Bevölkerung	54,3	56,1	54,3
Abgegebene Stimmen	7.958.636	7.796.728	8.217.916
in % der Wahlberechtigten	80,3	75,8	75,6
Ungültige Stimmen	64.560	83.412	91.920
in % der abgegebenen Stimmen	0,81	1,06	1,12

	Stimmen		Mandate		Stimmen		Mandate		Stimmen		Mandate	
	abs.	in %	abs.	in %	abs.	in %	abs.	in %	abs.	in %	abs.	in %
Liberals	3.293.790	41,7	129	48,7	3.099.519	40,2	131	49,4	3.696.945	45,5	155	58,7
Progressive Conservatives	2.591.614	32,8	95	35,8	2.499.913	32,4	97	36,6	2.554.880	31,4	72	27,3
New Democratic Party	1.037.857	13,1	17	6,4	1.381.658	17,9	21	7,9	1.378.260	17,0	22	8,3
Social Credit	940.703	11,9	24	9,1	282.454	3,7	5	1,9	62.956	0,8	-	-
Ralliement Créditiste					359.438	4,7	9	3,4	361.045	4,4	14	5,3
Andere (incl.Independents[1])	30.112	0,4	-	-	90.334	1,2	2	0,8	71.910	0,8	1	0,4
Insgesamt	7.894.076	99,9	264	100,0	7.713.316	100,0	265	100,0	8.125.996	99,9	264	100,0

Wahlen vom	29. Oktober 1972	8. Juli 1974
Wahlberechtigte	13.000.778	13.620.353
in % der Bevölkerung	60,4	63,1
Abgegebene Stimmen	9.974.661	9.671.002
in % der Wahlberechtigten	76,9	71,0
Ungültige Stimmen	307.172	165.094
in % der abgegebenen Stimmen	3,12	1,71

	Stimmen		Mandate		Stimmen		Mandate	
	abs.	in %	abs.	in %	abs.	in %	abs.	in %
Liberals	3.718.258	38,5	109	41,3	4.102.776	43,2	141	53,4
Progressive Conservatives	3.383.530	35,0	107	40,5	3.369.335	35,4	95	36,0
New Democratic Party	1.713.528	17,7	31	11,7	1.467.748	15,4	16	6,1
Social Credit	737.972	7,6	15	5,7				
Ralliement Créditiste					481.231	5,1	11	4,2
Andere (incl.Independents[1])	114.201	1,2	2	0,8	84.818	0,8	1	0,4
Insgesamt	9.667.489	100,0	264	100,0	9.505.908	99,9	264	100,1

Anmerkung: (1) davon Independents: 1963: 5.236 Stimmen, ohne Mandat
1965:51.468 Stimmen, 1 Mandat
1968:36.141 Stimmen, 1 Mandat
1972: 114.201 Stimmen, 2 Mandate
1974: 38.745 Stimmen, 1 Mandat

Tabelle A 42 : Ergebnisse der Wahlen zum kanadischen Unterhaus nach Provinzen, 1945 - 1949

1945	Conservatives			Liberals			C.C.F.			Social Credit			Andere		
	(a)	(b)	(c)	(a)	(b)	(c)	(a)	(b)	(c)	(a)	(b)	(c)	(a)	(b)	(c)
Ont.	41,7	48	58,5	40,5	34	41,5	14,4			0,2			3,3		
Que.	8,4	2	3,1	50,8	53	81,5	2,4			4,5			34,0	10	15,4
N.S.	36,8	2	16,7	45,7	9	75,0	16,7	1	8,3				0,9		
N.B.	38,3	3	30,3	50,0	7	70,0	7,4			1,1			3,2		
P.E.I.	47,4	1	25,0	48,4	3	75,0	4,2								
Man.	24,9	2	11,8	34,7	10	58,8	31,6	5	29,4	3,2			5,7		
Sask.	18,8	1	4,8	32,7	2	9,5	44,4	18	85,7	3,0			1,1		
Alta.	18,7	2	11,8	21,8	2	11,8	18,4			36,6	13	76,5	4,5		
B.C.	30,0	5	31,3	27,5	5	31,3	29,4	4	25,0	2,3			10,8	2	12,5
Terr.	40,0	1	100,0				27,5						32,4		
Bund	27,4	67	27,3	40,9	125	51,0	15,6	28	11,4	4,1	13	5,3	12,0	12	4,9

1949	Conservatives			Liberals			C.C.F.			Social Credit			Andere		
	(a)	(b)	(c)	(a)	(b)	(c)	(a)	(b)	(c)	(a)	(b)	(c)	(a)	(b)	(c)
Ont.	34,7	25	30,1	45,7	56	67,5	15,2	1	1,2	0,2			1,5	1	1,2
Que.	24,6	2	2,7	60,4	68	93,2	1,1						13,9	3	4,1
Nfld.	27,9	2	28,6	71,9	5	71,4	0,2								
N.S.	37,5	2	15,4	52,7	10	76,9	9,9	1	7,7						
N.B.	39,4	2	20,0	53,8	8	80,0	4,2						2,6		
P.E.I.	48,4	1	25,0	49,2	3	75,0	2,4								
Man.	22,0	1	6,3	47,9	12	75,0	25,9	3	18,8				4,1		
Sask.	14,4	1	5,0	43,4	14	70,0	40,9	5	25,0	0,9			0,4		
Alta.	16,8	2	11,8	34,5	5	29,4	9,3			37,4	10	58,8	2,0		
B.C.	27,9	3	16,7	36,7	11	61,1	31,5	3	17,7	0,5			3,4	1	5,6
Terr.				49,0	1	100,0	17,0						34,0		
Bund	29,7	41	15,6	49,5	193	73,7	13,4	13	5,0	2,3	10	3,8	5,1	5	1,9

Anmerkung: (a) = Stimmen in % (b) = Mandate (c) = Mandate in %

Tabelle A 43 : Ergebnisse der Wahlen zum kanadischen Unterhaus nach Provinzen, 1953 - 1957

1953	Conservatives			Liberals			C.C.F.			Social Credit			Andere		
	(a)	(b)	(c)	(a)	(b)	(c)	(a)	(b)	(c)	(a)	(b)	(c)	(a)	(b)	(c)
Ont.	40,3	33	38,8	46,6	51	60,0	11,1	1	1,2	0,3			1,7		
Que.	29,4	4	5,3	61,0	66	88,0	1,5						8,1	5	6,7
Nfld.	28,1			67,2	7	100,0	0,6						4,0		
N.S.	40,1	1	8,3	53,0	10	83,3	6,7	1	8,3						
N.B.	41,9	3	30,0	52,7	7	70,0	3,0			0,4			1,9		
P.E.I.	48,0	1	25,0	51,1	3	75,0	0,9								
Man.	27,0	3	21,4	40,2	8	57,1	23,6	3	21,4	6,3			2,8		
Sask.	11,7	1	5,9	37,7	5	29,4	44,2	11	64,7	5,3			1,1		
Alta.	14,4	2	11,8	35,0	4	23,5	6,9			40,8	11	64,7	2,8		
B.C.	14,1	3	13,6	30,9	8	36,4	26,6	7	31,8	26,1	4	18,2	2,3		
Terr.	26,7			53,8	2	100,0				13,8			5,8		
Bund	31,0	51	19,2	48,8	171	64,5	11,3	23	8,7	5,4	15	5,7	3,5	5	1,9

1957	Conservatives			Liberals			C.C.F.			Social Credit			Andere		
	(a)	(b)	(c)	(a)	(b)	(c)	(a)	(b)	(c)	(a)	(b)	(c)	(a)	(b)	(c)
Ont.	48,8	61	71,8	37,1	21	24,7	12,1	3	3,5	1,7			0,4		
Que.	31,1	9	12,0	57,6	62	82,7	1,8			0,2			9,3	4	5,3
Nfld.	37,8	2	28,6	61,9	5	71,4	0,3								
N.S.	50,4	10	83,3	45,1	2	26,7	4,4			0,1					
N.B.	48,7	5	50,0	48,1	5	50,0	0,9			1,0			1,3		
P.E.I.	52,3	4	100,0	46,6			1,0								
Man.	35,9	8	57,1	26,1	1	7,1	23,7	5	35,7	13,1			1,2		
Sask.	23,2	3	17,6	30,3	4	23,5	36,0	10	58,8	10,5			0,1		
Alta.	27,6	3	17,6	27,9	1	5,9	6,3			37,8	13	76,5	0,3		
B.C.	32,6	7	31,8	20,5	2	9,1	22,3	7	31,8	24,2	6	27,3	0,4		
Terr.	41,4			58,6	2	100,0									
Bund	38,9	112	42,3	40,9	105	39,6	10,7	25	9,4	6,6	19	7,2	2,8	4	1,5

Anmerkung: (a) = Stimmen in %   (b) = Mandate   (c) = Mandate in %

Tabelle A 44 : Ergebnisse der Wahlen zum kanadischen Unterhaus nach Provinzen, 1958 - 1962

1958	Conservatives			Liberals			C.C.F.			Social Credit			Andere		
	(a)	(b)	(c)	(a)	(b)	(c)	(a)	(b)	(c)	(a)	(b)	(c)	(a)	(b)	(c)
Ont.	56,4	67	78,8	32,6	15	17,6	10,5	3	3,5	0,3			0,2		
Que.	49,6	50	66,7	45,7	25	33,3	2,3			0,6			1,9		
Nfld.	45,2	2	28,6	54,4	5	71,4	0,2						0,2		
N.S.	57,0	12	100,0	38,4			4,5								
N.B.	54,1	7	70,0	43,4	3	30,0	1,8			0,7					
P.E.I.	62,2	4	100,0	37,5			0,3								
Man.	56,7	12	100,0	21,6			19,6			1,8			0,4		
Sask.	51,4	16	94,1	19,6			28,4	1	5,9	0,4			0,2		
Alta.	59,9	17	100,0	13,7			4,4			21,6			0,4		
B.C.	49,4	18	81,8	16,1			24,5	4	18,2	9,6			0,4		
Terr.	48,9	1	50,0	49,9	1	50,0							1,2		
Bund	53,6	208	78,5	33,6	49	18,5	9,5	8	3,0	2,6			0,7		

1962	Conservatives			Liberals			NDP			Social Credit/ Ralliement Créditiste			Andere		
	(a)	(b)	(c)	(a)	(b)	(c)	(a)	(b)	(c)	(a)	(b)	(c)	(a)	(b)	(c)
Ont.	39,9	35	41,2	41,8	44	51,8	17,0	6	7,1	1,9			0,1		
Que.	29,6	14	18,7	39,2	35	46,7	4,4			26,0	26	34,7	0,9		
Nfld.	36,0	1	14,3	59,0	6	85,7	4,9			0,1					
N.B.	46,5	4	40,0	44,4	6	60,0	5,3			3,6					
N.S.	47,3	9	75,0	42,4	2	16,7	9,4	1	8,3	0,9			0,2		
P.E.I.	51,3	4	100,0	43,3			5,2			0,2					
Man.	41,6	11	78,6	31,1	1	7,1	19,7	2	14,3	6,8			0,8		
Sask.	50,4	16	94,1	22,8	1	5,9	22,1			4,6			0,1		
Alta.	42,8	15	88,2	19,4			8,4			29,2	2	11,8	0,1		
B.C.	27,3	6	27,3	27,3	4	18,2	30,9	10	45,5	14,2	2	9,1	0,3		
Terr.	47,6	1	50,0	45,7	1	50,0				6,7					
Bund	37,3	116	43,8	37,2	100	37,7	13,5	19	7,2	11,7	30	11,3	0,4		

Anmerkung: (a) = Stimmen in % (b) = Mandate (c) = Mandate in %

Tabelle A 45 : Ergebnisse der Wahlen zum kanadischen Unterhaus nach Provinzen, 1963 - 1965

1963	Conservatives			Liberals			NDP			Social Credit/ Ralliement Créditiste			Andere		
	(a)	(b)	(c)	(a)	(b)	(c)	(a)	(b)	(c)	(a)	(b)	(c)	(a)	(b)	(c)
Ont.	35,3	27	31,8	46,3	52	61,2	15,9	6	7,1	2,0			0,4		
Que.	19,5	8	10,7	45,6	47	62,7	7,1			23,7	20	26,7	0,4		
Nfld.	30,1			64,5	7	100,0	4,2						1,3		
N.S.	46,9	7	58,3	46,7	5	41,7	6,4			0,1					
N.B.	40,4	4	40,0	47,3	6	60,0	4,7			8,6					
P.E.I.	52,0	2	50,0	46,4	2	50,0	1,6								
Man.	42,3	10	71,4	33,8	2	14,3	16,7	2	14,3	7,0			0,2		
Sask.	53,7	17	100,0	24,1			18,2			3,9			0,1		
Alta.	45,3	14	82,4	22,1	1	5,9	6,5			25,8	2	11,8	0,2		
B.C.	23,4	4	18,2	32,3	7	31,8	30,3	9	40,9	13,3	2	9,1	0,7		
Terr.	53,8	2	100,0	42,3						3,9					
Bund	32,8	95	35,8	41,7	129	48,7	13,1	17	6,4	11,9	24	9,1	0,4		

1965	Conservatives			Liberals			NDP			Social Credit/ Ralliement Créditiste			Andere		
	(a)	(b)	(c)	(a)	(b)	(c)	(a)	(b)	(c)	(a)	(b)	(c)	(a)	(b)	(c)
Ont.	34,0	25	29,4	43,6	51	60,0	21,7	9	10,6	0,4			0,3		
Que.	21,3	8	10,7	45,6	56	74,7	12,0			17,5	9	12,0	3,7	2	2,7
Nfld.	32,4			64,1	7	100,0	1,2			1,6			0,7		
N.S.	48,6	10	83,3	42,0	2	16,7	9,1						0,3		
N.B.	42,5	4	40,0	47,5	6	60,0	9,4			0,5					
P.E.I.	53,9	4	100,0	44,1			2,0								
Man.	40,7	10	71,4	30,9	1	7,1	24,0	3	21,4	4,3			0,1		
Sask.	48,0	17	100,0	24,0			26,0			1,9					
Alta.	46,6	15	88,2	22,4			8,3			22,5	2	11,8	0,2		
B.C.	19,2	3	13,6	30,0	7	31,8	32,9	9	40,9	17,4	3	13,6	0,5		
Terr.	45,2	1	50,0	52,0	1	50,0	2,9								
Bund	32,4	97	36,6	40,2	131	49,4	17,9	21	7,9	8,4	14	9,8	1,2	2	0,8

Anmerkung: (a) = Stimmen in % (b) = Mandate (c) = Mandate in %

Tabelle A 46 : Ergebnisse der Wahlen zum kanadischen Unterhaus nach Provinzen, 1968 - 1972

1968	Conservatives			Liberals			NDP			Social Credit/ Ralliement Créditiste			Andere		
	(a)	(b)	(c)	(a)	(b)	(c)	(a)	(b)	(c)	(a)	(b)	(c)	(a)	(b)	(c)
Ont.	32,0	17	19,3	46,6	64	72,7	25,0	6	6,8	1,5			0,7		
Que.	21,3	4	5,4	53,6	56	75,7	7,5			16,4	14	18,9	1,1	1	1,1
Nfld.	52,8	6	85,7	42,8	1	14,3	4,4			0,1					
N.S.	55,2	10	90,9	38,0	1	9,1	6,7						0,1		
N.B.	49,7	5	50,0	44,4	5	50,0	4,9			0,7			0,3		
P.E.I.	51,8	4	100,0	44,9			3,2								
Man.	31,4	5	38,5	41,5	5	38,5	25,0	3	23,1	1,5			0,7		
Sask.	37,0	5	38,5	27,1	2	15,4	35,7	6	46,2				0,2		
Alta.	50,4	15	78,9	35,7	4	21,1	9,3			1,9			2,7		
B.C.	19,4			41,8	16	69,9	32,7	7	30,4	5,8			0,3		
Terr.	33,5	1	50,0	57,0	1	50,0	9,6								
Bund	31,4	72	27,3	45,5	155	58,7	17,0	22	8,3	5,2	14	5,3	0,9	1	0,4

1972	Conservatives			Liberals			NDP			Social Credit/ Ralliement Créditiste			Andere		
	(a)	(b)	(c)	(a)	(b)	(c)	(a)	(b)	(c)	(a)	(b)	(c)	(a)	(b)	(c)
Ont.	39,1	40	45,5	38,2	36	40,9	21,6	11	12,5	0,3			0,8	1	1,2
Que.	17,4	2	2,7	49,2	56	75,7	6,4			24,4	15	20,3	2,6	1	1,3
Nfld.	49,0	4	57,1	44,8	3	42,9	4,7			0,3			1,2		
N.S.	53,4	10	90,9	33,9	1	9,1	12,3			0,3			0,1		
N.B.	44,9	5	50,0	43,1	5	50,0	5,7			5,6			0,7		
P.E.I.	51,9	3	75,0	40,5	1	25,0	7,5			0,1					
Man.	41,6	8	61,5	30,9	2	15,4	26,3	3	23,1	0,7			0,5		
Sask.	36,9	7	53,8	25,3	1	7,7	35,9	5	38,5	1,8			0,1		
Alta.	57,7	19	100,0	25,0			12,6			4,5			0,2		
B.C.	33,0	8	34,7	28,9	4	17,4	35,0	11	47,8	2,6			0,5		
Terr.	39,1	1	50,0	30,4			29,5	1	50,0				1,0		
Bund	35,0	107	40,5	38,5	109	41,3	17,7	31	11,7	7,6	15	5,7	1,2	2	0,8

Anmerkung: (a) = Stimmen in %   (b) = Mandate   (c) = Mandate in %

Tabelle A 47 : Ergebnisse der Wahlen zum kanadischen Unterhaus nach Provinzen, 1974

1974	Conservatives			Liberals			NDP			Social Credit/ Ralliement Créditiste			Andere		
	(a)	(b)	(c)	(a)	(b)	(c)	(a)	(b)	(c)	(a)	(b)	(c)	(a)	(b)	(c)
Ont.	35,1	25	28,4	45,1	55	62,5	19,1	8	9,1	0,2			0,5		
Que.	21,2	3	4,1	54,1	60	81,1	6,6			17,1	11	14,8	1,0		
Nfld.	43,6	3	42,9	46,7	4	57,1	9,5						0,2		
N.S.	47,3	8	72,7	40,5	2	18,2	11,2	1	9,1	0,4			0,6		
N.B.	32,8	3	30,0	46,9	6	60,0	8,6			2,9			8,8	1	10,0
P.E.I.	49,1	3	75,0	46,2	1	25,0	4,6						0,1		
Man.	47,7	9	69,2	27,4	2	15,4	23,5	2	15,4	1,1			0,3		
Sask.	36,4	8	61,5	30,7	3	23,1	31,5	2	15,4	1,1			0,3		
Alta.	61,2	19	100,0	24,8			9,3			3,4			1,3		
B.C.	41,9	13	56,5	33,3	8	34,8	23,0	2	8,7	1,2			0,6		
Terr.	38,7	1	50,0	28,1			33,2	1	50,0						
Bund	35,4	95	36,0	43,2	141	53,4	15,4	16	6,1	5,1	11	4,2	0,8	1	0,4

Anmerkung: (a) = Stimmen in % (b) = Mandate (c) = Mandate in %

ANMERKUNGEN

EINLEITUNG

1) S. Udo Sautter 1972, S.7f. Zu weiterer deutschsprachiger Literatur vgl. die Bibliographie (abgekürzt: Bibl.Ang.); dort auch die genauen bibliographischen Angaben der im folgenden nur mit Autor und Erscheinungsjahr zitierten Literatur.

2) So jüngst auch wieder Burkhard Hofmeister 1972 in seiner als kontinentaler Einheit angelegter Fischer Länderkunde, Nordamerika.

3) So etwa Samuel D.Clark, der Nestor der kanadischen Soziologie, in dem Aufsatz: The Importance of Anti-Americanism in the Canadian National Feeling, in: H.F.Angus 1938.

4) Die folgenden Basisinformationen werden nicht gesondert dokumentiert; die statistischen Daten entstammen in der Regel den offiziellen Statistiken. Zur Landeskunde vgl. einführend Burkhard Hofmeister 1972; ferner als Einstieg die in unregelmäßigen Abständen erscheinenden Länder- und Länderkurzberichte des Statistischen Bundesamtes, der bislang letzte Kurzbericht stammt aus dem Jahre 1974 (s. Bibl.Ang.). Daraus folgt auch, daß alle Angaben z.B. den offiziellen kanadischen Begriffen und auch Abkürzungen entsprechen; z.B. ist bei $-Angaben, sofern nicht vermerkt, stets auf can.$ Bezug genommen. Abkürzungen und Begriffe sind - sofern es sinnvoll erschien - im entsprechenden Kontext erklärt. Die Provinzen wurden abgekürzt wie folgt: Nfld. = Newfoundland; P.E.I. = Prince Edward Island; N.S. = Nova Scotia; N.B. = New Brunswick; Que. = Quebec; Ont. = Ontario; Man. = Manitoba; Sask. = Saskatchewan; Alta. = Alberta; B.C. = British Columbia; N.W.T. = North West-Territories; Yukon = Yukon Territory; beide Territorien zusammen Terr.; Can. = Canada, auch Canadian. Geographische Begriffe wurden mit Ausnahme des Namens Kanada (= Dominion of Canada = Bundesstaat in seiner jetzigen territorialen Gestalt nach 1867) in der Regel nicht eingedeutscht, sondern zumeist in der englischen Fassung verwandt.

KAPITEL A

1) Zur politischen Entwicklung in Französisch Kanada s. W.J. Eccles 1964 (Can.Centenary Series, vol.3); Marcel Trudel 1963; Mason Wade 1968; zum administrativen Aufbau s. insbesondere Gustave Lanctôt 1929.

2) Text bei W.P.M.Kennedy 1930, S.18ff; Adam Shortt/Arthur G. Doughty 1918, S.163ff; dtsch. in Auszügen bei Udo Sautter 1972, S.297.

3) Das 'Quebec Act' von 1774 (14 George III, c.83) bei Kennedy, S.86; bei Shortt/Doughty, S.570; bei Sautter in Auszügen, S. 297f. Zum 'Quebec Act' s. Reginald Coupland 1968.

4) Vgl. u.a. Hilda Neatby 1966 (Can.Centenary Series, vol.6); Gustave Lanctôt 1967; Helen Taft Manning 1966.

5) Die Zahlenangaben zu den einwandernden Loyalists in Anlehnung an Warren E.Kalbach/Wayne W.McVey 1971, S.13ff. Zu den Empire Loyalists s. u.a. L.F.S.Upton (Ed.) 1967.

6) Das 'Constitutional Act' ist abgedruckt u.a. bei Shortt/Doughty 1918, S.1031ff; in Auszügen dtsch. bei Udo Sautter 1972, S.298f.

7) Zur Entwicklung des Wahlrechts in den Kolonien bis 1867 s. John Garner 1969; vgl. ferner u.a. Jean u. Marcel Hamelin 1962. Detaillierter als hier wird die Wahlrechtsentwicklung abgehandelt werden in: Dieter Nohlen/Rainer-Olaf Schultze, Wahlen und Politischer Wandel in Amerika, Bd.III der Reihe 'Die Wahl der Parlamente und anderer Staatsorgane', in Vorb.

8) Zum britischen Reformgesetz von 1832 und der Entwicklung des Wahlrechts bis zur endgültigen Demokratisierung im Jahre 1928 vgl. Franz Nuscheler, Großbritannien, in: Dolf Sternberger/ Bernhard Vogel (Hrsg.) 1969, S.610ff. Die Beurteilung der sog. 'Jacksonian Democracy' ist seit Tocquevilles 'De la Démocratie en Amérique' stets umstritten gewesen. Einen guten Überblick über die gegensätzlichen Interpretationen gibt Alfred A.Cave, Jacksonian Democracy and the Historians, Gainesville 1964. S. als Einstieg auch Edward Pessen, Jacksonian America: Society, Personality, and Politics, The Dorsey Press, Homewood, Ill. 1969. Von denjenigen, die die These der politischen und sozialen Demokratisierung während dieser Periode kritisch beleuchtet haben, ist vor allem zu nennen Lee Benson, The Concept of Jacksonian Democracy. New York as Test Case, Princeton Univ.Press, Princeton/N.J. 1961. Auch die lange Zeit unumstrittene, in enger Beziehung zu Turners Theorem der 'frontier' stehende These, daß während der Jacksonian Democracy das allgemeine Männerwahlrecht durchgesetzt wurde, ist in dieser Absolutheit nicht mehr haltbar. Dennoch fand in dieser Periode eine starke Demokratisierung und Politisierung statt, die auch politische Partizipation und Wahlrecht betrafen. Vgl. noch immer Clinton Williamson, American Suffrage. From Property to Democracy, 1760 - 1860, Princeton Univ.Press, Princeton, N.J., 1960, S.138ff. S. demnächst meinen Beitrag in: Wahlen und politischer Wandel in Amerika, in Vorb.

9) S. Garner 1969, S.3ff u. passim.

10) Vgl. ebenda, S.88ff.

11) Vgl. ebenda, S.81.

12) S. 'General Report for the Investigation of all grievances affecting His Majesty's Subjects of Lower Canada, Part II, The Representation of the People, Nov.15, 1836'; vgl. John Garner 1969, S.82.

13) Zu den Reformbewegungen s. u.a. Samuel D.Clark 1959; Gerald Marquis Craig 1963 (Can.Centenary Series, vol.7), Stanley Bréhaut Ryerson 1968; Mason Wade 1968.

14) Zum sog. 'Family Compact' siehe Gerald Marquis Craig 1963, S.106ff; vgl. ferner die Zusammenstellung von Quellen und Analysen von David W.L.Earl (Ed.) 1967.

15) Zur Landvergabe-Politik siehe Gerald Marquis Craig 1963, S. 124ff; vgl. auch Udo Sautter 1972, S.125ff. Die 'Clergy Reserves' gehen zurück auf 'Constitutional Act', s.36. Vgl. die Dissertation von G.A.Wilson, The Political and Administrative History of the 'Upper Canada Clergy Reserves', 1790 - 1854, PhD thesis, Univ. of Toronto 1959, sowie den zusammenfassenden Aufsatz desselben Autors: The Clergy Reserves: Economical Mischiefs' or Sectarian Issue?, in: Can. Historical Review, vol.42 (1961), S.193ff.

16) Vgl. Gerald Marquis Craig 1963, S.135ff.

17) Vgl. ebenda, passim.

18) Die Angaben nach Stanley Bréhaut Ryerson 1968, S.44.

19) Vgl. Gerald Marquis Craig 1963, S.226ff.

20) Vgl. ebenda; ferner E.Russel Hopkins 1968, S.76f. Zum Vergleich s. die am britischen Beispiel entwickelten Minimalkriterien parlamentarischer Regierung im 19.Jahrhundert bei Klaus v.Beyme, Repräsentatives und parlamentarisches Regierungssystem, in: PVS, 6.Jg. (1965), S.152f.

21) Vgl. Stanley Bréhaut Ryerson 1968, S.42ff.

22) Die Angaben ebenda, S.44.

23) Vgl. ebenda, S.47.

24) Die 92 Resolutions der Assembly von Lower Canada sind abgedruckt bei W.P.M.Kennedy 1930, S.366ff; zur Rebellion von 1836/37 u.a. Samuel Clark 1959, passim; Helen Taft Manning 1962; Mason Wade 1955, S.150ff; Stanley Bréhaut Ryerson 1968, S.42ff.

25) Die Ten Resolutions des Westminster Parliament von 1837 gleichfalls bei W.P.M.Kennedy 1930, S.434ff.

26) Vgl. Samuel D.Clark 1959, S.209ff; Stanley Bréhaut Ryerson 1968, passim; Mason Wade 1955, S.152ff.

27) Vgl. u.a. Stanley Bréhaut Ryerson 1968, S.59f.

28) Abgedruckt u.a. bei Mason Wade 1955, S.160ff. Zu den sozioökonomischen Hintergründen der Rebellion vgl. Fernand Ouellet 1966, passim.

29) Vgl. den Durham Report 1912, vol.2, die Zitatstelle S.16. Zur Rebellion von 1836/37 s. neben den schon genannten Untersuchungen auch Hans Graf 1960, der den Beurteilungswandel in der kanadischen Historiographie hinsichtlich der Ursachen der Rebellion referiert und sicher zu Recht betont, daß durch die sehr starke Betonung des Rassenkonflikts bei Durham die Zusammenhänge in der Folgezeit von der Geschichtsschreibung einseitig in diesem Sinne interpretiert worden sind. Dennoch muß betont werden, daß sozio-ökonomische Faktoren nur die eine Seite der Auseinandersetzungen bildeten. Der ethnisch-kulturelle Antagonismus von Anglo- und Frankokanadiern war in Wechselwirkung mit den sozio-ökonomischen Gründen unbestreitbar der zweite Verursachungsfaktor der Rebellion. Die Bezeichnung 'Rebellion' ist natürlich die von der britischen Kolonialmacht und den Anglokanadiern geprägte Charakterisierung. Die Frankokanadier sehen die 'Rebellion' als 'la guerre des Patriotes' an. Zum Verlauf der Ereignisse aus frankokanadisch-nationalistischer Sicht vgl. etwa Léandre Bergeron 1971, S.76ff.

30) Ähnlich Stanley Bréhaut Ryerson 1968, passim.

31) Vgl. Fernand Ouellet 1958, passim.

32) Hier irrt Udo Sautter 1972, S.142, wenn er ausführt: "Die Idee der parlamentarischen Kontrolle wurde von Durham nicht voll ausgeführt. Der Bericht empfahl nicht eigentlich das volle Kabinettssystem..."
Entsprechend dem damaligen Begriffsapparat wird der Terminus 'responsible government' zwar nur selten verwandt, doch genau das, was wir heute unter diesem Begriff verstehen, schlug Durham zur Einführung in den kanadischen Provinzen vor. Vgl. vol.2 des Durham Report 1912, S.277f. In der kanadischen Literatur herrscht in dieser Frage im übrigen Einigkeit; siehe für viele etwa Russel Hopkins 1968, S.15ff.

33) Vgl. Gerald Marquis Craig 1963, S.264ff.

34) S. die Quellensammlung von Peter Burroughs (Ed.) 1971; Ged. Martin 1972.

35) Text bei W.P.M.Kennedy 1930, S.433ff; dtsch. in Auszügen bei Udo Sautter 1972, S.300.

36) Zum Wahlrecht in der Provinz Canada s. John Garner 1969, S.92ff.

37) Vgl. ebenda; s. auch G.de T.Glazebrook 1929.

38) Zur Wahl der ersten Assembly der Union s. die detaillierte Beschreibung bei J.M.S.Careless 1967 (Can.Centenary Series, vol.10), S.41ff.

39) Vgl. ebenda, S.43.

40) Zu Parteibildungen und Parteiensystem s. insbesondere P.G. Cornell 1962.

41) Zur britischen Kolonialpolitik und zur Gewährung von responsible government s. auch Helen Taft Manning 1952; Russel Hopkins 1968, S.80ff.

42) Zur Wahl von 1848 s. J.M.S.Careless 1967, S.117ff.

43) Ähnlich Russel Hopkins 1968, S.96; vgl. auch Udo Sautter 1972, S.165f.

44) Zur irischen Einwanderung vgl. F.Morehouse, Canadian Migration in the Forties, in: Can. Historical Review, vol.9 (1928), S.309ff; ferner die Studie von Norman Macdonald 1966, S.49ff.

45) S. hierzu vor allem J.M.S.Careless 1967, S.166ff; ferner P.G.Cornell 1962.

46) Zur Ausdehnung des Wahlrechts vor der Wahl von 1853 s. John Garner 1969, S.105ff.

47) Daten nach John Garner 1969, S.115.

48) Zusammengestellt in Anlehnung an John Garner 1969, S.217.

49) Zu den Veränderungen im Parteiengefüge nach der Wahl von 1854 vgl. P.G.Cornell 1962, passim; ferner auch den Aufsatz des gleichen Autors, The Alignment of Political Groups in the United Province of Canada, 1854 - 1864, in: Can. Historical Review, Bd.30 (1949), S.21ff.

50) Zum Streit um den Repräsentationsschlüssel siehe John Garner 1969, passim; J.M.S.Careless 1967, passim.

51) Zu den im folgenden kurz dargelegten spezifischen Strukturen des Regierungssystems in der Provinz Canada zwischen 1854 und 1867 siehe J.M.S.Careless 1967, S.204ff; die beiden Arbeiten von P.G.Cornell, The Alignment of Political Groups, a.a.O.; vgl. auch Russel Hopkins 1968, S.98ff.

52) Hierzu und zu den Regierungsbildungen im Bundesstaat nach 1867 vgl. jetzt die im Rahmen der Royal Commission on Bilingualism and Biculturalism (nachfolgend: B and B Commission) erstellte Studie von Frederick W.Gibson (Ed.) 1970. Vgl. auch Kenneth D.McRae 1974, S.238ff und die an konkordanzdemokratische Überlegungen angelehnte Analyse.

53) Zum Prinzip zweifacher Mehrheiten und doppelter Regierungsführung vgl. J.M.S.Careless 1967, S.20ff.

54) Vgl. P.G.Cornell 1962, passim.

KAPITEL B

1) Auf die Einigungsbestrebungen und die drei Verfassungskonferenzen kann nur sehr verkürzt eingegangen werden. S. u.a. William Ormsby 1969; William Lewis Morton 1964 (Can.Centenary Series, vol.12); ferner Donald Creighton 1964.

2) Eine Analyse ökonomischer Faktoren geben u.a. W.T.Easterbrook/ H.G.J.Aitken 1956; Léandre Bergeron 1971; vgl. ferner die Zusammenstellung der Einigungsfaktoren bei Rowell-Sirois 1940, Report of the Royal Commission on Dominion-Provincial Relations, Book I: Canada 1867-1939, Ottawa 1940, S.29.

3) Zum Verhältnis USA - Kanada in der Mitte des 19.Jahrhunderts s. u.a. Robin W.Winks 1960.

4) Vgl. Donald F.Warner 1960, passim; J.M.S.Careless 1967, passim, insbesondere S.166ff.

5) So insbesondere Seymour M.Lipset 1970 in: Revolution and Counterrevolution. Change and Persistence in Social Structures, S.37ff.

6) Zum kanadischen Regierungssystem s. als Einstieg Robert MacGregor Dawson/Norman Ward 1970; Louis Sabourin (Ed.) 1968; Richard Van Loon/Michael S.Wittington 1970; Orest M.Kruhlak et.al. 1973.

7) Als Einstieg zu Fragen des kanadischen Föderalismus s. u.a. Donald V.Smiley 1972, dort auch eine Analyse der ökonomischen Komponente; ferner Richard Simeon 1972. Zum Föderalismus unter ethnisch-kulturellen Aspekten s. u.a. Ramsay Cook 1969.

8) Zum Systemtyp britischer Kabinettsregierung s. Karl Löwenstein 1969, passim, u.a. S.69ff, S.103ff. Wir können uns auf wenige Bemerkungen zum Regierungssystem beschränken, so bedeutsam eine eher politisch-institutionelle Analyse zu Detailfragen des Regierungssystems auch sein mag. Das kanadische Regierungssystem ist in den institutionellen Regelungen detailgetreu dem britischen Vorbild nachgebildet; dies gilt für die formalen Konstruktionen des Parlamentarismus, etwa den Gesetzgebungsprozeß oder die Parlamentsorganisation, ebenso wie für Kabinettsstruktur und Regierungsorganisation. Bei einer ganzen Reihe derartiger funktionaler und struktureller Fragestellungen genügt zum Verständnis auch des kanadischen Regierungssystems im Grunde der Hinweis auf das britische Vorbild. Wichtiger als diese Aspekte sind vielmehr die Probleme und Lösungen, die sich im politischen Prozeß aus der Übertragung eines spezifischen politisch-institutionellen Systems in einen anderen gesellschaftlichen Systemzusammenhang ergeben. Ihnen wird in einer Reihe von Fragen nachzugehen sein.

9) Zur Position des Premierministers vgl. Thomas A.Hockin (Ed.) 1971.

10) Zum Senat vgl. u.a. Robert A.Mackay 1963; F.A.Kunz 1965.

11) Die Übereinstimmung zwischen den Repräsentationsvorstellungen der amerikanischen 'Founding Fathers' und den hier referierten Macdonalds ist frappierend:
"Society naturally divides itself into two divisions - the few and the many, who have distinct interests. If government (is) in the hands of the few, they will tyrannize over the many. If in the hands of the many, they will tyrannize over the few. It ought to be in the hands of both; and they should be separated". -
So Hamilton auf dem Federal Convention in Philadelphia.
Zu dem Repräsentationskonzept des 'mixed government' s. die wohl beste Studie von J.R.Pole 1971, part three, passim.

12) Zur Bestellungspraxis zum Senat und den folgenden zusammenfassenden Anmerkungen s. u.a. F.A.Kunz 1965, passim u. S. 27ff. Die Altersangaben nach MacGregor Dawson/Norman Ward 1970, passim.

13) Zu den Konferenzen vgl. Donald V.Smiley 1972, passim; Richard Simeon 1972, passim. S. auch die offiziöse Dokumentation: Canadian Intergovernmental Conference Secretariat 1974, in der der Verlauf der Konferenzen und der jeweilige offizielle Diskussionsstand dokumentiert sind.

14) Zu den Reformkonzepten s. Pierre Elliott Trudeau 1969; The Special Joint Committee of the Senate and the House of Commons on the Constitution of Canada, Final Report, Fourth Session, 28th Parliament, Ottawa 1972, S.33ff (im folgenden: Special Joint Committee 1972).

15) Text der Victoria Charter u.a. bei Special Joint Committee 1972, S.106ff.

16) Einen einführenden Überblick über die Entwicklung des Wahlrechts zum Unterhaus gibt Norman Ward 1950, The House of Commons; 1.Aufl.1950, 2.Aufl.1963 (zit. nach der 1.Aufl.); eine systematisierte Darstellung der Gesamtheit wahlrechtlicher Normen zum Unterhaus und den Provinzparlamenten im 20.Jahrhundert liegt vor in Terence H.Qualter 1970; für die Wahlrechtsentwicklung im 19.Jahrhundert noch immer unentbehrlich ist die juristische Darstellung von William D.McPherson 1905. Die nachfolgende Analyse des engeren Wahlrechts zum Unterhaus beruht im wesentlichen auf diesen Studien, sodann selbstverständlich auf den verschiedenen Gesetzesnormierungen und den offiziellen Wahlstatistiken des Chief Electoral Office, die in den Bibl.Ang. im einzelnen angeführt sind.

17) Zusammengestellt nach Norman Ward 1950, S.212,214,221,225.

18) Zur Frauenwahlrechtsbewegung s. Catherine L.Cleverdon 1950; zum internationalen Vergleich s. J.H.Harper (Ed.), The History of Woman Suffrage, New York, Bd.2, S.755ff.

19) Vgl. Norman Ward 1950, S.226ff.

20) S. ebenda, S.61ff; zum passiven Wahlrecht s. im übrigen Terence H.Qualter 1970, S.45ff.

21) Zum Wahlrecht im 20.Jahrhundert s. ebenda. Im einzelnen s. demnächst meinen Beitrag in: Wahlen und politischer Wandel in Amerika, in Vorb.

22) Diese Inkompatibilitätsregelungen sind typisch für fast sämtliche in der britischen Verfassungstradition stehende Staaten. Vgl. für Kanada: Terence H.Qualter 1970, S.46ff. Für Großbritannien: Franz Nuscheler, in: Dolf Sternberger/ Bernhard Vogel (Hrsg.) 1969, S.641.

23) Die Wahlrechtsnormen sind zusammengestellt in: Chief Electoral Officer 1970, Indexed Copy of the Canada Elections Act, Ottawa 1970; für 1974: dasselbe, Ottawa 1974.

24) S. dazu demnächst meine Beiträge in: Wahlen und politischer Wandel in Amerika, in Vorb.; dort auch weiterführende Literaturangaben zur Wählerregistrierung in USA und Kanada.

25) Vgl. Canada Elections Act 1970 bzw. 1974, section 21.

26) Zum Verhältnis von Partei und Kandidat s. u.a. Frederick C. Engelmann/Mildred A.Schwartz 1975, S.228ff; Terence H.Qualter 1970, S.55ff. Durch section 23, Canada Elections Act 1970 u. 1974 wurde das Erfordernis der Angabe der Parteizugehörigkeit eingeführt und bei der Unterhauswahl von 1972 erstmals angewandt. CEA 1970 u.1974 sec.13 regeln jetzt die Teilnahmebedingungen von politischen Parteien an den Unterhauswahlen. S. auch Chief Electoral Officer 1975, Manual of Information, passim.

27) S. Canada Elections Act 1974, sec.13.

28) Zur Wahlfinanzierung s. Khayyam Z.Paltiel 1970; Committee on Election Expenses 1966a; Committee on Election Expenses 1966b; House of Commons/Special Committee on Election Expenses 1971.

29) Die vorstehend in Tabelle 5 zusammengestellten Daten entstammen den offiziellen 'records' des Chief Electoral Office; sie wurden von diesem freundlicherweise überlassen. Die geschätzte Gesamtsumme für 1968 nach Khayyam Z.Paltiel 1970; für 1972 nach Khayyam Z.Paltiel 1974.

30) Zu den Veränderungen aufgrund des Election Expenses Act von 1974 s. den Gesetzestext, Statutes of Canada 21 & 22 Eliz. II, chapter 51 (S.739ff), auch in: Canada Elections Act 1974; s. ferner Chief Electoral Officer 1975, Manual of Information, passim.

31) Die Anwendung anderer Wahlsystemformen als der relativen Mehrheitswahl in Einer-Wahlkreisen blieb jeweils nur Episode. Während bei Unterhauswahlen stets nach relativer Mehrheitswahl gewählt wurde, wichen auf Provinzebene vom Mehrheitsprinzip nur Manitoba und Alberta und auch nur in eini-

gen der Wahlkreise zeitweilig ab. In den großstädtischen Wahlkreisen beider Provinzen wurde dort zeitweise nach 'single transferable vote' gewählt. In Alberta und in British Columbia galt gleichfalls nur zeitweise und in einigen der Wahlkreise Alternative Vote. Vgl. Terence H.Qualter 1970, S.129ff. Gegenwärtig wird in allen Provinzen ausschließlich nach relativer Mehrheitswahl in Einerwahlkreisen gewählt. Aufgrund der außerordentlichen Verzerrung der Repräsentation in Quebec bei Provinzwahlen gibt es jedoch seit etwa 1970 eine ausgeprägte Wahlsystemdiskussion in der frankokanadischen Provinz. Dabei steht u.a. als eine Alternative das bundesrepublikanische Wahlsystem zur Diskussion. Vgl. u. a. Robert Boily 1970, Vincent Lemieux 1973a.

32) Zu den Funktionen bürgerlich-demokratischer Wahlen s. Vogel/Nohlen/Schultze 1971, S.9ff.

33) Am überzeugendsten vertreten wurde diese These wohl von Robert MacGregor Dawson, dem Nestor der kanadischen Politischen Wissenschaft. Siehe sein: The Government of Canada, passim. In der nur spärlichen deutschsprachigen Literatur zum kanadischen Regierungssystem vertritt diesen Standpunkt etwa der der Hermens'schen Schule verhaftete Karl Franzen 1966. Franzen geht jedoch fehl, wenn er - wenngleich mit Einschränkungen - das kanadische Parteiensystem, auch dasjenige nach dem I.Weltkrieg, als Zweiparteiensystem typisiert. Aufgrund dieser Fehlinterpretation, die den tatsächlichen Strukturen auch nicht nur im mindesten nahekommt, werden in seinem Aufsatz dann auch die maßgeblichen gesellschaftlichen und politischen Faktoren, die das Parteiensystem konstituieren, nicht deutlich.

34) In Anlehnung an die gleichnamige Parteien- und Wahlstudie von Peter Regenstreif 1965, The Diefenbaker Interlude: Parties and Voting in Canada.

35) In Zweierwahlkreisen wurde gewählt: 1867 in 2, 1872-1891 in 10, 1896/1900 in 6; 1904-1911 in 4, 1921 in 5; 1925-1930 in 4, 1935-1965 in 2 Wahlkreisen. In den Zweierwahlkreisen besaß jeder Wähler über zwei Stimmen; gewählt waren die beiden Bewerber, die die meisten Stimmen erhalten hatten.

36) Zu der im folgenden dargestellten Entwicklung der Wahlkreiseinteilungen seit 1867 siehe neben Norman Ward 1950, S.19ff, die Aufsätze desselben Autors: The Redistribution of 1952, in: Can.Journal of Economics and Political Science, vol.19 (1953), S.341ff; A Century of Constituencies, in: Can. Public Administration, vol.10 (1967), S.105ff; vgl. ferner William E.Lyons 1970; Terence H.Qualter 1970, S.81ff.

37) Die Angaben nach Norman Ward 1950, S.31.

38) Zum Phänomen des gerrymandering vgl. die Ausführungen und das graphische Beispiel bei Carl Joachim Friedrich, Der Verfassungsstaat der Neuzeit, Heidelberg u.a. 1953, S.327ff. Zum gerrymandering von 1882 s. R. MacGregor Dawson, The Gerrymander of 1882, in: Can.Journal of Economics and Political Science, vol.1 (1935), S.197ff.

39) Vgl. Norman Ward 1950, S.30ff; dort auch die folgenden Daten.

40) Vgl. ebenda. Die proagrarische Tendenz äußerte sich u.a. auch in dem Vorschlag des Unterhausabgeordneten Borden, der für Stadt und Land unterschiedliche Wahlquoten vorschlug; s. Debates (of the House of Commons) 1903, S.11.441.

41) Vgl. Norman Ward 1950, S.39ff. Die Entscheidungen des Supreme Court abgedruckt als: In re Representation of Prince Edward Island in the House of Commons. In re Representation in the House of Commons of certain provinces, Reports of the Supreme Court of Canada (S.C.R.), 1903, S.475,594.

42) Die Daten berechnet nach Table I: The Population of Electoral Districts in Canada, in: Norman Ward 1950, S.31.

43) S. ebenda, S.53.

44) Vgl. William E.Lyons 1970; Terence H.Qualter, The Election Process 1970, S.81ff; Norman Ward 1967. Zum Ermittlungsprozeß im einzelnen s. demnächst mit Zahlenbeispielen meinen Beitrag in: Wahlen und politischer Wandel in Amerika, in Vorb.

45) Zum Electoral Boundaries Readjustment Act von 1963/64 siehe insbesondere William E.Lyons, passim. Dort auch eine Analyse der parteipolitischen Auswirkungen der Wahlkreisrevision von 1966 und eine Umrechnung der Ergebnisse der Wahlen von 1965 und 1968 auf der Grundlage der alten wie neuen Wahlkreisgrenzen. Ferner s. Norman Ward 1967, passim. Der Gesetzestext in: Statutes of Canada 1964, chapter 31.

46) Die Ermittlung der Mandatszahlen pro Provinz durch den Representation Commissioner wurde veröffentlicht in: Canada Gazette, 13 May 1972, part I, p.1302. S. hierzu den den gegenteiligen Standpunkt beziehenden Beitrag von Andrew Sancton 1973, The Application of the 'Senatorial Floor Rules' to the Latest Redistribution of the House of Commons: The Peculiar Case of Nova Scotia, in: Can.Journal of Political Science, vol.VI (1973), S.56ff.

47) Zum folgenden vgl. House of Commons/Committee on Privileges and Elections (im folgenden: Committee on Privileges and Elections 1974), Minutes of Proceedings and Evidence, 9-4-1974, enthaltend u.a. die offizielle Stellungnahme der liberalen Regierung, vorgetragen von Allan J.MacEachen, zum damaligen Zeitpunkt President of the Privy Council, sodann die verschiedenen Vorschläge und ihre Durchrechnung durch Statistics Canada; vgl. ferner Minutes of Proceedings and Evidence, 11-12-1974, enthaltend die veränderten Bestimmungen, wie sie in die Verfassungsrevision aufgenommen wurde.

48) S. ebenda.

49) S. ebenda; der Gesetzestext in: Statutes of Canada 1974/75, chapter 13; vgl. den Kommentar von Andrew Sancton 1975, The Representation Act, 1974, in: Can.Journal of Political Science, vol.VIII (1975), S.467ff.

50) So Allan J.MacEachen in seiner Stellungnahme in: Committee on Privileges and Elections 1974, 9-4-1974, 3:30.

KAPITEL C

1) Vgl. William L.Morton 1964, S.203ff. Zur ersten Regierungsbildung auf Bundesebene s. William L.Morton, The Cabinet of 1867, in: Frederick W.Gibson 1970, S.1ff; vgl. auch Jean Hamelin/John Huot/Marcel Hamelin 1965, S.17ff.

2) Zu den Unterhauswahlen s. u.a. die Studie von J.Murray Beck 1968, Pendulum of Power, Canada's Federal Elections. Die hier und nachfolgend gegebene Darstellung einzelner Wahlen beruht stets auch auf der Beck'schen Studie; auf sie wird im folgenden nicht immer gesondert verwiesen. Zu den Wahlen im 19. Jahrhundert s. aus frankokanadischer Sicht auch Jean Hamelin/John Huot/Marcel Hamelin 1965.

3) S. auch Escott M.Reid, The Rise of National Parties in Canada, in Hugh G.Thorburn 1972, S.15ff.

4) Vgl. Escott M.Reid, ebenda; J.Murray Beck 1968, passim. In stiller Wahl wurden vergeben 1867: 46 von 181, 1872: 52 von 200, 1874: 55 von 206, 1878: 11 von 206; 1882: 25 von 211, 1887: 10 von 215 Mandaten.

5) Vgl. etwa Peter B.Waite 1971 (Can.Centenary Series, vol.13), S.24.

6) Zu den kanadischen Parteien liegt eine umfängliche Literatur vor; s. etwa die zweiteilige Bibliographie: Canadian Political Parties, Teil 1: 1791 - 1867; Teil 2: 1867 - (including Books, Review Articles, Graduate Thesis and Pamphlets), ohne Ort und Jahr. Die Parteienentwicklung nach Gründung der Konföderation ist jedoch noch immer relativ schlecht dokumentiert. Einführungen geben Escott M.Reid, The Rise of National Parties in Canada; George M.Hougham, The Background and Development of National Parties, beide in: Hugh G.Thorburn (Ed.) 1972, S.1ff bzw.15ff. Aufgrund fehlender Monographien zu den Parteien ist für das 19.Jahrhundert auch auf die Biographien der Parteiführer zu verweisen; für Macdonald siehe Donald Creighton, John A.Macdonald: The Old Chieftain, Toronto 1965. Sodann muß ferner auf die allgemeineren historischen Darstellungen zurückgegriffen werden.

7) Die Angaben zur Zahl der Erwerbstätigen in der Industrie nach Donald Creighton 1970, S.6f. Zur Berufsstruktur: John Porter 1965, S.134ff.

8) Das Geschichtstheorem der 'frontier' ist entwickelt worden von Frederick Jackson Turner; zuerst in dem Aufsatz, The Significance of the Frontier in American History (1893); dann Frederick Jackson Turner, The Frontier in American History (1920), reprint Holt, New York 1950; deutsch als: Die Grenze. Ihre Bedeutung in der amerikanischen Geschichte,

Bremen-Horn 1947. Turner hat in der Folgezeit Ausrichtung, Themenstellung und Arbeiten einer ganzen Generation amerikanischer Historiker geprägt. Zu Turners Theorem s. u.a. Lee Benson, Turner and Beard. American Historical Writing Reconsidered, Free Press, Glencoe/Ill. 1960; Richard Hofstadter/Seymour M.Lipset (Eds.), Turner and the Sociology of the Frontier, Basic Books, New York 1968. Zur Bedeutung der Grenze für die kanadische Gesellschaft s. u.a. die von Michael Cross 1970 zusammengestellten Quellen und Analysen; ferner Samuel D.Clark, The Frontier in the Development of the Canadian Political Community, in: Samuel D.Clark 1962, S.205ff; Ramsay Cook, Frontier and Metropolis, in: Ramsay Cook 1971, S.166ff.

9) S. etwa die Charakterisierung dieser Periode bei A.R.M.Lower 1958, S.327ff. Vgl. den Rowell-Sirois-Report 1940, vol.I, passim.

10) Vgl. Peter B.Waite 1971, passim.

11) Vgl. Donald Creighton 1970, S.36ff.

12) Die Zahlen in Anlehnung an Peter B.Waite 1971, S.27. Zu den protestantischen Orangemen und ihrer Rolle in der kanadischen Gesellschaft im 19.Jahrhundert s. jetzt Hereward Senior 1972, Orangeism: The Canadian Phase, Toronto 1972; zur Periode nach der Gründung des Bundesstaates, S.57ff.

13) Vgl. G.P.T.Glazebrook 1966, passim.

14) Zum Eisenbahnskandal s. u.a. Donald Creighton 1970, S.28ff; William L.Morton 1964, S.269ff; dort weiterführende Literaturangaben; zu den Konsequenzen bei der Unterhauswahl von 1874 s. J.Murray Beck 1968, S.22ff.

15) Zur Liberalen Partei im 19.Jahrhundert, die gleichfalls nur relativ schlecht bearbeitet ist, s. etwa die knappe Darstellung bei J.W.Pickersgill 1962; Robert M.Stamp, J.D.Edgar and the Liberal Party: 1867 - 1896, in: Can. Historical Review, 1964. Zu verweisen ist dann auf die Biographien, zu George Brown: J.M.S.Careless, Brown of the Globe, vol.I: The Voice of Upper Canada, 1818 - 1859, Toronto 1959, vol.II: Statesman of Confederation, 1860 - 1880, Toronto 1963; zu Alexander Mackenzie: Dale C.Thomson, Alexander Mackenzie: Clear Grit, Toronto 1960.

16) Vgl. Peter B.Waite 1971, S.13ff; Donald Creighton 1970, S.33ff.

17) Zur Canada First-Bewegung vgl. ebenda, passim; G.P.T.Glazebrook 1966, S.159ff; Frank H.Underhill 1960, S.93, S.172ff.

18) Dies erkannte u.a. bereits der liberale Zeitgenosse George W.Ross in seiner Analyse: Getting into Parliament and After, Toronto 1913; vgl. J.Murray Beck 1968, S.44, der Ross zitiert.

19) Vgl. u.a. Jean Hamelin/John Huot/Marcel Hamelin 1965, S.27ff. Die Gegensätze zwischen der Bundesregierung in Ottawa und den Provinzregierungen - im Föderalismus des BNA angelegt - sind ein besonderes Kennzeichen des kanadischen politischen Systems. Entstanden sind die Gegensätze zwischen Bund und Provinz um stärkere Zentralisierung oder provinziale Autonomie unmittelbar nach Gründung der Konföderation aus der Konfrontation zwischen der konservativen Bundesregierung unter Macdonald und der liberalen Provinzregierung Ontarios unter Oliver Mowat. Oliver Mowat ist zu Recht als 'father of provincial autonomy' bezeichnet worden. Quebec profitierte später von den provinzialen, wenn auch ungeschriebenen Eigenrechten, die von Mowat erreicht wurden. Die Auseinandersetzungen zwischen Ottawa und Quebec setzten erst nach der Hinrichtung von Louis Riel ein. Vgl. Ramsay Cook, Quebec, Ontario, and the Nation, in: Ramsay Cook 1966, S.26ff.

20) Zur Bedeutung Quebecs für die Wahlen im 19.Jahrhundert siehe u.a. Jean Hamelin/John Huot/Marcel Hamelin 1965, S.33ff.

21) Zu der Affaire um das liberale Institut Canadien vgl. Peter B.Waite 1971, S.45ff.

22) Zu den hier am Beispiel des Wahlkreises Charlevoix dargestellten Einwirkungen des Klerus auf die Wahlen und den politischen Prozeß im allgemeinen siehe u.a. Peter B.Waite 1971, S.48ff. Die Wahlinstruktionen der frankokanadischen Ultramontanen bei Jean Hamelin/John Huot/Marcel Hamelin 1965, S. 126ff; englisch bei G.P.T.Glazebrook 1966, S.169; gleichfalls mit weiteren Stellungnahmen des Klerus zu politischen Fragen bei Gerald Dion/Louis O'Neill 1960.

23) Vgl. G.P.T.Glazebrook 1966, S.187ff.

24) Zur Rebellion in Saskatchewan s. etwa Donald Creighton 1970, S.47ff; Peter B.Waite 1971, S.146ff.

25) Von den Biographien Louis Riels, der natürlich in der anglo- und frankokanadischen Literatur unterschiedlich beurteilt wird, sei genannt: G.F.G.Stanley, Louis Riel, Toronto 1960. Zur einigenden Wirkung der Hinrichtung Riels im frankokanadischen Quebec vgl. Ramsay Cook 1966, S.48ff. Honoré Merciers, Premierminister Quebecs nach 1886, Charakterisierung gibt die Stimmung der Frankokanadier wieder:
"We feel that the murder of Riel was a declaration of war on the influence of French Canada in Confederation, a violation of right and justice...".
Zit. bei Ramsay Cook, ebenda.

26) Zu Goldwin Smith vgl. Elizabeth Wallace 1967, Goldwin Smith - Victorian Liberal, Toronto 1967; R.C.Brown 1962, Goldwin Smith and Anti-Imperialism, in: Can. Historical Review, 1962, S.93ff. Zu den Bestrebungen um eine Wirtschafts- und Zollunion zwischen Kanada und den USA siehe auch Donald T.Warner 1960, S.176ff.

27) Zwischen 1871 und 1891 überstieg dabei die Zahl der Emigranten (ca. 1.546.000) die der Einwanderer (ca. 1.256.000); vgl. Warren E.Kalbach/Wayne W.McVey 1971, S.31ff.

28) Zur Führungskrise nach dem Tod Macdonalds und ihren Auswirkungen zwischen den Wahlen von 1891 und 1896 vgl. Lovell C. Clark, The Conservative Party in the 1890's, in: Report of the Canadian Historical Association, 1961, S.58ff; derselbe, Macdonald's Conservative Successors, 1891 - 1896, in: John S.Moir (Ed.), Character and Circumstance: Essays in Honour of Donald Grant Creighton, Toronto 1970, S.143ff; John C. Courtney 1973, S.32ff; vgl. ferner Peter B.Waite 1971, S. 229ff.

29) Die Schulfrage in Manitoba, die eines der zentralen historischen Ereignisse Kanadas darstellt und von eminenter Bedeutung für das Verhältnis von Anglo- und Frankokanadiern in der Folgezeit gewesen ist, ist relativ gut bearbeitet; siehe als Einstieg Peter B.Waite, ebenda; sodann die Zusammenstellung von Quellen und Analysen von Lovell Clark (Ed.) 1968. William L.Morton, Manitoba Schools and Canadian Nationality, 1890 - 1923; Ramsay Cook, Church, Schools, and Politics in Manitoba; beide in: Can. Historical Readings, vol.7 (1969), Univ. of Toronto Press 1969.

30) Vgl. die Darstellung des parlamentarischen Beratungsverlaufs bei Peter B.Waite 1971, S.262ff.

31) Zur Wahl von 1896 s. ebenda; J.Murray Beck 1968, S.72ff; Lovell Clark (Ed.) 1968, S.182ff.

32) Die Zeit der liberalen Vorherrschaft unter Laurier von 1896 bis 1911 ist bisher nur relativ unzureichend zusammenhängend bearbeitet worden; der die Epoche von 1897 bis 1921 abdeckende Band 14 der Can.Centenary Series ist bislang noch nicht erschienen; so muß entweder auf die Biographien Lauriers oder die generalisierenden Darstellungen zur kanadischen Geschichte zurückgegriffen werden; Biographien zu Laurier von: J.W.Dafoe, Laurier: A Study in Canadian Politics, Toronto 1922; O.D.Skelton, Life and Letters of Sir Wilfrid Laurier, 2 Bde., London 1921; Joseph Schull, Laurier, The First Canadian, Toronto 1965. Zu den Wahlen s. J.Murray Beck 1968, passim.

33) Zum Verhältnis von Laurier zu 'seiner' frankokanadischen Basis s. H.Blair Neatby 1973, Laurier and a Liberal Quebec.

34) Vgl. J.Murray Beck 1968, S.87.

35) Vgl. Warren E.Kalbach/Wayne W.McVey 1971, S.34.

36) Zur Wahl von 1911 s. Paul Stevens 1970, The 1911 General Election; J.Murray Beck 1968, S.120ff; zu den handelspolitischen Implikationen vgl. Ethan Ellis, Reciprocity 1911. A Study in Canadian-American Relations, Yale Univ.Press, New Haven 1939. Zur Regierungsbildung der Konservativen nach der Wahl vgl. Roger Graham, The Cabinet of 1911, in: Frederick W.Gibson (Ed.) 1970, S.47ff.

37) S. J.Murray Beck 1968, S.125f.

38) Zu den Bestimmungsfaktoren der Wahl im frankokanadischen Quebec siehe H.Blair Neatby 1973, S.165ff. Zu Henri Bourassa und den Nationalisten siehe J.Levitt 1969; ferner die Quellensammlung: J.Levitt (Ed.) 1970.

39) Vgl. Margaret Prang, Clerics, Politicians, and the Bilingual Schools Issue in Ontario, 1910 - 1917, in: Can. Historical Readings, vol.7 (1969), Univ. of Toronto Press 1969, S.85ff.

40) Zum völkerrechtlichen Status des kanadischen Bundesstaates vgl. als Einführung Martin Reiser 1961, Das Commonwealth of Nations. Begriff, Rechtsnatur und Wesen, Zürich 1961.

41) Vgl. J.Murray Beck 1941, S.138.

42) Zur Wehrpflicht-Frage und den Auseinandersetzungen in Quebec vgl. Mason Wade 1955, S.708ff.

43) Vgl. Walter D.Young 1969a, S.11ff.

KAPITEL D

1) Das kanadische Parteiensystem nach 1921 ist mit den gängigen Typologien, etwa Zweiparteiensystem - Vielparteiensystem, nicht zureichend zu charakterisieren. Die neutrale Formulierung 'Mehrparteiensystem' soll ausdrücken, daß seither mehr als zwei Parteien an den Wahlen teilgenommen und darüber hinaus aufgrund ihrer Stimmen- und Mandatszahlen das politische System auch bestimmt haben.

2) Befragt, ob Kanada zum Zweiparteiensystem zurückkehren werde, antworteten vor den Unterhauswahlen von 1958 nur 46 %, 1962 nur 42 % und 1963 gar nurmehr 38 % der Befragten mit ja. An diesen Relationen dürfte sich seither kaum etwas verändert haben. Vgl. Frederick C.Engelmann/Mildred A.Schwartz 1973, S.53.

3) Vgl. Frank H.Underhill 1957, Canadian Political Parties, The Canadian Historical Association, Historical Booklets No 8, Ottawa 1957, insbesondere S.19; Robert MacGregor Dawson 1948, 1.Aufl., S.575.

4) S. hierzu insbesondere die Hypothesen von Maurice Pinard 1971, The Rise of a Third Party, passim.

5) Zur Wahlbeteiligung s. Howard A.Scarrow 1961, Pattern of Voter Turnout in Canada, in: Midwest Journal of Political Science, vol.5 (1961) 79ff; in Auszügen in: John C.Courtney (Ed.) 1967, S.104ff.

6) Zum Einfluß der Kandidatenzahl auf die Stimmen-Mandatsrelation bei den Unterhauswahlen s. Duff Spafford 1970, S.168ff.

7) Vor allem unter amerikanischen Sozialwissenschaftlern bestreitet eine bedeutende Schule den prägenden Einfluß des Wahlsystems. So vor allem Leon D.Epstein, Political Parties in Western Democracies, New York 1967, S.37ff; zu Kanada s. unter diesem Aspekt auch Leslie Lipson, Party Systems in the United Kingdom and the Older Commonwealth: Causes, Resemblances and Variations, in: Political Studies, vol.7 (1959), S. 12ff. Zur folgenden Analyse s. insbesondere Alan C.Cairns 1968, der prononziert den Einfluß der relativen Mehrheitswahl auf das Parteiengefüge betont. Zur Cairnsschen Analyse vgl. u.a. die Entgegnung von J.A.A.Lovink 1970, S.397ff.

8) Zu Begriff und Konzeption von Bias und Swing s. Vogel/Nohlen/Schultze 1971, S.58ff.

9) S. Terence H.Qualter 1968, Seats and Votes: An Application of the Cube Law to the Canadian Electoral System, in: Can. Journal of Political Science, vol.1 (1968), S.336ff; Thomas W.Casstevens/William D.Morris, The Cube Law and the Decomposed System, ebenda, vol.5 (1972), S.521ff. S. auch J.Murray Beck, The Democratic Process at Work in Canadian General Elections, in: John C.Courtney (Ed.) 1967, S.21ff.

10) Frank H.Underhill, Our Fantastic Electoral System, in: Canadian Forum, vol.XV (1935).

11) Als Beispiel siehe etwa die Wahlvoraussagen zu den Wahlen von 1962 und 1963 in Peter Regenstreif 1965, S.XI.

12) Vgl. Alan C.Cairns 1968, passim.

13) S. ebenda.

14) Am pointiertesten ist diese recht einseitige These wohl stets von Ferdinand A.Hermens und seiner Schule vertreten worden. Siehe u.a. F.A.Hermens, Demokratie oder Anarchie? Untersuchung über die Verhältniswahl, 2.Aufl., Köln und Opladen 1968. Die Studie erschien zunächst als: Democracy or Anarchy? A Study of Proportional Representation, Univ. of Notre Dame Press 1941. Da in den nordamerikanischen politischen Systemen die relative Mehrheitswahl nie ernsthaft in Frage gestellt wurde, gab und gibt es in der dortigen, vor allem der US-amerikanischen Sozialwissenschaft keine detaillierte Wahlsystemdiskussion. Die englische Ausgabe der Hermensschen Studie ist eine der wenigen vorliegenden Arbeiten zu Fragen des Wahlsystems; so fragwürdig die These schon immer war, so überholt sie heute ist, in der nordamerikanischen Sozialwissenschaft bestimmt sie unverändert das Wahlsystem-Verständnis. Die europäische und insbesondere deutsche Kritik an Hermens sind unbekannt geblieben.

15) Zur frankokanadischen Union Nationale vgl. vor allem Herbert F.Quinn 1963; zur Rolle der Union Nationale im provinzialen Parteiensystem Quebecs s. u.a. Vincent Lemieux (Ed.) 1969, passim.

16) Zum Ralliement Créditiste s. vor allem Maurice Pinard 1971.

17) Zum folgenden vgl. Alan C.Cairns 1968, passim; s. auch Frederick C.Engelmann/Mildred A.Schwartz, 1975, S.228ff.

18) S. die ähnlichen Ergebnisse von William El.Lyons 1970, S. 38ff.

19) Vgl. J.Murray Beck 1968, S.149ff.

20) Zur Herausbildung der agrarischen Protestbewegung in Kanada und der sie bestimmenden sozio-ökonomischen Faktoren s. Seymour M.Lipset 1968, Agrarian Socialism. The Cooperative Commonwealth Federation in Saskatchewan. A Study in Political Sociology, zuerst Los Angeles 1950, in überarbeiteter Fassung 1968, S.16ff.

21) S. etwa William Irvine, neben J.S.Woodsworth u.a. einer der Gründer der 'Non-Partisan League' der Agrarier des Westens, in seiner parteifeindlichen Schrift: The Farmers in Politics, Toronto 1920, passim und S.56ff; vgl. hierzu Walter D.Young 1969a, S.22ff.

22) Im Vergleich zum jeweils vorangegangenen Jahr ging der Weizenpreis 1920 um 31,7 %, 1921 gar um 50 % zurück; der allgemeine Preisindex hingegen stieg während des Jahres 1920 um 16,3 % und sank trotz des Preisrückganges bei Agrarprodukten um ca. 50 %,im folgenden Jahre 1921 nur um 29,5 % ab. Die Daten nach Seymour M.Lipset 1968, S.79 und passim. Zu den Progressives in Kanada s. William L.Morton 1967a.

23) Die Typologisierung und die Bestimmung des kanadischen Parteiengefüges als regional-ethnisch und regional-ökonomisch geprägt in Anlehnung an Frederick C.Engelmann/Mildred A. Schwartz 1973, S.16.

24) Zu den Provinzwahlen und ihren Ergebnissen s. demnächst die Übersichten in: Wahlen und politischer Wandel in Amerika, in Vorb.

25) Zu den politischen Strukturen in Alberta und Manitoba siehe als Einführung die beiden Aufsätze von J.A.Long/F.Q.Quo, Alberta, One Party Dominance; T.Peterson, Manitoba, Ethnic and Class Politics in Manitoba, in: Martin Robin (Ed.) 1972. Ausgehend von der Analyse des Ralliement Créditiste in Quebec von Maurice Pinard 1971 und seinen Hypothesen zum Phänomen der Drittparteien in Kanada, vor allem seiner Schlußfolgerung, "that whenever the opposition party (or the strongest of many opposition parties) fails to return at least a third of the votes while in opposition, it tends to be replaced by 'third' parties" (ebenda, S.37), erfolgte in der kanadischen Sozialwissenschaft die Überprüfung dieser Thesen auch in historischer Perspektive am Beispiel der Drittparteien der 20er Jahre im kanadischen Westen. Vgl. die Beiträge von Graham White, André Blais und die Erwiderung von Maurice Pinard in: Can.Journal of Political Science, vol.6 (1973), S.399ff.

26) Vgl. etwa die am Beispiel Saskatchewans dargestellte Entwicklung der Protestbewegung bei Seymour M.Lipset 1968. In Saskatchewan bestand dabei eine weitgehende personelle Kontinui-

tät; ein Großteil der Mitglieder der C.C.F. war in den 20er Jahren bereits in der Progressive Party aktiv gewesen. Lipset sieht - zumindest in Saskatchewan - die C.C.F. als direkte Nachfolgeorganisation der Progressives an.

27) Vgl. William L.Morton 1967a, passim; Walter D.Young 1969a, S.31ff.

28) Auf die verstärkende Wirkung der relativen Mehrheitswahl in Einerwahlkreisen braucht nicht näher eingegangen zu werden. Ein Blick auf die Disproportionen von Stimmen und Mandaten bei den Provinzwahlen und die Überrepräsentation der jeweils stimmstärksten Partei, auch der regionalen Drittparteien, verdeutlicht dies. S. dazu meinen Beitrag in: Wahlen und politischer Wandel in Amerika, in Vorb.

29) S. u.a. Walter D.Young 1969b, passim.

30) Zu den Ergebnissen der empirischen Untersuchungen vgl. u.a. John Wilson/David Hoffman 1970, The Liberal Party in Countemporary Ontario Politics; John C.Courtney/David E.Smith, Voting in a Provincial General Election and a Federal By-Election: A Constituency Study of Saskatoon City, in: Can. Journal of Economics and Political Science, vol.32 (1966), S.339ff; George Perlin/Patti Peppin 1971, Variations in Party Support in Federal and Provincial Elections; vgl. hierzu auch Donald V.Smiley 1972, S.78ff.

31) Vgl. hierzu etwa Howard A.Scarrow, Federal-Provincial Voting Pattern in Canada, in: John C.Courtney (Ed.) 1967, S.82ff. Ferner auch Steven Muller, Federalism and the Party System in Canada, in: Peter Meekison (Ed.) 1968, S.119ff.

32) Bis zum Jahre 1931 war es üblich, daß Ministern, die sich bei einer Nachwahl von der Wählerschaft nochmals bestätigen lassen mußten, in diesen Nachwahlen von der Opposition zumeist keine Gegenkandidaten erhielten. Bis 1931 waren die Nachwahlen so vielfach kein Test der öffentlichen Meinung. Doch auch seither lassen die Ergebnisse von by-elections nur sehr vage Rückschlüsse auf die Stimmstärke der Parteien bei den nachfolgenden allgemeinen Wahlen zu. In Kanada liegt dies in etwa in den gleichen Ursachen begründet, die auch in Großbritannien die Aussagekraft von Nachwahlen einschränken. Zum britischen Beispiel vgl. Franz Nuscheler, in: Sternberger/Vogel 1969, S.627; zu den kanadischen Nachwahlen s. Howard A.Scarrow, By-Elections and Public Opinion in Canada, in: John C.Courtney (Ed.) 1967, S.39ff.

33) Zu den verfassungspolitischen Auseinandersetzungen zwischen dem Governor General Lord Byng und Mackenzie King um die Parlamentsauflösung von 1926 s. Robert MacGregor Dawson 1948, S.49f,144f; Roger Graham 1967.

34) Vgl. J.Murray Beck 1968, S.179ff.

35) Es ist mehrmals vorgekommen, daß die provinzialen Parteigliederungen die Bundespartei bei Unterhauswahlen nur unzulänglich oder gar nicht während des Wahlkampfes unterstützten. Auch hierin spiegelt sich die gesellschaftliche Hetero-

genität Kanadas wider, die innerparteilich vor allem bei den Konservativen und Liberalen zu äußerst lockeren vertikalen Organisationsstrukturen geführt hat, wobei das Organisationsschwergewicht zumeist bei den Provinzparteien liegt. Zur Wahl von 1930 vgl. J.Murray Beck 1968, S.196ff. Zum Verhältnis von Provinz- und Bundesorganisationen der Parteien im allgemeinen vgl. Donald V.Smiley 1972, S.75ff.

36) 1935 hatte die Weltwirtschaftskrise in Kanada ihren Höhepunkt zwar bereits überschritten, doch ist für das Wahlverhalten nicht die tatsächliche wirtschaftliche Situation entscheidend, sondern deren Einschätzung durch die Wählerschaft. In der Regel dauert die Perzeption wirtschaftlicher Veränderungen durch die Wählerschaft eine gewisse Zeit. S. zu diesem Phänomen am deutschen Beispiel Werner Kaltefleiter 1968, Wirtschaft und Politik in Deutschland. Konjunktur als Bestimmungsfaktor des Parteiensystems, 2.Aufl., Köln und Opladen 1968, passim.

37) Nach Howard A.Scarrow 1967, S.43.

38) Vgl. J.Murray Beck 1968, S.206ff.

39) Ermittelt nach den Wahlkreisergebnissen in Howard A.Scarrow 1962, S.88ff.

40) Zu den Auswirkungen der Weltwirtschaftskrise im agrarischen Westen Kanadas s. u.a. den Rowell-Sirois-Report 1940, hier vol.I, passim; Seymour M.Lipset 1968, S.118ff.

41) Diese Angaben ebenda, S.46; die Daten zum Pro-Kopf-Einkommen bei Walter D.Young 1969a, S.43.

42) Auf die ideologisch gleichartige Ausrichtung der beiden großen Parteien weist u.a. John Meisel 1963 hin; vgl. die ähnliche Interpretation von John Porter 1965, S.367ff.

43) Zu den Drittparteien Social Credit und C.C.F./NDP liegt eine Reihe ausgezeichneter Studien vor; die kleineren Parteien sind weit besser dokumentiert als Konservative und Liberale. Zum Social Credit, vor allem in seiner Frühphase, s. vor allem C.B.Macpherson 1962.

44) Zum Social Credit in British Columbia vgl. u.a. Martin Robin, British Columbia. The Politics of Class Conflict, in: Martin Robin (Ed.) 1972, S.27ff, hier S.53ff.

45) Überschaut man die Entwicklung der provinzialen Parteiensysteme im kanadischen Westen insbesondere auch im letzten Jahrzehnt, auf die in unserem Zusammenhang nicht näher eingegangen werden kann, spricht einiges für die Plausibilität von Pinard vorgetragenen Hypothesen hinsichtlich der Ablösungsbedingungen der großen Parteien durch die Drittparteien; vgl. Maurice Pinard 1971, passim.

46) Die Wahlergebnisse für die Wahl in Alberta nach der amtlichen Wahlstatistik des Wahlbüros der Provinz; die Ergebnisse für British Columbia entstammen, da offizielle Daten noch nicht vorlagen, Canada Weekly, vol.4/No.8/Feb.25, 1976.

47) Zum Ralliement Créditiste s. neben Maurice Pinard 1971 auch Michael B.Stein 1971.

48) S. Donald V.Smiley 1962, Canada's Poujadists: A New Look at Social Credit, in: Canadian Form 42 (1962), S.121ff.

49) Hierzu wie zur kleinbürgerlichen Basis des Ralliement Créditiste vgl. Maurice Pinard 1971, passim.

50) Zur Hypothese politisch-rationalen Wahlverhaltens s. V.O.Key/M.C.Cummings 1965; dann selbstverständlich A.Downs 1968, Ökonomische Theorie der Demokratie, Tübingen 1968 (engl. zuerst 1957); kritisch hierzu jetzt u.a. Brian M.Barry 1975, Neue Politische Ökonomie, Frankfurt/M. 1975.

51) Zur C.C.F. s. u.a. Dean E.McHenry 1950; Walter D.Young 1969b; Leo Zakuta 1964.

52) Das Regina Manifesto ist abgedruckt u.a. bei Walter D.Young 1969b.

53) Vgl. Seymour M.Lipset 1968 passim; zu den politischen und gesellschaftlichen Strukturen in Saskatchewan nach dem II.Weltkrieg vgl. die von anderen Autoren verfaßten Beiträge ebenda, S.345ff; Norman Ward and Duff Spafford (Ed.) 1968.

54) Zu den Umfrageergebnissen vgl. J.Murray Beck 1968, S.243ff; die Mitgliederzahlen nach Seymour M.Lipset 1968, S.151.

55) Zum Verhältnis Gewerkschaften und C.C.F./NDP vgl. Gad Horowitz 1968; David Kwavnick 1972; Irving Martin Abella 1973.

56) Vgl. J.Murray Beck 1968, S.241ff.

57) Text der Winnipeg Declaration ebenfalls bei Walter D.Young 1969b.

58) Zu den innerparteilichen Strukturen der C.C.F. nach dem II.Weltkrieg s. die zwar auf die Provinz Ontario beschränkte, aber materialreiche Studie von Leo Zakuta 1964.

59) Vgl. hierzu Stanley Knowles 1961; Knowles war als Vizepräsident des Canadian Congress of Labour und der C.C.F. entscheidend an der Transformation beteiligt; Knowles wurde dann der erste Parteiführer der NDP.

60) Zum Wandel in der Wählerstruktur vgl. W.Gagné/P.Regenstreif 1967, S.529ff; N.H.Chi/G.C.Perlin 1972, S.177ff; N.H.Chi 1972.

61) So Frederick C.Engelmann/Sidney I.Robihushchy 1968, S.136ff. Das Fehlurteil zeigt die einseitige Ausrichtung der ausschließlich auf das Zweiparteiensystem und die relative Mehrheitswahl fixierten Analyse auf.

62) Zu den Wahlen s. J.Murray Beck 1968, passim.

63) So Peter Regenstreif 1965, S.24.

64) Zur Führungskrise in der Konservativen Partei vgl. John R. Williams 1956, passim; J.L.Granatstein 1967, passim. Zur dominanten Position des Premierministers s. u.a. die noch immer treffende Charakterisierung von Hugh McDowall Clokie 1944, S.92.

65) S. Herbert F.Quinn 1963, passim.

66) Zur Wahl von 1957 und der 'Diefenbaker Revolution' s. Peter Regenstreif 1965; sodann vor allem die methodisch an den Studien des britischen Nuffield College ausgerichtete Monographie von John Meisel 1962.

67) Ähnlich J.Murray Beck 1968, S.293.

68) Die Angaben nach William E.Lyons 1970, S.38ff; vgl. John Meisel 1964, S.280f.

69) S. John Meisel 1962, S.241f, S.248ff, der die Korrelation zwischen Wahlbeteiligung und konservativen Stimmengewinnen im einzelnen nachweist.

70) Zu den folgend dargestellten Auseinandersetzungen um das Pipeline-Gesetz siehe u.a. Hugh G.Thorburn 1957, Parliament and Policy-Making: The Case of the Trans-Canada Gas Pipeline, in: Can. Journal of Economics and Political Science, vol.23 (1957); vgl. zu den politischen Auswirkungen John Meisel 1962, S.8ff.

71) Vgl. John Meisel 1962, S.262ff.

72) Vgl. Peter Regenstreif 1965, S.60ff.

73) So u.a. Dennis Wrong 1958, S.397ff.

74) Vgl. John Meisel 1963, The Stalled Omnibus, passim; in dem Aufsatz entwickelte Meisel frühzeitig seine These, daß das Parteiensystem nur noch selten zur parlamentarischen Mehrheitsbildung in der Lage sein dürfte und daß sich Minderheitskabinette mit Mehrheitsregierungen abwechseln würden. Diese im Jahre 1963 vertretene These wurde von den nachfolgenden Unterhauswahlen nachdrücklich bestätigt; sie gilt noch heute.

75) Zur folgenden Charakterisierung der kanadischen Wählerschaft während der 60er Jahre vgl. u.a. John Meisel (Ed.) 1964, Papers on the 1962 Election; John Meisel 1973a, Working Papers on Canadian Politics; Robert R.Alford 1963, Party and Society. The Anglo-American Democracies, S.250ff; Peter Regenstreif 1965, The Diefenbaker Interlude; sowie vor allem jetzt den Überblick von Mildred A.Schwartz, Canadian Voting Behavior, in: Richard Rose (Ed.) 1974, Electoral Behavior: A Comparative Handbook, S.543ff, dort weiterführende bibliographische Angaben.

76) Vgl. Mildred A.Schwartz, in: Richard Rose (Ed.) 1974, S.580ff.

77) Vgl. ebenda, passim; ferner Peter Regenstreif 1965, S.89ff; John Meisel 1964, S.214ff; die Daten sind weitgehend diesen Studien entnommen.

78) Zur sozialen Basis des Ralliement Créditiste vgl. Maurice Pinard 1971, passim; Michael B.Stein, 1971, passim; zur Wahl von 1962 in Quebec siehe Léon Dion, The Election in the Province of Quebec, in: John Meisel (Ed.) 1964, S.109ff.

79) Vgl. Robert Alford, in: John Meisel (Ed.) 1964, S.203ff.

80) S. John C.Courtney 1973, The Selection of National Party Leaders in Canada, passim.

81) S. ebenda, passim.

82) Zum Parteikonvent der Liberalen Partei, der Trudeau nominierte, s.ebenda, passim. Zum Aufstieg Trudeaus in der Liberalen Partei vgl. u.a. Martin Sullivan 1968, S.93ff.

83) Bei den von John Meisel durchgeführten Umfragen zur Wahl von 1968 gaben etwa 70 % der Befragten an, daß die Frage 'majority or minority government' ihre Wahlentscheidung mitbestimmt habe; vgl. John Meisel 1973a, S.18f und table V im Appendix.

84) Zumindest nicht im Sinne der von V.O.Key und anderer formulierten Kriterien der 'critical elections'; zum Begriff der 'critical elections' s. V.O.Key, A Theory of Critical Elections, in: Journal of Politics, vol.17 (1955), S.3ff; Walter Dean Burnham 1970, S.1ff.

85) Zu den faktischen Wirkungen, dem Ausmaß, in dem die ungleiche personal-plebiszitäre Alternative Trudeau-Stanfield die Wahlentscheidung determiniert hat, vgl. Gilbert R.Winham/ Robert B.Cunningham, Party Leader Images in the 1968 Federal Election, in: Thomas A.Hockin 1971, S.71ff. Das unterschiedliche Image von Trudeau und Stanfield drückt sich u.a. auch darin aus, daß die verschiedenen Parteianhänger die Bedeutung der Personen für ihre Wahlentscheidung unterschiedlich beurteilten. Nach der Bedeutung von Parteiführer, Partei und lokalem Wahlkreiskandidaten befragt, ergaben sich unter den Anhängern der beiden großen Parteien deutliche Unterschiede. So nannten über 50 % der liberalen Wähler den Parteiführer, etwa ein Drittel die Partei, nur 9 % den lokalen Kandidaten; bei den konservativen Wählern ergab sich, daß jeweils 1/3 den Parteiführer und die Partei, ca. 1/4 den lokalen Kandidaten als den zentralen von diesen drei Faktoren für ihre Wahlentscheidung nannten. S. John Meisel 1973a, S.24ff.

86) Zur Person Trudeaus, seinem politischen Stil und seiner Politik während der ersten Regierungsperiode s. u.a. Martin Sullivan 1968; Walter Stewart 1971; W.A.Wilson 1972; Jim McDonald/Jack MacDonald (Eds.) 1972.

87) S. die in der Bibliographie in Auswahl zusammengestellten Arbeiten Trudeaus.

88) So etwa in dem vor der Unterhauswahl von 1963 erschienenen Beitrag: Pearson ou l'abdication de l'esprit, in: Cité Libre, April 1963. Nicht einmal drei Jahre später war Trudeau dann Minister in der Regierung Pearson. Vgl. Martin Sullivan 1968, S.65ff, der den Parteiwechsel Trudeaus und die Motive, die ihm zugrundelagen, darstellt.

89) Zit. nach Jim McDonald/Jack MacDonald 1972, S.3.

90) Zur Person Stanfields vgl. Martin Sullivan 1968, S.141ff. Zur Nominierung auf dem Partei-Konvent der Konservativen s. John C.Courtney 1973, passim. Ähnlich wie Trudeau besuchte auch Stanfield (geboren 1914, zweimal verheiratet, zunächst 1940, dann nach dem Tode seiner ersten Frau seit 1957 in zweiter Ehe, vier Kinder aus erster Ehe) die Harvard University, erhielt 1939 seinen degree von Harvard Law School, war anschließend Rechtsanwalt in Halifax, N.S. Bereits seit 1948 war Stanfield Parteiführer der Konservativen in Nova Scotia, seit 1956 bis zu seiner Wahl zum nationalen Parteiführer im Jahre 1967 Premierminister der Provinz.

91) S. 'Towards a Just Society, 1968 - 69', hrsg. von Liberal Federation of Canada, Ottawa ohne Jahr. Vgl. als Antwort der Konservativen: 'The Trudeau Record. The Wasted Mandate', hrsg. von The Progressive Conservative Party of Canada, ohne Ort, Februar/März 1972.

92) Zu den Strafrechtsreformgesetzen, die Trudeau als Justizminister durchsetzte, vgl. Walter Stewart 1971, S.12ff. Zu seiner betont pro-föderalen Haltung vgl. Pierre Elliott Trudeau 1968, Federalism and the French Canadians; zu seinem Auftreten auf den Constitutional Conferences seit 1968 vgl. Martin Sullivan 1968, S.242ff; zu den Constitutional Conferences im allgemeinen vgl. Donald V.Smiley 1972, S.41ff.

93) Ähnlich Jim McDonald/Jack MacDonald 1972, die vor der Wahl von 1972 in Retrospektive Trudeaus Situation vor der Wahl von 1968 auf die Formel brachten:
"Trudeau was laden with promise - without making any promises..." (S.4).

94) Vgl. Peter Regenstreif 1965, S.89ff; Mildred A.Schwartz, in: Richard Rose (Ed.) 1974, S.576f; John Meisel 1973, S.43f.

95) Vgl. ebenda, S.34ff.

96) Zit. nach J.Murray Beck 1968, S.420ff.

97) Vgl. etwa N.H.Chi 1972, passim.

98) S. John Meisel 1973a, passim.

99) Vgl. John Meisel 1964, S.272ff.

100) S. etwa Norman Ward, The Counter-Revolution in Saskatchewan, in: John Meisel (Ed.) 1964, S.169ff; Peter Regenstreif 1965, S.123ff.

101) Vgl. Peter Regenstreif 1963b, S.59ff; Jim McDonald/Jack MacDonald (Eds.) 1972, S.21ff, S.109ff.

102) S. z.B. die Beiträge von John W.Bennett/Cynthia Krueger, John Richards, Sanford Silverstein in: Seymour M.Lipset 1968, S.345ff; ferner N.H.Chi/G.C.Perlin, in: Hugh G.Thorburn (Ed.) 1972, S.177ff.

103) Vgl. u.a. Economic Council of Canada 1969, Sixth Annual Review, Perspective 1975, S.85f.

104) S. W.Gagné/P.Regenstreif 1967, S.529ff; John Meisel 1973a, S.46ff.

105) Zu der besonderen Anziehungskraft der Parteiführer in ihrer provinzialen oder regionalen Heimat ('native sons'), etwa der John Diefenbakers in den Prärieprovinzen, der Stanfields in den maritimen Provinzen, vgl. John Meisel 1973a, S.39ff.

106) Zu den politischen Systemen in den Maritimes s. als Einführung die Beiträge in: Martin Robin (Ed.) 1972; zu Nova Scotia speziell J.Murray Beck 1957; zu Newfoundland jetzt S.J. R.Noel 1971.

107) Zum regionalen und provinzialen Entwicklungsgefälle s. u.a. T.N.Brewis 1971; zum Gefälle in der Einkommensstruktur u.a. Jenny R.Poduluk 1968, S.154ff. Die Einkommen liegen am niedrigsten in den vier maritimen Provinzen; sie sind dort niedriger als etwa in Quebec. Das familiäre Jahreseinkommen lag z.B. 1971 für ganz Kanada im Durchschnitt bei $ 10.368, in den maritimen Provinzen jedoch nur bei $ 7.936. Nach Stat.Can./52, S.20.

108) Die Abhängigkeit der Liberalen von Quebec wie der Gegensatz zwischen Zentral-Kanada und den peripheren Regionen im Parteiensystem kommt etwa auch in Trudeaus Stellungnahme in der Wahlnacht nach seinem Wahlsieg zum Ausdruck. So formulierte er:"...Ich bin stolz, aus Quebec zu sein, aber ich bin stolz, der kanadischen Nation anzugehören...", und versicherte, daß die Liberalen die Absicht hätten, "die Regierung aller Kanadier zu sein...". Zit. nach AFP-Meldung vom 9.Juli 1974; vgl. Le Monde vom 10.Juli 1974.

109) Zur Wahl der neuen Parteiführer der NDP und der Konservativen vgl. verschiedene Berichte in Canada Weekly, u.a. Juli 1975, vom 25.2.1976, vom 3.3.1976.

110) Zu den Regierungsumbildungen nach 1974 vgl. ebenda, u.a. die Berichte vom 24.9.1975, 8.10.1975; zur Auseinandersetzung Trudeaus mit dem Pilotenverband s. z.B. Time Magazine, European Edition vom 19.7.1976.

KAPITEL E

1) Die 'B and B Commission' (Exakt: Royal Commission on Bilingualism and Biculturalism), die im Jahre 1963 von der liberalen Bundesregierung ernannt wurde, nahm in der Folgezeit eine breit angelegte Bestandsaufnahme der kanadische Gesellschaft im Hinblick auf die Institutionalisierung von bilingualism and biculturalism vor. Die Analyse der folgenden Kapitel beruht nicht zuletzt auf den Veröffentlichungen der Kommission; s. die Bibliographie.

2) Vgl. etwa als Einstieg Dirk Berg-Schlosser 1972, der in Anlehnung an die amerikanische Forschungsrichtung der 'political culture' als 'Kultur' faßt:
"'Kultur' soll die Gesamtheit aller Meinungen ('beliefs'), Einstellungen ('attitudes') und Werte ('values') bezeichnen, die in einer gegebenen Gesellschaft zu einem gegebenen Zeitpunkt anzutreffen sind" (S.33).

3) S. etwa J.G.Savard/R.Vigneault (Eds.) Multilingual Political Systems: Problems and Solutions, Les Presses de l'Université Laval, 1974. Die Publikation stellt die Veröffentlichung von Vorträgen dar, die auf einer Round-Table-Tagung der IPSA im März 1972 in Quebec gehalten wurden; darunter z.B. Kenneth D.McRae, The Concept of Consociational Democracy and its Application to Canada; John Meisel, Political Styles and Language-use in Canada; letzteres zit. nach dem maschinenschriftlichen Manuskript. S. ferner John Meisel, Values, Language and Politics in Canada, in: John Meisel 1973a, S. 127ff.

4) Die nachfolgende Darstellung beruht in ihrer Datenbasis insbesondere auf den offiziellen statistischen Veröffentlichungen des Census-Büros (früher: Dominion Bureau of Statistics; heute: Statistics Canada). Sie sind im folgenden zit. als Stat.Can./1ff. entsprechend der Numerierung der Quellen in den Bibl.Ang. Angaben älteren Datums und für frühere Perioden sind in der Regel entnommen der sozialstatistischen Datensammlung und Analyse von Warren E.Kalbach/Wayne W.McVey 1971, The Demographic Bases of Canadian Society. Verwandt werden zwei Arten von Daten; zum einen die 'harten Daten' des alle 10 Jahre durchgeführten Census of Canada; zum zweiten vom Census-Büro publizierte repräsentative Umfrage-Erhebungen. Hieraus resultieren geringfügig Probleme. Da die Kategorisierungen nicht immer kompatibel sind, ist in einigen Fällen die Vergleichsmöglichkeit beschränkt; zudem ergeben sich minimale Abweichungen. Sofern Umfrage-Daten verwandt wurden, unterliegen diese selbstverständlich den methodischen Bedingungen der Demoskopie; sie sind folglich als Annäherungswerte zu begreifen. Die Materialsammlung wurde zu einem Zeitpunkt abgeschlossen, als die Publikationen der Volkszählung von 1971 erst in Teilen vorlagen. So mußte für den Census von 1971 vielfach auf vorab veröffentlichte 'vorläufige Ergebnisse' zurückgegriffen werden. Für die Publikation wurde eine Reihe neuerer Daten nachgetragen; eine Fortschreibung über das Stichjahr des letzten Census von 1971 hinaus wurde allerdings nur in einigen besonders relevant erscheinenden Fällen vorgenommen.

5) Internationale Vergleichsdaten entstammen, soweit nicht gesondert ausgewiesen, den verschiedenen statistischen Publikationen der Vereinten Nationen; Daten zur Bevölkerungsentwicklung: United Nations, Demographic Yearbook, hier Demographic Yearbook 1966, S.95. Vgl. ferner UN, Department of Economic and Social Affairs, The World Population Situation in 1970, New York 1971. Für den historischen Vergleich siehe u.a. Carr/Saunders/Wilcox, World Population: Past Growth and Present Trends, Oxford 1936, deren Schätzung für die Mitte des 19.Jahrhunderts hier zugrundegelegt wurde.

6) J.Henripin 1957, S.10ff, hier S.15.

7) Auf die eingeborene Eskimo- und Indianer-Bevölkerung wird im folgenden nicht näher eingegangen. Wie in den USA sind sie auch in Kanada diejenige ethnische Minderheit, die in der Vergangenheit stets am meisten 'vergessen' wurde. S. den in der Reihe 'minority Canadians' von Jean Leonard Elliott hrsg. Sammelband: Native Peoples, Prentice-Hall of Canada, Scarborough, Ont., 1971; John Melling, Right to a Future: The Native People of Canada, Toronto 1967; J.H.Lagasse et al.: The People of Indian Ancestry, 3 vols., Queen's Printer, Winnipeg 1959. Unter sozialem Aspekt s. A.A.Borovoy, Indian Poverty in Canada, in: John Harp/John R.Hofley 1971, S.239ff.

8) In seiner empirischen Untersuchung der Einwanderung nach dem II.Weltkrieg ist Anthony H.Richmond auch den Motiven für die Emigration aus der alten Heimat und den Erwartungen Kanada gegenüber nachgegangen. Ökonomische Gründe, konkret die Verbesserung der individuellen Lebensbedingungen, wurden dabei an erster Stelle und von über 50 % der Befragten genannt. An zweiter Stelle, nach dem II.Weltkrieg nicht verwunderlich, rangierten politische Motive. Vgl. Anthony H.Richmond 1967, S.31ff.

9) Zur Immigration im allgemeinen, aber auch zum Einwanderungsrecht s. u.a. Norman MacDonald 1966; David C.Corbett 1957; Anthony H.Richmond 1967; B and B Commission Book IV, S.17ff. Zum Einwanderungsrecht nach dem II.Weltkrieg s. Freda Hawkins 1972.

10) Dennoch kam natürlich aus dem Süden eine ganze Anzahl von Schwarzen nach Kanada, insbesondere auch unmittelbar vor dem 'civil war'. Die Einwanderung zwischen 1850 und 1860 ist auf 15.000 bis 16.000, die Gesamtzahl der Schwarzen in Kanada im Jahre 1860 auf ca. 50.000 geschätzt worden. Zur Geschichte und Stellung der Schwarzen in Kanada s. Robin W.Winks 1971; Fred Landon, Negro Migration to Canada, in: Journal of Negro History, vol.5 (1920), S.22ff.

11) Die Sonderregelungen für asiatische Einwanderer bestanden seit 1878. Im Jahre 1900 galt für Chinesen z.B. eine Kopf-Steuer von $ 100; sie wurde 1903 auf $ 500 erhöht. Im Jahre 1920 wurde die jährliche Einwanderungsquote für Japaner auf 150 Personen beschränkt. Dennoch kamen in beschränktem Maße auch asiatische Immigranten nach Kanada, insbesondere in die Pazifik-Provinz British Columbia. S. u.a. Mabel F.Timlin, Canada's Immigration Policy, 1896 - 1910, in: Can. Journal of

Economics and Political Science, vol.26 (1960), S.517ff; B and B Commission, Book IV, S.21ff.

12) Zu den Restriktionen vgl. David C.Corbett 1957, S.38ff; Anthony H.Richmond 1967, S.11ff.

13) Die Immigrationsnormen sind detailliert abgehandelt in Jacques Brossard, L'Immigration. Les droits et pouvoirs du Canada et du Québec, Les Presses de l'Université de Montréal 1967. Das Immigration Act in der Fassung von 1970, in: Revised Statutes of Canada 1970, Vol.IV, S.3773ff. Vgl. Freda Hawkins 1972, S.71ff.

14) Zur Einwanderungsphase während des Baus der Canadian Pacific Railway vgl. u.a. Norman MacDonald 1966; zu den politischen Implikationen des Eisenbahnbaus vgl. Peter B.Waite 1971, S. 106ff, S.124ff.

15) Innerkanadische bzw. nordamerikanische Faktoren, die den Immigrationsanreiz des Westens um die Jahrhundertwende ausmachten, waren neben der Immigrationspolitik der liberalen Regierung u.a. die Fertigstellung der Canadian Pacific Railway, der Goldrausch im Yukon, neue Agrartechniken etc. Vgl. B and B Commission, Book IV, S.22ff. Zu den Auswirkungen der weltweiten Hochkonjunktur in Kanada vgl. auch Udo Sautter 1972, S.207ff.

16) Vgl. Warren E.Kalbach/Wayne W.McVey 1971, S.18ff.

17) Daten nach Ministry of Manpower and Immigration 1972, passim.

18) Vgl. Warren E.Kalbach/Wayne W.McVey 1971, S.131ff; Stat.Can./3, S.275.

19) Vgl. Warren E.Kalbach/Wayne W.McVey 1971, S.35ff.

20) Zur Herkunft der Einwanderer nach dem II.Weltkrieg s. Anthony H.Richmond 1967, S.3ff.

21) S. Ministry of Manpower and Immigration 1975, passim; ferner die verschiedenen Berichte in: Canada Weekly; u.a. in Vol.2, No.43 vom 23.10.1974, S.1ff.

22) Vgl. Stat.Can./72, passim.

23) Vgl. Canada Weekly, vol.3/No.47 vom 19.November 1975, S.1ff. S. The Special Joint Committee of the Senateand of the House of Commons on Immigration Policy Report to Parliament, 1st session, 30th Parliament, Ottawa 1975.

24) Vgl. Warren E.Kalbach/Wayne W.McVey 1971, S.65f; Stat.Can./3, S.5.

25) Vgl. John Porter 1965, S.33ff. Porter bezieht sich bei seinen Überlegungen zur Bedeutung der Bevölkerungsbewegungen auf Emile Durkheim und dessen Hauptwerk, De la division du travail social, in dem Durkheim kollektives Bewußtsein, Solidarität

und Gruppenidentität nicht zuletzt in Abhängigkeit von Bevölkerungsdichte, Mobilität und der Dauer des Zusammenlebens der gesellschaftlichen Einheiten sieht. Die kanadische Gesellschaft, einerseits die Homogenität der frankokanadischen Subgesellschaft, andererseits die großen Bevölkerungsbewegungen und die Heterogenität der nicht-frankokanadischen Bevölkerung bilden sicherlich eines der besten Beispiele, an dem man Durkheims Theorie exemplifizieren kann.

26) Vgl. William L.Morton 1971, S.111ff.

27) Zu den heftigen Kontroversen um die Symbole, wobei es nicht nur um Äußerlichkeiten, sondern zugleich stets auch um inhaltliche Fragen ging (die Frage der Uniformen bildete nur den äußerlichen Aspekt, die eine weitgehende Umstrukturierung der kanadischen Streitkräfte mit dem Ziel der Integration von anglo- und frankokanadischen Einheiten begleitete), s. u.a. Blair Fraser, The Search for Identity, Canada 1945 - 1967, Garden City 1967, S.217ff. Wie umstritten die symbolische Abkehr von den anglo-kanadischen Traditionen war, zeigen die von Mildred A.Schwartz 1967, S.106ff ausgewerteten Umfragen. So antworteten z.B. 1963 auf die Frage, ob Kanada eine neue Flagge haben sollte, mit ja in den Maritimes 23 %; in Quebec 74 %, in Ontario 35 % und in den Prärieprovinzen und British Columbia 35 %.

28) Vgl. John Porter 1965, S.36ff.

29) Zur folgenden Darstellung der sozialen Schichtung der Einwanderer siehe u.a. Department of Labour 1962, The Migration of Professional Workers into and out of Canada, 1946 - 1960; dasselbe, Skilled and Professional Manpower in Canada, Ottawa 1957; David C.Corbett 1957; Anthony H.Richmond 1967, S.42ff; Louis Parai 1965; Louis Parai 1974; B and B Commission, Books III and IV, passim; John Porter 1965, S.42ff.

30) Die Mehrheit der Nachkriegsimmigranten war indes mit den Lebensbedingungen, die sie in Kanada antrafen, zufrieden. Anthony H.Richmond gibt an, 75 % glaubten, daß ihr Lebensstandard gestiegen sei; gar 89 % waren der Meinung, daß ihr Leben angenehmer geworden sei. Vgl. Anthony H.Richmond 1967, S.253ff.

31) Vgl. Warren E.Kalbach/Wayne W.McVey 1971, S.40ff.

32) In Anlehnung an Nathan Keyfitz, The Growth of the Canadian Population, in: Population Studies, vol.IV (1950). Zu den Daten vgl. weiter John Porter 1965, S.31f; Anthony H.Richmond 1967, S.253ff.

33) Die Emigrationszahlen für das letzte Jahrzehnt wurden unpubliziert zur Verfügung gestellt von Statistics Canada; s. auch Stat.Can./3, S.275.

34) Zur irischen Einwanderung nach Kanada im 19.Jahrhundert s. H.C.Pentland 1959, S.450ff; Kenneth Duncan, Irish Famine, Immigration and Canada West, in: Can. Review of Sociology and Anthropology, vol.2 (1965), S.19ff.

35) Vgl. John Porter 1965, S.61ff.

36) Generalisiert man, so können für die Vergangenheit drei verschiedene Transformationsprozesse ausgemacht werden: - Einwanderer ländlicher Herkunft, die sich in ländlichen Gebieten niederließen; - Einwanderer ländlicher Herkunft, die sich in städtischen Gebieten niederließen; - Einwanderer aus Städten, die sich in städtischen Gebieten niederließen. Der zweite und dritte Transformationstyp ist nach dem II.Weltkrieg zur Regel geworden. Vgl. etwa B and B Commission, Book IV, S.42ff.

37) In Anlehnung an David D.Corbett 1957, S.171.

38) Vgl. ebenda.

39) Zur italienischen Einwanderung vgl. Guglielmo Vangilisti, Gli Italiana in Canada, 2.Aufl., Montreal 1958; Jeremy Boissevain 1970 (B and B Commission, Studies, vol.7). Insbesondere Boissevains Studie macht deutlich, daß die Italiener mit unteren Positionen auf der Leiter der sozio-ökonomischen Hierarchie zufrieden sein mußten.

40) Nach Anthony H.Richmond 1967, S.50ff. Die Tatsache, daß sich ein beträchtlicher Teil der Einwanderer zunächst mit Arbeit zufriedengeben mußte, die nicht ihrer Berufsausbildung entsprach, daß sie nach ihrer Ankunft Arbeit in sozial niederen Berufen fanden, zeigt John Kosa in seiner Untersuchung der ungarischen Immigration; vgl. John Kosa, Land of Choice, Toronto 1957; zum Grundphänomen s. auch Freda Hawkins 1972, S.44ff; B and B Commission, Book IV, S.38ff.

41) Vgl. u.a. Anthony H.Richmond 1970, S.81ff.

42) Vgl. John Porter 1965, S.42.

43) Die folgenden Angaben ebenda, S.54ff. Für den englischen Terminus 'labour force' gibt es im Deutschen keine zureichende Übersetzung; er wird im folgenden in der Regel synonym mit Erwerbstätige oder Berufstätige gebraucht. Das kanadische Census-Büro definiert 'labour force' wie folgt:
"All persons 15 years of age and over who were reported as having a job of any kind, either part-time or full-time (even if they were not at work) or were reported as looking for work during the week prior to enumeration".
1961 Census of Canada, Bulletin 3: 1-1, Introduction, Ottawa 1964. Ähnlich auch die Definition, die der Censuserhebung von 1971 zugrundelag; vgl. Statistics Canada, Dictionary of 1971 Census Terms, hektographiert, August 1972; ähnlich die Definition für die Repräsentativ-Erhebungen der Labour Force Surveys Section des Statistischen Büros, die jedoch von einer Altersgrenze von 14 Jahren ausgehen.

44) Daten der Volkszählung, die die Immigration mit beruflicher Schichtung und Einkommensverhältnissen der gesamten labour force korrelieren, waren für 1971 nicht zugänglich. Nach den Repräsentativerhebungen zur labour force ergab sich für 1971 in %: Managerial: 9,8; Professional and Technical: 14,1; Clerical: 15,1; Sales: 7,1; Service and Recreational: 12,3;

Transportation and Communication: 5,3; Farmers and Farm Workers: 6,3; Other Primary 1,5; Craftsmen, Production, Process and related Workers: 24,1; Labourers and Unskilled Workers (not in Primary Industries) 4,3 %. Nach Stat.Can./70, S.22ff. Die Immigrationsstatistik aus dem Jahre 1971 wies als beabsichtigte (!) Berufsziele der Einwanderer, die zwischen 1946 und 1971 nach Kanada kamen, aus in %: Managerial and Professional: 17,8; Clerical: 10,9; Transportation and Communication: 2,0; Sales: 3,8; Service and Recreation Workers: 11,7; Farmers: 10,8; Construction: 8,5; Primary (Other than Farmers): 1,8; Manufacturing and Mechanical: 22,4; Labourers: 8,9; Others: 1,2. Errechnet nach Manpower and Immigration 1971, S.25.

45) Vgl. Anthony H.Richmond 1970, S.89; John Porter 1965, S.51.

46) Vgl. John Porter 1965, S.32f; Richard J.Joy 1972, S.57ff.

47) S. Marcel Rioux 1971, S.36ff. Die Studie ist zwar vielfach einseitig, fehlen detailliertere empirische Belege, doch vermittelt Rioux zumindest ein adäquates Problembewußtsein für die Verursachungsfaktoren der gesellschaftlichen Situation der Frankokanadier.

48) Vgl. zur demographischen Situation Frankreichs in historischer Perspektive u.a. Joseph J.Spengler, France Faces Depopulation, Duke Univ. Press, Durham/N.C. 1938.

49) Vgl. John Porter 1965, S.61. Die ablehnende Haltung der Frankokanadier gegenüber der Immigration existierte nicht nur vor dem I.Weltkrieg; ein Großteil der Frankokanadier hat der Einwanderung stets skeptisch und ablehnend gegenübergestanden. Dies gilt insbesondere auch für die Gegenwart wieder.

50) Angaben nach Ministry of Immigration and Manpower 1971, passim.

51) Zum folgenden vgl. J.Henripin 1957, S.10ff; George Sabagh, The Fertility of the French Canadian Woman during the Seventeenth Century, in: Amer. Journal of Sociology, vol.47 (1942), S.680ff.

52) S. J.Henripin 1957, S.15.

53) Vgl. Warren E.Kalbach/Warren W.McVey 1971, S.55ff.

54) Diese und die folgenden Daten nach ebenda; Stat.Can./3, S.8. Die internationalen Vergleichszahlen entstammen UN, Department of Economic and Social Affairs, The World Population in 1970; U.S.Department of Commerce, Bureau of the Census, Pocket Data Book - USA 1971, S.36ff; Statistisches Jahrbuch für die Bundesrepublik Deutschland 1972, S.35.

55) Vgl. UN, Department of Economic and Social Affairs, The Aging of Populations and its Economic and Social Implications, New York 1956, hier S.7.

56) Zur These der 'zwei Frankreich' vgl. u.a. Léandre Bergeron 1971, S.132. Die bestehenden politischen und sozialen Unterschiede zwischen der französischen Metropole und 'La Nouvelle France' bemerkte als einer der ersten bereits Tocqueville: "... They are as French as you and I... We felt that we were at home, and everywhere we were received like compatriots, children of old France, as they say here. To my mind the epithet is badly chosen. Old France is in Canada; the new is with us ..." Zit. nach Ramsay Cook 1970, S.170f. Ähnlich im übrigen auch André Siegfried in seiner noch immer 'klassischen' Analyse, La Canada, Les deux races: problèmes politiques contemporaines, 1906; engl.Neudruck 1966, hier S.29ff. Heute vertritt diese These implizit Louis Hartz 1964 mit seinem Geschichtstheorem der ideologisch-kulturellen Fragmentierung.

57) Vgl. Converse/Dupeux/Meisel 1967, passim.

58) Zur Quiet Revolution s. Edward M.Corbett 1967; Sheilagh H. Milner/Henri Milner 1972.

59) Zur Geburtenrate vgl. Hubert Charbonneau/Robert Maheu 1973, S.151ff.

60) Vgl. Robert Maheu, Les francophones du Canada: 1941 - 1991; MA thesis for the Department of Demography, Univ. of Montreal 1968. Zu weit pessimistischeren Projektionen gelangten im Jahre 1970 die Demographen H.Charbonneau, J.Henripin, J.Légaré, die für das Jahr 2000 einen frankokanadischen Bevölkerungsanteil in Quebec von unter 50 % prognostizierten: je nach Einwanderungs- und Wachstumsprämissen ermittelten sie einen Anteil von entweder 49,2 % oder gar nur 41,6 %. Die Projektionen wurden veröffentlicht u.a. in: H.Charbonneau/R.Maheu 1973, im Anhang S.432ff; sie sind referiert auch in: Donald V.Smiley, Canada in Question, a.a.O., S.156f.

61) Vgl. Warren E.Kalbach/Wayne W.McVey 1971, S.35. In den letzten Jahren stieg die Zahl der Immigranten aus Großbritannien indes wieder an - primär sicherlich eine Folge der sozio-ökonomischen Entwicklung in England.

62) Diese Schwankungen im Anteil der Kanadier deutscher Herkunft während und unmittelbar nach den Weltkriegen dürften darauf zurückzuführen sein, daß es während dieser Zeiten wenig populär war, die deutsche Abstammung zu betonen. Generell ist in diesem Zusammenhang auf eine gewisse Unzulänglichkeit der statistischen Erhebungen hinzuweisen, die - wie die Daten zu ethnischer Herkunft, Muttersprache, Konfessionszugehörigkeit etc. - auf der direkten Auskunft der Befragten beruhen. Zudem ist die Fragestellung bei den Censuserhebungen nicht immer einheitlich gewesen. 1961 lautete die Frage: "To what ethnic or cultural group did you or your ancestor (on the male side) belong on coming to this continent?" Vgl. zu dieser Problematik B and B Commission, Book I, S.18f.

63) Vgl. B and B Commission, Book IV, S.22ff.

64) Zu den sozialdarwinistischen Einflüssen in Nordamerika s. u.a. Richard Hofstadter, Social Darwinism in American Thought, Boston 1955; vgl. zu Kanada John Porter 1965, S.61ff.

65) J.S.Woodsworth; Strangers Within Our Gates, Missionary Society of the Methodist Church, 1909; jetzt als Neudruck mit Introduction by Marilyn Barber, Univ. of Toronto Press 1969. Für Woodsworth waren die Slowaken "distinctly a lower grade", vom Süditaliener, der "usually lands here almost destitute" schreibt er, daß "his intelligence is not higher than one could imagine in the descendant of peasantry illiterate for centuries". Die Skandinavier hingegen charakterisierte er als "accustomed to the rigors of a northern climate, clean-blooded, thrifty, ambitious and hard-working". Zit. nach John Porter 1965, S.65. Diese von rassischen Vorurteilen getragene Sympathie für Immigranten deutscher, niederländischer oder auch skandinavischer Abstammung findet sich in gewissen Kreisen auch noch heute.

66) Zu den kleineren ethnischen Gruppen vgl. B and B Commission, Book IV, das die Situation dieser Gruppen unter verschiedenen Aspekten näher analysiert. Dort auch eine Zusammenstellung der vorliegenden Literatur, die jedoch oft kritisch zu betrachten ist, da sie vielfach von Angehörigen dieser ethnischen Gruppen geschrieben ist.

67) Zur Haltung gegenüber der Einwanderung von 'Flüchtlingen' vgl. ebenda, S.29f.

68) Zu der ausgesprochen anti-kommunistischen ideologischen Grundhaltung, die am ausgeprägtesten wohl in der ukrainischen Bevölkerungsgruppe ist, vgl. etwa O.Woycenko, The Ukrainians in Canada, Canada Ethnica IV, Ottawa 1967; Michael H.Marmohak, The Ukrainian Canadians: A History, Winnipeg/Ottawa 1970; E.Wangenheim, The Ukrainians: A Case Study of the 'Third Force', in: Peter Russel (Ed.) 1966, S.72ff.

69) S. Howard Palmer 1972, passim.

70) Zur ethnischen Herkunft der Einwanderer nach dem II.Weltkrieg vgl. Anthony H.Richmond 1970, passim; Freda Hawkins 1972, S.53ff.

71) Die Angaben nach B and B Commission, Book IV, S.29. Zur Integration und Position der Immigranten in den urbanen Ballungszentren Montreal und Toronto vgl. u.a. Richard J.Ossenberg, The Social Integration and Adjustment of Post-War Immigrants in Montreal and Toronto, in Can.Review of Sociology and Anthropology, vol.1 (1964), S.202ff; Neumann, Brigitte/Mezoff, Richard/Richmond, Anthony H., Immigrant Integration and Urban Renewal in Toronto, The Hague 1973.

72) Zur Zahl der Arbeitslosen in Toronto, Montreal und den anderen 'Metropolitan Areas' vgl. Stat.Can./70 u.72. Im Durchschnitt lag die Arbeitslosenrate in Toronto im Jahre 1972 bei 4,6 %, in Montreal bei 7,0 %.

73) Zur Unterhauswahl von 1972 und ihren Bestimmungsfaktoren siehe u.a. John Meisel, Howe, Hubris and '72 . An Essay on Political Elitism, in: John Meisel 1973a, S.217ff.

74) Auf die Abwanderung der Bevölkerung und die immobilen Bevölkerungsstrukturen in ihrer Bedeutung für die sozio-ökonomische Entwicklung in den maritimen Provinzen wies u.a. Jan Whitaker hin: Report of the Royal Commission on the Economic State and Prospects of Newfoundland, in Auszügen in: W.E.Mann (Ed.) 1970, S.62ff.

75) Jim Wright, Saskatchewan, in: Can. Geographic Magazine, March 1947, S.117 - 120; zit. n. Lipset 1968, S.53f.

76) Vgl. ebenda.

77) Ähnlich ebenda. Siehe auch Paul F.Sharp, The Agrarian Revolt in Western Canada: A Survey Showing American Parallels, Univ. of Minnesota Press, Minneapolis 1948.

78) Vgl. John Meisel 1973a, S.183ff.

79) Vgl. Ramsay Cook 1971, S.76ff.

80) S. B and B Commission, Book I, S.48ff.

81) S. B and B Commission, Book IV, passim.

82) Vgl. ebenda, S.105.

83) Vgl. ebenda, S.117ff.

84) S. B and B Commission, Book I, S.22.

85) Zum folgenden vgl. B and B Commission, Book IV, S.117ff. Die im Auftrag der B and B Commission von Statistics Canada erstellten Korrelationen zwischen ethnischer Herkunft und Muttersprache, wie sie in den begleitenden Tabellen wiedergegeben sind, wurden leider für den Census von 1971 nicht neuerlich durchgeführt. Angaben, die ethnische Herkunft und Muttersprache für 1971 vergleichen, beruhen folglich auf den Globaldaten; zwischen ihnen wurde dann jeweils das Verhältnis zur Veranschaulichung des Trends ermittelt. Dabei handelt es sich nicht notwendigerweise um den gleichen Personenkreis. Da die Assimilierung an das Französische jedoch stets sehr gering gewesen ist, sind die Angaben zumindest in der Tendenz aussagekräftig, wenn auch das Verfahren methodisch nicht ganz einwandfrei ist.

86) Vgl. ebenda.

87) S. Joseph Levitt (Ed.) 1970. Zur Interpretation s. Ramsay Cook 1966, passim; Ramsay Cook 1971, S.76ff.

88) Am deutlichsten wird dies in der Manitoba Schulfrage; s. hierzu etwa Kenneth D.McRae 1973, passim.

89) Zur Stellung der katholischen Kirche in der Gesellschaft Quebecs vgl. u.a. Jacques Grand'Maison 1970; für das 19.Jahrhundert noch immer André Siegfried 1966, S.35ff. Siehe vor allem den Report der von der Kirche selbst eingesetzten Commission Dumont: L'Eglise du Québec: un héritage, un projet, Montréal 1971.

90) Vgl. u.a. Guy Rocher 1973, passim.

91) S. Kenneth D.McRae 1973, S.28ff.

92) S. B and B Commission, Book I, passim.

93) Vgl. u.a. Léon Dion 1973, S.30ff; Guy Rocher 1973, S.90ff. Sheilagh H.Milner/Henri Milner 1973, passim. Zu den sozioökonomischen Differenzen zwischen den ethnischen Gruppen Kanadas s. Kapitel F/5.

94) S. die Beiträge in: J.G.Savard/R.Vigneault (Eds.) 1974.

95) In Anlehnung an die Beiträge von John Meisel 1973a, passim.

96) Zu ethnischer und Sprachstruktur der Frankokanadier in Kanada vgl. Richard J.Joy 1972; Stanley Lieberson 1970; sowie B and B Commission, Books and Reports.

97) Die Unterteilung der Provinz New Brunswick in Anlehnung an die Untergliederung von Richard J.Joy 1972, S.17ff.

98) Ähnlich die B and B Commission in ihrem Preliminary Report, S.118f.

99) Vgl. etwa die Einlassung von Léon Dion bei den Hearings, die The Special Joint Committee of the Senate and of the House of Commons in den Jahren 1970 bis 1972 durchführte. Die Sitzungsprotokolle als Committee's Minutes of Proceedings and Evidence; hier 3.60.8. Zur Notwendigkeit dieser Doppelstrategie, die sich in der politischen Wirklichkeit zunehmend durchzusetzen beginnt, s. Kapitel G/4 u.G/5.

100) Mitte der 60er Jahre erschien L'Evangeline in New Brunswick in einer Auflage von täglich ca. 10.000 Exemplaren; Le Droit aus Ottawa kam auf eine Auflagenhöhe von 35.000 Exemplaren. Vgl. Richard J.Joy 1972, S.65f. Französische Tageszeitungen gab es 1973 außerhalb Quebecs nur in New Brunswick und Ontario; wöchentlich erscheinende Periodica gab es insgesamt englisch: 765, französisch: 123; von letzteren erschienen 116 allein in Quebec. Vgl. Stat.Can./3, S.233. Wesentlich besser ist in jüngster Zeit jedoch die Situation bei Rundfunk und Fernsehen; s. Kapitel G/4.

101) Erneut sei darauf hingewiesen, daß es sich bei diesen Angaben nicht notwendig um die gleichen Personen handeln muß; die Relationen nur Annäherungswerte darstellen.

102) S. zum folgenden Stanley Lieberson 1970, S.91ff.

103) Vgl. für viele etwa René Lévesque 1968, S.82ff; Marcel Rioux 1971, S.107ff; ferner vor allem Richard J.Joy 1972, passim; Joy macht die politischen Schlußfolgerungen aus seinen Thesen jedoch nicht explizit.

104) Zur Entwicklung nach der Einführung der sprachenpolitischen Maßnahmen s. Kapitel G/4.

105) Dem Verfahren liegt die Überlegung zugrunde, daß die Eltern, die als Muttersprache ihrer 0 bis 4 Jahre alten Kinder französisch angaben, tatsächlich französisch als Umgangssprache gebrauchen, daß die Kinder dieser Altersgruppe noch vornehmlich von der Familie sozialisiert werden und noch relativ geringen außerhäuslichen Umwelteinflüssen ausgesetzt sind. Dennoch vermittelt auch ein solcher 'approach' nur Annäherungswerte. Vgl. Richard J.Joy 1972, S.37ff.

106) Joy untergliederte Kanada in sieben Regionen:
1) Maritimes; ohne die frankokanadischen sieben nördlichen counties in New Brunswick; 2) Northern New Brunswick, die sieben frankokanadischen counties; 3) Interior Quebec; 4) Southern and Western Quebec, vornehmlich Montreal und das Ottawa River Valley; 5) Eastern and Northern Ontario, das Gebiet an der Grenze zwischen Quebec und Ontario; 6) Southern and Western Ontario, das Gebiet an den Großen Seen und nord- bzw. nordwestlich davon; 7) West, die vier Provinzen des kanadischen Westens. Vgl. ebenda, S.17ff.

107) Ähnlich Dale C.Thomson 1973, S.11.

108) Vgl. Claude A.Sheppard 1971, S.34ff.

109) Zur sozialen Unterprivilegierung der Frankokanadier s. für viele die Analyse der B and B Commission, Book III, passim; Sheilagh Hodgins Milner/Henry Milner 1973, S.9ff.

110) Vgl. u.a. Ramsay Cook 1966, S.168ff.

111) Daß im provinzialen Parteiensystem Quebecs der Nationalitätengegensatz und die Frage der nationalen Identität der Frankokanadier einen anderen Stellenwert besessen haben, braucht nicht besonders betont zu werden. Die nationalistische, heute independistische Alternative hat dort stets Einfluß auf das Parteiensystem, auf die Regierungsparteien (unabhängig davon, ob sie gesamtkanadisch proföderal oder antiföderal eingestellt waren und sind) wie auf die parteipolitische Opposition ausgeübt. Die Betonung der nationalen Eigenständigkeit erwies sich geradezu als 'conditio sine qua non', um gesamtkanadisch die eigenen nationalen Interessen auch nur einigermaßen vertreten zu können.

112) Laurier ist einer der ersten Parteiführer gewesen, der im Zusammenhang mit der Riel-Krise die Gefahren einer ethnisch-kulturellen Separierung im Parteiensystem aufgezeigt hat. Vgl. Ramsay Cook 1966, S.179f.

113) Vgl. Claude A.Sheppard 1970, S.64ff.

114) Zum frankokanadischen Geschichtsverständnis s. u.a. Ramsay Cook 1971, S.99ff.

115) André d'Allemagne war in der ersten Hälfte der 60er Jahre einer der Führer des einerseits nationalistisch, andererseits sozialistisch ausgerichteten RIN (Rassemblement pour l'Indépendance Nationale). Die Bewegung, die von der Mitgliederzahl wie den Wählerstimmen bei Provinzwahlen her nie

über die Größe einer Splittergruppe hinauslangte, ist für die nachfolgende Entwicklung innerhalb der frankokanadischen Fundamentalopposition doch von erheblicher Bedeutung gewesen. Der RIN war einer der Kristallisationspunkte der nationalistischen Intellektuellen, die die independistische Alternative ideologisch und programmatisch mit vorbereiteten, Ende der 60er Jahre in der Parti Québécois aufgingen und dort als ein Flügel die zumindest sozialdemokratische, bei manchen auch sozialistische Ausrichtung mit beeinflußten. 'Le Colonialisme au Québec', für die 60er Jahre eine der Schriften, die die Fundamentalopposition programmatisch prägten, ist unverändert Standardlektüre in sozialwissenschaftlichen Kursen kanadischer Universitäten. Zur RIN vgl. etwa Milner/Milner 1973, S.174ff.

116) In Fundamentalopposition zur Konföderation stand auf frankokanadischer Seite vor allem le Parti Rouge, dessen Führer A.A.Dorion die Majorisierung der frankokanadischen Minderheit auch im bundesstaatlichen System als unvermeidlich ansah. Vgl. etwa Ramsay Cook 1966, S.45f.

117) Ein Urteil ist indes problematisch. Ein Referendum über die Gründung des Bundesstaates fand nicht statt. Die Wahl zum ersten Unterhaus von 1867 war jedoch in starkem Maße bestimmt von der Alternative pro oder contra Bundesstaat. Bei allerdings beschränktem Wahlrecht erzielten in Quebec die proföderalen Konservativen 53,6 % der Stimmen. Zur These, daß die Mehrheit der Frankokanadier Quebecs der Konföderation zustimmten, vgl. Jean-Charles Bonenfant, Les Canadiens français et la naissance de la Confédération, in: Report of the Canadian Historical Association, 1952, S.39ff.

118) Vgl. die zahlreichen Stellungnahmen auf den von der B and B Commission durchgeführten öffentlichen Hearings; in Auszügen wiedergegeben in B and B Commission, Preliminary Report, passim, insbesondere auch S.50ff.

119) Der Begriff des Canadian mosaic hat sich seit langem eingebürgert und ist nicht nur eine analytische Kategorie der wissenschaftlichen Literatur. Zuerst verwandt wurde er allem Anschein nach von der US-amerikanischen Schriftstellerin Victoria Hayward, die die Verschiedenartigkeit der Kirchenarchitektur im kanadischen Westen beschrieb. Zur Entstehung des Begriffs siehe John Murray Gibbon, Canadian Mosaic, Toronto 1938; vgl. John Porter 1965, S.70.

120) S. John Porter 1965, S.68ff. Die Formel vom melting pot ist dem Titel des gleichnamigen Theaterstücks von Isreal Zangwill entlehnt, das im Jahre 1908 erstmals in New York aufgeführt wurde. Die ihr zugrundeliegenden Werte bestimmen die auf Assimilierung ausgerichtete Gesellschaft jedoch von Beginn an. Im Jahre 1782 schrieb z.B. der naturalisierte Franzose M.-G. Jean de Crèvecoeur:
"I could point out to you a family whose grandfather was an Englishman, whose wife was Dutch, whose son married a French woman, and whose present four sons have now four wives of different nations. He is an American, who leaving behind him

all his ancient prejudices and manners, receives new ones from the new mode of life he has embraced... Here individuals of all nations are melted into a new race of men..." Zit. nach Nathan Glazer/Daniel P.Moynihan, Beyond the Melting Pot, 2.Aufl., Cambridge, Mass. 1970, S.288.

121) Die Beurteilung der amerikanischen Revolution ist von Anbeginn an umstritten gewesen; je nachdem, welchen Revolutionsbegriff man zugrundelegt, je nachdem, wie man die gesellschaftlichen Verhältnisse in den amerikanischen Kolonien um 1760 einschätzt, sprechen die einen der amerikanischen Revolution den revolutionären Charakter ab (so als einer der ersten bereits Tocqueville mit seiner These, daß die Amerikaner die Demokratie erlangt hätten ohne demokratische Revolution, daß sie als Gleiche geboren seien, ohne es erst zu werden..., eine Interpretation, der sich u.a. auch Louis Hartz in seinem Theorem der kulturellen Fragmentierung anschließt), während die anderen in der amerikanischen die wichtigste Revolution des 18.Jahrhunderts neben der Französischen Revolution sehen (so z.B. R.R.Palmer, The Age of the Democratic Revolution, 2 vols., paperback edition, Princeton 1969). Auf eine Diskussion der Frage kann hier nicht näher eingegangen werden; sie würde den Rahmen der Arbeit aus mancherlei Gründen sprengen. S. als Einstieg in die Problematik den jüngst erschienenen Sammelband: Hans Ulrich Wehler (Hrsg.) 1976, 200 Jahre amerikanische Revolution und moderne Revolutionsforschung (Sonderheft der Zeitschrift für Historische Sozialwissenschaft), Göttingen 1976.

122) Karl Dietrich Bracher, Providentia Americana: Ursprünge des demokratischen Sendungsbewußtseins in Amerika, in: Alois Dempf/Hannah Arendt/Friedrich Engel-Janosi (Hrsg.), Politische Ordnung und menschliche Existenz, Festgabe für Eric Voegelin, München 1962, S.27ff.

123) Ähnlich Walter Dean Burnham, in: William Nisbert Chambers/Walter Dean Burnham 1967, S.277ff, hier S.281.

124) Die Kategorie der 'Selbsthilfe' im Veblenschen Sinne des 'self-made-man' und der 'self-help'. Wenngleich Louis Hartz ansonsten wenig mit Thorstein Veblen gemein hat, in dieser Hinsicht besteht eine deutliche Affinität in beider Argumentation. Veblen sieht den amerikanischen Individualismus ähnlich begründet; auch er erklärt die Unterschiede in der Kolonisation von US- und Latein-Amerika durch den unterschiedlichen Emigrations-Zeitpunkt. Vgl. Thorstein Veblen, Absentee Ownership and Business Enterprise in Recent Times. The Case of America, New York 1923, insbesondere chapter VII, S.119ff.

125) Zu den beiden Eigentumsbegriffen bei Locke s. C.B.Macpherson 1967, S.223ff.

126) Zu Zielsetzung und Mißerfolg von Johnsons Programm vgl. u.a. Daniel P.Moynihan, Maximum Feasible Misunderstanding, Glencoe 1969; unter dem Aspekt der Partizipation auf lokaler Ebene Hellmut Wollmann, in: Udo Bermbach (Hrsg.) 1973, S.321ff.

127) Der Begriff des world plane, den Hartz häufig und gern verwendet, impliziert wohl zweierlei; zum einen will Hartz verdeutlichen, daß die kleiner gewordene Welt die menschlichen Gesellschaften in ein Boot zwingt, aus dem es kein isolationistisches Aussteigen mehr gibt; zweitens stellt das 'world plane' wohl auch das durch Industrialisierung profanisierte Äquivalent für den Hegelschen 'Weltgeist' dar.

128) Es ist bezeichnend, daß Hartz die zentrale Frage der beiden 'liberalen Gesellschaften' Südafrika und USA beiseite schiebt und zudem deren soziale Komponente weitgehend leugnet. Die Rassenfrage ist in beiden Gesellschaften aufgrund der bestehenden sozio-ökonomischen Bedingungen, wie sie nicht zuletzt aus dem vom Lockeschen Liberalismus geprägten Wertsystem resultieren, gleichermaßen eine 'soziale Frage' wie ein rassisch oder ethnisch-kulturelles Problem. Die Rassenfrage beschränkt sich bei Hartz auf die formale Überwindung von Sklaverei und Segregation sowie die Integration der Schwarzen in das liberale Fragment. In der Unterbewertung, die die soziale Problematik erfährt, spiegelt sich die Grundprämisse seiner Interpretation der Geschichte als 'Geistesgeschichte' wider.

129) Frank Nies, Krise und Emanzipation. Zur Ideologiegeschichte des amerikanischen Expansionismus, in: Martin Greiffenhagen (Hrsg.) 1973, S.135ff, hier S.143.

130) Vgl. meinen Artikel: Die amerikanische Präsidentenwahl 1972, in: Aus Politik und Zeitgeschichte, B 10/1973, S.19ff.

131) Vgl. Arthur M.Ross (Ed.) 1967, Employment, race and poverty, New York 1967; Alfred W.Blumrosen 1971, Black Employment and the Law, Rutgers Univ.Press, New Brunswick, N.J. 1971; s. auch Hellmut Wollmann 1973, S.339ff.

132) S. u.a. als eine Interpretation James O'Connor 1974, Die Finanzkrise des Staates, Frankfurt/M. 1974; engl. 1973.

133) Zur Supreme Court-Entscheidung, die die Zusammenlegung von Schuldistrikten und den Bustransport von Kindern mit dem Ziel der rassischen Integration gestattet, vgl. Swann vs. Charlotte-Mecklenburg, 1267 U.S.91 (1971); als Einstieg in die politischen und juristischen Implikationen vgl. u.a. James Bolner/Robert Shanley 1974, Busing: The Political and Judicial Process, New York 1974.

134) Zu den insbesondere auch in Boston gewalttätigen Konflikten, in denen zur Rechtfertigung u.a. auch mit diesen und vergleichbaren historischen Analogien argumentiert wurde, s. den Bericht in: Der Spiegel, Nr.45/1975, S.134ff. Zu den Einstellungen von 'Middle America' s. etwa Richard M.Scammon/Ben J.Wattenberg, The Real Majority. An Extraordinary Examination of the American Electorate, zuerst 1970, paperback edition New York 1971; Seymour M.Lipset/Earl Raab 1970, The Politics of Unreason, Right-Wing Extremism in America, 1790-1970, New York 1970, S.338ff; ferner Walter Dean Burnham, Political Immunization and Political Confessionalism, The United States and Weimar Germany, in: Journal of Inter-

Disciplinary History, Summer 1972, S.1ff. Die Präsidentenwahlen von 1968 und 1972 waren beide vornehmlich 'Negativ-' oder Protestwahlen (vgl. etwa meinen Artikel: Die amerikanische Präsidentenwahl 1972, in: Aus Politik und Zeitgeschichte, Beilage zur Wochenzeitung Das Parlament, B 10/1973). Dies gilt für beide 'Extreme' in der amerikanischen Wählerschaft, die ideologisch betont konservativen Bevölkerungskreise des Middle America, deren Wahlentscheidung als Reaktion auf den sich vollziehenden sozialen Wandel gegen die Kräfte gerichtet war, die die 'schweigende Mehrheit' mit dem sozialen Wandel identifiziert, während im Verständnis der 'Liberal Coalition' (vgl. Teresa E.Levitin/Warren E.Miller, The New Politics and Partisan Realignment, paper delivered at the 1972 Annual Meeting of the APSA, September 1972) der Prozeß gesellschaftlicher Veränderung zu langsam vonstatten geht, vor allem aber zu wenig und/oder falsch von der Politik beeinflußt ist. Die Wahlen von 1968 und 1972 waren ein deutlicher Beleg für die These Walter Dean Burnhams (1970) von der 'decomposition of the party system'. Andererseits haben beide Wahlen, aufgrund der personalen und ideologisch-politischen Alternative vor allem diejenige von 1972, gezeigt, daß die seit Roosevelts New Deal traditionell demokratische Mehrheit im Parteiensystem bereits weitgehend zerfallen ist, daß auf nationaler Ebene sich eine ausgeprägt konservative Mehrheit parteipolitisch zu bilden schien. Inwieweit die durch 'Watergate' ausgelösten Entwicklungen diese Tendenz verändern werden, werden erst die folgenden Wahlen von 1974 und vor allem von 1976 zeigen können. Sollte aus der Agonie über Watergate die ohnehin in der Bevölkerung ausgeprägte Einschätzung des 'politics is dirty' als das alles überlagernde Ergebnis im Bewußtsein der Amerikaner zurückbleiben, spricht einiges dafür, daß sich die von Burnham in seiner These zusammengefaßten Auflösungstendenzen im Parteiensystem fortsetzen werden.

135) Vgl. für viele John Porter 1965, passim.

136) Zu den Verfolgungen, der die Loyalists während des Unabhängigkeitskrieges ausgesetzt waren, vgl. Udo Sauter 1972, S.83ff; D.F.S.Upton (Ed.) 1967, passim.

137) Vgl. John Porter 1965, S.60ff; Frank G.Vallee/Mildred Schwartz/Frank Darknell 1957. Auf die Beziehung zwischen ethnischer Pluralität und bürgerlicher Individualität hat John Porter jüngst neuerlich hingewiesen; vgl. John Porter 1975, passim und S.303.

138) Vgl. Richard J.Ossenberg 1967, passim. Zum Problem der Versäulung s. auch Ralf Dahrendorf 1968, S.142f.

139) S. u.a. Seymour M.Lipset 1970, S.37ff.

Kapitel F

1) Die hier und im folgenden referierten Angaben zur Beschäftigungsstruktur weichen in den der Analyse zugrundeliegenden Publikationen geringfügig voneinander ab. Dies ist im wesentlichen eine Folge von differierender Zuordnung der verschiedenen Einzelberufe zu den größeren, analytischen Kategorisierungen, liegt aber teils auch in den vom Census-Büro ermittelten Basis-Daten selbst begründet. So gehen die Repräsentativerhebungen zur labour force in den Altersbegrenzungen von 14 bis 65 Jahre als Bezugsrahmen aus, während die Censusdaten die untere Altersgrenze mit 15 Jahren ansetzen. Zu den Definitionen vgl. Anmerkung E/43; für die Repräsentativerhebungen vgl. The labour force, feature: New Occupational Classifications, Stat.Can./71. Für die Periode unmittelbar nach der Gründung des Bundesstaates gibt John Porter 1965, S.136, folgende berufliche Schichtung an: Primarer Sektor 51 %, 'manufacturing and handicrafts' 13 %, 'construction and unskilled labourers' 18 %, Services 18 %. Warren E.Kalbach/Wayne W.McVey 1971, S.238f, nennen: 'agriculture' 55,3 %, 'industrial' 24,6 %, 'commercial' 8,7 %, 'domestic' 6,9 %, 'professional' 4,5 %.

2) Typologisierung und zeitliche Abgrenzung in Anlehnung an O.J.Firestone 1969, passim.

3) Die Daten zum Wachstum des GNP in Anlehnung an O.J.Firestone 1969, S.123ff.

4) Diese und die folgenden Daten zum GNP/BSP, zum GDP/BIP, zum Steueraufkommen etc. beruhen auf dem photomechanisch vervielfältigten 'computer printout' der National Income and Expenditure Accounts. Historical Revision 1926 - 1971, hrsg. von Statistics Canada, National Income and Expenditure Division, Ottawa Oktober 1972; im folgenden im Text zit. als Stat.Can./73 bzw. in der 1976 erschienenen gedruckten Fassung als Stat.Can./74.

5) Zur Entwicklung der 'frontier' in Kanada vgl. die in Anmerkung C/8 angeführten Studien.

6) S. A.R.M.Lower 1958, S.327ff; vgl. auch Udo Sautter 1972, S.185ff.

7) Die Angaben zur Durchschnittsgröße nach Warren E.Kalbach/Wayne W.McVey 1971, S.70ff. 1 acre sind bekanntlich 40,47 a; die Durchschnittsgröße lag damit bei knapp unter 40 ha.

8) Vgl. John Porter 1965, S.137ff.

9) In Anlehnung an Seymour M.Lipset 1968, S.39ff.

10) Das Farmland stieg in den ersten drei Dekaden des 20.Jahrhunderts von 63.422.388 acres (1901) auf 108.968.715 (1911), 140.887.903 (1921) und 163.114.034 acres im Jahre 1931 an.

Davon wurde jeweils die Hälfte landwirtschaftlich genutzt; 1901: 30.166.033, 1911: 48.733.823, 1921: 70.769.548, 1931: 85.732.172 acres. Die Zahl der bewirtschafteten Farmen stieg von 511.073 (1901) auf 682.329 (1911), 711.090 (1921) und 728.623 im Jahre 1931. Zur Datenbasis s. Stat.Can., 1961 Census of Agriculture, vol.5, part 1, passim; Stat.Can./ 9, part 1, passim.

11) Vgl. Warren E.Kalbach/Wayne W.McVey 1971, S.70ff.

12) **Vgl.** John Porter 1965, S.140ff, dort auch weiterführende Literaturangaben.

13) Vgl. ebenda.

14) Die Census-Definitionen 'urban' bzw. 'rural' haben sich im Verlauf der Censuserhebungen seit 1871 mehrmals geändert; die Vergleichsdaten auf Prozentebene entsprechen in historischer Perspektive der jeweils gültigen Definition. 1961 und 1971 galt als 'rural':
"(1) all parts of incorporated rural municipalities, unorganized territories, and Indian Reserves having a population density of less than 1.000 per square mile; (2) incorporated cities, towns, and villages with populations less than 1.000.

Most of the areas described als 'rural' by the Census have typical rural characteristics: low population density, farms or wooded land. It may happen, however, that some areas with rural characteristics are classed as urban because of their legal status and their population total".

Als 'urban' galt:

"(1) incorporated municipalities with a population of 1.000 or over and having the legal status of city, town or village; (2) unincorporated places of 1.000 population or over, having a population density of at least 1.000 per square mile; (3) the urbanized fringe of (1) or (2), if it has a minimum population of 1.000 and a density of at least 1.000 per square mile."

Vgl. Statistics Canada, Census Division, Dictionary of 1971 Census Terms, a.a.O. Zur Entwicklung der Urbanisierung siehe u.a. Leroy O.Stone 1967; Warren E.Kalbach/Wayne W. McVey 1971, S.70ff.

15) Als Metropolitan areas gelten alle städtischen Ballungsräume mit mehr als 100.000 Einwohnern, wobei Stadtgrenzen überschritten werden; die Bezugsgröße stellt der Arbeitsmarkt dar:
"Main labour market area of a continuous built-up area having 100.000 or more population... The main labour market area corresponds to a commuting field or a zone where a significant number of people are able to travel on a daily bases to work places in the main built-up area. A CMA comprises: (1) municipalities completely or partly inside the continuous built-up area, and

(2) municipalities lying within a 20-mile radius of the limits of the continuous built-up area..."

Vgl. Statistics Canada, Census Division, Dictionary of 1971 Census Terms, a.a.O.

16) Vgl. André Raynauld, The Quebec Economy: A General Assessment, in: Dale C.Thomson (Ed.) 1973, S.139ff; Sheilagh H. Milner/Henry Milner 1973, S.52ff.

17) Zu den innerkanadischen Migrationsbewegungen vgl. Warren E.Kalbach/Wayne W.McVey 1971, S.70ff.

18) Die sozio-ökonomischen Entwicklungsunterschiede sind meßbar etwa an schwächerer Industrialisierung, niederer Urbanisierung, geringerem Ausbildungsgrad, niederen Einkommen, höherer Arbeitslosigkeit etc. Zum regionalen Entwicklungsgefälle und zur relativen Unterentwicklung vgl. Donald V. Smiley, S.105ff; T.N.Brewis, Regional Economic Policies in Canada, Toronto 1969; T.N.Brewis 1971. Zur Einkommensschichtung in regionaler Perspektive vgl. Jenny R.Poduluk 1968, passim.

19) Vgl. Kingsley Davis, The Urbanization of the Human Population, in: Scientific American, vol.213 (1965); Warren E. Kalbach/Wayne W.McVey 1971, S.109f.

20) S. O.J.Firestone 1969, passim.

21) Vgl. u.a. W.T.Easterbrook/H.G.J.Aitken 1956, passim.

22) Zur Definition vgl. Anmerkung E/43; die Angaben entstammen Stat.Can./69, S.44f.

23) Vgl. insbesondere Seymour M.Lipset 1968, S.118ff.

24) Vgl. Walter D.Young 1969a, S.40ff.

25) Der Begriff des 'organisierten Kapitalismus' ist geprägt worden von Rudolf Hilferding (im Jahre 1915, in dem Aufsatz 'Arbeitsgemeinschaft der Klassen?', in: Der Kampf, 8 /1915), der damit in die Revisionismus-Debatte der deutschen Sozialdemokratie eingriff und das Konzept der zunehmenden Stabilisierung des ökonomischen Systems der 'Zusammenbruchs-Theorie' gegenüberstellte. In der Folgezeit, während der Früh- und Mittelphase der Weimarer Republik, vor dem Ausbruch der Weltwirtschaftskrise, entwickelte Hilferding seinen Ansatz zu der 'optimistischen' Schlußfolgerung, daß durch die stetig wachsende Organisierung und Planung im ökonomischen System langfristig der Widerspruch zwischen Kapital und Arbeit reduziert und überwunden werden kann und eine planmäßige sozialistische Produktion an seine Stelle treten werde. Vgl. Heinrich August Winkler (Hrsg.) 1974, S.9ff. Den Versuch, Begriff und Konzept auf die USA zu übertragen, unternahm jüngst Hans-Jürgen Puhle, Der Übergang zum Organisierten Kapitalismus in den USA - Thesen zum Problem einer aufhaltsamen Entwicklung, in: Heinrich August Winkler (Hrsg.), ebenda, S.172ff.

26) Auch der kanadische Staat, Bund und Provinzen zusammen betrachtet, erfüllt in etwa die Funktionen, die jüngst Robin

Murray hervorgehoben hat: (1) Gewährleistung der Eigentumsrechte; (2) Ökonomische Liberalisierung; (3) Ökonomische Harmonisierung, im Sinne neo-liberalistischer Konjunkturbeeinflussung und Wirtschaftsplanung; (4) Bereitstellung von Vorleistungen, etwa auf dem Gebiet der Bildung, durch Kredit- und Kapitalhilfen, durch die Unterstützung technologischer Forschung, durch den Ausbau der Infrastruktur etc.; (5) Intervention für sozialen Konsens, z.B. durch wohlfahrtsstaatliche Umverteilung, Verbraucher- und Arbeitsschutzbestimmungen, Umweltschutz etc.; (6) Regelung der Außenbeziehungen eines kapitalistischen Systems. Daraus abgeleitet nennt Murray fünf weitere Funktionen: (1) Sicherung der Nachfrage; (2) Der Staat als Steuerbehörde; (3) Der Staat als Förderer und Beschützer bestimmter Monopole; (4) Der Staat als 'Erste-Hilfe-Leistender' für kränkelnde Wirtschaftssektoren; (5) Der Staat als Abnehmer von Überschuß. Vgl. Robin Murray 1974, S.46ff.

27) Vgl. Stat.Can./73, table 51. Die Angaben beziehen sich indessen nur auf direkte finanzielle Subventionszahlungen des Staates; indirekte Subventionen, z.B. in Form von Kapital-Hilfen, Krediten und Bürgschaften, steuerlichen Abschreibungen etc., sind darin nicht enthalten. Von den $ 601 Millionen im Jahre 1972 vom Bund gezahlten Subventionen entfielen auf den Agrarsektor $ 233 Millionen; CBC erhielt Zuschüsse in Höhe von $ 198 Millionen.

28) Vgl. Economic Council of Canada 1969, S.84ff.

29) Nach Stat.Can./73, tables 43-47.

30) Vgl. Jenny R.Poduluk 1968, S.1ff.

31) Vgl. Sheilagh H.Milner/Henry Milner 1973, S.52ff; Allan M. Maslove 1972, passim.

32) Einen einführenden Überblick über den jeweiligen Stand der Steuergesetzgebung und der Finanzstruktur vermittelt das Canada Yearbook. Zu den Steuergesetzen vgl. Edward P.Neufeld 1972, The Financial System of Canada, New York 1972; Rocco Bonzanigo 1973, Canadian Taxation of Business and Investment Income, of Non-Residents, European University Press 1973; s. insbesondere: Report of the Royal Commission on Taxation, 6 vols., Ottawa 1966ff.

33) Vgl. Economic Council of Canada 1969, S.30ff.

34) Vgl. Jenny R.Poduluk 1968, passim, insbesondere S.283ff.

35) Zu den politischen Implikationen der Einführung der Sozialgesetzgebung durch Premierminister Mackenzie King und die Liberale Partei s. J.Murray Beck 1968, S.241ff.

36) Die Summe der transfer payments stieg von $ 255 Millionen im Jahre 1944 auf $ 542 Millionen (1945) bzw. $ 1.102 Millionen im Jahre 1946 an; allerdings muß hierbei berücksichtigt werden, daß mit dem Ende des II.Weltkriegs ein Teil der Zahlungen an Soldaten, die im Jahre 1944 und teilweise

auch 1945 noch als 'military pay' im Haushalt erschienen, ab 1946 als 'veteran payments' in den transfer payments enthalten sind. Dennoch ist die Steigerung der Sozialleistungen nach der Einführung der Sozialgesetzgebung erheblich. Die Daten in Anlehnung an Stat.Can./73, table 50.

37) Die Sozialleistungen kommen teilweise, wenn auch nur in geringem Maße, etwa Kinder- und Familienunterstützung, der gesamten Bevölkerung zugute. So erhielten die 153.000 Einkommensbezieher mit mehr als $ 25.000 Jahreseinkommen im Jahre 1971 immerhin noch einen Betrag von insgesamt $ 56 Millionen aus den transfer payments. Vgl. Stat.Can./52, S.64.

38) Daten nach Jenny R.Poduluk 1968, S.249ff; Stat.Can./52, S.64; Stat.Can./55, passim.

39) Zur ökonomischen Abhängigkeit Kanadas liegt eine umfangreiche Literatur vor. Einen historischen Überblick über die Investitionen ausländischen Kapitals in Kanada seit 1800 gibt die Studie von Bernard Bonin 1967. Den gegenwärtigen Stand der ökonomischen Abhängigkeit analysiert der detaillierte 'Gray Report' 1972: Foreign Direct Investment in Canada, Published by the Government of Canada, Reprint,Information Canada, Ottawa 1972; von den wissenschaftlichen Analysen seien genannt: A.E.Safarian 1966, Foreign Ownership of the Canadian Industry, Toronto 1966; Melville Watkins et al. 1968, Foreign Ownership and the Structure of Canadian Industry, Ottawa 1968; Sheilagh H.Milner/Henry Milner 1973; Wallace Clement 1975; sodann die bislang wohl beste Analyse von Kari Levitt 1970, Silent Surrender, Toronto 1970.

40) Die nachfolgende Periodisierung erfolgte in Anlehnung an Kari Levitt 1970, S.46ff; sie wurde im übrigen mit geringfügigen Abweichungen auch von Wallace Clement 1975, S.44ff, übernommen.

41) Vgl. James Pritchard 1972, passim.

42) S. Wallace Clement 1975, S.49ff.

43) Auf die Bedeutung dieser wechselseitigen Durchdringung weist vor allem eine Reihe von neueren Analysen, meist neomarxistischer Richtung, nachdrücklich hin; vgl. u.a. Stanley Ryerson 1968, passim; R.E.Saunders, in: David Earl (Ed.) 1967; Gary Teeple, Land, Labour and Capital in pre-Confederation Canada, in: Gary Teeple (Ed.) 1972.

44) Vgl. Wallace Clement 1975, S.54f.

45) S. u.a. Stanley Ryerson 1968, passim.

46) Vgl. D.C.Masters 1965, passim.

47) Ähnlich Kari Levitt 1970, S.53.

48) S. W.T.Easterbrook/H.G.H.Aitken 1956, S.294ff; Kari Levitt 1970, S.50ff.

49) Vgl. Wallace Clement 1975, S.61; Donald Creighton 1970, S.36ff.

50) Die Daten entstammen Donald Creighton 1970, S.6ff.

51) S. u.a. Donald V.Smiley 1975, S.42ff.

52) Vgl. Wallace Clement 1975, S.64.

53) Ähnlich Donald V.Smiley 1975, passim.

54) Nach Wallace Clement 1975, S.79.

55) Nach Fred Block 1970, Expanding Capitalism. The British and American Cases, in: Journal of Sociology, vol.15 (1970), passim.

56) Die qualitativen Differenzen zwischen Portfolio- und Direktinvestitionen sind vielfach in den unterschiedlichsten Zusammenhängen dargestellt; s. für viele Kari Levitt 1970, passim; Robert Gilpin 1975; Robert Gilpin 1976, S.184ff.

57) Die Ergebnisse von Acheson sind referiert bei Wallace Clement 1975, S.71ff.

58) Vgl. ebenda, S.79f.

59) Vgl. ebenda, S.83.

60) Ähnlich Donald V.Smiley 1975, S.44f.

61) Angaben nach Wallace Clement 1975, S.81.

62) Vgl. Donald Creighton 1970, S.200ff; zur Landwirtschaft u.a. Seymour M.Lipset 1968, passim.

63) Vgl. Wallace Clement 1975, S.83ff.

64) Nach ebenda, S.88.

65) Vgl. ebenda.

66) S. Donald V.Smiley 1975, S.56.

67) Daten nach Kari Levitt 1970, S.64ff; Canada Yearbook 1974, S.820ff.

68) Vgl. Gray Report 1972, S.13ff, S.51ff; Wallace Clement 1975, S.111, Daten ebenda.

69) Nach Gray Report 1972, S.52.

70) Zum folgenden vgl. ebenda, passim.

71) Ähnlich Wallace Clement 1975, S.112ff.

72) S. Gray Report 1972, S.31ff, S.51ff.

73) Ähnlich ebenda, S.399.

74) Zu den 'Multis' s. als Einstieg aus der deutschsprachigen Literatur Otto Kreye (Hrsg.) 1974, Multinationale Konzerne. Entwicklungstendenzen im kapitalistischen System, München 1974; Kurt P.Tudyka (Hrsg.) 1974, Multinationale Konzerne und Gewerkschaftsstrategie, Hamburg 1974.

75) Als Beispiel neo-liberaler Interpretation der 'Multis' sei genannt Raymond Vernon 1971, Sovereignty at Bay. The Multinational Spread of U.S.Enterprises, New York 1971; der neomerkantilistischen Interpretation verwandt Robert Gilpin 1975, U.S.Power and the Multinational Corporation, New York 1975; Robert Gilpin 1976.

76) Die folgenden Ausführungen stützen sich insbesondere auf den Gray Report 1972, passim.

77) Vgl. hierzu für viele Robert Gilpin 1976, S.184ff.

78) S. den Gray Report 1972, S.397ff.

79) In der Interpretation ähnlich Robert Gilpin 1976, S.184ff; Donald V.Smiley 1975, S.49ff.

80) Vgl. den Gray Report 1972, S.379ff.

81) S. für viele z.B. John Dales 1966. Für Liberale wie Dales liegt einer der Hauptfehler kanadischer Politik selbstverständlich in der Nationalen Politik Macdonalds nach 1867 mit ihrer importsubstituierenden wie protektionistischen Zielsetzung, deren Wirkung - nach Dales - darin bestand, daß sie "has increased our National Income and reduced our standard of living" (ebenda, S.144), soll heißen, daß zwar Bevölkerung und GNP durch die Nationale Politik anstiegen, in der Konsequenz sich indes ein geringeres Pro-Kopf-Einkommen als Folge mangelnder Effizienz und Produktivität herstellte.

82) Daten nach Canada Yearbook 1974, S.820ff.

83) Vgl. den Gray Report 1972, S.24ff.

84) Ähnlich ebenda, S.67ff.

85) Vgl. ebenda, S.115ff.

86) Zit. ebenda, S.118ff.

87) Nach ebenda.

88) Vgl. ebenda, S.124ff.

89) Zum folgenden ebenda, S.130ff.

90) S. etwa Daniel Bell, 1974, dessen allerdings von den ökonomischen Widersprüchen abstrahierende Analyse zumindest insofern interessant ist, als sie nachdrücklich auf die

nicht hoch genug einzuschätzende Bedeutung von Technologie und von technologischer wie wissenschaftlicher Elite für die Struktur spätkapitalistischer Gesellschaften hinweist.

91) Als technologische Innovation könnte man mit Pierre Bourgault definieren: "Innovation is considered to include all of the steps from research, through development, produce or process engineering and marketing, to the point of Commercialization"; Pierre Bourgault 1972, S.22.

92) Vgl. die ähnlichen Gedankengänge und Schlußfolgerungen bei Kari Levitt 1970, passim; Donald V.Smiley 1975, S.56ff.

93) S. hierzu jetzt die Ländermonographien in den Kontinent-Bereichen Afrika und Lateinamerika in: Nohlen/Nuscheler 1974ff.

94) Vgl. Hartmut Elsenhans, Die Überwindung von Unterentwicklung, in: Nohlen/Nuscheler 1974, Bd.1, S.162ff.

95) Donald Creighton, Continentalism and the Birthright of Canada, zit. nach Donald V.Smiley 1975, S.54.

96) S. Hugh G.Aitken 1961, S.174ff und passim.

97) S. als einen Beleg die empirische Studie von John H.Goldthrope et al. 1971, passim.

98) Vgl. O.J.Firestone 1969, S.130ff.

99) Die folgenden Angaben zum Lebensstandard in Kanada nach Stat.Can./47: Household Facilities by Income and Other Characteristics, 1968; Stat.Can./56: Household Facilities and Other Characteristics, 1972, passim.

100) Nach Stat.Can./47, S.42ff. Für 1972 ergaben sich folgende Relationen: Von sämtlichen Haushalten besaßen 24,0 % ein Farb-, 71,6 % ein Schwarz-Weiß-, 4,4 % kein Fernsehgerät; in der Einkommensklasse über $ 25.000 lag der Farbgerät-Anteil bei 59,2 %, bei Einkommen zwischen $ 12.000 - 25.000 lag er bei ca. 1/3. Mehr als ein Auto besaßen von sämtlichen Haushalten 17,6 %; 59,1 % verfügten über ein Kfz; in der Einkommensklasse über $ 25.000 lag der Anteil von zwei oder mehr Kfz bei 59,7 %, bei Einkommen zwischen $ 12.000 bis 25.000 bei gleichfalls ca. 1/3; nach Stat.Can./56, S.56ff.

101) S. Stat.Can./47, S.26ff; Stat.Can./56, S.31.

102) S. Stat.Can./47, S.44ff; Stat.Can.56, S.84ff.

103) In der BRD gab es 1970 7.088.300 Eigentumswohnungen und Häuser (= 34,3 %) und 13.575.600 (= 65,7 %) Mietwohnungen und Miet-Häuser; vgl. Statistisches Jahrbuch der Bundesrepublik Deutschland 1972, S.260.

104) Michael Harrington 1971, The Other America. Poverty in the United States, zuerst erschienen 1962, Neuauflage als Paperback, Baltimore 1971; vgl. auch Gabriel Kolko 1967.

105) Zur Analyse der Einkommensverhältnisse in Kanada stehen insbesondere drei verschiedene Quellenarten zur Verfügung, die jährliche Einkommensteuerstatistik, der zehnjährige Census sowie die bis 1971 alle zwei Jahre, seither jährlich durchgeführten Repräsentativerhebungen zur Einkommensverteilung. Alle drei Typen unterliegen einer Reihe von Unwägbarkeiten und Fehlerquellen. So beruhen sie alle auf den Angaben der Betroffenen; zudem sind keinesfalls alle Einkommensformen erfaßt. Wir nehmen im folgenden vornehmlich auf die Censusdaten und die Repräsentativerhebungen Bezug. Im Gegensatz zu der auf den individuellen Steuererklärungen beruhenden Einkommensteuerstatistik lassen sie Angaben zum familiären Einkommen zu; zweitens sind die Fehler, die aus unbewußten oder absichtlichen Falsch- und Fehlangaben resultieren, bei den Census- und Repräsentativerhebungen sicherlich geringer anzusetzen, da mit ihnen keine Sanktionen in Form von höheren Einkommensteuerzahlungen verbunden sind. Drittens haben die auf Umfragen beruhenden Quellen den Vorzug, daß sie leichter zu klassifizieren und standardisieren sind. Zur Problematik vgl. John Porter 1965, S.104ff; Jenny R.Poduluk 1968, S.1ff; Stat.Can./52, S.5ff; S.119ff.

106) Vgl. John Porter 1965, S.125ff.

107) Zur empirischen Definition von 'low income' siehe im einzelnen Jenny R.Poduluk 1968, S.179ff. Zur Fortschreibung der unteren Einkommensgrenzen siehe für 1961: Jenny R.Poduluk ebenda; für 1967: Stat.Can./44, S.8; für 1971: Stat. Can./52, S.15; für 1973: Stat.Can./55, S.17.

108) Vgl. John Porter 1965, S.125ff; Jenny R.Poduluk 1968, S.248.

109) Zur Preisentwicklung und den verschiedenen Preis-Indices seit 1961 vgl. Stat.Can./77, passim; für 1973 z.B. Canada Yearbook 1974, S.817.

110) Zum folgenden vgl. Jenny R.Poduluk 1968, S.239ff.

111) Vgl. ebenda.

112) Definiert ist Familie in Anlehnung an den Census und die Repräsentativerhebungen als
"... a group of individuals sharing a common dwelling unit and related by blood, marriage or adoption. Thus, all relatives living together were considered to comprise one family whatever the degree of family relationship. Aside from single sons and daughters, other relatives most commonly found living in the household were married sons and daughters and widowed parents..."
Als Ein-Personen-Familie oder 'unattached individual' gilt
"... a person living by himself or rooming in a household where he is not related to other household members. An unattached individual is treated as an economic family unit by himself..."
Vgl. Stat.Can./52, S.10. Zur Definition der verschiedenen Einkommensformen, die in den Repräsentativerhebungen unterschieden werden, vgl. ebenda, S.12f. Zu den im Grunde glei-

chen Definitionen des Census siehe Jenny R.Poduluk 1968, Appendix, S.309ff.

113) Vgl. Stat.Can./52, S.63 und passim.

114) Vgl. Jenny R.Poduluk 1968, passim; Stat.Can./52, passim; Stat.Can./55, passim.

115) Vgl. Jenny R.Poduluk 1968, S.270ff. Hinsichtlich der Realisierung von Vermögensgewinnen setzte die Regierung Trudeau im Jahr von der Unterhauswahl von 1972 die Besteuerung von 'capital gains' durch, die in einer Höhe von 50 % in das zu versteuernde Einkommen aufgenommen werden muß. 'Capital gains' sind in den statistischen Erhebungen, die wir bis zu Beginn der 70er Jahre zugrundegelegt haben, da in der Vergangenheit stets steuerfrei, nicht enthalten.

116) Vgl. ebenda.

117) Im einzelnen siehe zu den hier stark verkürzt angeführten Einkommensdifferenzierungen Jenny R.Poduluk 1968, passim, sowie Stat.Can./52; Stat.Can./55, die außer den hier angeführten eine Reihe weiterer sozialer Indikatoren mit den Einkommensverhältnissen korrelieren.

118) Vgl. ebenda.

119) S. Jenny R.Poduluk 1968, S.9ff; S.123ff.

120) Vgl. ebenda; Stat.Can./43, S.13ff, S.23ff.

121) Zusammengestellt nach Dominion Bureau of Statistics, 1961 Census, vol.III, part 1, table 1; Warren E.Kalbach/Wayne W.McVey 1971, S.237ff; Stat.Can./68, S.19.

122) Vgl. Jenny R.Poduluk 1968, S.179ff; Stat.Can./44; Stat. Can./53.

123) Vgl. Jenny R.Poduluk, ebenda; Roger Love/Gail Oja 1975, Low Income in Canada. Paper for Session 5 on "Definition and Measurement of Poverty" of the XIV General Conference of International Association für Research in Income and Wealth, Finland, 18-23 August 1975.

124) S. John Kenneth Galbraith 1971, S.285ff.

125) Vgl. T.N.Brewis 1971; Donald V.Smiley 1972, S.105ff; zu den politischen Implikationen vor der Unterhauswahl von 1972 vgl. John Meisel 1973a, S.222ff.

126) Vgl. u.a. Jenny R.Poduluk 1968, S.271ff; John Porter 1965, passim; Leo A.Johnson 1973, passim.

127) S. insbesondere Allan M.Maslove 1972, passim.

128) Strukturell und in der Dimension ähnlich ungleich verteilt wie die Einkommen sind auch die Besitzverhältnisse. Vergleicht man Einkommen, Netto-Besitz und Produktionsmittelbesitz, unterscheiden sich die drei betreffenden Lorenz-Kurven nur unwesentlich. S. u.a. Stat.Can./39; Stat.Can./51.

129) Im kanadischen Zusammenhang s. hierzu u.a. John Porter 1965, S.166.

130) Zur Problematik vgl. u.a. Christopher Jencks, 1971, passim, insbesondere S.52ff.

131) Im Schuljahr 1970/71 gab es im primaren und sekundaren Schulsektor insgesamt 18.841 Ausbildungsstätten; davon waren 1.025 Privatschulen. Im tertiären Bildungsbereich gab es 359 Einrichtungen, davon waren 138 'Community Colleges', 25 Lehrerseminare, 137 Krankenhauspflegeschulen, 59 Universitäten und Colleges. Von den zehn Universitäten mit mehr als 10.000 Studenten waren McGill University, Université Laval Privat-Universitäten. Von den insgesamt im tertiären Bildungsbereich aufgewendeten $ 2.140.8 Millionen bestritten die Provinzen 68,8 %, der Bund 11,7 %, 9,8 % waren Universitätsgebühren, 9,5 % kamen aus privaten Quellen. Für Forschungen auf dem Gebiet der Naturwissenschaften wurden im Jahre 1971 ausgegeben $ 1.160 Millionen, davon bestritten die Privat-Wirtschaft $ 350, der Staat $ 622, die Universitäten $ 138 Millionen.
Die Angaben nach Stat.Can./53, passim, u.a. S.46ff, S.88, S.178, S.613.

132) Vgl. ebenda, S.73ff.

133) S. etwa John Porter 1965, S.155; O.J.Firestone 1969, S. 180ff.

134) Investment in Canadian Youth, zit. nach O.J.Firestone 1969, S.182.

135) Zur Interdependenz von ökonomischem System und Ausbildungswesen s. für Kanada u.a. O.J.Firestone 1969, passim; John Porter 1965, S.155ff; Jenny R.Poduluk 1968, passim.

136) Vgl. Walt.W.Rostow 1967; zur Übertragung der Rostow'schen Periodisierung s. vor allem O.J.Firestone 1969, passim.

137) S. O.J.Firestone 1969, S.180ff.

138) Nach Stat.Can./57, Foreword, ohne Seitenangabe.

139) Vgl.O.J.Firestone 1969, S.XVII.

140) Die Angaben für 1950 nach O.J.Firestone, ebenda, S.185; die weiteren Daten nach Stat.Can./57, S.93.

141) Die erwerbstätigen Frauen haben stets über eine bessere Schulbildung verfügt als die männliche labour force. Dies mag überraschen, ist jedoch leicht erklärbar. Die Frauen stellen nur ca. 1/3 aller Erwerbstätigen (1951: 28,7, 1961: 35,9, August 1973: 33,4 %). Sodann erfordern in Kanada die 'typischen Frauenberufe', i.e. Berufe, in denen Frauen deutlich überrepräsentiert sind, wie z.B. die Pflege- oder auch Lehrerberufe, als Ausbildungsvoraussetzung zumindest den Sekundarschulabschluß. Auf der universitären Ebene besteht jedoch eine deutliche Überrepräsen-

tation der Männer. Im Jahre 1972 verfügten 7,3 % der weiblichen Bevölkerung über 14 Jahre über Universitätsbildung, bei den Männern waren es 12,2 %. Vgl. Stat.Can./70, passim.

142) Vgl. John Porter 1965, S.155ff.

143) Vgl. Warren E.Kalbach/Wayne W.McVey 1971, S.200ff. Nach dem Census von 1961 besuchten im Alter zwischen fünf und 24 Jahre auf dem Lande 65,4 %, in der Stadt 65,7 % dieser Altersklasse die Schule. Die fast gleichartige Scholarisationsrate darf indessen nicht über das zwischen Stadt und Land stark unterschiedliche Bildungsniveau hinwegtäuschen, da die Migration der Jugendlichen die tatsächlichen Verhältnisse verschleiert. Ihre ländliche Heimat verlassen vornehmlich Jugendliche, die sich nicht mehr im Ausbildungsprozeß befinden und in den Städten Arbeit suchen; d.h. ihre Zuwanderung verringert die Scholarisation in den Städten. Geht man vom Ausbildungsgrad der Bevölkerung über 15 Jahre aus, erweist sich die Diskrepanz im Bildungsniveau von Stadt und Land. S. Warren E.Kalbach/Wayne W.McVey, ebenda.

144) Zum regionalen Bildungsgefälle s. ebenda; vgl. ferner Economic Council of Canada 1969, S.123ff.

145) S. Stat.Can./57, S.208ff; Stat.Can./64, passim.

146) Zur relativen Unterentwicklung und zum ökonomischen wie Bildungsgefälle s. die in Anmerkung F/18 angeführten Studien.

147) Für 1961 vgl. Jenny R.Poduluk 1965; John Porter 1965, S. 158f; für 1966: Stat.Can./64, S.43ff; für 1972: Stat.Can./70.

148) Die nachstehenden Angaben sind zusammengestellt aus den verschiedenen Publikationen des Statistischen Büros zur Einkommensverteilung; s. Stat.Can./38ff; vgl. ferner Jenny R.Poduluk 1968, passim.

149) Vgl. Warren E.Kalbach/Wayne W.McVey 1971, S.210ff.

150) Vgl. ebenda.

151) S. Stat.Can./61, S.124ff. In der Regel kann man dabei davon ausgehen, daß insbesondere diejenigen Studenten, deren Eltern hohe Einkommen hatten, deutlich überproportional eine Antwort auf die Frage nach dem Einkommen verweigerten. Die Angabe, daß nur 14,6 % der Eltern sämtlicher Studenten über Einkommen von mehr als $ 15.000 verfügten, ist dadurch sicherlich nicht unerheblich niedriger als der tatsächliche Prozentsatz.

152) Diese Angaben - wie auch die Daten aus anderen verwandten Umfragen - könnten jeweils auf Mütter und Töchter ausgeweitet werden. Wenngleich sich geringfügige Unterschiede ergeben, stimmen die Ergebnisse in den generellen Trends doch grundsätzlich überein.

153) Als Beispiel der Indizierung mag dienen:

Fathers	Sons / Total	University education Index		
University	55,8	55,8 : 13,8	=	4.07
Secondary	28,7	28,7 : 13,8	=	2.08
Elementary	7,4	7,4 : 13,8	=	0.53
Total	13,8			

Maßstab der Beurteilung ist ein Index-Wert von 1.0, bei dem Neutralität herrscht, d.h. keine Beziehung existiert. Werte größer als 1.0 bezeichnen folglich eine Über-, Werte kleiner als 1.0 eine Unterrepräsentation. Desto stärker die Werte von 1.0 abweichen, umso größer ist die Beziehung des Bildungsniveaus von Eltern und Kindern. Vgl. Stat.Can./ 64, S.17ff.

154) S. etwa ähnliche Ergebnisse bei Ronald M.Pavalko, Socio-Economic Background, Ability, and the Allocation of Students, in: Can. Review of Sociology and Anthropology, vol. IV (1967), abgedruckt in: W.E.Mann (Ed.) 1973, S.306ff.

155) Vgl. für viele Guy Rocher 1973, S.136ff.

156) Zur folgenden Analyse zwischen ethnischer Herkunft und sozialer Schichtung siehe vor allem John Porter 1965, S.60ff; B and B Commission, Book III: The Work World; Book IV: The Cultural Contribution of the Other Ethnic Groups, a.a.O.; ferner Stanley Lieberson 1970, S.138ff. Zu der sozialen Schichtung innerhalb der verschiedenen ethnischen Gruppen, zu dem Phänomen, daß bestimmte gehobene Berufe von Angehörigen der ethnischen Gruppen vornehmlich für ihre eigene Bevölkerungsgruppe ausgeübt werden, vgl. John Porter ebenda; B and B Commission, Book IV, S.50ff. Wir beschränken uns weitgehend auf die Differenzierungen zwischen den ethnischen Gruppen des 'Canadian mosaic'.

157) Zum folgenden s. vor allem John Porter 1965, S.73ff; die von Porter ermittelten Daten sind im tabellarischen Anhang abgedruckt.

158) Vgl. ebenda, S.81f. Der Anteil der Iren, der im Jahre 1871 bei 24,3 % der Gesamtbevölkerung gelegen hatte, betrug nach dem Census von 1901:18,4 %, 1931: 11,9 %, 1961: 9,6 %. Vgl. Warren E.Kalbach/Wayne W.McVey 1971, S.148ff.

159) Zum folgenden s. B and B Commission, Book III, S.38ff. In den vier ausgewählten Berufsgruppen sind enthalten: 'manageral occupations' = "managers in specific functions such as advertising, credit, and purchasing, and owners and managers classified by industry"; 'professional and technical occupations' = "engineers, teachers, health professionals, artists, clergy, social welfare workers, photographers, librarians,etc."; 'craftsmen and production workers' = "blue-collar workers identifiable by function, such as bakers, shoemakers, bookbinders, welders, painters, etc."

160) S. "Die protestantische Ethik und der Geist des Kapitalismus", in: Max Weber 1963, Bd.I. Im Zusammenhang der Bildungsstrukturen im frankophonen Quebec wird im folgenden Abschnitt nochmals hierauf zurückzukommen sein.

161) S. unten Kapitel G/4, Tab.A 29 im Anhang.

162) Zu den politischen Implikationen der Einstellungs- und Sprachenpolitik der Regierung Trudeau bei der Unterhauswahl von 1972 vgl. John Meisel, 1973a, S.218ff.

163) Zum folgenden vgl. B and B Commission, Book III, S.14ff.

164) Nach ebenda, S.68f; vgl. auch Sheilagh H.Milner/Henry Milner 1973, S.62ff.

165) Die nach ihrem Vorsitzenden bezeichnete 'Commission Gendron' (exakt: 'Commission of Inquiry on the Position of the French Language and on Language Rights in Québec') wurde von der liberalen Provinzregierung Quebecs im Dezember 1970 eingesetzt. Ihre Aufgabe war
"... an inquiry into the position of the French language in Québec and measures to be taken to ensure its full expansion, and to inquire into the linguistic rights of Québec citizens".
Die Ergebnisse der Kommission sind publiziert in 2 Bänden als: (Commission Gendron) The Position of the French Language in Québec, vol.1: Language of Work; vol.2: Language Rights, beide Québec Dezember 1972; die vorstehend zitierte Aufgabenstellung aus der Regierungsverordnung ist abgedruckt ebenda, S.VII.

166) Zur folgend kurz skizzierten 'Abhängigkeit' der Wirtschaft Quebecs siehe insbesondere B and B Commission, Book III, passim; André Raynauld, The Quebec Economy: A General Assessment, in: Dale C.Thomson (Ed.) 1973, S.149ff; Sheilagh H.Milner/Henry Milner 1973, passim, part one, S.9ff.

167) Das Folgende nach B und B Commission, Book III, S.54ff.

168) Vgl. ebenda, S.57f. Das Mißverhältnis wird noch krasser, wenn man von den Erträgen der veräußerten industriellen Produkte ausgeht; sämtliche außerhalb Quebecs verkauften industriellen Waren hatten im Jahre 1961 einen Wert von $ 3.400.000.000; der Verkauf von frankokanadischen Unternehmen erreichte nur $ 150.000.000 oder 5 % sämtlicher außerhalb Quebecs abgesetzter Industrieprodukte; der Anteil von anglokanadischen bzw. ausländischen Unternehmen am Gesamtbetrag lag bei 44 respektive 52 %.

169) Vgl. etwa Sheilagh H.Milner/Henry Milner 1973, S.33ff.

170) S. Albert Faucher, Le caractère continental de l'industrialisation du Québec, in: Recherches Sociographiques, vol.6 (1965); Jean-Luc Migué, L'industrialisation et la participation des Québécois au progrès économique , in: Jean-Luc Migué (Ed.) 1971, S.227ff.

171) Zum Begriff der 'strukturellen Heterogenität' s. jetzt: Zur Analyse struktureller Heterogenität (Hamburger Autorenkollektiv), in: Nohlen/Nuscheler (Hrsg.) 1974, S.115ff.

172) S. Commission Gendron 1972, vol.2, passim; vgl. auch Stanley Lieberson 1970, S.138ff. Hier sei auf die Äußerung einer der Teilnehmer an den von der B and B Commission durchgeführten Hearings hingewiesen, die die sprachlichen Implikationen der in den kontinentalen Rahmen eingegliederten Wirtschaft Quebecs exemplarisch verdeutlicht:
"If I get a job as a technician with the Bell telephone and want to get to the top then I must speak English because the electronic and electrical instruments come from the United States..."
Zit. nach B and B Commission, Preliminary Report, S.77.

173) Zit. nach Sheilagh H.Milner/Henry Milner 1973, S.64f.

Kapitel G

1) Eine zusammenhängende Analyse der Quiet Revolution fehlt bislang noch immer; einzelne Aspekte wie zusammenfassende Darstellungen des Verlaufs finden sich u.a. bei E.M.Corbett 1967; Sheilagh H.Milner/Henry Milner 1973; Marcel Rioux 1971; Claude Morin 1972; zur Diskussion um die sozio-ökonomische Basis vgl. jetzt Daniel Latouche 1974, dort auch weitere Verweise.

2) "Maître chez Nous" war die Wahlparole der Liberalen bei der Provinzwahl von 1960; "Egalité ou indépendence"der Slogan der Union Nationale und Daniel Johnsons bei der Wahl von 1966. S. Daniel Johnson 1965, Egalité ou indépendence, Montréal 1965; zu den Wahlen vgl. Vincent Lemieux (Ed.) 1969, passim.

3) Zum frankokanadischen Geschichtsverständnis und den reduzierten Formeln von 'conquêtisme' und 'colonialisme' vgl. Ramsay Cook, Conquêtisme; derselbe, La Survivance - French Canadian Style, in: Ramsay Cook 1971, S.99ff bzw. S.114ff.

4) Vgl. etwa Marcel Rioux 1971, S.27ff.

5) Vgl. ebenda, S.39ff; Mason Wade 1968, passim.

6) Zur frankokanadischen Historiographie nach dem II.Weltkrieg vgl. Ramsay Cook 1971, La Survivance, French Canadian Style, S.114ff.

7) So etwa Jean Hamelin 1960, Economie et société en Nouvelle-France, Québec 1960, passim; aus anglokanadischer Sicht, in Anlehnung an das Geschichtstheorem von Louis Hartz, vgl. Kenneth D.McRae, The Structure of Canadian History, in: Louis Hartz 1964, S.219ff.

8) So zuerst Louis-F.G.Baby, L'exode des classes dirigeantes à la cession du Canada, in: The Canadian Antiquitarian and Numismatic Journal, third series, vol.2 (1899), S.97ff. Zur These der Emigration s. u.a. die Interpretation von Michel Brunet, La Conquête anglaise et la décheance de la bourgeoisie canadienne (1760-1793), in: Amérique française, vol.13 (1955), S.19ff; abgedruckt in: Michel Brunet 1958, La Présence anglaise et les Canadiens, Montréal 1958, S. 49ff; ferner Robert de Roquebrune, L'Exode des Canadiens après 1760, in: La Nouvelle Revue Canadienne, vol.III (1953), der die Zahl der Emigranten auf etwa 2.000 geschätzt hat. Vgl.auch Marcel Rioux 1971, S.29f.

9) So vor allem Michel Brunet, ebenda. Guy Frégault, La Guerre de Sept Ans et la civilisation canadienne, in: Revue d'histoire de l'Amérique française, vol.7 (1954); Guy Frégault 1966, La Guerre de la Conquête, Montréal 1966; Léandre Bergeron 1971.

10) So etwa Fernand Ouellet, Les Fondements historiques de l'option séparatiste dans le Québec, in: Can. Historical Review, vol.43 (1962), S.185ff; Fernand Ouellet 1966.

11) Vgl. ebenda, passim; ferner Mason Wade 1955, S.160ff; Marcel Rioux 1971, S.43ff; Stanley Bréhaut Ryerson 1968, S. 42ff; Gilles Bourque 1970.

12) Vgl. Kenneth D.McRae 1964, S.231f; zur These, die die katholische Kirche als 'roi nègre' interpretiert, vgl. etwa Léandre Bergeron, 1971, S.44ff.

13) Vgl. etwa Marcel Rioux 1971, 43ff.

14) Vgl. die verschiedenen Interpretationen zur frankokanadischen Historiographie von Ramsay Cook, dem wohl besten anglokanadischen Kenner der frankokanadischen Geschichtsschreibung, in: Ramsay Cook 1966 bzw. Ramsay Cook 1971. Unter den konservativ-nationalistischen Historikern sind vor allem zu nennen: François-Xavier Garneau, Histoire du Canada depuis sa découverte jusqu'à nos jours, zuerst erschienen 1845; Errol Bouchette, L'Indépendence économique du Canada français, Montréal 1913; Thomas Chapais, Cours d'histoire du Canada, Montréal 1919; Abbé Lionel Groulx, La Naissance d'une race, Montréal 1919; derselbe, Lendemains de Conquête, Montréal 1920; derselbe, Directives, Saint-Hyacinte 1959 (Neudruck); derselbe, Histoire du Canada français depuis sa découverte, Montréal 1960 (Neudruck).

15) Vgl. Marcel Rioux 1971, S.59ff.

16) S. vor allem Ramsay Cook, Quebec: The Ideology of Survival; In the Bourassa Tradition, in: Ramsay Cook 1966, S.79ff bzw. 105ff sowie Ramsay Cook 1971, La Survivance - French Canadian Style, S.114ff.

17) So etwa Abbé Lionel Groulx in Directives, a.a.O. S.194ff.

18) Siehe u.a. Herbert F.Quinn 1963, passim; ferner auch Marcel Rioux, S.63ff.

19) Zum Zusammenspiel zwischen katholischer Kirche und der politischen Elite unter Führung von Maurice Duplessis vgl. ebenda; zu der sozialen Repression vgl. etwa Pierre E.Trudeau 1956, La Grève de l'Amiante; Sheilagh H.Milner/Henry Milner, The Decolonization of Quebec, Chapters 6-8, a.a.O., S.105ff; ferner auch Martin Sullivan 1968, 'Where it all started', S.17ff.

20) Vgl. John Porter 1965, S.90ff.

21) Vgl. Louis Hartz 1964, S.3ff bzw. S.24ff; Kenneth D.McRae, ebenda S.219ff.

22) S. etwa Marcel Rioux 1971, S.63ff; Sheilagh H.Milner/Henry Milner 1973, S.139ff.

23) Vgl. etwa Marcel Rioux 1971, S.63ff, Edward M.Corbett 1967, passim; Sheilagh H.Milner/Henry Milner 1973, S.139ff; ferner auch Martin Sullivan 1968, S.17 - 93, der die intellektuelle und politische Karriere des Führungskreises um Trudeau detailliert darlegt.

24) Vgl. Pierre E.Trudeau 1956, passim; Martin Sullivan 1968, S.17ff; Jean Claude Robert 1975, S.191ff.

25) Vgl. Marcel Rioux 1971, passim; André Carrier 1968, L'idéologie politique de la révue Cité Libre, in: Can. Journal of Political Science, vol.1 (1968), S.414ff.

26) Zur Provinzwahl von 1960 vgl. u.a. Vincent Lemieux (Ed.) 1969; Paul Cliché 1961, S.343ff; Les électeurs québécois. Attitudes et opinions à la veille de l'élections de 1960. Un rapport du Groupe de Recherches Sociales, Montréal, ohne Jahr; maschinenschriftlich vervielfältigt. Zu den nachfolgenden Wahlen s. u.a. Vincent Lemieux 1973a; Vincent Lemieux 1973b; Vincent Lemieux/Marcel Gilbert/André Blais 1970; Maurice Pinard 1973a; Richard Hamilton/Maurice Pinard 1976.

27) S. etwa Sheilagh H.Milner/Henry Milner, S.139ff. Zur sozialen Basis der Quiet Revolution vgl. jetzt Daniel Latouche 1974, passim.

28) Vgl. Vincent Lemieux (Ed.) 1969, passim.

29) Vgl. etwa Hubert Guindon, Social Unrest, Social Class, and Quebec's Bureaucratic Revolution, in: Queen's Quarterly, vol.71 (1964), S.150ff, abgedruckt in: W.E.Mann (Ed.) 1973, S.187ff; Jean-Claude Robert 1975, S.199ff.

30) Zu der an der Situation in der Dritten Welt entwickelten These der Revolution der steigenden Erwartungen s. etwa die gleichnamige Studie von Gerhard Maurer, Blickpunkt Lateinamerika. Die Revolution der steigenden Erwartungen, Köln/Berlin 1967. Die These geht davon aus, daß die Erwartungen in den unterentwickelten Gesellschaften durch die vom sozialen Wandel ausgelösten Bewußtseinsveränderungen schneller wachsen als die tatsächlich erreichten oder er-

reichbaren sozio-ökonomischen Reformen. Die These, zumal da sie zum Schlagwort in den gesellschaftlichen Konflikten dieser Länder geworden ist, bedarf sicherlich der Differenzierung und empirischen Überprüfung. Sie vernachlässigt u. a. die soziale Heterogenität in diesen Gesellschaften mit ihren unterschiedlichen Bewußtseinsstrukturen, die durch den sozialen Wandel eher vertieft als abgebaut werden (s. etwa Osvaldo Sunkel, in: Dieter Senghaas (Hrsg.) 1972, S. 258ff). Dennoch stellt der 'gap' zwischen den gesellschaftlichen Veränderungen und den dadurch ausgelösten Reformerwartungen (in den industriell entwickelten Gesellschaften eher stärker als in den Ländern der Dritten Welt) eine der Konsequenzen dar, die die Transformationen begleiten und mit der jegliche modernisierungstheoretisch-begründete Reformpolitik rechnen muß. Zum Prozeß der Bewußtseinsveränderung in Quebec im Gefolge der Quiet Revolution vgl. Guy Rocher 1973, passim; Sheilagh H.Milner/Henry Milner 1973, passim.

31) Zur Person René Lévesque und zum Parti Québécois s. unten Kapitel G/5.2.; dort auch Bibl.Ang.

32) Zum Wählerverhalten seit 1970 vgl. u.a. Lemieux/Gilbert/Blais 1970; Lemieux 1973a; Pinard 1973a.

33) Vgl. Maurice Pinard 1973a, S.119ff.

34) Zur Wahl von 1970 vgl. insbesondere Lemieux/Gilbert/Blais 1970, passim; dort S.66 auch die hier wiedergegebenen Daten zu Muttersprache und Parteiidentifikation.

35) Siehe ebenda.

36) Vgl. Maurice Pinard 1973a, passim.

37) S. Lemieux/Gilbert/Blais 1970, S.51ff. Von denjenigen, die 1970 eine Wahlabsicht für den Parti Québécois angaben, hatten 20 % eine Schulausbildung bis zu sieben Jahren, 35 % zwischen acht und zwölf Jahren, 42 % von mehr als 13 Jahren. In der Altersschichtung ergab sich folgende Verteilung der Parteianhänger:

Wahlabsicht	18-24	25-54 Jahre	über 55
Liberale	29,8	40,3	45,4
Parti Québécois	49,1	29,9	16,7
Créditistes	11,4	13,7	13,6
Union Nationale	9,6	16,2	24,2

38) Zu dieser typologischen Unterscheidung siehe David Apter, Ideology and Discontent, Free Press, Glencoe/III. 1964, S.45ff.

39) Vgl. Walter Dean Burnham 1970, S.135ff. Zu einer ähnlichen Einschätzung der Provinzwahl Quebecs vom Oktober 1973 gelangt Walter Dean Burnham in einem hektographiert vervielfältigten paper für die 'faculty of Political Science' des M.I.T., 'Comments on the Quebec election of October 29', 1973.

40) Zu den genauen Wahlergebnissen s. unten Tabelle 65 in Kapitel G/5.2.

41) Zur Geschichte des Bildungswesens in Quebec s. u.a. Marcel Lajeunesse 1970, L'éducation au Québec, S.7ff, ein Literaturüberblick. Außer den dort angeführten Studien s. ferner Guy Rocher/Pierre W.Belanger 1970, Ecole et Société au Québec: Eléments d'une Sociologie de l'Education, Montréal 1970. Howard Adams 1968, The Education of Canadians, 1800-1967, The Roots of Separation, Montreal 1968; ferner: B and B Commission, Book II, Education; vor allem den fünfbändigen Bericht der Commission Parent, Rapport de la Commission Royale d'Enquête sur l'Enseignement, Québec 1963-1966.

42) Vgl. Fernand Ouellet 1970, L'Enseignement Primaire: Responsabilité des Eglises ou de l'Etat, in: Recherches Sociographiques, vol.II (1961), S.171ff; abgedruckt in: Marcel Lajeunesse 1970, S.19ff.

43) Vgl. Commission Parent 1963, vol.I, S.4f.

44) Fernand Ouellet 1970, S.36.

45) Ähnlich Commission Parent 1963, vol.I, S.6.

46) S. Commission Parent 1963, vol.I, S.10ff.

47) Zu den Auseinandersetzungen um die Einführung der Schulpflicht siehe u.a. Louis-Philippe Audet 1971, vol.II, S.247ff.

48) Vgl. Guy Rocher 1973, passim, insbesondere S.33ff.

49) Vgl. B. and B Commission, Book IV, S.103.

50) Max Weber 1963, Bd.I, S.22.

51) Vgl. Guy Rocher 1973, S.29.

52) Vgl. John Meisel 1973a, S.190; s. auch Herbert F.Quinn 1963, The Union Nationale. A Study in Quebec Nationalism, Toronto 1963, passim.

53) S. Loi Instituant une Commission royale d'enquête sur l'enseignement dans la Province de Québec, 9 & 10 Elizabeth II, chapter 25; abgedruckt in: Commission Parent 1963, vol.I, S.XIII. Die Kommission war folgend zusammengesetzt:

Mgr. Alphonse-Marie Parent, P.A., Vice-recteur de l'Université Laval.

M. Gérard Filion, Directeur-gérant du journal 'Le Devoir'.

M. Paul Laroque, Secrétaire adjoint, Aluminium Ltd.

M. David Munroe, Directeur de l'Institut d'Education, Université McGill.

Soeur Marie-Laurent, Professeur de Philosophie, Montréal.

Mlle. Jeanne Lapointe, Professeur, Université Laval.

M. John McIlhone, Directeur adjoint des études, Commission des Ecoles Catholiques de Montréal.

M. Guy Rocher, Directeur du Département de Sociologie, Université de Montréal.

54) Das sogenannte 'Bill 60' wurde eingebracht im Provinzparlament im Juni 1963 und am 19.März 1964 verabschiedet als Loi institutant le ministère de l'éducation et le Conseil supérieur de l'éducation, Statutes of Quebec, 1964, chapter 15; das Gesetz, mit dem der CEGEP eingerichtet wurde, vom 5.Februar 1967, Statutes of Quebec, 1967, chapter 71.

55) Vgl. Commission Parent 1963, vol.IV, S.66ff, S.86ff. Die gleichberechtigte Einrichtung konfessioneller und laizistischer Schulformen mit der Wahlfreiheit der Eltern ist einer der Vorschläge der Commission Parent, der nicht realisiert wurde. Pluralistisch meint dann auch, daß öffentliche wie private Schulträger weiterhin nebeneinander her bestehen, wobei die Privatschulen vom Staat finanziell unterstützt werden, aber in Administration und Bildungsinhalten durch staatliche Kontrolle reglementiert sind, um die Gleichartigkeit beider Schultypen zu garantieren. Vgl. Commission Parent 1963, vol.IV, S.213ff.

56) S. 'Bill 60', a.a.O.; Commission Parent 1963, vol.I, S.83ff, S.99ff.

57) S. 'Bill 60', a.a.O.; Commission Parent 1963, vol.I, S.94ff, S.117ff; vol. IV, S.58ff.

58) Zu den konzeptionellen Vorstellungen hinsichtlich der Bildungsinhalte, die hier nur gestreift werden können, siehe insbesondere Commission Parent, vols. II und III, in denen für alle drei Bildungsebenen, alle Schulformen und Bildungsgänge detaillierte Vorschläge entwickelt sind.

59) Vgl. Stat.Can./57, S.41.

60) Zur Problematik der Modernisierung aus frankokanadisch-nationalistischer Sicht siehe etwa Marcel Rioux 1971, passim, insbesondere S.79ff, S.127ff; Sheilagh H.Milner/Henry Milner 1973, passim.

61) Zur Frage der Sozialisation vgl. John Meisel, Values, Language and Politics in Canada, in: John Meisel 1973a, S. 127ff.

62) S. z.B. André d'Allemagne 1966, S.175ff und seine Forderung nach einer zweifachen Revolution:

"La révolution québécoise doit se construire sur deux grands pôles: la libération politique qui par l'indépendance fera que les décisions ne dépendront plus de l'étranger, et la libération économique et sociale qui mettra les ressources du pays à la disposition de la population du pays..."; ebenda, S.176.

63) Die folgenden Anmerkungen zur Struktur des kanadischen Föderalismus in Anlehnung an Donald V.Smiley 1972, passim; Richard Simeon 1972, passim.

64) Zum Verlauf der Constitutional Conferences nach 1967 s. auch den Bericht des Canadian Intergovernmental Secretariat 1974, The Constitutional Review 1968-1971, second edition Ottawa 1974.

65) Vgl. Donald V.Smiley 1972, S.9f.

66) Zu den Bemühungen der beiden Bundesjustizminister Fulton und Favreau vgl. die Dokumentation von Guy Favreau (Ed.) 1965, The Amendment of the Constitution of Canada, Ottawa 1965; vgl. auch Donald V.Smiley 1972, S.9ff.

67) Zu den verschiedenen gesellschaftlichen und politischen Faktoren, die in ihrer Wechselwirkung den politischen Machtwechsel des Jahres 1957 herbeiführten, s. die Analyse der Unterhauswahl von 1957 von John Meisel 1962, passim.

68) Vgl. Renate Kunze 1968, Kooperativer Föderalismus in der Bundesrepublik Deutschland, Stuttgart 1968; Heinz Laufer 1974, Der Föderalismus der Bundesrepublik Deutschland. Stuttgart u.a. 1974.

69) So u.a. Donald V.Smiley 1972, S.55ff; Edwin R.Black 1975, S.63ff, verwendet den vergleichbaren Begriff des 'administrative federalism'.

70) Vgl. Donald V.Smiley 1972, S.58f; dort auch weiterführende Angaben über Zahl und Art der Organe des kooperativen Föderalismus in Kanada.

71) Zit. nach ebenda.

72) Vgl. ebenda; s. ferner Special Joint Committee 1972; Canadian Intergovernmental Conference Secretariat 1974.

73) Vgl. Helmut Wollman 1973, S.355.

74) S. British North America at Confederation. A Study prepared for the Royal Commission on Dominion-Provincial Relations, Ottawa 1939. Vgl. Donald V.Smiley 1972, S.1ff; ähnlich jüngst A.E.Safarian 1974, S.15f.

75) Vgl. A.E.Safarian 1974, ebenda.

76) S. die Verfassungseinfügungen in das BNA in sec.91 für die Modifikationen der Jahre 1940 und 1951; sec. 94 A für die Modifikation des Jahres 1964. Vgl. Donald V.Smiley 1972, S.7.

77) S. Donald V.Smiley 1972, Kap.5: The Political Economy of Canadian Federalism, passim; die folgenden Daten entstammen insbesondere dem Canada Yearbook, versch. Jge., passim, das auch jeweils eine kurze Darstellung der Finanzstruktur zwischen Bund - Provinzen - Gemeinden sowie über die Steuer- und Abgabenordnung enthält; zur Steuerstruktur s. die in Anmerkung F/32 genannten Studien.

78) Zum folgenden vgl. Donald V.Smiley 1972, S.108f.

79) Daten nach Canada Yearbook 1974, passim.

80) Vgl. hierzu Donald V.Smiley 1972, S.136ff.

81) Vgl. ebenda, S.108ff.

82) S. ebenda.

83) Vgl. Canada Yearbook 1974, passim.

84) S. u.a. John Meisel 1973a, S.217ff.

85) Vgl. Donald V.Smiley 1972, S.42ff, S.130ff; Canadian Intergovernmental Conference Secretariat 1974, S.95ff. Zum Inhalt der Victoria Charter vgl. auch Edwin R.Black 1975, S.140ff.

86) Zum folgenden vgl. T.N.Brewis 1971, passim.

87) S. Donald V.Smiley 1972, S.125.

88) Nach T.N.Brewis 1971, S.19ff.

89) Vgl. Donald V.Smiley 1972, S.126.

90) S. ebenda, S.42ff; Canadian Intergovernmental Conference Secretariat 1974, S.95ff.

91) Vgl. ebenda.

92) Vgl. ebenda.

93) Nach Donald V.Smiley 1972, S.45f.

94) Vgl. u.a. die bei Donald V.Smiley im Auszug wiedergegebene Antwort Trudeaus auf die Forderungen Quebecs; Donald V. Smiley 1972, S.46f.

95) Vgl. Special Joint Committee 1972, S.108f.

96) Vgl. Donald V.Smiley 1972, S.49ff.

97) So in Part II der Victoria Charter; vgl. Special Joint Committee 1972, S.107.

98) Das Ernennungsdekret der Regierung (Privy Council of Canada 1106/1963) ist abgedruckt u.a. in: B and B Commission, Preliminary Report, S.151f; die Zitatstelle, S.151.

99) Bislang liegt noch keine zusammenhängende Würdigung der Arbeit der B and B Commission oder eine Analyse der Faktoren, die zur Institutionalisierung der Zweisprachigkeit führten, noch der durch die Zweisprachigkeit ausgelösten politischen und sozialen Veränderungen vor. Zur grundsätzlichen Bedeutung der B and B Commission vgl. etwa aus anglokanadischer und proföderaler Sicht Ramsay Cook, The Search for a New Canadian Consensus, in: Ramsay Cook 1971, S.18ff; aus frankokanadischer Sicht vgl. Guy Rocher 1973, S.109ff.

100) Vgl. die Aussagen in B and B Commission, Preliminary Report, passim.

101) Vgl. B and B Commission, Book IV, passim.

102) Vgl. etwa J.R.Mallory, English Speaking Quebeckers in a Separate Quebec, in: R.M.Burns (Ed.), 1971, S.73ff.

103) Ähnlich Ramsay Cook, The Search for a New Canadian Consensus, in: Ramsay Cook 1971, S.18.

104) Die Mehrheit der frankokanadischen Bevölkerung Quebecs tritt noch immer für die pro-föderale Option ein, wie zusätzlich zu den Ergebnissen der Provinzwahlen zahlreiche Repräsentativumfragen gezeigt haben. Vgl. u.a. John Meisel 1973c, Political Styles and Language-use in Canada, passim. Für eine politische Trennung bei gleichzeitig fortbestehenden ökonomischen Verflechtungen waren 70 % der PQ-Anhänger; vgl. Michel Bellavache/Marcel Gilbert 1971, passim.

105) Zu diesem Phänomen vgl. Val.R.Lorwin, Segmented Pluralism. Ideological Cleavages and Political Cohesion in the Smaller European Democracies, in: Comparative Politics, vol.3 (1971), S.141ff. Lorwin formuliert u.a. am Beispiel ethnisch-kulturell segmentierter Gewerkschaftsorganisationen:

"... Pluralism creates more pluralism. In what may be a wholesome form of Parkinson's law, competition of organizations for places on the various elected bodies of labor representation and protection creates a need für candidates, some of whom are already activists; but thousands more become active only because of the contested elections..."

Andererseits sieht Lorwin neben der positiven Wirkung segmentierter und doppelter Institutionen natürlich auch deren negative Implikationen:

"... Benefits have their costs, and those of segmented pluralist diversity include waste and <u>immobilisme</u>. The duplication of facilities and services is generally more uneconomically in small countries than in large, and less justified by a need to prevent organizational leviathans. One should rate diversity ahead of efficiency where there is competition of ideals and opinions..."

Ebenda, S.158. Das Spannungsverhältnis zwischen 'efficiency' und 'diversity' ist in segmentierten Gesellschaften nicht einseitig aufhebbar, es sei denn, man ändert die gesellschaftliche Zielvorstellung. Damit sind auch stets die Gefahren der Versäulung und Erstarrung zum einen, der Parkinsonschen Aufblähung zum zweiten angelegt. Die aus der Institutionalisierung von bilingualism and biculturalism resultierenden Wirkungen, etwa im Bereich der Bundesbürokratie, zeigen dies sehr deutlich.

106) Diesem generellen Urteil steht nicht entgegen, daß es in Teilen der anglokanadischen Bundesbürokratie eine deutliche Antipathie gegen die Politik der Zweisprachigkeit gibt (s. unten in Abschnitt 4.3.). Der Eindruck, den der Autor bei seinen Gesprächen mit zahlreichen Mitgliedern der Bürokratie in Ottawa gewonnen hat, läßt nur den Schluß zu, daß es sich hierbei nur um einen scheinbaren Widerspruch handelt. Die Politik der Zweisprachigkeit ruft zwar Verdruß hervor, die insgesamt pro-föderale Haltung ändert dies aber nicht. So treten sie aus Gründen der Notwendigkeit auch für die Durchsetzung und Ausführung der Zweisprachigkeit ein, manche mit weniger, manche mit mehr Enthusiasmus.

107) Vgl. Wilfrid Eggleston 1961, S.98ff.

108) Das Schicksal der Bundeshauptstadt Ottawa ist natürlich objektiv kein Kriterium für die Beurteilung von bilingualism and biculturalism. In den subjektiven Überlegungen der vom Fortbestand Ottawas als Hauptstadt abhängigen Bevölkerung spielt diese Frage natürlich eine eminente Rolle.

109) Vgl. B and B Commission, Book III. Das ökonomisch begründete Interesse der Anglokanadier am Fortbestand der Konföderation wirkt dabei stark auf die politische Ebene und auf die Liberale Partei als Protagonist der pro-föderalen Option ein. Zum einen ergibt sich dies von der Wählerbasis her. Analysiert man das Wählerverhalten in Quebec, zeigt sich ein außerordentlich konsistentes Verhalten der Anglokanadier zugunsten der Liberalen Partei. Bei den Provinzwahlen der letzten Jahre wählte die überwiegende Mehrheit der Anglokanadier, bis zu 4/5, liberal.

110) Teilweise besteht eine solche personale Identität. Einige derjenigen frankokanadischen Politiker, die zu Beginn der 60er Jahre in und mit der Liberalen Partei die pro-föderalen Reformen der Quiet Revolution einleiteten, sind heute im Lager der independistischen Fundamentalopposition, u.a. auch René Lévesque, heute Parteiführer der Parti Québécois, der nach dem liberalen Wahlsieg von 1960 der liberalen Regierung Lesage als Minister angehörte. Im übrigen ist hier ein grundsätzliches Phänomen des kanadischen Parteiengefüges angesprochen. Aufgrund des Charakters als Wähler- und Volksparteien und der strukturellen Asymmetrie zugunsten der Liberalen Partei sind viele (wenn natürlich auch nicht alle) der kanadischen Drittparteien aus den Reihen der Liberalen hervorgegangen. Dies gilt etwa für Henri Bourassa und seine 'Nationalistes' um 1910; für die Progressives im kanadischen Westen am Ende des I.Weltkriegs; dann für den Parti Québécois. Zudem besteht seit dem Ende des II.Weltkriegs eine relative Nähe zwischen den Liberalen und der C.C.F./NDP. Einige führende liberale Politiker gehören heute zu den Führungskräften der NDP, u.a. etwa die Politologin Pauline Jewitt. Umgekehrt vollzogen Trudeau und sein Kreis, die in den 50er Jahren in Quebec die Politik der C.C.F./NDP publizistisch vertraten, Anfang der 60er Jahre den Wechsel zu den Liberalen.

111) Eine erste größere, Fragen der Elitenkooperation gewidmete Studie, liegt vor von Robert Presthus 1973. Die Arbeit gelangt jedoch nicht über die Referierung der empirisch, aus Umfragen gewonnenen Ergebnisse hinaus. Ihr mangelt es sowohl an theoretischer Klarheit als auch an der gesellschaftlichen Verortung der Ergebnisse. So bleibt der zweite Teil der Arbeit von John Porter 1965, S.201ff, noch immer aussagekräftiger. Den Versuch, John Porter bis Anfang der 70er Jahre fortzuschreiben, unternahm jüngst Wallace Clement 1975.

112) Die Literatur zum demokratie-theoretischen Modell der 'consociational democracy' oder der 'Konkordanz-Demokratie' ist mittlerweile recht umfangreich. Beide Modelle wurden unabhängig voneinander entwickelt von Arend Lijphart und Gerhard Lehmbruch; vgl. die Arbeiten beider Autoren in den Bibl.Ang. Im einzelnen besteht eine Reihe von Differenzen zwischen Lijpharts Modell der 'consociational democracy' und Lehmbruchs 'Konkordanz-Demokratie'. Sie können hier indes vernachlässigt werden. Die folgenden Überlegungen greifen bewußt nur auf Lijphart zurück, da vor allem er es ist, der mit seinen Schriften die Diskussion in der nordamerikanischen Sozialwissenschaft beeinflußt. Lehmbruchs Arbeiten sind dort nur wenig bekannt; die Sprachenbarriere wirkt sich auch hier nachhaltig aus.

113) Pierre Vadeboncoeur, La ligne du risque, in: Situations, 4th year, vol.1, S.42, zit. nach Ramsay Cook, Quebec: The Ideology of Survival, in: ders., Canada and the French Canadian Question, a.a.O., S.98f.

114) Ähnliche Überlegungen stellt etwa auch Richard J.Ossenberg an:
"The long-term emergence of nativistic and separatist movements in plural societies is a consequence of both frustration of emergent groups within the subordinate groups and, at times, the sense of deteriorating power among its élites." Vgl. Richard J.Ossenberg 1970, S.211.

115) Vgl. etwa die Einordnung der 'consociational democracy' von Klaus von Beyme 1972, S.202ff. Tatsächlich ist das einzig wirkliche Verdienst des Lijphart'schen Ansatzes zu sehen, in der Aussage nämlich, daß sozio-kulturelle Homogenität nicht notwendige Voraussetzung für politische Stabilität ist. Gerade dies war jedoch eine der Prämissen, von denen der 'mainstream' der amerikanischen Sozialwissenschaft, etwa auch die Schule um Gabriel A.Almond, ausging. Vgl. Gabriel A.Almond/Sidney Verba 1963· The Civic Culture. Political Attitudes and Democracy in Five Nations, Princeton Univ. Press 1963; Gabriel A.Almond/G.Bingham Powell 1966.

116) Zur Oktober-Krise siehe u.a. die Dokumentation der Ereignisse von John Saywell 1971, Quebec 70. A Documentary Narrative, Toronto 1971.

117) Die Zitatstelle von Ernst B.Haas ist so wiedergegeben bei Arend Lijphart 1971, S.12; sie findet sich bei Haas, The Uniting of Europe: Political, Social and Economic Forces, 1950 - 1957, Stanford Univ. Press 1958, S.17.

118) Es ist bezeichnend, daß Lijphart in seinem Vergleichsbeispiel des westeuropäischen Integrationsprozesses nur auf die Frühphase rekurriert. Er negiert damit die intensiven Diskussionen der letzten Jahre, die um die fehlenden Kontrollmechanismen der westeuropäischen Institutionen, um die mangelhafte Transparenz der Entscheidungsstrukturen, um die Bemühungen, etwa auf dem Gewerkschaftssektor, transnationale gesellschaftliche Gruppen zu organisieren etc., geführt werden. In all diesen Diskussionen geht es um die ähnlich gelagerte Problematik der Partizipation der Bevölkerungen der Subgesellschaften, die Lijphart in seinem Modell aus den Augen verliert.

119) Vgl. die allerdings knappe Einordnung der Arbeiten der B and B Commission in den politischen und sozialen Bezugsrahmen während der 60er Jahre bei Ramsay Cook, The Search for a New Canadian Consensus, in: Ramsay Cook 1971, S.12ff. Ein Indiz für die faktische Bedeutung der B and B Commission mag die Tatsache sein, daß jede der wissenschaftlichen Studien zu Gesellschaft und Politik in Kanada, die nach 1970 erschienen ist, in der Datenbasis, vielfach auch in den Interpretationen auf die Arbeiten der B and B Commission rekurriert.

120) Das Official Languages Act (Statutes of Canada, 17-18 Eliz. II, chapter 54), abgedruckt in und im folgenden zit. nach Commissioner of Official Languages 1971, S.105ff.

121) Zu den Bedingungen der Distrikteinteilung s. ebenda, sec. 9ff.

122) Nach Commissioner of Official Languages 1976, S.16ff.

123) Vgl. ebenda.

124) Zu den Kompetenzen des Language Commissioner s. den Gesetzestext in Commissioner of Official Languages 1971, sec. 19ff; vgl. ferner die jährlichen Tätigkeitsberichte.

125) Zur Einrichtung der sog. French Language Unit vgl. Commissioner of Official Languages 1974, passim; 1976, S.12ff.

126) Zu den Auswirkungen der Unzufriedenheit unter den Beamten bei den Wahlen von 1972 und 1974 s. u.a. John Meisel 1973a, S.217ff; John Meisel 1975, S.1ff.

127) Vgl. Commissioner of Official Languages 1975, S.13ff, S.391ff.

128) Vgl. Anmerkung G/105.

129) Vgl. Commissioner of Official Languages 1976, S.14f.

130) S. ebenda, S.6ff.

131) Vgl. ebenda.

132) Zum folgenden s. ebenda.

133) Zu den folgend referierten Standpunkten vgl. die ähnliche Darstellung der Argumentation ebenda.

134) S. ebenda, S.11.

135) So ebenda, passim.

136) Vgl. Commissioner of Official Languages 1974, S.43ff; 1975, S.31ff.

137) S. Commissioner of Official Languages 1976, S.24ff.

138) S. ebenda, S.30f.

139) Vgl. die tabellarischen Übersichten bei Commissioner of Official Languages 1974, S.46f.

140) Die Daten ebenda, S.28ff.

141) Vgl. John B.Carroll 1975, passim; ferner Commissioner of Official Languages 1976, passim.

142) In Anlehnung an Commissioner of Official Languages 1976, S.28ff.

143) Vgl. ebenda.

144) S. ebenda, passim.

145) So sind z.B. die Bundeszuschüsse des zunächst auf drei Jahre terminierten 'immerson project' nicht verlängert worden. Nach Commissioner of Official Languages 1976, S.31.

146) Vgl. John Meisel 1974, passim.

147) Zur Struktur der US-amerikanischen Massenmedien vgl. Hans J.Kleinsteuber 1973, Fernsehen und Geschäft. Kommerzielles Fernsehen in den USA und Großbritannien, Hamburg 1973. Zu Kanada vgl. Davey Report 1970: Special Senate Committee in the Mass Media, Report, 3 vols., Ottawa 1970; Frank W.Peers, Broadcasting and National Unity, in: Benjamin D.Singer (Ed.) 1972, S.39ff.

148) Vgl. Wallace Clement 1975, S.302ff.

149) S. ebenda.

150) Die Angaben nach Canada Yearbook 1972, S.969.

151) Zum folgenden vgl. Commissioner of Official Languages 1976, S.64ff.

152) S. ebenda.

153) Der Language Commissioner gelangt mit Blick auf die Zweisprachigkeit in seinem Report zu CBC/Radio Canada u.a. zu folgendem Urteil:

"Although these recommendations tend, by their very nature, to be negative in tone, they should not be viewed as derogating from the CBC's impressive record of accomplishment in serving the Canadian public in both official languages."

Commissioner of Official Languages 1976, S.65.

154) Vgl. Time Magazine, Europe, July 19, 1976, S.17.

155) Nach ebenda.

156) Vgl. die Beiträge in Howard R.Penniman (Ed.) 1975, passim.

157) Vgl. das Buch gleichen Titels von Pierre Vallières 1968, Les nègres blancs d'Amérique, Montréal 1968.

158) Vgl. John Porter 1975, S.268ff, der gleichfalls auf diesen Umstand als einen der wichtigen Unterschiede zwischen den Frankokanadiern und den Schwarzen in den USA hinweist.

159) Diese - abgesehen von der Möglichkeit, eine zweite Sprache zu lernen - weiteren positiven Konsequenzen von bilingualism and biculturalism sindvon den Angehörigen der kleineren ethnischen Gruppen erst in jüngster Zeit erkannt worden. Unter Hinweis auf die sozio-kulturellen Garantien, die durch bilingualism and biculturalism den Frankokanadiern eingeräumt worden sind, fordern jetzt auch sie zunehmend und stärker als zuvor ähnliche Rechte und Absicherungen (etwa finanzielle Unterstützung für ihre sozio-kulturellen Einrichtungen, die Anerkennung ihrer Sprachen als Unterrichtsfächer etc.). Vgl. etwa Howard Palmer 1972, S.235ff. Wie berechtigt diese Überlegung zu den Konsequenzen von bilingualism and biculturalism für die kleineren ethnischen Gruppen ist, zeigen u.a. die Ausführungen von Guy Rocher 1973, S.117ff, zur Frage der Zweisprachigkeit. Rocher sieht die Politik des biculturalism durch die Regierung Trudeau und deren Maßnahmen zugunsten der kleineren ethnischen Gruppen fortentwickelt zur Politik des multiculturalism. Dies ist sicherlich überpointiert. Doch hat Rocher Recht, wenn er, aus frankokanadischer Sicht, vor der Gefahr warnt, die Politik des bilingualism in eine des multi-lingualism zu verändern. Die intendierte Wirkung der gesamten Politik der Zweisprachigkeit, nämlich die Bewahrung der französischen Sprache und der frankokanadischen Identität, würde durch eine solche Entwicklung in Frage gestellt.

160) S. Commission Gendron 1972, passim.

161) Das Gesetz 22 = 'Loi sur la langue officielle', in Kraft getreten am 31.Juli 1974, ist veröffentlicht in: Statutes of Quebec 1974, chapter 6, S.53ff.

162) Vgl. ebenda, sec. 9ff.

163) Vgl. ebenda, sec. 24ff.

164) Vgl. ebenda, sec. 54ff.

165) Vgl. Canada Weekly vom 12.November 1975.

166) Vgl. Donald V.Smiley 1972, S.143ff. Zu den Auseinandersetzungen um die Zweisprachigkeit innerhalb der Konservativen Partei s. Jim McDonald/Jack MacDonald 1972, S.27ff.

167) Zur Interdependenz der Eliten s. John Porter 1965, S.202ff, S.417ff, S.520ff; vgl. ferner jetzt Wallace Clement 1975, passim.

168) Auf die Frage nach der Geschwindigkeit des von der Reformpolitik seit 1960 ausgelösten sozialen Wandels ermittelten Hamilton und Pinard 1976, S.22, in ihrer die Provinzwahl von 1973 begleitenden Umfrage:
Unter den frankokanadischen Wählern in %:

	Changes have been			
Party choice	Much too fast	Bit too fast	Just fast enough	Not fast enough
Lib.	40	64	61	22
PQ	32	24	34	72
RC	20	8	3	2
UN	8	4	2	3

In der gesamten Wählerschaft ergab sich in ethnisch-kultureller Perspektive:

Francophones	26	31	33	10
Anglophones	18	20	48	14

169) Vgl. Canada Weekly vom 12.November 1975.

170) S. Time Magazine, Europe, July 19, 1976, S.17.

171) Zum Standpunkt des Parti Québécois vgl. u.a. René Lévesque 1968; André d'Allemagne 1966; Pierre Vallières 1968; Claude Morin 1972; Claude Morin 1973; M.Saint-Germain 1973; nicht politisch gebunden, aber in der Analyse auf denselben neomarxistischen Grundlagen aufbauend,etwa Sheilagh H.Milner/Henry Milner 1973.

172) So etwa Sheilagh H.Milner/Henry Milner 1973, S.62f.

173) Vgl. Paul A.Baran/Paul M.Sweezy, Monopoly Capital, New York 1966, dtsch als: Monopolkapital. Ein Essay über die amerikanische Wirtschafts- und Gesellschaftsordnung, Frankfurt/M. 1967.

174) André Gunder Frank, Capitalism and Underdevelopment in Latinamerica, New York 1969, dtsch. als: Kapitalismus und Unterentwicklung in Lateinamerika, Frankfurt/M. 1968.

175) Vgl. etwa Sheilagh H.Milner/Henry Milner 1973, passim; André d'Allemagne 1966.

176) Vgl. Sheilagh H.Milner/Henry Milner, passim; M.Saint-Germain 1973, passim.

177) Vgl. u.a. René Lévesque 1968, passim; René Lévesque 1970.

178) Bekanntlich läßt sich über potentielle Entwicklungen, die - wie solide der analytische Hintergrund auch immer sein mag - immer nur Spekulationen sein können, leichter diskutieren als über Fakten. Die gesamte Diskussion über die eventuellen Folgen einer Sezession Quebecs, der politisch indes - wie die Provinzwahl in Quebec von 1973 zeigt - eminente Bedeutung zukommt, bleibt bestenfalls 'sophisticated guesswork', in das zudem und noch stärker als in anderen Fragen der persönliche Standort mit einfließt. Dennoch sollen einige der möglichen Folgen, die zumindest denkbar erscheinen, stichwortartig angeführt werden: 1) ein deutlicher und diskriminierender 'backlash' des anglophonen Rest-Kanadas gegenüber der dortigen frankophonen Minderheit; 2) ein Exodus der anglophonen Minderheit aus Quebec; 3) ein Absinken des Lebensstandards in Quebec,und zwar bereits dann, wenn das ökonomische System keine Boykottmaßnahmen ergreift; 4) eine drastische Reaktion des von US-Amerikanern und Anglokanadiern beherrschten ökonomischen Systems. Bereits in der gegenwärtigen Situation verlagern die US-amerikanischen und anglokanadischen Konzerne in großer Zahl ihre bis dahin in Montreal befindlichen Konzernzentralen, zumeist nach Toronto; 5) das Auseinanderbrechen Rest-Kanadas und letztlich die Assimilierung der einzelnen Regionen an die USA, der sich im Falle einer solchen Entwicklung wohl auch das dann frankophone Quebec nicht entziehen könnte, etc.

179) Zum Werdegang von René Lévesque vgl. u.a. J.W.Hagy, René Lévesque and the Quebec Separatists, in: Western Political Quarterly, vol.24 (1971), S.55ff.

180) Zur Rolle von René Lévesque in der liberalen Reformpolitik vgl. E.M.Corbett 1967; Marcel Rioux 1971, S.74ff; Vincent Lemieux 1969, passim.

181) Vgl. Jean-Claude Robert 1975, S.289ff.

182) S. ebenda.

183) Zum folgenden vgl. insbesondere Richard Hamilton/Maurice Pinard 1976, S.3ff; dort auch weiterführende Literaturangaben zur sozialen Wählerbasis des PQ bei der Provinzwahl von 1973.

184) Vgl. ebenda.

185) Vgl. ebenda, S.11ff.

186) Nach ebenda. Von den frankokanadischen Befragten in der von Hamilton und Pinard gewählten beruflichen Schichtung der Haushaltsvorstände entschieden sich für den PQ in %:

	Montreal	Rest of Quebec
Professionals/ Semiprofessionals	47	63
Owners/Managers	15	25
Clerical/Sales	63	23
Blue Collar	59	32
Farm		0

Übernommen von ebenda, S.15.

187) Zur strukturierenden Funktion des Arbeiterwahlverhaltens durch die frankokanadischen Gewerkschaften s. ebenda, S.20.

188) Auf diese durch die junge Generation vermittelten Unterschiede in den politisch-ideologischen Einstellungen weisen Hamilton und Pinard, ebenda, genauso entschieden hin wie auf die Tatsache des Bruches in der frankokanadischen Mittelklasse.

189) Vgl. Michel Bellavance/Marcel Gilbert 1971; Vincent Lemieux/ Marcel Gilbert/André Balis 1970; Le Devoir vom 20.Oktober 1973. Allerdings müssen derartige Umfrageergebnisse mit erheblicher Skepsis betrachtet werden, da bei Umfragen von solch grundsätzlicher Bedeutung die Formulierung der Frage sicherlich das Ergebnis mitbestimmt. Deutlich wird dies z.B. aus einer Umfrage aus dem Jahre 1970, als nur 39 % der Anhänger des PQ für eine politische und ökonomische Trennung, ca. 70 % der PQ-Anhänger jedoch für eine politische Autonomie Quebecs bei fortbestehenden ökonomischen Verflechtungen eintraten (vgl. Anmerkung G/104). Wie dieses Beispiel zeigt, kann aus Umfragen, in denen die Sezession Quebecs mehrheitlich verworfen wird, nicht notwendig geschlossen werden, daß auch für eine Politik der schrittweisen Loslösung Quebecs, zumal wenn sie aus der Regierungsverantwortung heraus geführt werden kann und wenn die Politik mögliche Reaktionen der Bevölkerung antizipatorisch aufzufangen versucht, keine Mehrheiten in der Bevölkerung Quebecs zu finden wären.

190) So Jean Blain in René Lévesque 1968, S.9.

191) So etwa Sheilagh Hodgins Milner/Henry Milner 1973, S.244.

192) Genau diese Entwicklung trat bei der Provinzwahl vom 15.November 1976 ein, auf dessen vielerorts wohl selbst von vielen Kanadiern (u.a. auch dem liberalen Provinzpremier Robert Bourassa, der sonst kaum zwei Jahre vor Ablauf der Wahlperiode von sich aus das Parlament aufgelöst hätte) als Überraschung angesehene Ergebnis hier nur mit wenigen Anmerkungen eingegangen werden kann. Die Wahl brachte dem Parti Québécois mit dem Gewinn von 67 von 110 Mandaten eine deutliche Mehrheit in der Assemblée Nationale, dem Provinzparlament Quebecs. Nach der Regierungsübernahme durch die Partei René Lévesques scheint damit die Existenz Kanadas als bundesstaatlicher Einheit erneut ernsthaft in Frage gestellt, eine Gefahr, die viele Beobachter nach dem Wahlsieg der Liberalen von 1973 bereits endgültig überwunden glaubten. Die Liberale Partei konnte nur 27 ihrer 1973 102 Mandate behaupten; die Union Nationale gewann 11 und der Ralliement Créditiste ein Mandat. Betrachtet man die Stimmenanteile der Parteien, relativiert sich das von den Mandatszahlen her eindeutige Ergebnis allerdings:
PQ: 41 %, Libéral: 33 %, UN: 19 %, RC: 5 % (vorläufige Ergebnisse zit. nach Le Monde vom 17.11.1976, S.2). Unter den verschiedenen Motiven, die in ihrer Kombination die Abwahl der Liberalen und den Wahlerfolg von René Lévesque und der independistischen Alternative herbeiführten, dürften vier Faktoren eine besondere Rolle gespielt haben: Erstens die einer Spaltung nahekommenden Konflikte innerhalb der Libe-

ralen Partei um die Sprachenpolitik der Regierung Bourassa, die die Abwanderung von ehemals liberalen, nicht-frankokanadischen Wählern eher beschleunigt als (wie wohl politstrategisch erhofft) aufgehalten haben dürfte. Zweitens die schlechte wirtschaftliche Lage in der Provinz mit z.B. 10,1 % Arbeitslosen im Oktober 1976, die sich - wie ökonomische Depressionen in der Regel - zugunsten der Opposition und vor allem des Parti Québécois ausgewirkt hat. Drittens das außerordentlich gespannte Verhältnis zwischen Kapital und Arbeit, vor allem die scharfen Auseinandersetzungen zwischen der Provinzregierung und den militanten, für organisiert kapitalistische Gesellschaften überraschend klassenkämpferischen frankokanadischen Gewerkschaften; Wirtschaftskrise, Streikbewegung, Aussperrungsversuche der Regierung und die Wahlempfehlung der Gewerkschaften dürften in der frankokanadischen Arbeiterschaft die Bereitschaft, den Parti Québécois zu wählen, beträchtlich verstärkt haben. Viertens Wahlsystem und Vierparteiensystem, von deren Wirkungen diesmal der PQ profitierte. Als jetzt stimmstärkste Partei kam er voll und ganz in den Genuß der Disproportion von Stimmen und Mandaten, die zudem bei relativer Mehrheitswahl bekanntlich umso größer wird, je mehr Parteien in den Wahlkreisen kandidieren und je stärker die Stimmenzersplitterung ist. Aufgrund der Vierparteien-Struktur erreichte der PQ so bei 41 % der Stimmen eine komfortable Parlamentsmehrheit. Über die möglichen Konsequenzen der Regierungsübernahme durch René Lévesque und den PQ kann man - zumal aus der Ferne - nur Spekulationen anstellen. Dies umso mehr, als einerseits René Lévesque die Wahlauseinandersetzung vor allem mit wirtschaftspolitischen Argumenten geführt und im Gegensatz zur Wahl von 1973 die Frage der Unabhängigkeit während des Wahlkampfes bewußt heruntergespielt hat, andererseits die Loslösung Quebecs weiterhin einen zentralen Bestandteil des Parteiprogramms des PQ bildet, und Lévesque eine Volksabstimmung innerhalb von zwei Jahren angekündigt hat. Viel wird vom Ausgang der turnusmäßig für 1977 anstehenden neuen Verhandlungen zwischen dem Bund und den Provinzen um die Verlängerung des fünfjährigen Finanzausgleichs abhängen.

Kapitel H

1) Vgl. William Morton 1971, S.58ff. Die politische Anerkenntnis der staatlichen Unabhängigkeit Kanadas durch die USA erfolgte endgültig erst nach dem I.Weltkrieg. Sie ging nicht zufällig einher mit der ökonomischen Öffnung Kanadas, mit der zunehmend stärker kontinentalen Ausrichtung der kanadischen Wirtschaft und der beginnenden ökonomischen Penetration durch die USA.
Im übrigen sei angemerkt, daß im folgenden, da es sich weitgehend um eine Zusammenfassung der in den vorstehenden Kapiteln ausführlicher angestellten Überlegungen handelt, auf neuerliche detaillierte Nachweise verzichtet wird.

2) Gad Horowitz 1966, S.81. Wenn Horowitz den Liberalismus in den USA als 'left-wing liberalism' beschreibt, ergibt sich dies aus dem auf die USA und Kanada beschränkten Bezugsrahmen seiner Analyse. Vergleicht man die US-amerikanischen 'Demokraten' und die kanadischen 'Liberalen', trifft sein Urteil sicherlich zu. Bezieht man indes die neo-liberalistischen Parteien Europas mit in die Betrachtung ein, relativiert sich diese Charakterisierung zwangsläufig.

3) Vgl. Udo Sautter 1972, S.9ff, der in der Interpretation dieses Tatbestandes jedoch zu weit geht:
"... Der Zusammenhang des Landes (i.e. Kanadas, R.O.S.) ist mehr ein künstliches Produkt historischer Entwicklung als das Resultat geographischer Notwendigkeit. Es ist zwar unbestreitbar, daß manche Bewegung auch von selbst in ostwestlicher Richtung ging. Aber der Sog des Südens (i.e. der USA, R.O.S.) wäre eigentlich stets stärker gewesen, hätte politischer Wille ihm nicht widerstanden... Kanada verdankt sein Dasein als Nation somit weit eher dem politischen Trotzdem als einem von den geographischen Gegebenheiten auferlegten Zwang. Die natürliche Entwicklung wäre wohl der Anschluß an die Vereinigten Staaten gewesen..." (ebenda, S.13).
Sautters Urteil ist die im Grunde typische Betrachtung Kanadas und der USA durch einen Außenstehenden. Die Unterschiede zwischen den beiden nordamerikanischen Staaten sind nicht nur politischer Natur, die kanadische Eigenständigkeit nicht nur künstlich. Historisch, politisch-ideologisch, gesellschaftlich weisen die beiden Staaten - wie wir zu zeigen versucht haben - erhebliche Differenzen auf, die so stark waren und sind, daß sie Kanada - trotz aller von der Weltmacht USA ausgehenden Einflüsse - bis heute in die Lage versetzt haben, seinen eigenen Weg zu gehen. Zur historischen Dimension kanadischer Eigenständigkeit vgl. u. a. William L.Morton 1971, passim.

4) S. hierzu für viele Hugh C.J.Aitken 1961, passim.

5) S. u.a. John Meisel 1973a, S.196ff.

6) Alexander Brady 1948, S.83.

7) Zur Überlagerung des sozio-ökonomischen Konflikt-Potentials, insbesondere zu den Konsequenzen der Fragmentierung im politischen Verhalten bei Wahlen, s. u.a. Robert R.Alford 1961, S.250ff; Mildred A.Schwartz 1974, S.543ff, vor allem S.571ff.

8) S. Jürgen Habermas, Zwischen Philosophie und Wissenschaft: Marxismus als Kritik, in: Derselbe, Theorie und Praxis. Sozialphilosophische Studien, Politica Bd.11, zuerst 1963, 3.Auflage, Neuwied/Berlin 1969, S.162ff.

9) Vgl. John Meisel, Recent Changes in Canadian Parties, in: Hugh G.Thorburn (Ed.) 1967, S.33ff.

10) Der Begriff 'cleavage', der hier deutsch als (sozialer und/oder kultureller) 'Gegensatz' oder auch als 'Konflikt-Muster' wiedergegeben wird, ist vor allem seit den Arbeiten von Seymour M.Lipset/Stein Rokkan (Eds.) 1967; Stein Rokkan 1970, zu einer zentralen Kategorie der Wahl- und Parteienforschung avanciert. Der Begriff erschien dabei so klar, daß er oft nicht inhaltlich bestimmt wurde. So gebrauchen z.B. Lipset/Rokkan in ihrem einführenden Beitrag "Cleavage Structures, Party Systems, and Voter Alignments: An Introduction" (Lipset/Rokkan (Eds.), ebenda, S.1ff) synonym für 'cleavage' auch die Worte 'contrast', 'conflict', 'opposition', 'strain'. Harry A.Eckstein (Division and Cohesion in Democracy, Princeton Univ. Press, Princeton 1966, S.33ff) hat als einer der wenigen den Versuch einer inhaltlichen Bestimmung und Abgrenzung des Begriffs unternommen. Eckstein weist u.a. zu Recht darauf hin, daß Unterschiede, Differenzen etc. nur dann als 'cleavage' bezeichnet werden sollten, wenn sie gesellschaftlich und politisch relevant sind; d.h. wenn in der Gesellschaft existente Gegensätze konfliktiv perzipiert und artikuliert werden, wenn sie den gesellschaftlichen und politischen Prozeß maßgeblich bestimmen.

11) Artikel 92 des British North America Act bestimmt u.a.:
"In each Province the Legislature may exclusively make Laws in relation to Matters coming within the Classes of Subject next herein-after enumerated; that is to say, -
....
5. the Management and Sale of the Public Lands belonging to the Province and of the Timber and Woods thereon..."

Artikel 109 lautet:
"All Lands, Mines, Minerals, and Royalties belonging to the several Provinces of Canada, Nova Scotia, and New Brunswick at the Union, and all Sums then due or payable for such Lands, Mines, Minerals, or Royalties, shall belong to the several Provinces of Ontario, Quebec, Nova Scotia, and New Brunswick in which the same are situated or arise, subject to any Trusts existing in respect thereof, and to any Interest other than that of the Province in the same..."

Der Artikel gilt analog auch für die später in die Konföderation eingetretenen Provinzen; Zit. nach: A Consolidation of the British North America Acts, 1867-1965, S.27, S.33.

12) Kanada verfügt über erhebliche Erdölreserven (geschätzte Rohölmenge in Alberta 710 Milliarden barrels). Dennoch ist es vor allem in den industriellen Ballungsräumen Zentral-Kanadas von Ölimporten abhängig. Diese paradoxe Situation resultiert aus dem Verhältnis von Weltmarktpreis und den Gestehungskosten der Rohölproduktion aus dem Öl-Sand-Gemisch der Athabasca-Reserven, die in der Vergangenheit weit über dem Weltmarktpreis lagen. Import war dadurch billiger als die Versorgung aus den eigenen Ressourcen. Erst durch die drastische Steigerung des Preisniveaus wurde die Produktion (unter liberalistisch-marktwirtschaftlichen Gesichtspunkten) rentabel. Seither nahmen die Spannungen um die Produktions- und Vermarktungskonditionen zwischen der Bundesregierung, der Provinzregierung und den US-amerikanischen Konzessionären zu. Aktionäre der Gesellschaft 'Syncrude' mit Sitz in Edmonton, Alberta, sind u.a. die US-amerikanischen Konzerne Imperial Oil, Gulf Oil, Atlantic Richfield.

13) Der Konflikt zwischen Alberta und der liberalen Regierung Trudeau hat auch im Wahlkampf vom Frühjahr 1974 eine zentrale Rolle gespielt. Die steuerlichen Maßnahmen der Bundesregierung sind im Haushalt enthalten gewesen, dessen Ablehnung durch das Unterhaus im April 1974 Trudeau zur Auflösung des Parlaments und zu Neuwahlen zwang. Der Wahlsieg hat die Liberalen in ihrer Haltung bestärkt. Sie hat den Haushalt nur geringfügig verändert erneut im Unterhaus eingebracht; sodann im November 1974 den Beschluß gefaßt, den Export von Energie-Rohstoffen in die USA in der Zukunft jährlich, erstmals am 1.Juli 1975, um 20 % zu verringern.

14) Vgl. John Porter 1965, S.379ff.

15) Diesem Fehlschluß unterlag Mittte der 60er Jahre, also fast 50 Jahre, nachdem das Zweiparteiensystem zerbrochen war (!), z.B. auch Karl Franzen in einer der wenigen deutsch-sprachigen Analysen zur Struktur des kanadischen Parteiengefüges. Vgl. Karl Franzen 1966, passim.

16) Maurice Duverger 1959, passim. Zur typologischen Einordnung der kanadischen Parteien siehe u.a. Frederick C.Engelmann/ Mildred A.Schwartz, passim.

17) V.O.Key jr. 1964, S.163ff.

18) Die vorgenommene Reihung der folgenden vier Faktoren impliziert keine Rangfolge hinsichtlich ihrer Bedeutung. Sie wirken zudem wechselseitig aufeinander ein.

19) Zum Wandel des Social Credit zum Ralliement Créditiste vgl. Maurice Pinard 1971, passim; Michael B.Stein, 1971.

20) Zur Bedeutung der Frage 'majority or minority government' vgl. John Meisel 1973a, S.1ff.

21) Zur Stellung des Premierministers vgl. Thomas A.Hockin (Ed.) 1971, passim.

22) John Meisel 1973b, S.17. Meisel unterscheidet hinsichtlich des Verhältnisses von Provinz- und Bundespartei sechs verschiedene Erscheinungsformen:
1) Keine Beziehungen zwischen Bundes- und Provinzpartei, z.B. im Verhältnis zwischen den Bundes- und Provinz-Liberalen Saskatchewans während der Regierungszeit Pearsons.

2) Gleichberechtigte Beziehung zwischen Bundes- und Provinzpartei.

3) Dominanz der Bundespartei, z.B. bei der NDP in den maritimen Provinzen.

4) Dominanz der Provinzpartei, z.B. des provinzialen Social Credit Albertas über die Bundespartei bis zur Spaltung des Social Credit.

5) Bundespartei ohne Provinzpartei, z.B. die Konservativen in Quebec.

6) Provinzpartei ohne Bundespartei, z.B. Union Nationale, Parti Québécois.

23) Zum 'convention-System' vgl. John C.Courtney 1973; Allan Kornberg/Hal.H.Winsborough 1968.

24) S. John Meisel 1963, wo Meisel frühzeitig den Wechsel von Mehrheits- und Minderheitsregierungen als Grundcharakteristikum des politischen Prozesses seit Beginn der 60er Jahre konstatiert hat.

25) Ähnlich John Meisel 1973a, S.217ff.

26) S. Jim McDonald/Jack MacDonald (Eds.) 1972, passim, insbesondere S.166ff.

27) Zum Beispiel der bundesrepublikanischen Parteien, vgl. die Beiträge in: Jürgen Dittberner/Rolf Ebbighausen (Hrsg.) 1973, Parteiensystem in der Legitimationskrise. Studien und Materialien zur Soziologie der Parteien in der Bundesrepublik Deutschland, Opladen 1973.

28) Zu ähnlichen Überlegungen vgl. John Meisel 1973a.

29) Vgl. UN Research Institute for Social Development, Konzept und Messung von Entwicklung, in: Nohlen/Nuscheler 1974, Bd.I, S.239ff.

30) Vgl. Dieter Nohlen/Franz Nuscheler, Entwicklungstheorie und Entwicklungsbegriff, ebenda, S.30ff.

31) In Anlehnung an John Rawls 1971, passim.

32) Vgl. John Meisel 1973a, Some Bases of Party Support in the 1968 Election. Die Tatsache, daß NDP und Ralliement Créditiste als sozialpolitisches Korrektiv vornehmlich Wähler sozial schwacher Bevölkerungsgruppen binden, hat - wie John Meisel zu Recht hervorgehoben hat - zugleich als Nebenwirkung zur Folge, daß der Druck dieser Wählergruppen auf die Liberale Partei sich verringert. Dies gilt natürlich insbesondere in der Situation von Mehrheitsregierungen.

33) Vgl. Kari Levitt:
"The most bitter harvest of increasing dependence and diminishing control may jet be reaped in the form of the internal political balkanization of Canada and its piecemeal absorption into the American imperial system. The final outcome of a branch-plant society is a merging of value systems and a meshing of corporate and technocratic elites which must ultimately call into question English Canada's willingness to pay the price of continued independence..."

Kari Levitt 1970, S.142; vgl. ferner insbesondere Hugh C.J. Aitken 1961.

AUSWAHLBIBLIOGRAPHIE

1. Quellen - Quellensammlungen - Dokumente - Statistiken

Beauchesne, Arthur (Ed.) 1958: Rules and Forms of the House of of Commons of Canada. With Annotations, Comments, and Precedents. A Compendium of Canadian parliamentary Practice, 4.Aufl., Toronto 1958.

Bibliography: Canadian Political Parties, Part 1: 1791-1867; Part 2: 1867- (including Books, Review Articles, Graduate Thesis and Pamphlets), ohne Ort und Jahr.

Boily, Robert 1971: Quebec 1940-1969. Bibliographie: Le système politique québécois et son environnement, Les Presses de l'Université de Montréal, Montréal 1971.

Boult, Reynald 1966: Bibliographie du droit canadien, établie pour le Comité international pour la documentation des sciences sociales sous le patronage de l'Association internationale des sciences juridiques, avec le concours de l'Association canadien de droit comparé et du centre canadien de droit comparé, Montréal 1966.

Brown, R.C./Prang, M.E. (Eds.) 1966: Confederation to 1949. Canadian Historical Documents, vol.III, Scarborough/Ont. 1966.

Carrigan, D.Owen (Ed.) 1968: Canadian Party Platforms, 1867-1968, University of Illinois Press, Urbana 1968.

Canada: Constitution and the People of Canada. An Approach to the Objectives of Confederation, the Rights of People and the Institutions of Government, Ottawa 1969.

Canada: Rules of the Senate of Canada, Ottawa 1964.

Canada: Standing Orders of the House of Commons, Ottawa 1962.

Canada: Organization of the Government of Canada, 2nd edition, Ottawa 1964.

Canada: Report of the Royal Commission on Dominion-Provincial Relations, 3 vols., Ottawa 1954.

Canada, Department of Labour 1962: The Migration of Professional Workers into and out of Canada, 1946-1960, Ottawa 1962.

Canada, Ministry of Manpower and Immigration 1972: 1971 Immigration Statistics. Canada, Ottawa 1972.

Canadian Intergovernmental Conference Secretariat (Henry F.Davis, Secretary) 1974: The Constitutional Review 1968-1971, 1st edition 1972, 2nd edition Ottawa 1974.

Dominion Bureau of Statistics/Statistics Canada:
1) Canada, One Hundred, 1867-1967, Ottawa 1967.
2) Vital Statistics, 1964, Ottawa 1966.
3) Perspective Canada. A Compendium of Social Statistics, Ottawa, July 1974.

DBS/Statistics Canada/Census Division:
4) 1961 Census of Canada, 4 vols., Ottawa 1961ff.
5) Dictionary of 1971 Census Terms, Ottawa, August 1972, maschinenschriftlich vervielfältigt.

1971 Census of Canada, 4 vols.;
6) Vol. I: Population, 5 parts, Cat.-No 92-701 - 92-751;
7) Vol. II: Households and Families, 4 parts, Cat.-No 93-701 - 93-742;
8) Vol. III: Labour Force and Income, 7 parts, Cat.-No 94-701 - 94-784;
9) Vol. IV: Agriculture, 5 parts, Cat.-No 96-701 - 96-717;

Vom 1971 Census of Canada bislang (Herbst 1974) zugänglich bzw. in der Arbeit ausgewertet:
Advance Bulletin:
10) Urban and Rural Population, Cat.-No 92-755 (AP-4)
11) Population by Age Groups, Cat.-No 92-756 (AP-5)
12) Population by Marital Status and by Sex, Cat.-No 92-757 (AP-6)
13) Population by Mother Tongue, Cat.-No 92-758 (AP-7)
14) Population by Period of Immigration, Cat.-No 92-761 (AP-10)
15) Population by Ethnic Group, Cat.-No 92-762 (AP-11)
16) Population by Religious Denomination, Cat.-No 92-763 (AP-12)
17) Population by School Attendance and Level of Schooling, Cat.-No 92-764 (AP-13)
18) Summary of Housing Characteristics, Cat.-No 93-744 (AH-2)
Vol. I: Population:
19) Population. Census Subdivisions (Historical), Cat.-No 92-702
20) Population. Sex Ratios, Cat.-No 92-714
21) Population. Single Years of Age, Cat.-No 92-716
22) Population. Internal Migration, cat.-No 92-719
23) Population. Ethnic Groups, Cat.-No 92-723
24) Population. Religious Denominations, Cat.-No 92-724
25) Population. Mother Tongue, Cat.-No 92-725
26) Population. Characteristics of the Migrant and Non-Migrant Population, Cat.-No 92-745
Vol. II:Households and Families:
27) Families by Size and Type, Cat.-No 93-714
28) Housing. Dwellings by Tenure and Structural Type, Cat.-No 93-727
29) Housing. Rooms per Dwelling, Cat.-No 93-728
30) Housing. Number of Persons per Room, Cat.-No 93-730
Vol.III:Labour Force and Income:
31) Labour Force by Age and Sex, for Canada, Provinces and Census Divisions, Cat.-No 94-704
32) Labour Force by Age and Sex, for Urban Centres, Cat.-No 94-705
33) Total Income, for Canada, Provinces and Census Divisions, Cat.-No 94-709

34) Total Income, for Urban Centres, Cat.-No 94-710
35) Income of Individuals by Sex, Age, Marital Status and Period of Immigration, Cat.-No 94-760

Vol. IV:Agriculture:
36) Agriculture. Canada, Cat.-No 96-701

DBS/Statistics Canada/Corporations and Labour Unions Returns Division:
37) Corporation Taxation Statistics 1970, Cat.-No 61-208/ Annual, Ottawa, September 1972

DBS/Statistics Canada/Central Research and Development Staff:
38) Distribution of Non-Farm Incomes in Canada by Size, 1961, Cat.-No 13-521/Occasional, Ottawa, June 1964
39) Incomes, Assets and Indebtness of Non-Farm Families in Canada, 1963, Cat.-No 13-525/Occasional, Ottawa, July 1966

DBS/Statistics Canada/Consumer Finance Research Staff:
40) Income Distributions by Size in Canada, 1969, Cat.-No 13-528/Occasional, Ottawa, October 1968
41) Income Distributions. Incomes of Non-Farm Families and Individuals in Canada. Selected Years: 1951-1965, Cat.-No 13-529/Occasional, Ottawa, June 1969
42) Income Distributions by Size in Canada 1967, Cat.-No 13-534/Occasional, Ottawa, December 1970
43) Earnings and Work Experience of the 1967 Labour Force, Cat.-No 13-535/Occasional, Ottawa, July 1971
44) Statistics on Low Income in Canada, 1967, Cat.-No 13-536/ Occasional, Ottawa, June 1971
45) Econometric Study of Incomes of Canadian Families, 1967, Cat.-No 13-537/Occasional, Ottawa, June 1972
46) Comparative Income Distributions 1965 and 1967, Cat.-No 13-539/Occasional, Ottawa, November 1971
47) Household Facilities by Income and Other Characteristics, Cat.-No 13-540/Occasional, Ottawa, April 1972
48) Socio-Economic Characteristics of the Population Age 14 to 24, 1967, Cat.-No 13-541/Occasional, Ottawa, September 1972
49) Income Distributions by Size in Canada, 1969, Cat.-No 13-544/Occasional, Ottawa, April 1972
50) Income Distributions by Size in Canada. Preliminary Estimates 1971, Cat.-No 13-206/Annual, Ottawa, October 1972

DBS/Statistics Canada/Consumer Income and Expenditure Division:
51) Incomes, Assets and Indebtness of Families in Canada, 1969, Cat.-No 13-547/Occasional, Ottawa, April 1973
52) Income Distributions by Size in Canada, 1971, Cat.-No 13-207/Annual, Ottawa, May 1973
53) Statistics on Low Income in Canada, 1969, Cat.-No 13-553/ Occasional, Ottawa, January 1974
54) Income Distributions by Size in Canada, 1972, Cat.-No 13-207/Annual, Ottawa, August 1974
55) Income Distributions by Size in Canada, 1973, Cat.-No 13-207/Annual, Ottawa, July 1975
56) Household Facilities by Income and Other Characteristics, 1972, Cat.-No 13-560/Occasional, Ottawa, November 1975

DBS/Statistics Canada/Education Division:
57) 1973: Education in Canada. A Statistical Review for the Period 1960-61 to 1970-71, Cat.-No 81-229, Ottawa, June 1973

58) 1974: Education in Canada. A Statistical Review for 1971-72 and 1972-73, Cat.-No 81-229, Annual, Ottawa, June 1975
59) University Student Expenditure and Income in Canada, 1956-57, Ottawa 1959
60) University Student Expenditure and Income in Canada, 1961-62, Ottawa 1963
61) Post-Secondary Student Population Survey, 1968-69, Cat.-No 81-543/Occasional, Ottawa, March 1970
62) Advance Statistics of Education, 1973-1974, Cat.-No 81-220/Annual, Ottawa August 1973
63) Impact of Projected Population Trends on Post-Secondary Education, 1961-2001, by Zoltan Zsigmond, Ottawa, May 1975

DBS/Statistics Canada/Labour Division:
64) Special Labour Force Studies, No 7: Educational Attainment in Canada. Some Regional and Social Aspects, Cat.-No 71-512/Occasional, Ottawa, October 1968
65) Labour Force by Highest Level of Schooling, October 1971, unveröffentlichter computer printout
66) Seasonally Adjusted Labour Force Statistics, January 1953 - December 1972, Cat.-No 71-201 Supplement, Ottawa, May 1973
67) The Labour Force, December 1971, Special Note: Educational Attainment, May 1971, Cat.-No 71-001/Monthly. Ottawa, January 1972
68) The Labour Force, August 1972, Feature: The Unemployed - Family Data, Cat.-No 71-001/Monthly, Ottawa, September 1972
69) The Labour Force, September 1972, Feature: The Unemployed by Industry and Education, Cat.-No 71-001/Monthly, Ottawa, October 1972
70) The Labour Force, February 1973, Feature: Educational Attainment, April 1972, Cat.-No 71-001/Monthly, Ottawa, March 1973
71) The Labour Force, August 1973, Feature: New Occupational Classifications, Cat.-No 71-001/Monthly, Ottawa, September 1973
72) The Labour Force, April 1976, Cat.-No 71-001/Monthly, Ottawa, May 1976

DBS/Statistics Canada/National Income and Expenditure Division:
73) National Income and Expenditure Accounts. Historical Revision: 1926-1971, hektographierter computer printout, Ottawa 1972
74) National Income and Expenditure Accounts, Vol.1: The Annual Estimates 1926-1974, Cat.-No 13-531/Occasional, Ottawa, March 1976
75) Manpower and Immigration: 1971 Immigration Statistics, Cat.-No M 22-1/1971, Ottawa 1972

DBS/Statistics Canada/Prices Division:
76) Industry Selling Price Indexes, 1956-1968, Cat.-No 62-528/Occasional, Ottawa, January 1970
77) Prices and Price Indexes, August 1972, Cat.-No 62-002/Monthly, Ottawa, October 1972

Dion, Gerald/O'Neil, Louis (Eds.) 1968: Le chrétien et les élections. Textes pontificaux et episcopaux, documents historiques, textes divers sur la moralité politique, Montréal 1960.

Driedger, Elmer A. (Ed.) 1967: A Consolidation of The British North America Acts, 1867 to 1965. Consolidated as of January 1, 1967, Ottawa 1967.

Federal Elections:

Clerk of the Crown in Chancery for Canada: Return of the Elections to House of Commons, 1867, Ottawa 1968.
Return on the Second General Election (1872) for the House of Commons of Canada, Ottawa 1973, sowie für jede weitere Unterhauswahl bis: Thirteenth General Election (1917), Ottawa 1920.

Chief Electoral Officer:

Fourteenth General Election (1921). Report of the Chief Electional Officer, Ottawa 1922, sowie für jede weitere Unterhauswahl bis: Thirties General Election (1974), Ottawa 1975.

Chief Electoral Officer:

General Election Instructions for Returning Officers. With a Discussion of the Rights and Obligations of Candidates and an Office Consolidation of the Canada Elections Act, Applicable only to a General Election (Book A 39), March 1, 1964, Ottawa 1965.

Indexed Copy of the Canada Elections Act 1970, Ottawa 1970.

Indexed Copy of the Canada Elections Act 1974, Ottawa 1974.

Representation Commissioner:

Report on the Methods of Registration of Electors and Absentee Voting, 1968, Ottawa 1968.

Electoral Boundaries Commissions:

Report of the Electoral Boundaries Commission for Alberta (... every Province), 1973, Ottawa 1973.

Committee on Election Expenses 1966a:

Report on the Committee on Election Expenses,1966, Ottawa 1966.

Studies in Canadian Party Finance. Contributing Authors: Khayyam Z.Paltiel, John Meisel, Richard Van Loon, J.L.Grantstein, Michael Stein, Ottawa 1966.

House of Commons/The Special Committee on Election Expenses:

Second Report respecting the Limitation and Control of Election Expenses in Canada. Third Session - Twenty-Eighth Parliament, June 1971, Ottawa 1971.

Craig, G.M. (Ed.): Lord Durham's Report. An Abridgement of the Report on the Affairs of British North America, Toronto 1963.

Durham 1912: Lucas, Charles P. (Ed.): Lord Durham's Report on the Affairs of British North America, 3 vols., Oxford 1912.

Johnson, J.K. (Ed.) 1968: The Canadian Directory of Parliament, 1867-1967, Ottawa 1968.

Kennedy, W.P.M. (Ed.) 1930: Statutes, Treaties and Documents of the Canadian Constitution, 1713-1929, 2nd edition, Toronto 1930.

Laskin, Bora 1966: Canadian Constitutional Law. Cases and Text on the Distribution of Legislative Power, Toronto 1951, 2nd edition 1960, 3rd edition 1966.

McWhinney, Edward 1959: The Canadian Constitution, in: Jahrbuch für Öffentliches Recht, NF, Bd.8 (1959), S.435ff.

Nish, C. (Ed.) 1965: The French Régime, Canadian Historical Documents, vol.I, Scarborough/Ont. 1965.

Ollivier, Maurice (Ed.) 1962: British North America Act and Selected Statutes, 1867-1962, Ottawa 1962.

Olmsted, Richard A. (Ed.) 1954: Decisions of the Judicial Committee of the Privy Council relating to the British North America Act, 1867 and the Constitution, 1867-1954, 3 vols., Ottawa 1954.

Roy, Jean-Louis (Ed.) 1970: Les Programmes Electoraux du Québec. Un siècle de programmes politiques québécois, Collection Quebecana, Lemeac, 2 vols., Ottawa 1970.

Scarrow, Howard A. (Ed.) 1962: Canada Votes, New Orleans 1962.

Shortt, Adam/Doughty, Arthur G. (Eds.) 1918: Canadian Archives. Documents relating to the Constitutional History of Canada, 1759-1791, 2 parts, 2nd edition, Ottawa 1918.

Special Joint Committee of the Senate and the House of Commons 1972: On the Constitution of Canada. Final Report. Fourth session - Twenty-eighth Parliament, Ottawa 1972.

United Nations/Department of Economic and Social Affairs:

Demographic Yearbook, New York, 1949ff.

Yearbook of International Trade Relations, New York 1950ff.

Yearbook of National Account Statistics, New York 1957ff.

The World Population Situation in 1970, New York 1971.

Waite, P.B. (Ed.) 1962: The Life and Times of Confederation, 1864-1867. Politics, Newspapers, and the Union of British North America, Toronto 1962.

Waite, P.B. (Ed.) 1965a: The Confederation Debates in the Province of Canada, 1865, Toronto 1965.

Waite, P.B. (Ed.) 1965b: Pre-Confederation. Canadian Historical Documents, vol.II, Scarborough/Ont. 1965.

Whyte, J.D./Lederman (Eds.) 1975: Canadian Constitutional Law. Cases, Notes and Materials, Toronto 1975.

2. Allgemeines Schrifttum

Alford, Robert R.1961: Social Class and Voting in Four Anglo-American Democracies, Berkeley 1961.

Allardt, E./Littunen, Y. (Eds.) 1964: Cleavages, Ideology and Party Systems, Helsinki 1964.

Almond, Gabriel A./Verba, Sidney 1963: The Civic Culture. Political Attitudes and Democracy in Five Nations, Princeton 1963.

Bell, Daniel 1974: The Coming of Post Industrial Society. A Venture in Social Forcasting, New York 1974, dtsch. 1975.

Berg-Schlosser, Dirk 1972: Politische Kultur. Eine neue Dimension politikwissenschaftlicher Analyse, München 1972.

Bermbach, Udo (Hrsg.) 1973: Theorie und Praxis der direkten Demokratie, Opladen 1973.

von Beyme, Klaus 1972: Die politische Theorien der Gegenwart, München 1972.

von Beyme, Klaus 1973a: Die parlamentarischen Regierungssysteme in Europa, 2. durchgesehene und ergänzte Auflage, München 1973.

von Beyme, Klaus (Hrsg.) 1973b: Empirische Revolutionsforschung, Opladen 1973.

Bhagwati, Jagdish (Ed.) 1972: Economics and World Order. From the 1970's to the 1980's, New York 1972.

Brady, Alexander 1948: Democracy in the Dominions, 3rd edition, Toronto 1948.

Burdick, Eugene/Brodbeck, Arthur J. (Eds.) 1959: American Voting Behavior, Glencoe 1959.

Burnham, Walter Dean 1970: Critical Elections and the Mainsprings of American Politics, New York 1970.

Campbell, Angus et al. 1967: Elections and the Political Order, New York 1967.

Chambers, William N./Burnham Walter Dean (Eds.) 1967: The American Party System. Stages of Development, Oxford University Press 1967.

Dahl, Robert A. (Ed.) 1966: Political Opposition in Western Democracies. New Haven/London 1966.

Dahl, Robert A. 1971: Polyarchy. Participation and Opposition, New Haven/London 1971.

Dahrendorf, Ralf 1959: Class and Class Conflict in Industrial Society, Stanford University Press, Stanford 1959.

Dahrendorf, Rolf 1968: Gesellschaft und Demokratie in Deutschland, München 1968.

Downs, Anthony 1957: An Economic Theory of Democracy, New York 1957; dtsch.: Ökonomische Theorie der Demokratie, Tübingen 1968.

Duverger, Maurice 1959: Les Partis Politiques, 2.Auflage, Paris 1954, dtsch.: Die politischen Parteien, Tübingen 1959.

Galbraith, Kenneth D. 1971: The Affluent Society, zuerst 1958, 2nd revised edition, Boston 1971.

Galbraith, Kenneth D. 1968: The New Industrial State, Boston 1967, dtsch.: Die moderne Industriegesellschaft, München 1968.

Galbraith, Kenneth D. 1974: Economics and the Public Purpose, New York 1973, dtsch.: Wirtschaft für Staat und Gesellschaft, München 1974.

Gilpin, Robert 1975: U.S.Power and the Multinational Corporation, New York 1975.

Gilpin, Robert 1976: The Political Economy of the Multinational Corporation: Three Contrasting Perspectives, in: AmPSR, vol.70 (1976), S.184ff.

Glazer, Nathan/Moynihan, Daniel P. (Eds.) 1975: Ethnicity. Theory and Experience, Cambridge/Mass. 1975.

Goldthorpe, John H. et al. 1971: The Affluent Worker in the Class Structure, Cambridge 1971.

Greiffenhagen, Martin (Hrsg.) 1973: Emanzipation, Hamburg 1973.

Habermas, Jürgen 1968: Strukturwandel der Öffentlichkeit. Untersuchungen zu einer Kategorie der bürgerlichen Gesellschaft, zuerst 1962, 3.Auflage, Neuwied/Berlin 1968.

Habermas, Jürgen 1969: Theorie und Praxis. Sozialphilosophische Studien, zuerst 1963, 3.Auflage, Neuwied/Berlin 1969.

Habermas, Jürgen 1973a: Erkenntnis und Interesse (zuerst 1968). Mit einem neuen Nachwort, Frankfurt/M. 1973.

Habermas, Jürgen 1973b: Legitimationsprobleme im Spätkapitalismus, Frankfurt/M. 1973.

Hahlo, H.R./Smith, J.Graham/Wright, Richard W. (Eds.) 1973: Nationalism and the Multinational Enterprise, New York 1973.

Hartz, Louis 1955: The Liberal Tradition in America, New York 1955.

Hartz, Louis et al. 1964: The Founding of New Societies. Studies in the History of the United States, Latin America, South Africa, Canada, and Australia, New York 1964.

Hofmeister, Burkhard 1970: Fischer Länderkunde - Nordamerika, Frankfurt/M. 1970.

Jänicke, Martin (Hrsg.) 1973: Politische Systemkrisen, NWB 65, Köln 1973.

Jencks, Christopher et al. 1972: Inequality. A Reassessment of the Effect of Family and Schooling in America, New York 1972.

Johnson, Harry 1972: World Trading and Monetary Arrangements, in: J.Bhagwati (Ed.) 1972.

Johnson, Harry 1973: The Economic Benefits of the Multinational Enterprise, in: H.R.Hahlo/J.G.Smith/R.W.Wright (Eds.) 1973.

Krakau, K. 1967: Missionsbewußtsein und Völkerrechtsdoktrin in den Vereinigten Staaten von Amerika, Frankfurt/M. 1967.

Key, V.O. jr. 1964: Politics, Parties and Pressure Groups, fifth edition, New York 1964.

Key, V.O.jr./Cummings, M.C.jr. 1965: The Responsible Electorate. Rationality in Presidential Voting, 1936-1960, Cambridge/ Mass. 1966.

Kolko, Gabriel: Wealth and Power in America, New York 1962, dtsch.: Besitz und Macht. Sozialstruktur und Einkommensverteilung in den USA, Frankfurt/M. 1967.

La Palombara, Joseph/Weiner, Myron (Eds.) 1966: Political Parties and Political Development, Princeton 1966.

Lehmbruch, Gerhard 1967: Proporzdemokratie. Politisches System und politische Kultur in der Schweiz und in Österreich, Tübingen 1967.

Lehmbruch, Gerhard 1969: Konkordanzdemokratie im internationalen System. Ein Paradigma für die Analyse von internen und externen Bedingungen politischer Systeme, in: Die anachronistische Souveränität. Zum Verhältnis von Innen- und Außenpolitik, PVS, Sonderheft 1, Köln/Opladen 1969.

Lijphart, Arend 1968a: The Politics of Accomodation. Pluralism and Democracy in the Netherlands, Berkeley/Los Angeles 1968.

Lijphart, Arend 1968b: Typologies of Democratic Systems, in: Comparative Political Studies, vol.1 (1968), S.3ff.

Lijphart, Arend 1969: Consociational Democracy, in: World Politics, vol.21 (1969), S.207ff.

Lijphart, Arend 1971: Cultural Diversity and Theories of Political Integration, in: Can. Journal of Political Science, vol.4 (1971), S.1ff.

Lijphart, Arend 1973: Linguistic Fragmentation and Other Dimensions of Cleavages. A Comparison of Belgium, Canada and Switzerland, Paper prepared for Panel I.6 at IPSA Congress, Montreal 1973.

Lipset, Seymour Martin 1963: Political Man. The Social Basis of Politics, New York 1960; dtsch.: Soziologie der Demokratie, Neuwied 1963.

Lipset, Seymour Martin 1967a: The First New Nation. The United States in Historical and Comparative Perspective, zuerst 1963, paperback edition, Garden City/New York 1967.

Lipset, Seymour Martin 1970: Revolution and Counterrevolution. Change and Persistence in Social Structure, zuerst 1968, paperback edition, Garden City/New York 1970.

Lipset, Seymour Martin/Rokkan, Stein (Eds.) 1967: Party Systems and Voter Alignments. Cross National Perspectives, New York 1967.

Locke, John 1967: Zwei Abhandlungen über die Regierung. Herausgegeben und eingeleitet von Walter Euchner, Frankfurt/M. 1967.

Loewenstein, Karl 1969: Verfassungslehre, 2.Auflage, Tübingen 1969.

Lorwin, Val R. 1971: Segmented Pluralism. Ideological Cleavages and Political Cohesion in Smaller European Democracies, in: Comparative Politics, vol.3 (1971), S.141ff.

Lowi, Theodore, J. 1969: The End of Liberalism. Ideology, Policy, and the Crisis of Public Authority, New York 1969.

Mackie, T.T./Rose Richard (Eds.) 1974: The International Almanac of Electoral History, New York 1974.

Macpherson, C.B. 1967: The Political Theory of Possessive Individualism. Hobbes to Locke, Oxford University Press 1962, dtsch.: Die politische Theorie des Besitzindividualismus, 1967.

Macpherson, C.B. 1973: Democratic Theory: Essays in Retrieval, Oxford University Press 1973.

McRae, Kenneth D. (Ed.) 1974: Consociational Democracy. Political Accommodation in Segmented Societies, Toronto 1974.

Murray, Robin 1974: The Internationalization of Capital and the Nation State, in: The Spokesman, 10/1970, dtsch.: Der Nationalstaat und die Internationalisierung des Kapitals, in: Otto Kreye, Hrsg., Multinationale Konzerne. Entwicklungstendenzen im kapitalistischen System, München 1974, S.40ff.

Nohlen, Dieter/Nuscheler, Franz (Hrsg.) 1974ff: Handbuch der Dritten Welt, Bd.I: Theorien und Indikatoren der Unterentwicklung und Entwicklung, Hamburg 1974; Bd.III: Unterentwicklung und Entwicklung in Lateinamerika, Hamburg 1976.

Nohlen, Dieter/Schultze, Rainer-Olaf: Wahlen und politischer Wandel in Amerika, Bd.III der Reihe: Die Wahl der Parlamente und anderer Staatsorgane, hrsg. von D.Sternberger/B.Vogel/ D.Nohlen/Kl.Landfried, in Vorbereitung.

Nuscheler, Franz 1974: Bankrott der Modernisierungstheorie? in: Nohlen, Dieter/Nuscheler, Franz 1974, Bd.I, S.195ff.

Nuscheler, Franz 1969: Theorien zur politischen Entwicklung, in: Civitas, Bd.9 (1969), S.67ff.

Offe, Claus 1973: Strukturprobleme des kapitalistischen Staates, Frankfurt/M. 1972.

Parsons, Talcott 1951: The Social System, New York 1951.

Parsons, Talcott 1961: An Outline of the Social System, in: Parsons, Talcott/Shils, Edward A./Naegele, Kaspar D. (Eds.): Theories of Societies. Foundations of Modern Sociological Theory, 2 vols., New York 1961, S.30ff.

Parsons, Talcott 1967: Pattern Variables Revisited. A Response to Robert Dubin, zuerst 1961, in: derselbe, Sociological Theory and Modern Society, New York 1967.

Parsons, Talcott 1972: The System of Modern Society, Englewood Cliffs 1971; dtsch.: Das System moderner Gesellschaft, München 1972.

Pitkin, Hanna F. 1967: The Concept of Representation, University of California Press, Berkeley/Los Angeles 1967.

Pole, J.R. 1971: Political Representation in England and the Origins of the American Republic, paperback edition, Berkeley/Los Angeles 1971.

Rae, Douglas W. 1971: The Political Consequences of Electoral Laws, zuerst 1967, revised edition, New Haven/London 1971.

Rawls, John 1971: A Theory of Justice, Cambridge/Mass. 1971.

Rokkan, Stein, et al. 1970: Citizens - Elections - Parties. Approaches to the Comparative Study of the Process of Development, Oslo 1970.

Rose, Richard (Ed.) 1974: Electoral Behavior: A Comparative Handbook, Free Press, New York 1974.

Rose, Richard/Urwin, Derek 1969: Social Cohesion, Political Parties and Regime Strains, in: Comparative Political Studies, vol.2 (1969), S.5ff.

Rostow, Walt W. 1967: The Stages of Economic Growth. A Non-Communist Manifesto, Cambridge University Press 1960; dtsch.: Stadien wirtschaftlichen Wachstums. Eine Alternative zur marxistischen Entwicklungstheorie, zuerst 1960, 2.Auflage, Göttingen 1967.

Senghaas, Dieter (Hrsg.) 1972: Imperialismus und strukturelle Gewalt. Analysen über abhängige Reproduktion, Frankfurt/M. 1972.

Senghaas, Dieter (Hrsg.) 1974: Peripherer Kapitalismus. Analysen über Abhängigkeit und Unterentwicklung, Frankfurt/M. 1974.

Sternberger, Dolf/Vogel, Bernhard (Hrsg.) 1969: Die Wahl der Parlamente und anderer Staatsorgane, Bd.I: Europa, 2 Halbbände, Berlin 1969.

Turner, Frederick Jackson 1950: The Frontier in American History, reprint Holt, New York 1950; dtsch. als: Die Grenze. Ihre Bedeutung in der amerikanischen Geschichte, Bremen 1947.

Verba, Sidney/Nie, Norman H. 1972: Participation in America. Political Democracy and Social Equality, New York 1972.

Vernon, Raymond 1971: Sovereignty at Bay: The Multinational Spread of U.S.Enterprises, New York 1971.

Vogel, Bernhard/Nohlen, Dieter/Schultze, Rainer-Olaf 1971: Wahlen in Deutschland. Theorie - Geschichte - Dokumente, Berlin/ New York 1971.

Weber, Max 1963: Gesammelte Aufsätze zur Religionssoziologie, 5. photomechanische Auflage, Tübingen 1963.

Wehler, Hans-Ulrich (Hrsg.) 1972: Imperialismus, 2.Auflage, Köln 1972.

Winkler, Heinrich August (Hrsg.) 1974: Organisierter Kapitalismus. Voraussetzungen und Anfänge, Göttingen 1974.

Wollmann, Hellmut 1973: Citizen Participation in USA, in: Udo Bermbach (Hrsg.) 1973, S.321ff.

Zapf, Wolfgang (Hrsg.) 1970: Theorien des Sozialen Wandels, NWB 31, 2.Auflage, Köln/Berlin 1970.

3. Schrifttum zu Geschichte - Gesellschaft - Politik in Kanada

Abella, Irving Martin 1973: Nationalism, Communism, and Canadian Labour. The CIO, the Communist Party and the Canadian Congress of Labour 1935 - 1956, Toronto 1973.

Adams, Howard 1968: The Education of Canadians, 1800-1967. The Roots of Separation, Montreal 1968.

Aitchison, J.H. (Ed.) 1963: The Political Process in Canada, Toronto 1963.

Aitken, Hugh C.J. 1961: American Capital and Canadian Resources, Cambridge/Mass. 1961.

d'Allemagne, André 1966: Le Colonialisme au Québec, Montréal 1966.

Anderson, Isabel B. 1966: Internal Migration in Canada, 1921-1961. Economic Council of Canada, Staff Study 13, Ottawa 1966.

Angus, H.F. (Ed.) 1938: Canada and Her Great Neighbor, Toronto 1938.

Arès, Richard 1972: Nos Grandes Options Politiques et Constitutionelles, Montréal 1972.

Audet, Louis Philippe 1971: Histoire de l'enseignement au Québec, 2 vols., Montréal 1971.

Barbeau, Raymond 1965: Le Québec bientôt unilingue?, Montréal 1965.

Beck, J.Murray 1957: The Government of Nova Scotia, Toronto 1957.

Beck, J.Murray 1968: Pendulum of Power. Canada's Federal Elections, Scarborough/Ont. 1968.

Beck, J.Murray (Hrsg.) 1971: The Shaping of Canadian Federalism: Central Authority or Provincial Rights? Toronto 1971.

Bélanger, André J./Lemieux, Vincent 1969: Le Nationalisme et les Partis Politiques, in: Revue d'histoire de l'Amérique française, vol.22 (1969), S.539ff.

Bellavance, Michel/Gilbert, Marcel 1971: L'opinion publique et la crise d'Octobre, Montréal 1971.

Berger, Carl 1971: The Sense of Power. Studies in the Ideas of Canadian Imperialism, 1867-1914, Toronto 1971.

Bergeron, Gérard 1958: Political Parties in Quebec, in: University of Toronto Quarterly, vol.27 (1958), S.352ff.

Bergeron, Gérard 1967: Le Canada-français. Après deux siècles de patience, Paris 1967.

Bergeron, Léandre 1971: The History of Quebec. A Patriote's Handbook. Translation from the fifth French Edition (Petit Manuel d'Histoire du Québec), Toronto 1971.

Bernard, André 1967: La Carte électorale du Québec, 1867-1967. Communication présentée au congrès annuel de l'ACFAS 1967.

Bernard, André 1969: Les inégalités structurelles de representation. La Carte électorale du Québec: 1867-1967, Thèse, Université de Montréal, 1969.

Royal Commission on Bilingualism and Biculturalism (zit. B and B Commission):

A Preliminary Report, Ottawa 1965.

Book I : The Official Languages, Ottawa 1967.

Book II : Education, Ottawa 1968.

Book III: The Work World, 2 vols. and 4 parts, Ottawa 1969.

Book IV : The Cultural Contribution of the Other Ethnic Groups, Ottawa 1969.

Book V and Book VI: The Federal Capital, Voluntary Associations, in 1 vol., Ottawa 1970.

Royal Commission on Bilingualism and Biculturalism/ Studies for:

McRae, Kenneth D. 1969: The Federal Capital: Government Institutions, Ottawa 1969.

Johnstone, John C./Willig, Jean-Claude/Spina, Joseph M. 1969: Young People's Images of Canadian Society. An Opinion Survey of Canadian Youth 13 to 20 years of Age, Ottawa 1969.

Lalande, Gilles 1969: The Department of External Affairs and Biculturalism. Diplomatic personel (1945-1965) and language use (1964-1965), Ottawa 1969.

Cook, Ramsay 1969: Provincial Autonomy, Minority Rights and the Compact Theory, 1867-1921, Ottawa 1969.

Trudel, Marcel/Jain, Geneviève 1970: Canadian History Textbooks. A Comparative Study, Ottawa 1970.

Gibson, Frederick W. (Ed.) 1970: Cabinet Formation and Bicultural Relations, Ottawa 1970.

Boissevain, Jeremy 1970: The Italians of Montreal. Social Adjustment in a Plural Society, Ottawa 1971.

Sheppard, Claude-Armand 1971: The Law of Languages in Canada, Ottawa 1971.

Royal Commission on Bilingualism and Biculturalism/ Documents of:

Russel, Peter H. 1970: The Supreme Court of Canada as a Bilingual and Bicultural Institution, Ottawa 1970.

Hofman, David/Ward Norman 1970: Bilingualism and Biculturalism in the Canadian House of Commons, Ottawa 1970.

Smiley, Donald V. 1970: Constitutional Adaption and Canadian Federalism since 1945, Ottawa 1970.

Morrison, Robert N. 1970: Corporate Adaptability to Bilingualism. A Study of Policies and Practices in Large Canadian Manufacturing Firms, Ottawa 1970.

Armstrong, Donald E. 1970: Education and Economic Achievement, Ottawa 1970.

Beattie, Christopher/Désy, Jacques/Longstaff, Stephen 1972: Bureaucratic Careers: Anglophones and Francophones in the Canadian Public Service, Ottawa 1972.

Bird, Richard M. 1970: The Growth of Government Spending in Canada, The Canadian Tax Foundation, Toronto 1970.

Blais, André 1973: Third Parties in Canadian Provincial Politics, in: Can. Journal of Political Science, vol.6 (1973), S.422ff.

Blake, Donald E. 1972: The Measurement of Regionalism in Canadian Voting Patterns, in: Can. Journal of Political Science, vol.5 (1972), S.55ff.

Black, Edwin R. 1975: Divided Loyalties. Canadian Concepts of Federalism, Montreal/London 1975.

Blishen, Bernard 1958: The Construction and Use of an Occupational Class Scale, in: Can. Journal of Economics and Political Science, vol.24 (1958), S.519ff.

Blishen, Bernard 1967: A Socio-Economic Index for Occupations in Canada, in: Can. Review of Sociology and Anthropology, vol. 4,(1967), S.41ff.

Blishen, Bernard R. 1970: Class and Opportunity in Canada, in: Can. Review of Sociology and Anthropology, vol.7 (1970), S.110ff.

Blishen, Bernard R. (Ed.) 1971: Canadian Society: Sociological Perspectives, 1st edition, Toronto 1961, 3rd edition Toronto 1971.

Boily, Robert 1970: La Réforme électorale au Québec, Montréal 1970.

Bonin, Bernard 1967: L'Investissement étranger à longterme au Canada, Montréal 1967.

Bourassa, Henri 1918: La Langue, gardienne de la foi, Montréal 1918.

Bourgalt, Pierre 1972: Innovation and the Structure of Canadian Industry, Ottawa 1972.

Bourque, Gilles 1970: Classes sociales et question nationale au Québec: 1760-1840, Montréal 1970.

Bouthillier, Guy/Meynaud, Jean: Le choc des langues au Québec, 1760-1970, Montréal 1972.

Brebner, J.Bartlet 1970: Canada. A Modern History, University of Michigan Press, Ann Arbor 1960; revised and enlarged edition by Donald C.Masters, Ann Arbor 1970.

Breton, Raymond/McDonald, John C./Richer, Stephen 1972: Le rôle de l'école dans la société canadienne, Ottawa 1972.

Brewis, T.N. 1969: Regional Economic Policies in Canada, 1969.

Brewis, T.N. 1971: Regional Development in Canada. UN Research Institute for Social Development, UNRISD Report No 71.4, Genf 1971.

Brown, George W. 1954: Canada, University of California Press, Berkeley/Los Angeles 1954.

Brown, George W. 1958: Building the Canadian Nation, Toronto 1958.

Brun, H. 1970: La formation des institutions parlementaires québécoises, 1791-1838, Québec 1970.

Brunet, Michel 1958: La présence anglaise et les Canadiens, Montréal 1958.

Brunet, Michel 1967: Québec, Canada anglais, Montréal 1967.

Brunet, Michel 1973: Historical Background of Quebec's Challenge to Canadian Unity, in: Dale C.Thomson (Ed.) 1973, S.39ff.

Burns, R.M. (Ed.) 1971: One Country or Two? Montreal/London 1971.

Burroughs, Peter 1971: British Attitudes towards Canada, 1822-1849, Prentice Hall of Canada, Scarborough/Ont. 1971.

Burroughs, Peter 1971: The Canadian Crisis and British Colonial Policy, Toronto 1973.

Cahall, Raymond du Bois 1915: The Sovereign Council of New France. A Study in Canadian Constitutional History, Columbia University Press, New York 1915.

Camu, P./Weeks, E.P./Sametz, Z.W. 1964: Economic Geography of Canada, Toronto 1964.

Canadian Centenary Series. A History of Canada in 17 vols., edited by William L.Morton, Donald G.Creighton, Toronto 1963ff; bislang erschienen:

Oelson, Tryggvi J. 1963: Early Voyages and Northern Approaches; 1000-1632, Toronto 1963, vol.1.

Eccles, W.J. 1964: Canada under Louis XIV; 1663-1701, Toronto 1964, vol.3.

Stanley, George F.G. 1968: New France. The Last Phase: 1744-1760, Toronto 1968, vol.5.

Neatby, Hilda 1966: Quebec. The Revolutionary Age: 1760-1791, Toronto 1966, vol.6.

Craig, Gerald M. 1963: Upper Canada. The Formative Years: 1784-1841. Toronto 1963, vol.7.

MacNutt, W.S. 1965: The Atlantic Provinces. The Emergence of Colonial Society: 1712-1857, Toronto 1965, vol.9.

Careless, J.M.S. 1967: The Union of the Canadas. The Growth of Canadian Institutions: 1841-1857, Toronto 1967, vol.10.

Rich, E.E. 1967: The Fur Trade and the Northwest to 1857, Toronto 1967, vol.11.

Morton, William L. 1964: The Critical Years. The Union of British North America: 1857-1873, Toronto 1964, vol.12.

Waite, Peter B. 1971: Canada, 1874-1896. Arduous Destiny, Toronto 1971, vol.13.

Cairns, Alan C. 1968: The Electoral System and the Party System in Canada, 1921-1965, in: Can. Journal of Political Science, vol.1 (1968), S.55ff.

Cairns, Alan C. 1975: Political Science and the Americanization Issue, in: Can.Journal of Political Science, vol.8 (1975), S.191ff.

Carroll, John B. 1975: The Teaching of French as a Foreign Language in Eight Countries, Toronto 1975.

Chadwick, G.W.St.John 1967: Newfoundland. Island into Province, Cambridge University Press, Cambridge 1967.

Charbonneau, Hubert/Maheu, Robert 1973: Les aspects démographiques de la question linguistique. Synthèse S 3 d'enquête sur la situation de la langue française et sur les droits linguistiques au Québec, l'Editeur officiel du Québec, Québec 1973.

Cheffins, Ronald I. 1969: The Constitutional Process in Canada, Toronto 1969.

Chi, N.H. 1972: Class Voting in Canadian Politics, Department of Political Science, Carleton University, Occasional Papers No 1, 1972.

Christian, William/Campbell, Colin 1974: Political Parties and Ideologies in Canada: Liberals, Conservatives, Socialists, Nationalists, Toronto 1974.

Clark, Lovell (Ed.) 1968: The Manitoba School Question. Majority Rule or Minority Rights?, Copp Clark Publishing, Toronto 1968.

Clark, Samuel D. 1942: The Social Development of Canada, Toronto 1942.

Clark, Samuel D. 1954: The Canadian Community, in: George W.Brown (Ed.) 1954, S.375ff.

Clark, Samuel D. 1959: Movement of Political Protest in Canada, 1640-1840, Toronto 1959.

Clark, Samuel D. 1968: The Developing Canadian Community, zuerst 1962, 2nd edition, Toronto 1968.

Clement, Wallace 1975: The Canadian Corporate Elite. An Analysis of Economic Power, Toronto 1975.

Cleverdon, Catherine L. 1950: The Woman Suffrage Movement in Canada, Toronto 1950.

Cliché, Paul 1961: Les élections provinciales dans le Québec, de 1927 à 1956, in: Recherches Sociographiques, vol.2 (1961), S.343ff.

Clokie, Hugh McDowall: Canadian Government and Politics, Toronto 1944, revised edition, Toronto 1950.

Cohen, Ronald I. 1965: Quebec Votes, Montreal 1965.

Commissioner of Official Languages (Keith Spicer):

1971: First Annual Report, 1970-1971, Ottawa 1971.

1973: Second Annual Report, 1971-1972, Ottawa 1973.

1974: Third Annual Report, 1972-1973, Ottawa 1974.

1975: Fourth Annual Report, 1973-1974, Ottawa 1975.

1976: Fifth Annual Report, 1975, Ottawa 1976.

Converse, Philip E./Dupeux, Georges/Meisel, John 1967: Continuities in Popular Political Culture: French and Anglo-Saxon Contrasts in Canada, Paper prepared for the International Conference on Comparative Electoral Behavior, Survey Research Center of the University of Michigan, Ann Arbor 1967, hektographiertes Manuskript.

Cook, Ramsay 1966: Canada and the French Canadian Question, Toronto 1966.

Cook, Ramsay 1971: The Maple Leaf Forever. Essays on Nationalism and Politics in Canada, Toronto 1971.

Corbett, David C. 1957: Canada's Immigration Policy. A Critique, University of Toronto Press, Toronto 1957.

Corbett, Edward M. 1967: Quebec Confronts Canada, Baltimore 1967.

Cornell, Paul G. 1962: The Alignment of Political Groups in Canada, 1841-1867, Toronto 1962.

Coupland, Reginald 1968: The Quebec Act. A Study in Statesmanship, zuerst 1925, Neudruck Oxford 1968.

Courtney, John C. (Ed.) 1967: Voting in Canada, Prentice Hall of Canada, Scarborough/Ont. 1967.

Courtney, John C. 1973: The Selection of National Party Leaders in Canada, Toronto 1973.

Creighton, Donald G. 1963: British North America at Confederation, Ottawa 1963.

Creighton, Donald G. 1964: The Road to Confederation. The Emergence of Canada, 1863-1867, Boston 1964.

Creighton, Donald G. 1969: Dominion of the North. A History of Canada, Toronto 1969.

Creighton, Donald G. 1970: Canada's First Century, 1867-1967, Toronto 1970.

Creighton, Donald G. 1972: Towards the Discovery of Canada, Toronto 1972.

Crepeau, P.A./Macpherson, C.B. (Eds.) 1965: The Future of Canadian Federalism, Toronto 1965.

Cross, Michael 1970: The Frontier and the Canadas: The Debate on the Impact of the Canadian Environment, Copp Clark Publishing, Toronto 1970.

Cuneo,Carl J./Curtis,James E. 1974: Quebec Separatism: An Analysis of Determinants within Social-Class Levels, in: Can. Review of Sociology and Anthropology, vol.11 (1974), S.1ff.

Curtis, James E./Scott, William G. (Eds.) 1973: Social Stratification in Canada, Scarborough/Ont. 1973.

Dales, John 1966: The Protective Tariff in Canada's Development, Toronto 1966.

Davey Report 1970: Special Senate Committee on the Mass Media, Report, 3 vols., Ottawa 1970.

Dawson, Robert MacGregor 1948: The Government of Canada, Toronto University Press, Toronto, 1st edition 1948, 2nd edition 1954, 3rd edition 1957, fourth and fifth editions by Norman Ward 1963, 1970.

Dean, Edgar P. 1949: How Canada has voted, 1867 to 1945, in: Can. Historical Review, vol. 30 (1949), S.227ff.

Dion, Léon 1967: Le Bill 60 et la société québécoise, Montréal 1967.

Dion, Léon 1973: La Prochaine Revolution, Leméac, Ottawa 1973.

Drummond, Ian M. 1972: The Canadian Economy: Structure and Development, rev. edition, Georgetown 1972.

Dumont, Fernand/Montminy, Jean-Paul 1966: Le pouvoir dans la société canadienne-française, Québec 1966.

Earl, David W.L. (Ed.) 1967: The Family Compact. Aristocracy or Oligarchy?, Toronto 1967.

Easterbrook, W.T./Aitken, H.G.J. 1956: Canadian Economic History, Toronto 1956.

Eccles, W.J. 1969: The Canadian Frontier, 1534-1760, New York 1969.

Economic Council of Canada 1968: Fifth Annual Review: The Challenge of Growth and Change, Ottawa 1968.

Economic Council of Canada 1969: Sixth Annual Review: Perspective 1975, Ottawa 1969.

Eggleston, Wilfrid 1946: The Road to Nationhood. A Chronicle of Dominion-Provincial Relations, Toronto 1946.

Eggleston, Wilfrid 1961: The Queen's Choice. A Story of Canada's Capital, Ottawa 1961.

Engelmann, Frederick C./Schwartz, Mildred A. 1973: Political Parties and the Canadian Social Structure, Prentice Hall of Canada, Scarborough/Ont. 1967, 2nd edition 1973.

Engelmann, Frederick C./Schwartz, Mildred A. 1975: Canadian Political Parties: Origin, Character, Impact (newly rev. edition of Engelmann/Schwartz 1973), Scarborough/Ont. 1975.

Engelmann, Frederick C./Robihushchy, Sidney I. 1968: Parteienintegration in Kanada, in: Verfassung und Verfassungswirklichkeit, Jg. 1968, S.136ff.

Epstein, Leon 1964: A Comparative Study of Canadian Parties, in: AmPSR, vol.58 (1964), S.46ff.

Faribault, Marcel 1967: Vers une nouvelle constitution, Montreal 1967.

Faucher, Albert 1965: Le caractère continentale de l'industrialisation du Québec, in: Recherches Sociographiques, vol.6 (1965).

Faucher, Albert 1973: La revolution tranquillisante, in: Can. Journal of Political Science, vol.6 (1973).

Favreau, Guy (Ed.) 1965: The Amendment of the Constitution of Canada, Ottawa 1965.

Ferguson, G.V./Underhill, Frank 1955: Press and Party in Canada, Toronto 1955.

Firestone, O.J. 1969: Industry and Education. A Century of Canadian Development, Ottawa 1969.

Forsey, E. 1964: The Problem of 'Minority' Government in Canada, in: Can.Journal of Economics and Political Science, vol. 30 (1964), S.1ff.

Fox, Paul W. (Ed.) 1963: Politics: Canada, Recent Readings, Toronto 1963.

Fox, Paul W. (Ed.) 1970: Politics: Canada, third edition: Culture and Process, Toronto 1970.

Franzen, Karl 1966: Parteiensystem und nationale Heterogenität. Der Fall Kanada, in: Verfassung und Verfassungswirklichkeit, Jg. 1966, S.268ff.

Fraser, Blair 1967: The Search for Identity. Canada, 1945-1967, Garden City, Toronto 1967.

Frégault, Guy 1966: La Guerre de la Conquête, Montréal 1966.

Gagné, W./Regenstreif, P. 1967: Some Aspects of the New Democratic Party Urban Support in 1965, in: Can. Journal of Economics and Political Science, 1967, S.529ff.

Garner, John 1963: The Ballot in the British North American Colonies, in: J.H.Aitchison (Ed.) 1963, S.17ff.

Garner, John 1969: The Franchise and Politics in British North America, 1755-1867, Toronto 1969.

Commission Gendron 1972: Report of the Commission of Inquiry on the Position of the French Language and on Language Rights in Quebec, 2 vols., vol.I: Language at Work, vol.II: Language Rights, Québec 1972.

Glazebrook, G.P. de T. 1929: Representation by the Act of Union of 1840, in: Can. Historical Review, vol.10 (1929), S.252ff.

Glazebrook, G.P. de T. 1966: A History of Canadian Political Thought, Toronto 1966.

Graf, Hans 1960: Probleme der britischen Reichspolitik in Kanada. Die Rebellion von 1837, Schriften der Philipps Universität, Nr.7, Marburg 1960.

Graham, Roger 1967: The King-Byng Affair, 1926: A Question of Responsible Government, Toronto 1967.

Grantstein, J.L. 1967: The Politics of Survival. The Conservative Party of Canada, 1939-1945, Toronto 1967.

Grand'Maison, Jacques 1970: Nationalisme et Religion, 2 vols., Montréal 1970.

Gray Report 1972: Foreign Direct Investment in Canada, Ottawa 1972.

Groulx, Lionel 1919: La Naissance d'une race, Montréal 1919.

Groulx, Lionel 1959: Directives, Saint-Hyacinte, Neudruck 1959.

Groulx, Lionel 1960: Histoire du Canada Français, 2 vols., Montréal 1960.

Groupe de Recherches Sociales: Les électeurs québécois. Attitudes et opinions à la veille de l'élection de 1960, Montréal ohne Jahr, hektographiert vervielfältigt.

Guindon, Hubert 1960: The Social Evolution of Quebec Reconsidered, in: Can.Journal of Economics and Political Science, vol.26 (1960), S.523ff.

Hamelin, Jean 1960: Economie et société en Nouvelle France, Québec 1960.

Hamelin, Jean 1968: Le Canada Français. Son évolution historique, 1437-1967, Trois-Rivières 1968.

Hamelin, Jean/Huot, John/Hamelin Marcel 1965: Aperçu de la Politique Canadienne au XIXe siècle, Québec 1965.

Hamelin, Jean/Hamelin, Marcel 1962: Les moeurs électorales dans le Québec de 1791 à nos jours, Montréal 1962.

Hamelin, Jean/Hamelin, Marcel/Letarte, Jacques 1959: Les élections provinciales dans le Québec, in: Cahiers de geographie de Québec, oct. 1959/mars 1960, S.5ff.

Hamilton, Richard/Pinard, Maurice 1976: The Bases of Parti Québécois Support in Recent Quebec Elections, in: Can. Journal of Political Science, vol.9 (1976), S.3ff.

Hargrove, Erwin C. 1970: Nationality, Values, and Change. Young Elites in French Canada, in: Comparative Politics, vol.2 (1970), S.473ff.

Harp, John/Hofley, John R. (Eds.) 1971: Poverty in Canada, Prentice Hall of Canada, Scarborough/Ont. 1971.

Hawkins, Freda 1972: Canada and Immigration. Public Policy and Public Concern, Montreal/London 1972.

Henripin, J. 1957: From Acceptance of Nauture to Control: The Demography of the French Canadians since the seventeenth century, in: Can.Journal of Economics and Political Science, vol.23 (1957), S.10ff.

Hockin, Thomas A. (Ed.) 1971: Apex of Power. The Prime Minister and Political Leadership in Canada, Prentice Hall of Canada, Scarborough/Ont. 1971.

Hogan, George 1963: The Conservative in Canada, Toronto 1963.

Hopkins, E. Russel 1968: Confederation at the Crossroads. The Canadian Constitution, Toronto/Montreal 1968.

Horowitz, Gad 1966: Conservatism, Liberalism and Socialism in Canada. An Interpretation, in: Can. Journal of Economics and Political Science, vol.32 (1966), S.143ff.

Horowitz, Gad 1968: Canadian Labour in Politics, University of Toronto Press, Toronto 1968.

Hughes, Everett Cherrinton 1956: French Canada in Transition, 1943, eighth printing Chicago 1956.

Irving, John A. 1959: The Social Credit Movement in Alberta, Toronto 1959.

Johnson, Daniel 1965: Egalité ou Indépendence, Montréal 1965.

Johnson, Harry 1963: The Canadian Quandry, Toronto 1963.

Johnson, Leo A. 1973: Incomes, Disparity and Impoverishment in Canada since World War II, Toronto 1973.

Joy, Richard J. 1972: Languages in Conflict. The Canadian Experience, Toronto 1972.

Jürgensen, Kurt 1971: Der Nationalitätenkonflikt in Kanada, in: Aus Politik und Zeitgeschichte, Beilage zur Wochenzeitung Das Parlament, B 23/1971, S.13ff.

Kalbach, Warren E./McVey, Wayne W. 1971: The Demographic Bases of Canadian Society, Toronto 1971.

Kaplan, Gerald L. 1973: The Dilemma of Canadian Socialism. The C.C.F. in Ontario, Toronto 1973.

Kornberg, Alan 1966: Caucus and Cohesion in Canadian Parliamentary Parties, in: AmPSR, vol.60 (1966), S.83ff.

Kornberg, Allan 1967: Canadian Legislative Behavior. A Study of the 25th Parliament, New York 1967.

Kornberg, Allan/Winsborough, Hal H. 1968: The Recruitment of Candidates for the Canadian House of Commons, in: AmPSR, vol. 62 (1968), S.1242ff.

Kruhlak, Orest M./Schultz, Richard/Pobihushchy, Sidney I. 1973: The Canadian Political Process: A Reader, Toronto/Montreal 1970, rev. edition Toronto 1973.

Kunz, F.A. 1965: The Modern Senate of Canada, 1925-1963. A Reappraisal, Toronto 1965.

Kwavnick, David 1972: Organized Labour and Pressure Politics: The Canadian Labour Congress 1956-1968, Montreal 1972.

Lacour-Gayet, Robert 1966: Histoire du Canada, Paris 1966.

La Forte, D./Bernard, A. 1969: La législation électorale au Québec, 1790-1967, Montréal 1969.

Lajeunesse, Marcel (Ed.) 1971: L'éducation au Québec. 19e - 20e siècles, Les édition du boréal express 1971.

Lamontagne, Maurice 1954: Le federalisme canadien. Evolution et problèmes, Québec 1954.

Lanctôt, Gustave 1929: L'Administration de la Nouvelle France, Paris 1929.

Lanctôt, Gustave 1960: Histoire du Canada, 3 vols., Montréal 1960ff; engl.: History of Canada, Cambridge/Mass. 1963-1965.

Lanctôt, Gustave 1967: Canada and the American Revolution, Cambridge/Mass. 1967.

Land, Brain 1965: Eglinton. The Election Study of a Federal Constituency, Toronto 1965.

Laponce, J.A. 1967: Non-Voting and Non-Voters: A Typology, in: Can. Journal of Economics and Political Science, vol.33 (1967), S.75ff.

Laponce, J.A. 1972: Post-Dicting Electoral Cleavages in Canadian Federal Elections, 1949-1968: Material for a Footnote, in: Can. Journal of Political Science, vol.5 (1972), S.270ff.

Larocque, André: Défis au Parti Québécois, Edition du jours, Montréal 1971.

Larocque, André 1973: Political Institutions and Quebec Society, in: Dale C.Thomson (Ed.) 1973, S.68ff.

Latouche, Daniel 1974: La vrai nature de la Révolution tranquille, in: Can. Journal of Political Science, vol.7 (1974), S.525ff.

Laxer, Robert (Ed.) 1973: The Political Economy of Dependency, Toronto 1973.

Lemieux, Vincent (Ed.) 1969: Quatre élections provinciales au Québec, 1956-1966, Québec 1969.

Lemieux, Vincent 1965: Les dimensions sociologiques du vote créditiste au Québec, in: Recherches Sociographiques, vol.6 (1965), S.181ff.

Lemieux, Vincent 1972: Quebec. Heaven is Blue and Hell is Red, in: Martin Robin (Ed.) 1972, S.262ff.

Lemieux, Vincent 1973a: Le Quotient politique vraie. Le vote provincial et fédéral au Québec, Québec 1973.

Lemieux, Vincent 1973b: The Political Party System in Quebec, in: Dale C.Thomson (Ed.) 1973, S.99ff.

Lemieux, Vincent/Gilbert, Marcel/Blais, André 1970: Une élection de réalignment. L'élection géneral du 29 avril 1970 au Québec, Montréal 1970.

Lévesque, René 1968: An Option for Quebec, Toronto 1968.

Lévesque, René 1970: La Solution: Le programme du parti Québécois, Montréal 1970.

Levitt, Kari 1970: The Silent Surrender. The Multinational Corporation in Canada, Toronto 1970.

Levitt, Joseph 1969: Henri Bourassa and the Golden Calf: The Social Programme of the Nationalists of Quebec, 1900-1914, Ottawa 1969.

Levitt, Joseph (Ed.) 1970: Henri Bourassa on Imperialism and Biculturalism, Toronto 1970.

Lieberson, Stanley 1970: Language and Ethnic Relations in Canada, New York 1970.

Lipset, Seymour Martin 1965: Kanada und die Vereinigten Staaten. Eine vergleichende Betrachtung, in: Kölner Zs. für Soziologie und Sozialpsychologie, Bd.17 (1965), S.659ff.

Lipset, Seymour Martin 1967b: Democracy in Alberta, in: Can. Forum, vol.34 (1954), abgedruckt in: John C.Courtney (Ed.) 1967, S.182ff.

Lipset, Seymour Martin 1968: Agrarian Socialism. The Cooperative Commonwealth Federation in Saskatchewan. A Study in Political Sociology, Los Angeles 1950; in überarbeiteter Fassung, paperback edition, Garden City/New York 1968.

Lipston, C. 1967: The Trade Union Movement of Canada, 1827-1959, Montreal 1967.

Lipton, L.F.S. (Ed.) 1967: The United Empire Loyalists. Men and Myths, Toronto 1967.

Lithwick, N.H./Paquet, G. 1968: Urban Studies: Canadian Perspective, Toronto 1968.

Lovink, J.A.A. 1970: On Analysing the Impact of the Electoral System in Canada, in: Can. Journal of Political Science, vol.3 (1970), S.397ff.

Lovink, J.A.A. 1973: Is Canadian Politics too Competitive?, in: Can. Journal of Political Science, vol.6 (1973), S.341ff.

Lower, Arthur R.M. 1946: From Colony to Nation, Toronto 1946.

Lower, Arthur R.M. 1952: Canada: Nation and Neighbour, Toronto 1952.

Lower, Arthur, R.M. 1958: Canadians in the Making, Toronto 1958.

Lower, Arthur R.M./Scott, F.R. et al. 1958: Evolving Canadian Federalism, London/Durham, N.C. 1958.

Lumsden, Ian (Ed.) 1970: Close the 49th Parallel: The Americanization of Canada, Toronto 1970.

Lyons, William E. 1965: The NDP in the Canadian Political System, PhD thesis Pennsylvania State University, photomechanisch vervielfältigt, 1965.

Lyons, William E. 1970: One Man - One Vote, Toronto 1970.

Macdonald, Norman 1966: Canada. Immigration and Colonization, 1841 -1903, Aberdeen 1966.

Mackay, Robert A. 1963: The Unreformed Senate of Canada, 2nd edition, Toronto 1963.

Macpherson, C.B. 1962: Democracy in Alberta: The Theory and Practice of a Quasi-Party-System, Toronto/London 1953; 2nd edition: Democracy in Alberta. Social Credit and the Party System, Toronto 1962.

Macquarrie, Heath 1965: The Conservative Party, Toronto 1965.

Mallory, J.R. 1971: The Structure of Canadian Government, New York 1971.

Mann, W.E. (Ed.) 1970: Social and Cultural Change in Canada, vol.I, Toronto 1970.

Mann, W.E. (Ed.) 1973: Canada: A Sociological Profile, 2nd edition, Toronto 1973.

Manning, Helen Taft 1952: The Colonial Policy of the Wigh Ministers, 1830-1947, in: Can. Historical Review 1952, S.203ff u. S.341ff.

Manning, Helen Taft 1962: The Revolt of French Canada, 1800-1835. A Chapter in the History of the British Commonwealth, New York 1962.

Manning, Helen Taft 1966: British Colonial Government after the American Revolution, London/Oxford 1933, reprint Hambden, Connec. 1966.

Manzer, Ronald 1974: Canada. A Socio-political Report, Toronto/ Montreal 1974.

Martin Chester 1955: Foundations of Canadian Nationhood, University of Toronto Press, Toronto 1955.

Martin, Ged. 1972: The Durham Report and British Policy, Cambridge University Press, 1972.

Martin, Y./Rioux,M.(Eds.)1964: French Canadian Society, Toronto 1964.

Maslove, Allan M. 1972: The Pattern of Taxation in Canada, Economic Council of Canada, Ottawa 1972.

Masters, D.C. 1965: Reciprocity, 1846-1911; The Can. Historical Association, Historical Booklet 12, 1965.

McDonald, Jim/MacDonald, Jack 1972: The Canadian Voter's Guidebook, Toronto 1972.

McDonald, Lynn 1970: Party Identification, Stability and Change in Voting Behaviour. A Study of the 1968 Canadian Federal Election in Ontario, in: Orest M.Kruhlak/Richard Schultz/ Sidney I.Pobihushchy (Eds.) 1970, S.267ff.

McDonald, Lynn 1969: Religion and Voting. A Study of the 1968 Canadian Federal Election in Ontario, in: Can. Review of Sociology and Anthropology, vol.6 (1969), S.129ff.

McHenry, Dean E. 1950: The Third Force in Canada. The Cooperative Commonwealth Federation, 1932-1948, Berkeley/Los Angeles 1950.

McInnis, Edgar 1969: Canada. A Political and Social History, Toronto 1947, 3rd edition 1969.

McPherson, William David 1905: The Law of Elections in Canada, Toronto 1905.

McRae, Kenneth D. 1964: The Structure of Canadian History, in: Louis Hartz et al., The Founding of New Societies, S.219ff.

McRae, Kenneth D. 1973: The Concept of Consociational Democracy and its Application to Canada, paper for: J.G.Savard/ R.Vigneault, Eds., Multi-lingual Political Systems, Problems and Solutions, hektographiertes Manuskript 1973; abgedruckt auch in McRae, Kenneth D. (Ed.) 1974, S.238ff.

Meekison, J.P. (Ed.) 1968: Canadian Federalism. Myth and Reality, Toronto 1968.

Meisel, John 1956: Religious Affiliation and Electoral Behaviour. A Case Study, in: Can. Journal of Economics and Political Science, vol.22 (1956), S.481ff.

Meisel, John 1962: The Canadian General Election of 1957, Toronto 1962.

Meisel, John 1963: The Stalled Omnibus: Canadian Parties in the 1960's, in: Social Research, vol.30 (1963), S.367ff.

Meisel, John (Ed.) 1964: Papers on the 1962 Election. Fifteen Papers on the Canadian General Election of 1962, Toronto 1964.

Meisel, John 1967: Recent Changes in Canadian Politics, in: Hugh G.Thorburn (Ed.) 1967, S.33ff.

Meisel, John 1973a: Working Papers on Canadian Politics, 2nd edition, Montreal/London 1973; 3rd edition, Montreal/London 1975.

Meisel, John 1973b: Cleavages, Parties, and Values in Canada. Paper prepared for Special Section on Canadian Politics, at IPSA Congress, Montreal 1973.

Meisel, John 1973c: Political Styles and Language-use in Canada, paper for: J.G.Savard/R.Vigneault, Eds., Multi-lingual Political Systems. Problems and Solutions, hektographiertes Manuskript (1973).

Meisel, John 1974: Political Culture and the Politics of Culture, in: Can. Journal of Political Science, vol.7 (1974), S.601ff.

Meisel, John 1975: The Party System and the 1974 Election, in: Howard R.Penniman (Ed.) 1975, S.1ff.

Migué, Jean-Luc (Ed.) 1971: Le Québec d'aujourd'hui. Regards universitaires, Montréal 1971.

Milner, Sheilagh H./Milner, Henry 1973: The Decolonization of Quebec. An Analysis of Left-Wing Nationalism, Toronto 1973.

Moffett, Samuel E. 1973: The Americanization of Canada, 1907, University of Toronto Press, Toronto 1972.

Moir, John S./Saunders, Robert E. 1970: Northern Destiny. A History of Canada, Toronto 1970.

Morin, Claude 1972: Le pouvoir québécois en négociation, Québec 1972.

Morin, Claude 1973: Le combat québécois, Montréal 1973.

Morton, Desmond 1974: NDP: The Dream of Power, Toronto 1974.

Morton, William L. 1943: The Extension of the Franchise in Canada, in: Report of the Can. Historical Association, Toronto 1943.

Morton, William L. 1967a: The Progressive Party in Canada, Toronto 1950; korrigierter Neudruck Toronto 1967.

Morton, William L. 1967b: Manitoba. A History, Toronto, 2nd edition, 1967.

Morton, William L. 1971: The Canadian Identity, Madison/Toronto 1961; 2nd edition, Toronto 1971.

Naegele, Kaspar D. 1961: Canadian Society: Some Reflections, in: Bernhard Blishen (Ed.) 1961.

Neatby, H. Blair 1973: Laurier and a Liberal Quebec. A Study in Political Management, PhD thesis, University of Toronto, Toronto 1973.

Newman, Peter C. 1964: Renegade in Power. The Diefenbaker Years, 5th printing, Toronto/Montreal 1964.

Newman, Peter C. 1969: A Nation Divided. Canada and the Coming of Pierre Trudeau, New York 1969.

Noel, S.J.R. 1971: Politics in Newfoundland, University of Toronto Press, Toronto 1971.

Ollivier, Maurice 1954: Problems of Canadian Sovereignty from the British North America Act, 1867, to the Statute of Westminster, 1931, Toronto 1954.

Orban, Edmond 1967: Le Conseil législatif de Québec, 1867-1967, Paris/Montréal 1967.

Ormsby, William 1969: The Emergence of the Federal Concept in Canada, 1839-1845, Toronto 1969.

Ossenberg, Richard J. 1967: The Conquest Revisited. Another Look at Canadian Dualism, in: Can. Review of Sociology and Anthropology, vol.4 (1967); abgedruckt in: W.E.Mann (Ed.) 1970, S.208ff.

Ossenberg, Richard J. 1971: Canadian Society: Pluralism, Change and Conflict, Scarborough/Ont. 1971.

Ostry, Sylvia 1967: The Occupational Composition of the Canadian Labour Force, Ottawa 1967.

Ouellet, Fernand 1958: Papineau dans la Révolution de 1837-1838, in: Can. Historical Association, Report of the Annual Meeting 1958.

Ouellet, Fernand 1966: Histoire économique et sociale du Québec: 1760-1850, Montréal 1966.

Palmer, Howard 1972: Land of the Second Choice. A History of Ethnic Groups in Southern Alberta, Lethbridge/Alberta, 1972.

Paltiel, Khayyam Z. 1967: The Proposed Reform of Canadian Election Finance, in: Jahrbuch des öffentlichen Rechts, NF Bd.16 (1967), S.379ff.

Paltiel, Khayyam Z. 1970: Political Party Financing in Canada, Toronto 1970.

Paltiel, Khayyam Z. 1974: Party and Candidate Expenditures in the Canadian General Election of 1972, in: Can. Journal of Political Science, vol.7 (1974), S.341ff.

Parai, Louis 1965: Immigration of Professional and Skilled Manpower during the Post-War Period, Ottawa 1965.

Parai, Louis 1974: The Economic Impact of Immigration, Ottawa 1974.

Commission Parent 1963ff: Rapport de la Commission royale d'enquête sur l'enseignement dans la province de Québec, 5 vols., Quebec 1963-1966; vol. I: Les structures supérieures du système scolaire; vol. II/III: Les structures pédagogiques du système scolaire; vol. IV/V: L'administration de l'enseignement.

Peacock, Donald 1968: Journey to Power, Toronto 1968.

Peers, Frank 1969: The Politics of Canadian Broadcasting, 1920-1951, Toronto 1969.

Penniman, Howard R. (Ed.) 1975: Canada at the Polls. The General Election of 1974, Washington 1975.

Pentland, H.C. 1959: The Development of a Capitalistic Labour Market in Canada, in: Can. Journal of Economics and Political Science, vol.25 (1959), S.450ff.

Perlin, Georges/Peppin, Patti 1971: Variations in Party Support in Federal and Provincial Elections, in: Can. Journal of Political Science, vol.4 (1971), S.280ff.

Petersen, William 1955: Planned Migration: The Social Determinants of the Dutch-Canadian Movement, Berkeley 1955.

Pickersgill, John W. 1962: The Liberal Party, Toronto 1962.

Pinard, Maurice 1967: One Party Dominance and Third Parties, in: Can.Journal of Economics and Political Science, vol.33 (1967), S.358ff.

Pinard, Maurice 1969a: Classes sociales et comportement électoral, in: Vincent Lemieux (Ed.) 1969, S.141ff.

Pinard, Maurice 1969b: La Rationalité de l'électorat: le cas de 1962, ebenda, S.179ff.

Pinard, Maurice 1970: Working Class Politics. An Interpretation of the Quebec Case, in: Can. Review of Sociology and Anthropology, vol.7 (1970), S.87ff.

Pinard, Maurice 1971: The Rise of a Third Party. The Social Credit Party in Quebec in the 1962 Federal Election, Prentice-Hall, Englewood Cliffs 1971.

Pinard, Maurice 1973a: The Ongoing Political Realignment in Quebec, in: Dale C.Thomson (Ed.) 1973, S.119ff.

Pinard, Maurice 1973b: Third Parties in Canada Revisited. A Rejoinder and Elaboration of the Theory of One-Party Dominance, in: Can. Journal of Political Science, vol.6 (1973), S.439ff.

Poduluk, Jenny R. 1965: Earnings and Education, Dominion Bureau of Statistics, Ottawa 1965.

Poduluk, Jenny R. 1968: Income of Canadians, 1961 Census Monograph, Ottawa 1968.

Porter, John 1965: The Vertical Mosaic. An Analysis of Social Class and Power in Canada, Toronto 1965.

Porter, John 1975: Ethnic Pluralism in Canadian Perspective, in: Glazer, Nathan/Moynihan, Daniel P. (Eds.) 1975, S.267ff.

Presthus, Robert 1973: Elite Accommodation in Canada, Toronto 1973.

Pritchard, James (Ed.) 1972: Commerce in New France, Toronto 1972.

Qualter, Terence H. 1968: Seats and Votes. An Application of the Cube Law to the Canadian Electoral System, in: Can. Journal of Political Science, vol.1 (1968), S.336ff.

Qualter, Terence H. 1970: The Election Process in Canada, Toronto 1970.

Quinn, Herbert F. 1963: The Union Nationale. A Study in Quebec Nationalism, Toronto 1963.

Raynauld, André 1961: Croissances et structures économiques de la province de Québec, Québec 1961.

Reid, Escott M. 1936: The Canadian Election of 1935, in: AmPSR, vol.30 (1936).

Regenstreif, Peter 1960: The Canadian General Election of 1958, in: Western Political Quarterly, vol.13 (1960), S.349ff.

Regenstreif, Peter 1963a: The Liberal Party of Canada. A Political Analysis, PhD thesis, Cornell University, photomechanisch vervielfältigt, 1963.

Regenstreif, Peter 1963b: Some Aspects of National Party Support in Canada, in: Can. Journal of Economics and Political Science, vol.29 (1963), S.59ff.

Regenstreif, Peter 1965: The Diefenbaker Interlude. Parties and Voting in Canada. An Interpretation, Toronto 1965.

Reynolds, Lloyd G. 1940: The Control of Competition in Canada, Cambridge/Mass. 1940.

Richmond, Anthony 1967: Post-War Immigrants in Canada, Toronto 1967.

Richmond, Anthony 1970: Immigration and Pluralism in Canada, in: International Migration Review, vol. 5 (1969), abgedruckt in: W.E.Mann (Ed.) 1970, S.81ff.

Richmond, Anthony 1971: Social Mobility of Immigrants in Canada, in: Population Studies, vol.18 (1964); abgedruckt in: Bernhard Blishen (Ed.) 1971, 3rd edition, S.478ff.

Rioux, Marcel 1971: Quebec in Question, Toronto 1971.

Robert, Jean-Claude 1975: Du Canada français au Québec libre. Histoire d'un mouvement indépendantiste, Paris 1975.

Robin, Martin (Ed.) 1972: Canadian Provincial Politics. The Party Systems of the Ten Provinces, Prentice-Hall of Canada, Scarborough/Ont. 1972.

Rocher, Guy 1973: Le Québec en mutation, Montréal 1973.

Rocher, Guy/Bélanger, Pierre W. 1970: Ecole and société au Québec. Elements d'une sociologie de l'éducation, Montréal 1970.

Rowell-Sirois Commission 1940: Report of the Royal Commission on Dominion-Provincial Relations, 2 vols., Ottawa 1940.

Smiley, Donald V. (Ed.): The Rowell-Sirois Report. An abridgement of Book I of the Royal Commissions Report on Dominion-Provincial Relations, Toronto 1963.

Rumilly, R. 1962: Le problème national des Canadiens français, Montréal 1962.

Russel, Peter (Ed.) 1966: Nationalism in Canada, New York/Toronto 1966.

Ryerson, Stanley Bréhaut 1943: French Canada. A Study in Canadian Democracy, Toronto 1943.

Ryerson, Stanley Bréhaut 1945: Le Canada Français. Sa tradition, son avenir, Montréal 1945.

Ryerson, Stanley Bréhaut 1960: The Founding of Canada. Beginnings to 1815, Toronto 1960.

Ryerson, Stanley Bréhaut 1968: Unequal Union. Confederation and the Roots of Conflict in the Canadas, 1815-1873, New York 1968.

Sabourin, Louis (Ed.) 1968: Le système politique du Canada. Institutions fédérales et québécoises, Ottawa 1968.

Safarian, A.E. 1966: Foreign Ownership of the Canadian Industry, Toronto 1966.

Safarian A.E. 1974: Canadian Federalism and Economic Integration, Ottawa 1974.

Saint-Germain, M. 1973: Une économie à libérer, Montréal 1973.

Sancton, Andrew 1973: To the Latest Redistribution of the House of Commons. The Peculiar Case of Nova Scotia, in: Can. Journal of Political Science, vol.6 (1973), S.56ff.

Savard, J.G./Vigneault, R. (Eds.) 1974: Multi-lingual Political Systems. Problems and Solutions. (Papers prepared for Round Table on 'Multi-lingual Political System', organized jointly by the IPSA and the International Center for Research on Bilingualism. Quebec, March 27 to 31, 1972), Québec 1974.

Saywell, John 1971: Quebec 70. A Documentary Narrative, Toronto 1971.

Scarrow, Howard A. 1961: Patterns of Voter Turnout in Canada, in: Midwest Journal of Political Science, vol.5 (1961), S.351ff.

Scarrow, Howard A. 1965: Distinguishing Between Political Parties. The Case of Canada, in: Midwest Journal of Political Science, vol.9 (1965), S.61ff.

Scarrow, Howard A. 1967: By-elections and Public Opinion in Canada, in: Public Opinion Quarterly, vol.25 (1961), S.79ff, abgedruckt in: John C.Courtney (Ed.) 1967.

Schindeler, Fred F. 1969: Responsible Government in Ontario, Toronto 1969.

Schindeler, Fred F./Hoffman, David 1968: Theological and Political Conservatism, in: Can. Journal of Political Science, vol.1 (1968), S.429ff.

Schmeiser, D.A. 1964: Civil Liberties in Canada, London 1964.

Schwartz, Mildred A. 1967: Public Opinion and Canadian Identity, Berkeley/Los Angeles, 1967.

Schwartz, Mildred A. 1974: Canadian Voting Behavior, in: Richard Rose (Ed.) 1974, S.543ff.

Séguin, Maurice 1968: L'idée de l'indépendance au Québec, Editions boréal-express 1968.

Siegfried, André 1966: Le Canada, les deux races. Problèmes politiques contemporaines, Paris 1906, engl. 1907; reprint: The Race Question in Canada, Toronto 1966.

Simeon, Richard 1972: Federal-Provincial Diplomacy. The Making of Recent Policy in Canada, Toronto 1972.

Simmons, J./Simmons, R.1969: Urban Canada, Toronto 1969.

Simmons, J.W. 1969: Voting Behaviour and Socio-Economic Characteristics, in: Can. Journal of Economics and Political Science, vol.33 (1967), S.389ff.

Singer, Benjamin D. (Ed.) 1972: Communications in Canadian Society, Toronto 1972.

Smiley, Donald V. 1958: The Two-Party-System and One-Party Dominance in the Liberal Democratic State, in: Can. Journal of Economics and Political Science, vol.24 (1958), S.312ff.

Smiley, Donald V. 1967: The Canadian Political Nationality, London/Toronto 1967.

Smiley, Donald V. 1968: The National Party Leadership Convention in Canada. A Preliminary Analysis, in: Can. Journal of Political Science, vol.1 (1968).

Smiley, Donald V. 1972: Canada in Question. Federalism in the Seventies, Toronto 1972.

Smiley, Donald V. 1975: Canada and the Quest for a National Policy, in: Can. Journal of Political Science, vol.8 (1975), S.40ff.

Sniderman, Paul M./Forbes, H.D./Melzer, Ian 1974: Party Loyalty and Electoral Volatility: A Study of the Canadian Party System, in: Can. Journal of Political Science, vol.7 (1974), S.269ff.

Spafford, Duff 1970: The Electoral System of Canada, in: AmPSR, vol.64 (1970), S.168ff.

Stanley, George F.G. 1961: The Birth of Western Canada. A History of the Riel Rebellions, University of Toronto Press, Toronto 1936, reprint 1961.

Stein, Michael B. 1971: The Dynamics of Political Protest. Social Credit in Quebec, University of Toronto Press, Toronto 1971.

Stevens, Paul 1970: The 1911 General Election. A Study in Canadian Politics, Toronto 1970.

Stevenson, Garth 1974: Foreign Direct Investment and the Provinces. A Study of Elite Attitudes, in: Can. Journal of Political Science, vol.7 (1974), S.629ff.

Stewart, Walter 1971: Trudeau in Power, New York 1971.

Stone, Leroy O. 1967: Urban Development in Canada, 1961 Census Monograph, Ottawa 1967.

Sullivan, Martin 1968: Mandate '68, New York 1968.

Teeple, Gary (Ed.) 1972: Capitalism and the National Question in Canada, Toronto 1972.

Thomson, Dale C. (Ed.) 1973: Quebec. Society and Politics. Views from the Inside, Toronto 1973.

Thorburn, Hugh G. 1961: Politics in New Brunswick, Toronto 1961.

Thorburn, Hugh G. 1963: The Liberal Party in Alberta, Toronto 1963.

Thorburn, Hugh G. (Ed.) 1972: Party Politics in Canada, Prentice Hall of Canada; 1st edition, Toronto 1963; 2nd edition, Scarborough/Ont. 1967; 3rd edition, Scarborough/Ont. 1972.

Trudeau, Pierre Elliott: La Grève de l'Amiante, Montréal 1956.

Trudeau, Pierre Elliott 1958: Some Obstacles to Democracy in Quebec, in: Can. Journal of Economics and Political Science, vol.24 (1958), S.297ff.

Trudeau, Pierre Elliott 1968a: Le fédéralisme et la société canadienne française, Montréal 1967; engl.: Federalism and the French Canadians, New York 1968.

Trudeau, Pierre Elliott 1968b: A Canadian Charter of Human Rights, reprint Ottawa 1968.

Trudeau, Pierre Elliott 1969: The Constitution and the People of Canada, Ottawa 1969.

Trudel, Marcel 1963: Histoire de la Nouvelle France, 3 vols., Montréal/Paris 1963.

Underhill, Frank H. 1960: In Search of Canadian Liberalism, Toronto 1960.

Underhill, Frank H. 1964: The Image of Confederation, Toronto 1964.

Underhill, Frank H. 1967: Our Fantastic Electoral System, in: Canadian Forum, vol.15 (1935), abgedruckt in: John C.Courtney (Ed.) 1967, S.32ff.

Upton, L.F.S. (Ed.) 1967: United Empire Loyalists, Man and Myths, Toronto 1967.

Vallee, Frank G./Schwartz, Mildred A./Darknell, Frank 1957: Ethnic Assimilation and Differentiation in Canada, in: Can. Journal of Economics and Political Science, vol.23 (1957), S.540ff.

Vallières, Pierre: Les nègres blancs d'Amérique, Montréal 1968; engl.: White Niggers of America, Toronto 1971.

Van Loon, Richard J./Wittington, Michael S. 1970: The Canadian Political System, Toronto 1970.

Van Loon, Richard, J. 1970: Political Participation in Canada. The 1965 Election, in: Can. Journal of Political Science, vol.3 (1970), S.376ff.

Varcoe, Frederick P. 1965: The Distribution of Legislative Power in Canada, Toronto 1954; 2nd edition: The Constitution of Canada, Toronto 1965.

Veilleux, Gérard 1971: Les relations intergouvernementales au Canada, 1867-1967. Les mécanismes de coopération, Montréal 1971.

Wade, Mason 1955: The French Canadians, 1760-1945, Toronto 1955; 2nd edition: The French Canadians, 1760-1967, 2 vols., Toronto 1968.

Wade, Mason (Ed.) 1960: Canadian Dualism. Studies of French-English Relations, Toronto 1960.

Wade, Mason (Ed.) 1969: Regionalism in the Canadian Community, 1867-1967, Toronto 1969.

Warner, Donald F. 1960: The Idea of Continental Union. Agitation for the Annexation of Canada to the United States, 1849-1893, University of Kentucky Press 1960.

Ward, Norman 1950: The House of Commons: Representation, 1st edition 1950; 2nd edition, Toronto 1963.

Ward, Norman 1952: The Formative Years of the House of Commons, 1867-1891, in: Can. Journal of Economics and Political Science, vol.18 (1952), S.431ff.

Ward, Norman 1953: The Redistribution of 1952, in: Can. Journal of Economics and Political Science, vol.19 (1953), S.341ff.

Ward, Norman 1960: Government in Canada, Toronto 1960.

Ward, Norman 1962: The Public Purse. A Study in Canadian Democracy, Toronto 1962.

Ward, Norman 1967: A Century of Constituencies, in: Can. Public Administration, vol.10 (1967), S.105ff.

Ward, Norman/Spafford, Duff (Eds.) 1968: Politics in Saskatchewan, Toronto 1968.

Watkins, Melville, et al. 1968: Foreign Ownership and the Structure of Canadian Industry, Ottawa 1968.

White, Graham 1973: One Party Dominance and Third Parties. The Pinard Theory Reconsidered, in: Can. Journal of Political Science, vol.6 (1973), S.399ff.

Wilson, John 1974: The Canadian Political Culture: Toward a Redefinition of the Nature of the Canadian Political System, in: Can. Journal of Political Science, vol.7 (1974), S.438ff.

Williams, John R. 1956: The Conservative Party of Canada, 1920-1949, Durham/N.C. 1956.

Wilson, G.W./Gordon, S./Judek, S. 1965: Canada: An Appraisal of its Needs and Resources, New York 1965.

Wilson, John 1968: Politics and Social Class in Canada. The Case of Waterloo South, in: Can. Journal of Political Science, vol.1 (1968), S.288ff.

Wilson, John/Hoffman, David 1970: The Liberal Party in Contemporary Ontario Politics, in: Can. Journal of Political Science, vol.3 (1970), S.177ff.

Wilson, W.A. 1972: Election 1972. The Trudeau Question. An Exclusive Preelection Report. A Montreal Star Book, Montreal 1972.

Winham, Gilbert R./Cunningham, Robert B. 1971: Party Leader Images in the 1968 Federal Election, in: Can. Journal of Political Science, vol.3 (1970), S.37ff; auch in: Thomas A. Hockin (Ed.) 1971, S.71ff.

Winks, Robin W. 1960: Canada and the United States. The Civil War Years, Baltimore 1960.

Winks, Robin W. 1971: The Blacks in Canada. A History. Montreal/ New Haven/London 1971.

Wrong, Denis H. 1957: Ontario Provincial Elections, 1935-55. A Preliminary Survey of Voting, in: Can. Journal of Economics and Political Science, vol.23 (1957), S.395ff.

Wrong, Denis H. 1958: Parties and Voting in Canada. A Backward and Forward Glance in the Light of the Last Election, in: Political Science Quarterly, vol.73 (1958), S.397ff.

Young, Walter D. 1969a: Democracy and Discontent. Progressivism, Socialism and Social Credit in the Canadian West, Toronto 1969.

Young, Walter D. 1969b: The Anatomy of a Party. The National CCF, 1932-61, Toronto 1969.

Zakuta, Leo 1964: A Protest Movement Becalmed. A Study of Change in the CCF, Toronto 1964.

TRANSFINES

Studien zu Politik und Gesellschaft des Auslandes
Herausgegeben von Manfred Mols, Dieter Nohlen und Peter Waldmann

In dieser Reihe werden sozialwissenschaftliche Untersuchungen zu gesellschaftlichen und politischen Systemen in Übersee veröffentlicht. Daneben erscheinen in TRANSFINES Arbeiten zu länderübergreifenden und systematischen Fragestellungen. Die Reihe versteht sich auch als Forum für Beiträge zur Entwicklungstheorie und Entwicklungspolitik

Band 1
Dagmar Schmieder
Auslandskapital und Entwicklungsstrategie
Zur Konzeption einer selektiven Politik gegenüber Direktinvestitionen in Entwicklungsländern zur Verminderung der außenwirtschaftlichen Abhängigkeit
1976 – XI, 277 Seiten – broschiert 19,80 DM – ISBN 3-445-01422-1

Band 2
Rainer-Olaf Schultze
Politik und Gesellschaft in Kanada
1977 – XIV, 623 Seiten, 6 Faltt. – br. 90,– DM – ISBN 3-445-01440-X

Band 3
Klaus Bodemer
Erfolgskontrolle der deutschen Entwicklungshilfe
Von der Improvisation zur Systematik
1977 – ca. 150 Seiten

Band 4
Andreas Boeckh
Interne Konsequenzen externer Abhängigkeit
Eine vergleichende empirische Analyse der Dependenz am Beispiel der Industriearbeiterschaft Venezuelas, Kolumbiens und Perus
1977 – XI, 460 Seiten

In der Reihe TRANSFINES (vor 1974: Internationes) sind bereits in loser Folge erschienen:

Günter Menges – Bernd Leiner
Ökonometrische Untersuchungen über die Wirtschaft Maltas unter besonderer Berücksichtigung des Tourismus
1971 – VI, 82 Seiten – broschiert 19,– DM – ISBN 3-445-00806-X

Eberhard Großer
Umweltbeziehungen einer französischen ‚Communauté de Travail'
Expansion und Anpassung
1971 – X, 186 Seiten – broschiert 36,50 DM – ISBN 3-445-00797-7

Maria Mies
Indische Frauen zwischen Patriarchat und Chancengleichheit
Rollenkonflikte studierender und berufstätiger Frauen
1973 – XIV, 266 Seiten – broschiert 57,50 DM – ISBN 3-445-01042-0

Samuel Kodjo
Probleme der Akkulturation in Afrika
Die entwicklungspolitischen Auswirkungen moderner Schulausbildung und Kommunikationsmedien
1973 – X, 375 Seiten – broschiert 59,50 DM – ISBN 3-445-01076-5

Uwe Simson
Auswärtige Kulturpolitik als Entwicklungspolitik
Probleme der kulturellen Kommunikation mit der Dritten Welt am Beispiel des arabischen Raums
1975 – X, 134 Seiten – broschiert 31,– DM – ISBN 3-445-01209-1

Lothar Brock
Entwicklungsnationalismus und Kompradorenpolitik
Die Gründung der OAS und die Entwicklung der Abhängigkeit Lateinamerikas von den USA
1975 – 371 Seiten – broschiert 49,– DM – ISBN 3-445-01282-2

Karlheinz Schneider
Religion in Israel
Eine Studie zum Verhältnis Person, Religion, Gesellschaft
1976 – VI, 267 Seiten – broschiert 58,– DM – ISBN 3-445-01308-X

Frank Seelow
Geld und Geldpolitik im unterentwickelten Kapitalismus Afrikas
Unter besonderer Berücksichtigung der historischen Herausbildung der Geldverfassung in ehemals Britisch-Westafrika
1976 – VIII, 274 Seiten – broschiert 32,– DM – ISBN 3-445-01443-4

VERLAG ANTON HAIN · Postfach 180 · 6554 MEISENHEIM